InTeR

Künstliche Intelligenz & Recht

KI-VO (AI Act)
KI-Haftungs-RL (Entwurf)
Produkthaftungs-RL (Entwurf)
Medizinprodukte-VO (Auszug)
und weitere Texte, FAQ und Checklisten

Textsammlung

Thomas Wilmer (Hrsg.)

Fachmedien Recht und Wirtschaft | dfv Mediengruppe | Frankfurt am Main

Bibliografische Information Der Deutschen Nationalbibliothek

Die Deutsche Nationalbibliothek verzeichnet diese Publikation in der Deutschen Nationalbibliografie; detaillierte bibliografische Daten sind im Internet über http://dnb.de abrufbar.

ISBN 978-3-8005-1936-1

dfv Mediengruppe

© 2024 Deutscher Fachverlag GmbH, Fachmedien Recht und Wirtschaft, Frankfurt am Main

www.ruw.de

Das Werk einschließlich aller seiner Teile ist urheberrechtlich geschützt. Jede Verwertung außerhalb der engen Grenzen des Urheberrechtsgesetzes ist ohne Zustimmung des Verlages unzulässig und strafbar. Das gilt insbesondere für Vervielfältigungen, Bearbeitungen, Übersetzungen, Mikroverfilmungen und die Einspeicherung und Verarbeitung in elektronischen Systemen.

Druck: WIRmachenDRUCK GmbH, Backnang

Printed in Germany

Inhaltsverzeichnis

A.	**Vorwort**	1
B.	**Einführung durch den Herausgeber**	3
C.	**Gesetzestexte**	31
I.	Allgemeines Gleichbehandlungsgesetz (AGG) (Auszug)	31
II.	Gesetz über Arbeitnehmererfindungen (ArbnErfG) (Auszug)	35
III.	Bundesdatenschutzgesetz (BDSG) (Auszug)	37
IV.	Betriebsverfassungsgesetz (BertVG) (Auszug)	41
V.	Bürgerliches Gesetzbuch (BGB) (Auszug)	47
VI.	Data Act (DA) (Auszug)	53
VII.	Digitale-Dienste-Gesetz (DDG) (Auszug)	85
VIII.	Data Governance Act (DGA) (Auszug)	91
IX.	Digital Markets Act (DMA) (Auszug)	107
X.	Digital Services Act (DSA) (Auszug)	113
XI.	Datenschutz-Grundverordnung (DSGVO) (Auszug)	121
XII.	Einführungsgesetz zum Bürgerlichen Gesetzbuch (EGBGB) (Auszug)	133
XIII.	Gewerbeordnung (GewO) (Auszug)	137
XIV.	Grundgesetz (GG) (Auszug)	139
XV.	Charta der Grundrechte der EU (GrCh) (Auszug)	143
VXI.	Richtlinie über KI-Haftung (KI-Haftungs-RL) (Entwurf)	145
VXII.	Künstliche Intelligenz-Verordnung (KI-VO)	151
XVIII.	Medizinprodukte-Verordnung (MPVO) (Auszug)	343
XIX.	Patentgesetz (PatG) (Auszug)	363
XX.	Produkthaftungsgesetz (ProdHaftG) (Auszug)	365
XXI.	Produkthaftungsrichtlinie (ProdHaftRL) (Entwurf) (Auszug)	367
XXII.	Telekommunikation-Digitale-Dienste-Datenschutz-Gesetz – TDDDG (Auszug)	373
XXIII.	Urheberrechts-Diensteanbieter-Gesetz (UrhDaG) (Auszug)	377
XXIV.	Urheberrechtsgesetz (UrhG) (Auszug)	381
XXV.	Gesetz gegen den unlauteren Wettbewerb (UWG) (Auszug)	397
D.	**Anhang**	409
I.	Die 10 KI-Gebote zum rechtskonformen Umgang mit ChatGPT, DALL-E & Co	409
II.	Vorgehensmodell KI-Einführung/Copilot & Co	413
III.	FAQ Rechtsfragen ChatGPT	419
IV.	FAQ Rechtsfragen Dall-E	421
V.	FAQ Rechtsfragen Copilot	423
VI.	FAQ Rechtsfragen SORA	427

A. Vorwort

Die vorliegende Gesetzestextsammlung erscheint zu einem Zeitpunkt, an dem sich das Recht der Künstlichen Intelligenz (KI) in einer entscheidenden Entwicklungsphase befindet. Mit der Verabschiedung der europäischen KI-Verordnung wurde ein Meilenstein gesetzt, der die rechtlichen Rahmenbedingungen für die Entwicklung und den Einsatz von KI-Systemen in Europa maßgeblich prägen wird.

Künstliche Intelligenz hat in den letzten Jahren große Fortschritte gemacht, von der Text- über die Bild- bis zur Videogenerierung ist ein massentauglicher Einsatz möglich, der zunehmend auch qualitativ hochwertige Ergebnisse bereitstellt. Der Einsatz sogenannter „Copiloten" wird den Dienstleistungsalltag beeinflussen und die Delegation von Aufgaben an sog. „KI mit generalisiertem Einsatzzweck" zum Standard machen. Damit einher gehen die Hoffnung auf Innovation, Effizienzsteigerung und wissenschaftlichen Fortschritt und die Entwicklung neuer Berufsfelder wie der des „Prompt-Engineers".

Gleichzeitig wirft der Einsatz von KI-Systemen fundamentale ethische und rechtliche Fragen auf: Wie kann sichergestellt werden, dass KI-Systeme diskriminierungsfrei und transparent agieren? Wer trägt die Verantwortung für Entscheidungen und Handlungen autonomer Systeme? Sollten diese eine eigene Rechtspersönlichkeit erhalten? Wie ist es möglich, die Privatsphäre und personenbezogene Daten zu schützen, wenn KI-Systeme große Datenmengen aus dem Internet und aus den Dateneingaben verarbeiten? Wie sind Urheber geschützt, welche durch ihre menschliche Leistung der KI erst den Zugang zu wertvollen Trainingsdaten ermöglicht haben?

Der Gesetzgeber steht vor der Herausforderung, einen ausgewogenen Rechtsrahmen zu schaffen, der einerseits Innovationen ermöglicht und fördert, andererseits aber auch grundlegende Rechte und Werte schützt. Die in dieser Sammlung enthaltenen Rechtstexte spiegeln dieses Spannungsfeld wider und zeigen die vielfältigen rechtlichen Ansätze, mit denen den Herausforderungen der KI begegnet wird.

Neben der KI-Verordnung, die bestimmte Anwendungen verbietet und ein risikoabhängiges Klassifikationssystem einführt, enthält diese Sammlung weitere zentrale Rechtstexte, die für das Verständnis und die Anwendung des KI-Rechts unerlässlich sind. Die Einführung in die Sammlung informiert über die Bedeutung der weiteren ausgewählten Gesetzestexte und zugehöriger Rechtsfragen. Wie in vielen Bereichen des IT-Rechts fällt es nicht leicht, den Überblick über alle Aspekte der Regulierung zu behalten und diese bei Risikoeinschätzungen vollständig zu berücksichtigen. Diese Sammlung und insbesondere die in den Anhängen aufgeführten FAQ und Checklisten sollen dennoch einen praxisnahen Beitrag zum Überblick über das Thema leisten und eine Vertiefung in einzelne Gebiete ermöglichen.

ChatGPT hat auf meine freundliche Bitte hin folgenden Abschlusssatz für dieses Vorwort vorgeschlagen:

> *„Möge die Sammlung dazu beitragen, dass wir die Chancen der Künstlichen Intelligenz nutzen und zugleich ihre Risiken effektiv eindämmen können – zum Wohle unserer Gesellschaft und im Einklang mit unseren grundlegenden Werten und Rechten. Dieses Werk wird dazu beitragen, die rechtlichen Herausforderungen der KI besser zu verstehen, zu bewältigen und aktiv zu gestalten. Wir wünschen Ihnen eine aufschlussreiche Lektüre und fruchtbare Erkenntnisse für Ihre Arbeit im spannenden Feld der Künstlichen Intelligenz und des Rechts."*

Dies könnte darauf hindeuten, dass ChatGPT sich für die Rechtswissenschaften ernsthaft begeistert. Vielleicht weist es aber eher darauf hin, dass zu viele US-amerikanische oder

A. Vorwort

auch französische Texte aus Wahlkämpfen oder Filmwerken als Trainingsdaten verwendet wurden. Oder mein Prompt war zu selbstbewusst und bedeutungsschwanger angelegt. Es bleibt also noch viel zu tun.

Frankfurt am Main, Juli 2024   Prof. Dr. Thomas Wilmer

B. Einführung durch den Herausgeber*

KI und Recht: Eine Übersicht

Die vorliegende Zusammenstellung von Gesetzestexten soll Aufschluss über die wesentlichen Normen zur Regulierung von KI und verwandten Themenstellungen geben. Daneben können die FAQ im Anhang einen ersten Überblick über die Rechtslage bei Text-, Bild- und Videogenerierung sowie bei der Einführung von Copilot-Systemen bieten.

Künstliche Intelligenz (KI) wird in Art. 3 Nr. 1 der KI-Verordnung (im Folgenden: „KI-VO") definiert als „ein maschinengestütztes System, das für einen in unterschiedlichem Grade autonomen Betrieb ausgelegt ist und das nach seiner Betriebsaufnahme anpassungsfähig sein kann und das aus den erhaltenen Eingaben für explizite oder implizite Ziele ableitet, wie Ausgaben wie etwa Vorhersagen, Inhalte, Empfehlungen oder Entscheidungen erstellt werden, die physische oder virtuelle Umgebungen beeinflussen können;".

KI kann vereinfacht als eine Art Vorhersagetechnik auf basierenden Erfahrungen und Trainingsdaten definiert werden, ähnlich einer grundlegend erweiterten „Google-Autovervollständigung" bei einer Sucheingabe. Aufgrund der vielfältigen Anwendungsmöglichkeiten in gefahrgeneigten Einsatzgebieten und Produkten sah die Europäische Union die Notwendigkeit, in der KI-VO bestimmte Anwendungen zu verbieten und hochriskante Anwendungen nur unter strengen Voraussetzungen zuzulassen.

Besondere Bedeutung haben zuletzt KI-Systeme mit allgemeinem Verwendungszweck[1] – wie ChatGPT – erlangt, welche in beliebigen Fragestellungen eingesetzt und auch über Schnittstellen in andere Anwendungen integriert werden können. Nach Art. 3 Nr. 63 KI-VO handelt es sich hierbei um ein „ein KI-Modell – einschließlich der Fälle, in denen ein solches KI-Modell mit einer großen Datenmenge unter umfassender Selbstüberwachung trainiert wird –, das eine erhebliche allgemeine Verwendbarkeit aufweist und in der Lage ist, unabhängig von der Art und Weise seines Inverkehrbringens ein breites Spektrum unterschiedlicher Aufgaben kompetent zu erfüllen, und das in eine Vielzahl nachgelagerter Systeme oder Anwendungen integriert werden kann, ausgenommen KI-Modelle, die vor ihrem Inverkehrbringen für Forschungs- und Entwicklungstätigkeiten oder die Konzipierung von Prototypen eingesetzt werden;"

KI kann nach verschiedenen Kriterien unterschieden werden: Nach der Transparenz der Entscheidungswege („Black Box, White Box"), nach ihrer Stärke oder auch nach ihren Entwicklungsstufen im Vergleich zur menschlichen Intelligenz[2].

KI-Systeme stellen aus rechtlicher Sicht verschiedenste Herausforderungen an die Einordnung in das vorhandene und künftige Regulierungssystem. Die Einführung befasst sich mit den folgenden Themenkomplexen und ordnet dabei die Bedeutung der in dieser Sammlung ausgewählten Gesetzestexte näher ein. Aktualisierungen zu den KI-Rechtsthemen können unter www.chatgpt-recht.de abgerufen werden.

---

[1] Zu immanenten Risiken solcher Modelle ChatGPT-Gutachten des Büros für Technikfolgen-Abschätzung beim Deutschen Bundestag (TAB) vom 21.04.2023 (Autor: Steffen Albrecht), https://www.bundestag. de/resource/blob/944148/30b0896f6e49908155fcd01d77f57922/20-18-109-Hintergrundpapier-data.pdf
[2] Ein Beispiel ist das „Open AI 5 Stufen Modell" bis zur allgemeinen Künstlichen Intelligenz („AGI"), vgl. https://www.heise.de/news/KI-Update-kompakt-OpenAI-Framework-Schritte-zur-AGI-Medizin-Schneehoehen-9578389.html, abgerufen am 16.07.2024.

* Prof. Dr. Thomas Wilmer, Geschäftsführender Direktor des Instituts für Informationsrecht, Hochschule Darmstadt, www.chatgpt-recht.de, www.copilot-recht.de

B. Einführung durch den Herausgeber

1. KI und Regulierung

Durch die **KI-Verordnung** der EU werden folgende Aspekte reguliert: Welche Anwendungen sind verboten und welchen Regulierungsvorgaben müssen KI-Systeme verschiedener Risikokategorien folgen? Was ist im Hinblick auf KI mit allgemeinem Verwendungszweck (sog. General Purpose AI („GPAI")) zu beachten? Welche Regulierungen ergeben sich aus Spezialgesetzen wie der **Medizinprodukteverordnung (MPVO)**?

2. KI und Datenschutz, Grundrechte

Wo werden personenbezogene Daten verarbeitet? Welcher Input und welcher Output ist nach der **DSGVO** von Datenschutzvorgaben betroffen? Welche Aspekte sind nach dem **TDDDG** bei gerätebezogenen Datenauswertungen zu beachten? Welchen Einfluss haben die Rechte Betroffener nach dem **Grundgesetz** und der **Grundrechtecharta**?

3. KI und Geistiges Eigentum

Wer ist Inhaber der von der KI erzeugten Ergebnisse, liegt ein Werk- oder Leistungsschutz nach dem **Urheberrechtsgesetz (UrhG)** vor? Können Ergebnisse nach dem **Patentgesetz (PatG)** patentiert werden? Welcher ergänzenden Schutzmöglichkeiten gibt es nach dem **Gesetz gegen unlauteren Wettbewerb (UWG)** oder dem **Geschäftsgeheimnisgesetz (GeschgehG)**?

4. KI und Haftung

Welche vertraglichen Regelungen nach dem **BGB** können über die KI-Nutzung vereinbart werden? Welche Konsequenzen hat dies für vertragliche Gewährleistungs- und Haftungsfragen? Wie muss nach dem **Einführungsgesetz zum BGB (EGBGB)** über den KI-Einsatz informiert werden? Welche ergänzenden Haftungsgrundlagen kommen nach dem **DDG**, dem **Produkthaftgesetz (ProdHaftG)**, der **KI-Haftungsrichtlinie** und der neuen **Produkthaftrichtlinie** in Betracht?

5. KI und Arbeitsrecht

Was ist bei der Einführung und Nutzung von KI im Unternehmen zu achten? Welche Rechte des Betriebsrats nach dem **Betriebsverfassungsgesetz (BetrVG)** zu beachten? Welche Vorgaben ergeben sich aus dem **Allgemeinen Gleichstellungsgesetz (AGG)**? Welche Rolle spielt KI im Rahmen der Weisungsbefugnis der Arbeitgeber nach der **Gewerbeordnung (GewO)**?

6. KI, Plattformwirtschaft und Datenwirtschaft

Neuregulierungen der EU befassen sich mit den Vorgaben für große Plattformen und Gatekeeper, etwa im Rahmen des **Digital Service Act (DSA)** und **Digital Markets Act (DMA)**. Der Handel mit Daten wird durch den **Data Act (DA)** und den **Data Governance Act (DGA)** bestimmt werden. Soweit Daten für den Input der KI verwendet werden und auch wiederum Daten Bestandteil des KI-Outputs sind, stellt sich die Frage nach der Compliance im Umgang mit der KI.

Anhänge

Die im Anhang beigefügten **Checklisten und FAQ** bieten eine Übersicht über die entstehenden Rechtsfragen.

B. Einführung durch den Herausgeber

Einführung

Der Einsatz der KI stellt die Frage nach der Zuordnung Geistigen Eigentums an den immateriellen Werten, welche von der KI geschaffen werden. Daneben ist zu klären, wem der (fortlaufend aktualisierte) Datensatz, zusteht, auf dem die KI basiert und welcher in aller Regel der Manifestation menschlicher oder maschineller Erfahrungswerte entspricht. Soweit es sich hierbei um personenbezogene Daten handelt, gelten innerhalb der Europäischen Union strikte Regelungen zur Verwendbarkeit dieser Daten. Insgesamt stellt sich Frage nach Folgen des KI-Einsatzes für die Gesellschaft und nach der Transparenz der zugrunde gelegten oder neu geschaffenen Algorithmen sowie der Kontrolle der Einsatzbedingungen.

Bei kritischer Betrachtung der gängigen Geschäftsmodelle kann KI daneben auch als Mittel dienen, um Daten und Knowhow der KI-Nutzer zu zentralisieren und dann wiederum allen zur Verfügung zu stellen, wobei die Wertschöpfung bei den KI-Betreibern verbleibt.

Insofern berührt der KI-Einsatz zahlreiche Rechtsgebiete[3], die folgende Einführung soll einen entsprechenden Überblick bieten und die in dieser Gesetzessammlung aufgeführten Regelungen den einzelnen Gebieten zuordnen.

1. KI und Regulierung: Die KI-Verordnung der EU und Spezialgesetze
a. KI-Verordnung

Die Verordnung der Europäischen Union über künstliche Intelligenz[4] (im Folgenden: „KI-VO"), regelt den Einsatz und die Nutzung künstlicher Intelligenz in der EU. Die Verordnung wird die nächsten Entwicklungsjahre der KI in Europa prägen. Sie wird zwei Jahre nach Inkrafttreten anwendbar[5] und lässt insbesondere im Bereich der Aufsicht und der Marktüberwachung bestimmte nationale Spielräume.[6]

Zweck der KI-Verordnung nach deren ErwGr. 1 ist es, *„das Funktionieren des Binnenmarkts zu verbessern, indem ein einheitlicher Rechtsrahmen insbesondere für die Entwicklung, das Inverkehrbringen, die Inbetriebnahme und die Verwendung von Systemen künstlicher Intelligenz (KI-Systeme) in der Union im Einklang mit den Werten der Union festgelegt wird, um die Einführung von menschenzentrierter und vertrauenswürdiger künstlicher Intelligenz (KI) zu fördern und gleichzeitig ein hohes Schutzniveau in Bezug auf Gesundheit, Sicherheit und der in der Charta der Grundrechte der Europäischen Union („Charta") verankerten Grundrechte, einschließlich Demokratie, Rechtsstaatlichkeit und Umweltschutz, sicherzustellen, den Schutz vor schädlichen Auswirkungen von KI-Systemen in der Union zu gewährleisten und gleichzeitig die Innovation zu unterstützen. Diese*

---

3 Überblick bei Wilmer, Rechtliche Rahmenbedingungen für KI-Systeme: Immanente Herausforderungen und mögliche Lösungen durch Control-by-Design Tatup 2021, 56; siehe auch zum Einsatz in der Rechtspflege selbst Haase/Heiss, Der Einsatz von künstlicher Intelligenz im Rechtsanwaltsberuf, InTeR 2023, 162.
4 Verordnung (EU) 2024/1689 des europäischen Parlaments und des Rates vom 13. Juni 2024 zur Festlegung harmonisierter Vorschriften für künstliche Intelligenz (und zur Änderung der Verordnungen (EG) Nr. 300/2008, (EU) Nr. 167/2013, (EU) Nr. 168/2013, (EU) 2018/858, (EU) 2018/1139 und (EU) 2019/2144 sowie der Richtlinien 2014/90/EU, (EU) 2016/797 und (EU) 2020/1828 (Gesetz über künstliche Intelligenz).
5 Sie gilt nach Art. 113 KI-VO ab dem 2. August 2026 mit folgenden Ausnahmen: - Die Kapitel I (Allgemeine Bestimmungen) und II (Verbotene Praktiken) gelten bereits ab dem 2. Februar 2025; - Kapitel III Abschnitt 4, Kapitel V, Kapitel VII und Kapitel XII sowie Artikel 78 gelten ab dem 2. August 2025, mit Ausnahme des Artikels 101; - Artikel 6 Absatz 1 (Einstufungsvorschriften für Hochrisiko-KI-Systeme) und die entsprechenden Pflichten gemäß dieser Verordnung gelten erst ab dem 2. August 2027.
6 Ausführlich: Kilian, Nationale Spielräume bei der Umsetzung des Europäischen AI Acts, ZRP 2024, 130.

B. Einführung durch den Herausgeber

Verordnung gewährleistet den grenzüberschreitenden freien Verkehr KI-gestützter Waren und Dienstleistungen, wodurch verhindert wird, dass die Mitgliedstaaten die Entwicklung, Vermarktung und Verwendung von KI-Systemen beschränken, sofern dies nicht ausdrücklich durch diese Verordnung erlaubt wird."

Gemäß Art. 1 Abs. 2 KI-VO regelt diese das Inverkehrbringen, die Inbetriebnahme und die Verwendung von KI-Systemen in der Union, Verbote bestimmter Praktiken im KI-Bereich sowie besondere Anforderungen an Hochrisiko-KI-Systeme und Pflichten für Akteure in Bezug auf solche Systeme; weiterhin unter Anderem Vorschriften für Anbieter und Nutzer sogenannter „bestimmter" KI-Systeme, das Inverkehrbringen von KI-Modellen mit allgemeinem Verwendungszweck, für die Marktbeobachtung sowie die Governance und Durchsetzung der Marktüberwachung sowie Maßnahmen zur Innovationsförderung mit besonderem Augenmerk auf KMU, einschließlich Start-up-Unternehmen.[7]

Ebenso wie nach der Datenschutzgrundverordnung können auch Anbieter mit Sitz außerhalb der EU der Regulierung unterworfen werden, da nach Art. 2 Abs. 1 lit. a) die KI-VO auch für Anbieter gilt, die in der Union KI-Systeme in Verkehr bringen oder in Betrieb nehmen oder KI-Modelle mit allgemeinem Verwendungszweck in Verkehr bringen, unabhängig davon, ob diese Anbieter in der Union oder in einem Drittland niedergelassen sind; daneben gilt die KI-VO nach deren Art. 2 Abs. 1 lit. c) auch für Anbieter und Betreiber von KI-Systemen, die ihren Sitz in einem Drittland haben oder sich in einem Drittland befinden, wenn das vom System hervorgebrachte Ergebnis in der Union verwendet wird. Ebenso werden nach Art. 2 Abs. 1 lit. d) KI-VO auch Einführer und Händler von KI-Systemen erfasst.

Die KI-VO gilt allerdings nicht für KI-Systeme oder KI-Modelle, einschließlich ihres Ergebnisses, die eigens für den alleinigen Zweck der wissenschaftlichen Forschung und Entwicklung entwickelt und in Betrieb genommen werden (Art. 2 Abs. 6 KI-VO) sowie für Forschungs-, Test- und Entwicklungstätigkeiten zu KI-Systemen oder KI-Modellen, bevor diese in Verkehr gebracht oder in Betrieb genommen werden (Art. 2 Abs. 8 KI-VO). Allerdings fallen Tests unter realen Bedingungen fallen nicht unter diesen Ausschluss (Art. 2 Abs. 8 S. 3 KI-VO). Eine weitere Ausnahme vom Anwendungsbereich gilt für KI-Systeme, die unter freien und quelloffenen Lizenzen bereitgestellt werden, es sei denn, sie werden als Hochrisiko-KI-Systeme oder sind als KI-System, das unter Art. 5 (Verbotene Praktiken im KI-Bereich) oder Art. 50 KI-VO (Transparenzpflichten für Anbieter und Nutzer sog. „bestimmter KI-Systeme"), in Verkehr gebracht oder in Betrieb genommen.

Neben der risikobasierten Regulierung bestimmter Risikoklassen sieht die KI-VO in ihrem Art. 5 (Verbotene Praktiken im KI-Bereich) auch vollständige Verbote vor. Dies gilt unter anderem für manipulative oder täuschende Techniken, für KI-Systeme, die Schwächen oder Schutzbedürftigkeiten ausnutzen, für diskriminierende KI, für bestimmte Formen des Predictive Policing sowie für bestimmte Formen biometrischer Identifizierung und Emotionserkennung.

Die Einstufung als Hochrisiko-System richtet sich nach Art. 6 KI-VO. Demnach gilt ein KI-System ungeachtet dessen, ob es unabhängig von den unter den Buchstaben a und b genannten Produkten in Verkehr gebracht oder in Betrieb genommen wird, als Hochrisiko-KI-System, wenn die beiden folgenden Bedingungen des Art. 6 Abs. 1 KI-VO erfüllt sind:

a) das KI-System soll als Sicherheitskomponente eines unter die in Anhang I aufgeführten Harmonisierungsrechtsvorschriften der Union fallenden Produkts verwendet werden oder das KI-System ist selbst ein solches Produkt;

---

[7] Überblick bei Ashkar/Schröder, Das Gesetz über künstliche Intelligenz der Europäischen Union (KI-Verordnung), BB 2024, 771.

B. Einführung durch den Herausgeber

b) das Produkt, dessen Sicherheitskomponente gemäß Buchstabe a das KI-System ist, oder das KI-System selbst als Produkt muss einer Konformitätsbewertung durch Dritte im Hinblick auf das Inverkehrbringen oder die Inbetriebnahme dieses Produkts gemäß den in Anhang II aufgeführten Harmonisierungsrechtsvorschriften der Union unterzogen werden.

Bei den Anhang I unterfallenden Produkten handelt es sich um Maschinen, Spielzeug, Sportboote und Wassermotorräder, Aufzüge, Geräte und Schutzsysteme zur bestimmungsgemäßen Verwendung in explosionsgefährdeten Bereichen, Funkanlagen, Druckgeräten, Seilbahnen, persönliche Schutzausrüstungen, Geräte zur Verbrennung gasförmiger Brennstoffe, Medizinprodukte, In-vitro-Diagnostika, Zivilluftfahrt, Landfahrzeuge, Schiffs- und Eisenbahnausrüstung.

Im Hinblick auf die durch eingebundene KI entstehende Sicherheitsrisiken sind der Fantasie keine Grenzen gesetzt. Wichtig sind nicht nur das durch die KI-VO vorgesehene Risikomanagement, sondern bereits die Transparenz des Einsatzes von KI. Ein Beispiel dafür aus dem in Anhang I genannten Druckgeräten bildet der Fall der Xerox-WorkCentre-Geräte WorkCentre 7535 und 7556[8]. Anwender hielten die Geräte für „normale" Kopierer, sie enthielten jedoch eine OCR-Scan- und Bildkompressionsfunktion, bei welcher unscharfe Zahlen nicht photomechanisch geschärft, sondern durch eine Bilderkennungsfunktion analysiert, entfernt und durch eine scharfe neue Zahl ersetzt wurden. Hierbei kam es zu Fehlern, die von den Anwendern meist nicht erkannt wurden, weil sie mit einer solchen Zahlenersetzung nicht gerechnet hatten. Welche Konsequenzen solche Fehler haben können, ist beim Einsatz im medizinischen Bereich – etwa für Dosierungen – leicht vorstellbar (siehe zu den Haftungsfolgen unten unter 4.).

Zusätzlich zu den in Art. 6 Abs. 1 KI-VO genannten Systemen gelten nach Art. 6 Abs. 2 KI-VO die in Anhang III genannten KI-Systeme als hochriskant. Hierbei handelt es sich um Anwendungsbereiche aus der Biometrik (mit Ausnahme bestimmter Identitätsverifikationen), Emotionserkennungssystemen, Kritischer Infrastruktur, Allgemeine und berufliche Bildung (u. a. Zugangsfeststellung und Bewertung von Lernergebnissen und Bildungsniveaus), Beschäftigung, Personalmanagement und Zugang zur Selbstständigkeit, Zugänglichkeit und Inanspruchnahme grundlegender privater und grundlegender öffentlicher Dienste und Leistungen (etwa von Gesundheitsdiensten), Strafverfolgung, Migration, Asyl und Grenzkontrolle, Rechtspflege und demokratische Prozesse. Nach Art. 7 KI-VO kann diese Liste durch die EU fortlaufend risikoorientiert angepasst werden. Nach ErwGr. 57 KI-VO sollen *„KI-Systeme, die in den Bereichen Beschäftigung, Personalmanagement und Zugang zur Selbstständigkeit eingesetzt werden, insbesondere [...] für Entscheidungen über die Bedingungen des Arbeitsverhältnisses [...] ebenfalls als hochriskant eingestuft werden, da diese Systeme die künftigen Karriereaussichten und die Lebensgrundlagen dieser Personen und die Arbeitnehmerrechte spürbar beeinflussen können."*

Liegt ein Hochrisiko-System vor, sind nach Art. 8 ff. KI-VO eine Reihe von Risikomanagementmaßnahmen einzuhalten. Diese sind entsprechend Art. 9 Abs. 2 KI-VO als ein kontinuierlicher iterativer Prozess zu verstehen, „der während des gesamten Lebenszyklus eines Hochrisiko-KI-Systems geplant und durchgeführt wird und eine regelmäßige systematische Überprüfung und Aktualisierung erfordert". Hierzu zählt auch eine Datengovernance nach Art. 10 KI-VO für die Trainings-, Validierungs- und Testdatensätze, bei welcher unter

---

[8] „Aus 14 wird 17, aus 21 manchmal 14: Ein Informatiker hat einen kuriosen Fehler bei Xerox-Kopierern beobachtet – offenbar vertauscht die Gerätesoftware beim Kopieren Zahlen", Spiegel-Artikel, abrufbar unter https://www.spiegel.de/netzwelt/apps/blogger-schreibt-bug-xerox-scankopierern-sollen-zahlen-vertauschen-a-914897.html.

B. Einführung durch den Herausgeber

anderem eine Untersuchung im Hinblick auf mögliche existierende Verzerrungen (Bias) sowie geeignete Maßnahmen zur Erkennung, Verhinderung und Abschwächung möglicher gemäß Buchstabe f ermittelter Verzerrungen erfolgen. Erforderlich ist ebenso die Ermittlung relevanter Datenlücken oder Mängel und möglicher Maßnahmen zu deren Beseitigung.

Neben der Beachtung datenschutzrechtlicher Vorgaben sind auch Dokumentations- und Aufzeichnungspflichten einzuhalten. Die Betreiber treffen Pflichten zur Transparenz und Bereitstellung von Informationen (Art. 13 KI-VO), nach Art. 14 Abs. 2 ist eine menschliche Aufsicht vorzusehen, welche der Verhinderung oder Minimierung der Risiken für Gesundheit, Sicherheit oder Grundrechte dient. Art. 16 KI-VO listet darüber hinaus die Pflichten der Anbieter von Hochrisiko-KI-Systemen auf, zu denen nicht nur ein Qualitätsmanagementsystem nach Art. 17 KI-VO gehört, sondern vor allem ein Konformitätsbewertungsverfahren gemäß Art. 43 KI-VO unterzogen wird und die Aufgabe, den Registrierungspflichten nach Art. 49 Abs. 1 KI-VO nachzukommen.

Bestandteil des in der KI-VO vorgesehenen Risikomanagements sind unter anderem Tests von Hochrisiko-KI-Systemen unter realen Bedingungen außerhalb von KI-Reallaboren nach Art. 60 KI-VO. Nach dessen Absatz 1 können Tests von Hochrisiko-KI-Systemen unter realen Bedingungen von Anbietern oder zukünftigen Anbietern von in Anhang III aufgeführten Hochrisiko-KI-Systemen außerhalb von KI-Reallaboren gemäß dem in Art. 60 genannten Plan für einen Test unter realen Bedingungen durchgeführt werden. Nach Art. 60 Abs. 2 KI-VO können Anbieter oder zukünftige Anbieter können in Anhang III genannte Hochrisiko-KI-Systeme vor deren Inverkehrbringen oder Inbetriebnahme jederzeit selbst oder in Partnerschaft mit einem oder mehreren zukünftigen Betreibern unter realen Bedingungen testen, wobei allerdings Ethikprüfungen nach nationalem oder Unionrecht hinzukommen können. Die Tests setzen nach Art. 60 Abs. 4 KI-VO unter anderem voraus, dass der Anbieter oder der zukünftige Anbieter einen Plan für einen Test unter realen Bedingungen erstellt und dieser von der Marktüberwachungsbehörde in dem Mitgliedstaat genehmigt wurde, in dem der Test unter realen Bedingungen stattfinden soll, daneben dürfen sich der Test und die Ergebnisse des Tests unter realen Bedingungen nicht negativ auf die Testteilnehmer auswirken; weiterhin müssen der Anbieter oder zukünftige Anbieter und die Betreiber und zukünftigen Betreiber den Test unter realen Bedingungen von Personen wirksam überwachen lassen, die auf dem betreffenden Gebiet angemessen qualifiziert sind und über die Fähigkeit, Ausbildung und Befugnis verfügen, die für die Wahrnehmung ihrer Aufgaben erforderlich sind.

Werden die in der KI-VO vorgesehenen Regulierungen verletzt, sind nach Art. 99 KI-VO erhebliche Sanktionen vorgesehen. Nach Art. 99 Abs. 1 S. 2, 3 KI-VO müssen die vorgesehenen Sanktionen wirksam, verhältnismäßig und abschreckend sein, aber auch die Interessen von KMU, einschließlich Start-up-Unternehmen, sowie deren wirtschaftliches Überleben berücksichtigen. Maßgeblich für die Höhe der Geldbuße sind nach Art. 99 Abs. 7 KI-VO unter anderem Art, Schwere und Dauer des Verstoßes und seiner Folgen, unter Berücksichtigung des Zwecks des KI-Systems sowie gegebenenfalls der Zahl der betroffenen Personen und des Ausmaßes des von ihnen erlittenen Schadens; daneben auch Größe, Jahresumsatz und Marktanteil des Akteurs, der den Verstoß begangen hat.

Die Sanktionen differenzieren zwischen den Arten der jeweiligen Verstöße wie folgt: Wird das Verbot der in Art. 5 KI-VO genannten KI-Praktiken missachtet, werden nach Art. 99 Abs. 3 KI-VO Geldbußen von bis zu 35.000.000 EUR oder – im Falle von Unternehmen – von bis zu 7% des gesamten weltweiten Jahresumsatzes des vorangegangenen Geschäftsjahres verhängt, je nachdem, welcher Betrag höher ist.

B. Einführung durch den Herausgeber

Für Verstöße gegen weitere in Art. 99 Abs. 4 KI-VO genannte Pflichten der Anbieter, Bevollmächtigten oder Einführer werden Geldbußen von bis zu 15.000.000 EUR oder – im Falle von Unternehmen – von bis zu 3 % des gesamten weltweiten Jahresumsatzes des vorangegangenen Geschäftsjahres verhängt, je nachdem, welcher Betrag höher ist.

Werden notifizierten Stellen oder zuständigen nationalen Behörden auf deren Auskunftsersuchen hin falsche, unvollständige oder irreführende Informationen bereitgestellt, so werden nach Art. 99 Abs. 5 KI-VO Geldbußen von bis zu 7.500.000 EUR oder – im Falle von Unternehmen – von bis zu 1 % des gesamten weltweiten Jahresumsatzes des vorangegangenen Geschäftsjahres verhängt, je nachdem, welcher Betrag höher ist.

Im Falle von KMU, einschließlich Start-up-Unternehmen, gilt nach Art. 99 Abs. 6 KI-VO für die jeweilige Geldbuße der jeweils niedrigere Betrag aus den in den Absätzen 3, 4 und 5 genannten Prozentsätzen oder Summen. Die KI-VO sieht im Übrigen auch Regelungen vor, welche zur Qualitätssicherung bestimmte Verarbeitungen personenbezogener Daten gestatten, s. u. 2).

Die KI-VO versucht somit, einen umfassenden Rahmen für die verantwortungsvolle Nutzung von KI in der Europäischen Union zu schaffen. Durch die Einführung risikobasierter Klassifizierungen, strenger Anforderungen für KI-Systeme mit hohem Risiko und die Förderung der internationalen Zusammenarbeit zielt die Verordnung darauf ab, ein Gleichgewicht zwischen der Förderung von Innovationen und dem Schutz der Grundrechte und -werte herzustellen[9].

b. Medizinprodukteverordnung

Neben der KI-VO existieren auch bereichsspezifische Regulierungen, zu welchen die Medizinprodukteverordnung (MPVO)[10] zählt. Sie regelt die Herstellung, das Inverkehrbringen und die Marktüberwachung von Medizinprodukten innerhalb der Europäischen Union und zielt darauf ab, deren Sicherheit und Wirksamkeit zu gewährleisten. Auch hier gibt es wiederum eine Einteilung in Risikoklassen und daran anschließende Konformitätsbewertungsverfahren. Weiterhin müssen Hersteller klinische Bewertungen und, wenn notwendig, klinische Prüfungen durchführen, um die Sicherheit und Leistung ihrer Produkte nachzuweisen und umfassende technische Dokumentationen führen, die die Konformität ihrer Produkte belegen. Die MPVO sieht weiterhin die Einrichtung der Europäischen Datenbank für Medizinprodukte (Eudamed) vor, die Informationen über Produkte, Hersteller, benannte Stellen und Marktüberwachungsaktivitäten sammelt und der Öffentlichkeit zugänglich macht.

Nach Art. 2 Nr. 1 MPVO kann Software – einschließlich KI – ein „Medizinprodukt" sein wenn diese, das dem Hersteller zufolge für Menschen bestimmt ist und allein oder in Kombination einen oder mehrere der folgenden spezifischen medizinischen Zwecke erfüllen soll:
– Diagnose, Verhütung, Überwachung, Vorhersage, Prognose, Behandlung oder Linderung von Krankheiten,
– Diagnose, Überwachung, Behandlung, Linderung von oder Kompensierung von Verletzungen oder Behinderungen,

---

9 Überblick zur KI-Rechtspolitik: Harmonies, in: Schreiber/Ohly (Hrsg.), KI:Text. Diskurse über Textgeneratoren, 2023, S. 329 ff.
10 Verordnung (EU) 2017/745 des Europäischen Parlaments und des Rates vom 5. April 2017 über Medizinprodukte, zur Änderung der Richtlinie 2001/83/EG, der Verordnung (EG) Nr. 178/2002 und der Verordnung (EG) Nr. 1223/2009 und zur Aufhebung der Richtlinien 90/385/EWG und 93/42/EWG des Rates.

B. Einführung durch den Herausgeber

– Untersuchung, Ersatz oder Veränderung der Anatomie oder eines physiologischen oder pathologischen Vorgangs oder Zustands,
– Gewinnung von Informationen durch die In-vitro-Untersuchung von aus dem menschlichen Körper – auch aus Organ-, Blut- und Gewebespenden – stammenden Proben.

Nach Anhang I, Kapitel 1 14.2 lit d) MPVO müssen Produkte so ausgelegt und hergestellt werden, dass Risiken im Zusammenhang mit der möglichen negativen Wechselwirkung zwischen Software und der IT-Umgebung, in der sie eingesetzt wird und mit der sie in Wechselwirkung steht ausgeschlossen oder so weit wie möglich reduziert werden. Weiterhin wird in Anhang II (Anforderungen an Auslegung und Herstellung), Kapitel 1, 17 MPVO (Programmierbare Elektroniksysteme — Produkte, zu deren Bestandteilen programmierbare Elektroniksysteme gehören, und Produkte in Form einer Software) eine Reihe von Vorgaben definiert, die zu beachten sind. Dazu zählt nach 17.1. MPVO, dass diese so ausgelegt werden, dass Wiederholbarkeit, Zuverlässigkeit und Leistung entsprechend ihrer bestimmungsgemäßen Verwendung gewährleistet sind. Für den Fall des Erstauftretens eines Defekts sind geeignete Vorkehrungen zu treffen, um sich daraus ergebende Risiken oder Leistungsbeeinträchtigungen auszuschließen oder sie so weit wie möglich zu verringern.

Auch soweit KI zum Einsatz kommt, ist eine Wiederholbarkeit der Ergebnisse zu leisten. Insofern kann bei autonomen Entscheidungen ein Problem mit der Sicherstellung der Identität von Ergebnissen entstehen.

Weitere Vorgaben nach 17.2.ff MPVO bestreffen die Entwickelung und Herstellung nach dem Stand der Technik, unter Anderem nach den Grundsätzen des Software-Lebenszyklus, des Risikomanagements einschließlich der Informationssicherheit, der Verifizierung und der Validierung; daneben sind Mindestanforderungen bezüglich Hardware, Eigenschaften von IT-Netzen und IT-Sicherheitsmaßnahmen einschließlich des Schutzes vor unbefugtem Zugriff festzulegen, die für den bestimmungsgemäßen Einsatz der Software erforderlich sind. Zu beachten sind hierbei auch allgemeinen ISO- und IEC-Normen.[11]

Diese Regelungen sollen gewährleisten, dass KI-basierte Medizinprodukte sicher und wirksam sind, indem sie die gleichen strengen Anforderungen wie für andere Medizinprodukte anwenden. Hersteller von KI-Software müssen sicherstellen, dass ihre Produkte den umfassenden regulatorischen Anforderungen der MPVO entsprechen, um auf dem EU-Markt zugelassen zu werden.

Hilfreich für die Anpassung von KI-Produkten an den Stand der Technik kann im Übrigen die Normungsroadmap Industrie 4.0 sein. Diese wurde vom Deutschen Institut für Normung (DIN) und der Deutschen Kommission Elektrotechnik Elektronik Informationstechnik (DKE) erstellt. Sie definiert Standards für die Anwendung von KI in der Industrie und soll die Entwicklung und Nutzung von KI-Technologien in Deutschland fördern. Die Normungsroadmap befasst sich unter anderem mit dem KI-Anforderungen im Kontext von Open Source[12].

2. KI und Datenschutz, Grundrechte

Nachdem die EU die KI-VO umgesetzt hat, stellt sich die Frage nach den Konsequenzen für die Zukunft des Datenschutzes beim Einsatz Künstlicher Intelligenz. Begrüßenswert ist die Tatsache der Einheitlichkeit der Regelung in Europa, nachdem unter anderem die DSK

---

11 Vgl. Chibanguza/Kuß/Steege/Saliba, Künstliche Intelligenz 1. Auflage 2022, Kapitel F, Rn. 10.
12 https://www.dke.de/resource/blob/2244320/7954fb1eaf7265134b94f58e9fc919ff/deutsche-normungs-roadmap-industrie-4-0-version-5-data.pdf, S. 60.

B. Einführung durch den Herausgeber

eine klare Verantwortlichkeit für Hersteller und Betreiber eingefordert hatte[13]. Die KI-VO erhält einige Vorgaben, die sowohl neue Rechtsgrundlagen für die Datenverarbeitung nach der DSGVO, vor allem aber auch neue Dokumentationspflichten betreffen, welche Überschneidungen zum Datenschutz aufweisen. Das dem Datenschutz zugrundeliegende Recht auf informationelle Selbstbestimmung ergibt sich aus Art. 2 Abs. 1 i. V. m. Art. 1 Abs. 1 GG und Art. 8 GRCh der EU. Die Umsetzung erfolgt in verschiedenen datenschutzrechtlichen Regelungen, allen voran der DSGVO, dem BDSG und dem TDDDG.

a. Spannungsverhältnis KI und Datenschutz

Es können grundsätzliche Konflikte zwischen KI-Funktionalitäten und Datenschutzanforderungen auftreten, die nicht immer zufriedenstellend gelöst werden können.[14] Um effektiv zu arbeiten, benötigt KI eine umfassende, genaue und aktuelle Datenbasis, die sie analysieren und miteinander verknüpfen kann – dies beinhaltet damit zwangsläufig einen Aspekt des „Big Data", also der Sammlung möglichst vieler Daten zu bestimmten Themenkomplexen. Problematisch ist insbesondere die Nutzung von Daten aus Social Media Plattformen.[15]

KI und Datenschutz stehen somit in einem Spannungsverhältnis, insbesondere wenn KI personenbezogene Daten gemäß der Definition in Art. 4 Nr. 1 der DSGVO verarbeitet. Dies geschieht regelmäßig, da Daten über natürliche Personen, die aus dem Internet oder von Nutzereingaben stammen, in das KI-Modell einfließen und für die Ergebnisausgabe verwendet werden[16].

Bei der Verwendung von KI in Apps oder auf Websites können personenbezogene Daten in verschiedenen Formen verwendet werden. Zum einen können solche Daten bereits in der Trainingsdatenbank vorhanden sein, etwa in Form von Namen, namensbezogenen Informationen, Bildern oder biometrischen Daten. Zum anderen können registrierte Nutzer durch ihre Anfragen ihre eigenen – beispielsweise bei gesundheitsbezogenen Anfragen auch sensiblen – Daten eingeben, was möglicherweise zu einer Erweiterung der Trainingsdatenbank führt[17]. Um die Genauigkeit der KI-Ergebnisse zu verbessern, wird zunehmend der Aufbau nutzerbezogener Trainingsdatenbanken (ein „Gedächtnis") vorgeschlagen[18],

---

13 DSK, Pressemitteilung vom 23.11.2023, https://www.datenschutzkonferenz-online.de/media/pm/23-11-29_DSK-Pressemitteilung_KI-Regulierung.pdf, siehe auch Initiative „AI Act verabschieden", https://www.ai-act-verabschieden.de/.
14 Einzelheiten bei Hersemeyer/Ludolph, Datenschutzrechtliche Herausforderungen beim Einsatz Künstlicher Intelligenz im Unternehmenskontext, InTeR 2024, 55 ff.
15 Siehe Presseerklärung der irischen Datenschutzaufsicht DPC zu entsprechenden Diskussionen mit Meta, https://www.dataprotection.ie/en/news-media/latest-news/dpcs-engagement-meta-ai, Auszug: „The DPC's Engagement with Meta on AI, 14th June 2024, The DPC welcomes the decision by Meta to pause its plans to train its large language model using public content shared by adults on Facebook and Instagram across the EU/EEA. This decision followed intensive engagement between the DPC and Meta. The DPC, in co-operation with its fellow EU data protection authorities, will continue to engage with Meta on this issue."
16 Zur Forderung nach klaren Datenschutzregelungen auch Bomhard/Siglmüller, AI Act – das Trilogergebnis, RDi 2024, 45, 55; siehe auch Haase, Rechtmäßigkeit der Benutzung personenbezogener Daten zum Trainieren künstlicher Intelligenz nach den Vorschriften der Datenschutz-Grundverordnung, InTeR 2023, 66.
17 Kathun, Brown, Reliability Check: An Analysis of GPT-3's Response to Sensitive Topics and Prompt Wording, Preprint, https://arxiv.org/pdf/2306.06199.pdf.
18 OpenAI-Meldung vom 13.2.2024, Memory and new controls for ChatGPT, https://openai.com/blog/memory-and-new-controls-for-chatgpt. Welche Nachteile nutzerbezogene Gedächtnisse haben können, zeigt der Fall des DPD-eigenen Chatbots, welcher auf Nutzeranfrage über den eigenen Paketdienst zu fluchen begann, vermutlich aufgrund des Zugriffs auf DPD-interne Chats der Beschäftigten („DPD

B. Einführung durch den Herausgeber

was diese Problematik verschärfen wird. Französische Aufsichtsbehörden verhängten gegen Google eine Geldstrafe in Höhe von 250 Millionen Euro, weil das Unternehmen Medieninhalte unangemeldet für das Training seines KI-Modells Bard verwendet hatte.[19] Darüber hinaus können die von der KI ausgegebenen Daten wiederum einen Personenbezug aufweisen, beispielsweise wenn ein Prompt eine Darstellung der Biografie einer natürlichen Person anfordert[20]. Obwohl technisch-organisatorische Maßnahmen den Personenbezug in der Datenverarbeitung einschränken können, könnte der genannte Aufbau nutzerbezogener „Gedächtnisse" diese Dynamik grundlegend ändern[21]. Durch die Integration von ChatGPT in verschiedene Anwendungen und die Möglichkeit zur Aggregation von Nutzerdaten durch verschiedene Akteure nach der Eröffnung des ChatGPT-Stores[22] entstehen weitere Datenschutzherausforderungen. In welche Richtung sich die Rechtspolitik entwickeln wird, ist schwer vorherzusagen. Soweit die KI-Nutzung versucht, auf eine Anonymisierung personenbezogener Daten zu setzen, ist darauf hinzuweisen, dass teilweise vertreten wird, dass die Anonymisierung selbst ebenfalls einer datenschutzrechtlichen Rechtsgrundlage bedarf[23]. Ohne vollständige Anonymisierung der von der KI genutzten Daten sind Konflikte mit dem Datenschutz schwer vermeidbar.[24] Übrigens, selbst in Fällen, in denen eine Anonymisierung vorliegt, sind dennoch Grundrechtsauswirkungen denkbar: Roßnagel weist für bestimmte Einsatzszenarien darauf hin, dass KI-Analysen etwa dazu führen können, dass „durch eine Big-Data-Analyse bekannt wird, dass Angehörige einer politischen Gruppe sich überdurchschnittlich oft an einem bestimmten Ort aufhalten, in einem bestimmten Geschäft einkaufen und ÖPNV fahren" und dies dazu führen könnte, dass „bei vielen, die vermeiden wollen, dieser Gruppe zugerechnet zu werden, [diese] den Ort, das Geschäft und vielleicht sogar das Verkehrsmittel meiden, um nicht in einen ihnen unangenehmen Verdacht zu geraten". Damit verstärkten solche Analysen „die Normativität der Normalität" und reduzierten die für die Demokratie notwendige „Soziodiversität"[25]. Soweit nicht auf synthetische Daten zurückgegriffen wird, stellt die Datenschutzcompliance daher eine der größten Herausforderungen beim KI-Einsatz dar[26].

Die KI-VO und die DSGVO lassen ihren jeweiligen Geltungsgehalt unberührt, beide Verordnungen können zur Anwendung kommen, wenn bei KI-Systemen personenbezogene Daten verarbeitet werden.[27]

b. Rechtsgrundlage der Datenverarbeitung

Das Datenschutzrecht sieht für die Verarbeitung personenbezogener Daten ein Verbot mit Erlaubnisvorbehalt vor, d.h. dass jede Datenverarbeitung durch eine Rechtsgrundlage ge-

---

is useless", „DPD is the worst delivery firm in the world"), https://twitter.com/ashbeauchamp/status/1748034519104450874.
19 https://www.forbes.com/sites/emmawoollacott/2024/03/20/google-fined-for-failure-to-negotiate-with-publishers-in-good-faith/.
20 Ashkar, Wesentliche Anforderungen der DS-GVO bei Einführung und Betrieb von KI-Anwendungen, ZD 2023, 523, 524 f.
21 Ashkar, ZD 2023, 523, 524 f.
22 https://openai.com/blog/introducing-the-gpt-store.
23 Hornung, Gerrit; Wagner, Bernd, Anonymisierung als datenschutzrelevante Verarbeitung? ZfD 10 (5), S. 223 ff.
24 Roßnagel, Alexander, Big Data – Small Privacy? – Konzeptionelle Herausforderungen für das Datenschutzrecht, ZfD 3 (11), S. 562, 562.
25 Roßnagel, Alexander ZfD 3 (11), S. 562, 566.
26 Siems/Repka: Unrechtmäßige Nutzung von KI-Trainingsdaten als Gefahr für neue Geschäftsmodelle? – Compliance-Anforderungen bei der Entwicklung von KI-Systemen, DSRITB 2021, 517, 528 ff.
27 Paal/Hüger, Die KI-VO und das Recht auf menschliche Entscheidung, MMR 2024, 540, 542.

deckt sein muss. In der DSGVO finden sich die wesentlichen Rechtsgrundlagen in Art. 6 Abs. 1 DSGVO, hier kommen vor allem die Einwilligung[28], die Erfüllung von Verträgen oder gesetzlichen Verpflichtungen sowie ein überwiegendes berechtigtes Interesse der verantwortlichen Stelle in Betracht. Liegt lediglich eine weisungsgebundene Datenverarbeitung vor, bei welcher der Datenempfänger die Daten nicht zu eigenen Zwecken verarbeitet, liegt ein Fall der Auftragsverarbeitung nach Art. 28 DSGVO vor, welcher keine Rechtsgrundlage nach Art. 6 Abs. 1 DSGVO erforderlich macht.

Eine Einwilligung nach Art. 6 Abs. 1 lit. a) i. V. m. Art. 7 DSGVO in die KI-Nutzung und entsprechende Big-Data-Anwendungen wird allerdings in aller Regel an den erforderlichen datenschutzrechtlichen Transparenzvorgaben eine Herausforderung darstellen. Die Zwecke der durch eine Einwilligung erlaubten Datenverarbeitung müssen konkret benannt werden. Dies gebietet auch das Prinzip der Zweckbindung nach Art. 5 Abs. 1 lit b) DSGVO, was bei einer echten Big-Data-Datenaggregation naturgemäß nicht der Fall sein wird, da es gerade die Idee der Datenaggregation ist, noch unbekannte spätere Analyse und Netzwerkeffekte zu generieren[29]. Daneben wird eine Einwilligung zu schwer lösbaren Herausforderungen führen, wenn sie nach Art. 7 Abs. 3 S. 1 DSGVO widerrufen würde.

c. Verantwortliche Stellen und Datenschutzgrundsätze

Die Verantwortung für die Lösung dieser Fragen und für die Datenverarbeitung liegt bei den Herstellern, den Betreibern und gegebenenfalls auch bei den Nutzern der KI, möglicherweise in gemeinsamer Verantwortung gemäß Art. 26 DSGVO[30]. Die Betreiber der KI verfolgen in der Regel eigene Zwecke durch die Bereitstellung der KI, indem durch Nutzereingaben weiteres Lernen und die Erweiterung der Datenbasis der KI ermöglicht wird. Die Nutzung von Daten aus Nutzereingaben für das Training der KI wird daher nicht mehr als Auftragsverarbeitung gemäß Art. 28 der DSGVO zu werten sein, da der KI-Anbieter dann nicht mehr als weisungsgebundener Auftragsverarbeiter nach Art. 28 DSGVO tätig ist, sondern die Daten zumindest auch für eigene Zwecke verwendet. Aussagen von Microsoft bezüglich des Einsatzes von MS Copilot, wonach keine Nutzereingaben für den KI-Einsatz verwendet werden und ein „AI Safety Mechanism"[31] entsprechende Datenflüsse unterbindet, sind vor diesem Hintergrund zu werten.

Das „Positionspapier der Datenschutzkonferenz zu empfohlenen technischen und organisatorischen Maßnahmen bei der Entwicklung und dem Betrieb von KI-Systemen" empfiehlt eine Befassung mit folgenden Datenverarbeitungsstadien eines KI-Systems:

„1. Design des KI-Systems und deren KI-Komponenten
2. Veredelung der Rohdaten zu Trainingsdaten
3. Training der KI-Komponenten
4. Validierung der Daten und KI-Komponenten sowie angemessene Prüfungsmethoden
5. Einsatz und Nutzung des KI-Systems
6. Rückkopplung von Ergebnissen und Selbstveränderung des Systems"[32]

---

28 Dazu Conrad, Künstliche Intelligenz: Neue Einwilligungslösungen zum Datenschutz, InTeR 2021, 147.
29 Holthausen, Joachim (2021): Big data, people analytics, KI und Gestaltung von Betriebsvereinbarungen. Grund-, arbeits- und datenschutzrechtliche An- und Herausforderungen. In: Recht der Arbeit 74 (1), S. 19-32.
30 Conrad, Künstliche Intelligenz und die DSGVO – Ausgewählte Problemstellungen, K&R 2018, 741, 743.
31 https://learn.microsoft.com/de-de/microsoft-365-copilot/microsoft-365-copilot-privacy.
32 Eine Übersicht über technische und organisatorische Maßnahmen für KI-Komponenten und KI-Systeme findet sich im „Positionspapier der DSK zu empfohlenen technischen und organisatorischen Maß-

B. Einführung durch den Herausgeber

Die Funktionsweise von Künstlicher Intelligenz (KI) kann im Widerspruch zu den von der verantwortlichen Stelle einzuhaltenden Datenschutzgrundsätzen gemäß Art. 5 der DSGVO stehen. Nach Art. 5 Abs. 1 lit. a) der DSGVO muss der Grundsatz der Transparenz gewährleistet sein, was bedeutet, dass alle Informationen zur Verarbeitung personenbezogener Daten leicht zugänglich, verständlich und in klarer Sprache verfasst sein müssen. Dies gilt auch für KI, wenn sie personenbezogene Daten verarbeitet, wobei der Ursprung dieser Daten und die Prozesse, die zu personenbezogenen Ergebnissen führen, klar kommuniziert werden müssen. Der Grundsatz von Treu und Glauben beinhaltet zudem ein Diskriminierungsverbot[33], das auch Verstöße gegen das Allgemeine Gleichbehandlungsgesetz umfasst. Daher können diskriminierende oder undurchsichtige Entscheidungsprozesse von KI zugleich bereits datenschutzrechtliche Verstöße darstellen, unabhängig von den spezifischen Vorgaben der KI-VO. Insofern stellt die Sicherstellung von Transparenz und Wiederholbarkeit ein besonderes Problem neuronaler Netze dar.[34]

Der zentrale Grundsatz der Zweckbindung nach Art. 5 Abs. 1 lit. b) sieht vor, dass personenbezogene Daten für festgelegte, eindeutige und legitime Zwecke erhoben werden und nicht in einer mit diesen Zwecken nicht zu vereinbarenden Weise weiterverarbeitet werden dürfen; ebenso muss die Datenverarbeitung nach Art. 5 Abs. 1 lit. c) dem Zweck angemessen und erheblich sowie auf das für die Zwecke der Verarbeitung notwendige Maß beschränkt sein („Datenminimierung"). Beide Grundsätze widersprechen prinzipiell dem „Big Data"-Interesse der Optimierung der Datenbasis und der Qualität der Daten. Gemäß Art. 5 Abs. 1 lit. d) der DSGVO müssen Daten weiterhin sachlich richtig und, falls erforderlich, auf dem neuesten Stand sein. Dies erfordert eine Überprüfung sowohl der Eingabe- als auch der Ausgabedaten der KI sowie eine Qualitätskontrolle der Trainingsdaten und ihrer Quellen sowie der Verarbeitungsergebnisse durch die KI[35]. Insbesondere das sogenannte „Halluzinieren" von Ergebnissen[36] durch die KI muss berücksichtigt werden.

Für die Einhaltung dieser Grundsätze muss die verantwortliche Stelle nach Art. 5 Abs. 2 DSGVO einstehen und dies auch nachweisen können („Rechenschaftspflicht"). Weiterhin erfordert Art. 25 DSGVO die bereits angesprochene Konzeption von KI-Systemen bei der Verarbeitung personenbezogener Daten nach den Grundsätzen von „Privacy by default" und „Privacy by design" und die Umsetzung angemessener technischer und organisatorischer Maßnahmen nach Art. 32 DSGVO[37].

---

nahmen bei der Entwicklung und dem Betrieb von KI-Systemen" vom 6.11.2019, S. 2, https://www.datenschutzkonferenz-online.de/media/en/20191106_positionspapier_kuenstliche_intelligenz.pdf.

33 Baumgartner/Brunnbauer/Cross, Anforderungen der DS-GVO an den Einsatz von Künstlicher Intelligenz, MMR 2023, 543, unter Verweis auf ErwGr. 71 S. 6, 75 und 85 S. 1 DSGVO.

34 Mit Anklängen an den Hintergrund menschlicher Kommunikation: „Gedanken schließen an Gedanken an und erzeugen auf diese Weise das psychische System. Kein Gedanke verlässt das Bewusstsein, das durch ihn mit gebildet wird. Die Operation, die soziale Systeme entstehen lässt und aufrechterhält, ist als „Kommunikation" bezeichnet. Kommunikationen schließen an Kommunikationen an und erzeugen auf diese Weise das soziale System. Keine Kommunikation verlässt das soziale System, das durch sie gebildet wird", Podolski, Lukas, Dranbleiben! Warum Talent nur der Anfang ist, Stuttgart 2014, S. 16; ähnlich Luhmann, Niklas, Einführung in die Systemtheorie, Heidelberg 2002, S. 78.

35 Baumgartner/Brunnbauer/Cross, MMR 2023, 543, 546.

36 Berz/Engel/Hacker, Generative KI, Datenschutz, Hassrede und Desinformation – Zur Regulierung von KI-Meinungen, ZUM 2023, 586, 587 m.w.N.; Beispiele zu Falschergebnissen bei Wilmer, Rechtsfragen von ChatGPT&Co, K&R 2023, 233, 237 f.; Wilmer, Rechtsfragen von DALL-E&Co, K&R 2023, 385, 390.

37 Eine Übersicht über technische und organisatorische Maßnahmen für KI-Komponenten und KI-Systeme findet sich im „Positionspapier der DSK zu empfohlenen technischen und organisatorischen Maßnahmen bei der Entwicklung und dem Betrieb von KI-Systemen" vom 6.11.2019, S. 19 ff., https://www.datenschutzkonferenz-online.de/media/en/20191106_positionspapier_kuenstliche_intelligenz.pdf.

B. Einführung durch den Herausgeber

d. Automatisierte Entscheidungen/Scoring

Nach Art. 22 Abs. 1 DSGVO hat die betroffene Person das Recht, nicht einer ausschließlich auf einer automatisierten Verarbeitung – einschließlich Profiling – beruhenden Entscheidung unterworfen zu werden, die ihr gegenüber rechtliche Wirkung entfaltet oder sie in ähnlicher Weise erheblich beeinträchtigt. Soweit ein KI-System Entscheidungen vorbereitet, ist zu beachten, dass nach dem „Schufa"-Urteil des Europäischen Gerichtshofs[38] nicht erst für die entsprechende Entscheidung mit rechtlicher Wirkung eine Rechtsgrundlage erforderlich ist, sondern bereits dann, wenn im Vorfeld die entsprechenden Entscheidungsgrundlagen automatisiert erstellt werden und diese praktisch wie die Entscheidung wirken, da ihnen automatisiert gefolgt wird. Das Urteil weist darauf hin,[39] dass „die weite Bedeutung des Begriffs „Entscheidung" […] durch den 71. Erwägungsgrund der DSGVO bestätigt [wird]. Demnach umfasst eine Entscheidung zur Bewertung persönlicher Aspekte, die eine Person betreffen, auch „eine Maßnahme einschließen [kann]", die entweder „rechtliche Wirkung für die betroffene Person" entfaltet oder „sie in ähnlicher Weise erheblich beeinträchtigt", wobei die betroffene Person das Recht haben sollte, einer solchen Entscheidung nicht unterworfen zu werden. Entsprechende Überlegungen lassen sich auf einen KI-Einsatz übertragen, wenn dieser Entscheidungen vorbereiten soll oder einer KI-Ausgabe gar (automatisiert) gefolgt wird.

Der Entwurf eines Ersten Gesetzes zur Änderung des Bundesdatenschutzgesetzes vom 9.2.2024[40] sieht anstelle des bisherigen § 31 BDSG einen enger gefassten § 37a BDSG-E vor. Soweit ein KI-System entsprechende Wahrscheinlichkeitswerte erstellt, die Eingang in eine Entscheidung im Sinne des Art. 22 DSGVO finden, wird dies bei der Reichweite des KI-Einsatzes zu berücksichtigen sein. Die Datenschutzkonferenz weist darauf hin, dass bei einem eine solche Entscheidung vorbereitenden KI-Einsatz dem entscheidenden Menschen „ein tatsächlicher Entscheidungsspielraum zukommt", der nicht durch „unzureichende Personalressourcen, Zeitdruck und fehlende Transparenz über den Entscheidungsweg der KI-gestützten Vorarbeit" beeinträchtigt werden darf. Eine Beteiligung eines Menschen zur finalen Entscheidung darf daher nicht rein formell sein.[41]

e. Hinweise der Datenschutzaufsichten

Die Datenschutzaufsichtsbehörden haben in jüngerer Zeit weiter Stellung zu den Grundsätzen des Datenschutzes beim KI-Einsatz genommen.[42] Neben der Datenschutzkonferenz[43] mit ihrer zuletzt veröffentlichten Orientierungshilfe 8/2024 zu KI und Datenschutz[44] hat die baden-württembergische Aufsicht ein Papier zu Rechtsgrundlagen im Datenschutz beim Einsatz von Künstlicher Intelligenz veröffentlicht,[45] die Hamburger Aufsichtsbehörde eine Checkliste zum Einsatz von Large Language Modellen (LLM), auf denen zum Beispiel Chatbots basieren,[46] die bayerische Aufsicht eine Checkliste „Datenschutzkon-

---

38 EuGH NJW 2024, 413.
39 EuGH NJW 2024, 415.
40 BR-Drs. 72/24.
41 DSK, Orientierungshilfe KI und Datenschutz, 5.
42 Siehe auch Quiel, Die DSK-Orientierungshilfe zum datenschutzkonformen KI-Einsatz, DSB 2024, 154.
43 DSK Hambacher Erklärung 2019; DSK, Positionspapier Künstliche Intelligenz 2019.
44 DSK OH KI und Datenschutz.
45 „Rechtsgrundlagen im Datenschutz beim Einsatz von Künstlicher Intelligenz. Wann und wie dürfen personenbezogene Daten für das Training und die Anwendung von Künstlicher Intelligenz verarbeitet werden?", Diskussionspapier. Version 1.0 vom 7.11.2023, https://www.baden-wuerttemberg.datenschutz.de/rechtsgrundlagen-datenschutz-ki/.
46 https://datenschutz-hamburg.de/fileadmin/user_upload/HmbBfDI/Datenschutz/Informationen/20231113_Checkliste_LLM_Chatbots_DE.pdf.

B. Einführung durch den Herausgeber

forme Künstliche Intelligenz" mit Prüfkriterien nach der DS-GVO[47]. Bereits 2019 wurde eine Taskforce KI[48] eingerichtet, von welcher weitere Informationen zu erwarten sind.[49] Daneben liegt eine Handreichung des European Data Protection Supervisors zur Nutzung generativer KI für EU-Institutionen vor.[50]

f. Datenschutz und KI-VO

Die KI-VO enthält neben Regulierungsvorgaben auch neue Erlaubnistatbestände für die Verarbeitung personenbezogener Daten. Nach Art. 10 Abs. 5 S. 1 KI-VO dürfen die Anbieter solcher Systeme ausnahmsweise besondere Kategorien personenbezogener Daten verarbeiten, soweit dies für die Erkennung und Korrektur von Verzerrungen im Zusammenhang mit Hochrisiko-KI-Systemen unbedingt erforderlich ist. Hierbei müssen sie angemessene Vorkehrungen für den Schutz der Grundrechte und Grundfreiheiten natürlicher Personen treffen müssen, zusätzlich sind nach Art. 10 Abs. 5 S. 2 litt. a) bis f) alle folgenden Bedingungen zu erfüllen:

a) Die Erkennung und Korrektur von Verzerrungen kann durch die Verarbeitung anderer Daten, einschließlich künstlicher oder anonymisierter Daten, nicht effektiv durchgeführt werden;

b) die besonderen Kategorien personenbezogener Daten unterliegen technischen Beschränkungen einer Weiterverwendung der personenbezogenen Daten und modernsten Sicherheits- und Datenschutzmaßnahmen, einschließlich Pseudonymisierung;

c) die besonderen Kategorien personenbezogener Daten unterliegen Maßnahmen, mit denen sichergestellt wird, dass die verarbeiteten personenbezogenen Daten gesichert, geschützt und Gegenstand angemessener Sicherheitsvorkehrungen sind, wozu auch strenge Kontrollen des Zugriffs und seine Dokumentation gehören, um Missbrauch zu verhindern und sicherzustellen, dass nur befugte Personen mit angemessenen Vertraulichkeitspflichten Zugang zu diesen personenbezogenen Daten haben;

d) die personenbezogenen Daten der besonderen Kategorien personenbezogener Daten werden nicht an Dritte übermittelt oder übertragen, noch haben diese Dritten anderweitigen Zugang zu diesen Daten;

e) die personenbezogenen Daten der besonderen Kategorien personenbezogener Daten werden gelöscht, sobald die Verzerrung korrigiert wurde oder das Ende der Speicherfrist für die personenbezogenen Daten erreicht ist, je nachdem, was zuerst eintritt;

f) die Aufzeichnungen über Verarbeitungstätigkeiten gemäß den Verordnungen (EU) 2016/679 und (EU) 2018/1725 und der Richtlinie (EU) 2016/680 enthalten die Gründe, warum die Verarbeitung besonderer Kategorien personenbezogener Daten für die Erkennung und Korrektur von Verzerrungen unbedingt erforderlich war und warum dieses Ziel mit der Verarbeitung anderer Daten nicht erreicht werden konnte.

---

[47] LDA Bayern KI-Checkliste vom 24.1.2024, https://www.lda.bayern.de/media/ki_checkliste.pdf.
[48] Im Jahr 2019 hat der Landesbeauftragte für den Datenschutz und die Informationsfreiheit Rheinland-Pfalz (LfDI) die „Taskforce KI" innerhalb der Konferenz der unabhängigen Datenschutzaufsichtsbehörden des Bundes und der Länder (DSK) ins Leben gerufen. Diese legte im Jahr 2019 die Hambacher Erklärung zur Künstlichen Intelligenz sowie Empfehlungen für eine datenschutzkonforme Gestaltung von KI-Systemen vor, https://www.datenschutzkonferenz-online.de/media/pr/Protokoll_105_DSK_2023.pdf.
[49] Übersicht bei Werry, Generative KI-Modelle im Visier der Datenschutzbehörden, MMR 2023, 911.
[50] EDPS Orientations on generative Artificial Intelligence (generative AI) vom 03.06.2024, https://www.edps.europa.eu/system/files/2024-06/24-06-03_genai_orientations_en.pdf.

B. Einführung durch den Herausgeber

Zu den Verpflichtungen der Betreiber von Hochrisiko-KI-Systemen nach Art. 26 Abs. 9 KI-VO gehört es, dass die gemäß Art. 13 KI-VO bereitgestellten Informationen zur Information über das KI-System auch verwendet werden, um gegebenenfalls ihrer Verpflichtung zur Durchführung einer Datenschutz-Folgenabschätzung gemäß Art. 35 DSGVO nachzukommen.

Im Hinblick auf den umstrittenen Biometrie-Einsatz setzt Art. 26 Abs. 10 KI-VO voraus, dass der Betreiber eines Hochrisiko-KI-Systems zur nachträglichen biometrischen Fernfernidentifizierung im Rahmen von Ermittlungen zur gezielten Suche einer Person, die der Begehung einer Straftat verdächtigt wird oder aufgrund einer solchen verurteilt wurde, vorab oder unverzüglich, spätestens jedoch binnen 48 Stunden bei einer Justizbehörde oder einer Verwaltungsbehörde, deren Entscheidung bindend ist und einer gerichtlichen Überprüfung unterliegt, die Genehmigung für die Nutzung dieses Systems beantragt, es sei denn, es wird zur erstmaligen Identifizierung eines potenziellen Verdächtigen auf der Grundlage objektiver und nachprüfbarer Tatsachen, die in unmittelbarem Zusammenhang mit der Straftat stehen, verwendet

Art. 27 Abs. 1 KI-VO sieht die Verpflichtung zu einer umfassenden grundrechtlichen Folgenabschätzung für hochriskante KI-Systeme vor, welche u. a. eine klare Darstellung des beabsichtigten Verwendungszwecks und des geplanten geografischen und zeitlichen Anwendungsbereichs des Systems sowie spezifische Schadensrisiken, die sich auf marginalisierte Personen oder schutzbedürftige Gruppen auswirken könnte umfassen muss. Erforderlich ist weiterhin ein ausführlicher Plan, wie das erkannte Schadensrisiko sowie die negativen Auswirkungen auf die Grundrechte gemindert werden sollen.

Nach Anhang VIII Abschnitt C Nr. 4 KI-VO sind in der Folge zu den KI-Hochrisiko-Systemen unter anderem eine Zusammenfassung der Ergebnisse der gemäß Art. 27 KI-VO durchgeführten Folgenabschätzung für die Grundrechte und eine Zusammenfassung der durchgeführten Datenschutz-Folgenabschätzung bekannt zu machen und aktuell zu halten.

Weitere Regelungen betreffen die in Art. 57 KI-VO vorgesehenen KI-Reallabore, welche KMU bei der Erfüllung regulatorischer Pflichten unterstützen sollen. Art. 57 Abs. 10 KI-VO sieht vor, dass die Mitgliedstaaten dafür sorgen, dass die nationalen Datenschutzbehörden und diese anderen nationalen Behörden in den Betrieb des KI-Reallabors einbezogen werden. Zuletzt ergänzt wurde, dass auch eine „KI-Sandbox" der EU eingerichtet werden kann. Diese soll für ein kontrolliertes Umfeld sorgen, das Innovation fördert und die Entwicklung die Entwicklung, Ausbildung, Prüfung und Validierung von innovativen KI-Systeme für eine begrenzte Zeit vor ihrer ihr Inverkehrbringen oder Inbetriebnahme gemäß einem spezifischen „Sandboxplan", der zwischen den potenziellen Anbietern und der zuständigen Behörde vereinbart wurde. Solche regulatorischen Sandboxes können Tests umfassen, die unter realen Bedingungen in der Sandbox überwacht werden.

Der Einsatz eines KI-Basismodells oder eines KI-Systems im Unternehmen wie MS Copilot sollte dementsprechend rechtzeitig und umfassend vorbereitet werden.[51] Je nach Ausmaß des Einsatzes und des Risikos für die Betroffenen ist eine Datenschutz-Folgenabschätzung nach Art. 35 DSGVO erforderlich. Daneben sind eine frühzeitige Einbeziehung des Datenschutzbeauftragten und des Betriebsrats nach dem Betriebsverfassungsgesetz[52] notwendig, weiterhin ist der Erlass einer Nutzungsrichtlinie, die Zugriffsrechte und Rollenmodelle definiert sowie der Abschluss einer datenschutzkonformen Vereinbarung mit dem KI-Anbieter. Neben einer Konfiguration, bei welcher möglichst keine Eingabedaten zu

---

51 Vgl. Ashkar: Wesentliche Anforderungen der DS-GVO bei Einführung und Betrieb von KI-Anwendungen, ZD 2023, 523.
52 DSK Orientierungshilfe KI und Datenschutz, 10; siehe Checklisten zur KI-Einsatzplanung im Anhang.

17

B. Einführung durch den Herausgeber

Trainingszwecken verarbeitet und keine Historien angelegt werden, sollten Ergebnisdaten auch nicht automatisch unternehmensweit veröffentlicht werden.[53] Empfehlenswert ist die Nutzung unternehmenseigener Geräte oder Accounts mit Funktionsbezeichnungen, da ansonsten schneller Beschäftigtenprofile entstehen können.[54] Auch eine Schulung für Datenschutzfragen beim KI-Einsatz ist erforderlich, welche für die entsprechenden Zugriffsrisiken sensibilisiert.[55]

3. KI und Geistiges Eigentum

Wer ist Inhaber der von der KI erzeugten Ergebnisse, liegt ein Werk- oder Leistungsschutz nach dem **Urheberrechtsgesetz (UrhG)** vor? Können Ergebnisse nach dem **Patentgesetz (PatG)** patentiert werden? Welcher ergänzenden Schutzmöglichkeiten gibt es nach dem **Gesetz gegen unlauteren Wettbewerb (UWG)** oder dem **Geschäftsgeheimnisgesetz (GeschGehG)**?

Zu unterscheiden sind Schutzmöglichkeiten hinsichtlich des KI-Systems als solchem, der Trainingsdaten (Input) und der Ergebnisse (Output).[56]

Das KI-System selbst ist nach § 69a UrhG geschützt, wohingegen ein Patentschutz von KI-Modellen nach deutschem Recht deutlicher weniger aussichtsreich ist als der Know-How-Schutz nach dem GeschGehG[57]. Der Input in ein KI-System kann das Analysieren und Auslesen von frei verfügbaren Daten aus dem Internet umfassen. Diese können als Werke nach § 3 Nr. 1 UrhG geschützt sein, daneben kommt ein Schutz als Teil einer geschützten Datenbank nach § 87a UrhG in Betracht[58]. Werden die Daten nicht nur analysiert, sondern vervielfältigt, stellt dies eine zustimmungsbedürftige Verwertungshandlung nach § 16 UrhG dar[59]. Soweit die nach dem UrhG geschützten Daten nicht von rechtmäßigen Inhabern lizenziert worden sind, erlauben die Schrankenbestimmungen des §§ 44b und 60d UrhG unter bestimmten Voraussetzungen das Auslesen von im Internet verfügbaren Daten zum Zweck des Text und Data Mining[60].

Hinsichtlich des Outputs ist festzustellen, dass die Schutzmöglichkeiten nach deutschem Recht begrenzt sind. KI-Erzeugnisse sind in der Regel keine Bearbeitungen menschlicher Texte oder Bilder, sondern neue Erzeugnisse auf der Basis vorhandener Trainingstexte und -Bilder[61]. Ein Schutz nach dem UrhG setzt – mit Ausnahmen bestimmter Leistungsschutzrechte[62] – nach geltendem Recht voraus, dass es sich um eine menschliche persönlich geistige Schöpfung handelt. Der KI künftig selbst stattdessen Rechte an den Ergebnissen ein-

---

53 DSK Orientierungshilfe KI und Datenschutz, 10 f.
54 DSK Orientierungshilfe KI und Datenschutz, 11.
55 DSK Orientierungshilfe KI und Datenschutz, 12.
56 Siehe auch Kögel, Urheberrechtliche Implikationen bei der Verwendung kreativer und generativer künstlicher Intelligenz, InTeR 2023, 179.
57 Einzelheiten zum Problem der Schutzvoraussetzung der Technizität bei Apel/Kaulartz: Rechtlicher Schutz von Machine Learning-Modellen, RDi 2020, 24, 29.
58 Siehe zu Einzelheiten der Schutzvoraussetzungen: Siems/Repka: Unrechtmäßige Nutzung von KI-Trainingsdaten als Gefahr für neue Geschäftsmodelle? – Compliance-Anforderungen bei der Entwicklung von KI-Systemen, DSRITB 2021, 517, 523. Weiteres siehe Wilmer, K&R 2023, 385ff.
59 Maamar, Niklas: Urheberrechtliche Fragen beim Einsatz von generativen KI-Systemen, ZUM 2023, 481, 483.
60 Pukas: KI-Trainingsdaten und erweiterte kollektive Lizenzen, GRUR 2023, 614, 615.
61 Siehe zu Einzelfragen des Rechtsschutzes und der Verletzung der Rechte Dritter bei der Bildgenerierung Wilmer, K&R 2023, 385; zum sog. Copyright Shield von OpenAI: https://www.forbes.com/sites/billrosenblatt/2023/11/07/openais-copyright-shield-is-business-as-usual-for-enterprise-it/.
62 U. a. zum Datenbankschutz Dornis, GRUR 2019, 1252, 1256.

zuräumen, würde offenlassen, wer über die Rechteeinräumung an Dritte entscheiden soll[63]: Die KI oder die Schöpfer der KI? Oder auch die Nutzer? Umso größer der Abstand des KI-Ergebnisses von den originären menschlichen Dateneingaben oder Datengrundlagen, umso weniger kann der Schutz dem Urheber als menschlichem Schöpfenden zugerechnet werden[64]. Um die Rechtsunsicherheiten beim Investitionsschutz zu beseitigen, wird für die Softwareerzeugnisse der KI u.a. ein Schutzrecht für Algorithmenerzeugnisse gefordert[65].

In KI-Systemen vorhandene Trainingsdaten als solche sind in der Regel nicht durch das Urheberrecht, insbesondere durch das Leistungsschutzdatenbankrecht nach § 87a UrhG geschützt[66].

KI-Ergebnisse werden in aller Regel einen ausreichenden Abstand zu geschütztem Input aufwiesen, andernfalls kann eine Verletzung des Bearbeiterrechts nach § 23 UrhG vorliegen[67].

Angesichts fehlender Schutzfähigkeit des Outputs können KI-Anbieter in aller Regel die Nutzung ihrer Software vermieten oder die Generierung von Erzeugnissen Zeit- oder Stückzahlabhängig vermarkten, nicht aber Urheberrechte an den erzeugten Bildern einräumen. Möchte ein Unternehmen daher KI-generierte Inhalte vermarkten, stößt dies an die Grenzen des Urheberrechts. Denkbar ist allerdings trotz fehlender Rechte eine Nutzungslizenz zur wirtschaftlichen Verwertung nicht der KI-Ergebnisse, sondern zur Nutzung des Machine Learning Models[68].

Gleiches gilt für die KI-Nutzer, die durch einen Prompt Inhalte erzeugt haben. Auch diese können keine Rechte an den Erzeugnissen geltend machen. In aller Regel wird auch bei komplexeren Prompts – trotz des gängigen Begriffs des „Prompt-Engineering" und der Herausforderungen der Promptgestaltung – kein Schutz für den einzelnen Prompt nach dem UrhG bestehen[69].

Neben dem Urheberrechtsschutz können noch andere Rechte des Geistigen Eigentums und gewerbliche Schutzrechte beim Output berührt sein. Auch eine Patentierbarkeit setzt eine natürliche Person als Erfinder voraus, die KI kann hier lediglich unterstützend tätig sein[70]. Gleiches gilt für das Designrecht[71] und Gebrauchsmusterrechte. Soweit sich KI-Erzeugnisse also in aller Regel nicht nach den Regeln des Geistigen Eigentums schützen lassen,

---

[63] Legner, Sarah (2019): Erzeugnisse Künstlicher Intelligenz im Urheberrecht. In: Zeitschrift für Urheber und Medienrecht 63 (11), S. 807-812. Online verfügbar unter https://www.researchgate.net/profile/Sarah-Legner-2/publication/343510297_Erzeugnisse_Kunstlicher_Intelligenz_im_Urheberrecht/links/5fb4d44fa6fdcc9ae05ef8c8/Erzeugnisse-Kuenstlicher-Intelligenz-im-Urheberrecht.pdf, zuletzt geprüft am 24.07.2024.

[64] Specht-Riemenschneider, Louisa (2021): Urheberrechtlicher Schutz für Algorithmenerzeugnisse? Phasenmodell de lege lata, Investitionsschutz de lege ferenda? In: Wettbewerb in Recht und Praxis 18 (3), S. 273-275.

[65] Specht-Riemenschneider, Louisa (2021): Urheberrechtlicher Schutz für Algorithmenerzeugnisse? Phasenmodell de lege lata, Investitionsschutz de lege ferenda? In: Wettbewerb in Recht und Praxis 18 (3), S. 273-275.

[66] Bartke/Hoffmann/Skiebe: Der Schutz von Trainingsdaten de lege ferenda, RDi 2022, 431, Apel/Kaulartz: Rechtlicher Schutz von Machine Learning-Modellen, RDi 2020, 24.

[67] Zum otwendigen Abstand bei Codegenereiierung: Siglmüller/Gassner: Softwareentwicklung durch Open-Source-trainierte KI –Schutz und Haftung, RDi 2023, 124, 130.

[68] Einzelheiten und Klauselvorschläge bei Apel/Kaulartz: Rechtlicher Schutz von Machine Learning-Modellen, RDi 2020, 24, 29 ff.

[69] Details zum Promptschutz: Wilmer, K&R 2023, 385, 387.

[70] BPatG, Beschluss vom 11.11.2021, 11 W (pat) 5/21 (Food Container); zur Bedeutung der menschlichen Entscheidung bei KI gestützter Patententwicklung: Werner, GRUR-Prax 2024, 57, 58; vgl. auch Heinze/Engel, in: Ebers/Heinze/Krügel/Steinrötter, Künstliche Intelligenz und Robotik, § 10 Rn. 82 ff.

[71] Dazu Dornis, Der Schutz künstlicher Kreativität im Immaterialgüterrecht, GRUR 2019, 1252, 1256.

B. Einführung durch den Herausgeber

ist es umso wichtiger, über den Schutz als Geschäftsgeheimnis nachzudenken. Nach § 2 Nr 1. GeschGehG ist ein Geschäftsgeheimnis eine Information, die a) weder insgesamt noch in der genauen Anordnung und Zusammensetzung ihrer Bestandteile den Personen in den Kreisen, die üblicherweise mit dieser Art von Informationen umgehen, allgemein bekannt oder ohne Weiteres zugänglich ist und daher von wirtschaftlichem Wert ist und b) Gegenstand von den Umständen nach angemessenen Geheimhaltungsmaßnahmen durch ihren rechtmäßigen Inhaber ist und c) bei der ein berechtigtes Interesse an der Geheimhaltung besteht.

Sollen KI-Ergebnisse mangels anderer Optionen als Geschäftsgeheimnis geschützt werden, ist es daher unerlässlich, angemessene Geheimhaltungsmaßnahmen – analog zu Art. 32 DSGVO (Technische und Organisatorische Maßnahmen) zu ergreifen. Erst aufgrund solcher – nachgewiesener und konkret auf das KI-Erzeugnis bezogener Maßnahmen – kann sich der Nutznießer des KI-Outputs gegen rechtsverletzende Produkte wehren. Als solches gilt nach § 2 Nr. 4 GeschGehG ein Produkt, dessen Konzeption, Merkmale, Funktionsweise, Herstellungsprozess oder Marketing in erheblichem Umfang auf einem rechtswidrig erlangten, genutzten oder offengelegten Geschäftsgeheimnis – hier also dem KI-Erzeugnis – beruht.

Ergänzend kann auch ein Schutz nach dem UWG in Betracht kommen. Nach § 4 Nr. 3 c) UWG handelt unlauter, wer Waren oder Dienstleistungen anbietet, die eine Nachahmung der Waren oder Dienstleistungen eines Mitbewerbers sind, wenn die für die Nachahmung erforderlichen Kenntnisse oder Unterlagen unredlich erlangt hat. Bei entsprechend unredlichem Zugang zu KI-Erzeugnissen kann daher auch ein Schutz des UWG greifen.

4. KI und Haftung

Welche vertraglichen Regelungen nach dem **BGB** können über die KI-Nutzung vereinbart werden? Welche Konsequenzen hat dies für vertragliche Gewährleistungs- und Haftungsfragen? Wie muss nach dem **Einführungsgesetz zum BGB (EGBGB)** über den KI-Einsatz informiert werden? Welche ergänzenden Haftungsgrundlagen kommen nach dem **DDG**, dem **Produkthaftgesetz (ProdHaftG)**, der **KI-Haftungsrichtlinie** und der neuen **Produkthaftrichtlinie** in Betracht?

Die Verantwortung für das Betreiben und das Nutzen der KI-Systeme kann in verschiedenen Bereichen Haftungsfragen aufwerfen, da die Richtigkeit der Ergebnisse in keiner Weise gesichert ist:[72]

a. KI als Assistent bei Vertragsschlüssen

Werden in einem Unternehmen Systeme wie Copilot oder Ähnliche für die Kommunikation mit Lieferanten oder Kunden eingesetzt, wird das Unternehmen im Rahmen eines Vertragsverhältnisses für Falschinformationen etc. durch die KI aufgrund der vertraglichen Beziehungen für Schäden nach § 280 Abs. 1 BGB haften. Der Betreiber der KI (als derjenige, der nach Art. 3 Nr. 4 KI-VO ein KI-System in eigener Verantwortung verwendet) muss sich gegebenenfalls die Erklärung der KI im Wege der Boteneigenschaft zurechnen lassen.[73] Air Canada wurde in erster Instanz bereits für eine unautorisierte Vertragsentschei-

---

[72] Zur Verwendung „halluzinierter" KI-Urteile durch einen US-Anwalt: https://www.spiegel.de/netzwelt/apps/new-york-anwalt-blamiert-sich-mit-fake-urteilen-aus-chatgpt-a-8935d1c8-b6c2-4079-8ecd-1cf4c2d33259?sara_ref=re-so-app-sh.
[73] Kaulartz/Braegelmann/Riehm Kap 6.1 Rn. 8.

dung eines Chatbots in die Verantwortung genommen.[74] Wenn die KI einen Vertrag für das Unternehmen über eine automatisierte elektronische Willenserklärung[75] geschlossen hat, könnte allerdings eine Anfechtung des Vertrags durch das Unternehmen nach §§ 119, 120 BGB in Betracht kommen, soweit ein sogenannter Erklärungs- oder Botenirrtum vorlag und die Erklärung unverzüglich nach §§ 121, 143 BGB angefochten wurde.[76]

b. Gewährleistung für KI im Vertragsverhältnis

Abhängig vom KI-Einsatz sind vertragliche Risiken aufgrund der Autonomie und Opazität der KI, also der eigenständigen und intransparenten Entscheidungen von der zur Auswahl des Geschäftsmodells und des Vertragspartners[77] bis hin zum Inhalt des geschlossenen Vertrags denkbar. Auch bei „White-Box"- oder „explainable KI"[78] wird eine Nachvollziehbarkeit mit entsprechenden Konsequenzen für die Fehlerbehebung gegeben sein.[79]

Die KI selbst – im Sinne einer e-Person – haftet nach geltendem Recht nicht, es gibt keine gesetzliche Gefährdungshaftung für KI im BGB (etwa analog zur Tierhalterhaftung nach § 833 BGB)[80]. Zu den möglicherweise fehlerhaften Ergebnissen des KI-Einsatzes tragen jedoch verschiedene Akteure bei, vom Hersteller über den Betreiber bis zum Nutzer eines Systems[81], welche für Konzeption, Trainingsdatenbasis[82], Auswahl ergänzender Internetrecherchen bis hin zu den Prompts und der Beachtung der vorgegebenen Einsatzhinweise zuständig und gegebenenfalls Mitverschuldensanteilen nach § 254 BGB je nach Fallgestaltung ausgesetzt sein können.

Eine KI ist damit keine eigene Rechtspersönlichkeit und auch nicht Erfüllungshilfe eines der genannten Akteure nach § 278 BGB[83]. In vertraglichen Fällen kann bei Schäden durch den KI-Einsatz eine Haftung nach § 280 Abs. 1 BGB die Folge sein. Pflichtverletzung und Kausalität sind vom Gläubiger zu beweisen; allerdings kann unter Umständen die Verschuldensvermutung des § 280 Abs. 1 S. 2 durch den Schuldner durch einen Verweis auf die Autonomie und Opazität des KI-Systems in Frage gestellt werden.[84] Zu den zu nach § 276 BGB zu beachtenden Sorgfaltspflichten wird die Beachtung der Nutzungshinweise bei der erstmaligen Inbetriebnahme/Registrierung bei der KI zählen.[85] Dies gilt insbesondere für fachkundige Nutzer bei der Prüfung der KI-Ergebnisse; sind die Intransparenz der Entscheidungswege und die fehlende Aktualität der Datenbasis bekannt, muss diese gegebenenfalls besonders umfangreich ausfallen, um Fehler zu vermeiden. Insofern wird in Einsatzgebieten, in welchen ständige Aktualisierungen erforderlich sind, ein Vertrauen auf

---

74 Moffatt v. Air Canada, 2024 BCCRT 149 (CanLII), https://www.canlii.org/en/bc/bccrt/doc/2024/2024bccrt149/2024bccrt149.html.
75 Kaulartz/Braegelmann/Riehm Kap 6.1 Rn. 7; Wendehorst/Grinzinger, in: Ebers/Heinze/Krügel/Steinrötter, § 4, Rn. 35.
76 Fallgruppen zu den Fehlerursachen bei Paulus/Matzke, Smart Contracts und das BGB – Viel Lärm um nichts?, ZfPW 2018, 455.
77 Grinzinger in Beyer et al., Privatrecht 2050 – Blick in die digitale Zukunft, 1. A. Wien 2020, 151 (158).
78 Zu „Erklärbarer Künstlicher Intelligenz in der Rechtswissenschaft" und „X-AI" Adrian NotBZ 2024, 201.
79 Riechert, in: Augsberg/Gehring (Hrsg.): Datensouveränität, Positionen zur Debatte, 2022, 85 (91).
80 Burchardi, Risikotragung für KI-Systeme, EuZW 2022, 685 (687).
81 Zu den einzelnen Rollen Burchardi, EuZW 2022, 685 (686).
82 Zech NJW 2022, 502.
83 Kaulartz/Braegelmann/Riehm Kap 6.1 Rn. 10.
84 Kaulartz/Braegelmann/Riehm Kap 6.1 Rn. 10; Einzelheiten zur Erkennbarkeit der Gefahr von Fehlern beim Einsatz juristischer KI: Grabelin, Vertragsschluss und vertragliches Verschulden beim Einsatz von Künstlicher Intelligenz und Softwareagenten, 1. A. Hamburg 2018, 134.
85 Vgl. die Disclaimer unter https://www.anthropic.com/legal/consumer-terms, insbesondere beim Registrierungsprozess.

B. Einführung durch den Herausgeber

die KI-Ergebnisse ohne Nachkontrolle sorgfaltswidrig sein, wenngleich ein ständige und generelle KI-Kontrolle nicht erwartet werden kann.[86] Je nach vereinbartem Sollzustand der KI kann der Betreiber Regressansprüche gegen den Anbieter des KI-Systems haben.[87]

c. Haftung für KI-Ergebnisse gegenüber Dritten

Sind durch den KI-Einsatz Dritte geschädigt worden, welche keinen Vertrag mit dem KI-Hersteller oder Betreiber oder Nutzer haben, kommen Ansprüche nach dem Produkthaftgesetz oder dem Deliktsrecht des BGB (§ 823 Abs. 1 BGB, sog. Produzentenhaftung)[88], dem DDG (beim Plattformeinsatz) sowie § 823 Abs. 2 BGB i.V.m. Schutzgesetzen, etwa dem StGB oder der KI-VO in Frage.[89]

Hinsichtlich der Beweislast für die Verursachung und Fehlerhaftigkeit greifen hier zugunsten der Geschädigten künftig die Neuregelungen des Entwurfs der KI-Haftungsrichtlinie[90] (im Folgenden KI-HRL-E) und der Produkthaftrichtlinie.

Der KI-HRL-E gilt für außervertragliche, verschuldensabhängige, zivilrechtliche Schadensersatzansprüche in Bezug auf durch ein KI-System verursachte Schäden. Sie basiert auf den Begrifflichkeiten der KI-VO und schafft vor allem Beweiserleichterungen; dies zum einen durch die Vorgaben zur Offenlegung von Beweismitteln betreffend Hochrisiko-KI-Systeme mit dem Ziel, es einem Kläger zu ermöglichen, einen außervertraglichen verschuldensabhängigen zivilrechtlichen Schadensersatzanspruch zu begründen (Art. 1 Abs. 1 lit. b) KI-HRL-E), zum anderen durch die Erleichterung der Beweislast bei der Geltendmachung außervertraglicher verschuldensabhängiger zivilrechtlicher Ansprüche vor nationalen Gerichten in Bezug auf Schäden, die durch ein KI-System verursacht wurden (Art. 1 Abs. 1 lit. b) KI-HRL-E). Nach Art. 4 Abs. 1 lit. a) – c) KI-HRL-E wird ein ursächlicher Zusammenhang zwischen dem Verschulden des Beklagten und dem vom KI-System hervorgebrachten Ergebnis vermutet, wenn gegen eine Sorgfaltspflicht verstoßen wurde; auf der Grundlage der Umstände des Falls nach vernünftigem Ermessen davon ausgegangen werden kann, dass das Verschulden das vom KI-System hervorgebrachte Ergebnis oder die Tatsache, dass das KI-System kein Ergebnis hervorgebracht hat, beeinflusst hat; und der Kläger nachgewiesen hat, dass das vom KI-System hervorgebrachte Ergebnis oder aber die Tatsache, dass das KI-System kein Ergebnis hervorgebracht hat, zu dem Schaden geführt hat.

Die Sorgfaltspflichtverletzung des Art. 4 Abs. 1 lit. a) KI-HRL-E ist jedoch nach Art. 4 Abs. 2 KI-HRL-E nur anzunehmen, wenn bestimme Risikomanagementkriterien der KI-VO verletzt wurden, so etwa Qualitätskriterien bei Trainingsdaten, Transparenzanforderungen bei Konzeption und Entwicklung, Beaufsichtigungsmöglichkeiten, Anforderungen an Genauigkeit, Robustheit und Cybersicherheit erreicht, oder Compliancevorgaben zur Korrektur von Fehlern.

Liegt allerdings ein Hochrisiko-KI-System nach Art. 6 KI-VO vor, ist die Bedingung der Sorgfaltspflichtverletzung Art. 4 Abs. 3 KI-HRL-E erfüllt, wenn der Kläger nachweist, dass der Nutzer seiner Pflicht zur Verwendung oder Überwachung des KI-Systems nicht nach-

---

86 Grinzinger in Beyer et al., Privatrecht 2050 – Blick in die digitale Zukunft, 1. A. Wien 2020, 151 (175).
87 Wendehorst/Grinzinger, in: Ebers/Heinze/Krügel/Steinrötter, § 4, Rn. 39.
88 Einzelheiten bei Dietrich, Produzentenhaftung für Künstliche Intelligenz, InTeR 2024, 49 ff.
89 Vgl. auch Schucht, Der Einfluss des Produktsicherheits- auf das Produkthaftungsrecht – eine Analyse anhand des Entwurfs einer EU-Produkthaftungsrichtlinie, InTeR 2023, 71.
90 Vorschlag für eine RICHTLINIE DES EUROPÄISCHEN PARLAMENTS UND DES RATES zur Anpassung der Vorschriften über außervertragliche zivilrechtliche Haftung an künstliche Intelligenz (Richtlinie über KI-Haftung) COM/2022/496 final, siehe auch Legner/Fleischer, Haftung für diskriminierende KI – Zum Vorschlag einer KI-Haftungs-Richtlinie, DivRuW 2024, 25 ff.

B. Einführung durch den Herausgeber

gekommen ist, oder Eingabedaten, die seiner Kontrolle unterliegen, auf das KI-System angewandt hat, die der Zweckbestimmung des Systems nicht entsprechen.

Die ebenfalls im Entwurfsstadium befindliche Produkthaftrichtlinie[91] greift für Produkte sowie für ihre Komponenten. Als solche wird jeder materielle oder immaterielle Gegenstand und jeder verbundene Dienst bezeichnet, der vom Hersteller eines Produkts oder unter Kontrolle des Herstellers in das Produkt integriert oder mit dem Produkt verbunden wird. „Verbundener Dienst" bezeichnet dabei einen digitalen Dienst, der so in ein Produkt integriert oder so mit ihm verbunden ist, dass das Produkt ohne ihn eine oder mehrere seiner Funktionen nicht ausführen könnte. Die Produkthaftrichtlinie sieht in ihren Artt. 8 und 9 ebenfalls Vorgaben für Offenlegungspflichten (für in der Hand des Beklagten befindliche Beweismittel) und Beweislasterleichterungen vor.

5. KI und Arbeitsrecht, KI im Bildungswesen

Was ist bei der Einführung und Nutzung von KI im Unternehmen zu achten? Welche Rechte des Betriebsrats nach dem **Betriebsverfassungsgesetz (BetrVG)** zu beachten? Welche Vorgaben ergeben sich aus dem **Allgemeinen Gleichstellungsgesetz (AGG)**? Welche Rolle spielt KI im Rahmen der Weisungsbefugnis der Arbeitgeber nach der **Gewerbeordnung (GewO)**?

Gibt der Arbeitgeber den Einsatz von KI vor oder delegiert er Weisungen durch die KI, kann dies nach § 611a BGB, 106 GewO zulässig sein[92]. Setzt ein Arbeitnehmer ohne Zustimmung des Arbeitgebers KI ein, kann dies gegen den Arbeitsvertrag verstoßen, da zum einen im Zweifel eine persönliche Leistungserbringung des Arbeitnehmers nach §§ 611, 613 S. 1 BGB erwartet werden darf.[93] Zum anderen kann es sich bei der heimlichen Delegation von Aufgaben des Arbeitnehmers an die KI um einen Arbeitszeitbetrug handeln, wenn die KI nicht zur Effizienzsteigerung, sondern zur Vermeidung der Leistung der Arbeitszeit verwendet wird.

Nach einem datenschutz- und grundrechtlich kritisierten[94] Urteil des Landesarbeitsgerichts München[95] kann sogar die Verarbeitung personenbezogener Beschäftigtendaten durch eine KI-Software für präventive Zwecke zulässig sein, wenn es darum geht, Auffälligkeiten des individuellen Arbeitsverhaltens zu erkennen.

Wie oben dargestellt, besteht an den Ergebnissen der KI in der Regel kein Urheberschutz, weder zugunsten des KI-Anbieters noch des KI-Nutzers. Setzt der Arbeitnehmer daher KI ohne Absprache ein, um ein Ergebnis zu erzeugen, dass bei einer Erstellung durch einen Menschen urheberschutzfähig gewesen wäre, entsteht dem Arbeitgeber ein weiterer Nachteil: Er kann das Ergebnis nicht mehr an Dritte, insbesondere an Kunden lizenzieren. Hätte der Arbeitnehmer das Ergebnis selbst erzeugt, hätte der Arbeitgeber regelmäßig nach § 43 UrhG – bei Software nach § 69b UrhG – die Nutzungs- und Verwertungsrechte automatisch vom Arbeitnehmer erhalten und hätte so das Ergebnis an Dritte lizenzieren können.

Wird stattdessen KI genutzt, bleibt nur der Schutz über Regelungen des Geschäftsgeheimnisses und des UWG, die Lizenzierung an Dritte steht aber mangels Urheberschutzes auf tönernen Füßen.

---

91 Vorschlag für eine RICHTLINIE DES EUROPÄISCHEN PARLAMENTS UND DES RATES über die Haftung für fehlerhafte Produkte, COM(2022) 495 final.
92 Müller, Künstliche Intelligenz (KI) im Arbeitsverhältnis, öAT 2024, 26, 27.
93 Müller, öAT 2024, 26, 27.
94 Wedde, Peter, Anmerkung – Streit um Einigungsstellenspruch zur Einführung eines IT-Sicherheitssystems. Anlasslose präventive Verarbeitung von Beschäftigtendaten durch KI-Software zulässig, LArbG München v. 23.07.2020 – 2 TaBV 126/19, jurisPR-ArbR 17/2021 Anm. 6. In: Juris – Das Rechtsportal.
95 Beschluss vom 23.07.2020 – 2 Tabakverordnung 126/19.

B. Einführung durch den Herausgeber

Gleiches gilt für die Patentierbarkeit, auch wenn hier nicht eine automatisierte Übertragung auf den Arbeitgeber stattfindet, sondern die komplexeren Regelungen des Arbeitnehmererfindungsgesetzes (ArbnErfG) zu beachten sind.

Der Einsatz von KI berührt auch Mitbestimmungs- und sonstige Pflichten nach dem Betriebsverfassungsgesetz (BetrVG). Zum einen kann der KI-Einsatz Fragen der betrieblichen Ordnung nach § 87 Abs. 1 Nr. 1 betreffen. Abhängig vom Einsatzzweck und den Zugriffsmöglichkeiten des Arbeitgebers kann der KI-Einsatz zum anderen dazu führen, dass es sich nach § 87 Abs. 1 Nr. 6 BetrVG um ein zur Leistungskontrolle geeignetes Mittel handelt und damit mitbestimmungspflichtig wird.

Das Arbeitsgericht Hamburg hat entschieden, dass alleine die Erlaubnis zur Nutzung von ChatGPT durch den Arbeitnehmer noch keine Mitbestimmungspflicht nach § 87 Abs. 1 Nr. BetrVG auslöst.[96] Wenn kein unternehmenseigenes KI-System genutzt wird, sondern „der Arbeitnehmer selbst einen Account bei ChatGPT anlegen und eventuell entstehende Kosten auch selbst tragen muss [...], weshalb [der Arbeitgeber] keinerlei Meldung erhält, wann welcher Arbeitnehmer wie lange und mit welchem Anliegen ChatGPT genutzt hat", liegt auch keine Überwachungsmöglichkeit durch den Arbeitgeber nach § 87 Abs. 1 Nr. 6 BetrVG und keine zugehörige Mitbestimmungspflicht vor, da der Arbeitgeber selbst die Nutzung nicht überwachen kann.[97] Auch eine Verpflichtung der Arbeitnehmer zur Kennzeichnung von „Arbeitsergebnissen, die mittels Unterstützung von Künstlicher Intelligenz entstanden sind", führt nicht zu einem Mitbestimmungsrecht § 87 Abs. 1 Nr. 6 BetrVG.[98]

Nach § 90 Abs. 1 Nr. 3 BetrVG hat der Arbeitgeber den Arbeitnehmer von Arbeitsverfahren und Arbeitsabläufen einschließlich des Einsatzes von Künstlicher Intelligenz zu unterrichten und nach § 90 Abs. 2 BetrVG dem Betriebsrat die vorgesehenen Maßnahmen und ihre Auswirkungen auf die Arbeitnehmer, insbesondere auf die Art ihrer Arbeit sowie die sich daraus ergebenden Anforderungen an die Arbeitnehmer so rechtzeitig zu beraten, dass Vorschläge und Bedenken des Betriebsrats bei der Planung berücksichtigt werden können. Nach § 90 Abs. 2 S. 2 BetrVG sollen Arbeitgeber und Betriebsrat dabei auch die gesicherten arbeitswissenschaftlichen Erkenntnisse über die menschengerechte Gestaltung der Arbeit berücksichtigen. § 95 Abs. 3 BetrVG sieht vor, dass Richtlinien über die personelle Auswahl bei Einstellungen, Versetzungen, Umgruppierungen und Kündigungen auch dann der Zustimmung des Betriebsrats bedürfen, wenn bei der Aufstellung der Richtlinien nach diesen Absätzen Künstliche Intelligenz zum Einsatz kommt. § 80 Abs. 3 S. 2 BetrVG kann der Betriebsrat einen Sachverständigen hinzuziehen, wenn er zur Durchführung seiner Aufgaben die Einführung oder Anwendung von Künstlicher Intelligenz beurteilen muss.

Wird KI bei der Erbringung von schulischen[99] oder hochschulischen Leistungen und wissenschaftlichen Arbeiten eingesetzt, ist neben den o. g. urheberrechtlichen Fragen auch der weitere Begriff des Plagiats und des Verstoßes gegen Grundsätze des wissenschaftlichen Arbeitens zu beachten. Als Plagiat kann einerseits die Verletzung fremder Urheberrechte verstanden werden. Mangels Urheberrechten an einem KI-Ergebnis kommt dies jedoch zunächst nicht in Betracht[100]. Ein Plagiat kann jedoch auch in einem Verstoß gegen die Pflicht zur Quellenangabe nach § 63 UrhG bestehen, bei welcher dadurch „der Eindruck

---

[96] ArbG Hamburg Beschl. v. 16.1.2024 – 24 BVGa 1/24, Rz. 26.; Einzelheiten bei Lang/Reinbach, Künstliche Intelligenz und betriebliche Mitbestimmung, BB 2024, 1396 ff.
[97] ArbG Hamburg Beschl. v. 16.1.2024 – 24 BVGa 1/24, Rz. 27 ff.
[98] ArbG Hamburg Beschl. v. 16.1.2024 – 24 BVGa 1/24, Rz. 30.
[99] Siehe zu Fragen des Einsatzes von ChatGPT an Schulen: Beat Döbeli Honegger, ChatGPT & Schule, Einschätzungen der Professur „Digitalisierung und Bildung" der Pädagogischen Hochschule Schwyz, https://mia.phsz.ch/pub/MIA/ChatGPT/2023-chat-gpt-und-schule-v117.pdf.
[100] Loewenheim, in: Schricker/Loewenheim (Fn. 25), § 23 UrhG Rn. 28.

entsteht, das Entlehnte stamme vom Entlehnenden"[101]. Daneben können Verstöße gegen eidesstattliche Versicherungen, keine KI bei der inhaltlichen Erstellung von Lösungen einzusetzen, strafbar sein, wobei bei der Formulierung von Einsatzverboten eine schwierige Grenzziehung zwischen zulässigen und unzulässigen Einsätzen erforderlich sein wird.[102] Ein Nachweis des unzulässigen KI-Einsatzes durch Prüflinge durch eine Softwareprüfung ist zurzeit nicht zuverlässig möglich[103]. In einem ersten Urteil zur Nachweisfrage hat das VG München die Beurteilung der Prüfenden als Anscheinsbeweis genügen lassen. Diese waren zum Schluss gekommen, dass eine vorgelegte Arbeit unglaubwürdig weit von den bekannten Leistungen des Prüflings selbst und von anderen Prüflingen (in diesem Fall Bewerbenden zur Masterzulassung) abwich:[104]

> *„Nach der Stellungnahme von Prof. S vom 28.9.2023 fällt das vom Ast. eingereichte Essay im Vergleich zu den Essays anderer Bewerber durch die sehr stark strukturierte Form auf; erfahrungsgemäß wiesen längere schriftliche Arbeiten von Studierenden selbst bei intensiver Betreuung gewisse Brüche in Struktur und Logik auf. Ferner steche die Kürze und Inhaltsdichte der Sätze und Abschnitte des Ast. ins Auge; im Vergleich zu den Essays nahezu sämtlicher weiterer Bewerber sei die Arbeit des Ast. deutlich kürzer, enthalte jedoch alle relevanten Aspekte. Schließlich sei die Arbeit des Ast. in geschliffenem Englisch und frei von Rechtschreib- und Zeichensetzungsfehlern abgefasst, was nicht den bisherigen Erfahrungen der Prüfer entspreche. Die Prüfer verweisen damit auf Auffälligkeiten in Bezug auf Struktur, inhaltliche Dichte und Fehlerfreiheit bei Wortwahl, Rechtschreibung und Zeichensetzung. Dem Vergleich lagen die Arbeiten anderer Bewerber der laufenden Bewerbungsrunde und darüber hinaus die allgemeinen Erfahrungen der Prüfer zu den Fähigkeiten von Bachelorabsolventen bei der Abfassung von Texten zugrunde. [...] Soweit der Ast. geltend macht, lediglich 45 % des Textes seien durch die Überprüfungssoftware markiert, es fielen jedoch keinerlei sprachlichen oder inhaltlichen Unterschiede zwischen markierten und nichtmarkierten Textstellen auf, so ergibt sich nichts anderes. Der Täuschungsvorwurf ist auf die Feststellungen von Prof. S und Dr. M gestützt, die sich auf den gesamten Text beziehen und nicht auf das Überprüfungsergebnis der Plagiatssoftware. Das Ergebnis der Softwareüberprüfung wirft auch keine Zweifel an den Feststellungen von Prof. S und Dr. M und deren Schlussfolgerungen auf. Denn wie in der Stellungnahme von Prof. S vom 6.11.2023 dargelegt, verweist der Hersteller der Überprüfungssoftware darauf, dass zur Sicherstellung der 1%-igen Irrtumswahrscheinlichkeit möglicherweise KI-generierter Text nicht als solcher markiert werde. Aus der Tatsache, dass Textpassagen nicht als KI-generiert gekennzeichnet sind, kann daher auch auf Grundlage der Softwareüberprüfung nicht gefolgert werden, dass sie nicht von Künstlicher Intelligenz verfasst sind."*

Wird KI zur Prüfungsbewertung eingesetzt, ist zu beachten, dass es sich hierbei nach Art. 6 Abs. 2 KI-VO i. V. m. Anhang III Nr. 3 b)[105] KI-VO um Hochrisiko-KI-Systeme handeln

---

101 Loewenheim, in: Schricker/Loewenheim (Fn. 25), § 23 UrhG Rn. 28.
102 Einzelheiten bei Ekardt/Klotz, ChatGPT im Hochschulrecht, MMR 2024, 545, 546.
103 Birnbaum: ChatGPT und Prüfungsrecht, NVwZ 2023, 1127, 1130; Fröhlich: Antidiskriminierungsrechtskonforme Entscheidungen durch KI-Systeme, GRUR-Prax 2024, 415.
104 VG München, Beschluss vom 28.11.2023 – M 3 E 23.4371, Rn. 38, 42.
105 KI-Systeme, die bestimmungsgemäß für die Bewertung von Lernergebnissen verwendet werden sollen, einschließlich des Falles, dass diese Ergebnisse dazu dienen, den Lernprozess natürlicher Personen in Einrichtungen oder Programmen aller Ebenen der allgemeinen und beruflichen Bildung zu steuern.

B. Einführung durch den Herausgeber

kann mit entsprechenden Folgen für Risikomanagement, Dokumentation und technische Aufsicht.[106]

Bei der Generierung von Texten und Bildern sind weiterhin Fragen der Diskriminierungsfreiheit nach dem Allgemeinen Gleichbehandlungsgesetz (AGG) zu beachten.[107] Sowohl unmittelbare als auch unmittelbare Diskriminierungen sind unzulässig.[108] Zu klären sind unter anderem der sog. „BIAS"[109], also die Verzerrung von Trainingsdaten und der Algorithmen[110] mit der Folge möglicher Verstöße gegen § 7 und § 19 AGG, insbesondere beim Einsatz im Personalbereich.[111] Eine Untersuchung der Voreingenommenheit von DALL-E im Vergleich zu anderen Bildgeneratoren gab bestimmte Ziel- und Sozialattribute vor und erzeugte Prompts wie „CEO" oder „Social Worker".[112] Durch Stichproben bei mehreren Bildgenerationen für jede der Aufforderungen wurde ermittelt, welche ethnischen und Genderzuordnungen bei den erstellten Bildern erkennbar waren.[113] Hierbei erstellte DALL-E nach den Kriterien der Studie weniger diverse Bilder als die untersuchten Konkurrenzprodukte.[114] Wie schwierig jedoch die Abwägung zwischen nichtdiskriminierend gewünschten Bildinhalten und der Verzerrung von gegebenen Sachverhalten ist, hat die Abschaltung des Bildgenerators von Google Gemini gezeigt, nachdem dieser versucht hatte, in allen historischen Kontexten aktuelle Diversitätsvorstellungen umzusetzen.[115]

6. KI, Plattformwirtschaft und Datenwirtschaft

Jüngere Neuregulierungen der EU befassen sich mit den Vorgaben für große Plattformen und Gatekeeper, etwa im Rahmen des **Digital Service Act (DSA)** und **Digital Markets Act (DMA)**. Der Handel mit Daten wird durch den **Data Act (DA)** und den **Data Governance Act (DGA)** mitbestimmt werden.

a. Digital Services Act (DSA)

Der Digital Services Act befasst sich mit der Regulierung der Tätigkeit von Digitalen Diensteanbietern, insbesondere im Hinblick auf die Meldung von Rechtsverletzungen. Art. 16 DSA sieht vor, dass KI-Mittel zur Meldung einsetzbar sind. Nach Art. 16 Abs. 6 DSA bearbeiten die Hostingdiensteanbieter alle Meldungen und entscheiden zeitnah, sorgfältig, frei von Willkür und objektiv über die gemeldeten Informationen. Wenn sie zu dieser Bearbeitung oder Entscheidungsfindung automatisierte Mittel einsetzen, machen sie in ihrer Mitteilung auch Angaben über den Einsatz dieser Mittel. KI kann daher zur automatisierten

---

106 Einzelheiten bei Ekardt/Klotz, ChatGPT im Hochschulrecht, MMR 2024, 545, 548.
107 Siehe Empfehlungen der Datenethikkommission für die Strategie Künstliche Intelligenz der Bundesregierung vom 9. 10. 2018, https://www.bmi.bund.de/SharedDocs/downloads/DE/veroeffentlichungen/themen/it-digitalpolitik/datenethikkommission/empfehlungen-datenethikkommission.pdf?__blob=publicationFile&v=2.
108 Siehe Fröhlich: Antidiskriminierungsrechtskonforme Entscheidungen durch KI-Systeme, GRUR-Prax 2024, 415, 417.
109 Bachgrund/Nesum/Bernstein/Burchard, CR 2023, 132, 136.
110 Details und Beispiele bei Lauscher/Legner, ZfDR 2022, 367, 371 f.
111 Einzelheiten bei Schulte/Prowald, Künstliche Intelligenz im Recruiting – rechtskonformer Einsatz im Unternehmen, K&R 2023, 166.
112 Beitrag von Melissa Heikkilä in heise.de vom 29. 3. 2023, https://www.heise.de/hintergrund/Neue-Tools-zeigen-wie-voreingenommen-KI-Bildgeneratoren-sind-7744035.html.
113 Luccioni/Akiki/Mitchell/Jernite, Stable, Bias: Analyzing Societal Representations in Diffusion Models, S. 6, https://doi.org/1048550/arXiv.2303.11408.
114 *Luccioni/Akiki/Mitchell/Jernite, Stable Bias*: Analyzing Societal Representations in Diffusion Models, S. 10, https://doi.org/10.48550/arXiv.2303.11408.
115 https://www.googlewatchblog.de/2024/02/gemini-ki-bildgenerator-statement/#google_vignette.

Bearbeitung von Meldungen über Rechtsverletzungen und den daraus gezogenen Konsequenzen eingesetzt werden. Daneben birgt der Einsatz von KI aber auch die Gefahr, dass „auf diese Weise demokratische Wahlen beeinflusst und gesellschaftlicher Zusammenhalt untergaben wird".[116]

b. Data Act und Data Governance Act

Der Data Act[117] (Verordnung über harmonisierte Vorschriften über den fairen Zugang zu und die Nutzung von Daten) trat am 11.01.2024 in Kraft. Ebenso wie der im September 2023 in Kraft getretene Data Governance Act[118] sind diese Bestandteile der Europäischen Datenstrategie und enthalten Prozesse und Strukturen, welche den freiwilligen Datenaustausch ermöglichen sollen.

Der DGA sieht in Artikel 9 Anmeldeverfahren für die Anbieter von Diensten für die gemeinsame Datennutzung vor und definiert in Artikel 11 Bedingungen für die Erbringung von Diensten für die gemeinsame Datennutzung. Dazu zählen unter anderem Zweckbindungsregeln, Regeln für die Nutzung von Metadaten und Garantien dafür, dass das Verfahren für den Zugang zu seinem Dienst sowohl für Dateninhaber als auch für Datennutzer – auch in Bezug auf die Preise – fair, transparent und nichtdiskriminierend ist.

Der DGA regelt die Bereitstellung von Daten des öffentlichen Sektors zur Weiterverwendung in Fällen, in denen diese Daten den Rechten anderer unterliegen. Weiterhin ist Bestandteil die gemeinsame Datennutzung durch Unternehmen gegen Entgelt in jedweder Form und die Ermöglichung der Nutzung personenbezogener Daten mithilfe eines „Mittlers für die gemeinsame Nutzung personenbezogener Daten". Dieser soll zum einen Einzelpersonen bei der Ausübung ihrer Rechte gemäß der DSGVO unterstützen und zum anderen die Nutzung von Daten zu altruistischen Zwecken ermöglichen. Im Hinblick auf die oben dargestellte Problematik der Nutzung personenbezogener Daten weist Erwägungsgrund 6 des DGA darauf hin, dass es für Datenbanken, die personenbezogene Daten enthalten, Techniken gibt, „die datenschutzfreundliche Analysen ermöglichen, z. B. Anonymisierung, Pseudonymisierung, differentielle Privatsphäre, Generalisierung oder Datenunterdrückung und Randomisierung". Damit soll eine sichere Weiterverwendung personenbezogener Daten und vertraulicher Geschäftsdaten für Forschung, Innovation und statistische Zwecke gewährleistet werden können. Schließlich heißt es jedoch auch, dass die Verarbeitung personenbezogener Daten stets auf einer der Rechtsgrundlagen des Art. 6 DSGVO beruhen soll. Die Abgrenzung der DSGVO zum DGA bleibt leider unklar, da nicht eindeutig geklärt ist, ob der DGA – wie dies die DSGVO tut – auch pseudonyme Daten erfasst. Daher wird vorgeschlagen, dass die vorgesehen Regulierungen „maßvoll ausgeweitet werden, um Risiken aus dem Einsatz von generativer KI zu begegnen."[119]

Der DGA soll nach seinem ErwGr. 4 Hemmnisse für eine gut funktionierende Datenwirtschaft abzubauen und einen unionsweiten Rechtsrahmen für den Zugang zu Daten und für deren Verwendung zu schaffen. Gemeint ist damit „die Weiterverwendung bestimmter

---

116 Legner, Sarah: Der Digital Services Act – Ein neuer Grundstein der Digitalregulierung, ZUM 2024, 99, 100.
117 Verordnung (EU) 2023/2854 des Europäischen Parlaments und des Rates vom 13. Dezember 2023 über harmonisierte Vorschriften für einen fairen Datenzugang und eine faire Datennutzung sowie zur Änderung der Verordnung (EU) 2017/2394 und der Richtlinie (EU) 2020/1828 (Datenverordnung).
118 Verordnung (EU) 2022/868 des Europäischen Parlaments und des Rates vom 30. Mai 2022 über europäische Daten-Governance und zur Änderung der Verordnung (EU) 2018/1724 (DatenGovernance-Rechtsakt).
119 Berz/ Engel, Andreas/Hacker, Philipp: Generative KI, Datenschutz, Hassrede und Desinformation – Zur Regulierung von KI-Meinungen, ZUM 2023, 586.

B. Einführung durch den Herausgeber

Arten von Daten, die im Besitz des öffentlichen Sektors sind, die Erbringung von Diensten für gewerbliche Nutzer und betroffene Personen durch Anbieter von Diensten für die gemeinsame Datennutzung sowie auf die Sammlung und Verarbeitung von Daten, die von natürlichen und juristischen Personen für altruistische Zwecke zur Verfügung gestellt werden."[120] Datenschützer werden die Ausführungen zur Durchführbarkeit der Datenweitergabe zu diesen Zwecken trotz des folgenden Wortlauts des ErwGr. 6 S. 1 DGA skeptisch betrachten: „Für Datenbanken, die personenbezogene Daten enthalten, gibt es Techniken, die datenschutzfreundliche Analysen ermöglichen, z. B. Anonymisierung, Pseudonymisierung, differentielle Privatsphäre, Generalisierung oder Datenunterdrückung und Randomisierung. Mithilfe dieser dem Schutz der Privatsphäre dienenden Techniken im Verbund mit umfassenden Datenschutzkonzepten dürfte eine sichere Weiterverwendung personenbezogener Daten und vertraulicher Geschäftsdaten für Forschung, Innovation und statistische Zwecke gewährleistet werden können." Da gerade die Weitergabe von Daten zu eignen Zwecken besondere Herausforderungen an die Prüfung zugehöriger datenschutzrechtlicher Rechtsgrundlagen stellt, bleibt fraglich, ob eine solche Datenwirtschaft nach dem DGA umzusetzen sein wird. Hinzu kommt, dass keine Verpflichtung zum Datenzugang besteht.[121]

c. Sonstige Zuordnung von Daten/Datencompliance

Soweit Daten für den Input der KI verwendet werden und auch wiederum Daten Bestandteil des KI-Outputs sind, stellt sich die Frage nach der Compliance im Umgang mit KI-Daten, sowohl hinsichtlich des Inputs als auch des Outputs der KI. Insgesamt ergibt sich ein heterogenes Bild der rechtlichen Zuordnung der Daten:[122]

Diese können verschiedenen rechtlichen Regimen unterliegen, was wiederum für die Big Data-Nutzung und die Zuordnung von KI-Trainingsdaten eine Rolle spielt. Die Datenwirtschaft ist von einer Vielzahl unterschiedlicher Datenregime nicht zu trennen.[123] Insofern sind alle Daten, die von KI-Betreibern und Anwendern verwendet werden – auch bei Eingaben in die KI – auf ihre rechtliche Unbedenklichkeit nach folgenden Kriterien zu überprüfen[124]:

aa. Wer ist Eigentümer/Besitzer der Daten?[125]

bb. Unterliegen die Daten vertraglichen Vertraulichkeitsvereinbarungen?

cc. Handelt es sich um Daten aus vernetzten Produkten und verbundenen Diensten nach dem Data Act, die einem Datenzugangsanspruch von Nutzern dem Data Act unterliegen?

dd. Wurden die Daten aus zulässigem Text und Data Mining erhoben?

---

120 ErwGr. 4 S. 2 DGA.
121 Schreiber/Schoel, Data Governance Act: Mehr Daten für Legal Tech-Anwendungen?, LTZ 2024, 3.
122 Papier zur Datenstrategie der Bundesregierung abrufbar unter https://www.bmwk.de/Redaktion/DE/Publikationen/Digitale-Welt/fortschritt-durch-datennutzung.pdf?__blob=publicationFile&v=6.
123 Überblick bei Specht-Riemenschneider, Datennutz und Datenschutz: Zum Verhältnis zwischen Datenwirtschaftsrecht und DSGVO, ZEuP 2023, 638.
124 Vgl auch einzelne Aspekte in der Athene-Studie zur fehlenden Rechtssicherheit für Big Data: Gutjahr/Hornung/Kriegel/Schaller/ Selzer/Stummer/Spiecker genannt Döhmann/ Wilmer, Darmstadt, Frankfurt und Kassel, Oktober 2023, https://www.sit.fraunhofer.de/de/presse/details/news-article/show/studie-fehlende-rechtssicherheit-fuer-big-data-und-ki/; siehe zum rechtskonformen Umgang mit großen Datenmengen Neuschäffer, Bloß nicht persönlich werden, wenn es um Daten geht, IHC 2024, 42 f.
125 Da rechtlich strittig ist, ob es ein Eigentum an Daten im Sinne des § 903 BGB gibt, wird teilweise vertreten, dass ein mögliches Eigentum an Daten dem Eigentum am Datenträger folgt; Überblick zur eigentumsrechtlichen Zuordnung von Daten, den Folgen für die Vertragsgestaltung und möglichen alternativen Skribentenrechten bei Wilmer, Tatup 2021, 56, 58.

B. Einführung durch den Herausgeber

Wurden bei der Erhebung die Vorgaben des § 44b UrhG/ggf. § 60d UrhG (bei Forschungsdaten beachtet? Haben Webseitenbetreiber der Datenerhebung widersprochen?
ee. Sind die Daten personenbezogen im Sinne des Art. 4 Nr. 1 DSGVO, das heißt insbesondere, ob sie rückführbar sind auf bestimmte natürliche Personen? Falls ja: Sind die Daten sensibel/besondere personenbezogene Daten im Sinne des Art. 9 Abs. 1 DSGVO
ff. Handelt es sich um Daten, die etwas über die Leistung von Beschäftigten aussagen können (§ 87 Abs. 1 Nr. 6 BetrVG)?
gg. Handelt es sich um Daten, die durch Markmacht nach dem GWB erlangt wurden?
hh. Sind es Daten, die dem Schutz eines Dritten nach dem Geschäftsgeheimnisgesetz unterliegen?
ii. Handelt es sich um Daten, die geschützte Werke nach § 2 UrhG darstellen?
jj. Handelt es sich um Daten nach § 87a UrhG, die Bestandteil einer Leistungsschutzdatenbank sind?
kk. Enthalten die Daten Abbildungen natürlicher Personen nach § 22 KUG?

Diese Vorgaben insgesamt angemessen zu berücksichtigen, stellt eine der größten Herausforderungen im Bereich der Geschäftsmodelle von Künstlicher Intelligenz/Big Data dar. Näheres findet sich im Anhang wie folgt:

Informationen zum Anhang

Die im Anhang beigefügten **Checklisten und FAQ** bieten eine Übersicht über die entstehenden Rechtsfragen[126]:

– Die **10 KI-Gebote** führen in die Rechtsfragen der KI ein und biete Hinwiesen insbesondere für den Umgang mit GPAI.
– Die **FAQ zu ChatGPT, Dall-E, Sora & Co** gehen auf spezifische Fragestellungen der KI-Generierung von Texten, Bildern und Videos ein.
– Das **Vorgehensmodell KI-Einführung/Copilot & Co** befasst sich mit den grundlegenden Schritten des Prozesses zur rechtskonformen Einführung des Einsatzes von KI/Copilot & Co im Unternehmen.

---

126 Im öffentlich-rechtlichen Bereich können zahlreiche zusätzliche Fachvorgaben zu berücksichtigen sein, etwa beim sensiblen Einsatz im Justizwesen, siehe „Einsatz von KI und algorithmischen Systemen in der Justiz", Grundlagenpapier zur 74. Jahrestagung der Präsidentinnen und Präsidenten der Oberlandesgerichte, des Kammergerichts, des Bayerischen Obersten Landesgerichts und des Bundesgerichtshofs vom 23. bis 25. Mai 2022 in Rostock vom 13.05.2022.

C. Gesetzestexte

I. Allgemeines Gleichbehandlungsgesetz (AGG) (Auszug)

Ausfertigungsdatum: 14.08.2006
Vollzitat:
„Allgemeines Gleichbehandlungsgesetz vom 14. August 2006 (BGBl. I S. 1897), das zuletzt durch Artikel 15 des Gesetzes vom 22. Dezember 2023 (BGBl. 2023 I Nr. 414) geändert worden ist"
Stand: Zuletzt geändert durch Art. 15 G v. 22.12.2023 I Nr. 414

§ 1 Ziel des Gesetzes

Ziel des Gesetzes ist, Benachteiligungen aus Gründen der Rasse oder wegen der ethnischen Herkunft, des Geschlechts, der Religion oder Weltanschauung, einer Behinderung, des Alters oder der sexuellen Identität zu verhindern oder zu beseitigen.

§ 2 Anwendungsbereich

(1) Benachteiligungen aus einem in § 1 genannten Grund sind nach Maßgabe dieses Gesetzes unzulässig in Bezug auf:
1. die Bedingungen, einschließlich Auswahlkriterien und Einstellungsbedingungen, für den Zugang zu unselbstständiger und selbstständiger Erwerbstätigkeit, unabhängig von Tätigkeitsfeld und beruflicher Position, sowie für den beruflichen Aufstieg,
2. die Beschäftigungs- und Arbeitsbedingungen einschließlich Arbeitsentgelt und Entlassungsbedingungen, insbesondere in individual- und kollektivrechtlichen Vereinbarungen und Maßnahmen bei der Durchführung und Beendigung eines Beschäftigungsverhältnisses sowie beim beruflichen Aufstieg,
3. den Zugang zu allen Formen und allen Ebenen der Berufsberatung, der Berufsbildung einschließlich der Berufsausbildung, der beruflichen Weiterbildung und der Umschulung sowie der praktischen Berufserfahrung,
4. die Mitgliedschaft und Mitwirkung in einer Beschäftigten- oder Arbeitgebervereinigung oder einer Vereinigung, deren Mitglieder einer bestimmten Berufsgruppe angehören, einschließlich der Inanspruchnahme der Leistungen solcher Vereinigungen,
5. den Sozialschutz, einschließlich der sozialen Sicherheit und der Gesundheitsdienste,
6. die sozialen Vergünstigungen,
7. die Bildung,
8. den Zugang zu und die Versorgung mit Gütern und Dienstleistungen, die der Öffentlichkeit zur Verfügung stehen, einschließlich von Wohnraum.

(2) Für Leistungen nach dem Sozialgesetzbuch gelten § 33c des Ersten Buches Sozialgesetzbuch und § 19a des Vierten Buches Sozialgesetzbuch. Für die betriebliche Altersvorsorge gilt das Betriebsrentengesetz.

(3) Die Geltung sonstiger Benachteiligungsverbote oder Gebote der Gleichbehandlung wird durch dieses Gesetz nicht berührt. Dies gilt auch für öffentlich-rechtliche Vorschriften, die dem Schutz bestimmter Personengruppen dienen.

(4) Für Kündigungen gelten ausschließlich die Bestimmungen zum allgemeinen und besonderen Kündigungsschutz.

I. Allgemeines Gleichbehandlungsgesetz (AGG) (Auszug)

§ 3 Begriffsbestimmungen

(1) Eine unmittelbare Benachteiligung liegt vor, wenn eine Person wegen eines in § 1 genannten Grundes eine weniger günstige Behandlung erfährt, als eine andere Person in einer vergleichbaren Situation erfährt, erfahren hat oder erfahren würde. Eine unmittelbare Benachteiligung wegen des Geschlechts liegt in Bezug auf § 2 Abs. 1 Nr. 1 bis 4 auch im Falle einer ungünstigeren Behandlung einer Frau wegen Schwangerschaft oder Mutterschaft vor.

(2) Eine mittelbare Benachteiligung liegt vor, wenn dem Anschein nach neutrale Vorschriften, Kriterien oder Verfahren Personen wegen eines in § 1 genannten Grundes gegenüber anderen Personen in besonderer Weise benachteiligen können, es sei denn, die betreffenden Vorschriften, Kriterien oder Verfahren sind durch ein rechtmäßiges Ziel sachlich gerechtfertigt und die Mittel sind zur Erreichung dieses Ziels angemessen und erforderlich.

(3) Eine Belästigung ist eine Benachteiligung, wenn unerwünschte Verhaltensweisen, die mit einem in § 1 genannten Grund in Zusammenhang stehen, bezwecken oder bewirken, dass die Würde der betreffenden Person verletzt und ein von Einschüchterungen, Anfeindungen, Erniedrigungen, Entwürdigungen oder Beleidigungen gekennzeichnetes Umfeld geschaffen wird.

(4) Eine sexuelle Belästigung ist eine Benachteiligung in Bezug auf § 2 Abs. 1 Nr. 1 bis 4, wenn ein unerwünschtes, sexuell bestimmtes Verhalten, wozu auch unerwünschte sexuelle Handlungen und Aufforderungen zu diesen, sexuell bestimmte körperliche Berührungen, Bemerkungen sexuellen Inhalts sowie unerwünschtes Zeigen und sichtbares Anbringen von pornographischen Darstellungen gehören, bezweckt oder bewirkt, dass die Würde der betreffenden Person verletzt wird, insbesondere wenn ein von Einschüchterungen, Anfeindungen, Erniedrigungen, Entwürdigungen oder Beleidigungen gekennzeichnetes Umfeld geschaffen wird.

(5) Die Anweisung zur Benachteiligung einer Person aus einem in § 1 genannten Grund gilt als Benachteiligung. Eine solche Anweisung liegt in Bezug auf § 2 Abs. 1 Nr. 1 bis 4 insbesondere vor, wenn jemand eine Person zu einem Verhalten bestimmt, das einen Beschäftigten oder eine Beschäftigte wegen eines in § 1 genannten Grundes benachteiligt oder benachteiligen kann.

§ 4 Unterschiedliche Behandlung wegen mehrerer Gründe

Erfolgt eine unterschiedliche Behandlung wegen mehrerer der in § 1 genannten Gründe, so kann diese unterschiedliche Behandlung nach den §§ 8 bis 10 und 20 nur gerechtfertigt werden, wenn sich die Rechtfertigung auf alle diese Gründe erstreckt, derentwegen die unterschiedliche Behandlung erfolgt.

§ 7 Benachteiligungsverbot

(1) Beschäftigte dürfen nicht wegen eines in § 1 genannten Grundes benachteiligt werden; dies gilt auch, wenn die Person, die die Benachteiligung begeht, das Vorliegen eines in § 1 genannten Grundes bei der Benachteiligung nur annimmt.

(2) Bestimmungen in Vereinbarungen, die gegen das Benachteiligungsverbot des Absatzes 1 verstoßen, sind unwirksam.

(3) Eine Benachteiligung nach Absatz 1 durch Arbeitgeber oder Beschäftigte ist eine Verletzung vertraglicher Pflichten.

I. Allgemeines Gleichbehandlungsgesetz (AGG) (Auszug)

§ 12 Maßnahmen und Pflichten des Arbeitgebers

(1) Der Arbeitgeber ist verpflichtet, die erforderlichen Maßnahmen zum Schutz vor Benachteiligungen wegen eines in § 1 genannten Grundes zu treffen. Dieser Schutz umfasst auch vorbeugende Maßnahmen.

(2) Der Arbeitgeber soll in geeigneter Art und Weise, insbesondere im Rahmen der beruflichen Aus- und Fortbildung, auf die Unzulässigkeit solcher Benachteiligungen hinweisen und darauf hinwirken, dass diese unterbleiben. Hat der Arbeitgeber seine Beschäftigten in geeigneter Weise zum Zwecke der Verhinderung von Benachteiligung geschult, gilt dies als Erfüllung seiner Pflichten nach Absatz 1.

(3) Verstoßen Beschäftigte gegen das Benachteiligungsverbot des § 7 Abs. 1, so hat der Arbeitgeber die im Einzelfall geeigneten, erforderlichen und angemessenen Maßnahmen zur Unterbindung der Benachteiligung wie Abmahnung, Umsetzung, Versetzung oder Kündigung zu ergreifen.

(4) Werden Beschäftigte bei der Ausübung ihrer Tätigkeit durch Dritte nach § 7 Abs. 1 benachteiligt, so hat der Arbeitgeber die im Einzelfall geeigneten, erforderlichen und angemessenen Maßnahmen zum Schutz der Beschäftigten zu ergreifen.

(5) Dieses Gesetz und § 61b des Arbeitsgerichtsgesetzes sowie Informationen über die für die Behandlung von Beschwerden nach § 13 zuständigen Stellen sind im Betrieb oder in der Dienststelle bekannt zu machen. Die Bekanntmachung kann durch Aushang oder Auslegung an geeigneter Stelle oder den Einsatz der im Betrieb oder der Dienststelle üblichen Informations- und Kommunikationstechnik erfolgen.

§ 19 Zivilrechtliches Benachteiligungsverbot

(1) Eine Benachteiligung aus Gründen der Rasse oder wegen der ethnischen Herkunft, wegen des Geschlechts, der Religion, einer Behinderung, des Alters oder der sexuellen Identität bei der Begründung, Durchführung und Beendigung zivilrechtlicher Schuldverhältnisse, die
1. typischerweise ohne Ansehen der Person zu vergleichbaren Bedingungen in einer Vielzahl von Fällen zustande kommen (Massengeschäfte) oder bei denen das Ansehen der Person nach der Art des Schuldverhältnisses eine nachrangige Bedeutung hat und die zu vergleichbaren Bedingungen in einer Vielzahl von Fällen zustande kommen oder
2. eine privatrechtliche Versicherung zum Gegenstand haben,

ist unzulässig.

(2) Eine Benachteiligung aus Gründen der Rasse oder wegen der ethnischen Herkunft ist darüber hinaus auch bei der Begründung, Durchführung und Beendigung sonstiger zivilrechtlicher Schuldverhältnisse im Sinne des § 2 Abs. 1 Nr. 5 bis 8 unzulässig.

(3) Bei der Vermietung von Wohnraum ist eine unterschiedliche Behandlung im Hinblick auf die Schaffung und Erhaltung sozial stabiler Bewohnerstrukturen und ausgewogener Siedlungsstrukturen sowie ausgeglichener wirtschaftlicher, sozialer und kultureller Verhältnisse zulässig.

(4) Die Vorschriften dieses Abschnitts finden keine Anwendung auf familien- und erbrechtliche Schuldverhältnisse.

(5) Die Vorschriften dieses Abschnitts finden keine Anwendung auf zivilrechtliche Schuldverhältnisse, bei denen ein besonderes Nähe- oder Vertrauensverhältnis der Parteien oder ihrer Angehörigen begründet wird. Bei Mietverhältnissen kann dies insbesondere der Fall sein, wenn die Parteien oder ihre Angehörigen Wohnraum auf demselben

I. Allgemeines Gleichbehandlungsgesetz (AGG) (Auszug)

Grundstück nutzen. Die Vermietung von Wohnraum zum nicht nur vorübergehenden Gebrauch ist in der Regel kein Geschäft im Sinne des Absatzes 1 Nr. 1, wenn der Vermieter insgesamt nicht mehr als 50 Wohnungen vermietet.

§ 22 Beweislast

Wenn im Streitfall die eine Partei Indizien beweist, die eine Benachteiligung wegen eines in § 1 genannten Grundes vermuten lassen, trägt die andere Partei die Beweislast dafür, dass kein Verstoß gegen die Bestimmungen zum Schutz vor Benachteiligung vorgelegen hat.

II. Gesetz über Arbeitnehmererfindungen (ArbnErfG) (Auszug)

Ausfertigungsdatum: 25.07.1957
Vollzitat:
„Gesetz über Arbeitnehmererfindungen in der im Bundesgesetzblatt Teil III, Gliederungsnummer 422-1, veröffentlichten bereinigten Fassung, das zuletzt durch Artikel 25 des Gesetzes vom 7. Juli 2021 (BGBl. I S. 2363) geändert worden ist"
Stand: Zuletzt geändert durch Art. 25 G v. 7.7.2021 I 2363

§ 1 Anwendungsbereich

Diesem Gesetz unterliegen die Erfindungen und technischen Verbesserungsvorschläge von Arbeitnehmern im privaten und im öffentlichen Dienst, von Beamten und Soldaten.

§ 2 Erfindungen

Erfindungen im Sinne dieses Gesetzes sind nur Erfindungen, die patent- oder gebrauchsmusterfähig sind.

§ 3 Technische Verbesserungsvorschläge

Technische Verbesserungsvorschläge im Sinne dieses Gesetzes sind Vorschläge für sonstige technische Neuerungen, die nicht patent- oder gebrauchsmusterfähig sind.

§ 4 Diensterfindungen und freie Erfindungen

(1) Erfindungen von Arbeitnehmern im Sinne dieses Gesetzes können gebundene oder freie Erfindungen sein.
(2) Gebundene Erfindungen (Diensterfindungen) sind während der Dauer des Arbeitsverhältnisses gemachte Erfindungen, die entweder
 1. aus der dem Arbeitnehmer im Betrieb oder in der öffentlichen Verwaltung obliegenden Tätigkeit entstanden sind oder
 2. maßgeblich auf Erfahrungen oder Arbeiten des Betriebes oder der öffentlichen Verwaltung beruhen.
(3) Sonstige Erfindungen von Arbeitnehmern sind freie Erfindungen. Sie unterliegen jedoch den Beschränkungen der §§ 18 und 19.
(4) Die Absätze 1 bis 3 gelten entsprechend für Erfindungen von Beamten und Soldaten.

§ 17 Betriebsgeheimnisse

(1) Wenn berechtigte Belange des Betriebes es erfordern, eine gemeldete Diensterfindung nicht bekanntwerden zu lassen, kann der Arbeitgeber von der Erwirkung eines Schutzrechts absehen, sofern er die Schutzfähigkeit der Diensterfindung gegenüber dem Arbeitnehmer anerkennt.
(2) Erkennt der Arbeitgeber die Schutzfähigkeit der Diensterfindung nicht an, so kann er von der Erwirkung eines Schutzrechts absehen, wenn er zur Herbeiführung einer Einigung über die Schutzfähigkeit der Diensterfindung die Schiedsstelle (§ 29) anruft.
(3) Bei der Bemessung der Vergütung für eine Erfindung nach Absatz 1 sind auch die wirtschaftlichen Nachteile zu berücksichtigen, die sich für den Arbeitnehmer daraus ergeben, daß auf die Diensterfindung kein Schutzrecht erteilt worden ist.

II. Gesetz über Arbeitnehmererfindungen (ArbnErfG) (Auszug)

§ 18 Mitteilungspflicht

(1) Der Arbeitnehmer, der während der Dauer des Arbeitsverhältnisses eine freie Erfindung gemacht hat, hat dies dem Arbeitgeber unverzüglich durch Erklärung in Textform mitzuteilen. Dabei muß über die Erfindung und, wenn dies erforderlich ist, auch über ihre Entstehung so viel mitgeteilt werden, daß der Arbeitgeber beurteilen kann, ob die Erfindung frei ist.

(2) Bestreitet der Arbeitgeber nicht innerhalb von drei Monaten nach Zugang der Mitteilung durch Erklärung in Textform an den Arbeitnehmer, daß die ihm mitgeteilte Erfindung frei sei, so kann die Erfindung nicht mehr als Diensterfindung in Anspruch genommen werden (§ 6).

(3) Eine Verpflichtung zur Mitteilung freier Erfindungen besteht nicht, wenn die Erfindung offensichtlich im Arbeitsbereich des Betriebes des Arbeitgebers nicht verwendbar ist.

§ 24 Geheimhaltungspflicht

(1) Der Arbeitgeber hat die ihm gemeldete oder mitgeteilte Erfindung eines Arbeitnehmers so lange geheimzuhalten, als dessen berechtigte Belange dies erfordern.

(2) Der Arbeitnehmer hat eine Diensterfindung so lange geheimzuhalten, als sie nicht frei geworden ist (§ 8).

(3) Sonstige Personen, die auf Grund dieses Gesetzes von einer Erfindung Kenntnis erlangt haben, dürfen ihre Kenntnis weder auswerten noch bekanntgeben.

§ 25 Verpflichtungen aus dem Arbeitsverhältnis

Sonstige Verpflichtungen, die sich für den Arbeitgeber und den Arbeitnehmer aus dem Arbeitsverhältnis ergeben, werden durch die Vorschriften dieses Gesetzes nicht berührt, soweit sich nicht daraus, daß die Erfindung frei geworden ist (§ 8), etwas anderes ergibt.

III. Bundesdatenschutzgesetz (BDSG) (Auszug)

Ausfertigungsdatum: 30.06.2017
Vollzitat:
„Bundesdatenschutzgesetz vom 30. Juni 2017 (BGBl. I S. 2097), das zuletzt durch Artikel 7 des Gesetzes vom 6. Mai 2024 (BGBl. 2024 I Nr. 149) geändert worden ist"
Stand: Zuletzt geändert durch Art. 7 G v. 6.5.2024 I Nr. 149

§ 4 Videoüberwachung öffentlich zugänglicher Räume

(1) Die Beobachtung öffentlich zugänglicher Räume mit optisch-elektronischen Einrichtungen (Videoüberwachung) ist nur zulässig, soweit sie
1. zur Aufgabenerfüllung öffentlicher Stellen,
2. zur Wahrnehmung des Hausrechts oder
3. zur Wahrnehmung berechtigter Interessen für konkret festgelegte Zwecke

erforderlich ist und keine Anhaltspunkte bestehen, dass schutzwürdige Interessen der betroffenen Personen überwiegen. Bei der Videoüberwachung von
1. öffentlich zugänglichen großflächigen Anlagen, wie insbesondere Sport-, Versammlungs- und Vergnügungsstätten, Einkaufszentren oder Parkplätzen, oder
2. Fahrzeugen und öffentlich zugänglichen großflächigen Einrichtungen des öffentlichen Schienen-, Schiffs- und Busverkehrs

gilt der Schutz von Leben, Gesundheit oder Freiheit von dort aufhältigen Personen als ein besonders wichtiges Interesse.

(2) Der Umstand der Beobachtung und der Name und die Kontaktdaten des Verantwortlichen sind durch geeignete Maßnahmen zum frühestmöglichen Zeitpunkt erkennbar zu machen.

(3) Die Speicherung oder Verwendung von nach Absatz 1 erhobenen Daten ist zulässig, wenn sie zum Erreichen des verfolgten Zwecks erforderlich ist und keine Anhaltspunkte bestehen, dass schutzwürdige Interessen der betroffenen Personen überwiegen. Absatz 1 Satz 2 gilt entsprechend. Für einen anderen Zweck dürfen sie nur weiterverarbeitet werden, soweit dies zur Abwehr von Gefahren für die staatliche und öffentliche Sicherheit sowie zur Verfolgung von Straftaten erforderlich ist.

(4) Werden durch Videoüberwachung erhobene Daten einer bestimmten Person zugeordnet, so besteht die Pflicht zur Information der betroffenen Person über die Verarbeitung gemäß den Artikeln 13 und 14 der Verordnung (EU) 2016/679. § 32 gilt entsprechend.

(5) Die Daten sind unverzüglich zu löschen, wenn sie zur Erreichung des Zwecks nicht mehr erforderlich sind oder schutzwürdige Interessen der betroffenen Personen einer weiteren Speicherung entgegenstehen.

§ 26 Datenverarbeitung für Zwecke des Beschäftigungsverhältnisses

(1) Personenbezogene Daten von Beschäftigten dürfen für Zwecke des Beschäftigungsverhältnisses verarbeitet werden, wenn dies für die Entscheidung über die Begründung eines Beschäftigungsverhältnisses oder nach Begründung des Beschäftigungsverhältnisses für dessen Durchführung oder Beendigung oder zur Ausübung oder Erfüllung der sich aus einem Gesetz oder einem Tarifvertrag, einer Betriebs- oder Dienstvereinbarung (Kollektivvereinbarung) ergebenden Rechte und Pflichten der Interessenvertretung der Beschäftigten erforderlich ist. Zur Aufdeckung von Straftaten dürfen personenbezogene Daten von Beschäftigten nur dann verarbeitet werden, wenn zu do-

III. Bundesdatenschutzgesetz (BDSG) (Auszug)

kumentierende tatsächliche Anhaltspunkte den Verdacht begründen, dass die betroffene Person im Beschäftigungsverhältnis eine Straftat begangen hat, die Verarbeitung zur Aufdeckung erforderlich ist und das schutzwürdige Interesse der oder des Beschäftigten an dem Ausschluss der Verarbeitung nicht überwiegt, insbesondere Art und Ausmaß im Hinblick auf den Anlass nicht unverhältnismäßig sind.

(2) Erfolgt die Verarbeitung personenbezogener Daten von Beschäftigten auf der Grundlage einer Einwilligung, so sind für die Beurteilung der Freiwilligkeit der Einwilligung insbesondere die im Beschäftigungsverhältnis bestehende Abhängigkeit der beschäftigten Person sowie die Umstände, unter denen die Einwilligung erteilt worden ist, zu berücksichtigen. Freiwilligkeit kann insbesondere vorliegen, wenn für die beschäftigte Person ein rechtlicher oder wirtschaftlicher Vorteil erreicht wird oder Arbeitgeber und beschäftigte Person gleichgelagerte Interessen verfolgen. Die Einwilligung hat schriftlich oder elektronisch zu erfolgen, soweit nicht wegen besonderer Umstände eine andere Form angemessen ist. Der Arbeitgeber hat die beschäftigte Person über den Zweck der Datenverarbeitung und über ihr Widerrufsrecht nach Artikel 7 Absatz 3 der Verordnung (EU) 2016/679 in Textform aufzuklären.

(3) Abweichend von Artikel 9 Absatz 1 der Verordnung (EU) 2016/679 ist die Verarbeitung besonderer Kategorien personenbezogener Daten im Sinne des Artikels 9 Absatz 1 der Verordnung (EU) 2016/679 für Zwecke des Beschäftigungsverhältnisses zulässig, wenn sie zur Ausübung von Rechten oder zur Erfüllung rechtlicher Pflichten aus dem Arbeitsrecht, dem Recht der sozialen Sicherheit und des Sozialschutzes erforderlich ist und kein Grund zu der Annahme besteht, dass das schutzwürdige Interesse der betroffenen Person an dem Ausschluss der Verarbeitung überwiegt. Absatz 2 gilt auch für die Einwilligung in die Verarbeitung besonderer Kategorien personenbezogener Daten; die Einwilligung muss sich dabei ausdrücklich auf diese Daten beziehen. § 22 Absatz 2 gilt entsprechend.

(4) Die Verarbeitung personenbezogener Daten, einschließlich besonderer Kategorien personenbezogener Daten von Beschäftigten für Zwecke des Beschäftigungsverhältnisses, ist auf der Grundlage von Kollektivvereinbarungen zulässig. Dabei haben die Verhandlungspartner Artikel 88 Absatz 2 der Verordnung (EU) 2016/679 zu beachten.

(5) Der Verantwortliche muss geeignete Maßnahmen ergreifen, um sicherzustellen, dass insbesondere die in Artikel 5 der Verordnung (EU) 2016/679 dargelegten Grundsätze für die Verarbeitung personenbezogener Daten eingehalten werden.

(6) Die Beteiligungsrechte der Interessenvertretungen der Beschäftigten bleiben unberührt.

(7) Die Absätze 1 bis 6 sind auch anzuwenden, wenn personenbezogene Daten, einschließlich besonderer Kategorien personenbezogener Daten, von Beschäftigten verarbeitet werden, ohne dass sie in einem Dateisystem gespeichert sind oder gespeichert werden sollen.

(8) Beschäftigte im Sinne dieses Gesetzes sind:
1. Arbeitnehmerinnen und Arbeitnehmer, einschließlich der Leiharbeitnehmerinnen und Leiharbeitnehmer im Verhältnis zum Entleiher,
2. zu ihrer Berufsbildung Beschäftigte,
3. Teilnehmerinnen und Teilnehmer an Leistungen zur Teilhabe am Arbeitsleben sowie an Abklärungen der beruflichen Eignung oder Arbeitserprobung (Rehabilitandinnen und Rehabilitanden),
4. in anerkannten Werkstätten für behinderte Menschen Beschäftigte,
5. Freiwillige, die einen Dienst nach dem Jugendfreiwilligendienstegesetz oder dem Bundesfreiwilligendienstgesetz leisten,

III. Bundesdatenschutzgesetz (BDSG) (Auszug)

6. Personen, die wegen ihrer wirtschaftlichen Unselbständigkeit als arbeitnehmerähnliche Personen anzusehen sind; zu diesen gehören auch die in Heimarbeit Beschäftigten und die ihnen Gleichgestellten,
7. Beamtinnen und Beamte des Bundes, Richterinnen und Richter des Bundes, Soldatinnen und Soldaten sowie Zivildienstleistende.

Bewerberinnen und Bewerber für ein Beschäftigungsverhältnis sowie Personen, deren Beschäftigungsverhältnis beendet ist, gelten als Beschäftigte.

IV. Betriebsverfassungsgesetz (BertVG) (Auszug)

Ausfertigungsdatum: 15.01.1972
Vollzitat:
„Betriebsverfassungsgesetz in der Fassung der Bekanntmachung vom 25. September 2001 (BGBl. I S. 2518), das zuletzt durch Artikel 6d des Gesetzes vom 16. September 2022 (BGBl. I S. 1454) geändert worden ist"
Stand: Neugefasst durch Bek. v. 25.9.2001 I 2518
Zuletzt geändert durch Art. 6d G v. 16.9.2022 I 1454

§ 1 Errichtung von Betriebsräten

(1) In Betrieben mit in der Regel mindestens fünf ständigen wahlberechtigten Arbeitnehmern, von denen drei wählbar sind, werden Betriebsräte gewählt. Dies gilt auch für gemeinsame Betriebe mehrerer Unternehmen.

(2) Ein gemeinsamer Betrieb mehrerer Unternehmen wird vermutet, wenn
1. zur Verfolgung arbeitstechnischer Zwecke die Betriebsmittel sowie die Arbeitnehmer von den Unternehmen gemeinsam eingesetzt werden oder
2. die Spaltung eines Unternehmens zur Folge hat, dass von einem Betrieb ein oder mehrere Betriebsteile einem an der Spaltung beteiligten anderen Unternehmen zugeordnet werden, ohne dass sich dabei die Organisation des betroffenen Betriebs wesentlich ändert.

(…)

§ 75 Grundsätze für die Behandlung der Betriebsangehörigen

(1) Arbeitgeber und Betriebsrat haben darüber zu wachen, dass alle im Betrieb tätigen Personen nach den Grundsätzen von Recht und Billigkeit behandelt werden, insbesondere, dass jede Benachteiligung von Personen aus Gründen ihrer Rasse oder wegen ihrer ethnischen Herkunft, ihrer Abstammung oder sonstigen Herkunft, ihrer Nationalität, ihrer Religion oder Weltanschauung, ihrer Behinderung, ihres Alters, ihrer politischen oder gewerkschaftlichen Betätigung oder Einstellung oder wegen ihres Geschlechts oder ihrer sexuellen Identität unterbleibt.

(2) Arbeitgeber und Betriebsrat haben die freie Entfaltung der Persönlichkeit der im Betrieb beschäftigten Arbeitnehmer zu schützen und zu fördern. Sie haben die Selbständigkeit und Eigeninitiative der Arbeitnehmer und Arbeitsgruppen zu fördern.

§ 80 Allgemeine Aufgaben

(1) Der Betriebsrat hat folgende allgemeine Aufgaben:
1. darüber zu wachen, dass die zugunsten der Arbeitnehmer geltenden Gesetze, Verordnungen, Unfallverhütungsvorschriften, Tarifverträge und Betriebsvereinbarungen durchgeführt werden;
2. Maßnahmen, die dem Betrieb und der Belegschaft dienen, beim Arbeitgeber zu beantragen;
2a. die Durchsetzung der tatsächlichen Gleichstellung von Frauen und Männern, insbesondere bei der Einstellung, Beschäftigung, Aus-, Fort- und Weiterbildung und dem beruflichen Aufstieg, zu fördern;
2b. die Vereinbarkeit von Familie und Erwerbstätigkeit zu fördern;

IV. Betriebsverfassungsgesetz (BertVG) (Auszug)

3. Anregungen von Arbeitnehmern und der Jugend- und Auszubildendenvertretung entgegenzunehmen und, falls sie berechtigt erscheinen, durch Verhandlungen mit dem Arbeitgeber auf eine Erledigung hinzuwirken; er hat die betreffenden Arbeitnehmer über den Stand und das Ergebnis der Verhandlungen zu unterrichten;
4. die Eingliederung schwerbehinderter Menschen einschließlich der Förderung des Abschlusses von Inklusionsvereinbarungen nach § 166 des Neunten Buches Sozialgesetzbuch und sonstiger besonders schutzbedürftiger Personen zu fördern;
5. die Wahl einer Jugend- und Auszubildendenvertretung vorzubereiten und durchzuführen und mit dieser zur Förderung der Belange der in § 60 Abs. 1 genannten Arbeitnehmer eng zusammenzuarbeiten; er kann von der Jugend- und Auszubildendenvertretung Vorschläge und Stellungnahmen anfordern;
6. die Beschäftigung älterer Arbeitnehmer im Betrieb zu fördern;
7. die Integration ausländischer Arbeitnehmer im Betrieb und das Verständnis zwischen ihnen und den deutschen Arbeitnehmern zu fördern, sowie Maßnahmen zur Bekämpfung von Rassismus und Fremdenfeindlichkeit im Betrieb zu beantragen;
8. die Beschäftigung im Betrieb zu fördern und zu sichern;
9. Maßnahmen des Arbeitsschutzes und des betrieblichen Umweltschutzes zu fördern.

(2) Zur Durchführung seiner Aufgaben nach diesem Gesetz ist der Betriebsrat rechtzeitig und umfassend vom Arbeitgeber zu unterrichten; die Unterrichtung erstreckt sich auch auf die Beschäftigung von Personen, die nicht in einem Arbeitsverhältnis zum Arbeitgeber stehen, und umfasst insbesondere den zeitlichen Umfang des Einsatzes, den Einsatzort und die Arbeitsaufgaben dieser Personen. Dem Betriebsrat sind auf Verlangen jederzeit die zur Durchführung seiner Aufgaben erforderlichen Unterlagen zur Verfügung zu stellen; in diesem Rahmen ist der Betriebsausschuss oder ein nach § 28 gebildeter Ausschuss berechtigt, in die Listen über die Bruttolöhne und -gehälter Einblick zu nehmen. Zu den erforderlichen Unterlagen gehören auch die Verträge, die die Beschäftigung der in Satz 1 genannten Personen zugrunde liegen. Soweit es zur ordnungsgemäßen Erfüllung der Aufgaben des Betriebsrats erforderlich ist, hat der Arbeitgeber ihm sachkundige Arbeitnehmer als Auskunftspersonen zur Verfügung zu stellen; er hat hierbei die Vorschläge des Betriebsrats zu berücksichtigen, soweit betriebliche Notwendigkeiten nicht entgegenstehen.

(3) Der Betriebsrat kann bei der Durchführung seiner Aufgaben nach näherer Vereinbarung mit dem Arbeitgeber Sachverständige hinzuziehen, soweit dies zur ordnungsgemäßen Erfüllung seiner Aufgaben erforderlich ist. Muss der Betriebsrat zur Durchführung seiner Aufgaben die Einführung oder Anwendung von Künstlicher Intelligenz beurteilen, gilt insoweit die Hinzuziehung eines Sachverständigen als erforderlich. Gleiches gilt, wenn sich Arbeitgeber und Betriebsrat auf einen ständigen Sachverständigen in Angelegenheiten nach Satz 2 einigen.

(4) Für die Geheimhaltungspflicht der Auskunftspersonen und der Sachverständigen gilt § 79 entsprechend.

§ 81 Unterrichtungs- und Erörterungspflicht des Arbeitgebers

(1) Der Arbeitgeber hat den Arbeitnehmer über dessen Aufgabe und Verantwortung sowie über die Art seiner Tätigkeit und ihre Einordnung in den Arbeitsablauf des Betriebs zu unterrichten. Er hat den Arbeitnehmer vor Beginn der Beschäftigung über die Unfall- und Gesundheitsgefahren, denen dieser bei der Beschäftigung ausgesetzt ist, sowie über die Maßnahmen und Einrichtungen zur Abwendung dieser Gefahren und die nach § 10 Abs. 2 des Arbeitsschutzgesetzes getroffenen Maßnahmen zu belehren.

IV. Betriebsverfassungsgesetz (BertVG) (Auszug)

(2) Über Veränderungen in seinem Arbeitsbereich ist der Arbeitnehmer rechtzeitig zu unterrichten. Absatz 1 gilt entsprechend.

(3) In Betrieben, in denen kein Betriebsrat besteht, hat der Arbeitgeber die Arbeitnehmer zu allen Maßnahmen zu hören, die Auswirkungen auf Sicherheit und Gesundheit der Arbeitnehmer haben können.

(4) Der Arbeitgeber hat den Arbeitnehmer über die aufgrund einer Planung von technischen Anlagen, von Arbeitsverfahren und Arbeitsabläufen oder der Arbeitsplätze vorgesehenen Maßnahmen und ihre Auswirkungen auf seinen Arbeitsplatz, die Arbeitsumgebung sowie auf Inhalt und Art seiner Tätigkeit zu unterrichten. Sobald feststeht, dass sich die Tätigkeit des Arbeitnehmers ändern wird und seine beruflichen Kenntnisse und Fähigkeiten zur Erfüllung seiner Aufgaben nicht ausreichen, hat der Arbeitgeber mit dem Arbeitnehmer zu erörtern, wie dessen berufliche Kenntnisse und Fähigkeiten im Rahmen der betrieblichen Möglichkeiten den künftigen Anforderungen angepasst werden können. Der Arbeitnehmer kann bei der Erörterung ein Mitglied des Betriebsrats hinzuziehen.

§ 87 Mitbestimmungsrechte

(1) Der Betriebsrat hat, soweit eine gesetzliche oder tarifliche Regelung nicht besteht, in folgenden Angelegenheiten mitzubestimmen:
1. Fragen der Ordnung des Betriebs und des Verhaltens der Arbeitnehmer im Betrieb;
2. Beginn und Ende der täglichen Arbeitszeit einschließlich der Pausen sowie Verteilung der Arbeitszeit auf die einzelnen Wochentage;
3. vorübergehende Verkürzung oder Verlängerung der betriebsüblichen Arbeitszeit;
4. Zeit, Ort und Art der Auszahlung der Arbeitsentgelte;
5. Aufstellung allgemeiner Urlaubsgrundsätze und des Urlaubsplans sowie die Festsetzung der zeitlichen Lage des Urlaubs für einzelne Arbeitnehmer, wenn zwischen dem Arbeitgeber und den beteiligten Arbeitnehmern kein Einverständnis erzielt wird;
6. Einführung und Anwendung von technischen Einrichtungen, die dazu bestimmt sind, das Verhalten oder die Leistung der Arbeitnehmer zu überwachen;
7. Regelungen über die Verhütung von Arbeitsunfällen und Berufskrankheiten sowie über den Gesundheitsschutz im Rahmen der gesetzlichen Vorschriften oder der Unfallverhütungsvorschriften;
8. Form, Ausgestaltung und Verwaltung von Sozialeinrichtungen, deren Wirkungsbereich auf den Betrieb, das Unternehmen oder den Konzern beschränkt ist;
9. Zuweisung und Kündigung von Wohnräumen, die den Arbeitnehmern mit Rücksicht auf das Bestehen eines Arbeitsverhältnisses vermietet werden, sowie die allgemeine Festlegung der Nutzungsbedingungen;
10. Fragen der betrieblichen Lohngestaltung, insbesondere die Aufstellung von Entlohnungsgrundsätzen und die Einführung und Anwendung von neuen Entlohnungsmethoden sowie deren Änderung;
11. Festsetzung der Akkord- und Prämiensätze und vergleichbarer leistungsbezogener Entgelte, einschließlich der Geldfaktoren;
12. Grundsätze über das betriebliche Vorschlagswesen;
13. Grundsätze über die Durchführung von Gruppenarbeit; Gruppenarbeit im Sinne dieser Vorschrift liegt vor, wenn im Rahmen des betrieblichen Arbeitsablaufs eine Gruppe von Arbeitnehmern eine ihr übertragene Gesamtaufgabe im Wesentlichen eigenverantwortlich erledigt;

IV. Betriebsverfassungsgesetz (BertVG) (Auszug)

14. Ausgestaltung von mobiler Arbeit, die mittels Informations- und Kommunikationstechnik erbracht wird.

(2) Kommt eine Einigung über eine Angelegenheit nach Absatz 1 nicht zustande, so entscheidet die Einigungsstelle. Der Spruch der Einigungsstelle ersetzt die Einigung zwischen Arbeitgeber und Betriebsrat.

§ 88 Freiwillige Betriebsvereinbarungen

Durch Betriebsvereinbarung können insbesondere geregelt werden
1. zusätzliche Maßnahmen zur Verhütung von Arbeitsunfällen und Gesundheitsschädigungen;
1a. Maßnahmen des betrieblichen Umweltschutzes;
2. die Errichtung von Sozialeinrichtungen, deren Wirkungsbereich auf den Betrieb, das Unternehmen oder den Konzern beschränkt ist;
3. Maßnahmen zur Förderung der Vermögensbildung;
4. Maßnahmen zur Integration ausländischer Arbeitnehmer sowie zur Bekämpfung von Rassismus und Fremdenfeindlichkeit im Betrieb;
5. Maßnahmen zur Eingliederung schwerbehinderter Menschen.

§ 90 Unterrichtungs- und Beratungsrechte

(1) Der Arbeitgeber hat den Betriebsrat über die Planung
1. von Neu-, Um- und Erweiterungsbauten von Fabrikations-, Verwaltungs- und sonstigen betrieblichen Räumen,
2. von technischen Anlagen,
3. von Arbeitsverfahren und Arbeitsabläufen einschließlich des Einsatzes von Künstlicher Intelligenz oder
4. der Arbeitsplätze

rechtzeitig unter Vorlage der erforderlichen Unterlagen zu unterrichten.

(2) Der Arbeitgeber hat mit dem Betriebsrat die vorgesehenen Maßnahmen und ihre Auswirkungen auf die Arbeitnehmer, insbesondere auf die Art ihrer Arbeit sowie die sich daraus ergebenden Anforderungen an die Arbeitnehmer so rechtzeitig zu beraten, dass Vorschläge und Bedenken des Betriebsrats bei der Planung berücksichtigt werden können. Arbeitgeber und Betriebsrat sollen dabei auch die gesicherten arbeitswissenschaftlichen Erkenntnisse über die menschengerechte Gestaltung der Arbeit berücksichtigen.

§ 91 Mitbestimmungsrecht

Werden die Arbeitnehmer durch Änderungen der Arbeitsplätze, des Arbeitsablaufs oder der Arbeitsumgebung, die den gesicherten arbeitswissenschaftlichen Erkenntnissen über die menschengerechte Gestaltung der Arbeit offensichtlich widersprechen, in besonderer Weise belastet, so kann der Betriebsrat angemessene Maßnahmen zur Abwendung, Milderung oder zum Ausgleich der Belastung verlangen. Kommt eine Einigung nicht zustande, so entscheidet die Einigungsstelle. Der Spruch der Einigungsstelle ersetzt die Einigung zwischen Arbeitgeber und Betriebsrat.

§ 95 Auswahlrichtlinien

(1) Richtlinien über die personelle Auswahl bei Einstellungen, Versetzungen, Umgruppierungen und Kündigungen bedürfen der Zustimmung des Betriebsrats. Kommt eine Einigung über die Richtlinien oder ihren Inhalt nicht zustande, so entscheidet auf

IV. Betriebsverfassungsgesetz (BertVG) (Auszug)

(2) Antrag des Arbeitgebers die Einigungsstelle. Der Spruch der Einigungsstelle ersetzt die Einigung zwischen Arbeitgeber und Betriebsrat.

(2) In Betrieben mit mehr als 500 Arbeitnehmern kann der Betriebsrat die Aufstellung von Richtlinien über die bei Maßnahmen des Absatzes 1 Satz 1 zu beachtenden fachlichen und persönlichen Voraussetzungen und sozialen Gesichtspunkte verlangen. Kommt eine Einigung über die Richtlinien oder ihren Inhalt nicht zustande, so entscheidet die Einigungsstelle. Der Spruch der Einigungsstelle ersetzt die Einigung zwischen Arbeitgeber und Betriebsrat.

(2a) Die Absätze 1 und 2 finden auch dann Anwendung, wenn bei der Aufstellung der Richtlinien nach diesen Absätzen Künstliche Intelligenz zum Einsatz kommt.

(3) Versetzung im Sinne dieses Gesetzes ist die Zuweisung eines anderen Arbeitsbereichs, die voraussichtlich die Dauer von einem Monat überschreitet, oder die mit einer erheblichen Änderung der Umstände verbunden ist, unter denen die Arbeit zu leisten ist. Werden Arbeitnehmer nach der Eigenart ihres Arbeitsverhältnisses üblicherweise nicht ständig an einem bestimmten Arbeitsplatz beschäftigt, so gilt die Bestimmung des jeweiligen Arbeitsplatzes nicht als Versetzung.

§ 111 Betriebsänderungen

In Unternehmen mit in der Regel mehr als zwanzig wahlberechtigten Arbeitnehmern hat der Unternehmer den Betriebsrat über geplante Betriebsänderungen, die wesentliche Nachteile für die Belegschaft oder erhebliche Teile der Belegschaft zur Folge haben können, rechtzeitig und umfassend zu unterrichten und die geplanten Betriebsänderungen mit dem Betriebsrat zu beraten. Der Betriebsrat kann in Unternehmen mit mehr als 300 Arbeitnehmern zu seiner Unterstützung einen Berater hinzuziehen; § 80 Abs. 4 gilt entsprechend; im Übrigen bleibt § 80 Abs. 3 unberührt. Als Betriebsänderungen im Sinne des Satzes 1 gelten

1. Einschränkung und Stilllegung des ganzen Betriebs oder von wesentlichen Betriebsteilen,
2. Verlegung des ganzen Betriebs oder von wesentlichen Betriebsteilen,
3. Zusammenschluss mit anderen Betrieben oder die Spaltung von Betrieben,
4. grundlegende Änderungen der Betriebsorganisation, des Betriebszwecks oder der Betriebsanlagen,
5. Einführung grundlegend neuer Arbeitsmethoden und Fertigungsverfahren.

V. Bürgerliches Gesetzbuch (BGB) (Auszug)

Ausfertigungsdatum: 18.08.1896
Vollzitat:
„Bürgerliches Gesetzbuch in der Fassung der Bekanntmachung vom 2. Januar 2002 (BGBl. I S. 42, 2909; 2003 I S. 738), das zuletzt durch Artikel 1 des Gesetzes vom 24. Juni 2024 (BGBl. 2024 I Nr. 212) geändert worden ist"
Stand: Neugefasst durch Bek. v. 2.1.2002 I 42, 2909; 2003, 738; zuletzt geändert durch Art. 1 G v. 24.6.2024 I Nr. 212

§ 327 Anwendungsbereich

(1) Die Vorschriften dieses Untertitels sind auf Verbraucherverträge anzuwenden, welche die Bereitstellung digitaler Inhalte oder digitaler Dienstleistungen (digitale Produkte) durch den Unternehmer gegen Zahlung eines Preises zum Gegenstand haben. Preis im Sinne dieses Untertitels ist auch eine digitale Darstellung eines Werts.

(2) Digitale Inhalte sind Daten, die in digitaler Form erstellt und bereitgestellt werden. Digitale Dienstleistungen sind Dienstleistungen, die dem Verbraucher
1. die Erstellung, die Verarbeitung oder die Speicherung von Daten in digitaler Form oder den Zugang zu solchen Daten ermöglichen, oder
2. die gemeinsame Nutzung der vom Verbraucher oder von anderen Nutzern der entsprechenden Dienstleistung in digitaler Form hochgeladenen oder erstellten Daten oder sonstige Interaktionen mit diesen Daten ermöglichen.

(3) Die Vorschriften dieses Untertitels sind auch auf Verbraucherverträge über die Bereitstellung digitaler Produkte anzuwenden, bei denen der Verbraucher dem Unternehmer personenbezogene Daten bereitstellt oder sich zu deren Bereitstellung verpflichtet, es sei denn, die Voraussetzungen des § 312 Absatz 1a Satz 2 liegen vor.

(4) Die Vorschriften dieses Untertitels sind auch auf Verbraucherverträge anzuwenden, die digitale Produkte zum Gegenstand haben, welche nach den Spezifikationen des Verbrauchers entwickelt werden.

(5) Die Vorschriften dieses Untertitels sind mit Ausnahme der §§ 327b und 327c auch auf Verbraucherverträge anzuwenden, welche die Bereitstellung von körperlichen Datenträgern, die ausschließlich als Träger digitaler Inhalte dienen, zum Gegenstand haben.

§ 312d Informationspflichten

(1) Bei außerhalb von Geschäftsräumen geschlossenen Verträgen und bei Fernabsatzverträgen ist der Unternehmer verpflichtet, den Verbraucher nach Maßgabe des Artikels 246a des Einführungsgesetzes zum Bürgerlichen Gesetzbuche zu informieren. Die in Erfüllung dieser Pflicht gemachten Angaben des Unternehmers werden Inhalt des Vertrags, es sei denn, die Vertragsparteien haben ausdrücklich etwas anderes vereinbart.

(2) Bei außerhalb von Geschäftsräumen geschlossenen Verträgen und bei Fernabsatzverträgen über Finanzdienstleistungen ist der Unternehmer abweichend von Absatz 1 verpflichtet, den Verbraucher nach Maßgabe des Artikels 246b des Einführungsgesetzes zum Bürgerlichen Gesetzbuche zu informieren.

V. Bürgerliches Gesetzbuch (BGB) (Auszug)

§ 312i Allgemeine Pflichten im elektronischen Geschäftsverkehr

(1) Bedient sich ein Unternehmer zum Zwecke des Abschlusses eines Vertrags über die Lieferung von Waren oder über die Erbringung von Dienstleistungen der Telemedien (Vertrag im elektronischen Geschäftsverkehr), hat er dem Kunden
1. angemessene, wirksame und zugängliche technische Mittel zur Verfügung zu stellen, mit deren Hilfe der Kunde Eingabefehler vor Abgabe seiner Bestellung erkennen und berichtigen kann,
2. die in Artikel 246c des Einführungsgesetzes zum Bürgerlichen Gesetzbuche bestimmten Informationen rechtzeitig vor Abgabe von dessen Bestellung klar und verständlich mitzuteilen,
3. den Zugang von dessen Bestellung unverzüglich auf elektronischem Wege zu bestätigen und
4. die Möglichkeit zu verschaffen, die Vertragsbestimmungen einschließlich der Allgemeinen Geschäftsbedingungen bei Vertragsschluss abzurufen und in wiedergabefähiger Form zu speichern.

Bestellung und Empfangsbestätigung im Sinne von Satz 1 Nummer 3 gelten als zugegangen, wenn die Parteien, für die sie bestimmt sind, sie unter gewöhnlichen Umständen abrufen können.

(2) Absatz 1 Satz 1 Nummer 1 bis 3 ist nicht anzuwenden, wenn der Vertrag ausschließlich durch individuelle Kommunikation geschlossen wird. Absatz 1 Satz 1 Nummer 1 bis 3 und Satz 2 ist nicht anzuwenden, wenn zwischen Vertragsparteien, die nicht Verbraucher sind, etwas anderes vereinbart wird.

(3) Weitergehende Informationspflichten auf Grund anderer Vorschriften bleiben unberührt.

§ 312l Allgemeine Informationspflichten für Betreiber von Online-Marktplätzen

(1) Der Betreiber eines Online-Marktplatzes ist verpflichtet, den Verbraucher nach Maßgabe des Artikels 246d des Einführungsgesetzes zum Bürgerlichen Gesetzbuche zu informieren.

(2) Absatz 1 gilt nicht, soweit auf dem Online-Marktplatz Verträge über Finanzdienstleistungen angeboten werden.

(3) Online-Marktplatz ist ein Dienst, der es Verbrauchern ermöglicht, durch die Verwendung von Software, die vom Unternehmer oder im Namen des Unternehmers betrieben wird, einschließlich einer Webseite, eines Teils einer Webseite oder einer Anwendung, Fernabsatzverträge mit anderen Unternehmern oder Verbrauchern abzuschließen.

(4) Betreiber eines Online-Marktplatzes ist der Unternehmer, der einen Online-Marktplatz für Verbraucher zur Verfügung stellt.

§ 315 Bestimmung der Leistung durch eine Partei

(1) Soll die Leistung durch einen der Vertragschließenden bestimmt werden, so ist im Zweifel anzunehmen, dass die Bestimmung nach billigem Ermessen zu treffen ist.

(2) Die Bestimmung erfolgt durch Erklärung gegenüber dem anderen Teil.

(3) Soll die Bestimmung nach billigem Ermessen erfolgen, so ist die getroffene Bestimmung für den anderen Teil nur verbindlich, wenn sie der Billigkeit entspricht. Entspricht sie nicht der Billigkeit, so wird die Bestimmung durch Urteil getroffen; das Gleiche gilt, wenn die Bestimmung verzögert wird.

V. Bürgerliches Gesetzbuch (BGB) (Auszug)

§ 327d Vertragsmäßigkeit digitaler Produkte

Ist der Unternehmer durch einen Verbrauchervertrag gemäß § 327 oder § 327a zur Bereitstellung eines digitalen Produkts verpflichtet, so hat er das digitale Produkt frei von Produkt- und Rechtsmängeln im Sinne der §§ 327e bis 327g bereitzustellen.

§ 327e Produktmangel

(1) Das digitale Produkt ist frei von Produktmängeln, wenn es zur maßgeblichen Zeit nach den Vorschriften dieses Untertitels den subjektiven Anforderungen, den objektiven Anforderungen und den Anforderungen an die Integration entspricht. Soweit nachfolgend nicht anders bestimmt, ist die maßgebliche Zeit der Zeitpunkt der Bereitstellung nach § 327b. Wenn der Unternehmer durch den Vertrag zu einer fortlaufenden Bereitstellung über einen Zeitraum (dauerhafte Bereitstellung) verpflichtet ist, ist der maßgebliche Zeitraum der gesamte vereinbarte Zeitraum der Bereitstellung (Bereitstellungszeitraum).

(2) Das digitale Produkt entspricht den subjektiven Anforderungen, wenn
1. das digitale Produkt
   a) die vereinbarte Beschaffenheit hat, einschließlich der Anforderungen an seine Menge, seine Funktionalität, seine Kompatibilität und seine Interoperabilität,
   b) sich für die nach dem Vertrag vorausgesetzte Verwendung eignet,
2. es wie im Vertrag vereinbart mit Zubehör, Anleitungen und Kundendienst bereitgestellt wird und
3. die im Vertrag vereinbarten Aktualisierungen während des nach dem Vertrag maßgeblichen Zeitraums bereitgestellt werden.

Funktionalität ist die Fähigkeit eines digitalen Produkts, seine Funktionen seinem Zweck entsprechend zu erfüllen. Kompatibilität ist die Fähigkeit eines digitalen Produkts, mit Hardware oder Software zu funktionieren, mit der digitale Produkte derselben Art in der Regel genutzt werden, ohne dass sie konvertiert werden müssen. Interoperabilität ist die Fähigkeit eines digitalen Produkts, mit anderer Hardware oder Software als derjenigen, mit der digitale Produkte derselben Art in der Regel genutzt werden, zu funktionieren.

(3) Das digitale Produkt entspricht den objektiven Anforderungen, wenn
1. es sich für die gewöhnliche Verwendung eignet,
2. es eine Beschaffenheit, einschließlich der Menge, der Funktionalität, der Kompatibilität, der Zugänglichkeit, der Kontinuität und der Sicherheit aufweist, die bei digitalen Produkten derselben Art üblich ist und die der Verbraucher unter Berücksichtigung der Art des digitalen Produkts erwarten kann,
3. es der Beschaffenheit einer Testversion oder Voranzeige entspricht, die der Unternehmer dem Verbraucher vor Vertragsschluss zur Verfügung gestellt hat,
4. es mit dem Zubehör und den Anleitungen bereitgestellt wird, deren Erhalt der Verbraucher erwarten kann,
5. dem Verbraucher gemäß § 327f Aktualisierungen bereitgestellt werden und der Verbraucher über diese Aktualisierungen informiert wird und
6. sofern die Parteien nichts anderes vereinbart haben, es in der zum Zeitpunkt des Vertragsschlusses neuesten verfügbaren Version bereitgestellt wird.

Zu der üblichen Beschaffenheit nach Satz 1 Nummer 2 gehören auch Anforderungen, die der Verbraucher nach vom Unternehmer oder einer anderen Person in vorhergehenden Gliedern der Vertriebskette selbst oder in deren Auftrag vorgenommenen öffentlichen Äußerungen, die insbesondere in der Werbung oder auf dem Etikett abgege-

V. Bürgerliches Gesetzbuch (BGB) (Auszug)

ben wurden, erwarten kann. Das gilt nicht, wenn der Unternehmer die Äußerung nicht kannte und auch nicht kennen konnte, wenn die Äußerung im Zeitpunkt des Vertragsschlusses in derselben oder in gleichwertiger Weise berichtigt war oder wenn die Äußerung die Entscheidung, das digitale Produkt zu erwerben, nicht beeinflussen konnte.

(4) Soweit eine Integration durchzuführen ist, entspricht das digitale Produkt den Anforderungen an die Integration, wenn die Integration
1. sachgemäß durchgeführt worden ist oder
2. zwar unsachgemäß durchgeführt worden ist, dies jedoch weder auf einer unsachgemäßen Integration durch den Unternehmer noch auf einem Mangel in der vom Unternehmer bereitgestellten Anleitung beruht.

Integration ist die Verbindung und die Einbindung eines digitalen Produkts mit den oder in die Komponenten der digitalen Umgebung des Verbrauchers, damit das digitale Produkt gemäß den Anforderungen nach den Vorschriften dieses Untertitels genutzt werden kann. Digitale Umgebung sind Hardware, Software oder Netzverbindungen aller Art, die vom Verbraucher für den Zugang zu einem digitalen Produkt oder die Nutzung eines digitalen Produkts verwendet werden.

(5) Einem Produktmangel steht es gleich, wenn der Unternehmer ein anderes digitales Produkt als das vertraglich geschuldete digitale Produkt bereitstellt.

§ 327f Aktualisierungen

(1) Der Unternehmer hat sicherzustellen, dass dem Verbraucher während des maßgeblichen Zeitraums Aktualisierungen, die für den Erhalt der Vertragsmäßigkeit des digitalen Produkts erforderlich sind, bereitgestellt werden und der Verbraucher über diese Aktualisierungen informiert wird. Zu den erforderlichen Aktualisierungen gehören auch Sicherheitsaktualisierungen. Der maßgebliche Zeitraum nach Satz 1 ist
1. bei einem Vertrag über die dauerhafte Bereitstellung eines digitalen Produkts der Bereitstellungszeitraum,
2. in allen anderen Fällen der Zeitraum, den der Verbraucher aufgrund der Art und des Zwecks des digitalen Produkts und unter Berücksichtigung der Umstände und der Art des Vertrags erwarten kann.

(2) Unterlässt es der Verbraucher, eine Aktualisierung, die ihm gemäß Absatz 1 bereitgestellt worden ist, innerhalb einer angemessenen Frist zu installieren, so haftet der Unternehmer nicht für einen Produktmangel, der allein auf das Fehlen dieser Aktualisierung zurückzuführen ist, sofern
1. der Unternehmer den Verbraucher über die Verfügbarkeit der Aktualisierung und die Folgen einer unterlassenen Installation informiert hat und
2. die Tatsache, dass der Verbraucher die Aktualisierung nicht oder unsachgemäß installiert hat, nicht auf eine dem Verbraucher bereitgestellte mangelhafte Installationsanleitung zurückzuführen ist.

§ 823 Schadensersatzpflicht

(1) Wer vorsätzlich oder fahrlässig das Leben, den Körper, die Gesundheit, die Freiheit, das Eigentum oder ein sonstiges Recht eines anderen widerrechtlich verletzt, ist dem anderen zum Ersatz des daraus entstehenden Schadens verpflichtet.

(2) Die gleiche Verpflichtung trifft denjenigen, welcher gegen ein den Schutz eines anderen bezweckendes Gesetz verstößt. Ist nach dem Inhalt des Gesetzes ein Verstoß gegen dieses auch ohne Verschulden möglich, so tritt die Ersatzpflicht nur im Falle des Verschuldens ein.

V. Bürgerliches Gesetzbuch (BGB) (Auszug)

§ 830 Mittäter und Beteiligte

(1) Haben mehrere durch eine gemeinschaftlich begangene unerlaubte Handlung einen Schaden verursacht, so ist jeder für den Schaden verantwortlich. Das Gleiche gilt, wenn sich nicht ermitteln lässt, wer von mehreren Beteiligten den Schaden durch seine Handlung verursacht hat.

(2) Anstifter und Gehilfen stehen Mittätern gleich.

§ 833 Haftung des Tierhalters

Wird durch ein Tier ein Mensch getötet oder der Körper oder die Gesundheit eines Menschen verletzt oder eine Sache beschädigt, so ist derjenige, welcher das Tier hält, verpflichtet, dem Verletzten den daraus entstehenden Schaden zu ersetzen. Die Ersatzpflicht tritt nicht ein, wenn der Schaden durch ein Haustier verursacht wird, das dem Beruf, der Erwerbstätigkeit oder dem Unterhalt des Tierhalters zu dienen bestimmt ist, und entweder der Tierhalter bei der Beaufsichtigung des Tieres die im Verkehr erforderliche Sorgfalt beobachtet oder der Schaden auch bei Anwendung dieser Sorgfalt entstanden sein würde.

VI. Data Act (DA) (Auszug)

VERORDNUNG (EU) 2023/2854 DES EUROPÄISCHEN PARLAMENTS UND DES RATES
vom 13. Dezember 2023
über harmonisierte Vorschriften für einen fairen Datenzugang und eine faire Datennutzung sowie zur Änderung der Verordnung (EU) 2017/2394 und der Richtlinie (EU) 2020/1828 (Datenverordnung)

Kapitel I
Allgemeine Bestimmungen

Artikel 1
Gegenstand und Anwendungsbereich

(1) Diese Verordnung enthält harmonisierte Vorschriften unter anderem über
   a) die Bereitstellung von Produktdaten und verbundenen Dienstdaten für den Nutzer des vernetzten Produkts oder verbundenen Dienstes,
   b) die Bereitstellung von Daten durch Dateninhaber für Datenempfänger,
   c) die Bereitstellung von Daten durch Dateninhaber für öffentliche Stellen, die Kommission, die Europäische Zentralbank und Einrichtungen der Union, soweit eine außergewöhnliche Notwendigkeit der Nutzung dieser Daten zur Wahrnehmung einer spezifischen Aufgabe von öffentlichem Interesse besteht,
   d) die Erleichterung des Wechsels zwischen Datenverarbeitungsdiensten,
   e) die Einführung von Schutzmaßnahmen gegen den unrechtmäßigen Zugang Dritter zu nicht-personenbezogenen Daten und
   f) die Entwicklung von Interoperabilitätsnormen für Daten, die abgerufen, übertragen und genutzt werden sollen.

(2) Die vorliegende Verordnung erstreckt sich auf personenbezogene und nicht-personenbezogene Daten, einschließlich der folgenden Arten von Daten, in den folgenden Zusammenhängen:
   a) Kapitel II gilt für Daten, mit Ausnahme von Inhalten, die die Leistung, Nutzung und Umgebung von vernetzten Produkten und verbundenen Diensten betreffen;
   b) Kapitel III gilt für alle Daten des Privatsektors, die rechtlichen Verpflichtungen mit Blick auf die Datenweitergabe unterliegen;
   c) Kapitel IV gilt für alle Daten des Privatsektors, die auf der Grundlage von Verträgen zwischen Unternehmen abgerufen und genutzt werden;
   d) Kapitel V gilt für alle Daten des Privatsektors mit Schwerpunkt auf nicht-personenbezogenen Daten;
   e) Kapitel VI gilt für alle von Anbietern von Datenverarbeitungsdiensten verarbeiteten Daten und Dienste;
   f) Kapitel VII gilt für alle nicht-personenbezogenen Daten, die in der Union von Anbietern von Datenverarbeitungsdiensten gehalten werden.

(3) Diese Verordnung gilt für
   a) Hersteller vernetzter Produkte, die in der Union in Verkehr gebracht werden, und Anbieter verbundener Dienste, unabhängig vom Ort der Niederlassung dieser Hersteller oder Anbieter;
   b) die Nutzer der unter Buchstabe a genannten vernetzten Produkte oder verbundenen Dienste in der Union;

VI. Data Act (DA) (Auszug)

    c) Dateninhaber, unabhängig vom Ort ihrer Niederlassung, die Datenempfängern in der Union Daten bereitstellen;
    d) Datenempfänger in der Union, denen Daten bereitgestellt werden;
    e) öffentliche Stellen, die Kommission, die Europäische Zentralbank und Einrichtungen der Union, die von Dateninhabern verlangen, Daten bereitzustellen, soweit eine außergewöhnliche Notwendigkeit der Nutzung dieser Daten zur Wahrnehmung einer speziellen Aufgabe im öffentlichen Interesse besteht, sowie die Dateninhaber, die solche Daten auf ein solches Verlangen hin bereitstellen;
    f) Anbieter von Datenverarbeitungsdiensten, unabhängig vom Ort ihrer Niederlassung, die Kunden in der Union solche Dienste anbieten;
    g) Teilnehmer an Datenräumen und Anbieter von Anwendungen, die intelligente Verträge verwenden, und Personen, deren gewerbliche, geschäftliche oder berufliche Tätigkeit die Einführung intelligenter Verträge für andere im Zusammenhang mit der Durchführung einer Vereinbarung umfasst.

(4) Wird in dieser Verordnung auf vernetzte Produkte oder verbundene Dienste Bezug genommen, so gilt, dass diese Bezugnahmen auch virtuelle Assistenten einschließen, soweit diese mit einem vernetzten Produkt oder verbundenen Dienst interagieren.

(5) Diese Verordnung gilt unbeschadet des Unionsrechts und des nationalen Rechts über den Schutz personenbezogener Daten, die Privatsphäre, die Vertraulichkeit der Kommunikation und die Integrität von Endgeräten, die für personenbezogene Daten gelten, die im Zusammenhang mit den in der vorliegenden Verordnung festgelegten Rechten und Pflichten verarbeitet werden, insbesondere der Verordnungen (EU) 2016/679 und (EU) 2018/1725 und der Richtlinie 2002/58/EG, einschließlich der Befugnisse und Zuständigkeiten der Aufsichtsbehörden und der Rechte der betroffenen Personen. Soweit Nutzer betroffene Personen sind, ergänzen die in Kapitel II dieser Verordnung festgelegten Rechte das Auskunftsrecht von betroffenen Personen und das Recht auf Datenübertragbarkeit gemäß Artikel 15 bzw. Artikel 20 der Verordnung (EU) 2016/679. Im Falle eines Widerspruchs zwischen der vorliegenden Verordnung und dem Unionsrecht in Bezug auf den Schutz personenbezogener Daten bzw. der Privatsphäre oder den im Einklang mit dem Unionsrecht erlassenen nationalen Rechtsvorschriften haben das Unionsrecht oder das nationale Recht zum Schutz personenbezogener Daten bzw. der Privatsphäre Vorrang.

(6) Die vorliegende Verordnung gilt weder für freiwillige Vereinbarungen über den Datenaustausch zwischen privaten und öffentlichen Stellen – insbesondere freiwillige Vereinbarungen über die Datenweitergabe –, noch greift sie ihnen vor.

Die vorliegende Verordnung berührt nicht die Rechtsakte der Union und die nationalen Rechtsakte über die Datenweitergabe, den Datenzugang und die Datennutzung zum Zwecke der Verhütung, Ermittlung, Aufdeckung oder Verfolgung von Straftaten oder der Strafvollstreckung, oder für Zoll- und Steuerzwecke insbesondere die Verordnungen (EU) 2021/784, (EU) 2022/2065 und (EU) 2023/1543 und die Richtlinie (EU) 2023/1544 oder die internationale Zusammenarbeit in diesem Bereich. Die vorliegende Verordnung gilt nicht für die Datenerhebung, die Datenweitergabe, die Datennutzung oder den Datenzugang gemäß der Verordnung (EU) 2015/847 und der Richtlinie (EU) 2015/849. Die vorliegende Verordnung gilt nicht in den nicht unter das Unionsrecht fallenden Bereichen und berührt keinesfalls die Zuständigkeiten der Mitgliedstaaten in Bezug auf die öffentliche Sicherheit, die Verteidigung oder die nationale Sicherheit, unabhängig von der Art der Einrichtung, die von den Mitgliedstaaten mit der Wahrnehmung von Aufgaben im Zusammenhang mit diesen Zuständigkeiten betraut wurde, oder ihre Befugnis, andere wesentliche staatliche Funktionen zu wahren, einschließlich der Gewährleistung der territorialen Unversehrtheit des

VI. Data Act (DA) (Auszug)

Staates und der Aufrechterhaltung der öffentlichen Ordnung. Die vorliegende Verordnung berührt nicht die Zuständigkeiten der Mitgliedstaaten in Bezug auf die Zoll- und Steuerverwaltung oder die Gesundheit und Sicherheit der Bürger.
(7) Mit der vorliegenden Verordnung wird der Selbstregulierungsansatz der Verordnung (EU) 2018/1807 ergänzt, indem allgemein geltende Verpflichtungen in Bezug auf den Cloud-Wechsel hinzugefügt werden.
(8) Diese Verordnung berührt nicht die Rechtsakte der Union und die nationalen Rechtsakte zur Gewährleistung des Schutzes der Rechte des geistigen Eigentums, insbesondere die Richtlinien 2001/29/EG, 2004/48/EG und (EU) 2019/790.
(9) Die vorliegende Verordnung ergänzt, und berührt nicht, das Unionsrecht, mit dem die Interessen der Verbraucher gefördert und ein hohes Verbraucherschutzniveau sichergestellt sowie die Gesundheit, Sicherheit und wirtschaftlichen Interessen der Verbraucher geschützt werden, insbesondere die Richtlinien 93/13/EWG, 2005/29/EG und 2011/83/EU.
(10) Diese Verordnung steht dem Abschluss freiwilliger rechtmäßiger Verträge über die Datenweitergabe – einschließlich auf der Grundlage der Gegenseitigkeit geschlossener Verträge –, die den Anforderungen dieser Verordnung entsprechen, nicht entgegen.

Artikel 2
Begriffsbestimmungen

Für die Zwecke dieser Verordnung bezeichnet der Ausdruck
1. „Daten" jede digitale Darstellung von Handlungen, Tatsachen oder Informationen sowie jede Zusammenstellung solcher Handlungen, Tatsachen oder Informationen auch in Form von Ton-, Bild- oder audiovisuellem Material;
2. „Metadaten" eine strukturierte Beschreibung der Inhalte oder der Nutzung von Daten, die das Auffinden eben jener Daten bzw. deren Verwendung erleichtert;
3. „personenbezogene Daten" personenbezogene Daten im Sinne des Artikels 4 Nummer 1 der Verordnung (EU) 2016/679;
4. „nicht-personenbezogene Daten" Daten, die keine personenbezogenen Daten sind;
5. „vernetztes Produkt" einen Gegenstand, der Daten über seine Nutzung oder Umgebung erlangt, generiert oder erhebt und der Produktdaten über einen elektronischen Kommunikationsdienst, eine physische Verbindung oder einen geräteinternen Zugang übermitteln kann und dessen Hauptfunktion nicht die Speicherung, Verarbeitung oder Übertragung von Daten im Namen einer anderen Partei – außer dem Nutzer – ist;
6. „verbundener Dienst" einen digitalen Dienst, bei dem es sich nicht um einen elektronischen Kommunikationsdienst handelt, – einschließlich Software –, der zum Zeitpunkt des Kaufs, der Miete oder des Leasings so mit dem Produkt verbunden ist, dass das vernetzte Produkt ohne ihn eine oder mehrere seiner Funktionen nicht ausführen könnte oder der anschließend vom Hersteller oder einem Dritten mit dem Produkt verbunden wird, um die Funktionen des vernetzten Produkts zu ergänzen, zu aktualisieren oder anzupassen;
7. „Verarbeitung" jeden mit oder ohne Hilfe automatisierter Verfahren ausgeführten Vorgang oder jede solche Vorgangsreihe im Zusammenhang mit Daten oder Datensätzen, wie etwa das Erheben, das Erfassen, die Organisation, das Ordnen, die Speicherung, die Anpassung oder Veränderung, der Abruf, das Abfragen, die Nutzung, die Offenlegung durch Übermittlung, Verbreitung oder eine andere Form der Bereitstellung, der Abgleich oder die Verknüpfung, die Einschränkung, das Löschen oder die Vernichtung;

VI. Data Act (DA) (Auszug)

8. „Datenverarbeitungsdienst" eine digitale Dienstleistung, die einem Kunden bereitgestellt wird und einen flächendeckenden und auf Abruf verfügbaren Netzzugang zu einem gemeinsam genutzten Pool konfigurierbarer, skalierbarer und elastischer Rechenressourcen zentralisierter, verteilter oder hochgradig verteilter Art ermöglicht, die mit minimalem Verwaltungsaufwand oder minimaler Interaktion des Diensteanbieters rasch bereitgestellt und freigegeben werden können;
9. „gleiche Dienstart" eine Reihe von Datenverarbeitungsdiensten, die dasselbe Hauptziel haben und dasselbe Dienstmodell für die Datenverarbeitung sowie dieselben Hauptfunktionen aufweisen;
10. „Datenvermittlungsdienst" einen Datenvermittlungsdienst im Sinne von Artikel 2 Nummer 11 der Verordnung (EU) 2022/868;
11. „betroffene Person" eine betroffene Person gemäß Artikel 4 Nummer 1 der Verordnung (EU) 2016/679;
12. „Nutzer" eine natürliche oder juristische Person, die ein vernetztes Produkt besitzt oder der vertraglich zeitweilige Rechte für die Nutzung des vernetzten Produkts übertragen wurden oder die verbundenen Dienste in Anspruch nimmt;
13. „Dateninhaber" eine natürliche oder juristische Person, die nach dieser Verordnung, nach geltendem Unionsrecht oder nach nationalen Rechtsvorschriften zur Umsetzung des Unionsrechts berechtigt oder verpflichtet ist, Daten – soweit vertraglich vereinbart, auch Produktdaten oder verbundene Dienstdaten – zu nutzen und bereitzustellen, die sie während der Erbringung eines verbundenen Dienstes abgerufen oder generiert hat;
14. „Datenempfänger" eine natürliche oder juristische Person, die zu Zwecken innerhalb ihrer gewerblichen, geschäftlichen, handwerklichen oder beruflichen Tätigkeit handelt, ohne Nutzer eines vernetzten Produktes oder verbundenen Dienstes zu sein, und dem vom Dateninhaber Daten bereitgestellt werden, einschließlich eines Dritten, dem der Dateninhaber auf Verlangen des Nutzers oder im Einklang mit einer rechtlichen Verpflichtung aus anderem Unionsrecht oder aus nationalen Rechtsvorschriften, die im Einklang mit Unionsrecht erlassen wurden, Daten bereitstellt;
15. „Produktdaten" Daten, die durch die Nutzung eines vernetzten Produkts generiert werden und die der Hersteller so konzipiert hat, dass sie über einen elektronischen Kommunikationsdienst, eine physische Verbindung oder einen geräteinternen Zugang von einem Nutzer, Dateninhaber oder Dritten – gegebenenfalls einschließlich des Herstellers – abgerufen werden können;
16. „verbundene Dienstdaten" Daten, die die Digitalisierung von Nutzerhandlungen oder Vorgängen im Zusammenhang mit dem vernetzten Produkt darstellen und vom Nutzer absichtlich aufgezeichnet oder als Nebenprodukt der Handlung des Nutzers während der Bereitstellung eines verbundenen Dienstes durch den Anbieter generiert werden;
17. „ohne Weiteres verfügbare Daten" Produktdaten und verbundene Dienstdaten, die ein Dateninhaber ohne unverhältnismäßigen Aufwand rechtmäßig von dem vernetzten Produkt oder verbundenen Dienst erhält oder erhalten kann, wobei über eine einfache Bearbeitung hinausgegangen wird;
18. „Geschäftsgeheimnis" ein Geschäftsgeheimnis im Sinne von Artikel 2 Nummer 1 der Richtlinie (EU) 2016/943;
19. „Inhaber eines Geschäftsgeheimnisses" den Inhaber eines Geschäftsgeheimnisses im Sinne von Artikel 2 Nummer 2 der Richtlinie (EU) 2016/943;
20. „Profiling" Profiling im Sinne des Artikels 4 Absatz 4 der Verordnung (EU) 2016/679;

VI. Data Act (DA) (Auszug)

21. „Bereitstellung auf dem Markt" jede entgeltliche oder unentgeltliche Abgabe eines vernetzten Produkts zum Vertrieb, Verbrauch oder zur Verwendung auf dem Unionsmarkt im Rahmen einer Geschäftstätigkeit;
22. „Inverkehrbringen" die erstmalige Bereitstellung eines vernetzten Produkts auf dem Unionsmarkt;
23. „Verbraucher" jede natürliche Person, die zu Zwecken handelt, die außerhalb ihrer gewerblichen, geschäftlichen, handwerklichen oder beruflichen Tätigkeit liegen;
24. „Unternehmen" eine natürliche oder juristische Person, die in Bezug auf von dieser Verordnung erfasste Verträge und Vorgehensweisen zu Zwecken im Zusammenhang mit ihrer gewerblichen, geschäftlichen, handwerklichen oder beruflichen Tätigkeit handelt;
25. „Kleinunternehmen" ein Kleinunternehmen im Sinne des Artikels 2 Absatz 2 des Anhangs der Empfehlung 2003/361/EG;
26. „Kleinstunternehmen" ein Kleinstunternehmen im Sinne des Artikels 2 Absatz 3 des Anhangs der Empfehlung 2003/361/EG;
27. „Einrichtungen der Union" die Einrichtungen, Stellen und Agenturen der Union, die gemäß Rechtsakten eingerichtet wurden, die auf der Grundlage des Vertrags über die Europäische Union, des AEUV oder des Vertrags zur Gründung der Europäischen Atomgemeinschaft angenommen wurden;
28. „öffentliche Stelle" die nationalen, regionalen und lokalen Behörden, Körperschaften und Einrichtungen des öffentlichen Rechts der Mitgliedstaaten oder Verbände, die aus einer oder mehreren dieser Behörden, Körperschaften oder Einrichtungen bestehen;
29. „öffentlicher Notstand" eine zeitlich begrenzte Ausnahmesituation – wie etwa Notfälle im Bereich der öffentlichen Gesundheit, Notfälle infolge von Naturkatastrophen sowie von Menschen verursachte Katastrophen größeren Ausmaßes, einschließlich schwerer Cybersicherheitsvorfälle –, die sich negativ auf die Bevölkerung der Union oder eines Mitgliedstaats bzw. eines Teils davon auswirkt, das Risiko schwerwiegender und dauerhafter Folgen für die Lebensbedingungen, die wirtschaftliche Stabilität oder die finanzielle Stabilität oder die Gefahr einer erheblichen und unmittelbaren Beeinträchtigung wirtschaftlicher Vermögenswerte in der Union oder in dem betroffenen Mitgliedstaat birgt und die nach den einschlägigen Verfahren des Unionsrechts oder des nationalen Rechts festgestellt und amtlich ausgerufen wurde;
30. „Kunde" eine natürliche oder juristische Person, die mit einem Anbieter von Datenverarbeitungsdiensten eine vertragliche Beziehung eingegangen ist, um einen oder mehrere Datenverarbeitungsdienste in Anspruch zu nehmen;
31. „virtuelle Assistenten" Software, die Aufträge, Aufgaben oder Fragen verarbeiten kann, auch aufgrund von Eingaben in Ton- und Schriftform, mit Gesten oder Bewegungen, und die auf der Grundlage dieser Aufträge, Aufgaben oder Fragen den Zugang zu anderen Diensten gewährt oder die Funktionen von vernetzten Produkten steuert;
32. „digitale Vermögenswerte" Elemente in digitaler Form – einschließlich Anwendungen –, für die der Kunde ein Nutzungsrecht hat, unabhängig von der vertraglichen Beziehung mit dem Datenverarbeitungsdienst, den er wechseln möchte;
33. „IKT-Infrastruktur in eigenen Räumlichkeiten" IKT-Infrastruktur und Rechenressourcen, die im Eigentum des Kunden stehen oder vom Kunden gemietet oder geleast werden und die sich im Rechenzentrum des Kunden befinden und von ihm oder einem Dritten betrieben wird bzw. werden;

VI. Data Act (DA) (Auszug)

34. „Wechsel" den Prozess, an dem ein Quellenanbieter von Datenverarbeitungsdiensten, ein Kunde eines Datenverarbeitungsdienstes und gegebenenfalls ein übernehmender Anbieter von Datenverarbeitungsdiensten beteiligt sind und bei dem der Kunde eines Datenverarbeitungsdienstes von der Nutzung eines Datenverarbeitungsdienstes zur Nutzung eines anderen Datenverarbeitungsdienstes der gleichen Dienstart oder eines anderen Dienstes, der von einem anderen Anbieter von Datenverarbeitungsdiensten angeboten wird oder der einem einer IKT-Infrastruktur in eigenen Räumlichkeiten angeboten wird, auch durch Extraktion, Umwandlung und Hochladen der Daten, wechselt;
35. „Datenextraktionsentgelte" Datenübertragungsentgelte, die den Kunden dafür in Rechnung gestellt werden, dass ihre Daten über das Netz aus der IKT-Infrastruktur eines Anbieters von Datenverarbeitungsdiensten in die Systeme anderer Anbieter oder in IKT-Infrastruktur in eigenen Räumlichkeiten extrahiert werden;
36. „Wechselentgelte" andere Entgelte als Standarddienstentgelte oder Sanktionen bei vorzeitiger Kündigung, die ein Anbieter von Datenverarbeitungsdiensten bei einem Kunden für die Handlungen erhebt, die in dieser Verordnung für den Wechsel zu den Systemen eines anderen Anbieters oder IKT-Infrastruktur in eigenen Räumlichkeiten vorgeschrieben sind, einschließlich Datenextraktionsentgelten;
37. „Funktionsäquivalenz" die Wiederherstellung – auf der Grundlage der exportierbaren Daten und digitalen Vermögenswerte des Kunden – eines Mindestmaßes an Funktionalität in der Umgebung eines neuen Datenverarbeitungsdienstes der gleichen Dienstart nach dem Wechsel, wenn der übernehmende Datenverarbeitungsdienst als Reaktion auf dieselbe Eingabe für gemeinsame Funktionen, die dem Kunden im Rahmen des Vertrags bereitgestellt werden, ein materiell vergleichbares Ergebnis erbringt;
38. „exportierbare Daten" für die Zwecke von den Artikeln 23 bis 31 und Artikel 35 die Eingabe- und Ausgabedaten einschließlich Metadaten, die unmittelbar oder mittelbar durch die Nutzung des Datenverarbeitungsdienstes durch den Kunden oder gemeinsam generiert werden, mit Ausnahme der Vermögenswerte oder Daten eines Anbieters von Datenverarbeitungsdiensten oder Dritter, die durch Rechte des geistigen Eigentums geschützt sind oder ein Geschäftsgeheimnis darstellen;
39. „intelligenter Vertrag" ein Computerprogramm, das für die automatisierte Ausführung einer Vereinbarung oder eines Teils davon verwendet wird, wobei eine Abfolge elektronischer Datensätze verwendet wird und die Integrität dieser Datensätze sowie die Richtigkeit ihrer chronologischen Reihenfolge gewährleistet werden;
40. „Interoperabilität" die Fähigkeit von zwei oder mehr Datenräumen oder Kommunikationsnetzen, Systemen, vernetzten Produkten, Anwendungen, Datenverarbeitungsdiensten oder Komponenten, Daten auszutauschen und zu nutzen, um ihre Funktionen auszuführen;
41. „offene Interoperabilitätsspezifikationen" eine technische Spezifikation im Bereich der Informations- und Kommunikationstechnologie, die leistungsbezogen darauf ausgerichtet sind, die Interoperabilität zwischen Datenverarbeitungsdiensten herzustellen;
42. „gemeinsame Spezifikationen" ein Dokument, bei dem es sich nicht um eine Norm handelt und das technische Lösungen enthält, die es ermöglichen, bestimmte Anforderungen und Pflichten, die im Rahmen dieser Verordnung festgelegt worden sind, zu erfüllen;
43. „harmonisierte Norm" eine harmonisierte Norm im Sinne des Artikels 2 Nummer 1 Buchstabe c der Verordnung (EU) Nr. 1025/2012.

VI. Data Act (DA) (Auszug)

Kapitel II
Datenweitergabe von Unternehmen an Verbraucher und wwischen Unternehmen

Artikel 3
Pflicht der Zugänglichmachung von Produktdaten und verbundenen Dienstdaten für den Nutzer

(1) Vernetzte Produkte werden so konzipiert und hergestellt und verbundene Dienste werden so konzipiert und erbracht, dass die Produktdaten und verbundenen Dienstdaten – einschließlich der für die Auslegung und Nutzung dieser Daten erforderlichen relevanten Metadaten – standardmäßig für den Nutzer einfach, sicher, unentgeltlich in einem umfassenden, strukturierten, gängigen und maschinenlesbaren Format und, soweit relevant und technisch durchführbar, direkt zugänglich sind.

(2) Vor Abschluss eines Kauf-, Miet- oder Leasingvertrags für ein vernetztes Produkt werden dem Nutzer vom Verkäufer, Vermieter oder Leasinggeber – wobei es sich auch um den Hersteller handeln kann – mindestens folgende Informationen in klarer und verständlicher Art und Weise bereitgestellt:
a) die Art, das Format und der geschätzte Umfang der Produktdaten, die das vernetzte Produkt generieren kann;
b) die Angabe, ob das vernetzte Produkt in der Lage ist, Daten kontinuierlich und in Echtzeit zu generieren;
c) die Angabe, ob das vernetzte Produkt in der Lage ist, Daten auf einem Gerät oder einem entfernten Server zu speichern, gegebenenfalls einschließlich der vorgesehenen Speicherungsdauer;
d) die Angabe, wie der Nutzer auf die Daten zugreifen, sie abrufen oder gegebenenfalls löschen kann, einschließlich der technischen Mittel hierfür sowie die betreffenden Nutzungsbedingungen und die betreffende Dienstqualität.

(3) Vor Abschluss eines Vertrags für die Erbringung eines verbundenen Dienstes stellt der Anbieter eines solchen verbundenen Dienstes dem Nutzer mindestens folgende Informationen in einer klaren und verständlichen Art und Weise bereit:
a) die Art, der geschätzte Umfang und die Häufigkeit der Erhebung der Produktdaten, die der potenzielle Dateninhaber voraussichtlich erhalten wird, und gegebenenfalls die Modalitäten, nach denen der Nutzer auf diese Daten zugreifen oder sie abrufen kann, einschließlich der Modalitäten des künftigen Dateninhabers in Bezug auf die Speicherung und der Dauer der Aufbewahrung von Daten;
b) die Art und der geschätzte Umfang der zu generierenden verbundenen Dienstdaten sowie die Modalitäten, nach denen der Nutzer auf diese Daten zugreifen oder sie abrufen kann, einschließlich der Modalitäten des künftigen Dateninhabers in Bezug auf die Speicherung und der Dauer der Aufbewahrung von Daten;
c) die Angabe, ob der potenzielle Dateninhaber erwartet, ohne Weiteres verfügbare Daten selbst zu verwenden, und die Zwecke, zu denen diese Daten verwendet werden sollen, und ob er beabsichtigt, einem oder mehreren Dritten zu gestatten, die Daten zu mit dem Nutzer vereinbarten Zwecken zu verwenden;
d) die Identität des potenziellen Dateninhabers, z. B. sein Handelsname und die Anschrift des Ortes, an dem er niedergelassen ist, sowie gegebenenfalls anderer Datenverarbeitungsparteien;
e) die Kommunikationsmittel, über die der potenzielle Dateninhaber schnell kontaktiert und effizient mit ihm kommuniziert werden kann;

VI. Data Act (DA) (Auszug)

f) die Angabe, wie der Nutzer darum ersuchen kann, dass die Daten an einen Dritten weitergegeben werden, und wie er die Datenweitergabe gegebenenfalls beenden kann;
g) das Recht des Nutzers, bei der in Artikel 37 genannten zuständigen Behörde Beschwerde wegen eines Verstoßes gegen eine der Bestimmungen dieses Kapitels einzulegen;
h) die Angabe, ob ein potenzieller Dateninhaber Inhaber von Geschäftsgeheimnissen ist, die in den Daten enthalten sind, die über das vernetzte Produkt zugänglich sind oder die bei der Erbringung eines verbundenen Dienstes generiert werden, und, wenn der potenzielle Dateninhaber nicht Inhaber von Geschäftsgeheimnissen ist, die Identität des Inhabers des Geschäftsgeheimnisses;
i) die Dauer des Vertrags zwischen dem Nutzer und dem potenziellen Dateninhaber sowie die Ausgestaltung für die vorzeitige Beendigung eines solchen Vertrags.

Artikel 4
Rechte und Pflichten von Nutzern und Dateninhabern in Bezug auf den Zugang zu sowie die Nutzung und die Bereitstellung von Produktdaten und verbundenen Dienstdaten

(1) Soweit der Nutzer nicht direkt vom vernetzten Produkt oder verbundenen Dienst aus auf die Daten zugreifen kann, stellen die Dateninhaber dem Nutzer ohne Weiteres verfügbare Daten einschließlich der zur Auslegung und Nutzung der Daten erforderlichen Metadaten unverzüglich, einfach, sicher, unentgeltlich, in einem umfassenden, gängigen und maschinenlesbaren Format und – falls relevant und technisch durchführbar – in der gleichen Qualität wie für den Dateninhaber kontinuierlich und in Echtzeit bereit. Dies geschieht auf einfaches Verlangen auf elektronischem Wege, soweit dies technisch durchführbar ist.
(2) Nutzer und Dateninhaber können den Zugang zu sowie die Nutzung oder die erneute Weitergabe von Daten vertraglich beschränken, wenn eine solche Verarbeitung die im Unionsrecht oder im nationalen Recht festgelegten Sicherheitsanforderungen des vernetzten Produkts beeinträchtigen und damit zu schwerwiegenden nachteiligen Auswirkungen auf die Gesundheit oder die Sicherheit von natürlichen Personen führen könnte. Die für die betreffenden Sektoren zuständigen Behörden können den Nutzern und Dateninhabern in diesem Zusammenhang technisches Fachwissen bereitstellen. Verweigert der Dateninhaber die Weitergabe von Daten gemäß diesem Artikel, so teilt er dies der gemäß Artikel 37 benannten zuständigen Behörde mit.
(3) Unbeschadet des Rechts des Nutzers, jederzeit vor einem Gericht eines Mitgliedstaats Rechtsmittel einzulegen, kann der Nutzer im Zusammenhang mit einer Streitigkeit mit dem Dateninhaber in Bezug auf die in Absatz 2 genannten vertraglichen Beschränkungen oder Verbote
   a) gemäß Artikel 37 Absatz 5 Buchstabe b eine Beschwerde bei der zuständigen Behörde einlegen oder
   b) mit dem Dateninhaber vereinbaren, gemäß Artikel 10 Absatz 1 eine Streitbeilegungsstelle mit der Angelegenheit zu befassen.
(4) Die Dateninhaber dürfen die Ausübung der Wahlmöglichkeiten oder Rechte durch den Nutzer nach diesem Artikel nicht unangemessen erschweren, auch nicht dadurch, dass sie dem Nutzer in nicht neutraler Weise Wahlmöglichkeiten anbieten oder die Autonomie, die Entscheidungsfreiheit oder die Wahlfreiheit des Nutzers durch die Struktur, die Gestaltung, die Funktion oder die Funktionsweise einer digitalen Benutzerschnittstelle oder eines Teils davon unterlaufen oder beeinträchtigen.

VI. Data Act (DA) (Auszug)

(5) Um zu überprüfen, ob eine natürliche oder juristische Person als Nutzer für die Zwecke von Absatz 1 einzustufen ist, verlangt der Dateninhaber von dieser Person keine Informationen, die über das erforderliche Maß hinausgehen. Dateninhaber bewahren keine Informationen über den Zugang des Nutzers zu den verlangten Daten – insbesondere keine Protokolldaten – auf, die über das hinausgehen, was für die ordnungsgemäße Ausführung des Zugangsverlangens des Nutzers und für die Sicherheit und Pflege der Dateninfrastruktur erforderlich ist.

(6) Geschäftsgeheimnisse werden gewahrt und nur offengelegt, wenn vom Dateninhaber und vom Nutzer vor der Offenlegung alle Maßnahmen getroffen worden sind, die erforderlich sind, um die Vertraulichkeit der Geschäftsgeheimnisse, insbesondere gegenüber Dritten, zu wahren. Der Dateninhaber oder, wenn sie nicht dieselbe Person sind, der Inhaber des Geschäftsgeheimnisses ermittelt, auch in den relevanten Metadaten, die als Geschäftsgeheimnisse geschützten Daten und vereinbart mit dem Nutzer angemessene technische und organisatorische Maßnahmen, die erforderlich sind, um die Vertraulichkeit der weitergegebenen Daten, insbesondere gegenüber Dritten, zu wahren; dies gilt etwa für Mustervertragsklauseln, Vertraulichkeitsvereinbarungen, strenge Zugangsprotokolle, technische Normen und die Anwendung von Verhaltenskodizes.

(7) Wenn keine Einigung über die in Absatz 6 genannten erforderlichen Maßnahmen erzielt wird oder wenn vom Nutzer die gemäß Absatz 6 vereinbarten Maßnahmen nicht umgesetzt werden oder die Vertraulichkeit der Geschäftsgeheimnisse verletzt wird, kann der Dateninhaber die Weitergabe von Daten, die als Geschäftsgeheimnisse eingestuft wurden, verweigern oder gegebenenfalls aussetzen. Die Entscheidung des Dateninhabers ist ordnungsgemäß zu begründen und dem Nutzer unverzüglich schriftlich mitzuteilen. In solchen Fällen teilt der Dateninhaber der gemäß Artikel 37 benannten zuständigen Behörde mit, dass er die Weitergabe von Daten verweigert oder ausgesetzt hat, und gibt an, welche Maßnahmen nicht vereinbart oder umgesetzt wurden und bei welchen Geschäftsgeheimnissen die Vertraulichkeit untergraben wurde.

(8) Wenn unter außergewöhnlichen Umständen der Dateninhaber, der Inhaber eines Geschäftsgeheimnisses ist, nachweisen kann, dass er trotz der vom Nutzer gemäß Absatz 6 des vorliegenden Artikels getroffenen technischen und organisatorischen Maßnahmen mit hoher Wahrscheinlichkeit einen schweren wirtschaftlichen Schaden durch die Offenlegung von Geschäftsgeheimnissen erleiden wird, kann er ein Datenzugangsverlangen für die betreffenden speziellen Daten im Einzelfall ablehnen. Dieser Nachweis ist auf der Grundlage objektiver Fakten, insbesondere der Durchsetzbarkeit des Schutzes von Geschäftsgeheimnissen in Drittländern, der Art und des Vertraulichkeitsgrads der verlangten Daten sowie der Einzigartigkeit und Neuartigkeit des vernetzten Produkts hinreichend zu begründen und dem Nutzer unverzüglich schriftlich vorzulegen. Verweigert der Dateninhaber die Weitergabe von Daten gemäß vorliegendem Absatz, so teilt er dies der gemäß Artikel 37 benannten zuständigen Behörde mit.

(9) Unbeschadet des Rechts eines Nutzers, jederzeit vor einem Gericht eines Mitgliedstaats Rechtsmittel einzulegen, kann die Entscheidung eines Dateninhabers, die Weitergabe von Daten gemäß den Absätzen 7 und 8 abzulehnen, zu verweigern oder auszusetzen, von einem Nutzer angefochten werden, indem er
   a) gemäß Artikel 37 Absatz 5 Buchstabe b eine Beschwerde bei der zuständigen Behörde einreicht, die unverzüglich entscheidet, ob und unter welchen Bedingungen die Weitergabe der Daten beginnt oder wieder aufgenommen wird, oder

VI. Data Act (DA) (Auszug)

b) mit dem Dateninhaber vereinbart, gemäß Artikel 10 Absatz 1 eine Streitbeilegungsstelle mit der Angelegenheit zu befassen.

(10) Der Nutzer darf die aufgrund eines Verlangens nach Absatz 1 erlangten Daten weder zur Entwicklung eines vernetzten Produkts nutzen, das mit dem vernetzten Produkt, von dem die Daten stammen, im Wettbewerb steht, noch darf er diese Daten mit dieser Absicht an einen Dritten weitergeben oder nutzen, um Einblicke in die wirtschaftliche Lage, die Vermögenswerte und die Produktionsmethoden des Herstellers oder gegebenenfalls des Dateninhabers zu erlangen.

(11) Der Nutzer darf keine Zwangsmittel einsetzen oder Lücken in der zum Schutz der Daten bestehenden technischen Infrastruktur eines Dateninhabers ausnutzen, um Zugang zu Daten zu erlangen.

(12) Handelt es sich bei dem Nutzer nicht um die betroffene Person, deren personenbezogene Daten verlangt werden, so darf der Dateninhaber personenbezogene Daten, die bei der Nutzung eines vernetzten Produktes oder verbundenen Dienstes generiert werden, dem Nutzer nur dann bereitstellen, wenn es für die Verarbeitung eine gültige Rechtsgrundlage gemäß Artikel 6 der Verordnung (EU) 2016/679 gibt und gegebenenfalls die Bedingungen des Artikels 9 jener Verordnung sowie des Artikels 5 Absatz 3 der Richtlinie 2002/58/EG erfüllt sind.

(13) Der Dateninhaber darf ohne Weiteres verfügbare Daten, bei denen es sich um nichtpersonenbezogene Daten handelt, nur auf der Grundlage eines Vertrags mit dem Nutzer nutzen. Der Dateninhaber darf solche Daten nicht verwenden, um daraus Einblicke in die wirtschaftliche Lage, Vermögenswerte und Produktionsmethoden des Nutzers oder in die Nutzung durch den Nutzer auf jegliche andere Art, die die gewerbliche Position dieses Nutzers auf Märkten, auf denen dieser tätig ist, untergraben könnte, zu erlangen.

(14) Dateninhaber dürfen nicht-personenbezogene Produktdaten Dritten zu keinen anderen kommerziellen oder nichtkommerziellen Zwecken als zur Erfüllung ihres Vertrags mit dem Nutzer bereitstellen. Gegebenenfalls werden Dritte von Dateninhabern vertraglich verpflichtet, die von ihnen erhaltenen Daten nicht erneut weiterzugeben.

Artikel 5
Recht des Nutzers auf Weitergabe von Daten an Dritte

(1) Auf Verlangen eines Nutzers oder einer im Namen eines Nutzers handelnden Partei stellt der Dateninhaber einem Dritten ohne Weiteres verfügbare Daten sowie die für die Auslegung und Nutzung dieser Daten erforderlichen Metadaten unverzüglich, für den Nutzer unentgeltlich, in derselben Qualität, die dem Dateninhaber zur Verfügung steht, einfach, sicher, für den Nutzer unentgeltlich, in einem umfassenden, strukturierten, gängigen und maschinenlesbaren Format und, soweit relevant und technisch durchführbar, kontinuierlich und in Echtzeit bereit. Die Daten werden durch den Dateninhaber für den Dritten gemäß den Artikeln 8 und 9 bereitgestellt.

(2) Absatz 1 gilt nicht für ohne Weiteres verfügbare Daten im Zusammenhang mit der Prüfung neuer vernetzter Produkte, Stoffe oder Verfahren, die noch nicht in Verkehr gebracht werden, es sei denn, ihre Verwendung durch Dritte ist vertraglich genehmigt.

(3) Ein Unternehmen, das gemäß Artikel 3 der Verordnung (EU) 2022/1925 als Torwächter benannt wurde, gilt nicht als im Sinne des vorliegenden Artikels zugelassener Dritter und ist daher nicht berechtigt,

a) einen Nutzer dazu aufzufordern oder durch geschäftliche Anreize in irgendeiner Weise, auch durch eine finanzielle oder sonstige Gegenleistung, dafür zu gewin-

VI. Data Act (DA) (Auszug)

nen, Daten, die vom Nutzer aufgrund eines Verlangens nach Artikel 4 Absatz 1 erlangt wurden, für einen seiner Dienste bereitzustellen;

b) einen Nutzer dazu aufzufordern oder durch geschäftliche Anreize dafür zu gewinnen, vom Dateninhaber zu verlangen, gemäß Absatz 1 dieses Artikels Daten für einen seiner Dienste bereitzustellen;

c) von einem Nutzer Daten zu erhalten, die der Nutzer aufgrund eines Verlangens nach Artikel 4 Absatz 1 erlangt hat.

(4) Für die Zwecke der Überprüfung, ob eine natürliche oder juristische Person für die Zwecke von Absatz 1 als Nutzer oder als Dritter einzustufen ist, werden vom Dateninhaber oder Dritten keine Informationen verlangt, die über das erforderliche Maß hinausgehen. Die Dateninhaber bewahren keine Informationen über den Zugang des Dritten zu den verlangten Daten auf, die über das hinausgehen, was für die ordnungsgemäße Ausführung des Zugangsverlangens des Dritten und für die Sicherheit und Pflege der Dateninfrastruktur erforderlich ist.

(5) Der Dritte darf keine Zwangsmittel verwenden oder Lücken in der zum Schutz der Daten bestehenden technischen Infrastruktur des Dateninhabers ausnutzen, um Zugang zu Daten zu erlangen.

(6) Der Dateninhaber darf ohne Weiteres verfügbare Daten nicht verwenden, um daraus Einblicke in die wirtschaftliche Lage, Vermögenswerte und Produktionsmethoden des Dritten oder in die Nutzung durch den Dritten auf jegliche andere Art, die die gewerbliche Position des Dritten auf den Märkten, auf denen dieser tätig ist, untergraben könnte, zu erlangen, es sei denn, der Dritte hat eine solche Nutzung genehmigt und hat die technische Möglichkeit, diese Genehmigung jederzeit einfach zu widerrufen.

(7) Handelt es sich bei dem Nutzer nicht um die betroffene Person, deren personenbezogene Daten verlangt werden, so dürfen personenbezogene Daten, die bei der Nutzung eines vernetzten Produktes oder verbundenen Dienstes generiert werden, nur dann vom Dateninhaber dem Dritten bereitgestellt werden, wenn es für die Verarbeitung eine gültige Rechtsgrundlage gemäß Artikel 6 der Verordnung (EU) 2016/679 gibt und gegebenenfalls die Bedingungen des Artikels 9 jener Verordnung sowie des Artikels 5 Absatz 3 der Richtlinie 2002/58/EG erfüllt sind.

(8) Die Ausübung der Rechte der betroffenen Person gemäß der Verordnung (EU) 2016/679 und insbesondere des Rechts auf Datenübertragbarkeit gemäß Artikel 20 jener Verordnung darf durch Versäumnisse seitens des Dateninhabers oder des Dritten, Vorkehrungen für die Übermittlung der Daten zu treffen, nicht behindert, verhindert oder beeinträchtigt werden.

(9) Geschäftsgeheimnisse werden gewahrt und Dritten gegenüber nur insoweit offengelegt, als diese Offenlegung für den zwischen dem Nutzer und dem Dritten vereinbarten Zweck unbedingt erforderlich ist. Der Dateninhaber oder, wenn sie nicht dieselbe Person sind, der Inhaber des Geschäftsgeheimnisses ermittelt, auch in den relevanten Metadaten, die als Geschäftsgeheimnisse geschützten Daten und vereinbart mit dem Dritten alle angemessenen technischen und organisatorischen Maßnahmen, die erforderlich sind, um die Vertraulichkeit der weitergegebenen Daten zu wahren; dies gilt etwa für Mustervertragsklauseln, Vertraulichkeitsvereinbarungen, strenge Zugangsprotokolle, technische Normen und die Anwendung von Verhaltenskodizes.

(10) Wenn keine Einigung über die in Absatz 9 des vorliegenden Artikels genannten erforderlichen Maßnahmen erzielt wird oder wenn von dem Dritten die gemäß Absatz 9 des vorliegenden Artikels vereinbarten Maßnahmen nicht umgesetzt werden oder die Vertraulichkeit der Geschäftsgeheimnisse verletzt wird, kann der Dateninhaber die Weitergabe von Daten, die als Geschäftsgeheimnisse ermittelt wurden, verweigern

VI. Data Act (DA) (Auszug)

oder gegebenenfalls aussetzen. Die Entscheidung des Dateninhabers ist ordnungsgemäß zu begründen und dem Dritten unverzüglich schriftlich mitzuteilen. In solchen Fällen teilt der Dateninhaber der gemäß Artikel 37 benannten zuständigen Behörde mit, dass er die Weitergabe von Daten verweigert oder ausgesetzt hat, und gibt an, welche Maßnahmen nicht vereinbart oder umgesetzt wurden und bei welchen Geschäftsgeheimnissen die Vertraulichkeit verletzt wurde.

(11) Wenn unter außergewöhnlichen Umständen der Dateninhaber, der Inhaber eines Geschäftsgeheimnisses ist, nachweisen kann, dass er trotz der vom Dritten gemäß Absatz 9 des vorliegenden Artikels getroffenen technischen und organisatorischen Maßnahmen mit hoher Wahrscheinlichkeit einen schweren wirtschaftlichen Schaden durch eine Offenlegung von Geschäftsgeheimnissen erleiden wird, kann er das Datenzugangsverlangen für die betreffenden speziellen Daten im Einzelfall ablehnen. Dieser Nachweis ist auf der Grundlage objektiver Fakten, insbesondere der Durchsetzbarkeit des Schutzes von Geschäftsgeheimnissen in Drittländern, der Art und des Grads der Vertraulichkeit der verlangten Daten sowie der Einzigartigkeit und Neuartigkeit des vernetzten Produkts hinreichend zu begründen und Dritten unverzüglich schriftlich vorzulegen. Verweigert der Dateninhaber die Weitergabe von Daten gemäß diesem Absatz, so teilt er dies der gemäß Artikel 37 benannten zuständigen Behörde mit.

(12) Unbeschadet des Rechts Dritter, jederzeit vor einem Gericht eines Mitgliedstaats Rechtsmittel einzulegen, kann ein Dritter, der eine Entscheidung des Dateninhabers, die Weitergabe von Daten gemäß den Absätzen 10 und 11 abzulehnen, zu verweigern oder auszusetzen, anfechten möchte:
   a) gemäß Artikel 37 Absatz 2 Buchstabe b eine Beschwerde bei der zuständigen Behörde einreichen, die unverzüglich entscheidet, ob und unter welchen Bedingungen die Weitergabe der Daten beginnt oder wieder aufgenommen wird, oder
   b) mit dem Dateninhaber vereinbaren, gemäß Artikel 10 Absatz 1 eine Streitbeilegungsstelle mit der Angelegenheit zu befassen.

(13) Das Recht gemäß Absatz 1 darf die Rechte betroffener Personen gemäß dem geltenden Unionsrecht und nationalen Recht über den Schutz personenbezogener Daten nicht beeinträchtigen.

Artikel 6
Pflichten Dritter, die Daten auf Verlangen des Nutzers erhalten

(1) Ein Dritter verarbeitet die ihm nach Artikel 5 bereitgestellten Daten nur zu den Zwecken und unter den Bedingungen, die er mit dem Nutzer vereinbart hat und gemäß dem geltenden Unionsrecht und nationalen Recht über den Schutz personenbezogener Daten, einschließlich der Rechte der betroffenen Person, soweit personenbezogene Daten betroffen sind. Der Dritte löscht die Daten, sobald sie für den vereinbarten Zweck nicht mehr benötigt werden, sofern mit dem Nutzer in Bezug auf nicht-personenbezogene Daten nichts anderes vereinbart wurde.

(2) Dem Dritten ist untersagt,
   a) den Nutzern die Ausübung ihrer Wahlmöglichkeiten oder ihrer Rechte gemäß Artikel 5 und dem vorliegenden Artikel übermäßig zu erschweren, auch nicht, indem er den Nutzern Wahlmöglichkeiten auf nicht neutrale Weise anbietet, oder die Nutzer in irgendeiner Weise zwingt, täuscht oder manipuliert oder – auch mittels einer digitalen Benutzerschnittstelle oder eines Teils davon – die Autonomie, Entscheidungsfähigkeit oder Wahlmöglichkeiten des Nutzers zu untergraben oder zu beeinträchtigen;

VI. Data Act (DA) (Auszug)

b) unbeschadet des Artikels 22 Absatz 2 Buchstaben a und c der Verordnung (EU) 2016/679, die erhaltenen Daten für das Profiling zu nutzen, es sei denn, dies ist erforderlich, um den vom Nutzer gewünschten Dienst zu erbringen;
c) die erhaltenen Daten einem anderen Dritten bereitzustellen, es sei denn, die Daten werden auf der Grundlage eines Vertrags mit dem Nutzer bereitgestellt, und vorausgesetzt, der andere Dritte trifft alle zwischen dem Dateninhaber und dem Dritten vereinbarten Maßnahmen, die erforderlich sind, um die Vertraulichkeit von Geschäftsgeheimnissen zu wahren;
d) die erhaltenen Daten einem Unternehmen, das gemäß Artikel 3 der Verordnung (EU) 2022/1925 als Torwächter benannt wurde, bereitzustellen;
e) die erhaltenen Daten zu nutzen, um ein Produkt zu entwickeln, das mit dem vernetzten Produkt, von dem die Daten stammen, im Wettbewerb steht, oder die Daten zu diesem Zweck an einen anderen Dritten weiterzugeben. Dritten ist ferner untersagt, ihnen bereitgestellte nicht-personenbezogene Produktdaten oder verbundene Dienstdaten zu nutzen, um Einblicke in die wirtschaftliche Lage, die Vermögenswerte und die Produktionsmethoden des Dateninhabers oder die Nutzung durch den Dateninhaber zu gewinnen;
f) die erhaltenen Daten in einer Weise zu verwenden, die nachteilige Auswirkungen auf die Sicherheit des vernetzten Produkts oder des verbundenen Dienstes haben;
g) die mit dem Dateninhaber oder dem Inhaber der Geschäftsgeheimnisse gemäß Artikel 5 Absatz 9 vereinbarten Maßnahmen zu missachten und die Vertraulichkeit von Geschäftsgeheimnissen zu untergraben;
h) den Nutzer, bei dem es sich um einen Verbraucher handelt, daran zu hindern – einschließlich auf der Grundlage eines Vertrags –, die erhaltenen Daten anderen Parteien bereitzustellen.

Artikel 7
Umfang der Pflichten zur Datenweitergabe von Unternehmen an Verbraucher und zwischen Unternehmen

(1) Die Pflichten nach diesem Kapitel gelten nicht für Daten, die bei der Nutzung von vernetzten Produkten generiert werden, die von einem Kleinstunternehmen oder einem Kleinunternehmen hergestellt oder konzipiert werden oder die bei der Nutzung von verbundenen Diensten generiert werden, die von einem solchen Unternehmen erbracht werden, sofern dieses Unternehmen kein Partnerunternehmen oder kein verbundenes Unternehmen im Sinne des Artikels 3 des Anhangs der Empfehlung 2003/361/EG hat, das nicht als Kleinstunternehmen oder Kleinunternehmen gilt, und sofern das Kleinstunternehmen oder Kleinunternehmen nicht als Unterauftragnehmer mit der Herstellung oder der Konzeption eines vernetzten Produkts oder der Erbringung eines verbundenen Dienstes beauftragt wurde.

Das Gleiche gilt für Daten, die durch die Nutzung von vernetzten Produkten generiert werden, die von einem Unternehmen hergestellt werden, das seit weniger als einem Jahr als mittleres Unternehmen Sinne des Artikels 2 des Anhangs der Empfehlung 2003/361/EG eingestuft ist, oder für verbundene Dienste, die von einem solchen Unternehmen erbracht werden, und für vernetzten Produkte für ein Jahr nach dem Zeitpunkt ihres Inverkehrbringens durch ein mittleres Unternehmen.

(2) Vertragsklauseln, die zum Nachteil des Nutzers die Anwendung der Rechte des Nutzers nach diesem Kapitel ausschließen, davon abweichen oder die Wirkung dieser Rechte abändern, sind für den Nutzer nicht bindend.

VI. Data Act (DA) (Auszug)

Kapitel III
Pflichten der Dateninhaber, die gemäss dem Unionsrecht verpflichtet sind, Daten bereitzustellen

Artikel 8
Bedingungen, unter denen Dateninhaber Datenempfängern Daten bereitstellen

(1) Ist im Rahmen von Geschäftsbeziehungen zwischen Unternehmen ein Dateninhaber nach Artikel 5 oder nach anderem anwendbaren Unionsrecht oder nach im Einklang mit dem Unionsrecht erlassenen nationalen Recht verpflichtet, einem Datenempfänger Daten bereitzustellen, so vereinbart er mit einem Datenempfänger die Ausgestaltung für die Bereitstellung der Daten und stellt diese zu fairen, angemessenen und nichtdiskriminierenden Bedingungen und in transparenter Weise im Einklang mit dem vorliegenden Kapitel und dem Kapitel IV bereit.

(2) Eine Vertragsklausel in Bezug auf den Datenzugang und die Datennutzung oder die Haftung und Rechtsbehelfe bei Verletzung oder Beendigung datenbezogener Pflichten ist nicht bindend, wenn sie eine missbräuchliche Vertragsklausel im Sinne des Artikels 13 darstellt oder wenn sie zum Nachteil des Nutzers die Ausübung der Rechte des Nutzers nach Kapitel II ausschließt, davon abweicht oder deren Wirkung abändert.

(3) Ein Dateninhaber darf in Bezug auf die Modalitäten der Bereitstellung von Daten nicht zwischen vergleichbaren Kategorien von Datenempfängern, einschließlich Partnerunternehmen oder verbundenen Unternehmen, diskriminieren. Ist ein Datenempfänger der Ansicht, dass die Bedingungen, unter denen ihm Daten bereitgestellt werden, diskriminierend sind, so stellt der Dateninhaber dem Datenempfänger auf dessen begründetes Ersuchen unverzüglich Informationen bereit, aus denen hervorgeht, dass keine Diskriminierung vorliegt.

(4) Daten dürfen einem Datenempfänger vom Dateninhaber – auch exklusiv – nur dann bereitgestellt werden, wenn der Nutzer dies gemäß Kapitel II verlangt hat.

(5) Dateninhaber und Datenempfänger müssen keine Informationen herausgeben, die über das hinausgehen, was erforderlich ist, um die Einhaltung der für die Datenbereitstellung vereinbarten Mustervertragsklauseln oder die Erfüllung ihrer Pflichten aus dieser Verordnung oder aus anderem anwendbaren Unionsrecht oder aus im Einklang mit Unionsrecht erlassenen nationalen Recht zu überprüfen.

(6) Eine Pflicht, einem Datenempfänger Daten bereitzustellen, verpflichtet nicht zur Offenlegung von Geschäftsgeheimnissen, es sei denn, im Unionsrecht, einschließlich des Artikels 4 Absatz 6 und des Artikels 5 Absatz 9 der vorliegenden Verordnung, oder in im Einklang mit Unionsrecht erlassenen nationalen Rechtsvorschriften ist etwas anderes vorgesehen.

Artikel 9
Gegenleistung für die Bereitstellung von Daten

(1) Jede Gegenleistung, die zwischen einem Dateninhaber und einem Datenempfänger für die Bereitstellung von Daten im Rahmen von Geschäftsbeziehungen zwischen Unternehmen vereinbart wird, muss diskriminierungsfrei und angemessen sein, und darf eine Marge enthalten.

(2) Bei der Einigung auf eine Gegenleistung berücksichtigen der Dateninhaber und der Datenempfänger insbesondere Folgendes:

VI. Data Act (DA) (Auszug)

    a) angefallene Kosten für die Bereitstellung der Daten, einschließlich insbesondere der notwendigen Kosten für die Formatierung der Daten, die Verbreitung auf elektronischem Wege und die Speicherung;
    b) gegebenenfalls Investitionen in die Erhebung und Generierung von Daten, wobei berücksichtigt wird, ob andere Parteien zur Beschaffung, Generierung oder Erhebung der betreffenden Daten beigetragen haben.
(3) Die in Absatz 1 genannte Gegenleistung kann auch von Umfang, Format und Art der Daten abhängen.
(4) Ist der Datenempfänger ein KMU oder eine gemeinnützige Forschungseinrichtung und hat der betreffende Datenempfänger keine Partnerunternehmen oder verbundenen Unternehmen, die nicht als KMU gelten, so darf eine Gegenleistung die in Absatz 2 Buchstabe a aufgeführten Kosten nicht übersteigen.
(5) Die Kommission erlässt Leitlinien für die Berechnung einer angemessenen Gegenleistung unter Berücksichtigung des Rates des in Artikel 42 genannten Europäischen Dateninnovationsrates (EDIB).
(6) Dieser Artikel steht dem nicht entgegen, dass Unionsrecht oder im Einklang mit Unionsrecht erlassene nationale Rechtsvorschriften eine Gegenleistung für die Bereitstellung von Daten ausschließen oder eine geringere Gegenleistung vorsehen.
(7) Der Dateninhaber stellt dem Datenempfänger Informationen bereit, in denen die Grundlage für die Berechnung der Gegenleistung so detailliert dargelegt ist, dass der Datenempfänger beurteilen kann, ob die Anforderungen der Absätze 1 bis 4 erfüllt sind.

Artikel 10
Streitbeilegung

(1) Nutzer, Dateninhaber und Datenempfänger haben Zugang zu einer gemäß Absatz 5 des vorliegenden Artikels zertifizierten Streitbeilegungsstelle für die Beilegung von Streitigkeiten nach Artikel 4 Absatz 3 und Absatz 9 und Artikel 5 Absatz 12 sowie Streitigkeiten im Zusammenhang mit den fairen, angemessenen und nichtdiskriminierenden Bedingungen für die Bereitstellung von Daten und die transparente Art und Weise der Bereitstellung von Daten gemäß dem vorliegenden Kapitel und Kapitel IV.
(2) Die Streitbeilegungsstellen teilen den betroffenen Parteien die Entgelte oder die zur Festsetzung der Entgelte verwendeten Methoden mit, bevor diese Parteien eine Entscheidung beantragen.
(3) Bei Streitigkeiten, die einer Streitbeilegungsstelle nach Artikel 4 Absatz 3 zugewiesen wurden, gilt, wenn die Streitbeilegungsstelle eine Streitigkeit zugunsten des Nutzers oder Datenempfängers entscheidet, dass der Dateninhaber alle von der Streitbeilegungsstelle erhobenen Gebühren trägt und dem betreffenden Nutzer oder Datenempfänger alle sonstigen angemessenen Ausgaben, die diesem im Zusammenhang mit der Streitbeilegung entstanden sind, erstattet. Entscheidet die Streitbeilegungsstelle eine Streitigkeit zugunsten des Dateninhabers, so ist der Nutzer oder der Datenempfänger nicht verpflichtet, Gebühren oder sonstige Kosten zu erstatten, die der Dateninhaber im Zusammenhang mit der Streitbeilegung gezahlt hat oder zu zahlen hat, es sei denn, die Streitbeilegungsstelle stellt fest, dass der Nutzer oder der Datenempfänger offensichtlich bösgläubig gehandelt hat.
(4) Kunden und Anbieter von Datenverarbeitungsdiensten haben Zugang zu einer Streitbeilegungsstelle, die gemäß Absatz 5 des vorliegenden Artikels zugelassen ist, um Streitigkeiten im Zusammenhang mit Verletzungen der Rechte der Kunden und der

VI. Data Act (DA) (Auszug)

Pflichten der Anbieter von Datenverarbeitungsdiensten entsprechend Artikeln 23 bis 31 beizulegen.

(5) Der Mitgliedstaat, in dem die Streitbeilegungsstelle niedergelassen ist, lässt diese Stelle auf deren Antrag hin zu, nachdem sie nachgewiesen hat, dass sie alle folgenden Bedingungen erfüllt:
   a) Sie ist unparteiisch und unabhängig und trifft ihre Entscheidungen nach klaren, diskriminierungsfreien und fairen Verfahrensregeln;
   b) sie verfügt über das erforderliche Fachwissen, insbesondere in Bezug auf faire, angemessene und nichtdiskriminierende Bedingungen, einschließlich Gegenleistungen, über die transparente Bereitstellung von Daten, die es ihr ermöglicht, diese Bedingungen effektiv festzulegen;
   c) sie ist über elektronische Kommunikationsmittel leicht erreichbar;
   d) sie ist in der Lage, ihre Entscheidungen rasch, effizient und kostengünstig in mindestens einer Amtssprache der Union zu erlassen.
(6) Die Mitgliedstaaten teilen der Kommission die nach Absatz 5 zugelassenen Streitbeilegungsstellen mit. Die Kommission veröffentlicht auf einer eigens hierfür eingerichteten Website eine Liste dieser Stellen und hält diese auf dem neuesten Stand.
(7) Eine Streitbeilegungsstelle verweigert die Bearbeitung eines Streitbeilegungsantrags, der bereits bei einer anderen Streitbeilegungsstelle oder einem Gericht eines Mitgliedstaats eingereicht wurde.
(8) Eine Streitbeilegungsstelle bietet den Parteien die Möglichkeit, sich innerhalb einer angemessenen Frist zu den Angelegenheiten zu äußern, in denen sich diese Parteien an die betreffende Stelle gewandt haben. In diesem Zusammenhang werden jeder Partei die Schriftsätze der anderen Partei und etwaige Erklärungen von Sachverständigen bereitgestellt. Den Parteien wird die Möglichkeit geboten, zu diesen Schriftsätzen und Erklärungen Stellung zu nehmen.
(9) Eine Streitbeilegungsstelle entscheidet in einer Angelegenheit, die ihr vorgelegt wird, spätestens 90 Tage nach Erhalt eines Antrags gemäß den Absätzen 1 bis 4. Diese Entscheidung erfolgt schriftlich oder auf einem dauerhaften Datenträger und wird mit einer Begründung versehen.
(10) Die Streitbeilegungsstellen erstellen und veröffentlichen jährliche Tätigkeitsberichte. Diese Jahresberichte müssen insbesondere die folgenden allgemeinen Angaben umfassen:
   a) eine Zusammenstellung der Ergebnisse von Streitigkeiten;
   b) den durchschnittlichen Zeitaufwand für die Lösung von Streitigkeiten;
   c) die häufigsten Gründe für Streitigkeiten.
(11) Um den Austausch von Informationen und bewährten Verfahren zu erleichtern, kann eine Streitbeilegungsstelle beschließen, in den in Absatz 10 genannten Bericht Empfehlungen dazu aufzunehmen, wie Probleme zu vermeiden oder zu beheben sind.
(12) Die Entscheidung einer Streitbeilegungsstelle ist für die Parteien nur dann bindend, wenn die Parteien vor Beginn des Streitbeilegungsverfahrens dem bindenden Charakter ausdrücklich zugestimmt haben.
(13) Dieser Artikel berührt nicht das Recht der Parteien, wirksame Rechtsmittel bei einem Gericht eines Mitgliedstaats einzulegen.

VI. Data Act (DA) (Auszug)

Artikel 11
Technische Schutzmaßnahmen über die unbefugte Nutzung oder Offenlegung von Daten

(1) Ein Dateninhaber kann geeignete technische Schutzmaßnahmen, einschließlich intelligenter Verträge und Verschlüsselung, anwenden, um den unbefugten Zugang zu Daten, einschließlich Metadaten, zu verhindern und die Einhaltung der Artikel 5, 6, 8 und 9 sowie der für die Datenbereitstellung vereinbarten Mustervertragsklauseln sicherzustellen. Bei solchen technischen Schutzmaßnahmen dürfen weder Datenempfänger unterschiedlich behandelt werden noch dürfen Nutzer an der Ausübung ihres Rechts, eine Kopie der Daten zu erhalten, Daten abzurufen, zu verwenden oder auf diese zuzugreifen oder Dritten nach Artikel 5 Daten bereitzustellen, oder Dritte an der Ausübung ihrer Rechte nach dem Unionsrecht oder den nationalen Rechtsvorschriften, die im Einklang mit dem Unionsrecht angenommen wurden, gehindert werden. Nutzer, Dritte und Datenempfänger dürfen solche technischen Schutzmaßnahmen nur ändern oder aufheben, wenn der Dateninhaber dem zugestimmt hat.

(2) Unter den in Absatz 3 genannten Umständen kommt der Dritte oder der Datenempfänger den Aufforderungen des Dateninhabers und gegebenenfalls des Inhabers des Geschäftsgeheimnisses – wenn es sich nicht um dieselbe Person handelt – oder des Nutzers unverzüglich nach:
   a) die vom Dateninhaber bereitgestellten Daten und alle etwaigen Kopien davon zu löschen;
   b) das Herstellen, Anbieten, Inverkehrbringen oder Verwenden von Waren, abgeleiteten Daten oder Dienstleistungen, die auf den mit den Daten erlangten Kenntnissen beruhen, oder das Einführen, Ausführen oder Lagern von in diesem Sinne rechtsverletzenden Waren einzustellen und alle rechtsverletzenden Waren zu vernichten, wenn die ernsthafte Gefahr besteht, dass die unrechtmäßige Verwendung dieser Daten dem Dateninhaber, dem Inhaber des Geschäftsgeheimnisses oder dem Nutzer einen erheblichen Schaden zufügt, bzw. sofern eine solche Maßnahme im Hinblick auf die Interessen des Dateninhabers, des Inhabers des Geschäftsgeheimnisses oder des Nutzers nicht unverhältnismäßig wäre;
   c) den Nutzer über die unbefugte Nutzung oder Offenlegung der Daten und über die Maßnahmen, die ergriffen wurden, um die unbefugte Nutzung oder Offenlegung der Daten zu unterbinden, zu unterrichten;
   d) die Partei, die durch den Missbrauch oder die Offenlegung dieser unrechtmäßig abgerufenen oder genutzten Daten geschädigt wurde, zu entschädigen.

(3) Absatz 2 findet Anwendung, wenn ein Dritter oder ein Datenempfänger
   a) zwecks Erlangung der Daten einem Dateninhaber falsche Informationen gegeben, Täuschungs- oder Zwangsmittel eingesetzt oder Lücken in der zum Schutz der Daten bestehenden technischen Infrastruktur der Daten missbraucht hat,
   b) die bereitgestellten Daten für nicht genehmigte Zwecke, einschließlich der Entwicklung eines konkurrierenden vernetzten Produkts im Sinne von Artikel 6 Absatz 2 Buchstabe e, genutzt hat,
   c) unrechtmäßig Daten an eine andere Partei weitergegeben hat,
   d) die gemäß Artikel 5 Absatz 9 vereinbarten technischen und organisatorischen Maßnahmen nicht aufrechterhalten hat oder
   e) die vom Dateninhaber gemäß Absatz 1 des vorliegenden Artikels angewandten technischen Schutzmaßnahmen ohne Zustimmung des Dateninhabers verändert oder aufgehoben hat.

VI. Data Act (DA) (Auszug)

(4) Absatz 2 gilt ebenfalls, wenn ein Nutzer die vom Dateninhaber angewandten technischen Schutzmaßnahmen ändert oder aufhebt oder die vom Nutzer im Einvernehmen mit dem Dateninhaber oder, wenn sie nicht dieselbe Person sind, dem Inhaber des Geschäftsgeheimnisses getroffenen technischen und organisatorischen Maßnahmen zur Wahrung von Geschäftsgeheimnissen nicht aufrechterhält, sowie für jede andere Partei, die die Daten von dem Nutzer unter Verstoß gegen diese Verordnung erhält.

(5) Hat der Datenempfänger gegen Artikel 6 Absatz 2 Buchstabe a oder b verstoßen, so haben die Nutzer dieselben Rechte wie Dateninhaber gemäß Absatz 2 des vorliegenden Artikels.

Artikel 12
Umfang der Pflichten der Dateninhaber, die nach dem Unionsrecht verpflichtet sind, Daten bereitzustellen

(1) Dieses Kapitel gilt, wenn ein Dateninhaber im Rahmen von Geschäftsbeziehungen zwischen Unternehmen nach Artikel 5 oder nach geltendem Unionsrecht oder nach im Einklang mit Unionsrecht erlassenen nationalen Rechtsvorschriften verpflichtet ist, einem Datenempfänger Daten bereitzustellen.

(2) Eine Vertragsklausel in einer Datenweitergabevereinbarung, die zum Nachteil einer Partei oder gegebenenfalls zum Nachteil des Nutzers die Anwendung dieses Kapitels ausschließt, davon abweicht oder seine Wirkung abändert, ist für diese Partei nicht bindend.

Kapitel IV
Missbräuchliche Vertragsklauseln in Bezug auf den Datenzugang und die Datennutzung zwischen Unternehmen

Artikel 13
Missbräuchliche Vertragsklauseln, die einem anderen Unternehmen einseitig auferlegt werden

(1) Vertragsklauseln in Bezug auf den Datenzugang und die Datennutzung oder die Haftung und Rechtsbehelfe bei Verletzung oder Beendigung datenbezogener Pflichten, die ein Unternehmen einem anderen Unternehmen einseitig auferlegt, sind für letzteres Unternehmen nicht bindend, wenn sie missbräuchlich sind.

(2) Wenn Vertragsklauseln zwingenden Bestimmungen des Unionsrechts oder bei Fehlen von Vertragsklauseln zur Regelung der Angelegenheit geltenden Bestimmungen des Unionsrechts entsprechen, gelten sie nicht als missbräuchlich.

(3) Vertragsklauseln sind missbräuchlich, wenn ihre Anwendung eine grobe Abweichung von der guten Geschäftspraxis bei Datenzugang und Datennutzung darstellt oder gegen das Gebot von Treu und Glauben verstößt.

(4) Eine Vertragsklausel gilt insbesondere dann als missbräuchlich im Sinne des Absatzes 3, wenn sie Folgendes bezweckt oder bewirkt:
   a) den Ausschluss oder die Beschränkung der Haftung der Partei, die die Klausel einseitig auferlegt hat, für vorsätzliche oder grob fahrlässige Handlungen;
   b) den Ausschluss der Rechtsbehelfe, die der Partei, der die Klausel einseitig auferlegt wurde, bei Nichterfüllung von Vertragspflichten zur Verfügung stehen, oder den Ausschluss der Haftung der Partei, die die Klausel einseitig auferlegt hat, bei einer Verletzung dieser Pflichten;

VI. Data Act (DA) (Auszug)

c) das ausschließliche Recht der Partei, die die Klausel einseitig auferlegt hat, zu bestimmen, ob die gelieferten Daten vertragsgemäß sind, oder Vertragsklauseln auszulegen.

(5) Eine Vertragsklausel gilt als missbräuchlich im Sinne des Absatzes 3, wenn sie Folgendes bezweckt oder bewirkt:

a) eine unangemessene Beschränkung der Rechtsmittel bei Nichterfüllung von Vertragspflichten oder der Haftung bei einer Verletzung dieser Pflichten oder eine Erweiterung der Haftung des Unternehmens, dem die Klausel einseitig auferlegt wurde;

b) das Recht der Partei, die die Klausel einseitig auferlegt hat, auf Zugang zu Daten der anderen Vertragspartei und deren Nutzung in einer Weise, die den berechtigten Interessen der anderen Vertragspartei erheblich schadet, insbesondere, wenn diese Daten sensible Geschäftsdaten enthalten oder durch das Geschäftsgeheimnis oder durch Rechte des geistigen Eigentums geschützt sind;

c) die Hinderung der Partei, der die Klausel einseitig auferlegt wurde, daran, die von ihr während der Vertragslaufzeit bereitgestellten oder generierten Daten zu nutzen, oder eine Beschränkung der Nutzung dieser Daten insofern, als diese Partei nicht berechtigt ist, diese Daten in angemessener Weise zu nutzen, zu erfassen, darauf zuzugreifen oder sie zu kontrollieren oder zu verwerten;

d) die Hinderung der Partei, der die Klausel einseitig auferlegt wurde, daran, die Vereinbarung innerhalb einer angemessenen Frist zu kündigen;

e) die Hinderung der Partei, der die Klausel einseitig auferlegt wurde, daran, während der Vertragslaufzeit oder innerhalb einer angemessenen Frist nach Kündigung des Vertrags eine Kopie der von ihr bereitgestellten oder generierten Daten zu erhalten;

f) die Möglichkeit, dass die Partei, die die Klausel einseitig auferlegt hat, den Vertrag mit unangemessen kurzer Frist kündigen darf, und zwar unter Berücksichtigung jeglicher realistischen Möglichkeit für die andere Vertragspartei, zu einem anderen, vergleichbaren Dienst zu wechseln, und des durch die Kündigung verursachten finanziellen Nachteils, außer bei Vorliegen schwerwiegender Gründe;

g) die Möglichkeit, dass die Partei, die die Klausel einseitig auferlegt hat, den vertraglich vereinbarten Preis oder eine andere wesentliche Bedingung in Bezug auf Art, Format, Qualität oder Menge der weiterzugebenden Daten ohne eine im Vertrag spezifizierte stichhaltige Begründung wesentlich abändert, ohne dass der anderen Partei das Recht eingeräumt wird, den Vertrag im Falle einer solchen Abänderung zu kündigen.

Unterabsatz 1 Buchstabe g berührt nicht Klauseln, nach denen sich die Partei, die die Klausel einseitig auferlegt hat, das Recht vorbehält, die Bedingungen eines unbefristeten Vertrags einseitig zu ändern, sofern eine in diesem Vertrag spezifizierte stichhaltige Begründung vorliegt, wonach die Partei, die die Klausel einseitig auferlegt hat, verpflichtet ist, die andere Vertragspartei innerhalb einer angemessenen Frist von solch einer beabsichtigten Änderung in Kenntnis zu setzen, und es der anderen Vertragspartei freisteht, den Vertrag im Falle einer solchen Änderung unentgeltlich zu kündigen.

(6) Vertragsklauseln gelten im Sinne dieses Artikels als einseitig auferlegt, wenn sie von einer Vertragspartei eingebracht werden und die andere Vertragspartei ihren Inhalt trotz des Versuchs, hierüber zu verhandeln, nicht beeinflussen kann. Die Vertragspartei, die die Vertragsklausel eingebracht hat, trägt die Beweislast dafür, dass diese Klausel nicht einseitig auferlegt wurde. Die Vertragspartei, die die beanstandete Klausel eingebracht hat, kann sich nicht darauf berufen, dass es sich um eine missbräuchliche Vertragsklausel handelt.

VI. Data Act (DA) (Auszug)

(7) Ist die missbräuchliche Vertragsklausel von den übrigen Bedingungen des Vertrags abtrennbar, so bleiben die übrigen Vertragsklauseln bindend.

(8) Dieser Artikel gilt weder für Vertragsklauseln, in denen der Hauptgegenstand des Vertrags festgelegt wird, noch für die Angemessenheit des Preises für die als Gegenleistung weitergegebenen Daten.

(9) Die Parteien eines unter Absatz 1 fallenden Vertrags dürfen die Anwendung dieses Artikels nicht ausschließen, nicht davon abweichen und dessen Wirkungen nicht abändern.

Kapitel V
Bereitstellung von Daten für öffentliche Stellen, die Kommission, die europäische Zentralbank und Einrichtungen der Union wegen aussergewöhnlicher Notwendigkeit

Artikel 14
Pflicht zur Bereitstellung von Daten wegen außergewöhnlicher Notwendigkeit

Wenn eine öffentliche Stelle, die Kommission, die Europäische Zentralbank oder eine Einrichtung der Union den Nachweis dafür erbringt, dass im Hinblick auf die Erfüllung ihrer rechtlichen Aufgaben im öffentlichen Interesse die außergewöhnliche Notwendigkeit der Nutzung bestimmter Daten – einschließlich der für die Auslegung und Nutzung dieser Daten erforderlichen betreffenden Metadaten – gemäß Artikel 15 besteht, stellen die Dateninhaber, bei denen sich diese Daten befinden und bei denen es sich um andere juristische Personen als öffentliche Stellen handelt, diese Daten auf ordnungsgemäß begründeten Antrag bereit.

Artikel 15
Außergewöhnliche Notwendigkeit der Datennutzung

(1) Die außergewöhnliche Notwendigkeit der Nutzung bestimmter Daten im Sinne dieses Kapitels ist zeitlich befristet und im Umfang begrenzt und gilt nur unter einem der folgenden Umstände als gegeben, wenn:
   a) die verlangten Daten zur Bewältigung eines öffentlichen Notstands erforderlich sind und die öffentliche Stelle, die Kommission, die Europäische Zentralbank oder die Einrichtung der Union diese Daten unter gleichwertigen Bedingungen auf andere Weise nicht rechtzeitig und wirksam beschaffen kann;
   b) nicht von Buchstabe a erfassten Umstände vorliegen, und nur soweit nicht-personenbezogene Daten betroffen sind, wenn
      i) eine öffentliche Stelle, die Kommission, die Europäische Zentralbank oder eine Einrichtung der Union auf der Grundlage des Unionsrechts oder des nationalen Rechts tätig wird und spezifische Daten ermittelt hat, deren Fehlen sie daran hindert, eine bestimmte im öffentlichen Interesse ausgeübte Aufgabe zu erfüllen, die rechtlich ausdrücklich vorgesehen ist, wie etwa amtliche Statistiken zu erstellen oder einen öffentlichen Notstand einzudämmen oder zu überwinden, und
      ii) die öffentliche Stelle, die Kommission, die Europäische Zentralbank oder die Einrichtung der Union alle anderen ihr zur Verfügung stehenden Mittel ausgeschöpft hat, um solche Daten zu erlangen, darunter der Erwerb von nicht-personenbezogenen Daten auf dem Markt durch Angebot von Markttarifen oder die Inanspruchnahme bestehender Verpflichtungen zur Bereitstellung von Daten oder

der Erlass neuer Rechtsvorschriften, die die rechtzeitige Verfügbarkeit der Daten gewährleisten könnten.

(2) Absatz 1 Buchstabe b dieses Artikels gilt nicht für Kleinstunternehmen und Kleinunternehmen.

(3) Die Verpflichtung, nachzuweisen, dass die öffentliche Stelle nicht in der Lage war, nicht-personenbezogene Daten durch den Erwerb auf dem Markt zu erhalten, gilt nicht, wenn die spezifische Aufgabe, die im öffentlichen Interesse ausgeübt wird, in der Erstellung amtlicher Statistiken besteht und der Erwerb solcher Daten nach nationalem Recht nicht zulässig ist.

Artikel 16
Verhältnis zu anderen Pflichten zur Bereitstellung von Daten für öffentliche Stellen, die Kommission, die Europäische Zentralbank und Einrichtungen der Union

(1) Dieses Kapitel berührt nicht die im Unionsrecht oder im nationalen Recht festgelegten Pflichten in Bezug auf die Berichterstattung, die Erfüllung von Informationszugangsverlangen oder den Nachweis und die Überprüfung der Einhaltung rechtlicher Pflichten.

(2) Dieses Kapitel gilt nicht für öffentliche Stellen, die Kommission, die Europäische Zentralbank und die Einrichtungen der Union, die Tätigkeiten zur Verhütung, Ermittlung, Aufdeckung oder Verfolgung von Straftaten oder Ordnungswidrigkeiten oder der Strafvollstreckung durchführen, oder für die Zoll- oder Steuerverwaltung. Dieses Kapitel berührt nicht das anwendbare Unionsrecht und das anwendbare nationale Recht über die Verhütung, Ermittlung, Aufdeckung oder Verfolgung von Straftaten oder Ordnungswidrigkeiten oder über die Vollstreckung von Strafen oder verwaltungsrechtlichen Sanktionen oder über die Zoll- oder Steuerverwaltung.

Artikel 17
Datenbereitstellungsverlangen

(1) Öffentliche Stellen, die Kommission, die Europäische Zentralbank oder Einrichtungen der Union müssen in ihren Datenverlangen nach Artikel 14
 a) angeben, welche Daten, einschließlich der für die Auslegung und Nutzung dieser Daten erforderlichen relevanten Metadaten, benötigt werden;
 b) nachweisen, dass die für das Bestehen einer außergewöhnlichen Notwendigkeit erforderlichen Bedingungen gemäß Artikel 15 für die Zwecke, für die die Daten verlangt werden, erfüllt sind;
 c) den Zweck des Verlangens, die beabsichtigte Nutzung der verlangten Daten gegebenenfalls auch durch einen Dritten gemäß Absatz 4, und die Dauer dieser Nutzung sowie gegebenenfalls die Art und Weise erläutern, wie die Verarbeitung personenbezogener Daten der außergewöhnlichen Notwendigkeit abhelfen soll;
 d) nach Möglichkeit angeben, wann die Daten von allen Parteien, die Zugang zu den Daten haben, voraussichtlich gelöscht sein werden;
 e) die Wahl des Dateninhabers, an den das Verlangen gerichtet ist, begründen;
 f) alle anderen öffentlichen Stellen oder die Kommission, die Europäische Zentralbank oder Einrichtungen der Union und Dritte angeben, an die die verlangten Daten voraussichtlich weitergegeben werden;
 g) – falls personenbezogene Daten verlangt werden – alle technischen und organisatorischen Maßnahmen angeben, die zur Umsetzung der Datenschutzgrundsätze und erforderlichen Garantien erforderlich und verhältnismäßig sind, wie etwa die Pseud-

VI. Data Act (DA) (Auszug)

onymisierung, und ob der Dateninhaber vor der Bereitstellung der Daten eine Anonymisierung vornehmen kann;
h) die Rechtsvorschrift angeben, durch die der anfragenden öffentlichen Stelle, der Kommission, der Europäischen Union oder der Einrichtung der Union die für das Datenverlangen relevante spezifische im öffentlichen Interesse ausgeübte Aufgabe übertragen wird;
i) die Frist angeben, innerhalb deren die Daten bereitzustellen sind und die Frist gemäß Artikel 18 Absatz 2, innerhalb deren der Dateninhaber das Verlangen ablehnen oder dessen Änderung beantragen kann;
j) sich nach besten Kräften darum bemühen, zu vermeiden, dass die Erfüllung des Datenverlangens zur Haftung des Dateninhabers für Verstöße gegen das Unionsrecht oder nationales Recht führt.

(2) Ein Datenverlangen nach Absatz 1 dieses Artikels muss
a) schriftlich und in klarer, prägnanter, einfacher und für den Dateninhaber verständlicher Sprache abgefasst sein,
b) genaue Angaben zur Art der verlangten Daten enthalten und sich auf die Daten beziehen, über die der Dateninhaber zum Zeitpunkt des Verlangens Kontrolle hat;
c) im Hinblick auf die Detailstufe und den Umfang der verlangten Daten sowie die Häufigkeit des Zugangs zu den verlangten Daten in einem angemessenen Verhältnis zu der außergewöhnlichen Notwendigkeit stehen und ausreichend begründet sein;
d) die rechtmäßigen Ziele des Dateninhabers unter Zusage der Gewährleistung der Wahrung von Geschäftsgeheimnissen gemäß Artikel 19 Absatz 3 und unter Berücksichtigung der Kosten und des nötigen Aufwands für die Bereitstellung der Daten achten;
e) nicht-personenbezogene Daten betreffen, und nur dann, wenn sich erweist, dass dies nicht ausreicht, um auf die außergewöhnliche Notwendigkeit der Nutzung von Daten gemäß Artikel 15 Absatz 1 Buchstabe a zu reagieren, personenbezogene Daten in pseudonymisierter Form verlangen und die technischen und organisatorischen Maßnahmen festlegen, die zum Schutz der Daten ergriffen werden;
f) dem Dateninhaber Aufschluss über die Sanktionen geben, die nach Artikel 40 von der nach Artikel 37 benannten zuständigen Behörde verhängt werden, wenn er dem Verlangen nicht nachkommt;
g) sofern das Verlangen durch eine öffentliche Stelle erfolgt, dem in Artikel 37 genannten Datenkoordinator des Mitgliedstaats, in dem die anfragende öffentliche Stelle niedergelassen ist, übermittelt werden, der das Verlangen unverzüglich online öffentlich verfügbar macht, es sei denn, die öffentliche Stelle ist der Auffassung, dass diese Veröffentlichung eine Gefahr für die öffentliche Sicherheit darstellen würde;
h) sofern das Verlangen durch die Kommission, die Europäische Zentralbank oder eine Einrichtung der Union erfolgt, unverzüglich online verfügbar gemacht werden;
i) – falls personenbezogene Daten verlangt werden – der für die Überwachung der Anwendung der Verordnung (EU) 2016/679 zuständigen Aufsichtsbehörde im Mitgliedstaat, in dem die öffentliche Stelle niedergelassen ist, unverzüglich gemeldet werden.

Die Europäische Zentralbank und die Einrichtungen der Union informieren die Kommission über ihre Verlangen.

(3) Eine öffentliche Stelle, die Kommission, die Europäische Zentralbank oder eine Einrichtung der Union dürfen nach diesem Kapitel erlangte Daten nicht zur Weiterverwendung im Sinne des Artikels 2 Nummer 2 der Verordnung (EU) 2022/868 oder Artikel 2 Nummer 11 der Richtlinie (EU) 2019/1024 bereitstellen. Die Verordnung (EU)

VI. Data Act (DA) (Auszug)

2022/868 und die Richtlinie (EU) 2019/1024 finden keine Anwendung auf nach diesem Kapitel erlangte von öffentlichen Stellen gehaltene Daten.

(4) Durch Absatz 3 dieses Artikels wird eine öffentliche Stelle, die Kommission, die Europäische Zentralbank oder eine Einrichtung der Union nicht daran gehindert, nach diesem Kapitel erlangte Daten mit einer anderen öffentlichen Stelle oder mit der Kommission, der Europäischen Zentralbank oder einer Einrichtung der Union zwecks Wahrnehmung der in Artikel 15 genannten Aufgaben auszutauschen, wie in dem Verlangen gemäß Absatz 1 Buchstabe f des vorliegenden Artikels angegeben, oder die Daten einem Dritten bereitzustellen, wenn sie im Rahmen einer öffentlich verfügbaren Vereinbarung technische Inspektionen oder andere Aufgaben an diesen Dritten delegiert hat. Die Pflichten öffentlicher Stellen gemäß Artikel 19, insbesondere die Garantien zur Wahrung der Vertraulichkeit von Geschäftsgeheimnissen, gelten auch für diese Dritten. Wenn eine öffentliche Stelle, die Kommission, die Europäische Zentralbank oder eine Einrichtung der Union Daten nach diesem Absatz übermittelt oder bereitstellt, teilt sie dies dem Dateninhaber, von dem sie die Daten erhalten hat, unverzüglich mit.

(5) Ist der Dateninhaber der Ansicht, dass seine Rechte nach diesem Kapitel durch die Übermittlung oder Bereitstellung von Daten verletzt wurden, so kann er bei der nach Artikel 37 benannten zuständigen Behörde des Mitgliedstaats, in dem der Dateninhaber niedergelassen ist, Beschwerde einlegen.

(6) Die Kommission entwickelt ein Musterformular für Verlangen gemäß dem vorliegenden Artikel.

Artikel 18
Erfüllung von Datenverlangen

(1) Ein Dateninhaber, der ein Datenzugangsverlangen nach diesem Kapitel erhält, stellt der anfragenden öffentlichen Stelle, der Kommission, der Europäischen Zentralbank oder einer Einrichtung der Union die Daten unverzüglich bereit, wobei die erforderlichen technischen, organisatorischen und rechtlichen Maßnahmen berücksichtigt werden.

(2) Unbeschadet besonderer Erfordernisse bezüglich der Verfügbarkeit von Daten, die in Unionsrecht oder nationalem Recht festgelegt sind, kann ein Dateninhaber Datenzugangsverlangen im Sinne dieses Kapitels im Falle von Daten, die zur Bewältigung eines öffentlichen Notstands erforderlich sind, unverzüglich und in jedem Fall innerhalb von fünf Arbeitstagen nach Eingang des Datenverlangens sowie in anderen Fällen einer außergewöhnlichen Notwendigkeit unverzüglich und in jedem Fall innerhalb von 30 Arbeitstagen nach Eingang des betreffenden Datenverlangens aus einem der folgenden Gründe ablehnen oder deren Änderung beantragen:
a) Der Dateninhaber hat keine Kontrolle über die verlangten Daten;
b) ein ähnliches Verlangen zu demselben Zweck wurde bereits von einer anderen öffentlichen Stelle oder von der Kommission, der Europäischen Zentralbank oder einer Einrichtung der Union gestellt, und der Dateninhaber wurde nicht gemäß Artikel 19 Absatz 1 Buchstabe c über das Löschen der Daten unterrichtet;
c) das Verlangen erfüllt nicht die Voraussetzungen nach Artikel 17 Absätze 1 und 2.

(3) Wenn der Dateninhaber das Verlangen gemäß Absatz 2 Buchstabe b ablehnt oder dessen Änderung beantragt, nennt er die öffentliche Stelle oder die Kommission, die Europäische Zentralbank oder die Einrichtung der Union, die zuvor zu demselben Zweck Daten verlangt hatte.

(4) Wenn die verlangten Daten auch personenbezogene Daten enthalten, werden diese vom Dateninhaber ordnungsgemäß anonymisiert, es sei denn, zur Erfüllung des Datenzu-

VI. Data Act (DA) (Auszug)

gangsverlangens einer öffentlichen Stelle, der Kommission, der Europäischen Zentralbank oder einer Einrichtung der Union ist die Offenlegung personenbezogener Daten erforderlich. In diesen Fällen muss der Dateninhaber die Daten pseudonymisieren.

(5) Wenn die öffentliche Stelle, die Kommission, die Europäische Zentralbank oder die Einrichtung der Union beabsichtigt, der Ablehnung des Datenverlangens eines Dateninhabers zu widersprechen, oder wenn der Dateninhaber Einspruch gegen das Verlangen einzulegen beabsichtigt und die Angelegenheit durch eine entsprechende Änderung des Verlangens nicht beigelegt werden kann, wird die nach Artikel 37 benannte zuständige Behörde des Mitgliedstaats, in dem der Dateninhaber niedergelassen ist, mit der Angelegenheit befasst.

Kapitel VIII
Interoperabilität

Artikel 33
Wesentliche Anforderungen an die Interoperabilität von Daten, von Mechanismen und Diensten für die Datenweitergabe sowie von gemeinsamen europäischen Datenräumen

(1) Teilnehmer an Datenräumen, die anderen Teilnehmern Daten oder Datendienste anbieten, müssen die folgenden wesentlichen Anforderungen zur Erleichterung der Interoperabilität von Daten, von Mechanismen und Diensten für die Datenweitergabe sowie von gemeinsamen europäischen Datenräumen erfüllen, bei denen es sich um zweck- oder sektorspezifische oder sektorübergreifende interoperable Rahmen für gemeinsame Normen und Verfahren für die Weitergabe oder die gemeinsame Verarbeitung von Daten – unter anderem für die Entwicklung neuer Produkte und Dienste, wissenschaftliche Forschung oder Initiativen der Zivilgesellschaft – handelt:

a) Datensatzinhalte, Nutzungsbeschränkungen, Lizenzen, Datenerhebungsmethoden, Datenqualität und Unsicherheiten sind – gegebenenfalls in maschinenlesbarem Format – hinreichend beschrieben, um dem Empfänger das Auffinden der Daten, den Datenzugang und die Datennutzung zu ermöglichen;

b) die Datenstrukturen, Datenformate, Vokabulare, Klassifizierungssysteme, Taxonomien und Codelisten, sofern verfügbar, werden in einer öffentlich verfügbaren und einheitlichen Weise beschrieben;

c) die technischen Mittel für den Datenzugang, wie etwa Anwendungsprogrammierschnittstellen, sowie ihre Nutzungsbedingungen und die Dienstqualität sind ausreichend beschrieben, um den automatischen Datenzugang und die automatische Datenübermittlung zwischen den Parteien, auch kontinuierlich, im Massen-Download oder in Echtzeit in einem maschinenlesbaren Format zu ermöglichen, sofern dies technisch machbar ist und das reibungslose Funktionieren des vernetzten Produkts nicht beeinträchtigt;

d) es werden gegebenenfalls die Mittel bereitgestellt, mit denen die Interoperabilität von Tools für die Automatisierung der Ausführung von Verträgen über die Datenweitergabe, wie intelligenten Verträgen, ermöglicht wird.

Die Anforderungen können allgemeiner Art sein oder bestimmte Sektoren betreffen, müssen aber die Wechselwirkungen mit Anforderungen aus anderem Unionsrecht oder aus nationalem Recht in vollem Umfang berücksichtigen.

(2) Der Kommission wird die Befugnis übertragen, gemäß Artikel 45 dieser Verordnung delegierte Rechtsakte zur Ergänzung dieser Verordnung durch die nähere Bestimmung der in Absatz 1 des vorliegenden Artikels festgelegten wesentlichen Anforde-

VI. Data Act (DA) (Auszug)

rungen zu erlassen, und zwar in Bezug auf diejenigen Anforderungen, die naturgemäß nicht die beabsichtigte Wirkung entfalten können, sofern sie nicht in verbindlichen Rechtsakten der Union näher spezifiziert werden, und mit Ziel, den technologischen Entwicklungen und Marktentwicklungen angemessen Rechnung zu tragen.
Die Kommission berücksichtigt den Rat des EDIB gemäß Artikel 42 Buchstabe c, wenn sie delegierte Rechtsakte erlässt.

(3) Bei Teilnehmern an Datenräumen, die Daten oder Datendienste für andere Teilnehmer an Datenräumen anbieten, die ganz oder teilweise den harmonisierten Normen entsprechen, deren Fundstellen im *Amtsblatt der Europäischen Union* veröffentlicht werden, wird die Konformität mit den in Absatz 1 festgelegten wesentlichen Anforderungen vermutet, soweit diese Anforderungen durch diese harmonisierten Normen oder Teile dieser harmonisierten Normen erfasst werden.

(4) Die Kommission beauftragt gemäß Artikel 10 der Verordnung (EU) Nr. 1025/2012 eine oder mehrere europäische Normungsorganisationen damit, Entwürfe für harmonisierte Normen zu erarbeiten, die den in Absatz 1 des vorliegenden Artikels festgelegten wesentlichen Anforderungen genügen.

(5) Die Kommission kann im Wege von Durchführungsrechtsakten gemeinsame Spezifikationen erlassen, die einige oder alle in Absatz 1 festgelegten wesentlichen Anforderungen erfassen, sofern folgende Voraussetzungen erfüllt sind:
a) Die Kommission hat gemäß Artikel 10 Absatz 1 der Verordnung (EU) Nr. 1025/2012 eine oder mehrere europäische Normungsorganisationen damit beauftragt, eine harmonisierte Norm zu erarbeiten, die den in Absatz 1 des vorliegenden Artikels festgelegten wesentlichen Anforderungen genügt, und
   i) der Auftrag wurde entweder nicht angenommen,
   ii) die harmonisierten Normen für diesen Auftrag sind nicht innerhalb der gemäß Artikel 10 Absatz 1 der Verordnung (EU) Nr. 1025/2012 gesetzten Frist vorgelegt worden oder
   iii) die harmonisierten Normen erfüllen den Auftrag nicht, und
b) im *Amtsblatt der Europäischen Union* ist für die harmonisierten Normen, die die einschlägigen, in Absatz 1 des vorliegenden Artikels festgelegten wesentlichen Anforderungen erfassen, keine Fundstelle gemäß der Verordnung (EU) Nr. 1025/2012 veröffentlicht, und wird eine solche Fundstelle voraussichtlich auch nicht innerhalb einer angemessenen Frist veröffentlicht werden.
Diese Durchführungsrechtsakte werden gemäß dem in Artikel 46 Absatz 2 genannten Prüfverfahren erlassen.

(6) Vor der Ausarbeitung eines Entwurfs des in Absatz 5 des vorliegenden Artikels genannten Durchführungsrechtsakts teilt die Kommission dem in Artikel 22 der Verordnung (EU) Nr. 1025/2012 genannten Ausschuss mit, dass die Bedingungen von Absatz 5 des vorliegenden Artikels ihres Erachtens erfüllt sind.

(7) Bei der Ausarbeitung des Entwurfs des in Absatz 5 genannten Durchführungsrechtsakts berücksichtigt die Kommission den Rat des EDIB und die Standpunkte anderer einschlägiger Gremien oder Expertengruppen und konsultiert ordnungsgemäß alle einschlägigen Interessenträger.

(8) Bei Teilnehmern an Datenräumen, die Daten oder Datendienste für andere Teilnehmer an Datenräumen anbieten, die ganz oder teilweise den gemeinsamen Spezifikationen entsprechen, die gemäß den in Absatz 5 genannten Durchführungsrechtsakten festgelegt wurden, wird die Konformität mit den in Absatz 1 festgelegten wesentlichen Anforderungen vermutet, soweit diese Anforderungen ganz oder teilweise durch diese gemeinsamen Spezifikationen erfasst werden.

VI. Data Act (DA) (Auszug)

(9) Wird eine harmonisierte Norm von einer europäischen Normungsorganisation angenommen und der Kommission für die Zwecke der Veröffentlichung ihrer Fundstelle im *Amtsblatt der Europäischen Union* vorgeschlagen, so bewertet die Kommission die harmonisierte Norm gemäß der Verordnung (EU) Nr. 1025/2012. Wird die Fundstelle einer harmonisierten Norm im *Amtsblatt der Europäischen Union* veröffentlicht, so werden die in Absatz 5 des vorliegenden Artikels genannten Durchführungsrechtsakte, die dieselben wesentlichen Anforderungen erfassen, wie sie von dieser harmonisierten Norm erfasst sind, von der Kommission ganz oder teilweise aufgehoben.

(10) Ist ein Mitgliedstaat der Auffassung, dass eine gemeinsame Spezifikation den in Absatz 1 festgelegten wesentlichen Anforderungen nicht vollständig entspricht, so setzt er die Kommission durch die Übermittlung einer ausführlichen Erläuterung davon in Kenntnis. Die Kommission bewertet die ausführliche Erläuterung und kann gegebenenfalls den Durchführungsrechtsakt ändern, durch den die fragliche gemeinsame Spezifikation festgelegt wurde.

(11) Die Kommission kann unter Berücksichtigung des Vorschlags des EDIB gemäß Artikel 30 Buchstabe h der Verordnung (EU) 2022/868 zur Festlegung von interoperablen Rahmen für gemeinsame Normen und Verfahren für das Funktionieren gemeinsamer europäischer Datenräume Leitlinien annehmen.

Artikel 34
Interoperabilität zu Zwecken der parallelen Nutzung von Datenverarbeitungsdiensten

(1) Die in Artikel 23, Artikels 24, Artikels 25 Absatz 2 Buchstabe a Ziffern ii und iv und Buchstaben e und f sowie Artikel 30 Absätze 2, 3, 4 und 5 festgelegten Anforderungen gelten entsprechend auch für Anbieter von Datenverarbeitungsdiensten, um die Interoperabilität zu Zwecken der parallelen Nutzung von Datenverarbeitungsdiensten zu erleichtern.

(2) Wenn ein Datenverarbeitungsdienst parallel mit einem anderen Datenverarbeitungsdienst genutzt wird, können die Anbieter von Datenverarbeitungsdiensten Datenextraktionsentgelte verlangen, aber nur zur Weitergabe der entstandenen Extraktionskosten, ohne diese Kosten zu übersteigen.

Artikel 35
Interoperabilität von Datenverarbeitungsdiensten

(1) Offene Interoperabilitätsspezifikationen und harmonisierte Normen für die Interoperabilität von Datenverarbeitungsdiensten
   a) bewirken, soweit dies technisch machbar ist, die Interoperabilität zwischen verschiedenen Datenverarbeitungsdiensten, die die gleiche Dienstart abdecken;
   b) verbessern die Übertragbarkeit digitaler Vermögenswerte zwischen verschiedenen Datenverarbeitungsdiensten, die die gleiche Dienstart abdecken;
   c) erleichtern, soweit dies technisch machbar ist, die Funktionsäquivalenz zwischen den in Artikel 30 Absatz 1 genannten Datenverarbeitungsdiensten, die die gleiche Dienstart abdecken;
   d) beeinträchtigen Sicherheit und Integrität der Datenverarbeitungsdienste und Daten nicht;
   e) sind für die Möglichkeit einer technischen Aufrüstung und die Einbindung neuer Funktionen und Innovationen in Datenverarbeitungsdiensten ausgelegt.

VI. Data Act (DA) (Auszug)

(2) Offene Interoperabilitätsspezifikationen und harmonisierte Normen für die Interoperabilität von Datenverarbeitungsdiensten müssen Folgendes angemessen regeln:
a) die Aspekte der Cloud-Interoperabilität in Bezug auf die Transportinteroperabilität, die syntaktische Interoperabilität, die semantische Dateninteroperabilität, die verhaltensbezogene Interoperabilität und die Interoperabilität der Regeln und Vorgaben;
b) die Aspekte der Cloud-Datenübertragbarkeit in Bezug auf die syntaktische Datenübertragbarkeit, die semantische Datenübertragbarkeit und die Übertragbarkeit der Datenregeln;
c) die Aspekte der Cloud-Anwendungen in Bezug auf die syntaktische Übertragbarkeit von Anwendungen, die Übertragbarkeit von Anwendungsbefehlen, die Übertragbarkeit von Anwendungsmetadaten, die Übertragbarkeit des Anwendungsverhaltens und die Übertragbarkeit der Anwendungsregeln.

(3) Offene Interoperabilitätsspezifikationen müssen Anhang II der Verordnung (EU) Nr. 1025/2012 entsprechen.

(4) Nach Berücksichtigung einschlägiger internationaler und europäischer Normen und Selbstregulierungsinitiativen kann die Kommission gemäß Artikel 10 Absatz 1 der Verordnung (EU) Nr. 1025/2012 eine oder mehrere europäische Normungsorganisationen damit beauftragen, Entwürfe für harmonisierte Normen, die in den Absätzen 1 und 2 des vorliegenden Artikels festgelegten wesentlichen Anforderungen genügen, zu erarbeiten.

(5) Die Kommission kann im Wege von Durchführungsrechtsakten gemeinsame Spezifikationen auf der Grundlage offener Interoperabilitätsspezifikationen festlegen, die alle in den Absätzen 1 und 2 des vorliegenden Artikels festgelegten wesentlichen Anforderungen erfassen.

(6) Die Kommission berücksichtigt bei der Ausarbeitung des in Absatz 5 dieses Artikels genannten Entwurfs des Durchführungsrechtsakts die Standpunkte der in Artikel 37 Absatz 5 Buchstabe h genannten einschlägigen zuständigen Behörden sowie anderer einschlägiger Gremien oder Expertengruppen und konsultiert ordnungsgemäß alle einschlägigen Interessenträger.

(7) Ist ein Mitgliedstaat der Auffassung, dass eine gemeinsame Spezifikation den wesentlichen Anforderungen gemäß den Absätzen 1 und 2 nicht vollständig entspricht, so setzt er die Kommission durch Übermittlung einer ausführlichen Erläuterung davon in Kenntnis. Die Kommission bewertet die ausführliche Erläuterung und kann gegebenenfalls den Durchführungsrechtsakt, durch den die betreffende gemeinsame Spezifikation festgelegt wurde, ändern.

(8) Für die Zwecke des Artikels 30 Absatz 3 veröffentlicht die Kommission im Wege von Durchführungsrechtsakten die Fundstellen harmonisierter Normen und gemeinsamer Spezifikationen für die Interoperabilität von Datenverarbeitungsdiensten in einer zentralen Datenbank der Union für Normen für die Interoperabilität von Datenverarbeitungsdiensten.

(9) Die in diesem Artikel genannten Durchführungsrechtsakte werden gemäß dem in Artikel 46 Absatz 2 genannten Prüfverfahren erlassen.

VI. Data Act (DA) (Auszug)

Artikel 36
Wesentliche Anforderungen an intelligente Verträge für die Ausführung von Datenweitergabevereinbarungen

(1) Der Anbieter einer Anwendung, in der intelligente Verträge verwendet werden, oder – in dessen Ermangelung – die Person, deren gewerbliche, geschäftliche oder berufliche Tätigkeit den Einsatz intelligenter Verträge für Dritte im Zusammenhang mit der vollständigen oder teilweisen Ausführung einer Datenbereitstellungsvereinbarung beinhaltet, muss sicherstellen, dass diese intelligenten Verträge die folgenden wesentlichen Anforderungen erfüllen:

   a) Robustheit und Zugangskontrolle, zur Gewährleistung, dass der intelligente Vertrag so konzipiert wurde, dass er Zugangskontrollmechanismen und ein sehr hohes Maß an Robustheit bietet, um Funktionsfehler zu vermeiden und Manipulationen durch Dritte standzuhalten;

   b) sichere Beendigung und Unterbrechung, zur Gewährleistung, dass es einen Mechanismus gibt, mit dem die weitere Ausführung von Transaktionen beendet werden kann und dass der intelligente Vertrag interne Funktionen enthält, mit denen der Vertrag zurückgesetzt oder die Anweisung ausgegeben werden kann, den Betrieb zu beenden oder zu unterbrechen, insbesondere um eine künftige unbeabsichtigte Ausführung zu vermeiden;

   c) Datenarchivierung und Datenkontinuität, zur Gewährleistung, dass in Situationen, in denen ein intelligenter Vertrag beendet oder deaktiviert werden muss, ist die Möglichkeit der Archivierung der Transaktionsdaten, der Logik und des Programmcodes des intelligenten Vertrags besteht, damit Aufzeichnungen über Vorgänge vorliegen (Prüfbarkeit), die in der Vergangenheit mit den Daten durchgeführt wurden,

   d) Zugangskontrolle, zur Gewährleistung, dass ein Intelligenter Vertrag durch strenge Zugangskontrollmechanismen auf der Governance-Ebene und der Ebene des intelligenten Vertrags geschützt ist, und

   e) Kohärenz, zur Gewährleistung der Übereinstimmung mit den Bedingungen der Datenweitergabevereinbarung, die mit dem intelligenten Vertrag umgesetzt wird.

(2) Der Anbieter eines intelligenten Vertrags oder – in dessen Ermangelung – die Person, deren gewerbliche, geschäftliche oder berufliche Tätigkeit den Einsatz intelligenter Verträge für Dritte im Zusammenhang mit einer Durchführung einer Datenbereitstellungsvereinbarung oder Teilen davon beinhaltet, führt im Hinblick auf die Erfüllung der in Absatz 1 festgelegten wesentlichen Anforderungen eine Konformitätsbewertung durch und stellt bei Erfüllung dieser Anforderungen eine EU-Konformitätserklärung aus.

(3) Mit der Ausstellung der EU-Konformitätserklärung übernimmt der Anbieter einer Anwendung, in der intelligente Verträge verwendet werden, oder – in dessen Ermangelung – die Person, deren gewerbliche, geschäftliche oder berufliche Tätigkeit den Einsatz intelligenter Verträge für Dritte im Zusammenhang mit der Durchführung einer Datenbereitstellungsvereinbarung oder Teilen davon beinhaltet, die Verantwortung dafür, dass die in Absatz 1 festgelegten wesentlichen Anforderungen erfüllt sind.

(4) Bei einem intelligenten Vertrag, der den harmonisierten Normen oder deren einschlägigen Teilen dieser Normen, deren Fundstellen im *Amtsblatt der Europäischen Union* veröffentlicht werden, entspricht, wird eine Konformität mit den in Absatz 1 festgelegten wesentlichen Anforderungen vermutet, soweit diese Anforderungen durch diese harmonisierten Normen erfasst sind.

(5) Die Kommission beauftragt gemäß Artikel 10 der Verordnung (EU) Nr. 1025/2012 eine oder mehrere europäische Normungsorganisationen, Entwürfe für harmonisierte

VI. Data Act (DA) (Auszug)

Normen zu erarbeiten, die den in Absatz 1 des vorliegenden Artikels genannten wesentlichen Anforderungen genügen.
(6) Die Kommission kann im Wege von Durchführungsrechtsakten gemeinsame Spezifikationen erlassen, die einige oder alle der wesentlichen Anforderungen gemäß Absatz 1 erfassen, sofern die folgenden Voraussetzungen erfüllt sind:
   a) Die Kommission hat gemäß Artikel 10 Absatz 1 der Verordnung (EU) Nr. 1025/2012 eine oder mehrere europäische Normungsorganisationen damit beauftragt, eine harmonisierte Norm zu erarbeiten, die den in Absatz 1 des vorliegenden Artikels festgelegten wesentlichen Anforderungen genügt, und
      i) der Auftrag wurde nicht angenommen,
      ii) die harmonisierten Normen für diesen Auftrag sind nicht innerhalb der gemäß Artikel 10 Absatz 1 der Verordnung (EU) Nr. 1025/2012 gesetzten Frist vorgelegt worden oder
      iii) die harmonisierten Normen erfüllen den Auftrag nicht, und
   b) im *Amtsblatt der Europäischen Union* ist für die harmonisierten Normen, die die einschlägigen, in Absatz 1 des vorliegenden Artikels festgelegten wesentlichen Anforderungen erfassen, keine Fundstelle gemäß der Verordnung (EU) Nr. 1025/2012 veröffentlicht, und eine solche Fundstelle wird voraussichtlich auch nicht innerhalb einer angemessenen Frist veröffentlicht werden.
   Diese Durchführungsrechtsakte werden gemäß dem in Artikel 46 Absatz 2 genannten Prüfverfahren erlassen.
(7) Vor der Ausarbeitung eines Entwurfs des in Absatz 6 des vorliegenden Artikels genannten Durchführungsrechtsakts teilt die Kommission dem in Artikel 22 der Verordnung (EU) Nr. 1025/2012 genannten Ausschuss mit, dass die Bedingungen des Absatzes 6 des vorliegenden Artikels ihres Erachtens erfüllt worden sind.
(8) Bei der Ausarbeitung des Entwurfs des in Absatz 6 genannten Durchführungsrechtsakts berücksichtigt die Kommission den Rat des EDIB und die Standpunkte anderer einschlägiger Gremien oder Expertengruppen und konsultiert ordnungsgemäß alle einschlägigen Interessenträger.
(9) Beim Anbieter eines intelligenten Vertrags oder – in dessen Ermangelung – bei der Person, deren gewerbliche, geschäftliche oder berufliche Tätigkeit den Einsatz intelligenter Verträge für Dritte im Zusammenhang mit der Durchführung einer Datenbereitstellungsvereinbarung oder Teilen davon umfasst, die, die mit den in Absatz 6 genannten Durchführungsrechtsakten vollständig oder teilweise festgelegten gemeinsamen Spezifikationen erfüllt, wird eine Konformität mit den in Absatz 1 festgelegten wesentlichen Anforderungen vermutet, soweit diese Anforderungen durch diese gemeinsamen Spezifikationen ganz oder teilweise erfasst werden.
(10) Wird eine harmonisierte Norm von einer europäischen Normungsorganisation angenommen und der Kommission zur Veröffentlichung ihrer Fundstelle im *Amtsblatt der Europäischen Union* vorgeschlagen, so bewertet die Kommission diese harmonisierte Norm gemäß der Verordnung (EU) Nr. 1025/2012. Wird die Fundstelle einer harmonisierten Norm im *Amtsblatt der Europäischen Union* veröffentlicht, so werden die in Absatz 6 dieses Artikels genannten Durchführungsrechtsakte, die dieselben wesentlichen Anforderungen erfassen, wie sie von dieser harmonisierten Norm erfasst sind, von der Kommission ganz oder teilweise aufgehoben.
(11) Ist ein Mitgliedstaat der Auffassung, dass eine gemeinsame Spezifikation den in Absatz 1 genannten wesentlichen Anforderungen nicht vollständig entspricht, so setzt er die Kommission durch Übermittlung einer ausführlichen Erläuterung davon in Kenntnis. Die Kommission bewertet die ausführliche Erläuterung und kann gegebe-

VI. Data Act (DA) (Auszug)

nenfalls den Durchführungsrechtsakt, durch den die betreffende gemeinsame Spezifikation festgelegt wurde, ändern.

Artikel 40
Sanktionen

(1) Die Mitgliedstaaten erlassen Vorschriften über Sanktionen, die bei Verstößen gegen diese Verordnung zu verhängen sind, und treffen alle für die Anwendung der Sanktionen erforderlichen Maßnahmen. Die vorgesehenen Sanktionen müssen wirksam, verhältnismäßig und abschreckend sein.

(2) Die Mitgliedstaaten teilen der Kommission diese Vorschriften und Maßnahmen bis zum 12. September 2025 mit und melden ihr unverzüglich alle späteren diesbezüglichen Änderungen. Die Kommission führt ein leicht zugängliches öffentliches Register dieser Maßnahmen und aktualisiert es regelmäßig.

(3) Bei der Verhängung von Sanktionen aufgrund von Verstößen gegen diese Verordnung berücksichtigen die Mitgliedstaaten die Empfehlungen des EDIB und die folgenden nicht erschöpfenden Kriterien:
   a) Art, Schwere, Umfang und Dauer des Verstoßes;
   b) Maßnahmen, die die verstoßende Partei ergriffen hat, um den durch den Verstoß verursachten Schaden zu mindern oder zu beheben;
   c) frühere Verstöße der verstoßenden Partei;
   d) die finanziellen Vorteile, die die verstoßende Partei durch den Verstoß erzielt, oder die Verluste, die sie durch ihn vermieden hat, sofern diese Vorteile oder Verluste zuverlässig festgestellt werden können;
   e) sonstige erschwerende oder mildernde Umstände des jeweiligen Falls;
   f) den Jahresumsatz der verstoßenden Partei im vorangegangenen Geschäftsjahr in der Union.

(4) Bei Verstößen gegen die Pflichten der Kapitel II, III und V dieser Verordnung können die für die Überwachung der Anwendung der Verordnung (EU) 2016/679 zuständigen Aufsichtsbehörden innerhalb ihres Zuständigkeitsbereichs Geldbußen im Einklang mit Artikel 83 der Verordnung (EU) 2016/679 bis zu dem in Artikel 83 Absatz 5 der Verordnung genannten Betrag verhängen.

(5) Bei Verstößen gegen die Pflichten des Kapitels V dieser Verordnung kann der Europäische Datenschutzbeauftragte innerhalb seines Zuständigkeitsbereichs Geldbußen im Einklang mit Artikel 66 der Verordnung (EU) 2018/1725 bis zu dem in Artikel 66 Absatz 3 der Verordnung genannten Betrag verhängen.

Artikel 41
Mustervertragsklauseln und Standardvertragsklauseln

Die Kommission erstellt und empfiehlt vor dem 12. September 2025 unverbindliche Mustervertragsklauseln für den Datenzugang und die Datennutzung – einschließlich Bedingungen für eine angemessene Gegenleistung und den Schutz von Geschäftsgeheimnissen sowie nicht verbindliche Standardvertragsklauseln für Verträge über Cloud-Computing –, um die Parteien bei der Ausarbeitung und Aushandlung von Verträgen mit fairen, angemessenen und nichtdiskriminierenden vertraglichen Rechten und Pflichten zu unterstützen.

VI. Data Act (DA) (Auszug)

Artikel 42
Rolle des EDIB

Der gemäß Artikel 29 der Verordnung (EU) 2022/868 von der Kommission als Expertengruppe eingesetzte EDIB, in dem die zuständigen Behörden vertreten sind, unterstützt die einheitliche Anwendung dieser Verordnung durch

a) Beratung und Unterstützung der Kommission in Bezug auf die Entwicklung einer kohärenten Praxis der zuständigen Behörden bei der Durchsetzung der Kapitel II, III, V und VII,

b) Erleichterung der Zusammenarbeit zwischen den zuständigen Behörden durch Kapazitätsaufbau und Informationsaustausch, insbesondere durch die Festlegung von Methoden für den effizienten Austausch von Informationen über die Durchsetzung der Rechte und Pflichten nach den Kapiteln II, III und V in grenzüberschreitenden Fällen, einschließlich der Abstimmung in Bezug auf die Festlegung von Sanktionen,

c) Beratung und Unterstützung der Kommission in Bezug auf
  i) die Beantwortung der Frage, ob um die Erarbeitung harmonisierter Normen gemäß Artikel 33 Absatz 4, Artikel 35 Absatz 4 und Artikel 36 Absatz 5 ersucht werden soll,
  ii) die Ausarbeitung der Durchführungsrechtsakte gemäß Artikel 33 Absatz 5, Artikel 35 Absätze 5 und 8 sowie Artikel 36 Absatz 6,
  iii) die Ausarbeitung der in Artikel 29 Absatz 7 und Artikel 33 Absatz 2 genannten delegierten Rechtsakte und
  iv) die Annahme der Leitlinien zur Festlegung von interoperablen Rahmen für gemeinsame Normen und Verfahren für das Funktionieren gemeinsamer europäischer Datenräume gemäß Artikel 33 Absatz 11.

Kapitel X
Schutzrecht *Sui Generis* nach der Richtlinie 96/9/EG

Artikel 43
Datenbanken, die bestimmte Daten enthalten

Das in Artikel 7 der Richtlinie 96/9/EG festgelegte Schutzrecht *sui generis* findet keine Anwendung, wenn Daten mittels eines in den Anwendungsbereich der vorliegenden Verordnung – und insbesondere der Artikel 4 und 5 dieser Verordnung – fallenden vernetzten Produkts oder verbundenen Dienstes erlangt oder erzeugt wurden.

Kapitel XI
Schlussbestimmungen

Artikel 44
Andere Rechtsakte der Union zur Regelung von Rechten und Pflichten in Bezug auf den Datenzugang und die Datennutzung

(1) Die besonderen Pflichten zur Bereitstellung von Daten zwischen Unternehmen, zwischen Unternehmen und Verbrauchern sowie ausnahmsweise zwischen Unternehmen und öffentlichen Stellen aufgrund von Rechtsvorschriften der Union, die bis zum 11. Januar 2024 in Kraft getreten sind, und darauf beruhenden delegierten Rechtsakten oder Durchführungsrechtsakten bleiben unberührt.

VI. Data Act (DA) (Auszug)

(2) Diese Verordnung berührt nicht das Unionsrecht, in denen hinsichtlich der Bedürfnisse eines Sektors, eines gemeinsamen europäischen Datenraums oder eines Gebietes von öffentlichem Interesse weitere Anforderungen festgelegt werden, insbesondere in Bezug auf
  a) technische Aspekte des Datenzugangs,
  b) Beschränkungen der Rechte des Dateninhabers auf Zugang zu bestimmten von Nutzern bereitgestellten Daten und auf deren Nutzung,
  c) Aspekte, die über den Datenzugang und die Datennutzung hinausgehen.

(3) Diese Verordnung – mit Ausnahme des Kapitels V – berührt nicht das Unionsrecht und das nationale Recht, das den Zugang zu Daten und die Genehmigung ihrer Nutzung zu Zwecken der wissenschaftlichen Forschung vorsieht.

VII. Digitale-Dienste-Gesetz[1] (DDG) (Auszug)

Ausfertigungsdatum: 06.05.2024
Vollzitat:
„Digitale-Dienste-Gesetz vom 6. Mai 2024 (BGBl. 2024 I Nr. 149)"

§ 1 Anwendungsbereich, Begriffsbestimmungen

(1) Dieses Gesetz gilt für alle Diensteanbieter nach Absatz 4 Nummer 5, sofern in diesem Gesetz nichts anderes bestimmt ist. Abweichend von Satz 1 gelten die Vorschriften dieses Gesetzes zur Durchsetzung der Verordnung (EU) 2019/1150 des Europäischen Parlaments und des Rates vom 20. Juni 2019 zur Förderung von Fairness und Transparenz für gewerbliche Nutzer von Online-Vermittlungsdiensten (ABl. L 186 vom 11.7.2019, S. 57) für Anbieter von Online-Vermittlungsdiensten nach Artikel 2 Nummer 2 und 3 sowie für Anbieter von Online-Suchmaschinen nach Artikel 2 Nummer 5 und 6 dieser Verordnung. Dieses Gesetz gilt nicht für Rundfunk im Sinne der medienrechtlichen Bestimmungen der Länder.

(2) Die inhalts- und vielfaltsbezogenen Anforderungen an digitale Dienste und die hierfür zuständigen Aufsichtsbehörden ergeben sich aus den medienrechtlichen Bestimmungen der Länder. Die Vorschriften des Gesetzes gegen Wettbewerbsbeschränkungen einschließlich dessen §§ 19 bis 20 sowie der Regelungen zu den Aufgaben, Befugnissen und Zuständigkeiten der Kartellbehörden bleiben unberührt.

(3) Dieses Gesetz trifft weder Regelungen im Bereich des internationalen Privatrechts noch regelt es die Zuständigkeit der Gerichte.

(4) Im Sinne dieses Gesetzes ist oder sind
1. „digitaler Dienst" ein Dienst im Sinne des Artikels 1 Absatz 1 Buchstabe b der Richtlinie (EU) 2015/1535 des Europäischen Parlaments und des Rates vom 9. September 2015 über ein Informationsverfahren auf dem Gebiet der technischen Vorschriften und der Vorschriften für die Dienste der Informationsgesellschaft (ABl. L 241 vom 17.9.2015, S. 1);
2. „Koordinierungsstelle für digitale Dienste" der nationale Koordinator für digitale Dienste im Sinne des Artikels 49 Absatz 2 der Verordnung (EU) 2022/2065 des Europäischen Parlaments und des Rates vom 19. Oktober 2022 über einen Binnenmarkt für digitale Dienste und zur Änderung der Richtlinie 2000/31/EG (Gesetz

---

1 Die §§ 1, 2, 3, 4, 5, 6 und 23 dienen der Umsetzung der Richtlinie 2000/31/EG des Europäischen Parlaments und des Rates vom 8. Juni 2000 über bestimmte rechtliche Aspekte der Dienste der Informationsgesellschaft, insbesondere des elektronischen Geschäftsverkehrs, im Binnenmarkt („Richtlinie über den elektronischen Geschäftsverkehr") (ABl. L 178 vom 17.7.2000, S. 1), die zuletzt durch die Verordnung (EU) 2022/2065 (ABl. L 277 vom 27.10.2022, S. 1; L 310 vom 1.12.2022, S. 17) geändert worden ist. Die §§ 1, 2, 3, 6, 9, 10 und 11 dienen der Umsetzung der Richtlinie 2010/13/EU des Europäischen Parlaments und des Rates vom 10. März 2010 zur Koordinierung bestimmter Rechts- und Verwaltungsvorschriften der Mitgliedstaaten über die Bereitstellung audiovisueller Mediendienste (Richtlinie über audiovisuelle Mediendienste) (ABl. L 95 vom 15.4.2010, S. 1; L 263 vom 6.10.2010, S. 15), die zuletzt durch die Richtlinie (EU) 2018/1808 (ABl. L 303 vom 28.11.2018, S. 69) geändert worden ist. § 8 dient der Umsetzung der Richtlinie 2001/29/EG des Europäischen Parlaments und des Rates vom 22. Mai 2001 zur Harmonisierung bestimmter Aspekte des Urheberrechts und der verwandten Schutzrechte in der Informationsgesellschaft (ABl. L 167 vom 22.6.2001, S. 10; L 6 vom 10.1.2002, S. 71), die zuletzt durch die Richtlinie (EU) 2019/790 (ABl. L 130 vom 17.5.2019, S. 92) geändert worden ist, sowie der Richtlinie 2004/48/EG des Europäischen Parlaments und des Rates vom 29. April 2004 zur Durchsetzung der Rechte des geistigen Eigentums (ABl. L 157 vom 30.4.2004, S. 45; L 195 vom 2.6.2004, S. 16).

VII. Digitale-Dienste-Gesetz (DDG) (Auszug)

über digitale Dienste) (ABl. L 277 vom 27.10.2022, S. 1; L 310 vom 1.12.2022, S. 17);
3. „drahtloses lokales Netzwerk" ein Drahtloszugangssystem mit geringer Leistung und geringer Reichweite sowie mit geringem Störungsrisiko für weitere, von anderen Nutzern in unmittelbarer Nähe installierte Systeme dieser Art, das nicht exklusive Grundfrequenzen nutzt;
4. „audiovisuelle Mediendienste"
   a) audiovisuelle Mediendienste auf Abruf (Nummer 6) und
   b) die audiovisuelle kommerzielle Kommunikation (Nummer 7);
5. „Diensteanbieter" Anbieter digitaler Dienste;
6. „audiovisuelle Mediendienste auf Abruf" nichtlineare audiovisuelle Mediendienste, bei denen der Hauptzweck des Dienstes oder eines trennbaren Teils des Dienstes darin besteht, unter der redaktionellen Verantwortung eines Anbieters von audiovisuellen Mediendiensten der Allgemeinheit Sendungen zur Information, Unterhaltung oder Bildung zum individuellen Abruf zu einem vom Nutzer gewählten Zeitpunkt bereitzustellen;
7. „audiovisuelle kommerzielle Kommunikation" jede Form der Kommunikation mit Bildern mit oder ohne Ton, die einer Sendung oder einem nutzergenerierten Video gegen Entgelt oder gegen eine ähnliche Gegenleistung oder als Eigenwerbung beigefügt oder darin enthalten ist, wenn die Kommunikation der unmittelbaren oder mittelbaren Förderung des Absatzes von Waren und Dienstleistungen oder der Förderung des Erscheinungsbilds natürlicher oder juristischer Personen, die einer wirtschaftlichen Tätigkeit nachgehen, dient, einschließlich Sponsoring und Produktplatzierung;
8. „Videosharingplattform-Dienste"
   a) digitale Dienste, bei denen der Hauptzweck oder eine wesentliche Funktion darin besteht, Sendungen oder nutzergenerierte Videos, für die der Diensteanbieter keine redaktionelle Verantwortung trägt, der Allgemeinheit bereitzustellen, wobei der Diensteanbieter die Organisation der Sendungen und der nutzergenerierten Videos, auch mit automatischen Mitteln, bestimmt,
   b) trennbare Teile digitaler Dienste, wenn für den trennbaren Teil der in Buchstabe a genannte Hauptzweck vorliegt;
9. „Videosharingplattform-Anbieter" ein Diensteanbieter, der Videosharingplattform-Dienste betreibt;
10. „redaktionelle Verantwortung" die Ausübung einer wirksamen Kontrolle hinsichtlich der Zusammenstellung der Sendungen und ihrer Bereitstellung mittels eines Katalogs;
11. „Sendung" eine Abfolge von bewegten Bildern mit oder ohne Ton, die unabhängig von ihrer Länge Einzelbestandteil eines von einem Diensteanbieter erstellten Sendeplans oder Katalogs ist;
12. „nutzergeneriertes Video" eine von einem Nutzer erstellte Abfolge von bewegten Bildern mit oder ohne Ton, die unabhängig von ihrer Länge einen Einzelbestandteil darstellt und die von diesem Nutzer oder einem anderen Nutzer auf einen Videosharingplattform-Dienst hochgeladen wird;
13. „Mitgliedstaat" jeder Mitgliedstaat der Europäischen Union und jeder andere Vertragsstaat des Abkommens über den Europäischen Wirtschaftsraum, für den die Richtlinie 2010/13/EU des Europäischen Parlaments und des Rates vom 10. März 2010 zur Koordinierung bestimmter Rechts- und Verwaltungsvorschriften der Mitgliedstaaten über die Bereitstellung audiovisueller Mediendienste (Richtlinie über audiovisuelle Mediendienste) (ABl. L 95 vom 15.4.2010, S. 1; L 263

VII. Digitale-Dienste-Gesetz (DDG) (Auszug)

vom 6.10.2010, S. 15), die durch die Richtlinie (EU) 2018/1808 (ABl. L 303 vom 28.11.2018, S. 69) geändert worden ist, gilt;
14. „Drittstaat" jeder Staat, der nicht Mitgliedstaat ist;
15. „Mutterunternehmen" ein Unternehmen, das ein oder mehrere Tochterunternehmen kontrolliert;
16. „Tochterunternehmen" ein Unternehmen, das unmittelbar oder mittelbar von einem Mutterunternehmen kontrolliert wird;
17. „Gruppe" die Gesamtheit eines Mutterunternehmens und seiner Tochterunternehmen sowie aller anderen mit dem Mutterunternehmen und seinen Tochterunternehmen wirtschaftlich und rechtlich verbundenen Unternehmen.

§ 5 Allgemeine Informationspflichten

(1) Diensteanbieter haben für geschäftsmäßige, in der Regel gegen Entgelt angebotene digitale Dienste folgende Informationen, die leicht erkennbar und unmittelbar erreichbar sein müssen, ständig verfügbar zu halten:
1. den Namen und die Anschrift, unter der sie niedergelassen sind, bei juristischen Personen zusätzlich die Rechtsform, den Vertretungsberechtigten und, sofern Angaben über das Kapital der Gesellschaft gemacht werden, das Stamm- oder Grundkapital sowie, wenn nicht alle in Geld zu leistenden Einlagen eingezahlt sind, der Gesamtbetrag der ausstehenden Einlagen,
2. Angaben, die eine schnelle elektronische Kontaktaufnahme und eine unmittelbare Kommunikation mit ihnen ermöglichen, einschließlich der Adresse für die elektronische Post,
3. soweit der Dienst im Rahmen einer Tätigkeit angeboten oder erbracht wird, die der behördlichen Zulassung bedarf, Angaben zur zuständigen Aufsichtsbehörde,
4. die Angabe des Handelsregisters oder ähnlicher Register, in das sie eingetragen sind, und die entsprechende Registernummer,
5. soweit der Dienst angeboten oder erbracht wird in Ausübung eines Berufs im Sinne von Artikel 1 Buchstabe d der Richtlinie 89/48/EWG des Rates vom 21. Dezember 1988 über eine allgemeine Regelung zur Anerkennung der Hochschuldiplome, die eine mindestens dreijährige Berufsausbildung abschließen (ABl. L 19 vom 24.1.1989, S. 16), oder im Sinne von Artikel 1 Buchstabe f der Richtlinie 92/51/EWG des Rates vom 18. Juni 1992 über eine zweite allgemeine Regelung zur Anerkennung beruflicher Befähigungsnachweise in Ergänzung zur Richtlinie 89/48/EWG (ABl. L 209 vom 24.7.1992, S. 25; L 17 vom 25.1.1995, S. 20), die zuletzt durch die Richtlinie 2006/100/EG (ABl. L 363 vom 20.12.2006, S. 141) geändert worden ist, Angaben über
   a) die Kammer, der die Diensteanbieter angehören,
   b) die gesetzliche Berufsbezeichnung und den Staat, in dem die Berufsbezeichnung verliehen worden ist,
   c) die Bezeichnung der berufsrechtlichen Regelungen und die Angabe, wie diese Regelungen zugänglich sind,
6. in Fällen, in denen sie eine Umsatzsteueridentifikationsnummer nach § 27a Absatz 1 Satz 1, 2 oder 3 des Umsatzsteuergesetzes oder eine Wirtschafts-Identifikationsnummer nach § 139c Absatz 1 der Abgabenordnung besitzen, die Angabe dieser Nummer,
7. bei Aktiengesellschaften, Kommanditgesellschaften auf Aktien und Gesellschaften mit beschränkter Haftung, die sich in Abwicklung oder Liquidation befinden, die Angabe hierüber,

VII. Digitale-Dienste-Gesetz (DDG) (Auszug)

8. bei Anbietern von audiovisuellen Mediendiensten die Angabe
   a) des Mitgliedstaats, der für sie Sitzland ist oder als Sitzland gilt sowie
   b) der zuständigen Regulierungs- und Aufsichtsbehörden.
(2) Weitergehende Informationspflichten nach anderen Rechtsvorschriften bleiben unberührt.

§ 6 Besondere Pflichten bei kommerziellen Kommunikationen

(1) Diensteanbieter haben bei kommerziellen Kommunikationen, die digitale Dienste oder Bestandteile von digitalen Diensten sind, mindestens zu beachten, dass
1. kommerzielle Kommunikationen klar als solche zu erkennen sein müssen,
2. die natürliche oder juristische Person, in deren Auftrag kommerzielle Kommunikationen erfolgen, klar identifizierbar sein muss,
3. Angebote zur Verkaufsförderung wie Preisnachlässe, Zugaben und Geschenke klar als solche erkennbar sein müssen und die Bedingungen für ihre Inanspruchnahme leicht zugänglich sein sowie klar und unzweideutig angegeben werden müssen und
4. Preisausschreiben oder Gewinnspiele mit Werbecharakter klar als solche erkennbar sein müssen und die Teilnahmebedingungen leicht zugänglich sein sowie klar und unzweideutig angegeben werden müssen.

(2) Werden kommerzielle Kommunikationen per elektronischer Post versandt, darf in der Kopf- und in der Betreffzeile weder der Absender noch der kommerzielle Charakter der Nachricht verschleiert oder verheimlicht werden. Ein Verschleiern oder Verheimlichen liegt dann vor, wenn die Kopf- oder die Betreffzeile absichtlich so gestaltet ist, dass der Empfänger vor Einsichtnahme in den Inhalt der Kommunikation keine oder irreführende Informationen über die tatsächliche Identität des Absenders oder den kommerziellen Charakter der Nachricht erhält.

(3) Videosharingplattform-Anbieter müssen eine Funktion bereitstellen, mit der Nutzer, die nutzergenerierte Videos hochladen, erklären können, ob diese Videos audiovisuelle kommerzielle Kommunikation enthalten.

(4) Videosharingplattform-Anbieter sind verpflichtet, audiovisuelle kommerzielle Kommunikation, die Nutzer auf den Videosharingplattform-Dienst hochgeladen haben, als solche zu kennzeichnen, sofern sie nach Absatz 3 oder anderweitig Kenntnis von dieser erlangt haben.

(5) Die Vorschriften des Gesetzes gegen den unlauteren Wettbewerb und der Preisangabenverordnung bleiben unberührt.

§ 7 Beschränkte Verantwortlichkeit

(1) Die Artikel 4 bis 8 der Verordnung (EU) 2022/2065 gelten für alle Diensteanbieter einschließlich der öffentlichen Stellen unabhängig davon, ob für die Nutzung ein Entgelt erhoben wird.

(2) Diensteanbieter, die Nutzern einen Internetzugang über ein drahtloses lokales Netzwerk zur Verfügung stellen, dürfen von einer Behörde nicht verpflichtet werden,
1. vor Gewährung des Zugangs
   a) die persönlichen Daten von Nutzern zu erheben und zu speichern (Registrierung) oder
   b) die Eingabe eines Passworts zu verlangen oder
2. das Anbieten des Dienstes dauerhaft einzustellen.

Diensteanbieter können jedoch auf freiwilliger Basis die Nutzer identifizieren, eine Passworteingabe verlangen oder andere freiwillige Maßnahmen ergreifen.

VII. Digitale-Dienste-Gesetz (DDG) (Auszug)

(3) Haften Diensteanbieter nach Artikel 4 der Verordnung (EU) 2022/2065 nicht, so können sie auch nicht wegen einer rechtswidrigen Handlung eines Nutzers auf Schadensersatz oder Beseitigung oder Unterlassung einer Rechtsverletzung in Anspruch genommen werden; dasselbe gilt hinsichtlich aller Kosten für die Geltendmachung und Durchsetzung dieser Ansprüche. Satz 1 ist nicht anzuwenden, wenn der Diensteanbieter absichtlich mit einem Nutzer seines Dienstes zusammenarbeitet, um rechtswidrige Handlungen zu begehen.

(4) Die Absätze 2 und 3 sind auf Diensteanbieter auch dann anzuwenden, wenn der Dienst unentgeltlich oder durch eine öffentliche Stelle erbracht wird.

§ 8 Anspruch auf Sperrung bei Rechtsverletzung

(1) Wurde ein digitaler Dienst, der darin besteht, von einem Nutzer bereitgestellte Informationen in einem Kommunikationsnetz zu übermitteln oder den Zugang zu einem Kommunikationsnetz zu vermitteln, von einem Nutzer in Anspruch genommen, um das Recht am geistigen Eigentum eines anderen zu verletzen, und besteht für den Inhaber des Rechts keine andere Möglichkeit, der Verletzung seines Rechts abzuhelfen, so kann der Inhaber des Rechts von dem betroffenen Diensteanbieter die Sperrung der Nutzung von Informationen verlangen, um die Wiederholung der Rechtsverletzung zu verhindern.

(2) Die Sperrung muss zumutbar und verhältnismäßig sein.

(3) Ein Anspruch gegen den Diensteanbieter auf Erstattung der vor- und außergerichtlichen Kosten für die Geltendmachung und Durchsetzung des Anspruchs nach Absatz 1 besteht nicht, es sei denn, der Diensteanbieter arbeitet absichtlich mit einem Nutzer seines Dienstes zusammen, um das geistige Eigentum eines anderen zu verletzen.

(4) Die Absätze 1 bis 3 gelten auch dann, wenn der Dienst unentgeltlich oder durch öffentliche Stellen erbracht wird. Verpflichtungen zur Entfernung von Informationen oder zur Sperrung der Nutzung von Informationen nach den allgemeinen Gesetzen aufgrund von gerichtlichen oder behördlichen Anordnungen bleiben auch im Fall einer beschränkten Verantwortlichkeit des Diensteanbieters nach den Artikeln 4 bis 6 der Verordnung (EU) 2022/2065 und des § 7 unberührt.

VIII. Data Governance Act (DGA) (Auszug)
VERORDNUNG (EU) 2022/868 DES EUROPÄISCHEN PARLAMENTS UND DES RATES
vom 30. Mai 2022
über europäische Daten-Governance und zur Änderung der Verordnung (EU) 2018/1724 (Daten-Governance-Rechtsakt)

Kapitel I
Allgemeine Bestimmungen

Artikel 1
Gegenstand und Anwendungsbereich

(1) In dieser Verordnung wird Folgendes festgelegt:
a) Bedingungen für die Weiterverwendung von Daten bestimmter Datenkategorien, die im Besitz öffentlicher Stellen sind, innerhalb der Union;
b) ein Anmelde- und Aufsichtsrahmen für die Erbringung von Datenvermittlungsdiensten;
c) ein Rahmen für die freiwillige Eintragung von Einrichtungen, die für altruistische Zwecke zur Verfügung gestellte Daten erheben und verarbeiten und
d) ein Rahmen für die Einsetzung eines Europäischen Dateninnovationsrats.

(2) Diese Verordnung begründet weder eine Verpflichtung für öffentliche Stellen, die Weiterverwendung von Daten zu erlauben, noch befreit sie öffentliche Stellen von ihren Geheimhaltungspflichten nach dem Unionsrecht oder dem nationalen Recht.

Von dieser Verordnung unberührt bleiben
a) besondere Bestimmungen des Unionsrechts oder des nationalen Rechts über den Zugang zu bestimmten Kategorien von Daten oder deren Weiterverwendung, insbesondere in Bezug auf die Zugangsgewährung zu amtlichen Dokumenten und deren Offenlegung, und
b) die nach dem Unionsrecht oder dem nationalen Recht geltenden Verpflichtungen öffentlicher Stellen, die Weiterverwendung von Daten zu erlauben, oder die Anforderungen in Bezug auf die Verarbeitung nicht personenbezogener Daten.

Müssen öffentliche Stellen, Anbieter von Datenvermittlungsdiensten oder anerkannte Einrichtungen, die Datenaltruismus-Dienste erbringen, aufgrund sektorspezifischen Unionsrechts oder nationalen Rechts bestimmte zusätzliche technische, administrative oder organisatorische Anforderungen einhalten, einschließlich durch Genehmigungs- oder Zertifizierungsverfahren, so finden auch diese Bestimmungen des sektorspezifischen Unionsrechts oder nationalen Rechts Anwendung. Etwaige spezifische zusätzliche Anforderungen müssen nichtdiskriminierend, verhältnismäßig und objektiv gerechtfertigt sein.

(3) Das Unionsrecht und das nationale Recht über den Schutz personenbezogener Daten gelten für alle personenbezogenen Daten, die im Zusammenhang mit der vorliegenden Verordnung verarbeitet werden. Insbesondere gilt die vorliegende Verordnung unbeschadet der Verordnungen (EU) 2016/679 und (EU) 2018/1725 und der Richtlinien 2002/58/EG und (EU) 2016/680, einschließlich im Hinblick auf die Befugnisse der Aufsichtsbehörden. Im Fall eines Konflikts zwischen der vorliegenden Verordnung und dem Unionsrecht über den Schutz personenbezogener Daten oder dem entsprechend diesem Unionsrecht erlassenen nationalen Recht soll das einschlägige Unionsrecht

VIII. Data Governance Act (DGA) (Auszug)

bzw. das nationale Recht über den Schutz personenbezogener Daten Vorrang haben. Die vorliegende Verordnung schafft keine Rechtsgrundlage für die Verarbeitung personenbezogener Daten, noch berührt es die in den Verordnungen (EU) 2016/679 oder (EU) 2018/1725 oder den Richtlinien 2002/58/EG oder (EU) 2016/680 festgelegten Rechte und Pflichten.

(4) Die Anwendung des Wettbewerbsrechts bleibt von dieser Verordnung unberührt.

(5) Diese Verordnung lässt die Zuständigkeiten der Mitgliedstaaten für Tätigkeiten im Bereich der öffentlichen Sicherheit, der Landesverteidigung und der nationalen Sicherheit unberührt.

Artikel 2
Begriffsbestimmungen

Für die Zwecke dieser Verordnung bezeichnet der Ausdruck

1. „Daten" jede digitale Darstellung von Handlungen, Tatsachen oder Informationen sowie jede Zusammenstellung solcher Handlungen, Tatsachen oder Informationen auch in Form von Ton-, Bild- oder audiovisuellem Material;
2. „Weiterverwendung" die Nutzung von Daten, die im Besitz öffentlicher Stellen sind, durch natürliche oder juristische Personen für kommerzielle oder nichtkommerzielle Zwecke, die sich von dem ursprünglichen Zweck im Rahmen des öffentlichen Auftrags, für den die Daten erstellt wurden, unterscheiden, abgesehen vom Austausch von Daten zwischen öffentlichen Stellen ausschließlich im Rahmen der Erfüllung ihres öffentlichen Auftrags;
3. „personenbezogene Daten" personenbezogene Daten im Sinne des Artikels 4 Nummer 1 der Verordnung (EU) 2016/679;
4. „nicht personenbezogene Daten" Daten, die keine personenbezogenen Daten sind;
5. „Einwilligung" eine Einwilligung im Sinne des Artikels 4 Nummer 11 der Verordnung (EU) 2016/679;
6. „Erlaubnis", dass Datennutzern das Recht auf Verarbeitung nicht personenbezogener Daten eingeräumt wird;
7. „betroffene Person" eine betroffene Person im Sinne von Artikel 4 Nummer 1 der Verordnung (EU) 2016/679;
8. „Dateninhaber" eine juristische Person, einschließlich öffentlichen Stellen und internationalen Organisationen oder natürlichen Person, die in Bezug auf die betreffenden Daten keine betroffene Person ist, welche nach geltendem Unionsrecht oder geltendem nationalen Recht berechtigt ist, Zugang zu bestimmten personenbezogenen Daten oder nicht personenbezogenen Daten zu gewähren oder diese Daten weiterzugeben;
9. „Datennutzer" eine natürliche oder juristische Person, die rechtmäßig Zugang zu bestimmten personenbezogenen oder nicht personenbezogenen Daten hat und im Fall personenbezogener Daten, unter anderem nach der Verordnung (EU) 2016/679, berechtigt ist, diese Daten für kommerzielle oder nichtkommerzielle Zwecke zu nutzen;
10. „gemeinsame Datennutzung" die entgeltliche oder unentgeltliche Bereitstellung von Daten durch eine betroffene Person oder einen Dateninhaber an einen Datennutzer für die gemeinschaftliche oder individuelle Nutzung dieser Daten auf der Grundlage freiwilliger Vereinbarungen, des Unionsrechts oder des nationalen Rechts, sowohl direkt als auch über einen Mittler, etwa im Rahmen von gebührenpflichtigen oder gebührenfreien offenen oder kommerziellen Lizenzen;

VIII. Data Governance Act (DGA) (Auszug)

11. „Datenvermittlungsdienst" einen Dienst, mit dem durch technische, rechtliche oder sonstige Mittel Geschäftsbeziehungen zwischen einer unbestimmten Anzahl von betroffenen Personen oder Dateninhabern einerseits und Datennutzern andererseits hergestellt werden sollen, um die gemeinsame Datennutzung, auch für die Zwecke der Ausübung der Rechte betroffener Personen in Bezug auf personenbezogene Daten, zu ermöglichen, und die zumindest folgendes nicht umfassen:
    a) Dienste, in deren Rahmen Daten von Dateninhabern eingeholt und aggregiert, angereichert oder umgewandelt werden, um deren Wert erheblich zu steigern, und Lizenzen für die Nutzung der resultierenden Daten an die Datennutzer vergeben werden, ohne eine Geschäftsbeziehung zwischen Dateninhabern und Datennutzern herzustellen;
    b) Dienste, deren Schwerpunkt auf der Vermittlung urheberrechtlich geschützter Inhalte liegt;
    c) Dienste, die ausschließlich von einem Dateninhaber genutzt werden, um die Verwendung von im Besitz dieses Dateninhabers befindlichen Daten zu ermöglichen, oder die von mehreren juristischen Personen in einer geschlossenen Gruppe, einschließlich Lieferanten- oder Kundenbeziehungen oder vertraglich festgelegter Kooperationen, genutzt werden, insbesondere wenn deren Hauptziel darin besteht, Funktionen von Gegenständen und Geräten im Zusammenhang mit dem Internet der Dinge sicherzustellen;
    d) Datenvermittlungsdienste, die von öffentlichen Stellen ohne die Absicht der Herstellung von Geschäftsbeziehungen angeboten werden;
12. „Verarbeitung" die Verarbeitung im Sinne von Artikel 4 Nummer 2 der Verordnung (EU) 2016/679 im Hinblick auf personenbezogene Daten oder Artikel 3 Nummer 2 der Verordnung (EU) 2018/1807 im Hinblick auf nicht personenbezogene Daten;
13. „Zugang" die Datennutzung im Einklang mit bestimmten technischen, rechtlichen oder organisatorischen Anforderungen, ohne dass Daten hierzu zwingend übertragen oder heruntergeladen werden müssen;
14. „Hauptniederlassung" einer juristischen Person den Ort, an dem sich ihre Hauptverwaltung in der Union befindet;
15. „Dienste von Datengenossenschaften" Datenvermittlungsdienste, die von einer Organisationsstruktur angeboten werden, welche sich aus betroffenen Personen, Ein-Personen-Unternehmen oder KMU, die in dieser Struktur Mitglied sind, zusammensetzt, und deren Hauptzwecke in der Unterstützung ihrer Mitglieder bei der Ausübung ihrer Rechte in Bezug auf bestimmte Daten bestehen, unter anderem beim Treffen einer sachkundigen Entscheidung vor der Einwilligung zur Datenverarbeitung, beim Meinungsaustausch über die den Interessen ihrer Mitglieder im Zusammenhang mit ihren Daten am besten entsprechenden Zwecke und Bedingungen der Datenverarbeitung und beim Aushandeln der Bedingungen der Datenverarbeitung im Namen der Mitglieder, bevor die Erlaubnis zur Verarbeitung nicht personenbezogener Daten erteilt oder in die Verarbeitung personenbezogener Daten eingewilligt wird;
16. „Datenaltruismus" die freiwillige gemeinsame Nutzung von Daten auf der Grundlage der Einwilligung betroffener Personen zur Verarbeitung der sie betreffenden personenbezogenen Daten oder einer Erlaubnis anderer Dateninhaber zur Nutzung ihrer nicht personenbezogenen Daten, ohne hierfür ein Entgelt zu fordern oder zu erhalten, das über eine Entschädigung für die ihnen durch die Bereitstellung ihrer Daten entstandenen Kosten hinausgeht, für Ziele von allgemeinem Interesse gemäß dem nationalen Recht, wie die Gesundheitsversorgung, die Bekämpfung des Klimawandels, die Verbesserung der Mobilität, die einfachere Entwicklung, Erstellung und Verbreitung amt-

VIII. Data Governance Act (DGA) (Auszug)

licher Statistiken, die Verbesserung der Erbringung öffentlicher Dienstleistungen, die staatliche Entscheidungsfindung oder die wissenschaftliche Forschung im allgemeinen Interesse;

17. „öffentliche Stelle" den Staat, Gebietskörperschaften, Einrichtungen des öffentlichen Rechts oder Verbände, die aus einer oder mehreren dieser Körperschaften oder einer oder mehreren dieser Einrichtungen des öffentlichen Rechts bestehen;

18. „Einrichtungen des öffentlichen Rechts" Einrichtungen, die die folgenden Eigenschaften aufweisen:
    a) sie wurden zu dem besonderen Zweck gegründet, im allgemeinen Interesse liegende Aufgaben zu erfüllen, und haben keinen gewerblichen oder kommerziellen Charakter,
    b) sie besitzen Rechtspersönlichkeit,
    c) sie werden überwiegend vom Staat, von Gebietskörperschaften oder von anderen Einrichtungen des öffentlichen Rechts finanziert, unterstehen hinsichtlich ihrer Leitung der Aufsicht dieser Körperschaften oder Einrichtungen, oder haben ein Verwaltungs-, Leitungs- beziehungsweise Aufsichtsorgan, das mehrheitlich aus Mitgliedern besteht, die vom Staat, von Gebietskörperschaften oder von anderen Einrichtungen des öffentlichen Rechts ernannt worden sind;

19. „öffentliches Unternehmen" ein Unternehmen, auf das öffentliche Stellen aufgrund ihres Eigentums, ihrer finanziellen Beteiligung oder der für das Unternehmen geltenden Bestimmungen unmittelbar oder mittelbar einen beherrschenden Einfluss ausüben können; von einem beherrschenden Einfluss der öffentlichen Stellen ist im Sinne dieser Begriffsbestimmung in jedem der folgenden Fälle auszugehen, in denen diese Stellen unmittelbar oder mittelbar
    a) die Mehrheit des gezeichneten Kapitals des Unternehmens halten,
    b) über die Mehrheit der mit den Anteilen am Unternehmen verbundenen Stimmrechte verfügen,
    c) mehr als die Hälfte der Mitglieder des Verwaltungs-, Leitungs- oder Aufsichtsorgans des Unternehmens ernennen können;

20. „sichere Verarbeitungsumgebung" die physische oder virtuelle Umgebung und die organisatorischen Mittel, mit denen die Einhaltung der Anforderungen des Unionsrechts, wie der Verordnung (EU) 2016/679, insbesondere im Hinblick auf die Rechte der betroffenen Personen, der Rechte des geistigen Eigentums und der geschäftlichen und statistischen Vertraulichkeit, der Integrität und der Verfügbarkeit, sowie des geltenden Unionsrechts und des nationalen Rechts gewährleistet wird und die es der Einrichtung, die die sichere Verarbeitungsumgebung bereitstellt, ermöglichen, alle Datenverarbeitungsvorgänge zu bestimmen und zu beaufsichtigen, darunter auch das Anzeigen, Speichern, Herunterladen und Exportieren von Daten und das Berechnen abgeleiteter Daten mithilfe von Rechenalgorithmen;

21. „gesetzlicher Vertreter" eine in der Union niedergelassene natürliche oder juristische Person, die ausdrücklich benannt wurde, um im Auftrag eines nicht in der Union niedergelassenen Anbieters von Datenvermittlungsdiensten oder einer Einrichtung, die von natürlichen oder juristischen Personen auf der Grundlage des Datenaltruismus für Ziele von allgemeinem Interesse zur Verfügung gestellte Daten erhebt, zu handeln, und an die sich die für die Datenvermittlungsdienste zuständigen Behörden und die für die Registrierung datenaltruistischer Organisationen zuständigen Behörden hinsichtlich der Verpflichtungen nach dieser Verordnung ausschließlich oder zusätzlich zu den betreffenden Anbietern von Datenvermittlungsdiensten bzw. den betreffenden Einrichtungen, wenden auch um gegen einen nicht in der Union niedergelassenen Anbieter von

VIII. Data Governance Act (DGA) (Auszug)

Datenvermittlungsdiensten oder eine nicht in der Union niedergelassene Einrichtung, der bzw. die die Vorschriften nicht einhält, Durchsetzungsverfahren einzuleiten.

Kapitel II
Weiterverwendung bestimmter Kategorien geschützter Daten im Besitz öffentlicher Stellen

Artikel 3
Datenkategorien

(1) Dieses Kapitel gilt für Daten, die sich im Besitz öffentlicher Stellen befinden und aus folgenden Gründen geschützt sind:
 a) geschäftliche Geheimhaltung, einschließlich Betriebsgeheimnissen, Berufsgeheimnissen, Unternehmensgeheimnissen;
 b) statistische Geheimhaltung,
 c) der Schutz geistigen Eigentums Dritter oder
 d) der Schutz personenbezogener Daten, soweit diese Daten nicht in den Anwendungsbereich der Richtlinie (EU) 2019/1024 fallen.

(2) Dieses Kapitel gilt nicht für
 a) Daten, die im Besitz öffentlicher Unternehmen sind,
 b) Daten, die im Besitz öffentlich-rechtlicher Rundfunkanstalten und ihrer Zweigstellen oder anderer Stellen und deren Zweigstellen sind und der Wahrnehmung eines öffentlichen Sendeauftrags dienen,
 c) Daten, die im Besitz von Kultureinrichtungen und Bildungseinrichtungen sind,
 d) Daten, die im Besitz öffentlicher Stellen sind und aus Gründen der öffentlichen Sicherheit, der Landesverteidigung oder der nationalen Sicherheit geschützt sind, oder
 e) Daten, deren Bereitstellung nicht unter den im betreffenden Mitgliedstaat gesetzlich oder anderweitig verbindlich festgelegten öffentlichen Auftrag der betreffenden öffentlichen Stellen fällt oder, in Ermangelung solcher Rechtsvorschriften, nicht unter den durch allgemeine Verwaltungspraxis in dem Mitgliedstaat festgelegten öffentlichen Auftrag fällt, vorausgesetzt, dass der Umfang der öffentlichen Aufträge transparent ist und regelmäßig überprüft wird.

(3) Dieses Kapitel berührt nicht:
 a) Das Unionsrecht und das nationale Recht oder völkerrechtliche Übereinkünfte, denen die Union oder die Mitgliedstaaten beigetreten sind, in Bezug auf den Schutz der in Absatz 1 genannten Datenkategorien und
 b) das Unionsrecht und das nationale Recht über den Zugang zu Dokumenten.

Artikel 4
Verbot von Ausschließlichkeitsvereinbarungen

(1) Vereinbarungen oder sonstige Praktiken in Bezug auf die Weiterverwendung von Daten, die im Besitz öffentlicher Stellen sind und Daten der in Artikel 3 Absatz 1 genannten Datenkategorien enthalten, sind verboten, soweit sie ausschließliche Rechte gewähren oder aber zum Gegenstand haben oder bewirken, dass solche ausschließlichen Rechte gewährt werden oder die Verfügbarkeit von Daten zur Weiterverwendung durch andere Einrichtungen als die Parteien solcher Vereinbarungen oder sonstigen Praktiken eingeschränkt wird.

(2) Abweichend von Absatz 1 kann ein ausschließliches Recht auf Weiterverwendung der in dem Absatz genannten Daten gewährt werden, soweit dies für die Erbringung eines

VIII. Data Governance Act (DGA) (Auszug)

Dienstes oder die Bereitstellung eines Produkts im allgemeinen Interesse erforderlich ist, die andernfalls nicht möglich gewesen wären.

(3) Ein ausschließliches Recht nach Absatz 2 wird durch einen Verwaltungsakt oder eine vertragliche Vereinbarung gemäß dem geltenden Unionsrecht oder dem nationalen Recht sowie im Einklang mit den Grundsätzen der Transparenz, der Gleichbehandlung und der Nichtdiskriminierung gewährt.

(4) Die Dauer des ausschließlichen Rechts auf Weiterverwendung von Daten darf 12 Monate nicht überschreiten. Wird ein Vertrag abgeschlossen, so ist dessen Dauer die gleiche wie die des ausschließlichen Rechts.

(5) Die Gewährung eines ausschließlichen Rechts nach den Absätzen 2, 3 und 4, einschließlich der Begründung, warum die Gewährung eines solchen Rechts erforderlich ist, ist transparent und wird in einer Form, die dem einschlägigen Unionsrecht für die Vergabe öffentlicher Aufträge entspricht, im Internet öffentlich zugänglich gemacht.

(6) Vereinbarungen oder andere Praktiken, die unter das in Absatz 1 genannte Verbot fallen und die in den Absätzen 2 und 3 festgelegten Bedingungen nicht erfüllen, die aber vor dem 23. Juni 2022 bereits bestanden haben, werden zum Ende des anwendbaren Vertrags, auf jeden Fall aber zum 24. Dezember 2024 beendet.

Artikel 5
Bedingungen für die Weiterverwendung

(1) Öffentliche Stellen, die nach nationalem Recht dafür zuständig sind, den Zugang zur Weiterverwendung von Daten einer oder mehrerer der in Artikel 3 Absatz 1 genannten Datenkategorien zu gewähren oder zu verweigern, machen die Bedingungen für das Erlauben einer solchen Weiterverwendung und das Verfahren für die Beantragung einer solchen Weiterverwendung über die zentrale Informationsstelle nach Artikel 8 öffentlich zugänglich. Bei der Gewährung oder Verweigerung des Zugangs zur Weiterverwendung können sie von den in Artikel 7 Absatz 1 genannten zuständigen Stellen unterstützt werden.

Die Mitgliedstaaten stellen sicher, dass die öffentlichen Stellen über die notwendigen Ressourcen verfügen und den vorliegenden Artikel einhalten.

(2) Die Bedingungen für die Weiterverwendung müssen in Bezug auf die Datenkategorien, die Zwecke der Weiterverwendung und die Art der Daten, deren Weiterverwendung erlaubt wird, nichtdiskriminierend, transparent, verhältnismäßig und objektiv gerechtfertigt sein. Diese Bedingungen dürfen nicht der Behinderung des Wettbewerbs dienen.

(3) Öffentliche Stellen sorgen gemäß dem Unionsrecht und dem nationalen Recht dafür, dass die Daten geschützt bleiben. Sie können folgende Anforderungen vorschreiben:
    a) Den Zugang zur Weiterverwendung von Daten nur zu gewähren, wenn die öffentliche Stelle oder die zuständige Stelle nach Eingang des Antrags auf Weiterverwendung sichergestellt hat, dass die Daten
        i) im Falle personenbezogener Daten anonymisiert wurden und
        ii) im Falle von vertraulichen Geschäftsinformationen, einschließlich Geschäftsgeheimnisse oder durch Rechte des geistigen Eigentums geschützte Inhalte, nach einer anderen Methode der Offenlegungskontrolle verändert, aggregiert oder aufbereitet wurden,
    b) der Zugang zu den Daten und deren Weiterverwendung erfolgt durch Fernzugriff in einer von der öffentlichen Stelle bereitgestellten oder kontrollierten sicheren Verarbeitungsumgebung,

VIII. Data Governance Act (DGA) (Auszug)

c) der Zugang zu den Daten und deren Weiterverwendung erfolgt unter Einhaltung hoher Sicherheitsstandards innerhalb der physischen Räumlichkeiten, in denen sich die sichere Verarbeitungsumgebung befindet, sofern ein Fernzugriff nicht erlaubt werden kann, ohne die Rechte und Interessen Dritter zu gefährden.

(4) Die öffentlichen Stellen erlegen im Falle einer erlaubten Weiterverwendung gemäß Absatz 3 Buchstaben b und c Bedingungen auf, mit denen die Integrität des Betriebs der technischen Systeme der verwendeten sicheren Verarbeitungsumgebung gewahrt wird. Die öffentliche Stelle behält sich das Recht vor, das Verfahren, die Mittel und die Ergebnisse der vom Weiterverwender durchgeführten Datenverarbeitung zu überprüfen, um die Integrität des Datenschutzes zu wahren, und sie behält sich das Recht vor, die Verwendung der Ergebnisse zu verbieten, wenn darin Informationen enthalten sind, die die Rechte und Interessen Dritter gefährden. Die Entscheidung, die Verwendung der Ergebnisse zu verbieten, muss für den Weiterverwender verständlich und transparent sein.

(5) Sofern im nationalen Recht für die Weiterverwendung von Daten gemäß Artikel 3 Absatz 1 keine besonderen Schutzvorkehrungen bezüglich geltender Geheimhaltungspflichten vorgesehen sind, macht die öffentliche Stelle die Nutzung der gemäß Absatz 3 des vorliegenden Artikels bereitgestellten Daten davon abhängig, ob der Weiterverwender einer Geheimhaltungspflicht nachkommt, wonach ihm die Offenlegung von Informationen, die er möglicherweise trotz der getroffenen Schutzvorkehrungen erlangt hat, untersagt ist, wenn dadurch die Rechte und Interessen Dritter verletzt würden. Weiterverwendern ist es untersagt, betroffene Personen, auf die sich die Daten beziehen, erneut zu identifizieren, und sie ergreifen technische und operative Maßnahmen, um eine erneute Identifizierung zu verhindern und der öffentlichen Stelle etwaige Datenschutzverletzungen, die zu einer erneuten Identifizierung der betroffenen Personen führen könnten, mitzuteilen. Im Falle der unbefugten Weiterverwendung nicht personenbezogener Daten unterrichtet der Weiterverwender unverzüglich, gegebenenfalls mit Unterstützung der öffentlichen Stelle, die juristischen Personen, deren Rechte und Interessen beeinträchtigt werden könnten.

(6) Kann die Weiterverwendung von Daten gemäß den in den Absätzen 3 und 4 des vorliegenden Artikels festgelegten Verpflichtungen nicht erlaubt werden und es keine andere Rechtsgrundlage für die Übermittlung der Daten gemäß der Verordnung (EU) 2016/679 gibt, bemüht sich die öffentliche Stelle, gemäß dem Unionsrecht und dem nationalen Recht, nach besten Kräften, mögliche Weiterverwender dabei zu unterstützen, die Einwilligung der betroffenen Personen oder die Erlaubnis der Dateninhaber einzuholen, deren Rechte und Interessen durch eine solche Weiterverwendung beeinträchtigt werden könnten, sofern dies ohne einen unverhältnismäßig hohen Aufwand für die öffentliche Stelle machbar ist. In den Fällen, in denen die öffentliche Stelle eine solche Unterstützung leistet, kann sie von den in Artikel 7 Absatz 1 genannten zuständigen Stellen unterstützt werden.

(7) Die Weiterverwendung von Daten ist nur unter Wahrung der Rechte des geistigen Eigentums zulässig. Öffentliche Stellen nehmen das in Artikel 7 Absatz 1 der Richtlinie 96/9/EG vorgesehene Recht der Hersteller von Datenbanken nicht in Anspruch, um dadurch die Weiterverwendung von Daten zu verhindern oder diese Weiterverwendung über die in dieser Verordnung festgelegten Beschränkungen hinaus einzuschränken.

(8) Werden angeforderte Daten nach den Bestimmungen des Unionsrechts oder des nationalen Rechts über die geschäftliche oder die statistische Geheimhaltung als vertraulich angesehen, so stellen die öffentlichen Stellen sicher, dass die vertraulichen Daten

VIII. Data Governance Act (DGA) (Auszug)

infolge der Erlaubnis einer solchen Weiterverwendung nicht offengelegt werden, es sei denn, die Weiterverwendung ist gemäß Absatz 6 zulässig.

(9) Beabsichtigt ein Weiterverwender nach Artikel 3 Absatz 1 geschützte nicht personenbezogene Daten in ein Drittland zu übertragen, so hat er die öffentliche Stelle zum Zeitpunkt der Beantragung der Weiterverwendung solcher Daten von seiner Absicht, solche Daten zu übertragen, und dem Zweck dieser Übertragung zu unterrichten. Im Falle einer Weiterverwendung gemäß Absatz 6 des vorliegenden Artikels unterrichtet der Weiterverwender, gegebenenfalls mit Unterstützung der öffentlichen Stelle, die juristische Person, deren Rechte und Interessen beeinträchtigt werden können, über diese Absicht, den Zweck und die angemessenen Schutzvorkehrungen. Die öffentliche Stelle gestattet die Weiterverwendung nur, wenn die juristische Person die Erlaubnis für die Übertragung erteilt.

(10) Öffentliche Stellen übermitteln nicht personenbezogene vertrauliche Daten oder durch Rechte des geistigen Eigentums geschützte Daten nur dann an einen Weiterverwender, der beabsichtigt, diese Daten in ein nicht gemäß Absatz 12 benanntes Drittland zu übertragen, wenn der Weiterverwender sich vertraglich dazu verpflichtet,

a) die gemäß den Absätzen 7 und 8 auferlegten Verpflichtungen auch nach der Übertragung der Daten in das Drittland weiterhin zu erfüllen und

b) die Zuständigkeit der Gerichte des Mitgliedstaats der übermittelnden öffentlichen Stelle für alle Streitigkeiten im Zusammenhang mit der Einhaltung der Absätze 7 und 8 anzuerkennen.

(11) Öffentliche Stellen bieten den Weiterverwendern gegebenenfalls und im Rahmen ihrer Möglichkeiten Beratung und Unterstützung, indem sie den in Absatz 10 des vorliegenden Artikels genannten Verpflichtungen nachkommen.

Zur Unterstützung der öffentlichen Stellen und der Weiterverwender kann die Kommission Durchführungsrechtsakte mit Mustervertragsklauseln für die Erfüllung der in Absatz 10 des vorliegenden Artikels genannten Verpflichtungen erlassen. Diese Durchführungsrechtsakte werden gemäß dem in Artikel 33 Absatz 3 genannten Prüfverfahren erlassen.

(12) Wenn dies aufgrund der Vielzahl unionsweit gestellter Anträge auf Weiterverwendung nicht personenbezogener Daten in bestimmten Drittländern gerechtfertigt ist, kann die Kommission Durchführungsrechtsakte erlassen, in denen sie erklärt, dass die Rechts-, Aufsichts- und Durchsetzungsmechanismen eines Drittlands

a) den Schutz geistigen Eigentums und von Geschäftsgeheimnissen in einer Weise gewährleisten, die im Wesentlichen dem durch das Unionsrecht gewährleisteten Schutz gleichwertig ist,

b) wirksam angewendet und durchgesetzt werden und

c) wirksame gerichtliche Rechtsbehelfe vorsehen.

Diese Durchführungsrechtsakte werden gemäß dem in Artikel 33 Absatz 3 genannten Prüfverfahren erlassen.

(13) Nach besonderen Gesetzgebungsakten der Union können bestimmte Kategorien nicht personenbezogener Daten, die im Besitz öffentlicher Stellen sind, für die Zwecke dieses Artikels als hochsensibel gelten, wenn die Übertragung dieser Daten in Drittländer Ziele des Gemeinwohls der Union, beispielsweise in den Bereichen Sicherheit und öffentliche Gesundheit, gefährden könnte oder die Gefahr einer erneuten Identifizierung anhand nicht personenbezogener, anonymisierter Daten birgt. Wird ein solcher Rechtsakt erlassen, so erlässt die Kommission gemäß Artikel 32 delegierte Rechtsakte zur Ergänzung dieser Verordnung durch Festlegung besonderer Bedingungen für die Übertragung dieser Daten in Drittländer.

VIII. Data Governance Act (DGA) (Auszug)

Diese besonderen Bedingungen richten sich nach der Art der Kategorien der nicht personenbezogenen Daten, die in dem besonderen Gesetzgebungsakt der Union aufgeführt werden, und den Gründen, aus denen diese Kategorien als hochsensibel gelten, wobei sie die Risiken einer erneuten Identifizierung anhand anonymisierter Daten berücksichtigen. Sie sind nichtdiskriminierend und auf das erforderliche Maß zur Erreichung der in diesem Gesetzgebungsakt der Union festgelegten Ziele des Gemeinwohls der Union beschränkt; sie stehen im Einklang mit den internationalen Verpflichtungen der Union.

Wenn dies nach besonderem Gesetzgebungsakt der Union gemäß Unterabsatz 1 erforderlich ist, können diese besonderen Bedingungen Vorgaben für die Übertragung oder diesbezügliche technische Vorkehrungen, Beschränkungen bezüglich der Weiterverwendung von Daten in Drittländern oder Kategorien von Personen, die berechtigt sind, solche Daten in Drittländer zu übertragen, oder – in Ausnahmefällen – Beschränkungen für Übertragungen in Drittländer umfassen.

(14) Die natürliche oder juristische Person, der das Recht auf Weiterverwendung nicht personenbezogener Daten gewährt wurde, darf die Daten nur in solche Drittländer übertragen, die die Anforderungen der Absätze 10, 12 und 13 erfüllen.

Kapitel III
Anforderungen an Datenvermittlungsdienste

Artikel 10
Datenvermittlungsdienste

Die Erbringung der folgenden Datenvermittlungsdienste erfolgt gemäß Artikel 12 und unterliegt einem Anmeldeverfahren:

a) Vermittlungsdienste zwischen Dateninhabern und potenziellen Datennutzern, einschließlich Bereitstellung der technischen oder sonstigen Mittel als Voraussetzung solcher Dienste; zu diesen Diensten können auch der zwei- oder mehrseitige Austausch von Daten oder die Einrichtung von Plattformen oder Datenbanken, die den Austausch oder die gemeinsame Nutzung von Daten ermöglichen, sowie die Einrichtung anderer spezieller Infrastrukturen für die Vernetzung von Dateninhabern mit Datennutzern gehören;

b) Vermittlungsdienste zwischen betroffenen Personen, die ihre personenbezogenen Daten zugänglich machen wollen, oder natürlichen Personen, die nicht personenbezogene Daten zugänglich machen wollen, und potenziellen Datennutzern, einschließlich Bereitstellung der technischen oder sonstigen Mittel als Voraussetzung dieser Dienste, sowie insbesondere Ermöglichung der Ausübung der in der Verordnung (EU) 2016/679 verankerten Rechte betroffener Personen;

c) Dienste von Datengenossenschaften.

Artikel 11
Anmeldung der Anbieter von Datenvermittlungsdiensten

(1) Jeder Anbieter von Datenvermittlungsdiensten, der beabsichtigt, die in Artikel 10 genannten Datenvermittlungsdienste zu erbringen, muss sich bei der für Datenvermittlungsdienste zuständigen Behörde anmelden.

(2) Unbeschadet unionsrechtlicher Bestimmungen zur Regelung grenzübergreifender Schadenersatzklagen und damit zusammenhängender Verfahren gilt für die Zwecke dieser Verordnung, dass ein Anbieter von Datenvermittlungsdiensten, der in mehreren

VIII. Data Governance Act (DGA) (Auszug)

Mitgliedstaaten niedergelassen ist, der rechtlichen Zuständigkeit des Mitgliedstaats unterliegt, in dem er seine Hauptniederlassung hat.

(3) Ein Anbieter von Datenvermittlungsdiensten, der nicht in der Union niedergelassen ist, aber die in Artikel 10 genannten Datenvermittlungsdienste in der Union anbietet, benennt einen gesetzlichen Vertreter in einem der Mitgliedstaaten, in denen diese Dienste angeboten werden.

Um die Einhaltung dieser Verordnung sicherzustellen, beauftragt der Anbieter der Datenvermittlungsdienste den gesetzlichen Vertreter, neben ihm oder an seiner Stelle für Datenvermittlungsdienste zuständigen Behörden oder betroffenen Personen und Dateninhabern bei Fragen im Zusammenhang mit den erbrachten Datenvermittlungsdiensten als Anlaufstelle zu dienen. Der gesetzliche Vertreter arbeitet mit den für Datenvermittlungsdienste zuständigen Behörden zusammen und legt ihnen auf Verlangen umfassend dar, welche Maßnahmen und Vorkehrungen der Anbieter von Datenvermittlungsdiensten getroffen hat, um die Einhaltung dieser Verordnung sicherzustellen.

Es gilt, dass der Anbieter von Datenvermittlungsdiensten der rechtlichen Zuständigkeit des Mitgliedstaats unterliegt, in dem sich der gesetzliche Vertreter befindet. Die Benennung eines gesetzlichen Vertreters durch den Anbieter von Datenvermittlungsdiensten erfolgt unbeschadet etwaiger rechtlicher Schritte gegen den Anbieter von Datenvermittlungsdiensten.

(4) Sobald er die Anmeldung vorgenommen hat, kann der Anbieter von Datenvermittlungsdiensten gemäß Absatz 1 die Tätigkeit unter den in diesem Kapitel festgelegten Bedingungen aufnehmen.

(5) Die in Absatz 1 genannte Anmeldung berechtigt den Anbieter von Datenvermittlungsdiensten zur Erbringung von Datenvermittlungsdiensten in allen Mitgliedstaaten.

(6) Die in Absatz 1 genannte Anmeldung muss folgende Angaben enthalten:
a) den Namen des Anbieters von Datenvermittlungsdiensten,
b) den Rechtsstatus, die Rechtsform, die Eigentümerstruktur, die relevanten Tochtergesellschaften und, sofern der Anbieter von Datenvermittlungsdiensten in einem Handelsregister oder einem anderen vergleichbaren öffentlichen nationalen Register eingetragen ist, die Registernummer des Anbieters von Datenvermittlungsdiensten,
c) die Anschrift der Hauptniederlassung des Anbieters von Datenvermittlungsdiensten in der Union, falls zutreffend, und die Anschrift einer etwaigen Zweigniederlassung in einem anderen Mitgliedstaat oder des gesetzlichen Vertreters,
d) eine öffentliche Website mit vollständigen und aktuellen Informationen über den Anbieter von Datenvermittlungsdiensten und seine Tätigkeiten, einschließlich mindestens der Informationen gemäß den Buchstaben a, b, c und f,
e) die Kontaktpersonen und Kontaktangaben des Anbieters von Datenvermittlungsdiensten,
f) eine Beschreibung des Datenvermittlungsdienstes, den der Anbieter von Datenvermittlungsdiensten zu erbringen beabsichtigt, und Angaben dazu, unter welche der in Artikel 10 genannten Kategorien dieser Datenvermittlungsdienst fällt,
g) den voraussichtlichen Tag der Aufnahme der Tätigkeit, falls dies ein anderer als der Tag der Anmeldung ist.

(7) Die für Datenvermittlungsdienste zuständige Behörde stellt sicher, dass das Anmeldeverfahren nichtdiskriminierend ist und zu keinen Wettbewerbsverzerrungen führt.

(8) Auf Antrag des Anbieters von Datenvermittlungsdiensten gibt die für Datenvermittlungsdienste zuständige Behörde innerhalb einer Woche nach einer ordnungsgemäß und vollständig abgeschlossenen Anmeldung eine standardisierte Erklärung ab, in

VIII. Data Governance Act (DGA) (Auszug)

der sie bestätigt, dass der Anbieter von Datenvermittlungsdiensten die in Absatz 1 genannte Anmeldung vorgenommen hat und dass die Anmeldung die in Absatz 6 genannten Informationen enthält.

(9) Auf Antrag des Anbieters von Datenvermittlungsdiensten bestätigt die für Datenvermittlungsdienste zuständige Behörde, dass der Anbieter von Datenvermittlungsdiensten die Anforderungen dieses Artikels und des Artikels 12 erfüllt. Nach Erhalt einer solchen Bestätigung kann der Anbieter von Datenvermittlungsdiensten bei der schriftlichen und mündlichen Kommunikation den das Label „in der Union anerkannter Anbieter von Datenvermittlungsdiensten" führen und ein gemeinsames Logo verwenden.

Damit in der Union anerkannte Anbieter von Datenvermittlungsdiensten in der gesamten Union leicht erkennbar sind, legt die Kommission im Wege von Durchführungsrechtsakten die Ausgestaltung eines gemeinsamen Logos fest. In der Union anerkannte Anbieter von Datenvermittlungsdiensten verwenden das gemeinsame Logo deutlich gut sichtbar auf jeder mit ihren Datenvermittlungsdiensten verbundenen Online- und Offline-Veröffentlichung.

Die Durchführungsrechtsakte werden nach dem in Artikel 33 Absatz 2 genannten Beratungsverfahren erlassen.

(10) Die für Datenvermittlungsdienste zuständige Behörde teilt der Kommission jede neue Anmeldung unverzüglich auf elektronischem Wege mit. Die Kommission führt ein Register aller Anbieter von Datenvermittlungsdiensten, die ihre Dienste in der Union erbringen, und aktualisiert dieses Register regelmäßig. Die Informationen gemäß Absatz 6 Buchstaben a, b, c, d, f und g werden in einem öffentlichen Register veröffentlicht.

(11) Die für Datenvermittlungsdienste zuständige Behörde kann nach Maßgabe des nationalen Rechts Gebühren für die Anmeldung erheben. Diese Gebühren sind verhältnismäßig und objektiv und beruhen auf den Verwaltungskosten, die durch die Überwachung der Einhaltung der Vorschriften und andere Marktkontrolltätigkeiten der für Datenvermittlungsdienste zuständigen Behörden in Bezug auf Anmeldungen von Anbietern von Datenvermittlungsdiensten entstehen. Im Falle von KMU und Start-up-Unternehmen kann die für Datenvermittlungsdienste zuständige Behörde eine ermäßigte Anmeldegebühr verlangen oder auf die Gebühr verzichten.

(12) Anbieter von Datenvermittlungsdiensten teilen der für Datenvermittlungsdienste zuständigen Behörde jede Änderung der gemäß Absatz 6 übermittelten Angaben innerhalb von 14 Tagen ab dem Tag der Änderung mit.

(13) Stellt ein Anbieter von Datenvermittlungsdiensten seine Tätigkeiten ein, so meldet er dies der nach den Absätzen 1, 2 und 3 bestimmten für Datenvermittlungsdienste zuständigen Behörde innerhalb von 15 Tagen.

(14) Die für Datenvermittlungsdienste zuständige Behörde teilt der Kommission jede der in den Absätzen 12 und 13 genannten Abmeldung unverzüglich auf elektronischem Wege mit. Die Kommission aktualisiert das öffentliche Register der Anbieter von Datenvermittlungsdiensten in der Union entsprechend.

Artikel 12
Bedingungen für die Erbringung von Datenvermittlungsdiensten

Die Erbringung von Datenvermittlungsdiensten nach Artikel 10 unterliegt folgenden Bedingungen:

a) Der Anbieter von Datenvermittlungsdiensten verwendet die Daten, für die er Datenvermittlungsdienste erbringt, für keine anderen Zwecke, als sie den Datennutzern zur

VIII. Data Governance Act (DGA) (Auszug)

Verfügung zu stellen, und stellt die Datenvermittlungsdienste über eine gesonderte juristische Person bereit;

b) die kommerziellen Bedingungen, einschließlich der Preisgestaltung, für die Erbringung von Datenvermittlungsdiensten für einen Dateninhaber oder Datennutzer sind nicht davon abhängig, ob der Dateninhaber oder Datennutzer andere Dienste desselben Anbieters von Datenvermittlungsdiensten oder eines verbundenen Unternehmens nutzt, und wenn dies der Fall ist, in welchem Umfang der Dateninhaber oder Datennutzer diese anderen Dienste nutzt;

c) die Daten, die in Bezug auf Tätigkeiten einer natürlichen oder juristischen Person zur Erbringung des Datenvermittlungsdienstes erhoben werden, einschließlich Datum, Uhrzeit und Geolokalisierungsdaten, Dauer der Tätigkeit sowie Verbindungen zu anderen natürlichen oder juristischen Personen, die von der den Datenvermittlungsdienst nutzenden Person hergestellt werden, werden nur für die Entwicklung dieses Datenvermittlungsdienstes verwendet, was die Nutzung von Daten für die Aufdeckung von Betrug oder im Interesse der Cybersicherheit umfassen kann, und sie sind den Dateninhabern auf Anfrage zur Verfügung zu stellen;

d) der Anbieter von Datenvermittlungsdiensten ermöglicht den Austausch der Daten in dem Format, in dem er diese von einer betroffenen Person oder vom Dateninhaber erhält, wandelt die Daten nur in bestimmte Formate um, um die Interoperabilität innerhalb und zwischen Sektoren zu verbessern, oder wenn der Datennutzer dies verlangt, oder wenn das Unionsrecht dies vorschreibt oder wenn dies der Harmonisierung mit internationalen oder europäischen Datennormen dient und bietet betroffenen Personen oder Dateninhabern die Möglichkeit an, auf diese Umwandlungen zu verzichten („opt out"), sofern sie nicht durch das Unionsrecht vorgeschrieben sind;

e) Datenvermittlungsdienste können ein Angebot zusätzlicher spezifischer Werkzeuge und Dienste für Dateninhaber oder betroffene Personen umfassen, insbesondere um den Datenaustausch zu erleichtern, z. B. vorübergehende Speicherung, Pflege, Konvertierung, Anonymisierung und Pseudonymisierung; diese Werkzeuge werden nur auf ausdrücklichen Antrag oder mit Zustimmung des Dateninhabers oder der betroffenen Person verwendet, und die in diesem Zusammenhang angebotenen Werkzeugen Dritter werden für keine anderen Zwecke verwendet;

f) der Anbieter von Datenvermittlungsdiensten stellt sicher, dass das Verfahren für den Zugang zu seinem Dienst sowohl für betroffene Personen als auch für Dateninhaber sowie für Datennutzer – auch in Bezug auf die Preise und die Geschäftsbedingungen – fair, transparent und nichtdiskriminierend ist;

g) der Anbieter von Datenvermittlungsdiensten verfügt über Verfahren, um betrügerische oder missbräuchliche Praktiken in Bezug auf Parteien zu verhindern, die über seine Datenvermittlungsdienste Zugang zu erlangen suchen;

h) der Anbieter von Datenvermittlungsdiensten gewährleistet im Falle seiner Insolvenz eine angemessene Weiterführung der Erbringung seiner Datenvermittlungsdienste und richtet, sofern dieser Datenvermittlungsdienst die Speicherung von Daten sicherstellt, Mechanismen ein, die es Dateninhabern und Datennutzern ermöglichen, Zugang zu ihren Daten zu erhalten, diese zu übertragen oder abzurufen und im Fall der Erbringung von Datenvermittlungsdiensten zwischen betroffenen Personen und Datennutzern, ihre Rechte auszuüben;

i) der Anbieter von Datenvermittlungsdiensten trifft geeignete Maßnahmen, um unter anderem mithilfe von allgemein verwendeten offenen Standards in dem Sektor, in dem

VIII. Data Governance Act (DGA) (Auszug)

der Anbieter von Datenvermittlungsdiensten tätig ist, die Interoperabilität mit anderen Datenvermittlungsdiensten zu gewährleisten;

j) der Anbieter von Datenvermittlungsdiensten ergreift angemessene technische, rechtliche und organisatorische Maßnahmen, um die Übertragung nicht personenbezogener Daten oder den Zugang zu diesen Daten zu verhindern, die nach Maßgabe des Unionsrechts oder des nationalen Rechts des jeweiligen Mitgliedstaats rechtswidrig sind;

k) die Dateninhaber werden vom Anbieter von Datenvermittlungsdiensten im Falle einer unbefugten Übertragung, des unbefugten Zugriffs oder der unbefugten Nutzung der von ihm geteilten nicht personenbezogenen Daten unverzüglich unterrichtet;

l) der Anbieter von Datenvermittlungsdiensten trifft die notwendigen Maßnahmen, um ein angemessenes Sicherheitsniveau bei der Speicherung, Verarbeitung und Übermittlung nicht personenbezogener Daten zu gewährleisten, und der Anbieter von Datenvermittlungsdiensten stellt ferner das höchste Sicherheitsniveau bei der Speicherung und Übermittlung sensibler wettbewerbsrelevanter Informationen sicher;

m) der Anbieter von Datenvermittlungsdiensten, der Dienste für betroffene Personen anbietet, handelt bei der Erleichterung der Rechteausübung durch die betroffenen Personen im besten Interesse der betroffenen Personen; insbesondere informiert und –soweit erforderlich – berät er betroffene Personen in prägnanter, transparenter, verständlicher und leicht zugänglicher Weise über die beabsichtigte Nutzung der Daten durch Datennutzer und die üblichen Geschäftsbedingungen für solche Nutzungen, bevor die betroffenen Personen ihre Einwilligung erteilen;

n) stellt ein Anbieter von Datenvermittlungsdiensten Werkzeuge zur Einholung der Einwilligung betroffener Personen oder der Erlaubnis zur Verarbeitung der von Dateninhabern zur Verfügung gestellten Daten bereit, so gibt er gegebenenfalls das Hoheitsgebiet des Drittlandes an, in dem die Datennutzung stattfinden soll, und stellt den betroffenen Personen Werkzeuge zur Erteilung und zum Widerruf der Einwilligung sowie Dateninhabern Werkzeuge zur Erteilung und zum Widerruf der Erlaubnis zur Verarbeitung von Daten zur Verfügung;

o) der Anbieter von Datenvermittlungsdiensten führt ein Protokoll über die Datenvermittlungstätigkeit.

Artikel 15
Ausnahmen

Dieses Kapitel gilt nicht für anerkannte datenaltruistische Organisationen und andere Einrichtungen ohne Erwerbszweck, soweit deren Tätigkeit darin besteht, für Ziele von allgemeinem Interesse Daten zu erheben, die von natürlichen oder juristischen Personen auf der Grundlage des Datenaltruismus zur Verfügung gestellt werden, es sei denn, diese Organisationen und Einrichtungen sind bestrebt, Geschäftsbeziehungen zwischen einer unbestimmten Zahl von betroffenen Personen und Dateninhabern einerseits und Datennutzern andererseits herzustellen.

VIII. Data Governance Act (DGA) (Auszug)

Kapitel IV
Datenaltruismus

Artikel 16
Nationale Regelungen für Datenaltruismus

Die Mitgliedstaaten können organisatorische oder technische Regelungen oder beides festlegen, um Datenaltruismus zu erleichtern. Hierzu können die Mitgliedstaaten nationale Strategien für Datenaltruismus festlegen. Diese nationalen Strategien können insbesondere dazu dienen, betroffene Personen dabei zu unterstützen, sie betreffende personenbezogene Daten im Besitz öffentlicher Stellen freiwillig für den Datenaltruismus zur Verfügung zu stellen, und die erforderlichen Informationen festzulegen, die betroffenen Personen in Bezug auf die Weiterverwendung ihrer Daten im allgemeinen Interesse zur Verfügung gestellt werden müssen.

Entwickelt ein Mitgliedstaat solche nationalen Strategien, so teilt er dies der Kommission mit.

Artikel 17
Öffentliche Register der anerkannten datenaltruistischen Organisationen

(1) Jede für die Registrierung von datenaltruistischen Organisationen zuständige Behörde führt ein öffentliches nationales Register der anerkannten datenaltruistischen Organisationen und aktualisiert dieses regelmäßig.

(2) Die Kommission pflegt zu Informationszwecken ein öffentliches Unionsregister der anerkannten datenaltruistischen Organisationen. Sofern eine gemäß Artikel 18 im öffentlichen nationalen Register der anerkannten datenaltruistischen Organisationen eingetragene Einrichtung registriert ist, darf sie in ihrer schriftlichen und mündlichen Kommunikation die Bezeichnung „in der Union anerkannte datenaltruistische Organisation" und ein gemeinsames Logo verwenden.

Damit anerkannte datenaltruistische Organisationen in der gesamten Union leicht zu erkennen sind, legt die Kommission im Wege von Durchführungsrechtsakten die Ausgestaltung des gemeinsamen Logos fest. Anerkannte datenaltruistische Organisationen verwenden das gemeinsame Logo gut sichtbar auf jeder Online- und Offline-Veröffentlichung, die mit ihren datenaltruistischen Tätigkeiten in Zusammenhang steht. Das gemeinsame Logo erscheint gemeinsam mit einem QR-Code mit Link zum öffentlichen Unionsregister der anerkannten datenaltruistischen Organisationen.

Die Durchführungsrechtsakte werden nach dem in Artikel 33 Absatz 2 genannten Beratungsverfahren erlassen.

Artikel 21
Besondere Anforderungen zum Schutz der Rechte und Interessen betroffener Personen und Dateninhaber im Hinblick auf ihre Daten

(1) Eine anerkannte datenaltruistische Organisation informiert betroffene Personen oder Dateninhaber vor der Verarbeitung ihrer Daten auf klare und leicht verständliche Weise über Folgendes:
    a) die Ziele von allgemeinem Interesse und gegebenenfalls den angegebenen, ausdrücklichen und rechtmäßigen Zweck der Verarbeitung personenbezogener Daten, für die sie die Verarbeitung ihrer Daten durch einen Datennutzer erlaubt;

VIII. Data Governance Act (DGA) (Auszug)

b) den Standort und die Ziele von allgemeinem Interesse, für die sie eine etwaige Verarbeitung in einem Drittland erlaubt, sofern die Verarbeitung von der anerkannten datenaltruistischen Organisation vorgenommen wird.

(2) Die anerkannte datenaltruistische Organisation verwendet die Daten nicht für andere als die Ziele von allgemeinem Interesse, für die die betroffene Person oder der Dateninhaber die Verarbeitung erlaubt hat. Die anerkannte datenaltruistische Organisation darf keine irreführenden Vermarktungspraktiken verwenden, um Daten zu erhalten.

(3) Die anerkannte datenaltruistische Organisation stellt Werkzeuge zur Einholung der Einwilligung betroffener Personen oder der Erlaubnis zur Verarbeitung der von Dateninhabern zur Verfügung gestellten Daten bereit. Die anerkannte datenaltruistische Organisation stellt ferner Werkzeuge zum einfachen Widerruf einer solchen Einwilligung oder Erlaubnis zur Verfügung.

(4) Die anerkannte datenaltruistische Organisation ergreift Maßnahmen, um ein angemessenes Sicherheitsniveau für die Speicherung und Verarbeitung der nicht personenbezogenen Daten sicherzustellen, die sie auf der Grundlage von Datenaltruismus erhoben hat.

(5) Die Dateninhaber werden von der anerkannten datenaltruistischen Organisation im Falle einer unbefugten Übertragung, des unbefugten Zugriffs oder der unbefugten Nutzung der von ihm geteilten nicht personenbezogenen Daten unverzüglich unterrichtet.

(6) Ermöglicht die anerkannte datenaltruistische Organisation die Datenverarbeitung durch Dritte, einschließlich durch die Bereitstellung von Werkzeugen zur Einholung der Einwilligung betroffener Personen oder der Erlaubnis zur Verarbeitung der von Dateninhabern zur Verfügung gestellten Daten bereit, so gibt sie gegebenenfalls das Hoheitsgebiet des Drittlandes an, in denen die Datennutzung stattfinden soll.

Artikel 22
Regelwerk

(1) Die Kommission erlässt gemäß Artikel 32 delegierte Rechtsakte zur Ergänzung der vorliegenden Verordnung durch die Ausarbeitung eines Regelwerks, das Folgendes enthält:

a) angemessene Informationsanforderungen, um sicherzustellen, dass betroffene Personen und Dateninhaber vor Erteilung einer Einwilligung oder Erlaubnis für Datenaltruismus ausreichend detaillierte, klare und transparente Informationen über die Datennutzung, die Werkzeuge zur Erteilung und zum Widerruf der Einwilligung oder Erlaubnis und über die Maßnahmen erhalten, die ergriffen werden, um einen Missbrauch der mit der datenaltruistischen Organisation ausgetauschten Daten zu verhindern,

b) geeignete technische Anforderungen und Sicherheitsanforderungen, um ein angemessenes Sicherheitsniveau für die Speicherung und Verarbeitung von Daten sowie für die Werkzeuge zur Erteilung und zum Widerruf der Einwilligung oder der Erlaubnis,

c) Kommunikationsfahrpläne, bei denen ein multidisziplinärer Ansatz verfolgt wird, um das Bewusstsein für Datenaltruismus, die Bezeichnung als „in der Union anerkannte datenaltruistische Organisation" und das Regelwerk unter den einschlägigen Interessenträgern, insbesondere Dateninhabern und betroffenen Personen, die möglicherweise ihre Daten austauschen würden, zu schärfen,

d) Empfehlungen zu einschlägigen Interoperabilitätsnormen.

VIII. Data Governance Act (DGA) (Auszug)

(2) Das in Absatz 1 genannte Regelwerk wird in enger Zusammenarbeit mit datenaltruistischen Organisationen und einschlägigen Interessenträgern erstellt.

**Artikel 38
Inkrafttreten und Geltung**

Diese Verordnung tritt am zwanzigsten Tag nach ihrer Veröffentlichung im *Amtsblatt der Europäischen Union* in Kraft.

Sie gilt ab dem 24. September 2023.

IX. Digital Markets Act (DMA) (Auszug)

VERORDNUNG (EU) 2022/1925 DES EUROPÄISCHEN PARLAMENTS UND DES RATES vom 14. September 2022 über bestreitbare und faire Märkte im digitalen Sektor und zur Änderung der Richtlinien (EU) 2019/1937 und (EU) 2020/1828 (Gesetz über digitale Märkte)

Artikel 1
Gegenstand und Anwendungsbereich

(1) Zweck dieser Verordnung ist es, zum reibungslosen Funktionieren des Binnenmarkts beizutragen, indem harmonisierte Vorschriften festgelegt werden, die in der gesamten Union zum Nutzen von gewerblichen Nutzern und Endnutzern für alle Unternehmen bestreitbare und faire Märkte im digitalen Sektor, auf denen Torwächter tätig sind, gewährleisten.

(2) Diese Verordnung gilt für zentrale Plattformdienste, die Torwächter für in der Union niedergelassene gewerbliche Nutzer oder in der Union niedergelassene oder aufhältige Endnutzer bereitstellen oder anbieten, ungeachtet des Niederlassungsorts und Standorts der Torwächter und ungeachtet des sonstigen auf die Erbringung von Dienstleistungen anwendbaren Rechts.

(...)

Artikel 2
Begriffsbestimmungen

Für die Zwecke dieser Verordnung bezeichnet der Ausdruck

1. „Torwächter" ein Unternehmen, das zentrale Plattformdienste bereitstellt und nach Artikel 3 benannt worden ist;
2. „zentraler Plattformdienst" die folgenden Dienste:
    a) Online-Vermittlungsdienste,
    b) Online-Suchmaschinen,
    c) Online-Dienste sozialer Netzwerke,
    d) Video-Sharing-Plattform-Dienste,
    e) nummernunabhängige interpersonelle Kommunikationsdienste,
    f) Betriebssysteme,
    g) Webbrowser,
    h) virtuelle Assistenten,
    i) Cloud-Computing-Dienste,
    j) Online-Werbedienste, einschließlich Werbenetzwerken, Werbebörsen und sonstiger Werbevermittlungsdienste, die von einem Unternehmen, das einen der unter den Buchstaben a bis i genannten zentralen Plattformdienste bereitstellt, bereitgestellt werden;
3. „Dienst der Informationsgesellschaft" einen Dienst im Sinne des Artikels 1 Absatz 1 Buchstabe b der Richtlinie (EU) 2015/1535;
4. „digitaler Sektor" den Sektor der Produkte und Dienstleistungen, die durch Dienste der Informationsgesellschaft bereitgestellt werden;
5. „Online-Vermittlungsdienste" Online-Vermittlungsdienste im Sinne des Artikels 2 Nummer 2 der Verordnung (EU) 2019/1150;
6. „Online-Suchmaschine" eine Online-Suchmaschine im Sinne des Artikels 2 Nummer 5 der Verordnung (EU) 2019/1150;

IX. Digital Markets Act (DMA) (Auszug)

7. „Online-Dienst eines sozialen Netzwerks" eine Plattform, auf der Endnutzer mit unterschiedlichen Geräten insbesondere durch Unterhaltungen, Beiträge, Videos und Empfehlungen miteinander in Kontakt treten und kommunizieren sowie Inhalte teilen und andere Nutzer und Inhalte entdecken können;
8. „Video-Sharing-Plattform-Dienst" einen Video-Sharing-Plattform-Dienst im Sinne des Artikels 1 Absatz 1 Buchstabe aa der Richtlinie 2010/13/EU;
9. „nummernunabhängiger interpersoneller Kommunikationsdienst" einen nummernunabhängigen interpersonellen Kommunikationsdienst im Sinne des Artikels 2 Nummer 7 der Richtlinie (EU) 2018/1972;
10. „Betriebssystem" eine Systemsoftware, die die Grundfunktionen der Hardware oder Software steuert und die Ausführung von Software-Anwendungen ermöglicht;
11. „Webbrowser" eine Software-Anwendung, die Endnutzern den Zugriff auf und die Interaktion mit Web-Inhalten ermöglicht, die auf Servern gehostet werden, welche mit Netzwerken wie dem Internet verbunden sind, einschließlich eigenständiger Webbrowser sowie in Software integrierter oder eingebetteter oder vergleichbarer Webbrowser;
12. „virtueller Assistent" eine Software, die Aufträge, Aufgaben oder Fragen verarbeiten kann, auch aufgrund von Eingaben in Ton-, Bild- und Schriftform, Gesten oder Bewegungen, und die auf der Grundlage dieser Aufträge, Aufgaben oder Fragen den Zugang zu anderen Diensten ermöglicht oder angeschlossene physische Geräte steuert;
13. „Cloud-Computing-Dienst" einen Cloud-Computing-Dienst im Sinne des Artikels 4 Nummer 19 der Richtlinie (EU) 2016/1148 des Europäischen Parlaments und des Rates ([24]);
14. „Geschäfte für Software-Anwendungen" Online-Vermittlungsdienste, durch die in erster Linie Software-Anwendungen als Produkt oder Dienstleistung vermittelt werden;
15. „Software-Anwendung" ein digitales Produkt oder eine digitale Dienstleistung, das bzw. die über ein Betriebssystem genutzt wird;

(..)

22. „Ranking" die relative Hervorhebung von Waren und Dienstleistungen, die über Online-Vermittlungsdienste, Online-Dienste sozialer Netzwerke, Video-Sharing-Plattform-Dienste oder virtuelle Assistenten angeboten werden, oder die Relevanz, die den Suchergebnissen von Online-Suchmaschinen mittels entsprechender Darstellung, Organisation oder Kommunikation durch die Unternehmen, die Online-Vermittlungsdienste, Online-Dienste sozialer Netzwerke, Video-Sharing-Plattform-Dienste, virtuelle Assistenten oder Online-Suchmaschinen anbieten, zugemessen wird, unabhängig von den für diese Darstellung, Organisation oder Kommunikation verwendeten technischen Mitteln und unabhängig davon, ob nur ein einziges Ergebnis dargestellt oder kommuniziert wird;
23. „Suchergebnisse" alle Informationen in beliebigem Format, darunter in Text-, grafischer, gesprochener oder sonstiger Form, die als Antwort auf eine Suchanfrage ausgegeben werden und sich auf diese beziehen, unabhängig davon, ob es sich bei den ausgegebenen Informationen um ein bezahltes oder ein unbezahltes Ergebnis, eine direkte Antwort oder ein Produkt, eine Dienstleistung oder eine Information handelt, das bzw. die in Verbindung mit den organischen Ergebnissen angeboten oder zusammen mit diesen angezeigt wird oder teilweise oder vollständig in diese eingebettet ist;
24. „Daten" jegliche digitale Darstellung von Handlungen, Tatsachen oder Informationen sowie jegliche Zusammenstellung solcher Handlungen, Tatsachen oder Informationen, auch in Form von Ton-, Bild- oder audiovisuellem Material;

IX. Digital Markets Act (DMA) (Auszug)

25. „personenbezogene Daten" personenbezogene Daten im Sinne des Artikels 4 Nummer 1 der Verordnung (EU) 2016/679;
26. „nicht personenbezogene Daten" Daten, bei denen es sich nicht um personenbezogene Daten handelt;
27. „Unternehmen" eine Einheit, die eine wirtschaftliche Tätigkeit ausübt, unabhängig von ihrer Rechtsform und der Art ihrer Finanzierung, einschließlich aller verbundenen Unternehmen, die durch die unmittelbare oder mittelbare Kontrolle eines Unternehmens durch ein anderes Unternehmen eine Gruppe bilden;
28. „Kontrolle" die Möglichkeit, im Sinne des Artikels 3 Absatz 2 der Verordnung (EG) Nr. 139/2004 bestimmenden Einfluss auf ein Unternehmen auszuüben;
29. „Interoperabilität" die Fähigkeit, Informationen auszutauschen und die über Schnittstellen oder andere Lösungen ausgetauschten Informationen beiderseitig zu nutzen, sodass alle Hardware- oder Softwarekomponenten mit anderer Hardware und Software auf die vorgesehene Weise zusammenwirken und bei Nutzern auf die vorgesehene Weise funktionieren;
30. „Umsatz" den von einem Unternehmen erzielten Umsatz im Sinne des Artikels 5 Absatz 1 der Verordnung (EG) Nr. 139/2004;
31. „Profiling" ein Profiling im Sinne des Artikels 4 Nummer 4 der Verordnung (EU) 2016/679;

(...)

Artikel 3
Benennung von Torwächtern

(1) Ein Unternehmen wird als Torwächter benannt, wenn es
a) erheblichen Einfluss auf den Binnenmarkt hat,
b) einen zentralen Plattformdienst bereitstellt, der gewerblichen Nutzern als wichtiges Zugangstor zu Endnutzern dient, und
c) hinsichtlich seiner Tätigkeiten eine gefestigte und dauerhafte Position innehat oder absehbar ist, dass es eine solche Position in naher Zukunft erlangen wird.

(...)

Artikel 5
Verpflichtungen von Torwächtern

(1) Der Torwächter hält alle Verpflichtungen nach diesem Artikel in Bezug auf jeden seiner zentralen Plattformdienste ein, die im Benennungsbeschluss nach Artikel 3 Absatz 9 aufgeführt sind.
(2) Der Torwächter darf
a) personenbezogene Daten von Endnutzern, die Dienste Dritter nutzen, welche zentrale Plattformdienste des Torwächters in Anspruch nehmen, nicht zum Zweck des Betriebs von Online-Werbediensten verarbeiten,
b) personenbezogene Daten aus dem betreffenden zentralen Plattformdienst nicht mit personenbezogenen Daten aus weiteren zentralen Plattformdiensten oder aus anderen vom Torwächter bereitgestellten Diensten oder mit personenbezogenen Daten aus Diensten Dritter zusammenführen,
c) personenbezogene Daten aus dem betreffenden zentralen Plattformdienst nicht in anderen vom Torwächter getrennt bereitgestellten Diensten, einschließlich anderer zentraler Plattformdienste, weiterverwenden und umgekehrt und

IX. Digital Markets Act (DMA) (Auszug)

d) Endnutzer nicht in anderen Diensten des Torwächters anmelden, um personenbezogene Daten zusammenzuführen,
außer wenn dem Endnutzer die spezifische Wahl gegeben wurde und er im Sinne des Artikels 4 Nummer 11 und des Artikels 7 der Verordnung (EU) 2016/679 eingewilligt hat.

Artikel 6
Verpflichtungen von Torwächtern, die möglicherweise noch durch Artikel 8 näher ausgeführt werden

(1) Der Torwächter hält alle Verpflichtungen nach diesem Artikel in Bezug auf jeden seiner zentralen Plattformdienste ein, die im Benennungsbeschluss nach Artikel 3 Absatz 9 aufgeführt sind.

(2) Der Torwächter darf im Wettbewerb mit gewerblichen Nutzern keine nicht öffentlich zugänglichen Daten verwenden, die von diesen gewerblichen Nutzern im Zusammenhang mit der Nutzung der betreffenden zentralen Plattformdienste oder der zusammen mit den betreffenden zentralen Plattformdiensten oder zu deren Unterstützung erbrachten Dienste generiert oder bereitgestellt werden, einschließlich der von den Kunden dieser gewerblichen Nutzer generierten oder bereitgestellten Daten.

Für die Zwecke des Unterabsatzes 1 umfassen die nicht öffentlich zugänglichen Daten alle von gewerblichen Nutzern generierten aggregierten und nichtaggregierten Daten, die aus den kommerziellen Tätigkeiten gewerblicher Nutzer oder ihrer Kunden auf den betreffenden zentralen Plattformdiensten oder auf Diensten, die zusammen mit den betreffenden zentralen Plattformdiensten des Torwächters oder zu deren Unterstützung erbracht werden, abgeleitet oder durch diese erhoben werden können, einschließlich Klick-, Anfrage-, Ansichts- und Sprachdaten.

(3) Der Torwächter gestattet es Endnutzern und ermöglicht es ihnen technisch, Software-Anwendungen auf dem Betriebssystem des Torwächters auf einfache Weise zu deinstallieren; dies gilt unbeschadet der Möglichkeit des Torwächters, die Deinstallation von Software-Anwendungen zu beschränken, die für das Funktionieren des Betriebssystems oder des Geräts unabdingbar sind und die aus technischen Gründen nicht von Dritten eigenständig angeboten werden können.

Der Torwächter gestattet es Endnutzern und ermöglicht es ihnen technisch, Standardeinstellungen des Betriebssystems, virtuellen Assistenten und Webbrowsers des Torwächters, die Endnutzer zu vom Torwächter angebotenen Produkten oder Dienstleistungen leiten oder lenken, auf einfache Weise zu ändern. Dazu gehört, dass Endnutzer bei der ersten Nutzung einer Online-Suchmaschine, eines virtuellen Assistenten oder eines Webbrowsers des Torwächters, die bzw. der im Benennungsbeschluss nach Artikel 3 Absatz 9 aufgeführt sind, aufgefordert werden, aus einer Liste der wesentlichen verfügbaren Diensteanbieter die Online-Suchmaschine, den virtuellen Assistenten oder den Webbrowser, auf die bzw. den das Betriebssystem des Torwächters Nutzer standardmäßig leitet oder lenkt, sowie die Online-Suchmaschine, auf die der virtuelle Assistent und der Webbrowser des Torwächters Nutzer standardmäßig leitet oder lenkt, auszuwählen.

(4) Der Torwächter gestattet es und ermöglicht es technisch, Software-Anwendungen Dritter und von Dritten betriebene Geschäfte für Software-Anwendungen, die sein Betriebssystem nutzen oder mit diesem interoperieren, zu installieren und effektiv zu nutzen und auf diese Software-Anwendungen bzw. Geschäfte für Software-Anwendungen auf anderem Wege als über die betreffenden zentralen Plattformdienste des Torwächters zuzugreifen. Der Torwächter darf gegebenenfalls nicht verhindern, dass

IX. Digital Markets Act (DMA) (Auszug)

die heruntergeladenen Software-Anwendungen Dritter oder von Dritten betriebenen Geschäfte für Software-Anwendungen Endnutzer auffordern, zu entscheiden, ob sie die heruntergeladene Software-Anwendung oder das heruntergeladene Geschäft für Software-Anwendungen als Standard festlegen wollen. Der Torwächter muss es Endnutzern, die beschließen, die heruntergeladene Software-Anwendung oder das heruntergeladene Geschäft für Software-Anwendungen als Standard festzulegen, technisch ermöglichen, diese Änderung auf einfache Weise vorzunehmen.

Der Torwächter wird nicht daran gehindert, Maßnahmen zu ergreifen, soweit sie unbedingt erforderlich und angemessen sind, um sicherzustellen, dass Software-Anwendungen Dritter oder von Dritten betriebene Geschäfte für Software-Anwendungen die Integrität der vom Torwächter bereitgestellten Hardware oder des vom Torwächter bereitgestellten Betriebssystems nicht gefährden, sofern die Maßnahmen vom Torwächter hinreichend begründet werden.

Darüber hinaus wird der Torwächter nicht daran gehindert, Maßnahmen und Einstellungen, die keine Standardeinstellungen sind, vorzunehmen, soweit sie unbedingt erforderlich und angemessen sind, die es Endnutzern ermöglichen, die Sicherheit in Bezug auf Software-Anwendungen Dritter oder von Dritten betriebene Geschäfte für Software-Anwendungen wirksam zu schützen, sofern die Maßnahmen und Einstellungen keine Standardeinstellungen sind und vom Torwächter hinreichend begründet werden.

(5) Der Torwächter darf von ihm selbst angebotene Dienstleistungen und Produkte beim Ranking sowie bei der damit verbundenen Indexierung und dem damit verbundenen Auffinden gegenüber ähnlichen Dienstleistungen oder Produkten eines Dritten nicht bevorzugen. Der Torwächter muss das Ranking anhand transparenter, fairer und diskriminierungsfreier Bedingungen vornehmen.

(6) Der Torwächter darf die Möglichkeiten der Endnutzer, zwischen verschiedenen Software-Anwendungen und Diensten, auf die über die zentralen Plattformdienste des Torwächters zugegriffen wird, zu wechseln oder solche zu abonnieren, weder technisch noch anderweitig beschränken; dies gilt auch für die Wahl der Internetzugangsdienste für Endnutzer.

(7) Der Torwächter ermöglicht Diensteanbietern und Anbietern von Hardware kostenlos wirksame Interoperabilität mit – und Zugang für Zwecke der Interoperabilität zu – denselben über das Betriebssystem oder den virtuellen Assistenten, das bzw. der im Benennungsbeschluss nach Artikel 3 Absatz 9 aufgeführt ist, zugegriffenen oder gesteuerten Hardware- und Software-Funktionen, die für die vom Torwächter bereitgestellten Dienste oder die von ihm bereitgestellte Hardware zur Verfügung stehen. Darüber hinaus ermöglicht der Torwächter gewerblichen Nutzern und alternativen Anbietern von Diensten, die zusammen mit zentralen Plattformdiensten oder zu deren Unterstützung erbracht werden, kostenlos wirksame Interoperabilität mit – und Zugang für Zwecke der Interoperabilität zu – denselben Betriebssystem-, Hardware- oder Software-Funktionen, die der Torwächter bei der Erbringung solcher Dienste zur Verfügung hat oder verwendet, unabhängig davon, ob die Funktionen Teil des Betriebssystems sind.

Der Torwächter wird nicht daran gehindert, unbedingt erforderliche und angemessene Maßnahmen zu ergreifen, um sicherzustellen, dass die Integrität des Betriebssystems, des virtuellen Assistenten, der Hardware oder der Software-Funktionen, die vom Torwächter bereitgestellt werden, durch Interoperabilität nicht beeinträchtigt werden, sofern der Torwächter solche Maßnahmen hinreichend begründet.

(8) Der Torwächter gewährt Werbetreibenden und Herausgebern sowie von Werbetreibenden und Herausgebern beauftragten Dritten auf ihren Antrag hin kostenlos Zu-

IX. Digital Markets Act (DMA) (Auszug)

gang zu seinen Instrumenten zur Leistungsmessung und zu den Daten, die sie benötigen, um ihre eigene unabhängige Überprüfung des Werbeinventars vorzunehmen, einschließlich aggregierter und nichtaggregierter Daten. Diese Daten werden so bereitgestellt, dass Werbetreibende und Herausgeber ihre eigenen Überprüfungs- und Messinstrumente einsetzen können, um die Leistung der von den Torwächtern bereitgestellten zentralen Plattformdienste zu bewerten.

(9) Der Torwächter ermöglicht Endnutzern und von ihnen beauftragten Dritten auf ihren Antrag hin kostenlos die effektive Übertragbarkeit der Daten, die vom Endnutzer bereitgestellt oder durch die Tätigkeit des Endnutzers im Zusammenhang mit der Nutzung des betreffenden zentralen Plattformdienstes generiert werden, auch indem kostenlos Instrumente bereitgestellt werden, die die effektive Nutzung dieser Datenübertragbarkeit erleichtern, und indem unter anderem ein permanenter Echtzeitzugang zu diesen Daten gewährleistet wird.

(10) Der Torwächter gewährt gewerblichen Nutzern und von einem gewerblichen Nutzer zugelassenen Dritten auf ihren Antrag hin kostenlos einen effektiven, hochwertigen und permanenten Echtzeitzugang zu aggregierten und nichtaggregierten Daten, einschließlich personenbezogener Daten, die im Zusammenhang mit der Nutzung der betreffenden zentralen Plattformdienste oder von Diensten, die zusammen mit den betreffenden zentralen Plattformdiensten oder zu deren Unterstützung erbracht werden, durch diese gewerblichen Nutzer und die Endnutzer, die die Produkte oder Dienstleistungen dieser gewerblichen Nutzer in Anspruch nehmen, bereitgestellt oder generiert werden, und ermöglicht die Nutzung solcher Daten. In Bezug auf personenbezogene Daten darf der Torwächter diesen Zugang zu den und die Nutzung von personenbezogenen Daten nur dann gewähren bzw. ermöglichen, wenn sie unmittelbar mit der Nutzung der vom betreffenden gewerblichen Nutzer über den betreffenden zentralen Plattformdienst angebotenen Produkte oder Dienstleistungen durch die Endnutzer im Zusammenhang stehen und sofern die Endnutzer einer solchen Weitergabe durch eine Einwilligung zustimmt.

(11) Der Torwächter gewährt Drittunternehmen, die Online-Suchmaschinen bereitstellen, auf ihren Antrag hin zu fairen, zumutbaren und diskriminierungsfreien Bedingungen Zugang zu Ranking-, Anfrage-, Klick- und Ansichtsdaten in Bezug auf unbezahlte und bezahlte Suchergebnisse, die von Endnutzern über seine Online-Suchmaschinen generiert werden. Alle derartigen Anfrage-, Klick- und Ansichtsdaten, bei denen es sich um personenbezogene Daten handelt, werden anonymisiert.

(12) Der Torwächter wendet für den Zugang gewerblicher Nutzer zu seinen im Benennungsbeschluss nach Artikel 3 Absatz 9 aufgeführten Geschäften für Software-Anwendungen, Online-Suchmaschinen und Online-Diensten sozialer Netzwerke faire, zumutbare und diskriminierungsfreie allgemeine Bedingungen an.
Zu diesem Zweck veröffentlicht der Torwächter allgemeine Zugangsbedingungen, einschließlich eines alternativen Streitbeilegungsmechanismus.
Die Kommission prüft, ob die veröffentlichten allgemeinen Zugangsbedingungen dem vorliegenden Absatz entsprechen.

(13) Die allgemeinen Bedingungen des Torwächters für die Kündigung eines zentralen Plattformdienstes dürfen nicht unverhältnismäßig sein. Der Torwächter stellt sicher, dass die Kündigungsbedingungen ohne übermäßige Schwierigkeiten eingehalten werden können.

X. Digital Services Act (DSA) (Auszug)

VERORDNUNG (EU) 2022/2065 DES EUROPÄISCHEN PARLAMENTS UND DES RATES

vom 19. Oktober 2022

über einen Binnenmarkt für digitale Dienste und zur Änderung der Richtlinie 2000/31/EG (Gesetz über digitale Dienste)

Artikel 1
Gegenstand

(1) Ziel dieser Verordnung ist es, durch die Festlegung harmonisierter Vorschriften für ein sicheres, vorhersehbares und vertrauenswürdiges Online-Umfeld, in dem Innovationen gefördert und die in der Charta verankerten Grundrechte, darunter der Grundsatz des Verbraucherschutzes, wirksam geschützt werden, einen Beitrag zum reibungslosen Funktionieren des Binnenmarkts für Vermittlungsdienste zu leisten.

(2) In dieser Verordnung werden harmonisierte Vorschriften für die Erbringung von Vermittlungsdiensten im Binnenmarkt festgelegt. Insbesondere wird Folgendes festgelegt:
a) ein Rahmen für die bedingte Haftungsbefreiung der Anbieter von Vermittlungsdiensten;
b) Vorschriften über besondere Sorgfaltspflichten, die auf bestimmte Kategorien von Anbietern von Vermittlungsdiensten zugeschnitten sind;
c) Vorschriften über die Durchführung und Durchsetzung dieser Verordnung, einschließlich der Zusammenarbeit und Koordinierung zwischen den zuständigen Behörden.

Artikel 2
Geltungsbereich

(1) Diese Verordnung gilt für Vermittlungsdienste, die für Nutzer mit Niederlassungsort oder Sitz in der Union angeboten werden, ungeachtet des Niederlassungsortes des Anbieters dieser Vermittlungsdienste.

(2) Diese Verordnung gilt weder für Dienstleistungen, die keine Vermittlungsdienste sind, noch für Anforderungen, die an eine solche Dienstleistung gestellt werden, ungeachtet dessen, ob die Dienstleistung durch Inanspruchnahme eines Vermittlungsdienstes erbracht wird.

(…)

Artikel 26
Werbung auf Online-Plattformen

(1) Die Anbieter von Online-Plattformen, die Werbung auf ihren Online-Schnittstellen darstellen, stellen sicher, dass Nutzer für jede einzelne Werbung, die jedem einzelnen Nutzer dargestellt wird, in der Lage sind, in klarer, präziser und eindeutiger Weise und in Echtzeit Folgendes zu erkennen:
a) dass es sich bei den Informationen um Werbung handelt, einschließlich durch hervorgehobene Kennzeichnungen, die Standards gemäß Artikel 44 folgen können,
b) die natürliche oder juristische Person, in deren Namen die Werbung angezeigt wird,
c) die natürliche oder juristische Person, die für die Werbung bezahlt hat, wenn sich diese Person von der in Buchstabe b genannten natürlichen oder juristischen Person unterscheidet,

X. Digital Services Act (DSA) (Auszug)

d) aussagekräftige, über die Werbung direkt und leicht zugängliche Informationen über die wichtigsten Parameter zur Bestimmung der Nutzer, denen die Werbung angezeigt wird, und darüber, wie diese Parameter unter Umständen geändert werden können.

(2) Die Anbieter von Online-Plattformen bieten den Nutzern eine Funktion, mit der sie erklären können, ob der von ihnen bereitgestellte Inhalt eine kommerzielle Kommunikation darstellt oder eine solche kommerzielle Kommunikation enthält.

Gibt ein Nutzer eine Erklärung gemäß diesem Absatz ab, so stellt der Anbieter der Online-Plattform sicher, dass die anderen Nutzer klar und eindeutig und in Echtzeit, einschließlich durch hervorgehobene Kennzeichnungen, die Standards gemäß Artikel 44 folgen können, feststellen können, dass der von dem Nutzer bereitgestellte Inhalt eine kommerzielle Kommunikation wie in dieser Erklärung beschrieben darstellt oder enthält.

(3) Die Anbieter von Online-Plattformen dürfen Nutzern keine Werbung anzeigen, die auf Profiling gemäß Artikel 4 Nummer 4 der Verordnung (EU) 2016/679 unter Verwendung besonderer Kategorien personenbezogener Daten gemäß Artikel 9 Absatz 1 der Verordnung (EU) 2016/679 beruht.

Artikel 27
Transparenz der Empfehlungssysteme

(1) Anbieter von Online-Plattformen, die Empfehlungssysteme verwenden, müssen in ihren allgemeinen Geschäftsbedingungen in klarer und verständlicher Sprache die wichtigsten Parameter, die in ihren Empfehlungssystemen verwendet werden, sowie alle Möglichkeiten für die Nutzer, diese wichtigen Parameter zu ändern oder zu beeinflussen, darlegen.

(2) Im Rahmen der in Absatz 1 genannten wichtigen Parameter wird erläutert, warum dem Nutzer bestimmte Informationen vorgeschlagen werden. Sie umfassen mindestens Folgendes:

a) die Kriterien, die für die Bestimmung der Informationen, die dem Nutzer vorgeschlagen werden, am wichtigsten sind,

b) die Gründe für die relative Bedeutung dieser Parameter.

(3) Stehen mehrere Optionen gemäß Absatz 1 für Empfehlungssysteme zur Verfügung, anhand deren die relative Reihenfolge der den Nutzern bereitgestellten Informationen bestimmt wird, so machen die Anbieter von Online-Plattformen auch eine Funktion zugänglich, die es dem Nutzer ermöglicht, seine bevorzugte Option jederzeit auszuwählen und zu ändern. Diese Funktion ist von dem spezifischen Abschnitt der Online-Schnittstelle der Online-Plattform, in dem die Informationen vorrangig sind, unmittelbar und leicht zugänglich.

Artikel 28
Online-Schutz Minderjähriger

(1) Anbieter von Online-Plattformen, die für Minderjährige zugänglich sind, müssen geeignete und verhältnismäßige Maßnahmen ergreifen, um für ein hohes Maß an Privatsphäre, Sicherheit und Schutz von Minderjährigen innerhalb ihres Dienstes zu sorgen.

(2) Anbieter von Online-Plattformen dürfen auf ihrer Schnittstelle keine Werbung auf der Grundlage von Profiling gemäß Artikel 4 Absatz 4 der Verordnung (EU) 2016/679 unter Verwendung personenbezogener Daten des Nutzers darstellen, wenn sie hinreichende Gewissheit haben, dass der betreffende Nutzer minderjährig ist.

X. Digital Services Act (DSA) (Auszug)

(3) Zur Einhaltung der in diesem Artikel festgelegten Verpflichtungen sind die Anbieter von Online-Plattformen nicht verpflichtet, zusätzliche personenbezogene Daten zu verarbeiten, um festzustellen, ob der Nutzer minderjährig ist.

(4) Die Kommission kann nach Anhörung des Ausschusses Leitlinien herausgeben, um die Anbieter von Online-Plattformen bei der Anwendung von Absatz 1 zu unterstützen.

Artikel 31
Konformität durch Technikgestaltung

(1) Anbieter von Online-Plattformen, die Verbrauchern den Abschluss von Fernabsatzverträgen mit Unternehmern ermöglichen, stellen sicher, dass ihre Online-Schnittstelle so konzipiert und organisiert ist, dass die Unternehmer ihren Verpflichtungen in Bezug auf vorvertragliche Informationen, Konformität und Produktsicherheitsinformationen nach geltendem Unionsrecht nachkommen können.

Insbesondere gewährleistet der Anbieter, dass seine Online-Schnittstelle es den Unternehmern ermöglicht, Informationen zu Namen, Adresse, Telefonnummer und E-Mail-Adresse des Wirtschaftsakteurs im Sinne von Artikel 3 Nummer 13 der Verordnung (EU) 2019/1020 und anderen Rechtsvorschriften der Union bereitzustellen.

(2) Anbieter von Online-Plattformen, die Verbrauchern den Abschluss von Fernabsatzverträgen mit Unternehmen ermöglichen, stellen sicher, dass ihre Online-Schnittstelle so konzipiert und organisiert ist, dass Unternehmer zumindest Folgendes bereitstellen können:

a) die Informationen, die für eine klare und eindeutige Identifizierung der Produkte oder Dienstleistungen erforderlich sind, die den Verbrauchern in der Union über die Dienste der Anbieter beworben oder angeboten werden,

b) ein Zeichen zur Identifizierung des Unternehmers, etwa die Marke, das Symbol oder das Logo, und,

c) falls vorgeschrieben, die Informationen in Bezug auf die Etikettierung und Kennzeichnung im Einklang mit den Vorschriften des geltenden Unionsrechts über Produktsicherheit und Produktkonformität.

(3) Anbieter von Online-Plattformen, die Verbrauchern den Abschluss von Fernabsatzverträgen mit Unternehmern ermöglichen, bemühen sich nach besten Kräften darum, zu bewerten, ob solche Unternehmer die in den Absätzen 1 und 2 genannten Informationen bereitgestellt haben, bevor sie diesen gestatten, ihre Produkte oder Dienstleistungen auf diesen Plattformen anzubieten. Nachdem er dem Unternehmer gestattet hat, Produkte oder Dienstleistungen auf seiner Online-Plattform anzubieten, die Verbrauchern den Abschluss von Fernabsatzverträgen mit Unternehmern ermöglicht, bemüht sich der Anbieter, in angemessener Weise darum, stichprobenartig in einer amtlichen, frei zugänglichen und maschinenlesbaren Online-Datenbank oder Online-Schnittstelle zu prüfen, ob die angebotenen Produkte oder Dienstleistungen als rechtswidrig eingestuft wurden.

Artikel 34
Risikobewertung

(1) Die Anbieter sehr großer Online-Plattformen und sehr großer Online-Suchmaschinen ermitteln, analysieren und bewerten sorgfältig alle systemischen Risiken in der Union, die sich aus der Konzeption oder dem Betrieb ihrer Dienste und seinen damit verbundenen Systemen, einschließlich algorithmischer Systeme, oder der Nutzung ihrer Dienste ergeben.

X. Digital Services Act (DSA) (Auszug)

Sie führen die Risikobewertungen bis zu dem in Artikel 33 Absatz 6 Unterabsatz 2 genannten Anwendungsbeginn und danach mindestens einmal jährlich, in jedem Fall aber vor der Einführung von Funktionen durch, die voraussichtlich kritische Auswirkungen auf die gemäß diesem Artikel ermittelten Risiken haben. Diese Risikobewertung erfolgt spezifisch für ihre Dienste und verhältnismäßig zu den systemischen Risiken unter Berücksichtigung ihrer Schwere und Wahrscheinlichkeit und umfasst die folgenden systemischen Risiken:

a) Verbreitung rechtswidriger Inhalte über ihre Dienste;

b) etwaige tatsächliche oder vorhersehbare nachteilige Auswirkungen auf die Ausübung der Grundrechte, insbesondere des in Artikel 1 der Charta verankerten Grundrechts auf Achtung der Menschenwürde, des in Artikel 7 der Charta verankerten Grundrechts auf Achtung des Privat- und Familienlebens, des in Artikel 8 der Charta verankerten Grundrechts auf Schutz personenbezogener Daten, des in Artikel 11 der Charta verankerten Grundrechts auf die Meinungs- und Informationsfreiheit, einschließlich Medienfreiheit und -pluralismus auf das in Artikel 21 der Charta verankerte Grundrecht auf Nichtdiskriminierung, die in Artikel 24 der Charta verankerten Rechte des Kindes und den in Artikel 38 der Charta verankerten umfangreichen Verbraucherschutz;

c) alle tatsächlichen oder absehbaren nachteiligen Auswirkungen auf die gesellschaftliche Debatte und auf Wahlprozesse und die öffentliche Sicherheit;

d) alle tatsächlichen oder absehbaren nachteiligen Auswirkungen in Bezug auf geschlechtsspezifische Gewalt, den Schutz der öffentlichen Gesundheit und von Minderjährigen sowie schwerwiegende nachteilige Folgen für das körperliche und geistige Wohlbefinden einer Person.

(2) Bei der Durchführung der Risikobewertung berücksichtigen die Anbieter sehr großer Online-Plattformen und sehr großer Online-Suchmaschinen insbesondere, ob und wie die folgenden Faktoren die in Absatz 1 genannten systemischen Risiken beeinflussen:

a) die Gestaltung ihrer Empfehlungssysteme und anderer relevanter algorithmischer Systeme;

b) ihre Systeme zur Moderation von Inhalten;

c) die anwendbaren allgemeinen Geschäftsbedingungen und ihre Durchsetzung;

d) Systeme zur Auswahl und Anzeige von Werbung;

e) die datenbezogene Praxis des Anbieters.

Bei den Bewertungen wird auch analysiert, ob und wie die Risiken gemäß Absatz 1 durch vorsätzliche Manipulation ihres Dienstes, auch durch unauthentische Verwendung oder automatisierte Ausnutzung des Dienstes, sowie durch die Verstärkung und die Möglichkeit der raschen und weiten Verbreitung von rechtswidrigen Inhalten und von Informationen, die mit ihren allgemeinen Geschäftsbedingungen unvereinbar sind, beeinflusst werden.

Bei der Bewertung werden spezifische regionale oder sprachliche Aspekte auch dann berücksichtigt, wenn sie für einen Mitgliedstaat spezifisch sind.

(3) Die Anbieter sehr großer Online-Plattformen und sehr großer Online-Suchmaschinen bewahren die entsprechenden Dokumente der Risikobewertungen mindestens drei Jahre nach Durchführung der Risikobewertungen auf und übermitteln sie der Kommission und dem Koordinator für digitale Dienste am Niederlassungsort bei Bedarf.

X. Digital Services Act (DSA) (Auszug)

Artikel 35
Risikominderung

(1) Die Anbieter sehr großer Online-Plattformen und sehr großer Online-Suchmaschinen ergreifen angemessene, verhältnismäßige und wirksame Risikominderungsmaßnahmen, die auf die gemäß Artikel 34 ermittelten besonderen systemischen Risiken zugeschnitten sind, wobei die Auswirkungen solcher Maßnahmen auf die Grundrechte besonders zu berücksichtigen sind. Hierzu können unter Umständen gehören:
a) Anpassung der Gestaltung, der Merkmale oder der Funktionsweise ihrer Dienste einschließlich ihrer Online-Schnittstellen;
b) Anpassung der allgemeinen Geschäftsbedingungen und ihrer Durchsetzung;
c) Anpassung der Verfahren zur Moderation von Inhalten, einschließlich der Geschwindigkeit und Qualität der Bearbeitung von Meldungen zu bestimmten Arten rechtswidriger Inhalte, und, soweit erforderlich, rasche Entfernung der gemeldeten Inhalte oder Sperrung des Zugangs dazu, insbesondere in Bezug auf rechtswidrige Hetze oder Cybergewalt; sowie Anpassung aller einschlägigen Entscheidungsprozesse und der für die Moderation von Inhalten eingesetzten Mittel;
d) Erprobung und Anpassung ihrer algorithmischen Systeme, einschließlich ihrer Empfehlungssysteme;
e) Anpassung ihrer Werbesysteme und Annahme von gezielten Maßnahmen zur Beschränkung oder Anpassung der Anzeige von Werbung in Verbindung mit dem von ihnen erbrachten Dienst;
f) Stärkung der internen Prozesse, der Ressourcen, der Prüfung, der Dokumentation oder der Beaufsichtigung ihrer Tätigkeiten, insbesondere im Hinblick auf die Erkennung systemischer Risiken;
g) Beginn oder Anpassung der Zusammenarbeit mit vertrauenswürdigen Hinweisgebern gemäß Artikel 22 und der Umsetzung der Entscheidungen von außergerichtlichen Streitbeilegungsstellen gemäß Artikel 21;
h) Beginn oder Anpassung der Zusammenarbeit mit anderen Anbietern von Online-Plattformen oder Online-Suchmaschinen anhand der in Artikel 45 und Artikel 48 genannten Verhaltenskodizes bzw. Krisenprotokolle;
i) Sensibilisierungsmaßnahmen und Anpassung ihrer Online-um Nutzern mehr Informationen zu geben;
j) gezielte Maßnahmen zum Schutz der Rechte des Kindes, darunter auch Werkzeuge zur Altersüberprüfung und zur elterlichen Kontrolle sowie Werkzeuge, die es Minderjährigen ermöglichen sollen, Missbrauch zu melden bzw. Unterstützung zu erhalten;
k) Sicherstellung, dass eine Einzelinformation, unabhängig davon, ob es sich um einen erzeugten oder manipulierten Bild-, Ton- oder Videoinhalt handelt, der bestehenden Personen, Gegenständen, Orten oder anderen Einrichtungen oder Ereignissen merklich ähnelt und einer Person fälschlicherweise als echt oder wahrheitsgemäß erscheint, durch eine auffällige Kennzeichnung erkennbar ist, wenn sie auf ihren Online-Schnittstellen angezeigt wird, und darüber hinaus Bereitstellung einer benutzerfreundlichen Funktion, die es den Nutzern des Dienstes ermöglicht, solche Informationen anzuzeigen.

(2) Das Gremium veröffentlicht in Zusammenarbeit mit der Kommission einmal jährlich einen umfassenden Bericht. Der Bericht enthält folgende Informationen:
a) Ermittlung und Bewertung der auffälligsten wiederkehrenden systemischen Risiken, die von Anbietern sehr großer Online-Plattformen und sehr großer Online-Suchma-

X. Digital Services Act (DSA) (Auszug)

schinen gemeldet oder über andere Informationsquellen, insbesondere aus den gemäß den Artikeln 39, 40 und 42 bereitgestellten Informationen, ermittelt wurden;
b) bewährte Verfahren für Anbieter sehr großer Online-Plattformen und sehr großer Online-Suchmaschinen zur Minderung der ermittelten systemischen Risiken.

Dieser Bericht enthält Angaben über systemische Risiken, aufgeschlüsselt nach den Mitgliedstaaten, in denen sie gegebenenfalls auftraten, und – falls zweckmäßig – in der Union als Ganzes.

(3) Die Kommission kann in Zusammenarbeit mit den Koordinatoren für digitale Dienste Leitlinien für die Anwendung des Absatzes 1 in Bezug auf besondere Risiken herausgeben, um insbesondere bewährte Verfahren vorzustellen und mögliche Maßnahmen zu empfehlen, wobei sie die möglichen Auswirkungen der Maßnahmen auf die in der Charta verankerten Grundrechte aller Beteiligten gebührend berücksichtigt. Im Hinblick auf die Ausarbeitung dieser Leitlinien führt die Kommission öffentliche Konsultationen durch.

Artikel 40
Datenzugang und Kontrolle

(1) Die Anbieter sehr großer Online-Plattformen oder sehr großer Online-Suchmaschinen gewähren dem Koordinator für digitale Dienste am Niederlassungsort oder der Kommission auf deren begründetes Verlangen innerhalb einer darin genannten angemessenen Frist Zugang zu den Daten, die für die Überwachung und Bewertung der Einhaltung dieser Verordnung erforderlich sind.

(2) Die Koordinatoren für digitale Dienste und die Kommission verwenden die Daten, auf die gemäß Absatz 1 zugegriffen wurde, ausschließlich zur Überwachung und Bewertung der Einhaltung dieser Verordnung, und sie berücksichtigen dabei gebührend die Rechte und Interessen der betroffenen Anbieter sehr großer Online-Plattformen oder sehr großer Online-Suchmaschinen und Nutzer, einschließlich des Schutzes personenbezogener Daten, des Schutzes vertraulicher Informationen, insbesondere von Geschäftsgeheimnissen, und der Aufrechterhaltung der Sicherheit ihres Dienstes.

(3) Für die Zwecke des Absatzes 1 erläutern die Anbieter sehr großer Online-Plattformen oder sehr großer Online-Suchmaschinen auf Verlangen des Koordinators für digitale Dienste am Niederlassungsort oder der Kommission die Gestaltung, die Logik, die Funktionsweise und die Tests ihrer algorithmischen Systeme einschließlich ihrer Empfehlungssysteme.

(4) Die Anbieter sehr großer Online-Plattformen oder sehr großer Online-Suchmaschinen gewähren auf begründetes Verlangen des Koordinators für digitale Dienste am Niederlassungsort innerhalb einer darin genannten angemessenen Frist zugelassenen Forschern, die die Anforderungen in Absatz 8 dieses Artikels erfüllen, Zugang zu Daten zum ausschließlichen Zweck der Durchführung von Forschungsarbeiten, die zur Aufspürung, zur Ermittlung und zum Verständnis systemischer Risiken in der Union gemäß Artikel 34 Absatz 1 beitragen, auch in Bezug auf die Bewertung der Angemessenheit, der Wirksamkeit und der Auswirkungen der Risikominderungsmaßnahmen gemäß Artikel 35.

(5) Innerhalb von 15 Tagen nach Eingang eines Verlangens gemäß Absatz 4 können Anbieter sehr großer Online-Plattformen oder sehr großer Online-Suchmaschinen den Koordinator für digitale Dienste am Niederlassungsort ersuchen, das Verlangen zu ändern, wenn sie sich aus einem der beiden folgenden Gründe außerstande sehen, Zugang zu den angeforderten Daten zu gewähren:
a) sie haben keinen Zugriff auf die Daten;

X. Digital Services Act (DSA) (Auszug)

b) die Gewährung des Zugangs zu den Daten führt zu erheblichen Schwachstellen bei der Sicherheit ihres Dienstes oder beim Schutz vertraulicher Informationen, insbesondere von Geschäftsgeheimnissen.

(6) Änderungsanträge nach Absatz 5 müssen Vorschläge für eine oder mehrere Alternativen enthalten, wie der Zugang zu den angeforderten Daten oder zu anderen Daten gewährt werden kann, die für die Zwecke des Verlangens angemessen und ausreichend sind.

Der Koordinator für digitale Dienste am Niederlassungsort entscheidet innerhalb von 15 Tagen über den Änderungsantrag und teilt dem Anbieter der sehr großen Online-Plattforme oder sehr großen Online-Suchmaschine den betreffenden Beschluss sowie das gegebenenfalls geänderte Verlangen mit der neuen Frist für dessen Erfüllung mit.

(7) Die Anbieter sehr großer Online-Plattformen oder sehr großer Online-Suchmaschinen erleichtern und gewähren den Zugang zu Daten gemäß den Absätzen 1 und 4 über geeignete Schnittstellen, die in dem Verlangen angegeben sind, einschließlich Online-Datenbanken oder Anwendungsprogrammierschnittstellen.

(8) Auf hinreichend begründeten Antrag von Forschern erkennt der Koordinator für digitale Dienste am Niederlassungsort solchen Forschern für spezifische im Antrage genannte Forschungsarbeiten den Status von ‚zugelassenen Forschern' zu und reicht bei einem Anbieter einer sehr großen Online-Plattform oder sehr großen Online-Suchmaschine ein begründetes Verlangen auf Datenzugang gemäß Absatz 4 ein, sofern die Forscher nachweisen, dass sie alle folgenden Bedingungen erfüllen:

a) sie sind einer Forschungseinrichtung im Sinne von Artikel 2 Nummer 1 der Richtlinie (EU) 2019/790 angeschlossen;

b) sie sind unabhängig von kommerziellen Interessen;

c) ihr Antrag gibt Aufschluss über die Finanzierung der Forschung;

d) sie sind in der Lage, die mit jedem Verlangen verbundenen besonderen Anforderungen an die Datensicherheit und die Vertraulichkeit einzuhalten und personenbezogene Daten zu schützen, und sie beschreiben in ihrem Verlangen die angemessenen technischen und organisatorischen Maßnahmen, die sie hierzu getroffen haben;

e) in ihrem Antrag wird nachgewiesen, dass der Zugang zu den Daten und die beantragten Fristen für die Zwecke ihrer Forschungsarbeiten notwendig und verhältnismäßig sind und dass die erwarteten Ergebnisse dieser Forschung zu den in Absatz 4 genannten Zwecken beitragen werden;

f) die geplanten Forschungstätigkeiten werden zu den in Absatz 4 genannten Zwecken durchgeführt;

g) sie haben sich dazu verpflichtet, ihre Forschungsergebnisse innerhalb eines angemessenen Zeitraums nach Abschluss der Forschungsarbeiten und unter Berücksichtigung der Rechte und Interessen der Nutzer des betreffenden Dienstes im Einklang mit der Verordnung (EU) 2016/679 kostenlos öffentlich zugänglich zu machen.

Der Koordinator für digitale Dienste am Niederlassungsort unterrichtet die Kommission und das Gremium über den Eingang von Verlangen gemäß diesem Absatz.

(9) Forscher können ihr Verlangen auch beim Koordinator für digitale Dienste des Mitgliedstaats der Forschungsorganisation, der sie angeschlossen sind, einreichen. Nach Eingang des Verlangens gemäß diesem Absatz führt der Koordinator für digitale Dienste eine Anfangsbewertung durch, ob die jeweiligen Forscher alle in Absatz 8 genannten Bedingungen erfüllen. Der jeweilige Koordinator für digitale Dienste übermittelt anschließend das Verlangen zusammen mit den von den jeweiligen Forschern eingereichten Belegen und der Anfangsbewertung an den Koordinator für di-

X. Digital Services Act (DSA) (Auszug)

gitale Dienste am Niederlassungsort. Der Koordinator für digitale Dienste am Niederlassungsort trifft die Entscheidung, ob einem Forscher unverzüglich der Status eines „zugelassenen Forschers" zuerkannt wird.
Während der bereitgestellten ersten Bewertung gebührend Rechnung zu tragen ist, liegt die endgültige Entscheidung über die Zuerkennung des Status eines „zugelassenen Forschers" gemäß Absatz 8 in der Zuständigkeit des Koordinators für digitale Dienste am Niederlassungsort.

(10) Der Koordinator für digitale Dienste, der den Status eines zugelassenen Forschers zuerkannt und bei Anbietern sehr großer Online-Plattformen oder sehr großer Online-Suchmaschinen das begründete Verlangen auf Datenzugang zugunsten eines zugelassenen Forschers eingereicht hat, trifft eine Entscheidung über die Beendigung des Zugangs, wenn er nach einer Untersuchung von sich aus oder auf der Grundlage von Informationen Dritter feststellt, dass der zugelassene Forscher die in Absatz 8 genannten Bedingungen nicht mehr erfüllt, und unterrichtet den betroffenen Anbieter der sehr großen Online-Plattform oder sehr großen Online-Suchmaschine über die Entscheidung. Vor der Beendigung des Zugangs erteilt der Koordinator für digitale Dienste dem zugelassenen Forscher die Gelegenheit, zu den Untersuchungsergebnissen und zu der Absicht, den Zugang zu beenden, Stellung zu nehmen.

(11) Die Koordinatoren für digitale Dienste am Niederlassungsort teilen dem Gremium die Namen und Kontaktangaben der natürlichen Personen oder Einrichtungen, denen sie gemäß Absatz 8 den Status eines „„zugelassenen Forschers" zuerkannt haben, sowie den Zweck der Forschungsarbeiten, für die der Antrag gestellt wurde, mit oder sie übermitteln dem Gremium diese Informationen, wenn der Datenzugang gemäß Absatz 10 beendet wurde.

(12) Die Anbieter sehr großer Online-Plattformen oder sehr großer Online-Suchmaschinen gewähren unverzüglich Zugang zu Daten, einschließlich – soweit dies technisch möglich ist – zu Daten in Echtzeit vorausgesetzt, die Daten sind Forschern, auch Forschern, die mit gemeinnützigen Einrichtungen, Organisationen und Vereinigungen verbunden sind, die die in Absatz 8 Buchstaben b, c, d und e genannten Bedingungen erfüllen und die Daten ausschließlich zu Forschungszwecken verwenden, die zur Aufdeckung, Identifizierung und zum Verständnis systemischer Risiken in der Union gemäß Artikel 34 Absatz 1 beitragen, über ihre Online-Schnittstelle öffentlich zugänglich.

(13) Die Kommission erlässt nach Anhörung des Gremiums delegierte Rechtsakte zur Ergänzung dieser Verordnung zur Festlegung der technischen Bedingungen, unter denen die Anbieter sehr großer Online-Plattformen oder sehr großer Online-Suchdienste Daten gemäß den Absätzen 1 und 4 zur Verfügung stellen müssen, und der Zwecke, für die die Daten verwendet werden dürfen. In diesen delegierten Rechtsakten werden die besonderen Bedingungen festgelegt, nach denen eine solche Datenweitergabe an Forscher im Einklang mit der Verordnung (EU) 2016/679 erfolgen darf und die einschlägigen objektiven Indikatoren sowie die Verfahren und erforderlichenfalls die unabhängigen Beratungsmechanismen zur Unterstützung der Datenweitergabe, wobei die Rechte und Interessen der Anbieter sehr großer Online-Plattformen oder sehr großer Online-Suchmaschinen und der Nutzer zu berücksichtigen sind, einschließlich des Schutzes vertraulicher Informationen, insbesondere von Geschäftsgeheimnissen, und der Aufrechterhaltung der Sicherheit ihres Dienstes.

XI. Datenschutz-Grundverordnung (DSGVO) (Auszug)

Verordnung (EU) 2016/679 des Europäischen Parlaments und des Rates vom 27. April 2016 zum Schutz natürlicher Personen bei der Verarbeitung personenbezogener Daten, zum freien Datenverkehr und zur Aufhebung der Richtlinie 95/46/EG (Datenschutz-Grundverordnung)

Artikel 4
Begriffsbestimmungen

Im Sinne dieser Verordnung bezeichnet der Ausdruck:

1. „personenbezogene Daten" alle Informationen, die sich auf eine identifizierte oder identifizierbare natürliche Person (im Folgenden „betroffene Person") beziehen; als identifizierbar wird eine natürliche Person angesehen, die direkt oder indirekt, insbesondere mittels Zuordnung zu einer Kennung wie einem Namen, zu einer Kennnummer, zu Standortdaten, zu einer Online-Kennung oder zu einem oder mehreren besonderen Merkmalen, die Ausdruck der physischen, physiologischen, genetischen, psychischen, wirtschaftlichen, kulturellen oder sozialen Identität dieser natürlichen Person sind, identifiziert werden kann;

2. „Verarbeitung" jeden mit oder ohne Hilfe automatisierter Verfahren ausgeführten Vorgang oder jede solche Vorgangsreihe im Zusammenhang mit personenbezogenen Daten wie das Erheben, das Erfassen, die Organisation, das Ordnen, die Speicherung, die Anpassung oder Veränderung, das Auslesen, das Abfragen, die Verwendung, die Offenlegung durch Übermittlung, Verbreitung oder eine andere Form der Bereitstellung, den Abgleich oder die Verknüpfung, die Einschränkung, das Löschen oder die Vernichtung;

(...) „

4. „Profiling" jede Art der automatisierten Verarbeitung personenbezogener Daten, die darin besteht, dass diese personenbezogenen Daten verwendet werden, um bestimmte persönliche Aspekte, die sich auf eine natürliche Person beziehen, zu bewerten, insbesondere um Aspekte bezüglich Arbeitsleistung, wirtschaftliche Lage, Gesundheit, persönliche Vorlieben, Interessen, Zuverlässigkeit, Verhalten, Aufenthaltsort oder Ortswechsel dieser natürlichen Person zu analysieren oder vorherzusagen;

5. „Pseudonymisierung" die Verarbeitung personenbezogener Daten in einer Weise, dass die personenbezogenen Daten ohne Hinzuziehung zusätzlicher Informationen nicht mehr einer spezifischen betroffenen Person zugeordnet werden können, sofern diese zusätzlichen Informationen gesondert aufbewahrt werden und technischen und organisatorischen Maßnahmen unterliegen, die gewährleisten, dass die personenbezogenen Daten nicht einer identifizierten oder identifizierbaren natürlichen Person zugewiesen werden;

(...)

14. „biometrische Daten" mit speziellen technischen Verfahren gewonnene personenbezogene Daten zu den physischen, physiologischen oder verhaltenstypischen Merkmalen einer natürlichen Person, die die eindeutige Identifizierung dieser natürlichen Person ermöglichen oder bestätigen, wie Gesichtsbilder oder daktyloskopische Daten;

XI. Datenschutz-Grundverordnung (DSGVO) (Auszug)

Artikel 5
Grundsätze für die Verarbeitung personenbezogener Daten

(1) Personenbezogene Daten müssen
 a) auf rechtmäßige Weise, nach Treu und Glauben und in einer für die betroffene Person nachvollziehbaren Weise verarbeitet werden („Rechtmäßigkeit, Verarbeitung nach Treu und Glauben, Transparenz");
 b) für festgelegte, eindeutige und legitime Zwecke erhoben werden und dürfen nicht in einer mit diesen Zwecken nicht zu vereinbarenden Weise weiterverarbeitet werden; eine Weiterverarbeitung für im öffentlichen Interesse liegende Archivzwecke, für wissenschaftliche oder historische Forschungszwecke oder für statistische Zwecke gilt gemäß Artikel 89 Absatz 1 nicht als unvereinbar mit den ursprünglichen Zwecken („Zweckbindung");
 c) dem Zweck angemessen und erheblich sowie auf das für die Zwecke der Verarbeitung notwendige Maß beschränkt sein („Datenminimierung");
 d) sachlich richtig und erforderlichenfalls auf dem neuesten Stand sein; es sind alle angemessenen Maßnahmen zu treffen, damit personenbezogene Daten, die im Hinblick auf die Zwecke ihrer Verarbeitung unrichtig sind, unverzüglich gelöscht oder berichtigt werden („Richtigkeit");
 e) in einer Form gespeichert werden, die die Identifizierung der betroffenen Personen nur so lange ermöglicht, wie es für die Zwecke, für die sie verarbeitet werden, erforderlich ist; personenbezogene Daten dürfen länger gespeichert werden, soweit die personenbezogenen Daten vorbehaltlich der Durchführung geeigneter technischer und organisatorischer Maßnahmen, die von dieser Verordnung zum Schutz der Rechte und Freiheiten der betroffenen Person gefordert werden, ausschließlich für im öffentlichen Interesse liegende Archivzwecke oder für wissenschaftliche und historische Forschungszwecke oder für statistische Zwecke gemäß Artikel 89 Absatz 1 verarbeitet werden („Speicherbegrenzung");
 f) in einer Weise verarbeitet werden, die eine angemessene Sicherheit der personenbezogenen Daten gewährleistet, einschließlich Schutz vor unbefugter oder unrechtmäßiger Verarbeitung und vor unbeabsichtigtem Verlust, unbeabsichtigter Zerstörung oder unbeabsichtigter Schädigung durch geeignete technische und organisatorische Maßnahmen („Integrität und Vertraulichkeit");
(2) Der Verantwortliche ist für die Einhaltung des Absatzes 1 verantwortlich und muss dessen Einhaltung nachweisen können („Rechenschaftspflicht").

Artikel 6
Rechtmäßigkeit der Verarbeitung

(1) Die Verarbeitung ist nur rechtmäßig, wenn mindestens eine der nachstehenden Bedingungen erfüllt ist:
 a) Die betroffene Person hat ihre Einwilligung zu der Verarbeitung der sie betreffenden personenbezogenen Daten für einen oder mehrere bestimmte Zwecke gegeben;
 b) die Verarbeitung ist für die Erfüllung eines Vertrags, dessen Vertragspartei die betroffene Person ist, erforderlich, oder zur Durchführung vorvertraglicher Maßnahmen erforderlich, die auf Anfrage der betroffenen Person erfolgen;
 c) die Verarbeitung ist zur Erfüllung einer rechtlichen Verpflichtung erforderlich, der der Verantwortliche unterliegt;
 d) die Verarbeitung ist erforderlich, um lebenswichtige Interessen der betroffenen Person oder einer anderen natürlichen Person zu schützen;

XI. Datenschutz-Grundverordnung (DSGVO) (Auszug)

e) die Verarbeitung ist für die Wahrnehmung einer Aufgabe erforderlich, die im öffentlichen Interesse liegt oder in Ausübung öffentlicher Gewalt erfolgt, die dem Verantwortlichen übertragen wurde;
f) die Verarbeitung ist zur Wahrung der berechtigten Interessen des Verantwortlichen oder eines Dritten erforderlich, sofern nicht die Interessen oder Grundrechte und Grundfreiheiten der betroffenen Person, die den Schutz personenbezogener Daten erfordern, überwiegen, insbesondere dann, wenn es sich bei der betroffenen Person um ein Kind handelt.

Unterabsatz 1 Buchstabe f gilt nicht für die von Behörden in Erfüllung ihrer Aufgaben vorgenommene Verarbeitung.

Artikel 9
Verarbeitung besonderer Kategorien personenbezogener Daten

(1) Die Verarbeitung personenbezogener Daten, aus denen die rassische und ethnische Herkunft, politische Meinungen, religiöse oder weltanschauliche Überzeugungen oder die Gewerkschaftszugehörigkeit hervorgehen, sowie die Verarbeitung von genetischen Daten, biometrischen Daten zur eindeutigen Identifizierung einer natürlichen Person, Gesundheitsdaten oder Daten zum Sexualleben oder der sexuellen Orientierung einer natürlichen Person ist untersagt.

(2) Absatz 1 gilt nicht in folgenden Fällen:
   a) Die betroffene Person hat in die Verarbeitung der genannten personenbezogenen Daten für einen oder mehrere festgelegte Zwecke ausdrücklich eingewilligt, es sei denn, nach Unionsrecht oder dem Recht der Mitgliedstaaten kann das Verbot nach Absatz 1 durch die Einwilligung der betroffenen Person nicht aufgehoben werden,
   b) die Verarbeitung ist erforderlich, damit der Verantwortliche oder die betroffene Person die ihm bzw. ihr aus dem Arbeitsrecht und dem Recht der sozialen Sicherheit und des Sozialschutzes erwachsenden Rechte ausüben und seinen bzw. ihren diesbezüglichen Pflichten nachkommen kann, soweit dies nach Unionsrecht oder dem Recht der Mitgliedstaaten oder einer Kollektivvereinbarung nach dem Recht der Mitgliedstaaten, das geeignete Garantien für die Grundrechte und die Interessen der betroffenen Person vorsieht, zulässig ist,
   c) die Verarbeitung ist zum Schutz lebenswichtiger Interessen der betroffenen Person oder einer anderen natürlichen Person erforderlich und die betroffene Person ist aus körperlichen oder rechtlichen Gründen außerstande, ihre Einwilligung zu geben,
   d) die Verarbeitung erfolgt auf der Grundlage geeigneter Garantien durch eine politisch, weltanschaulich, religiös oder gewerkschaftlich ausgerichtete Stiftung, Vereinigung oder sonstige Organisation ohne Gewinnerzielungsabsicht im Rahmen ihrer rechtmäßigen Tätigkeiten und unter der Voraussetzung, dass sich die Verarbeitung ausschließlich auf die Mitglieder oder ehemalige Mitglieder der Organisation oder auf Personen, die im Zusammenhang mit deren Tätigkeitszweck regelmäßige Kontakte mit ihr unterhalten, bezieht und die personenbezogenen Daten nicht ohne Einwilligung der betroffenen Personen nach außen offengelegt werden,
   e) die Verarbeitung bezieht sich auf personenbezogene Daten, die die betroffene Person offensichtlich öffentlich gemacht hat,
   f) die Verarbeitung ist zur Geltendmachung, Ausübung oder Verteidigung von Rechtsansprüchen oder bei Handlungen der Gerichte im Rahmen ihrer justiziellen Tätigkeit erforderlich,
   g) die Verarbeitung ist auf der Grundlage des Unionsrechts oder des Rechts eines Mitgliedstaats, das in angemessenem Verhältnis zu dem verfolgten Ziel steht, den

XI. Datenschutz-Grundverordnung (DSGVO) (Auszug)

Wesensgehalt des Rechts auf Datenschutz wahrt und angemessene und spezifische Maßnahmen zur Wahrung der Grundrechte und Interessen der betroffenen Person vorsieht, aus Gründen eines erheblichen öffentlichen Interesses erforderlich,

h) die Verarbeitung ist für Zwecke der Gesundheitsvorsorge oder der Arbeitsmedizin, für die Beurteilung der Arbeitsfähigkeit des Beschäftigten, für die medizinische Diagnostik, die Versorgung oder Behandlung im Gesundheits- oder Sozialbereich oder für die Verwaltung von Systemen und Diensten im Gesundheits- oder Sozialbereich auf der Grundlage des Unionsrechts oder des Rechts eines Mitgliedstaats oder aufgrund eines Vertrags mit einem Angehörigen eines Gesundheitsberufs und vorbehaltlich der in Absatz 3 genannten Bedingungen und Garantien erforderlich,

i) die Verarbeitung ist aus Gründen des öffentlichen Interesses im Bereich der öffentlichen Gesundheit, wie dem Schutz vor schwerwiegenden grenzüberschreitenden Gesundheitsgefahren oder zur Gewährleistung hoher Qualitäts- und Sicherheitsstandards bei der Gesundheitsversorgung und bei Arzneimitteln und Medizinprodukten, auf der Grundlage des Unionsrechts oder des Rechts eines Mitgliedstaats, das angemessene und spezifische Maßnahmen zur Wahrung der Rechte und Freiheiten der betroffenen Person, insbesondere des Berufsgeheimnisses, vorsieht, erforderlich, oder

j) die Verarbeitung ist auf der Grundlage des Unionsrechts oder des Rechts eines Mitgliedstaats, das in angemessenem Verhältnis zu dem verfolgten Ziel steht, den Wesensgehalt des Rechts auf Datenschutz wahrt und angemessene und spezifische Maßnahmen zur Wahrung der Grundrechte und Interessen der betroffenen Person vorsieht, für im öffentlichen Interesse liegende Archivzwecke, für wissenschaftliche oder historische Forschungszwecke oder für statistische Zwecke gemäß Artikel 89 Absatz 1 erforderlich.

(3) Die in Absatz 1 genannten personenbezogenen Daten dürfen zu den in Absatz 2 Buchstabe h genannten Zwecken verarbeitet werden, wenn diese Daten von Fachpersonal oder unter dessen Verantwortung verarbeitet werden und dieses Fachpersonal nach dem Unionsrecht oder dem Recht eines Mitgliedstaats oder den Vorschriften nationaler zuständiger Stellen dem Berufsgeheimnis unterliegt, oder wenn die Verarbeitung durch eine andere Person erfolgt, die ebenfalls nach dem Unionsrecht oder dem Recht eines Mitgliedstaats oder den Vorschriften nationaler zuständiger Stellen einer Geheimhaltungspflicht unterliegt.

(4) Die Mitgliedstaaten können zusätzliche Bedingungen, einschließlich Beschränkungen, einführen oder aufrechterhalten, soweit die Verarbeitung von genetischen, biometrischen oder Gesundheitsdaten betroffen ist.

Artikel 10
Verarbeitung von personenbezogenen Daten über strafrechtliche Verurteilungen und Straftaten

Die Verarbeitung personenbezogener Daten über strafrechtliche Verurteilungen und Straftaten oder damit zusammenhängende Sicherungsmaßregeln aufgrund von Artikel 6 Absatz 1 darf nur unter behördlicher Aufsicht vorgenommen werden oder wenn dies nach dem Unionsrecht oder dem Recht der Mitgliedstaaten, das geeignete Garantien für die Rechte und Freiheiten der betroffenen Personen vorsieht, zulässig ist. Ein umfassendes Register der strafrechtlichen Verurteilungen darf nur unter behördlicher Aufsicht geführt werden.

XI. Datenschutz-Grundverordnung (DSGVO) (Auszug)

Artikel 11
Verarbeitung, für die eine Identifizierung der betroffenen Person nicht erforderlich ist

(1) Ist für die Zwecke, für die ein Verantwortlicher personenbezogene Daten verarbeitet, die Identifizierung der betroffenen Person durch den Verantwortlichen nicht oder nicht mehr erforderlich, so ist dieser nicht verpflichtet, zur bloßen Einhaltung dieser Verordnung zusätzliche Informationen aufzubewahren, einzuholen oder zu verarbeiten, um die betroffene Person zu identifizieren.

(2) Kann der Verantwortliche in Fällen gemäß Absatz 1 des vorliegenden Artikels nachweisen, dass er nicht in der Lage ist, die betroffene Person zu identifizieren, so unterrichtet er die betroffene Person hierüber, sofern möglich. In diesen Fällen finden die Artikel 15 bis 20 keine Anwendung, es sei denn, die betroffene Person stellt zur Ausübung ihrer in diesen Artikeln niedergelegten Rechte zusätzliche Informationen bereit, die ihre Identifizierung ermöglichen.

Artikel 12
Transparente Information, Kommunikation und Modalitäten für die Ausübung der Rechte der betroffenen Person

(1) Der Verantwortliche trifft geeignete Maßnahmen, um der betroffenen Person alle Informationen gemäß den Artikeln 13 und 14 und alle Mitteilungen gemäß den Artikeln 15 bis 22 und Artikel 34, die sich auf die Verarbeitung beziehen, in präziser, transparenter, verständlicher und leicht zugänglicher Form in einer klaren und einfachen Sprache zu übermitteln; dies gilt insbesondere für Informationen, die sich speziell an Kinder richten. Die Übermittlung der Informationen erfolgt schriftlich oder in anderer Form, gegebenenfalls auch elektronisch. Falls von der betroffenen Person verlangt, kann die Information mündlich erteilt werden, sofern die Identität der betroffenen Person in anderer Form nachgewiesen wurde.

(2) Der Verantwortliche erleichtert der betroffenen Person die Ausübung ihrer Rechte gemäß den Artikeln 15 bis 22. In den in Artikel 11 Absatz 2 genannten Fällen darf sich der Verantwortliche nur dann weigern, aufgrund des Antrags der betroffenen Person auf Wahrnehmung ihrer Rechte gemäß den Artikeln 15 bis 22 tätig zu werden, wenn er glaubhaft macht, dass er nicht in der Lage ist, die betroffene Person zu identifizieren.

(3) Der Verantwortliche stellt der betroffenen Person Informationen über die auf Antrag gemäß den Artikeln 15 bis 22 ergriffenen Maßnahmen unverzüglich, in jedem Fall aber innerhalb eines Monats nach Eingang des Antrags zur Verfügung. Diese Frist kann um weitere zwei Monate verlängert werden, wenn dies unter Berücksichtigung der Komplexität und der Anzahl von Anträgen erforderlich ist. Der Verantwortliche unterrichtet die betroffene Person innerhalb eines Monats nach Eingang des Antrags über eine Fristverlängerung, zusammen mit den Gründen für die Verzögerung. Stellt die betroffene Person den Antrag elektronisch, so ist sie nach Möglichkeit auf elektronischem Weg zu unterrichten, sofern sie nichts anderes angibt.

(4) Wird der Verantwortliche auf den Antrag der betroffenen Person hin nicht tätig, so unterrichtet er die betroffene Person ohne Verzögerung, spätestens aber innerhalb eines Monats nach Eingang des Antrags über die Gründe hierfür und über die Möglichkeit, bei einer Aufsichtsbehörde Beschwerde einzulegen oder einen gerichtlichen Rechtsbehelf einzulegen.

(5) Informationen gemäß den Artikeln 13 und 14 sowie alle Mitteilungen und Maßnahmen gemäß den Artikeln 15 bis 22 und Artikel 34 werden unentgeltlich zur Verfügung ge-

XI. Datenschutz-Grundverordnung (DSGVO) (Auszug)

stellt. Bei offenkundig unbegründeten oder – insbesondere im Fall von häufiger Wiederholung – exzessiven Anträgen einer betroffenen Person kann der Verantwortliche entweder
a) ein angemessenes Entgelt verlangen, bei dem die Verwaltungskosten für die Unterrichtung oder die Mitteilung oder die Durchführung der beantragten Maßnahme berücksichtigt werden, oder
b) sich weigern, aufgrund des Antrags tätig zu werden.

Der Verantwortliche hat den Nachweis für den offenkundig unbegründeten oder exzessiven Charakter des Antrags zu erbringen.

(6) Hat der Verantwortliche begründete Zweifel an der Identität der natürlichen Person, die den Antrag gemäß den Artikeln 15 bis 21 stellt, so kann er unbeschadet des Artikels 11 zusätzliche Informationen anfordern, die zur Bestätigung der Identität der betroffenen Person erforderlich sind.

(7) Die Informationen, die den betroffenen Personen gemäß den Artikeln 13 und 14 bereitzustellen sind, können in Kombination mit standardisierten Bildsymbolen bereitgestellt werden, um in leicht wahrnehmbarer, verständlicher und klar nachvollziehbarer Form einen aussagekräftigen Überblick über die beabsichtigte Verarbeitung zu vermitteln. Werden die Bildsymbole in elektronischer Form dargestellt, müssen sie maschinenlesbar sein.

(8) Der Kommission wird die Befugnis übertragen, gemäß Artikel 92 delegierte Rechtsakte zur Bestimmung der Informationen, die durch Bildsymbole darzustellen sind, und der Verfahren für die Bereitstellung standardisierter Bildsymbole zu erlassen.

Abschnitt 2
Informationspflicht und Recht auf Auskunft zu personenbezogenen Daten

Artikel 13
Informationspflicht bei Erhebung von personenbezogenen Daten bei der betroffenen Person

(1) Werden personenbezogene Daten bei der betroffenen Person erhoben, so teilt der Verantwortliche der betroffenen Person zum Zeitpunkt der Erhebung dieser Daten Folgendes mit:
a) den Namen und die Kontaktdaten des Verantwortlichen sowie gegebenenfalls seines Vertreters;
b) gegebenenfalls die Kontaktdaten des Datenschutzbeauftragten;
c) die Zwecke, für die die personenbezogenen Daten verarbeitet werden sollen, sowie die Rechtsgrundlage für die Verarbeitung;
d) wenn die Verarbeitung auf Artikel 6 Absatz 1 Buchstabe f beruht, die berechtigten Interessen, die von dem Verantwortlichen oder einem Dritten verfolgt werden;
e) gegebenenfalls die Empfänger oder Kategorien von Empfängern der personenbezogenen Daten und
f) gegebenenfalls die Absicht des Verantwortlichen, die personenbezogenen Daten an ein Drittland oder eine internationale Organisation zu übermitteln, sowie das Vorhandensein oder das Fehlen eines Angemessenheitsbeschlusses der Kommission oder im Falle von Übermittlungen gemäß Artikel 46 oder Artikel 47 oder Artikel 49 Absatz 1 Unterabsatz 2 einen Verweis auf die geeigneten oder angemessenen Garantien und die Möglichkeit, wie eine Kopie von ihnen zu erhalten ist, oder wo sie verfügbar sind.

XI. Datenschutz-Grundverordnung (DSGVO) (Auszug)

(2) Zusätzlich zu den Informationen gemäß Absatz 1 stellt der Verantwortliche der betroffenen Person zum Zeitpunkt der Erhebung dieser Daten folgende weitere Informationen zur Verfügung, die notwendig sind, um eine faire und transparente Verarbeitung zu gewährleisten:
  a) die Dauer, für die die personenbezogenen Daten gespeichert werden oder, falls dies nicht möglich ist, die Kriterien für die Festlegung dieser Dauer;
  b) das Bestehen eines Rechts auf Auskunft seitens des Verantwortlichen über die betreffenden personenbezogenen Daten sowie auf Berichtigung oder Löschung oder auf Einschränkung der Verarbeitung oder eines Widerspruchsrechts gegen die Verarbeitung sowie des Rechts auf Datenübertragbarkeit;
  c) wenn die Verarbeitung auf Artikel 6 Absatz 1 Buchstabe a oder Artikel 9 Absatz 2 Buchstabe a beruht, das Bestehen eines Rechts, die Einwilligung jederzeit zu widerrufen, ohne dass die Rechtmäßigkeit der aufgrund der Einwilligung bis zum Widerruf erfolgten Verarbeitung berührt wird;
  d) das Bestehen eines Beschwerderechts bei einer Aufsichtsbehörde;
  e) ob die Bereitstellung der personenbezogenen Daten gesetzlich oder vertraglich vorgeschrieben oder für einen Vertragsabschluss erforderlich ist, ob die betroffene Person verpflichtet ist, die personenbezogenen Daten bereitzustellen, und welche mögliche Folgen die Nichtbereitstellung hätte und
  f) das Bestehen einer automatisierten Entscheidungsfindung einschließlich Profiling gemäß Artikel 22 Absätze 1 und 4 und – zumindest in diesen Fällen – aussagekräftige Informationen über die involvierte Logik sowie die Tragweite und die angestrebten Auswirkungen einer derartigen Verarbeitung für die betroffene Person.

(3) Beabsichtigt der Verantwortliche, die personenbezogenen Daten für einen anderen Zweck weiterzuverarbeiten als den, für den die personenbezogenen Daten erhoben wurden, so stellt er der betroffenen Person vor dieser Weiterverarbeitung Informationen über diesen anderen Zweck und alle anderen maßgeblichen Informationen gemäß Absatz 2 zur Verfügung.

(4) Die Absätze 1, 2 und 3 finden keine Anwendung, wenn und soweit die betroffene Person bereits über die Informationen verfügt.

Artikel 17
Recht auf Löschung („Recht auf Vergessenwerden")

(1) Die betroffene Person hat das Recht, von dem Verantwortlichen zu verlangen, dass sie betreffende personenbezogene Daten unverzüglich gelöscht werden, und der Verantwortliche ist verpflichtet, personenbezogene Daten unverzüglich zu löschen, sofern einer der folgenden Gründe zutrifft:
  a) Die personenbezogenen Daten sind für die Zwecke, für die sie erhoben oder auf sonstige Weise verarbeitet wurden, nicht mehr notwendig.
  b) Die betroffene Person widerruft ihre Einwilligung, auf die sich die Verarbeitung gemäß Artikel 6 Absatz 1 Buchstabe a oder Artikel 9 Absatz 2 Buchstabe a stützte, und es fehlt an einer anderweitigen Rechtsgrundlage für die Verarbeitung.
  c) Die betroffene Person legt gemäß Artikel 21 Absatz 1 Widerspruch gegen die Verarbeitung ein und es liegen keine vorrangigen berechtigten Gründe für die Verarbeitung vor, oder die betroffene Person legt gemäß Artikel 21 Absatz 2 Widerspruch gegen die Verarbeitung ein.
  d) Die personenbezogenen Daten wurden unrechtmäßig verarbeitet.

XI. Datenschutz-Grundverordnung (DSGVO) (Auszug)

    e) Die Löschung der personenbezogenen Daten ist zur Erfüllung einer rechtlichen Verpflichtung nach dem Unionsrecht oder dem Recht der Mitgliedstaaten erforderlich, dem der Verantwortliche unterliegt.

    f) Die personenbezogenen Daten wurden in Bezug auf angebotene Dienste der Informationsgesellschaft gemäß Artikel 8 Absatz 1 erhoben.

(2) Hat der Verantwortliche die personenbezogenen Daten öffentlich gemacht und ist er gemäß Absatz 1 zu deren Löschung verpflichtet, so trifft er unter Berücksichtigung der verfügbaren Technologie und der Implementierungskosten angemessene Maßnahmen, auch technischer Art, um für die Datenverarbeitung Verantwortliche, die die personenbezogenen Daten verarbeiten, darüber zu informieren, dass eine betroffene Person von ihnen die Löschung aller Links zu diesen personenbezogenen Daten oder von Kopien oder Replikationen dieser personenbezogenen Daten verlangt hat.

(3) Die Absätze 1 und 2 gelten nicht, soweit die Verarbeitung erforderlich ist
    a) zur Ausübung des Rechts auf freie Meinungsäußerung und Information;
    b) zur Erfüllung einer rechtlichen Verpflichtung, die die Verarbeitung nach dem Recht der Union oder der Mitgliedstaaten, dem der Verantwortliche unterliegt, erfordert, oder zur Wahrnehmung einer Aufgabe, die im öffentlichen Interesse liegt oder in Ausübung öffentlicher Gewalt erfolgt, die dem Verantwortlichen übertragen wurde;
    c) aus Gründen des öffentlichen Interesses im Bereich der öffentlichen Gesundheit gemäß Artikel 9 Absatz 2 Buchstaben h und i sowie Artikel 9 Absatz 3;
    d) für im öffentlichen Interesse liegende Archivzwecke, wissenschaftliche oder historische Forschungszwecke oder für statistische Zwecke gemäß Artikel 89 Absatz 1, soweit das in Absatz 1 genannte Recht voraussichtlich die Verwirklichung der Ziele dieser Verarbeitung unmöglich macht oder ernsthaft beeinträchtigt, oder
    e) zur Geltendmachung, Ausübung oder Verteidigung von Rechtsansprüchen.

Artikel 22
Automatisierte Entscheidungen im Einzelfall einschließlich Profiling

(1) Die betroffene Person hat das Recht, nicht einer ausschließlich auf einer automatisierten Verarbeitung – einschließlich Profiling – beruhenden Entscheidung unterworfen zu werden, die ihr gegenüber rechtliche Wirkung entfaltet oder sie in ähnlicher Weise erheblich beeinträchtigt.

(2) Absatz 1 gilt nicht, wenn die Entscheidung
    a) für den Abschluss oder die Erfüllung eines Vertrags zwischen der betroffenen Person und dem Verantwortlichen erforderlich ist,
    b) aufgrund von Rechtsvorschriften der Union oder der Mitgliedstaaten, denen der Verantwortliche unterliegt, zulässig ist und diese Rechtsvorschriften angemessene Maßnahmen zur Wahrung der Rechte und Freiheiten sowie der berechtigten Interessen der betroffenen Person enthalten oder
    c) mit ausdrücklicher Einwilligung der betroffenen Person erfolgt.

(3) In den in Absatz 2 Buchstaben a und c genannten Fällen trifft der Verantwortliche angemessene Maßnahmen, um die Rechte und Freiheiten sowie die berechtigten Interessen der betroffenen Person zu wahren, wozu mindestens das Recht auf Erwirkung des Eingreifens einer Person seitens des Verantwortlichen, auf Darlegung des eigenen Standpunkts und auf Anfechtung der Entscheidung gehört.

(4) Entscheidungen nach Absatz 2 dürfen nicht auf besonderen Kategorien personenbezogener Daten nach Artikel 9 Absatz 1 beruhen, sofern nicht Artikel 9 Absatz 2 Buchsta-

XI. Datenschutz-Grundverordnung (DSGVO) (Auszug)

be a oder g gilt und angemessene Maßnahmen zum Schutz der Rechte und Freiheiten sowie der berechtigten Interessen der betroffenen Person getroffen wurden.

Artikel 25
Datenschutz durch Technikgestaltung und durch datenschutzfreundliche Voreinstellungen

(1) Unter Berücksichtigung des Stands der Technik, der Implementierungskosten und der Art, des Umfangs, der Umstände und der Zwecke der Verarbeitung sowie der unterschiedlichen Eintrittswahrscheinlichkeit und Schwere der mit der Verarbeitung verbundenen Risiken für die Rechte und Freiheiten natürlicher Personen trifft der Verantwortliche sowohl zum Zeitpunkt der Festlegung der Mittel für die Verarbeitung als auch zum Zeitpunkt der eigentlichen Verarbeitung geeignete technische und organisatorische Maßnahmen – wie z. B. Pseudonymisierung – trifft, die dafür ausgelegt sind, die Datenschutzgrundsätze wie etwa Datenminimierung wirksam umzusetzen und die notwendigen Garantien in die Verarbeitung aufzunehmen, um den Anforderungen dieser Verordnung zu genügen und die Rechte der betroffenen Personen zu schützen.

(2) Der Verantwortliche trifft geeignete technische und organisatorische Maßnahmen, die sicherstellen, dass durch Voreinstellung grundsätzlich nur personenbezogene Daten, deren Verarbeitung für den jeweiligen bestimmten Verarbeitungszweck erforderlich ist, verarbeitet werden. Diese Verpflichtung gilt für die Menge der erhobenen personenbezogenen Daten, den Umfang ihrer Verarbeitung, ihre Speicherfrist und ihre Zugänglichkeit. Solche Maßnahmen müssen insbesondere sicherstellen, dass personenbezogene Daten durch Voreinstellungen nicht ohne Eingreifen der Person einer unbestimmten Zahl von natürlichen Personen zugänglich gemacht werden.

(3) Ein genehmigtes Zertifizierungsverfahren gemäß Artikel 42 kann als Faktor herangezogen werden, um die Erfüllung der in den Absätzen 1 und 2 des vorliegenden Artikels genannten Anforderungen nachzuweisen.

Artikel 32
Sicherheit der Verarbeitung

(1) Unter Berücksichtigung des Stands der Technik, der Implementierungskosten und der Art, des Umfangs, der Umstände und der Zwecke der Verarbeitung sowie der unterschiedlichen Eintrittswahrscheinlichkeit und Schwere des Risikos für die Rechte und Freiheiten natürlicher Personen treffen der Verantwortliche und der Auftragsverarbeiter geeignete technische und organisatorische Maßnahmen, um ein dem Risiko angemessenes Schutzniveau zu gewährleisten; diese Maßnahmen schließen unter anderem Folgendes ein:
a) die Pseudonymisierung und Verschlüsselung personenbezogener Daten;
b) die Fähigkeit, die Vertraulichkeit, Integrität, Verfügbarkeit und Belastbarkeit der Systeme und Dienste im Zusammenhang mit der Verarbeitung auf Dauer sicherzustellen;
c) die Fähigkeit, die Verfügbarkeit der personenbezogenen Daten und den Zugang zu ihnen bei einem physischen oder technischen Zwischenfall rasch wiederherzustellen;
d) ein Verfahren zur regelmäßigen Überprüfung, Bewertung und Evaluierung der Wirksamkeit der technischen und organisatorischen Maßnahmen zur Gewährleistung der Sicherheit der Verarbeitung.

XI. Datenschutz-Grundverordnung (DSGVO) (Auszug)

(2) Bei der Beurteilung des angemessenen Schutzniveaus sind insbesondere die Risiken zu berücksichtigen, die mit der Verarbeitung verbunden sind, insbesondere durch – ob unbeabsichtigt oder unrechtmäßig – Vernichtung, Verlust, Veränderung oder unbefugte Offenlegung von beziehungsweise unbefugten Zugang zu personenbezogenen Daten, die übermittelt, gespeichert oder auf andere Weise verarbeitet wurden.

(3) Die Einhaltung genehmigter Verhaltensregeln gemäß Artikel 40 oder eines genehmigten Zertifizierungsverfahrens gemäß Artikel 42 kann als Faktor herangezogen werden, um die Erfüllung der in Absatz 1 des vorliegenden Artikels genannten Anforderungen nachzuweisen.

(4) Der Verantwortliche und der Auftragsverarbeiter unternehmen Schritte, um sicherzustellen, dass ihnen unterstellte natürliche Personen, die Zugang zu personenbezogenen Daten haben, diese nur auf Anweisung des Verantwortlichen verarbeiten, es sei denn, sie sind nach dem Recht der Union oder der Mitgliedstaaten zur Verarbeitung verpflichtet.

Artikel 35
Datenschutz-Folgenabschätzung

(1) Hat eine Form der Verarbeitung, insbesondere bei Verwendung neuer Technologien, aufgrund der Art, des Umfangs, der Umstände und der Zwecke der Verarbeitung voraussichtlich ein hohes Risiko für die Rechte und Freiheiten natürlicher Personen zur Folge, so führt der Verantwortliche vorab eine Abschätzung der Folgen der vorgesehenen Verarbeitungsvorgänge für den Schutz personenbezogener Daten durch. Für die Untersuchung mehrerer ähnlicher Verarbeitungsvorgänge mit ähnlich hohen Risiken kann eine einzige Abschätzung vorgenommen werden.

(2) Der Verantwortliche holt bei der Durchführung einer Datenschutz-Folgenabschätzung den Rat des Datenschutzbeauftragten, sofern ein solcher benannt wurde, ein.

(3) Eine Datenschutz-Folgenabschätzung gemäß Absatz 1 ist insbesondere in folgenden Fällen erforderlich:

a) systematische und umfassende Bewertung persönlicher Aspekte natürlicher Personen, die sich auf automatisierte Verarbeitung einschließlich Profiling gründet und die ihrerseits als Grundlage für Entscheidungen dient, die Rechtswirkung gegenüber natürlichen Personen entfalten oder diese in ähnlich erheblicher Weise beeinträchtigen;

b) umfangreiche Verarbeitung besonderer Kategorien von personenbezogenen Daten gemäß Artikel 9 Absatz 1 oder von personenbezogenen Daten über strafrechtliche Verurteilungen und Straftaten gemäß Artikel 10 oder

c) systematische umfangreiche Überwachung öffentlich zugänglicher Bereiche.

(4) Die Aufsichtsbehörde erstellt eine Liste der Verarbeitungsvorgänge, für die gemäß Absatz 1 eine Datenschutz-Folgenabschätzung durchzuführen ist, und veröffentlicht diese. Die Aufsichtsbehörde übermittelt diese Listen dem in Artikel 68 genannten Ausschuss.

(5) Die Aufsichtsbehörde kann des Weiteren eine Liste der Arten von Verarbeitungsvorgängen erstellen und veröffentlichen, für die keine Datenschutz-Folgenabschätzung erforderlich ist. Die Aufsichtsbehörde übermittelt diese Listen dem Ausschuss.

(6) Vor Festlegung der in den Absätzen 4 und 5 genannten Listen wendet die zuständige Aufsichtsbehörde das Kohärenzverfahren gemäß Artikel 63 an, wenn solche Listen Verarbeitungstätigkeiten umfassen, die mit dem Angebot von Waren oder Dienstleistungen für betroffene Personen oder der Beobachtung des Verhaltens dieser Personen

XI. Datenschutz-Grundverordnung (DSGVO) (Auszug)

     in mehreren Mitgliedstaaten im Zusammenhang stehen oder die den freien Verkehr personenbezogener Daten innerhalb der Union erheblich beeinträchtigen könnten.

(7) Die Folgenabschätzung enthält zumindest Folgendes:
  a) eine systematische Beschreibung der geplanten Verarbeitungsvorgänge und der Zwecke der Verarbeitung, gegebenenfalls einschließlich der von dem Verantwortlichen verfolgten berechtigten Interessen;
  b) eine Bewertung der Notwendigkeit und Verhältnismäßigkeit der Verarbeitungsvorgänge in Bezug auf den Zweck;
  c) eine Bewertung der Risiken für die Rechte und Freiheiten der betroffenen Personen gemäß Absatz 1 und
  d) die zur Bewältigung der Risiken geplanten Abhilfemaßnahmen, einschließlich Garantien, Sicherheitsvorkehrungen und Verfahren, durch die der Schutz personenbezogener Daten sichergestellt und der Nachweis dafür erbracht wird, dass diese Verordnung eingehalten wird, wobei den Rechten und berechtigten Interessen der betroffenen Personen und sonstiger Betroffener Rechnung getragen wird.

(8) Die Einhaltung genehmigter Verhaltensregeln gemäß Artikel 40 durch die zuständigen Verantwortlichen oder die zuständigen Auftragsverarbeiter ist bei der Beurteilung der Auswirkungen der von diesen durchgeführten Verarbeitungsvorgänge, insbesondere für die Zwecke einer Datenschutz-Folgenabschätzung, gebührend zu berücksichtigen.

(9) Der Verantwortliche holt gegebenenfalls den Standpunkt der betroffenen Personen oder ihrer Vertreter zu der beabsichtigten Verarbeitung unbeschadet des Schutzes gewerblicher oder öffentlicher Interessen oder der Sicherheit der Verarbeitungsvorgänge ein.

(10) Falls die Verarbeitung gemäß Artikel 6 Absatz 1 Buchstabe c oder e auf einer Rechtsgrundlage im Unionsrecht oder im Recht des Mitgliedstaats, dem der Verantwortliche unterliegt, beruht und falls diese Rechtsvorschriften den konkreten Verarbeitungsvorgang oder die konkreten Verarbeitungsvorgänge regeln und bereits im Rahmen der allgemeinen Folgenabschätzung im Zusammenhang mit dem Erlass dieser Rechtsgrundlage eine Datenschutz-Folgenabschätzung erfolgte, gelten die Absätze 1 bis 7 nur, wenn es nach dem Ermessen der Mitgliedstaaten erforderlich ist, vor den betreffenden Verarbeitungstätigkeiten eine solche Folgenabschätzung durchzuführen.

(11) Erforderlichenfalls führt der Verantwortliche eine Überprüfung durch, um zu bewerten, ob die Verarbeitung gemäß der Datenschutz-Folgenabschätzung durchgeführt wird; dies gilt zumindest, wenn hinsichtlich des mit den Verarbeitungsvorgängen verbundenen Risikos Änderungen eingetreten sind.

XII. Einführungsgesetz zum Bürgerlichen Gesetzbuch (EGBGB) (Auszug)

Ausfertigungsdatum: 18.08.1896
Vollzitat:
„Einführungsgesetz zum Bürgerlichen Gesetzbuche in der Fassung der Bekanntmachung vom 21. September 1994 (BGBl. I S. 2494; 1997 I S. 1061), das zuletzt durch Artikel 3 des Gesetzes vom 24. Juni 2024 (BGBl. 2024 I Nr. 212) geändert worden ist"
Stand: Neugefasst durch Bek. v. 21.9.1994 I 2494; 1997, 1061; zuletzt geändert durch Art. 3 G v. 24.6.2024 I Nr. 212

Artikel 246a
Informationspflichten bei außerhalb von Geschäftsräumen geschlossenen Verträgen und Fernabsatzverträgen mit Ausnahme von Verträgen über Finanzdienstleistungen

§ 1 Informationspflichten

(1) Der Unternehmer ist nach § 312d Absatz 1 des Bürgerlichen Gesetzbuchs verpflichtet, dem Verbraucher folgende Informationen zur Verfügung zu stellen:
1. die wesentlichen Eigenschaften der Waren oder Dienstleistungen in dem für das Kommunikationsmittel und für die Waren und Dienstleistungen angemessenen Umfang,
2. seine Identität, beispielsweise seinen Handelsnamen, sowie die Anschrift des Ortes, an dem er niedergelassen ist, sowie gegebenenfalls die Identität und die Anschrift des Unternehmers, in dessen Auftrag er handelt,
3. seine Telefonnummer, seine E-Mail-Adresse sowie gegebenenfalls andere von ihm zur Verfügung gestellte Online-Kommunikationsmittel, sofern diese gewährleisten, dass der Verbraucher seine Korrespondenz mit dem Unternehmer, einschließlich deren Datums und deren Uhrzeit, auf einem dauerhaften Datenträger speichern kann,
4. zusätzlich zu den Angaben gemäß den Nummern 2 und 3 die Geschäftsanschrift des Unternehmers und gegebenenfalls die Anschrift des Unternehmers, in dessen Auftrag er handelt, an die sich der Verbraucher mit jeder Beschwerde wenden kann, falls diese Anschrift von der Anschrift nach Nummer 2 abweicht,
5. den Gesamtpreis der Waren oder der Dienstleistungen, einschließlich aller Steuern und Abgaben, oder in den Fällen, in denen der Preis auf Grund der Beschaffenheit der Waren oder der Dienstleistungen vernünftigerweise nicht im Voraus berechnet werden kann, die Art der Preisberechnung,
6. gegebenenfalls den Hinweis, dass der Preis auf der Grundlage einer automatisierten Entscheidungsfindung personalisiert wurde,
7. gegebenenfalls alle zusätzlich zu dem Gesamtpreis nach Nummer 5 anfallenden Fracht-, Liefer- oder Versandkosten und alle sonstigen Kosten, oder in den Fällen, in denen diese Kosten vernünftigerweise nicht im Voraus berechnet werden können, die Tatsache, dass solche zusätzlichen Kosten anfallen können,
8. im Falle eines unbefristeten Vertrags oder eines Abonnement-Vertrags den Gesamtpreis; dieser umfasst die pro Abrechnungszeitraum anfallenden Gesamtkosten und, wenn für einen solchen Vertrag Festbeträge in Rechnung gestellt werden, ebenfalls die monatlichen Gesamtkosten; wenn die Gesamtkosten vernünftiger-

XII. Einführungsgesetz zum Bürgerlichen Gesetzbuch (EGBGB) (Auszug)

weise nicht im Voraus berechnet werden können, ist die Art der Preisberechnung anzugeben,
9. die Kosten für den Einsatz des für den Vertragsabschluss genutzten Fernkommunikationsmittels, sofern dem Verbraucher Kosten berechnet werden, die über die Kosten für die bloße Nutzung des Fernkommunikationsmittels hinausgehen,
10. die Zahlungs-, Liefer- und Leistungsbedingungen, den Termin, bis zu dem der Unternehmer die Waren liefern oder die Dienstleistung erbringen muss, und gegebenenfalls das Verfahren des Unternehmers zum Umgang mit Beschwerden,
11. das Bestehen eines gesetzlichen Mängelhaftungsrechts für die Waren oder die digitalen Produkte,
12. gegebenenfalls das Bestehen und die Bedingungen von Kundendienst, Kundendienstleistungen und Garantien,
13. gegebenenfalls bestehende einschlägige Verhaltenskodizes gemäß Artikel 2 Buchstabe f der Richtlinie 2005/29/EG des Europäischen Parlaments und des Rates vom 11. Mai 2005 über unlautere Geschäftspraktiken im binnenmarktinternen Geschäftsverkehr zwischen Unternehmen und Verbrauchern und zur Änderung der Richtlinie 84/450/EWG des Rates, der Richtlinien 97/7/EG, 98/27/EG und 2002/65/EG des Europäischen Parlaments und des Rates sowie der Verordnung (EG) Nr. 2006/2004 des Europäischen Parlaments und des Rates (ABl. L 149 vom 11.6.2005, S. 22; L 253 vom 25.9.2009, S. 18), die zuletzt durch die Richtlinie (EU) 2019/2161 (ABl. L 328 vom 18.12.2019, S. 7) geändert worden ist, und wie Exemplare davon erhalten werden können,
14. gegebenenfalls die Laufzeit des Vertrags oder die Bedingungen der Kündigung unbefristeter Verträge oder sich automatisch verlängernder Verträge,
15. gegebenenfalls die Mindestdauer der Verpflichtungen, die der Verbraucher mit dem Vertrag eingeht,
16. gegebenenfalls die Tatsache, dass der Unternehmer vom Verbraucher die Stellung einer Kaution oder die Leistung anderer finanzieller Sicherheiten verlangen kann, sowie deren Bedingungen,
17. gegebenenfalls die Funktionalität der Waren mit digitalen Elementen oder der digitalen Produkte, einschließlich anwendbarer technischer Schutzmaßnahmen,
18. gegebenenfalls, soweit wesentlich, die Kompatibilität und die Interoperabilität der Waren mit digitalen Elementen oder der digitalen Produkte, soweit diese Informationen dem Unternehmer bekannt sind oder bekannt sein müssen, und
19. gegebenenfalls, dass der Verbraucher ein außergerichtliches Beschwerde- und Rechtsbehelfsverfahren, dem der Unternehmer unterworfen ist, nutzen kann, und dessen Zugangsvoraussetzungen.

Wird der Vertrag im Rahmen einer öffentlich zugänglichen Versteigerung geschlossen, können anstelle der Angaben nach Satz 1 Nummer 2 bis 4 die entsprechenden Angaben des Versteigerers zur Verfügung gestellt werden.

(2) Steht dem Verbraucher ein Widerrufsrecht nach § 312g Absatz 1 des Bürgerlichen Gesetzbuchs zu, ist der Unternehmer verpflichtet, den Verbraucher zu informieren
1. über die Bedingungen, die Fristen und das Verfahren für die Ausübung des Widerrufsrechts nach § 355 Absatz 1 des Bürgerlichen Gesetzbuchs sowie das Muster-Widerrufsformular in der Anlage 2,
2. gegebenenfalls darüber, dass der Verbraucher im Widerrufsfall die Kosten für die Rücksendung der Waren zu tragen hat, und bei Fernabsatzverträgen zusätzlich über die Kosten für die Rücksendung der Waren, wenn die Waren auf Grund ihrer Beschaffenheit nicht auf dem normalen Postweg zurückgesendet werden können, und

XII. Einführungsgesetz zum Bürgerlichen Gesetzbuch (EGBGB) (Auszug)

3. darüber, dass der Verbraucher dem Unternehmer bei einem Vertrag über die Erbringung von Dienstleistungen, für die die Zahlung eines Preises vorgesehen ist, oder über die nicht in einem bestimmten Volumen oder in einer bestimmten Menge vereinbarte Lieferung von Wasser, Gas, Strom oder die Lieferung von Fernwärme einen angemessenen Betrag nach § 357a Absatz 2 des Bürgerlichen Gesetzbuchs für die vom Unternehmer erbrachte Leistung schuldet, wenn der Verbraucher das Widerrufsrecht ausübt, nachdem er auf Aufforderung des Unternehmers von diesem ausdrücklich den Beginn der Leistung vor Ablauf der Widerrufsfrist verlangt hat.

Der Unternehmer kann diese Informationspflichten dadurch erfüllen, dass er das in der Anlage 1 vorgesehene Muster für die Widerrufsbelehrung zutreffend ausgefüllt in Textform übermittelt.

(3) Der Unternehmer hat den Verbraucher auch zu informieren, wenn
1. dem Verbraucher nach § 312g Absatz 2 Nummer 1, 2, 5 und 7 bis 13 des Bürgerlichen Gesetzbuchs ein Widerrufsrecht nicht zusteht, dass der Verbraucher seine Willenserklärung nicht widerrufen kann, oder
2. das Widerrufsrecht des Verbrauchers nach § 312g Absatz 2 Nummer 3, 4 und 6 sowie § 356 Absatz 4 und 5 des Bürgerlichen Gesetzbuchs vorzeitig erlöschen kann, über die Umstände, unter denen der Verbraucher ein zunächst bestehendes Widerrufsrecht verliert.

Artikel 246d
Allgemeine Informationspflichten für Betreiber von Online-Marktplätzen

§ 1 Informationspflichten

Der Betreiber eines Online-Marktplatzes muss den Verbraucher informieren
1. zum Ranking der Waren, Dienstleistungen oder digitalen Inhalte, die dem Verbraucher als Ergebnis seiner Suchanfrage auf dem Online-Marktplatz präsentiert werden, allgemein über
a) die Hauptparameter zur Festlegung des Rankings und
b) die relative Gewichtung der Hauptparameter zur Festlegung des Rankings im Vergleich zu anderen Parametern,
2. falls dem Verbraucher auf dem Online-Marktplatz das Ergebnis eines Vergleichs von Waren, Dienstleistungen oder digitalen Inhalten präsentiert wird, über die Anbieter, die bei der Erstellung des Vergleichs einbezogen wurden,
3. gegebenenfalls darüber, dass es sich bei ihm und dem Anbieter der Waren, Dienstleistungen oder digitale Inhalte um verbundene Unternehmen im Sinne von § 15 des Aktiengesetzes handelt,
4. darüber, ob es sich bei dem Anbieter der Waren, Dienstleistungen oder digitalen Inhalte nach dessen eigener Erklärung gegenüber dem Betreiber des Online-Marktplatzes um einen Unternehmer handelt,
5. falls es sich bei dem Anbieter der Waren, Dienstleistungen oder digitalen Inhalte nach dessen eigener Erklärung gegenüber dem Betreiber des Online-Marktplatzes nicht um einen Unternehmer handelt, darüber, dass die besonderen Vorschriften für Verbraucherverträge auf den Vertrag nicht anzuwenden sind,
6. gegebenenfalls darüber, in welchem Umfang der Anbieter der Waren, Dienstleistungen oder digitalen Inhalte sich des Betreibers des Online-Marktplatzes bei der Erfüllung von Verbindlichkeiten aus dem Vertrag mit dem Verbraucher bedient, und darüber, dass

XII. Einführungsgesetz zum Bürgerlichen Gesetzbuch (EGBGB) (Auszug)

dem Verbraucher hierdurch keine eigenen vertraglichen Ansprüche gegenüber dem Betreiber des Online-Marktplatzes entstehen, und

7. falls ein Anbieter eine Eintrittsberechtigung für eine Veranstaltung weiterverkaufen will, ob und gegebenenfalls in welcher Höhe der Veranstalter nach Angaben des Anbieters einen Preis für den Erwerb dieser Eintrittsberechtigung festgelegt hat.

§ 2 Formale Anforderungen

(1) Der Betreiber eines Online-Marktplatzes muss dem Verbraucher die Informationen nach § 1 vor Abgabe von dessen Vertragserklärung in klarer, verständlicher und in einer den benutzten Fernkommunikationsmitteln angepassten Weise zur Verfügung stellen.

(2) Die Informationen nach § 1 Nummer 1 und 2 müssen dem Verbraucher in einem bestimmten Bereich der Online-Benutzeroberfläche zur Verfügung gestellt werden, der von der Webseite, auf der die Angebote angezeigt werden, unmittelbar und leicht zugänglich ist.

XIII. Gewerbeordnung (GewO) (Auszug)

Ausfertigungsdatum: 21.06.1869
Vollzitat:
„Gewerbeordnung in der Fassung der Bekanntmachung vom 22. Februar 1999 (BGBl. I S. 202), die zuletzt durch Artikel 5 des Gesetzes vom 17. Januar 2024 (BGBl. 2024 I Nr. 12) geändert worden ist"
Stand: Neugefasst durch Bek. v. 22.2.1999 I 202
zuletzt geändert durch Art. 5 G v. 17.1.2024 I Nr. 12

§ 105 Freie Gestaltung des Arbeitsvertrages

Arbeitgeber und Arbeitnehmer können Abschluss, Inhalt und Form des Arbeitsvertrages frei vereinbaren, soweit nicht zwingende gesetzliche Vorschriften, Bestimmungen eines anwendbaren Tarifvertrages oder einer Betriebsvereinbarung entgegenstehen. Soweit die Vertragsbedingungen wesentlich sind, richtet sich ihr Nachweis nach den Bestimmungen des Nachweisgesetzes.

§ 106 Weisungsrecht des Arbeitgebers

Der Arbeitgeber kann Inhalt, Ort und Zeit der Arbeitsleistung nach billigem Ermessen näher bestimmen, soweit diese Arbeitsbedingungen nicht durch den Arbeitsvertrag, Bestimmungen einer Betriebsvereinbarung, eines anwendbaren Tarifvertrages oder gesetzliche Vorschriften festgelegt sind. Dies gilt auch hinsichtlich der Ordnung und des Verhaltens der Arbeitnehmer im Betrieb. Bei der Ausübung des Ermessens hat der Arbeitgeber auch auf Behinderungen des Arbeitnehmers Rücksicht zu nehmen.

XIV. Grundgesetz (GG) (Auszug)

Ausfertigungsdatum: 23.05.1949
Vollzitat:
„Grundgesetz für die Bundesrepublik Deutschland in der im Bundesgesetzblatt Teil III, Gliederungsnummer 100-1, veröffentlichten bereinigten Fassung, das zuletzt durch Artikel 1 des Gesetzes vom 19. Dezember 2022 (BGBl. I S. 2478) geändert worden ist"
Stand: Zuletzt geändert durch Art. 1 G v. 19.12.2022 I 2478

Artikel 1

(1) Die Würde des Menschen ist unantastbar. Sie zu achten und zu schützen ist Verpflichtung aller staatlichen Gewalt.

(2) Das Deutsche Volk bekennt sich darum zu unverletzlichen und unveräußerlichen Menschenrechten als Grundlage jeder menschlichen Gemeinschaft, des Friedens und der Gerechtigkeit in der Welt.

(3) Die nachfolgenden Grundrechte binden Gesetzgebung, vollziehende Gewalt und Rechtsprechung als unmittelbar geltendes Recht.

Artikel 2

(1) Jeder hat das Recht auf die freie Entfaltung seiner Persönlichkeit, soweit er nicht die Rechte anderer verletzt und nicht gegen die verfassungsmäßige Ordnung oder das Sittengesetz verstößt.

(2) Jeder hat das Recht auf Leben und körperliche Unversehrtheit. Die Freiheit der Person ist unverletzlich. In diese Rechte darf nur auf Grund eines Gesetzes eingegriffen werden.

Artikel 3

(1) Alle Menschen sind vor dem Gesetz gleich.

(2) Männer und Frauen sind gleichberechtigt. Der Staat fördert die tatsächliche Durchsetzung der Gleichberechtigung von Frauen und Männern und wirkt auf die Beseitigung bestehender Nachteile hin.

(3) Niemand darf wegen seines Geschlechtes, seiner Abstammung, seiner Rasse, seiner Sprache, seiner Heimat und Herkunft, seines Glaubens, seiner religiösen oder politischen Anschauungen benachteiligt oder bevorzugt werden. Niemand darf wegen seiner Behinderung benachteiligt werden.

Artikel 4

(1) Die Freiheit des Glaubens, des Gewissens und die Freiheit des religiösen und weltanschaulichen Bekenntnisses sind unverletzlich.

(2) Die ungestörte Religionsausübung wird gewährleistet.

(3) Niemand darf gegen sein Gewissen zum Kriegsdienst mit der Waffe gezwungen werden. Das Nähere regelt ein Bundesgesetz.

XIV. Grundgesetz (GG) (Auszug)

Artikel 5

(1) Jeder hat das Recht, seine Meinung in Wort, Schrift und Bild frei zu äußern und zu verbreiten und sich aus allgemein zugänglichen Quellen ungehindert zu unterrichten. Die Pressefreiheit und die Freiheit der Berichterstattung durch Rundfunk und Film werden gewährleistet. Eine Zensur findet nicht statt.
(2) Diese Rechte finden ihre Schranken in den Vorschriften der allgemeinen Gesetze, den gesetzlichen Bestimmungen zum Schutze der Jugend und in dem Recht der persönlichen Ehre.
(3) Kunst und Wissenschaft, Forschung und Lehre sind frei. Die Freiheit der Lehre entbindet nicht von der Treue zur Verfassung.

Artikel 12

(1) Alle Deutschen haben das Recht, Beruf, Arbeitsplatz und Ausbildungsstätte frei zu wählen. Die Berufsausübung kann durch Gesetz oder auf Grund eines Gesetzes geregelt werden.
(2) Niemand darf zu einer bestimmten Arbeit gezwungen werden, außer im Rahmen einer herkömmlichen allgemeinen, für alle gleichen öffentlichen Dienstleistungspflicht.
(3) Zwangsarbeit ist nur bei einer gerichtlich angeordneten Freiheitsentziehung zulässig.

Artikel 14

(1) Das Eigentum und das Erbrecht werden gewährleistet. Inhalt und Schranken werden durch die Gesetze bestimmt.
(2) Eigentum verpflichtet. Sein Gebrauch soll zugleich dem Wohle der Allgemeinheit dienen.
(3) Eine Enteignung ist nur zum Wohle der Allgemeinheit zulässig. Sie darf nur durch Gesetz oder auf Grund eines Gesetzes erfolgen, das Art und Ausmaß der Entschädigung regelt. Die Entschädigung ist unter gerechter Abwägung der Interessen der Allgemeinheit und der Beteiligten zu bestimmen. Wegen der Höhe der Entschädigung steht im Streitfalle der Rechtsweg vor den ordentlichen Gerichten offen.

Artikel 19

(1) Soweit nach diesem Grundgesetz ein Grundrecht durch Gesetz oder auf Grund eines Gesetzes eingeschränkt werden kann, muß das Gesetz allgemein und nicht nur für den Einzelfall gelten. Außerdem muß das Gesetz das Grundrecht unter Angabe des Artikels nennen.
(2) In keinem Falle darf ein Grundrecht in seinem Wesensgehalt angetastet werden.
(3) Die Grundrechte gelten auch für inländische juristische Personen, soweit sie ihrem Wesen nach auf diese anwendbar sind.
(4) Wird jemand durch die öffentliche Gewalt in seinen Rechten verletzt, so steht ihm der Rechtsweg offen. Soweit eine andere Zuständigkeit nicht begründet ist, ist der ordentliche Rechtsweg gegeben. Artikel 10 Abs. 2 Satz 2 bleibt unberührt.

Artikel 20

(1) Die Bundesrepublik Deutschland ist ein demokratischer und sozialer Bundesstaat.

XIV. Grundgesetz (GG) (Auszug)

(2) Alle Staatsgewalt geht vom Volke aus. Sie wird vom Volke in Wahlen und Abstimmungen und durch besondere Organe der Gesetzgebung, der vollziehenden Gewalt und der Rechtsprechung ausgeübt.

(3) Die Gesetzgebung ist an die verfassungsmäßige Ordnung, die vollziehende Gewalt und die Rechtsprechung sind an Gesetz und Recht gebunden.

(4) Gegen jeden, der es unternimmt, diese Ordnung zu beseitigen, haben alle Deutschen das Recht zum Widerstand, wenn andere Abhilfe nicht möglich ist.

Artikel 92

Die rechtsprechende Gewalt ist den Richtern anvertraut; sie wird durch das Bundesverfassungsgericht, durch die in diesem Grundgesetze vorgesehenen Bundesgerichte und durch die Gerichte der Länder ausgeübt.

Artikel 97

(1) Die Richter sind unabhängig und nur dem Gesetze unterworfen.

(2) Die hauptamtlich und planmäßig endgültig angestellten Richter können wider ihren Willen nur kraft richterlicher Entscheidung und nur aus Gründen und unter den Formen, welche die Gesetze bestimmen, vor Ablauf ihrer Amtszeit entlassen oder dauernd oder zeitweise ihres Amtes enthoben oder an eine andere Stelle oder in den Ruhestand versetzt werden. Die Gesetzgebung kann Altersgrenzen festsetzen, bei deren Erreichung auf Lebenszeit angestellte Richter in den Ruhestand treten. Bei Veränderung der Einrichtung der Gerichte oder ihrer Bezirke können Richter an ein anderes Gericht versetzt oder aus dem Amte entfernt werden, jedoch nur unter Belassung des vollen Gehaltes.

Artikel 101

(1) Ausnahmegerichte sind unzulässig. Niemand darf seinem gesetzlichen Richter entzogen werden.

(2) Gerichte für besondere Sachgebiete können nur durch Gesetz errichtet werden.

Artikel 103

(1) Vor Gericht hat jedermann Anspruch auf rechtliches Gehör.

(2) Eine Tat kann nur bestraft werden, wenn die Strafbarkeit gesetzlich bestimmt war, bevor die Tat begangen wurde.

(3) Niemand darf wegen derselben Tat auf Grund der allgemeinen Strafgesetze mehrmals bestraft werden.

XV. Charta der Grundrechte der EU (GrCh) (Auszug)

Artikel 8
Schutz personenbezogener Daten

(1) Jede Person hat das Recht auf Schutz der sie betreffenden personenbezogenen Daten.

(2) Diese Daten dürfen nur nach Treu und Glauben für festgelegte Zwecke und mit Einwilligung der betroffenen Person oder auf einer sonstigen gesetzlich geregelten legitimen Grundlage verarbeitet werden. Jede Person hat das Recht, Auskunft über die sie betreffenden erhobenen Daten zu erhalten und die Berichtigung der Daten zu erwirken.

(3) Die Einhaltung dieser Vorschriften wird von einer unabhängigen Stelle überwacht.

Artikel 21
Nichtdiskriminierung

(1) Diskriminierungen insbesondere wegen des Geschlechts, der Rasse, der Hautfarbe, der ethnischen oder sozialen Herkunft, der genetischen Merkmale, der Sprache, der Religion oder der Weltanschauung, der politischen oder sonstigen Anschauung, der Zugehörigkeit zu einer nationalen Minderheit, des Vermögens, der Geburt, einer Behinderung, des Alters oder der sexuellen Ausrichtung sind verboten.

(2) Unbeschadet besonderer Bestimmungen der Verträge ist in ihrem Anwendungsbereich jede Diskriminierung aus Gründen der Staatsangehörigkeit verboten.

Artikel 31
Gerechte und angemessene Arbeitsbedingungen

(1) Jede Arbeitnehmerin und jeder Arbeitnehmer hat das Recht auf gesunde, sichere und würdige Arbeitsbedingungen.

(2) Jede Arbeitnehmerin und jeder Arbeitnehmer hat das Recht auf eine Begrenzung der Höchstarbeitszeit, auf tägliche und wöchentliche Ruhezeiten sowie auf bezahlten Jahresurlaub.

Artikel 36
Zugang zu Dienstleistungen von allgemeinem wirtschaftlichen Interesse

Die Union anerkennt und achtet den Zugang zu Dienstleistungen von allgemeinem wirtschaftlichen Interesse, wie er durch die einzelstaatlichen Rechtsvorschriften und Gepflogenheiten im Einklang mit den Verträgen geregelt ist, um den sozialen und territorialen Zusammenhalt der Union zu fördern.

Artikel 41
Recht auf eine gute Verwaltung

(1) Jede Person hat ein Recht darauf, dass ihre Angelegenheiten von den Organen, Einrichtungen und sonstigen Stellen der Union unparteiisch, gerecht und innerhalb einer angemessenen Frist behandelt werden. 26.10.2012 Amtsblatt der Europäischen Union C 326/403 DE

(2) Dieses Recht umfasst insbesondere
   a) das Recht jeder Person, gehört zu werden, bevor ihr gegenüber eine für sie nachteilige individuelle Maßnahme getroffen wird,

XV. Charta der Grundrechte der EU (GrCh) (Auszug)

b) das Recht jeder Person auf Zugang zu den sie betreffenden Akten unter Wahrung des berechtigten Interesses der Vertraulichkeit sowie des Berufs- und Geschäftsgeheimnisses,
c) die Verpflichtung der Verwaltung, ihre Entscheidungen zu begründen.

(3) Jede Person hat Anspruch darauf, dass die Union den durch ihre Organe oder Bediensteten in Ausübung ihrer Amtstätigkeit verursachten Schaden nach den allgemeinen Rechtsgrundsätzen ersetzt, die den Rechtsordnungen der Mitgliedstaaten gemeinsam sind.

(4) Jede Person kann sich in einer der Sprachen der Verträge an die Organe der Union wenden und muss eine Antwort in derselben Sprache erhalten. Artikel 42 Recht auf Zugang zu Dokumenten Die Unionsbürgerinnen und Unionsbürger sowie jede natürliche oder juristische Person mit Wohnsitz oder satzungsmäßigem Sitz in einem Mitgliedstaat haben das Recht auf Zugang zu den Dokumenten der Organe, Einrichtungen und sonstigen Stellen der Union, unabhängig von der Form der für diese Dokumente verwendeten Träger.

Artikel 47
Recht auf einen wirksamen Rechtsbehelf und ein unparteiisches Gericht

Jede Person, deren durch das Recht der Union garantierte Rechte oder Freiheiten verletzt worden sind, hat das Recht, nach Maßgabe der in diesem Artikel vorgesehenen Bedingungen bei einem Gericht einen wirksamen Rechtsbehelf einzulegen. Jede Person hat ein Recht darauf, dass ihre Sache von einem unabhängigen, unparteiischen und zuvor durch Gesetz errichteten Gericht in einem fairen Verfahren, öffentlich und innerhalb angemessener Frist verhandelt wird. Jede Person kann sich beraten, verteidigen und vertreten lassen. Personen, die nicht über ausreichende Mittel verfügen, wird Prozesskostenhilfe bewilligt, soweit diese Hilfe erforderlich ist, um den Zugang zu den Gerichten wirksam zu gewährleisten.

Artikel 48
Unschuldsvermutung und Verteidigungsrechte

(1) Jeder Angeklagte gilt bis zum rechtsförmlich erbrachten Beweis seiner Schuld als unschuldig.
(2) Jedem Angeklagten wird die Achtung der Verteidigungsrechte gewährleistet.

VXI. Richtlinie über KI-Haftung (KI-Haftungs-RL) (Entwurf)

Vorschlag für eine RICHTLINIE DES EUROPÄISCHEN PARLAMENTS UND DES RATES zur Anpassung der Vorschriften über außervertragliche zivilrechtliche Haftung an künstliche Intelligenz (Richtlinie über KI-Haftung)
COM/2022/496 final

Artikel 1
Gegenstand und Anwendungsbereich

(1) Diese Richtlinie enthält gemeinsame Vorschriften über
  a) die Offenlegung von Beweismitteln betreffend Hochrisiko-KI-Systeme mit dem Ziel, es einem Kläger zu ermöglichen, einen außervertraglichen verschuldensabhängigen zivilrechtlichen Schadensersatzanspruch zu begründen;
  b) die Beweislast bei der Geltendmachung außervertraglicher verschuldensabhängiger zivilrechtlicher Ansprüche vor nationalen Gerichten in Bezug auf Schäden, die durch ein KI-System verursacht wurden.

(2) Diese Richtlinie gilt für außervertragliche verschuldensabhängige zivilrechtliche Schadensersatzansprüche in Bezug auf nach dem [*Ende der Umsetzungsfrist*] durch ein KI-System verursachte Schäden.
Diese Richtlinie gilt nicht für die strafrechtliche Haftung.

(3) Diese Richtlinie berührt nicht:
  a) das Unionsrecht in Bezug auf Haftungsbedingungen im Bereich des Verkehrs;
  b) etwaige Rechte eines Geschädigten aufgrund nationaler Vorschriften zur Umsetzung der Richtlinie 85/374/EWG;
  c) die Haftungsausschlüsse und die Sorgfaltspflichten gemäß [dem Gesetz über digitale Dienste] und
  d) die nationalen Vorschriften darüber, welche Partei die Beweislast trägt, welches Beweismaß erforderlich ist oder wie ein Verschulden definiert wird, mit Ausnahme der Bestimmungen der Artikel 3 und 4.

(4) Die Mitgliedstaaten können nationale Vorschriften erlassen oder beibehalten, die die Begründung eines außervertraglichen zivilrechtlichen Schadensersatzanspruchs bei durch ein KI-System verursachten Schäden durch den Kläger weiter erleichtern, sofern diese Vorschriften mit dem Unionsrecht vereinbar sind.

Artikel 2
Begriffsbestimmungen

Für die Zwecke dieser Richtlinie bezeichnet der Ausdruck
1. „KI-System" ein KI-System im Sinne des [Artikels 3 Nummer 1 des Gesetzes über künstliche Intelligenz];
2. „Hochrisiko-KI-System" ein KI-System im Sinne des [Artikels 6 des Gesetzes über künstliche Intelligenz];
3. „Anbieter" einen Anbieter im Sinne des [Artikels 3 Nummer 2 des Gesetzes über künstliche Intelligenz];
4. „Nutzer" einen Nutzer im Sinne des [Artikels 3 Nummer 4 des Gesetzes über künstliche Intelligenz];

VXI. Richtlinie über KI-Haftung (KI-Haftungs-RL) (Entwurf)

5. „Schadensersatzanspruch" einen außervertraglichen verschuldensabhängigen zivilrechtlichen Anspruch auf Ersatz des Schadens, der durch ein Ergebnis eines KI-Systems oder aber dadurch, dass dieses System das von ihm erwartete Ergebnis nicht hervorgebracht hat, verursacht wurde;
6. „Kläger" eine Person, die einen Schadensersatzanspruch geltend macht und die
   a) durch ein Ergebnis eines KI-Systems oder aber dadurch, dass dieses System das von ihm erwartete Ergebnis nicht hervorgebracht hat, geschädigt wurde;
   b) von Rechts wegen oder aufgrund eines Vertrags in die Rechte des Geschädigten eingetreten ist oder
   c) gemäß dem Unionsrecht oder dem nationalen Recht im Namen eines oder mehrerer Geschädigter handelt;
7. „potenzieller Kläger" eine natürliche oder juristische Person, die erwägt, einen Schadensersatzanspruch geltend zu machen, dies aber noch nicht getan hat;
8. „Beklagter" die Person, gegen die ein Schadensersatzanspruch geltend gemacht wird;
9. „Sorgfaltspflicht" einen im nationalen Recht oder im Unionsrecht festgelegten Verhaltensmaßstab, der einzuhalten ist, um eine Beeinträchtigung von im nationalen Recht oder im Unionsrecht anerkannten Rechtsgütern, einschließlich Leben, körperlicher Unversehrtheit, Eigentum und Wahrung der Grundrechte, zu vermeiden.

Artikel 3
Offenlegung von Beweismitteln und widerlegbare Vermutung eines Verstoßes

(1) Die Mitgliedstaaten stellen sicher, dass die nationalen Gerichte befugt sind, entweder auf Antrag eines potenziellen Klägers, der zuvor einen Anbieter, eine Person, die den Pflichten eines Anbieters [nach Artikel 24 oder Artikel 28 Absatz 1 des Gesetzes über künstliche Intelligenz] unterliegt, oder einen Nutzer vergeblich aufgefordert hat, die ihm beziehungsweise ihr vorliegenden einschlägigen Beweismittel zu einem bestimmten Hochrisiko-KI-System offenzulegen, das im Verdacht steht, einen Schaden verursacht zu haben, oder auf Antrag eines Klägers die Offenlegung dieser Beweismittel durch diese Personen anzuordnen.

Zur Stützung seines Antrags muss der potenzielle Kläger die Plausibilität seines Schadensersatzanspruchs durch die Vorlage von Tatsachen und Beweismitteln ausreichend belegen.

(2) Im Zusammenhang mit einem Schadensersatzanspruch ordnet das nationale Gericht die Offenlegung der Beweismittel durch eine der in Absatz 1 aufgeführten Personen nur an, wenn der Kläger alle angemessenen Anstrengungen unternommen hat, die einschlägigen Beweismittel vom Beklagten zu beschaffen.

(3) Die Mitgliedstaaten stellen sicher, dass die nationalen Gerichte befugt sind, auf Antrag eines Klägers spezifische Maßnahmen zur Sicherung der in Absatz 1 genannten Beweismittel anzuordnen.

(4) Die nationalen Gerichte beschränken die Offenlegung von Beweismitteln und die Maßnahmen zu deren Sicherung auf das Maß, das erforderlich und verhältnismäßig ist, um einen Schadensersatzanspruch eines Klägers oder potenziellen Klägers zu stützen.

Bei der Bewertung der Verhältnismäßigkeit einer Anordnung zur Offenlegung oder Sicherung von Beweismitteln berücksichtigen die nationalen Gerichte die berechtigten Interessen aller Parteien, einschließlich der betroffenen Dritten, insbesondere in Bezug auf den Schutz von Geschäftsgeheimnissen im Sinne des Artikels 2 Absatz 1 der Richtlinie (EU) 2016/943 sowie von vertraulichen Informationen wie Informationen in Bezug auf die öffentliche oder nationale Sicherheit.

VXI. Richtlinie über KI-Haftung (KI-Haftungs-RL) (Entwurf)

Die Mitgliedstaaten stellen sicher, dass die nationalen Gerichte in Fällen, in denen die Offenlegung eines Geschäftsgeheimnisses oder eines mutmaßlichen Geschäftsgeheimnisses angeordnet wird, das vom Gericht im Sinne des Artikels 9 Absatz 1 der Richtlinie (EU) 2016/943 als vertraulich eingestuft wurde, befugt sind, auf hinreichend begründeten Antrag einer Partei oder von sich aus die zur Wahrung der Vertraulichkeit erforderlichen spezifischen Maßnahmen zu ergreifen, wenn die betreffenden Beweismittel in Gerichtsverfahren verwendet werden oder dort auf sie Bezug genommen wird.

Die Mitgliedstaaten stellen ferner sicher, dass Personen, an die eine Anordnung zur Offenlegung oder Sicherung von Beweismitteln nach den Absätzen 1 oder 2 ergeht, über angemessene Rechtsbehelfe gegen solche Anordnungen verfügen.

(5) Kommt ein Beklagter im Rahmen eines Schadensersatzanspruchs einer Anordnung eines nationalen Gerichts, die ihm vorliegenden Beweismittel nach den Absätzen 1 oder 2 offenzulegen oder zu sichern, nicht nach, so vermutet das nationale Gericht, dass der Beklagte gegen seine einschlägige Sorgfaltspflicht verstößt, insbesondere in Fällen, in denen die Beweismittel, die für die Zwecke des betreffenden Schadensersatzanspruchs angefordert werden, Umstände nach Artikel 4 Absätze 2 oder 3 belegen sollen.

Der Beklagte hat das Recht, diese Vermutung zu widerlegen.

Artikel 4
Widerlegbare Vermutung eines ursächlichen Zusammenhangs im Fall eines Verschuldens

(1) Vorbehaltlich der in diesem Artikel festgelegten Anforderungen vermuten die nationalen Gerichte für die Zwecke der Anwendung der Haftungsvorschriften auf einen Schadensersatzanspruch einen ursächlichen Zusammenhang zwischen dem Verschulden des Beklagten und dem vom KI-System hervorgebrachten Ergebnis oder aber der Tatsache, dass das KI-System kein Ergebnis hervorgebracht hat, wenn alle folgenden Bedingungen erfüllt sind:
a) Der Kläger hat nachgewiesen oder das Gericht vermutet gemäß Artikel 3 Absatz 5, dass ein Verschulden seitens des Beklagten oder einer Person, für deren Verhalten der Beklagte verantwortlich ist, vorliegt, da gegen eine im Unionsrecht oder im nationalen Recht festgelegte Sorgfaltspflicht, deren unmittelbarer Zweck darin besteht, den eingetretenen Schaden zu verhindern, verstoßen wurde;
b) es kann auf der Grundlage der Umstände des Falls nach vernünftigem Ermessen davon ausgegangen werden, dass das Verschulden das vom KI-System hervorgebrachte Ergebnis oder die Tatsache, dass das KI-System kein Ergebnis hervorgebracht hat, beeinflusst hat;
c) der Kläger hat nachgewiesen, dass das vom KI-System hervorgebrachte Ergebnis oder aber die Tatsache, dass das KI-System kein Ergebnis hervorgebracht hat, zu dem Schaden geführt hat.
(2) Im Falle eines Schadensersatzanspruchs gegenüber einem Anbieter eines Hochrisiko-KI-Systems, für das die Anforderungen des Titels III, Kapitel 2 und 3 [des Gesetzes über künstliche Intelligenz] gelten, oder gegenüber einer Person, die den Pflichten eines Anbieters [nach Artikel 24 oder Artikel 28 Absatz 1 des Gesetzes über künstliche Intelligenz] unterliegt, ist die Bedingung von Absatz 1 Buchstabe a nur dann erfüllt, wenn der Kläger nachweist, dass der Anbieter oder gegebenenfalls die Person, die den Pflichten eines Anbieters unterliegt, eine der folgenden in den genannten Kapiteln festgelegten Anforderungen nicht erfüllt hat, wobei die im Rahmen des Risikomanage-

VXI. Richtlinie über KI-Haftung (KI-Haftungs-RL) (Entwurf)

mentsystems [nach Artikel 9 und Artikel 16 Buchstabe a des Gesetzes über künstliche Intelligenz] unternommenen Schritte und dessen Ergebnisse zu berücksichtigen sind:
a) Bei dem KI-System werden Techniken eingesetzt, bei denen Modelle mit Daten trainiert werden, und das System wurde nicht anhand von Trainings-, Validierungs- und Testdatensätzen entwickelt, die den in [Artikel 10 Absätze 2 bis 4 des Gesetzes über künstliche Intelligenz] genannten Qualitätskriterien entsprechen;
b) das KI-System wurde nicht so konzipiert und entwickelt, dass es den in [Artikel 13 des Gesetzes über künstliche Intelligenz] festgelegten Transparenzanforderungen entspricht;
c) das KI-System wurde nicht so konzipiert und entwickelt, dass es [gemäß Artikel 14 des Gesetzes über künstliche Intelligenz] während der Dauer seiner Verwendung von natürlichen Personen wirksam beaufsichtigt werden kann;
d) das KI-System wurde nicht so konzipiert und entwickelt, dass es [gemäß Artikel 15 und Artikel 16 Buchstabe a des Gesetzes über künstliche Intelligenz] im Hinblick auf seine Zweckbestimmung ein angemessenes Maß an Genauigkeit, Robustheit und Cybersicherheit erreicht, oder
e) es wurden nicht unverzüglich die erforderlichen Korrekturmaßnahmen ergriffen, um das KI-System mit den in [Titel III Kapitel 2 des Gesetzes über künstliche Intelligenz] festgelegten Anforderungen in Einklang zu bringen oder das System gegebenenfalls [gemäß Artikel 16 Buchstabe g und Artikel 21 des Gesetzes über künstliche Intelligenz] zurückzunehmen oder zurückzurufen.

(3) Im Falle eines Schadensersatzanspruchs gegenüber einem Nutzer eines Hochrisiko-KI-Systems, für das die Anforderungen des Titels III, Kapitel 2 und 3 [des Gesetzes über künstliche Intelligenz] gelten, ist die Bedingung des Absatzes 1 Buchstabe a erfüllt, wenn der Kläger nachweist, dass der Nutzer
a) seiner Pflicht zur Verwendung oder Überwachung des KI-Systems entsprechend der beigefügten Gebrauchsanweisung oder gegebenenfalls zur Aussetzung oder Unterbrechung seiner Verwendung [nach Artikel 29 des Gesetzes über künstliche Intelligenz] nicht nachgekommen ist, oder
b) Eingabedaten, die seiner Kontrolle unterliegen, auf das KI-System angewandt hat, die der Zweckbestimmung des Systems [nach Artikel 29 Absatz 3 des Gesetzes über künstliche Intelligenz] nicht entsprechen.

(4) Im Falle eines Schadensersatzanspruchs in Bezug auf ein Hochrisiko-KI-System wendet das nationale Gericht die Vermutung nach Absatz 1 nicht an, wenn der Beklagte nachweist, dass der Kläger zu vertretbaren Bedingungen auf ausreichende Beweismittel und Fachkenntnisse zugreifen kann, um den ursächlichen Zusammenhang nach Absatz 1 nachzuweisen.

(5) Im Falle eines Schadensersatzanspruchs in Bezug auf ein KI-System, bei dem es sich nicht um ein Hochrisiko-KI-System handelt, gilt die Vermutung nach Absatz 1 nur, wenn es nach Auffassung des nationalen Gerichts für den Kläger übermäßig schwierig ist, den ursächlichen Zusammenhang nach Absatz 1 nachzuweisen.

(6) Im Falle eines Schadensersatzanspruchs gegenüber einem Beklagten, der das KI-System im Rahmen einer persönlichen nicht beruflichen Tätigkeit verwendet, gilt die Vermutung nach Absatz 1 nur, wenn der Beklagte die Betriebsbedingungen des KI-Systems wesentlich verändert hat oder wenn er verpflichtet und in der Lage war, die Betriebsbedingungen des KI-Systems festzulegen, und dies unterlassen hat.

(7) Der Beklagte hat das Recht, die Vermutung nach Absatz 1 zu widerlegen.

VXI. Richtlinie über KI-Haftung (KI-Haftungs-RL) (Entwurf)

Artikel 5
Bewertung und gezielte Überprüfung

(1) Bis zum [DATUM fünf Jahre nach Ablauf der Umsetzungsfrist] überprüft die Kommission die Anwendung dieser Richtlinie und legt dem Europäischen Parlament, dem Rat und dem Europäischen Wirtschafts- und Sozialausschuss einen Bericht sowie gegebenenfalls einen Gesetzgebungsvorschlag vor.

(2) In dem Bericht werden die Auswirkungen der Artikel 3 und 4 auf die Verwirklichung der mit dieser Richtlinie verfolgten Ziele untersucht. Insbesondere sollte darin bewertet werden, ob Vorschriften über die verschuldensunabhängige Haftung für Ansprüche gegenüber Betreibern bestimmter KI-Systeme angemessen sind, soweit sie nicht bereits durch andere Haftungsvorschriften der Union abgedeckt sind, und ob ein Versicherungsschutz erforderlich ist, wobei die Auswirkungen auf die Einführung und den Einsatz von KI-Systemen, insbesondere durch KMU, zu berücksichtigen sind.

(3) Zur Vorbereitung des Berichts gemäß den Absätzen 1 und 2 erstellt die Kommission ein Überwachungsprogramm, in dem sie festlegt, wie und in welchen Zeitabständen die Daten und sonstigen erforderlichen Nachweise erfasst werden. In diesem Programm wird festgelegt, welche Maßnahmen bei der Erfassung und Auswertung der Daten und sonstigen Nachweise von der Kommission und von den Mitgliedstaaten zu treffen sind. Für die Zwecke dieses Programms übermitteln die Mitgliedstaaten der Kommission die einschlägigen Daten und Nachweise spätestens am [*31. Dezember des zweiten vollen Jahres nach Ablauf der Umsetzungsfrist*] und zum Ende jedes folgenden Jahres.

Artikel 6
Änderung der Richtlinie (EU) 2020/1828

In Anhang I der Richtlinie (EU) 2020/1828[1] wird folgende Nummer 67 angefügt:
„67. Richtlinie (EU) …/… des Europäischen Parlaments und des Rates vom … zur Anpassung der Vorschriften über außervertragliche zivilrechtliche Haftung an künstliche Intelligenz (Richtlinie über KI-Haftung) (ABl. L … vom …, S. …).".

Artikel 7
Umsetzung

(1) Die Mitgliedstaaten setzen die Rechts- und Verwaltungsvorschriften in Kraft, die erforderlich sind, um dieser Richtlinie spätestens mit Wirkung vom [zwei Jahre nach Inkrafttreten der Richtlinie] nachzukommen. Sie teilen der Kommission unverzüglich den Wortlaut dieser Vorschriften mit.

Bei Erlass dieser Vorschriften nehmen die Mitgliedstaaten in den Vorschriften selbst oder durch einen Hinweis bei der amtlichen Veröffentlichung auf diese Richtlinie Bezug. Die Mitgliedstaaten regeln die Einzelheiten dieser Bezugnahme.

(2) Die Mitgliedstaaten teilen der Kommission den Wortlaut der wichtigsten nationalen Rechtsvorschriften mit, die sie auf dem unter diese Richtlinie fallenden Gebiet erlassen.

---

1 Richtlinie (EU) 2020/1828 des Europäischen Parlaments und des Rates vom 25. November 2020 über Verbandsklagen zum Schutz der Kollektivinteressen der Verbraucher und zur Aufhebung der Richtlinie 2009/22/EG (ABl. L 409 vom 4.12.2020, S. 1).

VXI. Richtlinie über KI-Haftung (KI-Haftungs-RL) (Entwurf)

Artikel 8
Inkrafttreten

Diese Richtlinie tritt am zwanzigsten Tag nach ihrer Veröffentlichung im *Amtsblatt der Europäischen Union* in Kraft.

Artikel 9
Adressaten

Diese Richtlinie ist an die Mitgliedstaaten gerichtet.

Geschehen zu Brüssel am [...]

VXII. Künstliche Intelligenz-Verordnung (KI-VO)

VERORDNUNG (EU) 2024/1689 DES EUROPÄISCHEN PARLAMENTS UND DES RATES vom 13. Juni 2024 zur Festlegung harmonisierter Vorschriften für künstliche Intelligenz und zur Änderung der Verordnungen (EG) Nr. 300/2008, (EU) Nr. 167/2013, (EU) Nr. 168/2013, (EU) 2018/858, (EU) 2018/1139 und (EU) 2019/2144 sowie der Richtlinien 2014/90/EU, (EU) 2016/797 und (EU) 2020/1828 (Verordnung über künstliche Intelligenz)

(Text von Bedeutung für den EWR)

DAS EUROPÄISCHE PARLAMENT UND DER RAT DER EUROPÄISCHEN UNION –

gestützt auf den Vertrag über die Arbeitsweise der Europäischen Union, insbesondere auf die Artikel 16 und 114,

auf Vorschlag der Europäischen Kommission,

nach Zuleitung des Entwurfs des Gesetzgebungsakts an die nationalen Parlamente,

nach Stellungnahme des Europäischen Wirtschafts- und Sozialausschusses[1],

nach Stellungnahme der Europäischen Zentralbank[2],

nach Stellungnahme des Ausschusses der Regionen[3],

gemäß dem ordentlichen Gesetzgebungsverfahren[4],

in Erwägung nachstehender Gründe:

(1) Zweck dieser Verordnung ist es, das Funktionieren des Binnenmarkts zu verbessern, indem ein einheitlicher Rechtsrahmen insbesondere für die Entwicklung, das Inverkehrbringen, die Inbetriebnahme und die Verwendung von Systemen künstlicher Intelligenz (KI-Systeme) in der Union im Einklang mit den Werten der Union festgelegt wird, um die Einführung von menschenzentrierter und vertrauenswürdiger künstlicher Intelligenz (KI) zu fördern und gleichzeitig ein hohes Schutzniveau in Bezug auf Gesundheit, Sicherheit und der in der Charta der Grundrechte der Europäischen Union („Charta") verankerten Grundrechte, einschließlich Demokratie, Rechtsstaatlichkeit und Umweltschutz, sicherzustellen, den Schutz vor schädlichen Auswirkungen von KI-Systemen in der Union zu gewährleisten und gleichzeitig die Innovation zu unterstützen. Diese Verordnung gewährleistet den grenzüberschreitenden freien Verkehr KI-gestützter Waren und Dienstleistungen, wodurch verhindert wird, dass die Mitgliedstaaten die Entwicklung, Vermarktung und Verwendung von KI-Systemen beschränken, sofern dies nicht ausdrücklich durch diese Verordnung erlaubt wird.

(2) Diese Verordnung sollte im Einklang mit den in der Charta verankerten Werten der Union angewandt werden, den Schutz von natürlichen Personen, Unternehmen, Demokratie und Rechtsstaatlichkeit sowie der Umwelt erleichtern und gleichzeitig Innovation und Beschäftigung fördern und der Union eine Führungsrolle bei der Einführung vertrauenswürdiger KI verschaffen.

(3) KI-Systeme können problemlos in verschiedenen Bereichen der Wirtschaft und Gesellschaft, auch grenzüberschreitend, eingesetzt werden und in der gesamten Uni-

---

1 ABl. C 517 vom 22.12.2021, S. 56.
2 ABl. C 115 vom 11.3.2022, S. 5.
3 ABl. C 97 vom 28.2.2022, S. 60.
4 Standpunkt des Europäischen Parlaments vom 13. März 2024 (noch nicht im Amtsblatt veröffentlicht) und Beschluss des Rates vom 21. Mai 2024.

on verkehren. Einige Mitgliedstaaten haben bereits die Verabschiedung nationaler Vorschriften in Erwägung gezogen, damit KI vertrauenswürdig und sicher ist und im Einklang mit den Grundrechten entwickelt und verwendet wird. Unterschiedliche nationale Vorschriften können zu einer Fragmentierung des Binnenmarkts führen und können die Rechtssicherheit für Akteure, die KI-Systeme entwickeln, einführen oder verwenden, beeinträchtigen. Daher sollte in der gesamten Union ein einheitlich hohes Schutzniveau sichergestellt werden, um eine vertrauenswürdige KI zu erreichen, wobei Unterschiede, die den freien Verkehr, Innovationen, den Einsatz und die Verbreitung von KI-Systemen und damit zusammenhängenden Produkten und Dienstleistungen im Binnenmarkt behindern, vermieden werden sollten, indem den Akteuren einheitliche Pflichten auferlegt werden und der gleiche Schutz der zwingenden Gründe des Allgemeininteresses und der Rechte von Personen im gesamten Binnenmarkt auf der Grundlage des Artikels 114 des Vertrags über die Arbeitsweise der Europäischen Union (AEUV) gewährleistet wird. Soweit diese Verordnung konkrete Vorschriften zum Schutz von Einzelpersonen im Hinblick auf die Verarbeitung personenbezogener Daten enthält, mit denen die Verwendung von KI-Systemen zur biometrischen Fernidentifizierung zu Strafverfolgungszwecken, die Verwendung von KI-Systemen für die Risikobewertung natürlicher Personen zu Strafverfolgungszwecken und die Verwendung von KI-Systemen zur biometrischen Kategorisierung zu Strafverfolgungszwecken eingeschränkt wird, ist es angezeigt, diese Verordnung in Bezug auf diese konkreten Vorschriften auf Artikel 16 AEUV zu stützen. Angesichts dieser konkreten Vorschriften und des Rückgriffs auf Artikel 16 AEUV ist es angezeigt, den Europäischen Datenschutzausschuss zu konsultieren.

(4) KI bezeichnet eine Reihe von Technologien, die sich rasant entwickeln und zu vielfältigem Nutzen für Wirtschaft, Umwelt und Gesellschaft über das gesamte Spektrum industrieller und gesellschaftlicher Tätigkeiten hinweg beitragen. Durch die Verbesserung der Vorhersage, die Optimierung der Abläufe, Ressourcenzuweisung und die Personalisierung digitaler Lösungen, die Einzelpersonen und Organisationen zur Verfügung stehen, kann die Verwendung von KI Unternehmen wesentliche Wettbewerbsvorteile verschaffen und zu guten Ergebnissen für Gesellschaft und Umwelt führen, beispielsweise in den Bereichen Gesundheitsversorgung, Landwirtschaft, Lebensmittelsicherheit, allgemeine und berufliche Bildung, Medien, Sport, Kultur, Infrastrukturmanagement, Energie, Verkehr und Logistik, öffentliche Dienstleistungen, Sicherheit, Justiz, Ressourcen- und Energieeffizienz, Umweltüberwachung, Bewahrung und Wiederherstellung der Biodiversität und der Ökosysteme sowie Klimaschutz und Anpassung an den Klimawandel.

(5) Gleichzeitig kann KI je nach den Umständen ihrer konkreten Anwendung und Nutzung sowie der technologischen Entwicklungsstufe Risiken mit sich bringen und öffentliche Interessen und grundlegende Rechte schädigen, die durch das Unionsrecht geschützt sind. Ein solcher Schaden kann materieller oder immaterieller Art sein, einschließlich physischer, psychischer, gesellschaftlicher oder wirtschaftlicher Schäden.

(6) Angesichts der großen Auswirkungen, die KI auf die Gesellschaft haben kann, und der Notwendigkeit, Vertrauen aufzubauen, ist es von entscheidender Bedeutung, dass KI und ihr Regulierungsrahmen im Einklang mit den in Artikel 2 des Vertrags über die Europäische Union (EUV) verankerten Werten der Union, den in den Verträgen und, nach Artikel 6 EUV, der Charta verankerten Grundrechten und -freihei-

VXII. Künstliche Intelligenz-Verordnung (KI-VO)

ten entwickelt werden. Voraussetzung sollte sein, dass KI eine menschenzentrierte Technologie ist. Sie sollte den Menschen als Instrument dienen und letztendlich das menschliche Wohlergehen verbessern.

(7) Um ein einheitliches und hohes Schutzniveau in Bezug auf öffentliche Interessen im Hinblick auf Gesundheit, Sicherheit und Grundrechte zu gewährleisten, sollten für alle Hochrisiko-KI-Systeme gemeinsame Vorschriften festgelegt werden. Diese Vorschriften sollten mit der Charta im Einklang stehen, nichtdiskriminierend sein und mit den internationalen Handelsverpflichtungen der Union vereinbar sein. Sie sollten auch die Europäische Erklärung zu den digitalen Rechten und Grundsätzen für die digitale Dekade und die Ethikleitlinien für vertrauenswürdige KI der hochrangigen Expertengruppe für künstliche Intelligenz berücksichtigen.

(8) Daher ist ein Rechtsrahmen der Union mit harmonisierten Vorschriften für KI erforderlich, um die Entwicklung, Verwendung und Verbreitung von KI im Binnenmarkt zu fördern und gleichzeitig ein hohes Schutzniveau in Bezug auf öffentliche Interessen wie etwa Gesundheit und Sicherheit und den Schutz der durch das Unionsrecht anerkannten und geschützten Grundrechte, einschließlich der Demokratie, der Rechtsstaatlichkeit und des Umweltschutzes, zu gewährleisten. Zur Umsetzung dieses Ziels sollten Vorschriften für das Inverkehrbringen, die Inbetriebnahme und die Verwendung bestimmter KI-Systeme festgelegt werden, um das reibungslose Funktionieren des Binnenmarkts zu gewährleisten, sodass diesen Systemen der Grundsatz des freien Waren- und Dienstleistungsverkehrs zugutekommen kann. Diese Regeln sollten klar und robust sein, um die Grundrechte zu schützen, neue innovative Lösungen zu unterstützen und ein europäisches Ökosystem öffentlicher und privater Akteure zu ermöglichen, die KI-Systeme im Einklang mit den Werten der Union entwickeln, sowie das Potenzial des digitalen Wandels in allen Regionen der Union zu erschließen. Durch die Festlegung dieser Vorschriften sowie durch Maßnahmen zur Unterstützung der Innovation mit besonderem Augenmerk auf kleinen und mittleren Unternehmen (KMU), einschließlich Start-up-Unternehmen, unterstützt diese Verordnung das vom Europäischen Rat formulierte Ziel, das europäische menschenzentrierte KI-Konzept zu fördern und bei der Entwicklung einer sicheren, vertrauenswürdigen und ethisch vertretbaren KI weltweit eine Führungsrolle einzunehmen[5], und sorgt für den vom Europäischen Parlament ausdrücklich geforderten Schutz von Ethikgrundsätzen[6].

(9) Es sollten harmonisierte Vorschriften für das Inverkehrbringen, die Inbetriebnahme und die Verwendung von Hochrisiko-KI-Systemen im Einklang mit der Verordnung (EG) Nr. 765/2008 des Europäischen Parlaments und des Rates[7], dem Beschluss Nr. 768/2008/EG des Europäischen Parlaments und des Rates[8] und der

---

5 Europäischer Rat, Außerordentliche Tagung des Europäischen Rates (1. und 2. Oktober 2020) – Schlussfolgerungen, EUCO 13/20, 2020, S. 6.
6 Entschließung des Europäischen Parlaments vom 20. Oktober 2020 mit Empfehlungen an die Kommission zu den Rahmen für die ethischen Aspekte von künstlicher Intelligenz, Robotik und damit zusammenhängenden Technologien, 2020/2012 (INL).
7 Verordnung (EG) Nr. 765/2008 des Europäischen Parlaments und des Rates vom 9. Juli 2008 über die Vorschriften für die Akkreditierung und zur Aufhebung der Verordnung (EWG) Nr. 339/93 des Rates (ABl. L 218 vom 13.8.2008, S. 30).
8 Beschluss Nr. 768/2008/EG des Europäischen Parlaments und des Rates vom 9. Juli 2008 über einen gemeinsamen Rechtsrahmen für die Vermarktung von Produkten und zur Aufhebung des Beschlusses 93/465/EWG des Rates (ABl. L 218 vom 13.8.2008, S. 82).

VXII. Künstliche Intelligenz-Verordnung (KI-VO)

Verordnung (EU) 2019/1020 des Europäischen Parlaments und des Rates[9] („neuer Rechtsrahmen") festgelegt werden. Die in dieser Verordnung festgelegten harmonisierten Vorschriften sollten in allen Sektoren gelten und sollten im Einklang mit dem neuen Rechtsrahmen bestehendes Unionsrecht, das durch diese Verordnung ergänzt wird, unberührt lassen, insbesondere in den Bereichen Datenschutz, Verbraucherschutz, Grundrechte, Beschäftigung, Arbeitnehmerschutz und Produktsicherheit. Daher bleiben alle Rechte und Rechtsbehelfe, die für Verbraucher und andere Personen, auf die sich KI-Systeme negativ auswirken können, gemäß diesem Unionsrecht vorgesehen sind, auch in Bezug auf einen möglichen Schadenersatz gemäß der Richtlinie 85/374/EWG des Rates[10] unberührt und in vollem Umfang anwendbar. Darüber hinaus und unter Einhaltung des Unionsrechts in Bezug auf Beschäftigungs- und Arbeitsbedingungen, einschließlich des Gesundheitsschutzes und der Sicherheit am Arbeitsplatz sowie der Beziehungen zwischen Arbeitgebern und Arbeitnehmern sollte diese Verordnung daher – was Beschäftigung und den Schutz von Arbeitnehmern angeht – das Unionsrecht im Bereich der Sozialpolitik und die nationalen Arbeitsrechtsvorschriften nicht berühren. Diese Verordnung sollte auch die Ausübung der in den Mitgliedstaaten und auf Unionsebene anerkannten Grundrechte, einschließlich des Rechts oder der Freiheit zum Streik oder zur Durchführung anderer Maßnahmen, die im Rahmen der spezifischen Systeme der Mitgliedstaaten im Bereich der Arbeitsbeziehungen vorgesehen sind, sowie das Recht, im Einklang mit nationalem Recht Kollektivvereinbarungen auszuhandeln, abzuschließen und durchzusetzen oder kollektive Maßnahmen zu ergreifen, nicht beeinträchtigen. Diese Verordnung sollte die in einer Richtlinie des Europäischen Parlaments und des Rates zur Verbesserung der Arbeitsbedingungen in der Plattformarbeit enthaltenen Bestimmungen nicht berühren. Darüber hinaus zielt diese Verordnung darauf ab, die Wirksamkeit dieser bestehenden Rechte und Rechtsbehelfe zu stärken, indem bestimmte Anforderungen und Pflichten, auch in Bezug auf die Transparenz, die technische Dokumentation und das Führen von Aufzeichnungen von KI-Systemen, festgelegt werden. Ferner sollten die in dieser Verordnung festgelegten Pflichten der verschiedenen Akteure, die an der KI-Wertschöpfungskette beteiligt sind, unbeschadet der nationalen Rechtsvorschriften unter Einhaltung des Unionsrechts angewandt werden, wodurch die Verwendung bestimmter KI-Systeme begrenzt wird, wenn diese Rechtsvorschriften nicht in den Anwendungsbereich dieser Verordnung fallen oder mit ihnen andere legitime Ziele des öffentlichen Interesses verfolgt werden als in dieser Verordnung. So sollten etwa die nationalen arbeitsrechtlichen Vorschriften und die Rechtsvorschriften zum Schutz Minderjähriger, nämlich Personen unter 18 Jahren, unter Berücksichtigung der Allgemeinen Bemerkung Nr. 25 (2021) des UNCRC über die Rechte der Kinder im digitalen Umfeld von dieser Verordnung unberührt bleiben, sofern sie nicht spezifisch KI-Systeme betreffen und mit ihnen andere legitime Ziele des öffentlichen Interesses verfolgt werden.

---

9 Verordnung (EU) 2019/1020 des Europäischen Parlaments und des Rates vom 20. Juni 2019 über Marktüberwachung und die Konformität von Produkten sowie zur Änderung der Richtlinie 2004/42/EG und der Verordnungen (EG) Nr. 765/2008 und (EU) Nr. 305/2011 (ABl. L 169 vom 25.6.2019, S. 1).
10 Richtlinie 85/374/EWG des Rates vom 25. Juli 1985 zur Angleichung der Rechts- und Verwaltungsvorschriften der Mitgliedstaaten über die Haftung für fehlerhafte Produkte (ABl. L 210 vom 7.8.1985, S. 29).

VXII. Künstliche Intelligenz-Verordnung (KI-VO)

(10) Das Grundrecht auf Schutz personenbezogener Daten wird insbesondere durch die Verordnungen (EU) 2016/679[11] und (EU) 2018/1725[12] des Europäischen Parlaments und des Rates und die Richtlinie (EU) 2016/680 des Europäischen Parlaments und des Rates[13] gewahrt. Die Richtlinie 2002/58/EG des Europäischen Parlaments und des Rates[14] schützt darüber hinaus die Privatsphäre und die Vertraulichkeit der Kommunikation, auch durch Bedingungen für die Speicherung personenbezogener und nicht personenbezogener Daten auf Endgeräten und den Zugang dazu. Diese Rechtsakte der Union bieten die Grundlage für eine nachhaltige und verantwortungsvolle Datenverarbeitung, auch wenn Datensätze eine Mischung aus personenbezogenen und nicht-personenbezogenen Daten enthalten. Diese Verordnung soll die Anwendung des bestehenden Unionsrechts zur Verarbeitung personenbezogener Daten, einschließlich der Aufgaben und Befugnisse der unabhängigen Aufsichtsbehörden, die für die Überwachung der Einhaltung dieser Instrumente zuständig sind, nicht berühren. Sie lässt ferner die Pflichten der Anbieter und Betreiber von KI-Systemen in ihrer Rolle als Verantwortliche oder Auftragsverarbeiter, die sich aus dem Unionsrecht oder dem nationalen Recht über den Schutz personenbezogener Daten ergeben, unberührt, soweit die Konzeption, die Entwicklung oder die Verwendung von KI-Systemen die Verarbeitung personenbezogener Daten umfasst. Ferner sollte klargestellt werden, dass betroffene Personen weiterhin über alle Rechte und Garantien verfügen, die ihnen durch dieses Unionsrecht gewährt werden, einschließlich der Rechte im Zusammenhang mit der ausschließlich automatisierten Entscheidungsfindung im Einzelfall und dem Profiling. Harmonisierte Vorschriften für das Inverkehrbringen, die Inbetriebnahme und die Verwendung von KI-Systemen, die im Rahmen dieser Verordnung festgelegt werden, sollten die wirksame Durchführung erleichtern und die Ausübung der Rechte betroffener Personen und anderer Rechtsbehelfe, die im Unionsrecht über den Schutz personenbezogener Daten und anderer Grundrechte garantiert sind, ermöglichen.

(11) Diese Verordnung sollte die Bestimmungen über die Verantwortlichkeit der Anbieter von Vermittlungsdiensten gemäß der Verordnung (EU) 2022/2065 des Europäischen Parlaments und des Rates[15] unberührt lassen.

(12) Der Begriff „KI-System" in dieser Verordnung sollte klar definiert und eng mit der Tätigkeit internationaler Organisationen abgestimmt werden, die sich mit KI

---

11 Verordnung (EU) 2016/679 des Europäischen Parlaments und des Rates vom 27. April 2016 zum Schutz natürlicher Personen bei der Verarbeitung personenbezogener Daten, zum freien Datenverkehr und zur Aufhebung der Richtlinie 95/46/EG (Datenschutz-Grundverordnung) (ABl. L 119 vom 4.5.2016, S. 1).
12 Verordnung (EU) 2018/1725 des Europäischen Parlaments und des Rates vom 23. Oktober 2018 zum Schutz natürlicher Personen bei der Verarbeitung personenbezogener Daten durch die Organe, Einrichtungen und sonstigen Stellen der Union, zum freien Datenverkehr und zur Aufhebung der Verordnung (EG) Nr. 45/2001 und des Beschlusses Nr. 1247/2002/EG (ABl. L 295 vom 21.11.2018, S. 39).
13 Richtlinie (EU) 2016/680 des Europäischen Parlaments und des Rates vom 27. April 2016 zum Schutz natürlicher Personen bei der Verarbeitung personenbezogener Daten durch die zuständigen Behörden zum Zwecke der Verhütung, Ermittlung, Aufdeckung oder Verfolgung von Straftaten oder der Strafvollstreckung sowie zum freien Datenverkehr und zur Aufhebung des Rahmenbeschlusses 2008/977/JI des Rates (ABl. L 119 vom 4.5.2016, S. 89).
14 Richtlinie 2002/58/EG des Europäischen Parlaments und des Rates vom 12. Juli 2002 über die Verarbeitung personenbezogener Daten und den Schutz der Privatsphäre in der elektronischen Kommunikation (Datenschutzrichtlinie für elektronische Kommunikation) (ABl. L 201 vom 31.7.2002, S. 37).
15 Verordnung (EU) 2022/2065 des Europäischen Parlaments und des Rates vom 19. Oktober 2022 über einen Binnenmarkt für digitale Dienste und zur Änderung der Richtlinie 2000/31/EG (Gesetz über digitale Dienste) (ABl. L 277 vom 27.10.2022, S. 1).

befassen, um Rechtssicherheit, mehr internationale Konvergenz und hohe Akzeptanz sicherzustellen und gleichzeitig Flexibilität zu bieten, um den raschen technologischen Entwicklungen in diesem Bereich Rechnung zu tragen. Darüber hinaus sollte die Begriffsbestimmung auf den wesentlichen Merkmalen der KI beruhen, die sie von einfacheren herkömmlichen Softwaresystemen und Programmierungsansätzen abgrenzen, und sollte sich nicht auf Systeme beziehen, die auf ausschließlich von natürlichen Personen definierten Regeln für das automatische Ausführen von Operationen beruhen. Ein wesentliches Merkmal von KI-Systemen ist ihre Fähigkeit, abzuleiten. Diese Fähigkeit bezieht sich auf den Prozess der Erzeugung von Ausgaben, wie Vorhersagen, Inhalte, Empfehlungen oder Entscheidungen, die physische und digitale Umgebungen beeinflussen können, sowie auf die Fähigkeit von KI-Systemen, Modelle oder Algorithmen oder beides aus Eingaben oder Daten abzuleiten. Zu den Techniken, die während der Gestaltung eines KI-Systems das Ableiten ermöglichen, gehören Ansätze für maschinelles Lernen, wobei aus Daten gelernt wird, wie bestimmte Ziele erreicht werden können, sowie logik- und wissensgestützte Konzepte, wobei aus kodierten Informationen oder symbolischen Darstellungen der zu lösenden Aufgabe abgeleitet wird. Die Fähigkeit eines KI-Systems, abzuleiten, geht über die einfache Datenverarbeitung hinaus, indem Lern-, Schlussfolgerungs- und Modellierungsprozesse ermöglicht werden. Die Bezeichnung „maschinenbasiert" bezieht sich auf die Tatsache, dass KI-Systeme von Maschinen betrieben werden. Durch die Bezugnahme auf explizite oder implizite Ziele wird betont, dass KI-Systeme gemäß explizit festgelegten Zielen oder gemäß impliziten Zielen arbeiten können. Die Ziele des KI-Systems können sich – unter bestimmten Umständen – von der Zweckbestimmung des KI-Systems unterscheiden. Für die Zwecke dieser Verordnung sollten Umgebungen als Kontexte verstanden werden, in denen KI-Systeme betrieben werden, während die von einem KI-System erzeugten Ausgaben verschiedene Funktionen von KI-Systemen widerspiegeln, darunter Vorhersagen, Inhalte, Empfehlungen oder Entscheidungen. KI-Systeme sind mit verschiedenen Graden der Autonomie ausgestattet, was bedeutet, dass sie bis zu einem gewissen Grad unabhängig von menschlichem Zutun agieren und in der Lage sind, ohne menschliches Eingreifen zu arbeiten. Die Anpassungsfähigkeit, die ein KI-System nach Inbetriebnahme aufweisen könnte, bezieht sich auf seine Lernfähigkeit, durch sie es sich während seiner Verwendung verändern kann. KI-Systeme können eigenständig oder als Bestandteil eines Produkts verwendet werden, unabhängig davon, ob das System physisch in das Produkt integriert (eingebettet) ist oder der Funktion des Produkts dient, ohne darin integriert zu sein (nicht eingebettet).

(13) Der in dieser Verordnung verwendete Begriff „Betreiber" sollte als eine natürliche oder juristische Person, einschließlich Behörden, Einrichtungen oder sonstiger Stellen, die ein KI-System unter ihrer Befugnis verwenden, verstanden werden, es sei denn das KI-System wird im Rahmen einer persönlichen und nicht beruflichen Tätigkeit verwendet. Je nach Art des KI-Systems kann sich dessen Verwendung auf andere Personen als den Betreiber auswirken.

(14) Der in dieser Verordnung verwendete Begriff „biometrische Daten" sollte im Sinne des Begriffs „biometrische Daten" nach Artikel 4 Nummer 14 der Verordnung (EU) 2016/679, Artikel 3 Nummer 18 der Verordnung (EU) 2018/1725 und Artikel 3 Nummer 13 der Richtlinie (EU) 2016/680 ausgelegt werden. Biometrische Daten können die Authentifizierung, Identifizierung oder Kategorisierung natürlicher Personen und die Erkennung von Emotionen natürlicher Personen ermöglichen.

VXII. Künstliche Intelligenz-Verordnung (KI-VO)

(15) Der Begriff „biometrische Identifizierung" sollte gemäß dieser Verordnung als automatische Erkennung physischer, physiologischer und verhaltensbezogener menschlicher Merkmale wie Gesicht, Augenbewegungen, Körperform, Stimme, Prosodie, Gang, Haltung, Herzfrequenz, Blutdruck, Geruch, charakteristischer Tastenanschlag zum Zweck der Überprüfung der Identität einer Person durch Abgleich der biometrischen Daten der entsprechenden Person mit den in einer Datenbank gespeicherten biometrischen Daten definiert werden, unabhängig davon, ob die Einzelperson ihre Zustimmung dazu gegeben hat oder nicht. Dies umfasst keine KI-Systeme, die bestimmungsgemäß für die biometrische Verifizierung, wozu die Authentifizierung gehört, verwendet werden sollen, deren einziger Zweck darin besteht, zu bestätigen, dass eine bestimmte natürliche Person die Person ist, für die sie sich ausgibt, sowie zur Bestätigung der Identität einer natürlichen Person zu dem alleinigen Zweck Zugang zu einem Dienst zu erhalten, ein Gerät zu entriegeln oder Sicherheitszugang zu Räumlichkeiten zu erhalten.

(16) Der Begriff „biometrischen Kategorisierung" sollte im Sinne dieser Verordnung die Zuordnung natürlicher Personen auf der Grundlage ihrer biometrischen Daten zu bestimmten Kategorien bezeichnen. Diese bestimmten Kategorien können Aspekte wie Geschlecht, Alter, Haarfarbe, Augenfarbe, Tätowierungen, Verhaltens- oder Persönlichkeitsmerkmale, Sprache, Religion, Zugehörigkeit zu einer nationalen Minderheit, sexuelle oder politische Ausrichtung betreffen. Dies gilt nicht für Systeme zur biometrischen Kategorisierung, bei denen es sich um eine reine Nebenfunktion handelt, die untrennbar mit einem anderen kommerziellen Dienst verbunden ist, d.h. die Funktion kann aus objektiven technischen Gründen nicht ohne den Hauptdienst verwendet werden und die Integration dieses Merkmals oder dieser Funktion dient nicht dazu, die Anwendbarkeit der Vorschriften dieser Verordnung zu umgehen. Beispielsweise könnten Filter zur Kategorisierung von Gesichts- oder Körpermerkmalen, die auf Online-Marktplätzen verwendet werden, eine solche Nebenfunktion darstellen, da sie nur im Zusammenhang mit der Hauptdienstleistung verwendet werden können, die darin besteht, ein Produkt zu verkaufen, indem es dem Verbraucher ermöglicht wird, zu sehen, wie das Produkt an seiner Person aussieht, und ihm so zu helfen, eine Kaufentscheidung zu treffen. Filter, die in sozialen Netzwerken eingesetzt werden und Gesichts- oder Körpermerkmale kategorisieren, um es den Nutzern zu ermöglichen, Bilder oder Videos hinzuzufügen oder zu verändern, können ebenfalls als Nebenfunktion betrachtet werden, da ein solcher Filter nicht ohne die Hauptdienstleistung sozialer Netzwerke verwendet werden kann, die in der Weitergabe von Online-Inhalten besteht.

(17) Der in dieser Verordnung verwendete Begriff „biometrisches Fernidentifizierungssystem" sollte funktional definiert werden als KI-System, das dem Zweck dient, natürliche Personen ohne ihre aktive Einbeziehung in der Regel aus der Ferne durch Abgleich der biometrischen Daten einer Person mit den in einer Referenzdatenbank gespeicherten biometrischen Daten zu identifizieren, unabhängig davon, welche Technologie, Verfahren oder Arten biometrischer Daten dazu verwendet werden. Diese biometrischen Fernidentifizierungssysteme werden in der Regel zur zeitgleichen Erkennung mehrerer Personen oder ihrer Verhaltensweisen verwendet, um die Identifizierung natürlicher Personen ohne ihre aktive Einbeziehung erheblich zu erleichtern. Dies umfasst keine KI-Systeme, die bestimmungsgemäß für die biometrische Verifizierung, wozu die Authentifizierung gehört, verwendet werden sollen, deren einziger Zweck darin besteht, zu bestätigen, dass eine bestimmte natürliche Person die Person ist, für die sie sich ausgibt, sowie zur Bestätigung der Identität

VXII. Künstliche Intelligenz-Verordnung (KI-VO)

einer natürlichen Person zu dem alleinigen Zweck Zugang zu einem Dienst zu erhalten, ein Gerät zu entriegeln oder Sicherheitszugang zu Räumlichkeiten zu erhalten. Diese Ausnahme wird damit begründet, dass diese Systeme im Vergleich zu biometrischen Fernidentifizierungssystemen, die zur Verarbeitung biometrischer Daten einer großen Anzahl von Personen ohne ihre aktive Einbeziehung verwendet werden können, geringfügige Auswirkungen auf die Grundrechte natürlicher Personen haben dürften. Bei „Echtzeit-Systemen" erfolgen die Erfassung der biometrischen Daten, der Abgleich und die Identifizierung zeitgleich, nahezu zeitgleich oder auf jeden Fall ohne erhebliche Verzögerung. In diesem Zusammenhang sollte es keinen Spielraum für eine Umgehung der Bestimmungen dieser Verordnung über die „Echtzeit-Nutzung" der betreffenden KI-Systeme geben, indem kleinere Verzögerungen vorgesehen werden. „Echtzeit-Systeme" umfassen die Verwendung von „Live-Material" oder „Near-live-Material" wie etwa Videoaufnahmen, die von einer Kamera oder einem anderen Gerät mit ähnlicher Funktion erzeugt werden. Bei Systemen zur nachträglichen Identifizierung hingegen wurden die biometrischen Daten schon zuvor erfasst und der Abgleich und die Identifizierung erfolgen erst mit erheblicher Verzögerung. Dabei handelt es sich um Material wie etwa Bild- oder Videoaufnahmen, die von Video-Überwachungssystemen oder privaten Geräten vor der Anwendung des Systems auf die betroffenen natürlichen Personen erzeugt wurden.

(18) Der in dieser Verordnung verwendete Begriff „Emotionserkennungssystem" sollte als ein KI-System definiert werden, das dem Zweck dient, Emotionen oder Absichten natürlicher Personen auf der Grundlage ihrer biometrischen Daten festzustellen oder daraus abzuleiten. In diesem Begriff geht es um Emotionen oder Absichten wie Glück, Trauer, Wut, Überraschung, Ekel, Verlegenheit, Aufregung, Scham, Verachtung, Zufriedenheit und Vergnügen. Dies umfasst nicht physische Zustände wie Schmerz oder Ermüdung, einschließlich beispielsweise Systeme, die zur Erkennung des Zustands der Ermüdung von Berufspiloten oder -fahrern eigesetzt werden, um Unfälle zu verhindern. Es geht dabei auch nicht um die bloße Erkennung offensichtlicher Ausdrucksformen, Gesten und Bewegungen, es sei denn, sie werden zum Erkennen oder Ableiten von Emotionen verwendet. Bei diesen Ausdrucksformen kann es sich um einfache Gesichtsausdrücke wie ein Stirnrunzeln oder ein Lächeln oder um Gesten wie Hand-, Arm- oder Kopfbewegungen oder um die Stimmmerkmale einer Person handeln, wie eine erhobene Stimme oder ein Flüstern.

(19) Für die Zwecke dieser Verordnung sollte der Begriff „öffentlich zugänglicher Raum" so verstanden werden, dass er sich auf einen unter einer unbestimmten Anzahl natürlicher Personen zugänglichen physischen Ort bezieht, unabhängig davon, ob er sich in privatem oder öffentlichem Eigentum befindet, unabhängig von den Tätigkeiten, für die der Ort verwendet werden kann; dazu zählen Bereiche wie etwa für Gewerbe, etwa Geschäfte, Restaurants, Cafés, für Dienstleistungen, etwa Banken, berufliche Tätigkeiten, Gastgewerbe, für Sport, etwa Schwimmbäder, Fitnessstudios, Stadien, für Verkehr, etwa Bus- und U-Bahn-Haltestellen, Bahnhöfe, Flughäfen, Transportmittel, für Unterhaltung, etwa Kinos, Theater, Museen, Konzert- und Konferenzsäle oder für Freizeit oder Sonstiges, etwa öffentliche Straßen und Plätze, Parks, Wälder, Spielplätze. Ein Ort sollte auch als öffentlich zugänglich eingestuft werden, wenn der Zugang, unabhängig von möglichen Kapazitäts- oder Sicherheitsbeschränkungen, bestimmten im Voraus festgelegten Bedingungen unterliegt, die von einer unbestimmten Anzahl von Personen erfüllt werden können,

VXII. Künstliche Intelligenz-Verordnung (KI-VO)

etwa durch den Kauf eines Fahrscheins, die vorherige Registrierung oder die Erfüllung eines Mindestalters. Dahingegen sollte ein Ort nicht als öffentlich zugänglich gelten, wenn der Zugang auf natürliche Personen beschränkt ist, die entweder im Unionsrecht oder im nationalen Recht, das direkt mit der öffentlichen Sicherheit zusammenhängt, oder im Rahmen einer eindeutigen Willenserklärung der Person, die die entsprechende Befugnis über den Ort ausübt, bestimmt und festgelegt werden. Die tatsächliche Zugangsmöglichkeit allein, etwa eine unversperrte Tür oder ein offenes Zauntor, bedeutet nicht, dass der Ort öffentlich zugänglich ist, wenn aufgrund von Hinweisen oder Umständen das Gegenteil nahegelegt wird (etwa Schilder, die den Zugang verbieten oder einschränken). Unternehmens- und Fabrikgelände sowie Büros und Arbeitsplätze, die nur für die betreffenden Mitarbeiter und Dienstleister zugänglich sein sollen, sind Orte, die nicht öffentlich zugänglich sind. Justizvollzugsanstalten und Grenzkontrollbereiche sollten nicht zu den öffentlich zugänglichen Orten zählen. Einige andere Gebiete können sowohl öffentlich zugängliche als auch nicht öffentlich zugängliche Orte umfassen, etwa die Gänge eines privaten Wohngebäudes, deren Zugang erforderlich ist, um zu einer Arztpraxis zu gelangen, oder Flughäfen. Online-Räume werden nicht erfasst, da es sich nicht um physische Räume handelt. Ob ein bestimmter Raum öffentlich zugänglich ist, sollte jedoch von Fall zu Fall unter Berücksichtigung der Besonderheiten der jeweiligen individuellen Situation entschieden werden.

(20) Um den größtmöglichen Nutzen aus KI-Systemen zu ziehen und gleichzeitig die Grundrechte, Gesundheit und Sicherheit zu wahren und eine demokratische Kontrolle zu ermöglichen, sollte die KI-Kompetenz Anbieter, Betreiber und betroffenen Personen mit den notwendigen Konzepten ausstatten, um fundierte Entscheidungen über KI-Systeme zu treffen. Diese Konzepte können in Bezug auf den jeweiligen Kontext unterschiedlich sein und das Verstehen der korrekten Anwendung technischer Elemente in der Entwicklungsphase des KI-Systems, der bei seiner Verwendung anzuwendenden Maßnahmen und der geeigneten Auslegung der Ausgaben des KI-Systems umfassen sowie – im Falle betroffener Personen – das nötige Wissen, um zu verstehen, wie sich mithilfe von KI getroffene Entscheidungen auf sie auswirken werden. Im Zusammenhang mit der Anwendung dieser Verordnung sollte die KI-Kompetenz allen einschlägigen Akteuren der KI-Wertschöpfungskette die Kenntnisse vermitteln, die erforderlich sind, um die angemessene Einhaltung und die ordnungsgemäße Durchsetzung der Verordnung sicherzustellen. Darüber hinaus könnten die umfassende Umsetzung von KI-Kompetenzmaßnahmen und die Einführung geeigneter Folgemaßnahmen dazu beitragen, die Arbeitsbedingungen zu verbessern und letztlich die Konsolidierung und den Innovationspfad vertrauenswürdiger KI in der Union unterstützen. Ein Europäisches Gremium für Künstliche Intelligenz (im Folgenden „KI-Gremium") sollte die Kommission dabei unterstützen, KI-Kompetenzinstrumente sowie die Sensibilisierung und Aufklärung der Öffentlichkeit in Bezug auf die Vorteile, Risiken, Schutzmaßnahmen, Rechte und Pflichten im Zusammenhang mit der Nutzung von KI-Systeme zu fördern. In Zusammenarbeit mit den einschlägigen Interessenträgern sollten die Kommission und die Mitgliedstaaten die Ausarbeitung freiwilliger Verhaltenskodizes erleichtern, um die KI-Kompetenz von Personen, die mit der Entwicklung, dem Betrieb und der Verwendung von KI befasst sind, zu fördern.

(21) Um gleiche Wettbewerbsbedingungen und einen wirksamen Schutz der Rechte und Freiheiten von Einzelpersonen in der gesamten Union zu gewährleisten, sollten die in dieser Verordnung festgelegten Vorschriften in nichtdiskriminierender Weise für

Anbieter von KI-Systemen – unabhängig davon, ob sie in der Union oder in einem Drittland niedergelassen sind – und für Betreiber von KI-Systemen, die in der Union niedergelassen sind, gelten.

(22) Angesichts ihres digitalen Charakters sollten bestimmte KI-Systeme in den Anwendungsbereich dieser Verordnung fallen, selbst wenn sie in der Union weder in Verkehr gebracht noch in Betrieb genommen oder verwendet werden. Dies ist beispielsweise der Fall, wenn ein in der Union niedergelassener Akteur bestimmte Dienstleistungen an einen in einem Drittland niedergelassenen Akteur im Zusammenhang mit einer Tätigkeit vergibt, die von einem KI-System ausgeübt werden soll, das als hochriskant einzustufen wäre. Unter diesen Umständen könnte das von dem Akteur in einem Drittland betriebene KI-System Daten verarbeiten, die rechtmäßig in der Union erhoben und aus der Union übertragen wurden, und dem vertraglichen Akteur in der Union die aus dieser Verarbeitung resultierende Ausgabe dieses KI-Systems liefern, ohne dass dieses KI-System dabei in der Union in Verkehr gebracht, in Betrieb genommen oder verwendet würde. Um die Umgehung dieser Verordnung zu verhindern und einen wirksamen Schutz in der Union ansässiger natürlicher Personen zu gewährleisten, sollte diese Verordnung auch für Anbieter und Betreiber von KI-Systemen gelten, die in einem Drittland niedergelassen sind, soweit beabsichtigt wird, die von diesem System erzeugte Ausgabe in der Union zu verwenden. Um jedoch bestehenden Vereinbarungen und besonderen Erfordernissen für die künftige Zusammenarbeit mit ausländischen Partnern, mit denen Informationen und Beweismittel ausgetauscht werden, Rechnung zu tragen, sollte diese Verordnung nicht für Behörden eines Drittlands und internationale Organisationen gelten, wenn sie im Rahmen der Zusammenarbeit oder internationaler Übereinkünfte tätig werden, die auf Unionsebene oder nationaler Ebene für die Zusammenarbeit mit der Union oder den Mitgliedstaaten im Bereich der Strafverfolgung und der justiziellen Zusammenarbeit geschlossen wurden, vorausgesetzt dass dieses Drittland oder diese internationalen Organisationen angemessene Garantien in Bezug auf den Schutz der Grundrechte und -freiheiten von Einzelpersonen bieten. Dies kann gegebenenfalls Tätigkeiten von Einrichtungen umfassen, die von Drittländern mit der Wahrnehmung bestimmter Aufgaben zur Unterstützung dieser Zusammenarbeit im Bereich der Strafverfolgung und der justiziellen Zusammenarbeit betraut wurden. Ein solcher Rahmen für die Zusammenarbeit oder für Übereinkünfte wurde bilateral zwischen Mitgliedstaaten und Drittländern oder zwischen der Europäischen Union, Europol und anderen Agenturen der Union und Drittländern und internationalen Organisationen erarbeitet. Die Behörden, die nach dieser Verordnung für die Aufsicht über die Strafverfolgungs- und Justizbehörden zuständig sind, sollten prüfen, ob diese Rahmen für die Zusammenarbeit oder internationale Übereinkünfte angemessene Garantien in Bezug auf den Schutz der Grundrechte und -freiheiten von Einzelpersonen enthalten. Empfangende nationale Behörden und Organe, Einrichtungen sowie sonstige Stellen der Union, die diese Ausgaben in der Union verwenden, sind weiterhin dafür verantwortlich, sicherzustellen, dass ihre Verwendung mit Unionsrecht vereinbar ist. Wenn diese internationalen Übereinkünfte überarbeitet oder wenn künftig neue Übereinkünfte geschlossen werden, sollten die Vertragsparteien größtmögliche Anstrengungen unternehmen, um diese Übereinkünfte an die Anforderungen dieser Verordnung anzugleichen.

(23) Diese Verordnung sollte auch für Organe, Einrichtungen und sonstige Stellen der Union gelten, wenn sie als Anbieter oder Betreiber eines KI-Systems auftreten.

VXII. Künstliche Intelligenz-Verordnung (KI-VO)

(24) Wenn und soweit KI-Systeme mit oder ohne Änderungen für Zwecke in den Bereichen Militär, Verteidigung oder nationale Sicherheit in Verkehr gebracht, in Betrieb genommen oder verwendet werden, sollten sie vom Anwendungsbereich dieser Verordnung ausgenommen werden, unabhängig von der Art der Einrichtung, die diese Tätigkeiten ausübt, etwa ob es sich um eine öffentliche oder private Einrichtung handelt. In Bezug auf die Zwecke in den Bereichen Militär und Verteidigung gründet sich die Ausnahme sowohl auf Artikel 4 Absatz 2 EUV als auch auf die Besonderheiten der Verteidigungspolitik der Mitgliedstaaten und der in Titel V Kapitel 2 EUV abgedeckten gemeinsamen Verteidigungspolitik der Union, die dem Völkerrecht unterliegen, was daher den geeigneteren Rechtsrahmen für die Regulierung von KI-Systemen im Zusammenhang mit der Anwendung tödlicher Gewalt und sonstigen KI-Systemen im Zusammenhang mit Militär- oder Verteidigungstätigkeiten darstellt. In Bezug auf die Zwecke im Bereich nationale Sicherheit gründet sich die Ausnahme sowohl auf die Tatsache, dass die nationale Sicherheit gemäß Artikel 4 Absatz 2 EUV weiterhin in die alleinige Verantwortung der Mitgliedstaaten fällt, als auch auf die besondere Art und die operativen Bedürfnisse der Tätigkeiten im Bereich der nationalen Sicherheit und der spezifischen nationalen Vorschriften für diese Tätigkeiten. Wird ein KI-System, das für Zwecke in den Bereichen Militär, Verteidigung oder nationale Sicherheit entwickelt, in Verkehr gebracht, in Betrieb genommen oder verwendet wird, jedoch vorübergehend oder ständig für andere Zwecke verwendet, etwa für zivile oder humanitäre Zwecke oder für Zwecke der Strafverfolgung oder öffentlichen Sicherheit, so würde dieses System in den Anwendungsbereich dieser Verordnung fallen. In diesem Fall sollte die Einrichtung, die das KI-System für andere Zwecke als Zwecke in den Bereichen Militär, Verteidigung oder nationale Sicherheit verwendet, die Konformität des KI-Systems mit dieser Verordnung sicherstellen, es sei denn, das System entspricht bereits dieser Verordnung. KI-Systeme, die für einen ausgeschlossenen Zweck, nämlich Militär, Verteidigung oder nationale Sicherheit, und für einen oder mehrere nicht ausgeschlossene Zwecke, etwa zivile Zwecke oder Strafverfolgungszwecke, in Verkehr gebracht oder in Betrieb genommen werden, fallen in den Anwendungsbereich dieser Verordnung, und Anbieter dieser Systeme sollten die Einhaltung dieser Verordnung sicherstellen. In diesen Fällen sollte sich die Tatsache, dass ein KI-System in den Anwendungsbereich dieser Verordnung fällt, nicht darauf auswirken, dass Einrichtungen, die Tätigkeiten in den Bereichen nationale Sicherheit, Verteidigung oder Militär ausüben, KI-Systeme für Zwecke in den Bereichen nationale Sicherheit, Militär und Verteidigung verwenden können, unabhängig von der Art der Einrichtung, die diese Tätigkeiten ausübt, wobei die Verwendung vom Anwendungsbereich dieser Verordnung ausgenommen ist. Ein KI-System, das für zivile Zwecke oder Strafverfolgungszwecke in Verkehr gebracht wurde und mit oder ohne Änderungen für Zwecke in den Bereichen Militär, Verteidigung oder nationale Sicherheit verwendet wird, sollte nicht in den Anwendungsbereich dieser Verordnung fallen, unabhängig von der Art der Einrichtung, die diese Tätigkeiten ausübt.

(25) Diese Verordnung sollte die Innovation fördern, die Freiheit der Wissenschaft achten und Forschungs- und Entwicklungstätigkeiten nicht untergraben. Daher müssen KI-Systeme und -Modelle, die eigens für den alleinigen Zweck der wissenschaftlichen Forschung und Entwicklung entwickelt und in Betrieb genommen werden, vom Anwendungsbereich der Verordnung ausgenommen werden. Ferner muss sichergestellt werden, dass sich die Verordnung nicht anderweitig auf Forschungs-

und Entwicklungstätigkeiten zu KI-Systemen und -Modellen auswirkt, bevor diese in Verkehr gebracht oder in Betrieb genommen werden. Hinsichtlich produktorientierter Forschungs-, Test- und Entwicklungstätigkeiten in Bezug auf KI-Systeme oder -Modelle sollten die Bestimmungen dieser Verordnung auch nicht vor der Inbetriebnahme oder dem Inverkehrbringen dieser Systeme und Modelle gelten. Diese Ausnahme berührt weder die Pflicht zur Einhaltung dieser Verordnung, wenn ein KI-System, das in den Anwendungsbereich dieser Verordnung fällt, infolge solcher Forschungs- und Entwicklungstätigkeiten in Verkehr gebracht oder in Betrieb genommen wird, noch die Anwendung der Bestimmungen zu KI-Reallaboren und zu Tests unter Realbedingungen. Darüber hinaus sollte unbeschadet der Ausnahme in Bezug auf KI-Systeme, die eigens für den alleinigen Zweck der wissenschaftlichen Forschung und Entwicklung entwickelt und in Betrieb genommen werden, jedes andere KI-System, das für die Durchführung von Forschungs- und Entwicklungstätigkeiten verwendet werden könnte, den Bestimmungen dieser Verordnung unterliegen. In jedem Fall sollten jegliche Forschungs- und Entwicklungstätigkeiten gemäß anerkannten ethischen und professionellen Grundsätzen für die wissenschaftliche Forschung und unter Wahrung des geltenden Unionsrechts ausgeführt werden.

(26) Um ein verhältnismäßiges und wirksames verbindliches Regelwerk für KI-Systeme einzuführen, sollte ein klar definierter risikobasierter Ansatz verfolgt werden. Bei diesem Ansatz sollten Art und Inhalt solcher Vorschriften auf die Intensität und den Umfang der Risiken zugeschnitten werden, die von KI-Systemen ausgehen können. Es ist daher notwendig, bestimmte inakzeptable Praktiken im Bereich der KI zu verbieten und Anforderungen an Hochrisiko-KI-Systeme und Pflichten für die betreffenden Akteure sowie Transparenzpflichten für bestimmte KI-Systeme festzulegen.

(27) Während der risikobasierte Ansatz die Grundlage für ein verhältnismäßiges und wirksames verbindliches Regelwerk bildet, muss auch auf die Ethikleitlinien für vertrauenswürdige KI von 2019 der von der Kommission eingesetzten unabhängigen hochrangigen Expertengruppe für künstliche Intelligenz verwiesen werden. In diesen Leitlinien hat die hochrangige Expertengruppe sieben unverbindliche ethische Grundsätze für KI entwickelt, die dazu beitragen sollten, dass KI vertrauenswürdig und ethisch vertretbar ist. Zu den sieben Grundsätzen gehören: menschliches Handeln und menschliche Aufsicht, technische Robustheit und Sicherheit, Privatsphäre und Daten-Governance, Transparenz, Vielfalt, Nichtdiskriminierung und Fairness, soziales und ökologisches Wohlergehen sowie Rechenschaftspflicht. Unbeschadet der rechtsverbindlichen Anforderungen dieser Verordnung und anderer geltender Rechtsvorschriften der Union tragen diese Leitlinien zur Gestaltung kohärenter, vertrauenswürdiger und menschenzentrierter KI bei im Einklang mit der Charta und den Werten, auf die sich die Union gründet. Nach den Leitlinien der hochrangigen Expertengruppe bedeutet „menschliches Handeln und menschliche Aufsicht", dass ein KI-System entwickelt und als Instrument verwendet wird, das den Menschen dient, die Menschenwürde und die persönliche Autonomie achtet und so funktioniert, dass es von Menschen angemessen kontrolliert und überwacht werden kann. „Technische Robustheit und Sicherheit" bedeutet, dass KI-Systeme so entwickelt und verwendet werden, dass sie im Fall von Schwierigkeiten robust sind und widerstandsfähig gegen Versuche, die Verwendung oder Leistung des KI-Systems so zu verändern, dass dadurch die unrechtmäßige Verwendung durch Dritte ermöglicht wird, und dass ferner unbeabsichtigte Schäden minimiert wer-

den. „Privatsphäre und Daten-Governance" bedeutet, dass KI-Systeme im Einklang mit den geltenden Vorschriften zum Schutz der Privatsphäre und zum Datenschutz entwickelt und verwendet werden und dabei Daten verarbeiten, die hohen Qualitäts- und Integritätsstandards genügen. „Transparenz" bedeutet, dass KI-Systeme so entwickelt und verwendet werden, dass sie angemessen nachvollziehbar und erklärbar sind, wobei den Menschen bewusst gemacht werden muss, dass sie mit einem KI-System kommunizieren oder interagieren, und dass die Betreiber ordnungsgemäß über die Fähigkeiten und Grenzen des KI-Systems informieren und die betroffenen Personen über ihre Rechte in Kenntnis setzen müssen. „Vielfalt, Nichtdiskriminierung und Fairness" bedeutet, dass KI-Systeme in einer Weise entwickelt und verwendet werden, die unterschiedliche Akteure einbezieht und den gleichberechtigten Zugang, die Geschlechtergleichstellung und die kulturelle Vielfalt fördert, wobei diskriminierende Auswirkungen und unfaire Verzerrungen, die nach Unionsrecht oder nationalem Recht verboten sind, verhindert werden. „Soziales und ökologisches Wohlergehen" bedeutet, dass KI-Systeme in nachhaltiger und umweltfreundlicher Weise und zum Nutzen aller Menschen entwickelt und verwendet werden, wobei die langfristigen Auswirkungen auf den Einzelnen, die Gesellschaft und die Demokratie überwacht und bewertet werden. Die Anwendung dieser Grundsätze sollte, soweit möglich, in die Gestaltung und Verwendung von KI-Modellen einfließen. Sie sollten in jedem Fall als Grundlage für die Ausarbeitung von Verhaltenskodizes im Rahmen dieser Verordnung dienen. Alle Interessenträger, einschließlich der Industrie, der Wissenschaft, der Zivilgesellschaft und der Normungsorganisationen, werden aufgefordert, die ethischen Grundsätze bei der Entwicklung freiwilliger bewährter Verfahren und Normen, soweit angebracht, zu berücksichtigen.

(28) Abgesehen von den zahlreichen nutzbringenden Verwendungsmöglichkeiten von KI kann diese Technologie auch missbraucht werden und neue und wirkungsvolle Instrumente für manipulative, ausbeuterische und soziale Kontrollpraktiken bieten. Solche Praktiken sind besonders schädlich und missbräuchlich und sollten verboten werden, weil sie im Widerspruch zu den Werten der Union stehen, nämlich der Achtung der Menschenwürde, Freiheit, Gleichheit, Demokratie und Rechtsstaatlichkeit sowie der in der Charta verankerten Grundrechte, einschließlich des Rechts auf Nichtdiskriminierung, Datenschutz und Privatsphäre sowie der Rechte des Kindes.

(29) KI-gestützte manipulative Techniken können dazu verwendet werden, Personen zu unerwünschten Verhaltensweisen zu bewegen oder sie zu täuschen, indem sie in einer Weise zu Entscheidungen angeregt werden, die ihre Autonomie, Entscheidungsfindung und freie Auswahl untergräbt und beeinträchtigt. Das Inverkehrbringen, die Inbetriebnahme oder die Verwendung bestimmter KI-Systeme, die das Ziel oder die Auswirkung haben, menschliches Verhalten maßgeblich nachteilig zu beeinflussen, und große Schäden, insbesondere erhebliche nachteilige Auswirkungen auf die physische und psychische Gesundheit oder auf die finanziellen Interessen verursachen dürften, ist besonders gefährlich und sollte dementsprechend verboten werden. Solche KI-Systeme setzen auf eine unterschwellige Beeinflussung, beispielsweise durch Reize in Form von Ton-, Bild- oder Videoinhalten, die für Menschen nicht erkennbar sind, da diese Reize außerhalb ihres Wahrnehmungsbereichs liegen, oder auf andere Arten manipulativer oder täuschender Beeinflussung, die ihre Autonomie, Entscheidungsfindung oder freie Auswahl in einer Weise untergraben und beeinträchtigen, die sich ihrer bewussten Wahrnehmung entzieht oder

deren Einfluss – selbst wenn sie sich seiner bewusst sind – sie nicht kontrollieren oder widerstehen können. Dies könnte beispielsweise durch Gehirn-Computer-Schnittstellen oder virtuelle Realität erfolgen, da diese ein höheres Maß an Kontrolle darüber ermöglichen, welche Reize den Personen, insofern diese das Verhalten der Personen in erheblichem Maße schädlich beeinflussen können, angeboten werden. Ferner können KI-Systeme auch anderweitig die Vulnerabilität einer Person oder bestimmter Gruppen von Personen aufgrund ihres Alters oder einer Behinderung im Sinne der Richtlinie (EU) 2019/882 des Europäischen Parlaments und des Rates[16] oder aufgrund einer bestimmten sozialen oder wirtschaftlichen Situation ausnutzen, durch die diese Personen gegenüber einer Ausnutzung anfälliger werden dürften, beispielsweise Personen, die in extremer Armut leben, und ethnische oder religiöse Minderheiten. Solche KI-Systeme können mit dem Ziel oder der Wirkung in Verkehr gebracht, in Betrieb genommen oder verwendet werden, das Verhalten einer Person in einer Weise wesentlich zu beeinflussen, die dieser Person oder einer anderen Person oder Gruppen von Personen einen erheblichen Schaden zufügt oder mit hinreichender Wahrscheinlichkeit zufügen wird, einschließlich Schäden, die sich im Laufe der Zeit anhäufen können, und sollten daher verboten werden. Diese Absicht, das Verhalten zu beeinflussen, kann nicht vermutet werden, wenn die Beeinflussung auf Faktoren zurückzuführen ist, die nicht Teil des KI-Systems sind und außerhalb der Kontrolle des Anbieters oder Betreibers liegen, d. h. Faktoren, die vom Anbieter oder Betreiber des KI-Systems vernünftigerweise nicht vorhergesehen oder gemindert werden können. In jedem Fall ist es nicht erforderlich, dass der Anbieter oder der Betreiber die Absicht haben, erheblichen Schaden zuzufügen, wenn dieser Schaden aufgrund von manipulativen oder ausbeuterischen KI-gestützten Praktiken entsteht. Das Verbot solcher KI-Praktiken ergänzt die Bestimmungen der Richtlinie 2005/29/EG des Europäischen Parlaments und des Rates[17]; insbesondere sind unlautere Geschäftspraktiken, durch die Verbraucher wirtschaftliche oder finanzielle Schäden erleiden, unter allen Umständen verboten, unabhängig davon, ob sie durch KI-Systeme oder anderweitig umgesetzt werden. Das Verbot manipulativer und ausbeuterischer Praktiken gemäß dieser Verordnung sollte sich nicht auf rechtmäßige Praktiken im Zusammenhang mit medizinischen Behandlungen, etwa der psychologischen Behandlung einer psychischen Krankheit oder der physischen Rehabilitation, auswirken, wenn diese Praktiken gemäß den geltenden Rechtsvorschriften und medizinischen Standards erfolgen, z. B mit der ausdrücklichen Zustimmung der Einzelpersonen oder ihrer gesetzlichen Vertreter. Darüber hinaus sollten übliche und rechtmäßige Geschäftspraktiken, beispielsweise im Bereich der Werbung, die im Einklang mit den geltenden Rechtsvorschriften stehen, als solche nicht als schädliche manipulative KI-gestützten Praktiken gelten.

(30) Systeme zur biometrischen Kategorisierung, die anhand der biometrischen Daten von natürlichen Personen, wie dem Gesicht oder dem Fingerabdruck einer Person, die politische Meinung, die Mitgliedschaft in einer Gewerkschaft, religiöse oder weltanschauliche Überzeugungen, die Rasse, das Sexualleben oder die sexuelle

---

16 Richtlinie (EU) 2019/882 des Europäischen Parlaments und des Rates vom 17. April 2019 über die Barrierefreiheitsanforderungen für Produkte und Dienstleistungen (ABl. L 151 vom 7.6.2019, S. 70).
17 Richtlinie 2005/29/EG des Europäischen Parlaments und des Rates vom 11. Mai 2005 über unlautere Geschäftspraktiken im binnenmarktinternen Geschäftsverkehr zwischen Unternehmen und Verbrauchern und zur Änderung der Richtlinie 84/450/EWG des Rates, der Richtlinien 97/7/EG, 98/27/EG und 2002/65/EG des Europäischen Parlaments und des Rates sowie der Verordnung (EG) Nr. 2006/2004 des Europäischen Parlaments und des Rates (Richtlinie über unlautere Geschäftspraktiken) (ABl. L 149 vom 11.6.2005, S. 22).

VXII. Künstliche Intelligenz-Verordnung (KI-VO)

Ausrichtung einer Person erschließen oder ableiten, sollten verboten werden. Dieses Verbot sollte nicht für die rechtmäßige Kennzeichnung, Filterung oder Kategorisierung biometrischer Datensätze gelten, die im Einklang mit dem Unionsrecht oder dem nationalen Recht anhand biometrischer Daten erworben wurden, wie das Sortieren von Bildern nach Haar- oder Augenfarbe, was beispielsweise im Bereich der Strafverfolgung verwendet werden kann.

(31) KI-Systeme, die eine soziale Bewertung natürlicher Personen durch öffentliche oder private Akteure bereitstellen, können zu diskriminierenden Ergebnissen und zur Ausgrenzung bestimmter Gruppen führen. Sie können die Menschenwürde und das Recht auf Nichtdiskriminierung sowie die Werte der Gleichheit und Gerechtigkeit verletzen. Solche KI-Systeme bewerten oder klassifizieren natürliche Personen oder Gruppen natürlicher Personen in einem bestimmten Zeitraum auf der Grundlage zahlreicher Datenpunkte in Bezug auf ihr soziales Verhalten in verschiedenen Zusammenhängen oder aufgrund bekannter, vermuteter oder vorhergesagter persönlicher Eigenschaften oder Persönlichkeitsmerkmale. Die aus solchen KI-Systemen erzielte soziale Bewertung kann zu einer Schlechterstellung oder Benachteiligung bestimmter natürlicher Personen oder ganzer Gruppen natürlicher Personen in sozialen Kontexten, die in keinem Zusammenhang mit den Umständen stehen, unter denen die Daten ursprünglich erzeugt oder erhoben wurden, oder zu einer Schlechterstellung führen, die im Hinblick auf die Tragweite ihres sozialen Verhaltens unverhältnismäßig oder ungerechtfertigt ist. KI-Systeme, die solche inakzeptablen Bewertungspraktiken mit sich bringen und zu einer solchen Schlechterstellung oder Benachteiligung führen, sollten daher verboten werden. Dieses Verbot sollte nicht die rechtmäßigen Praktiken zur Bewertung natürlicher Personen berühren, die im Einklang mit dem Unionsrecht und dem nationalen Recht zu einem bestimmten Zweck durchgeführt werden.

(32) Die Verwendung von KI-Systemen zur biometrischen Echtzeit-Fernidentifizierung natürlicher Personen in öffentlich zugänglichen Räumen zu Strafverfolgungszwecken greift besonders in die Rechte und Freiheiten der betroffenen Personen ein, da sie die Privatsphäre eines großen Teils der Bevölkerung beeinträchtigt, ein Gefühl der ständigen Überwachung weckt und indirekt von der Ausübung der Versammlungsfreiheit und anderer Grundrechte abhalten kann. Technische Ungenauigkeiten von KI-Systemen, die für die biometrische Fernidentifizierung natürlicher Personen bestimmt sind, können zu verzerrten Ergebnissen führen und eine diskriminierende Wirkung haben. Solche möglichen verzerrten Ergebnisse und eine solche diskriminierende Wirkung sind von besonderer Bedeutung, wenn es um das Alter, die ethnische Herkunft, die Rasse, das Geschlecht oder Behinderungen geht. Darüber hinaus bergen die Unmittelbarkeit der Auswirkungen und die begrenzten Möglichkeiten weiterer Kontrollen oder Korrekturen im Zusammenhang mit der Verwendung solcher in Echtzeit betriebener Systeme erhöhte Risiken für die Rechte und Freiheiten der betreffenden Personen, die im Zusammenhang mit Strafverfolgungsmaßnahmen stehen oder davon betroffen sind.

(33) Die Verwendung solcher Systeme zu Strafverfolgungszwecken sollte daher untersagt werden, außer in erschöpfend aufgeführten und eng abgegrenzten Fällen, in denen die Verwendung unbedingt erforderlich ist, um einem erheblichen öffentlichen Interesse zu dienen, dessen Bedeutung die Risiken überwiegt. Zu diesen Fällen gehört die Suche nach bestimmten Opfern von Straftaten, einschließlich vermisster Personen, bestimmte Gefahren für das Leben oder die körperliche Unversehrtheit natürlicher Personen oder die Gefahr eines Terroranschlags sowie das

VXII. Künstliche Intelligenz-Verordnung (KI-VO)

Aufspüren oder Identifizieren von Tätern oder Verdächtigen in Bezug auf die in einem Anhang zu dieser Verordnung genannten Straftaten, sofern diese Straftaten in dem betreffenden Mitgliedstaat im Sinne des Rechts dieses Mitgliedstaats mit einer Freiheitsstrafe oder einer freiheitsentziehenden Maßregel der Sicherung im Höchstmaß von mindestens vier Jahren bedroht sind. Eine solche Schwelle für eine Freiheitsstrafe oder eine freiheitsentziehende Maßregel der Sicherung nach nationalem Recht trägt dazu bei, sicherzustellen, dass die Straftat schwerwiegend genug ist, um den Einsatz biometrischer Echtzeit-Fernidentifizierungssysteme möglicherweise zu rechtfertigen. Darüber hinaus beruht die im Anhang dieser Verordnung aufgeführte Liste der Straftaten auf den 32 im Rahmenbeschluss 2002/584/JI des Rates[18] aufgeführten Straftaten, unter Berücksichtigung der Tatsache, dass einige der Straftaten in der Praxis eher relevant sein können als andere, da der Rückgriff auf die biometrische Echtzeit-Fernidentifizierung für die konkrete Aufspürung oder Identifizierung eines Täters oder Verdächtigen in Bezug auf eine der verschiedenen aufgeführten Straftaten voraussichtlich in äußerst unterschiedlichem Maße erforderlich und verhältnismäßig sein könnte und da dabei die wahrscheinlichen Unterschiede in Schwere, Wahrscheinlichkeit und Ausmaß des Schadens oder möglicher negativer Folgen zu berücksichtigen sind. Eine unmittelbare Gefahr für das Leben oder die körperliche Unversehrtheit natürlicher Personen kann auch durch die schwerwiegende Störung einer kritischen Infrastruktur im Sinne des Artikels 2 Nummer 4 der Richtlinie (EU) 2022/2557 des Europäischen Parlaments und des Rates[19] entstehen, wenn die Störung oder Zerstörung einer solchen kritischen Infrastruktur zu einer unmittelbaren Gefahr für das Leben oder die körperliche Unversehrtheit einer Person führen würde, auch durch die schwerwiegende Beeinträchtigung der Bereitstellung der Grundversorgung für die Bevölkerung oder der Wahrnehmung der Kernfunktion des Staates. Darüber hinaus sollte diese Verordnung die Fähigkeit der Strafverfolgungs-, Grenzschutz-, Einwanderungs- oder Asylbehörden erhalten, gemäß den im Unionsrecht und im nationalen Recht für diesen Zweck festgelegten Bedingungen die Identität der betreffenden Person in ihrer Anwesenheit festzustellen. Insbesondere sollten Strafverfolgungs-, Grenzschutz-, Einwanderungs- oder Asylbehörden gemäß dem Unionsrecht oder dem nationalen Recht Informationssysteme verwenden können, um eine Person zu identifizieren, die während einer Identitätsfeststellung entweder verweigert, identifiziert zu werden, oder nicht in der Lage ist, ihre Identität anzugeben oder zu belegen, wobei gemäß dieser Verordnung keine vorherige Genehmigung erlangt werden muss. Dabei könnte es sich beispielsweise um eine Person handeln, die in eine Straftat verwickelt ist und nicht gewillt oder aufgrund eines Unfalls oder des Gesundheitszustands nicht in der Lage ist, den Strafverfolgungsbehörden ihre Identität offenzulegen.

(34) Um sicherzustellen, dass diese Systeme verantwortungsvoll und verhältnismäßig genutzt werden, ist es auch wichtig, festzulegen, dass in jedem dieser erschöpfend aufgeführten und eng abgegrenzten Fälle bestimmte Elemente berücksichtigt werden sollten, insbesondere in Bezug auf die Art des dem Antrag zugrunde liegenden Falls und die Auswirkungen der Verwendung auf die Rechte und Freiheiten aller betroffenen Personen sowie auf die für die Verwendung geltenden Schutzvorkeh-

---

18 Rahmenbeschluss 2002/584/JI des Rates vom 13. Juni 2002 über den Europäischen Haftbefehl und die Übergabeverfahren zwischen den Mitgliedstaaten (ABl. L 190 vom 18.7.2002, S. 1).
19 Richtlinie (EU) 2022/2557 des Europäischen Parlaments und des Rates vom 14. Dezember 2022 über die Resilienz kritischer Einrichtungen und zur Aufhebung der Richtlinie 2008/114/EG des Rates (ABl. L 333 vom 27.12.2022, S. 164).

VXII. Künstliche Intelligenz-Verordnung (KI-VO)

rungen und Bedingungen. Darüber hinaus sollte die Verwendung biometrischer Echtzeit-Fernidentifizierungssysteme in öffentlich zugänglichen Räumen für die Zwecke der Strafverfolgung nur eingesetzt werden, um die Identität der speziell betroffenen Person zu bestätigen und sollte sich hinsichtlich des Zeitraums und des geografischen und personenbezogenen Anwendungsbereichs auf das unbedingt Notwendige beschränken, wobei insbesondere den Beweisen oder Hinweisen in Bezug auf die Bedrohungen, die Opfer oder den Täter Rechnung zu tragen ist. Die Verwendung des biometrischen Echtzeit-Fernidentifizierungssystems in öffentlich zugänglichen Räumen sollte nur genehmigt werden, wenn die zuständige Strafverfolgungsbehörde eine Grundrechte-Folgenabschätzung durchgeführt und, sofern in dieser Verordnung nichts anderes bestimmt ist, das System gemäß dieser Verordnung in der Datenbank registriert hat. Die Personenreferenzdatenbank sollte für jeden Anwendungsfall in jedem der oben genannten Fälle geeignet sein.

(35) Jede Verwendung biometrischer Echtzeit-Fernidentifizierungssysteme in öffentlich zugänglichen Räumen zu Strafverfolgungszwecken sollte einer ausdrücklichen spezifischen Genehmigung durch eine Justizbehörde oder eine unabhängige Verwaltungsbehörde eines Mitgliedstaats, deren Entscheidung rechtsverbindlich ist, unterliegen. Eine solche Genehmigung sollte grundsätzlich vor der Verwendung des KI-Systems zur Identifizierung einer Person oder mehrerer Personen eingeholt werden. Ausnahmen von dieser Regel sollten in hinreichend begründeten dringenden Fällen erlaubt sein, d.h. in Situationen, in denen es wegen der Notwendigkeit der Verwendung der betreffenden Systeme tatsächlich und objektiv unmöglich ist, vor dem Beginn der Verwendung des KI-Systems eine Genehmigung einzuholen. In solchen dringenden Fällen sollte die Verwendung des KI-Systems auf das absolut notwendige Mindestmaß beschränkt werden und angemessenen Schutzvorkehrungen und Bedingungen unterliegen, die im nationalen Recht festgelegt sind und im Zusammenhang mit jedem einzelnen dringenden Anwendungsfall von der Strafverfolgungsbehörde selbst präzisiert werden. Darüber hinaus sollte die Strafverfolgungsbehörde in solchen Fällen eine solche Genehmigung beantragen und die Gründe dafür angeben, warum sie sie nicht früher, unverzüglich, spätestens jedoch innerhalb von 24 Stunden beantragen konnte. Wird eine solche Genehmigung abgelehnt, sollte die Verwendung biometrischer Echtzeit-Identifizierungssysteme, die mit dieser Genehmigung verbunden sind, mit sofortiger Wirkung eingestellt werden, und alle Daten im Zusammenhang mit dieser Verwendung sollten verworfen und gelöscht werden. Diese Daten umfassen Eingabedaten, die von einem KI-System während der Nutzung eines solchen Systems direkt erfasst werden, sowie die Ergebnisse und Ausgaben der mit dieser Genehmigung verbundenen Verwendung. Daten, die im Einklang mit anderem Unionsrecht oder nationalem Recht rechtmäßig erworben wurden, sollten davon nicht betroffen sein. In jedem Fall darf keine Entscheidung mit nachteiligen Rechtsfolgen für eine Person allein auf der Grundlage der Ausgaben des biometrischen Fernidentifizierungssystems getroffen werden.

(36) Damit sie ihre Aufgaben im Einklang mit den Anforderungen dieser Verordnung und der nationalen Vorschriften erfüllen können, sollte die zuständige Marktüberwachungsbehörde und die nationale Datenschutzbehörde über jede Verwendung des biometrischen Echtzeit-Identifizierungssystems unterrichtet werden. Die Marktüberwachungsbehörden und die nationalen Datenschutzbehörden, die unterrichtet wurden, sollten der Kommission jährlich einen Bericht über die Verwendung biometrischer Echtzeit-Identifizierungssysteme vorlegen.

VXII. Künstliche Intelligenz-Verordnung (KI-VO)

(37) Darüber hinaus ist es angezeigt, innerhalb des durch diese Verordnung vorgegebenen erschöpfenden Rahmens festzulegen, dass eine solche Verwendung im Hoheitsgebiet eines Mitgliedstaats gemäß dieser Verordnung nur möglich sein sollte, sofern der betreffende Mitgliedstaat in seinen detaillierten nationalen Rechtsvorschriften ausdrücklich vorgesehen hat, dass eine solche Verwendung genehmigt werden kann. Folglich steht es den Mitgliedstaaten im Rahmen dieser Verordnung frei, eine solche Möglichkeit generell oder nur in Bezug auf einige der in dieser Verordnung genannten Ziele, für die eine genehmigte Verwendung gerechtfertigt sein kann, vorzusehen. Solche nationalen Rechtsvorschriften sollten der Kommission spätestens 30 Tage nach ihrer Annahme mitgeteilt werden.

(38) Die Verwendung von KI-Systemen zur biometrischen Echtzeit-Fernidentifizierung natürlicher Personen in öffentlich zugänglichen Räumen zu Strafverfolgungszwecken erfordert zwangsläufig die Verarbeitung biometrischer Daten. Die Vorschriften dieser Verordnung, die vorbehaltlich bestimmter Ausnahmen eine solche Verwendung auf der Grundlage des Artikels 16 AEUV verbieten, sollten als Lex specialis in Bezug auf die in Artikel 10 der Richtlinie (EU) 2016/680 enthaltenen Vorschriften über die Verarbeitung biometrischer Daten gelten und somit die Verwendung und Verarbeitung der betreffenden biometrischen Daten umfassend regeln. Eine solche Verwendung und Verarbeitung sollte daher nur möglich sein, soweit sie mit dem in dieser Verordnung festgelegten Rahmen vereinbar ist, ohne dass es den zuständigen Behörden bei ihren Tätigkeiten zu Strafverfolgungszwecken Raum lässt, außerhalb dieses Rahmens solche Systeme zu verwenden und die damit verbundenen Daten aus den in Artikel 10 der Richtlinie (EU) 2016/680 aufgeführten Gründen zu verarbeiten. In diesem Zusammenhang soll diese Verordnung nicht als Rechtsgrundlage für die Verarbeitung personenbezogener Daten gemäß Artikel 8 der Richtlinie (EU) 2016/680 dienen. Die Verwendung biometrischer Echtzeit-Fernidentifizierungssysteme in öffentlich zugänglichen Räumen zu anderen Zwecken als der Strafverfolgung, auch durch zuständige Behörden, sollte jedoch nicht unter den in dieser Verordnung festgelegten spezifischen Rahmen für diese Verwendung zu Strafverfolgungszwecken fallen. Eine solche Verwendung zu anderen Zwecken als der Strafverfolgung sollte daher nicht der Genehmigungspflicht gemäß dieser Verordnung und den zu dieser Genehmigung anwendbaren detaillierten nationalen Rechtsvorschriften unterliegen.

(39) Jede Verarbeitung biometrischer Daten und anderer personenbezogener Daten im Zusammenhang mit der Verwendung von KI-Systemen für die biometrische Identifizierung, ausgenommen im Zusammenhang mit der Verwendung biometrischer Echtzeit-Fernidentifizierungssysteme in öffentlich zugänglichen Räumen zu Strafverfolgungszwecken im Sinne dieser Verordnung, sollte weiterhin allen Anforderungen genügen, die sich aus Artikel 10 der Richtlinie (EU) 2016/680 ergeben. Für andere Zwecke als die Strafverfolgung ist die Verarbeitung biometrischer Daten gemäß Artikel 9 Absatz 1 der Verordnung (EU) 2016/679 und Artikel 10 Absatz 1 der Verordnung (EU) 2018/1725, vorbehaltlich der in diesen Artikeln vorgesehenen begrenzten Ausnahmefällen, verboten. In Anwendung des Artikels 9 Absatz 1 der Verordnung (EU) 2016/679 war die Verwendung biometrischer Fernidentifizierung zu anderen Zwecken als der Strafverfolgung bereits Gegenstand von Verbotsentscheidungen der nationalen Datenschutzbehörden.

(40) Nach Artikel 6a des dem EUV und dem AEUV beigefügten Protokolls Nr. 21 über die Position des Vereinigten Königreichs und Irlands hinsichtlich des Raums der Freiheit, der Sicherheit und des Rechts sind die auf der Grundlage des Artikels 16

VXII. Künstliche Intelligenz-Verordnung (KI-VO)

AEUV festgelegten Vorschriften in Artikel 5 Absatz 1 Unterabsatz 1 Buchstabe g, soweit er auf die Verwendung von Systemen zur biometrischen Kategorisierung für Tätigkeiten im Bereich der polizeilichen Zusammenarbeit und der justiziellen Zusammenarbeit in Strafsachen Anwendung findet, Artikel 5 Absatz 1 Buchstabe d, soweit sie auf die Verwendung von KI-Systemen nach der darin festgelegten Bestimmung Anwendung finden, sowie Artikel 5 Absatz 1 Unterabsatz 1 Buchstabe h, Artikel 5 Absätze 2 bis 6 und Artikel 26 Absatz 10 dieser Verordnung in Bezug auf die Verarbeitung personenbezogener Daten durch die Mitgliedstaaten im Rahmen der Ausübung von Tätigkeiten, die in den Anwendungsbereich des Dritten Teils Titel V Kapitel 4 oder 5 AEUV fallen, für Irland nicht bindend, wenn Irland nicht durch die Vorschriften gebunden ist, die die Formen der justiziellen Zusammenarbeit in Strafsachen oder der polizeilichen Zusammenarbeit regeln, in deren Rahmen die auf der Grundlage des Artikels 16 AEUV festgelegten Vorschriften eingehalten werden müssen.

(41) Nach den Artikeln 2 und 2a des dem EUV und dem AEUV beigefügten Protokolls Nr. 22 über die Position Dänemarks ist Dänemark durch die auf der Grundlage des Artikels 16 AEUV festgelegten Vorschriften in Artikel 5 Absatz 1 Unterabsatz 1 Buchstabe g soweit er auf die Verwendung von Systemen zur biometrischen Kategorisierung für Tätigkeiten im Bereich der polizeilichen Zusammenarbeit und der justiziellen Zusammenarbeit in Strafsachen Anwendung findet, Artikel 5 Absatz 1 Unterabsatz 1 Buchstaben d soweit sie auf die Verwendung von KI-Systemen nach der darin festgelegten Bestimmung Anwendung finden, sowie Artikel 5 Absatz 1 Unterabsatz 1 Buchstabe h, Artikel 5 Absätze 2 bis 6 und Artikel 26 Absatz 10 dieser Verordnung in Bezug auf die Verarbeitung personenbezogener Daten durch die Mitgliedstaaten im Rahmen der Ausübung von Tätigkeiten, die in den Anwendungsbereich des Dritten Teils Titel V Kapitel 4 oder 5 AEUV fallen, weder gebunden noch zu ihrer Anwendung verpflichtet.

(42) Im Einklang mit der Unschuldsvermutung sollten natürliche Personen in der Union stets nach ihrem tatsächlichen Verhalten beurteilt werden. Natürliche Personen sollten niemals allein nach dem Verhalten beurteilt werden, das von einer KI auf der Grundlage ihres Profiling, ihrer Persönlichkeitsmerkmale oder -eigenschaften wie Staatsangehörigkeit, Geburtsort, Wohnort, Anzahl der Kinder, Schulden oder Art ihres Fahrzeugs vorhergesagt wird, ohne dass ein begründeter Verdacht besteht, dass diese Person an einer kriminellen Tätigkeit auf der Grundlage objektiver nachprüfbarer Tatsachen beteiligt ist, und ohne dass eine menschliche Überprüfung stattfindet. Daher sollten Risikobewertungen, die in Bezug auf natürliche Personen durchgeführt werden, um zu bewerten, ob sie straffällig werden oder um eine tatsächliche oder mögliche Straftat vorherzusagen, und dies ausschließlich auf dem Profiling dieser Personen oder der Bewertung ihrer Persönlichkeitsmerkmale und -eigenschaften beruht, verboten werden. In jedem Fall betrifft oder berührt dieses Verbot nicht Risikoanalysen, die nicht auf dem Profiling von Einzelpersonen oder auf Persönlichkeitsmerkmalen und -eigenschaften von Einzelpersonen beruhen, wie etwa KI-Systeme, die Risikoanalysen zur Bewertung der Wahrscheinlichkeit eines Finanzbetrugs durch Unternehmen auf der Grundlage verdächtiger Transaktionen durchführen, oder Risikoanalyseinstrumente einsetzen, um die Wahrscheinlichkeit vorherzusagen, dass Betäubungsmittel oder illegale Waren durch Zollbehörden, beispielsweise auf der Grundlage bekannter Schmuggelrouten, aufgespürt werden.

VXII. Künstliche Intelligenz-Verordnung (KI-VO)

(43) Das Inverkehrbringen, die Inbetriebnahme für diesen spezifischen Zweck oder die Verwendung von KI-Systemen, die Datenbanken zur Gesichtserkennung durch das ungezielte Auslesen von Gesichtsbildern aus dem Internet oder von Videoüberwachungsaufnahmen erstellen oder erweitern, sollte verboten werden, da dies das Gefühl der Massenüberwachung verstärkt und zu schweren Verstößen gegen die Grundrechte, einschließlich des Rechts auf Privatsphäre, führen kann.

(44) Im Hinblick auf die wissenschaftliche Grundlage von KI-Systemen, die darauf abzielen, Emotionen zu erkennen oder abzuleiten, bestehen ernsthafte Bedenken, insbesondere da sich Gefühlsausdrücke je nach Kultur oder Situation und selbst bei ein und derselben Person erheblich unterscheiden. Zu den größten Schwachstellen solcher Systeme gehört, dass sie beschränkt zuverlässig, nicht eindeutig und nur begrenzt verallgemeinerbar sind. Daher können KI-Systeme, die Emotionen oder Absichten natürlicher Personen auf der Grundlage ihrer biometrischen Daten erkennen oder ableiten, diskriminierende Ergebnisse hervorbringen und in die Rechte und Freiheiten der betroffenen Personen eingreifen. Angesichts des Machtungleichgewichts in den Bereichen Arbeit und Bildung in Verbindung mit dem intrusiven Charakter dieser Systeme können diese zu einer Schlechterstellung oder Benachteiligung bestimmter natürlicher Personen oder ganzer Gruppen führen. Daher sollte das Inverkehrbringen, die Inbetriebnahme oder die Verwendung von KI-Systemen, die den emotionalen Zustand von Einzelpersonen in Situationen, ableiten sollen, die mit dem Arbeitsplatz oder dem Bildungsbereich in Zusammenhang stehen, verboten werden. Dieses Verbot sollte nicht für KI-Systeme gelten, die ausschließlich aus medizinischen oder sicherheitstechnischen Gründen in Verkehr gebracht werden, wie z. B. Systeme, die für therapeutische Zwecke bestimmt sind.

(45) Praktiken, die nach Unionsrecht, einschließlich Datenschutzrecht, Nichtdiskriminierungsrecht, Verbraucherschutzrecht und Wettbewerbsrecht, verboten sind, sollten von dieser Verordnung nicht betroffen sein.

(46) Hochrisiko-KI-Systeme sollten nur dann auf dem Unionsmarkt in Verkehr gebracht, in Betrieb genommen oder verwendet werden, wenn sie bestimmte verbindliche Anforderungen erfüllen. Mit diesen Anforderungen sollte sichergestellt werden, dass Hochrisiko-KI-Systeme, die in der Union verfügbar sind oder deren Ausgabe anderweitig in der Union verwendet wird, keine unannehmbaren Risiken für wichtige öffentliche Interessen der Union bergen, wie sie im Unionsrecht anerkannt und geschützt sind. Auf der Grundlage des neuen Rechtsrahmens, wie in der Bekanntmachung der Kommission „Leitfaden für die Umsetzung der Produktvorschriften der EU 2022 (Blue Guide)"[20] dargelegt, gilt als allgemeine Regel, dass mehr als ein Rechtsakt der Harmonisierungsrechtsvorschriften der Union wie die Verordnungen (EU) 2017/745[21] und (EU) 2017/746[22] des Europäischen Parlaments und des Rates oder die Richtlinie 2006/42/EG des Europäischen Parlaments und des Rates[23] auf ein Produkt anwendbar sein können, da die Bereitstellung oder Inbetriebnahme nur

---

20 ABl. C 247 vom 29.6.2022, S. 1.
21 Verordnung (EU) 2017/745 des Europäischen Parlaments und des Rates vom 5. April 2017 über Medizinprodukte, zur Änderung der Richtlinie 2001/83/EG, der Verordnung (EG) Nr. 178/2002 und der Verordnung (EG) Nr. 1223/2009 und zur Aufhebung der Richtlinien 90/385/EWG und 93/42/EWG des Rates (ABl. L 117 vom 5.5.2017, S. 1).
22 Verordnung (EU) 2017/746 des Europäischen Parlaments und des Rates vom 5. April 2017 über In-vitro-Diagnostika und zur Aufhebung der Richtlinie 98/79/EG und des Beschlusses 2010/227/EU der Kommission (ABl. L 117 vom 5.5.2017, S. 176).
23 Richtlinie 2006/42/EG des Europäischen Parlaments und des Rates vom 17. Mai 2006 über Maschinen und zur Änderung der Richtlinie 95/16/EG (ABl. L 157 vom 9.6.2006, S. 24).

VXII. Künstliche Intelligenz-Verordnung (KI-VO)

erfolgen kann, wenn das Produkt allen geltenden Harmonisierungsrechtsvorschriften der Union entspricht. Um Kohärenz zu gewährleisten und unnötigen Verwaltungsaufwand oder Kosten zu vermeiden, sollten die Anbieter eines Produkts, das ein oder mehrere Hochrisiko-KI-Systeme enthält, für die die Anforderungen dieser Verordnung und der in einem Anhang dieser Verordnung aufgeführten Harmonisierungsrechtsvorschriften der Union gelten, in Bezug auf operative Entscheidungen darüber flexibel sein, wie die Konformität eines Produkts, das ein oder mehrere Hochrisiko-KI-Systeme enthält, bestmöglich mit allen geltenden Anforderungen der Harmonisierungsrechtsvorschriften der Union sichergestellt werden kann. Als hochriskant sollten nur solche KI-Systeme eingestuft werden, die erhebliche schädliche Auswirkungen auf die Gesundheit, die Sicherheit und die Grundrechte von Personen in der Union haben, wodurch eine mögliche Beschränkung des internationalen Handels so gering wie möglich bleiben sollte.

(47) KI-Systeme könnten nachteilige Auswirkungen auf die Gesundheit und Sicherheit von Personen haben, insbesondere wenn solche Systeme als Sicherheitsbauteile von Produkten zum Einsatz kommen. Im Einklang mit den Zielen der Harmonisierungsrechtsvorschriften der Union, die den freien Verkehr von Produkten im Binnenmarkt erleichtern und gewährleisten sollen, dass nur sichere und anderweitig konforme Produkte auf den Markt gelangen, ist es wichtig, dass die Sicherheitsrisiken, die ein Produkt als Ganzes aufgrund seiner digitalen Komponenten, einschließlich KI-Systeme, mit sich bringen kann, angemessen vermieden und gemindert werden. So sollten beispielsweise zunehmend autonome Roboter – sei es in der Fertigung oder in der persönlichen Assistenz und Pflege – in der Lage sein, sicher zu arbeiten und ihre Funktionen in komplexen Umgebungen zu erfüllen. Desgleichen sollten die immer ausgefeilteren Diagnosesysteme und Systeme zur Unterstützung menschlicher Entscheidungen im Gesundheitssektor, in dem die Risiken für Leib und Leben besonders hoch sind, zuverlässig und genau sein.

(48) Das Ausmaß der nachteiligen Auswirkungen des KI-Systems auf die durch die Charta geschützten Grundrechte ist bei der Einstufung eines KI-Systems als hochriskant von besonderer Bedeutung. Zu diesen Rechten gehören die Würde des Menschen, die Achtung des Privat- und Familienlebens, der Schutz personenbezogener Daten, die Freiheit der Meinungsäußerung und die Informationsfreiheit, die Versammlungs- und Vereinigungsfreiheit, das Recht auf Nichtdiskriminierung, das Recht auf Bildung, der Verbraucherschutz, die Arbeitnehmerrechte, die Rechte von Menschen mit Behinderungen, die Gleichstellung der Geschlechter, Rechte des geistigen Eigentums, das Recht auf eine wirksamen Rechtsbehelf und ein faires Gerichtsverfahren, das Verteidigungsrecht, die Unschuldsvermutung sowie das Recht auf eine gute Verwaltung. Es muss betont werden, dass Kinder – zusätzlich zu diesen Rechten – über spezifische Rechte verfügen, wie sie in Artikel 24 der Charta und im Übereinkommen der Vereinten Nationen über die Rechte des Kindes (UNCRC) – im Hinblick auf das digitale Umfeld weiter ausgeführt in der Allgemeinen Bemerkung Nr. 25 des UNCRC – verankert sind; in beiden wird die Berücksichtigung der Schutzbedürftigkeit der Kinder gefordert und ihr Anspruch auf den Schutz und die Fürsorge festgelegt, die für ihr Wohlergehen notwendig sind. Darüber hinaus sollte dem Grundrecht auf ein hohes Umweltschutzniveau, das in der Charta verankert ist und mit der Unionspolitik umgesetzt wird, bei der Bewertung der Schwere des Schadens, den ein KI-System unter anderem in Bezug auf die Gesundheit und Sicherheit von Personen verursachen kann, ebenfalls Rechnung getragen werden.

VXII. Künstliche Intelligenz-Verordnung (KI-VO)

(49) In Bezug auf Hochrisiko-KI-Systeme, die Sicherheitsbauteile von Produkten oder Systemen oder selbst Produkte oder Systeme sind, die in den Anwendungsbereich der Verordnung (EG) Nr. 300/2008 des Europäischen Parlaments und des Rates[24], der Verordnung (EU) Nr. 167/2013 des Europäischen Parlaments und des Rates[25], der Verordnung (EU) Nr. 168/2013 des Europäischen Parlaments und des Rates[26], der Richtlinie 2014/90/EU des Europäischen Parlaments und des Rates[27], der Richtlinie (EU) 2016/797 des Europäischen Parlaments und des Rates[28], der Verordnung (EU) 2018/858 des Europäischen Parlaments und des Rates[29], der Verordnung (EU) 2018/1139 des Europäischen Parlaments und des Rates[30] und der Verordnung (EU) 2019/2144 des Europäischen Parlaments und des Rates[31] fallen, ist es angezeigt, diese Rechtsakte zu ändern, damit die Kommission – aufbauend auf den technischen und regulatorischen Besonderheiten des jeweiligen Sektors und ohne Beeinträchtigung bestehender Governance-, Konformitätsbewertungs- und Durchsetzungsmechanismen sowie der darin eingerichteten Behörden – beim Erlass von etwaigen delegierten Rechtsakten oder Durchführungsrechtsakten auf der Grundlage der genannten Rechtsakte die in der vorliegenden Verordnung festgelegten verbindlichen Anforderungen an Hochrisiko-KI-Systeme berücksichtigt.

---

24 Verordnung (EG) Nr. 300/2008 des Europäischen Parlaments und des Rates vom 11. März 2008 über gemeinsame Vorschriften für die Sicherheit in der Zivilluftfahrt und zur Aufhebung der Verordnung (EG) Nr. 2320/2002 (ABl. L 97 vom 9.4.2008, S. 72).
25 Verordnung (EU) Nr. 167/2013 des Europäischen Parlaments und des Rates vom 5. Februar 2013 über die Genehmigung und Marktüberwachung von land- und forstwirtschaftlichen Fahrzeugen (ABl. L 60 vom 2.3.2013, S. 1).
26 Verordnung (EU) Nr. 168/2013 des Europäischen Parlaments und des Rates vom 15. Januar 2013 über die Genehmigung und Marktüberwachung von zwei- oder dreirädrigen und vierrädrigen Fahrzeugen (ABl. L 60 vom 2.3.2013, S. 52).
27 Richtlinie 2014/90/EU des Europäischen Parlaments und des Rates vom 23. Juli 2014 über Schiffsausrüstung und zur Aufhebung der Richtlinie 96/98/EG des Rates (ABl. L 257 vom 28.8.2014, S. 146).
28 Richtlinie (EU) 2016/797 des Europäischen Parlaments und des Rates vom 11. Mai 2016 über die Interoperabilität des Eisenbahnsystems in der Europäischen Union (ABl. L 138 vom 26.5.2016, S. 44).
29 Verordnung (EU) 2018/858 des Europäischen Parlaments und des Rates vom 30. Mai 2018 über die Genehmigung und die Marktüberwachung von Kraftfahrzeugen und Kraftfahrzeuganhängern sowie von Systemen, Bauteilen und selbstständigen technischen Einheiten für diese Fahrzeuge, zur Änderung der Verordnungen (EG) Nr. 715/2007 und (EG) Nr. 595/2009 und zur Aufhebung der Richtlinie 2007/46/EG (ABl. L 151 vom 14.6.2018, S. 1).
30 Verordnung (EU) 2018/1139 des Europäischen Parlaments und des Rates vom 4. Juli 2018 zur Festlegung gemeinsamer Vorschriften für die Zivilluftfahrt und zur Errichtung einer Agentur der Europäischen Union für Flugsicherheit sowie zur Änderung der Verordnungen (EG) Nr. 2111/2005, (EG) Nr. 1008/2008, (EU) Nr. 996/2010, (EU) Nr. 376/2014 und der Richtlinien 2014/30/EU und 2014/53/EU des Europäischen Parlaments und des Rates, und zur Aufhebung der Verordnungen (EG) Nr. 552/2004 und (EG) Nr. 216/2008 des Europäischen Parlaments und des Rates und der Verordnung (EWG) Nr. 3922/91 des Rates (ABl. L 212 vom 22.8.2018, S. 1).
31 Verordnung (EU) 2019/2144 des Europäischen Parlaments und des Rates vom 27. November 2019 über die Typgenehmigung von Kraftfahrzeugen und Kraftfahrzeuganhängern sowie von Systemen, Bauteilen und selbstständigen technischen Einheiten für diese Fahrzeuge im Hinblick auf ihre allgemeine Sicherheit und den Schutz der Fahrzeuginsassen und von ungeschützten Verkehrsteilnehmern, zur Änderung der Verordnung (EU) 2018/858 des Europäischen Parlaments und des Rates und zur Aufhebung der Verordnungen (EG) Nr. 78/2009, (EG) Nr. 79/2009 und (EG) Nr. 661/2009 des Europäischen Parlaments und des Rates sowie der Verordnungen (EG) Nr. 631/2009, (EU) Nr. 406/2010, (EU) Nr. 672/2010, (EU) Nr. 1003/2010, (EU) Nr. 1005/2010, (EU) Nr. 1008/2010, (EU) Nr. 1009/2010, (EU) Nr. 19/2011, (EU) Nr. 109/2011, (EU) Nr. 458/2011, (EU) Nr. 65/2012, (EU) Nr. 130/2012, (EU) Nr. 347/2012, (EU) Nr. 351/2012, (EU) Nr. 1230/2012 und (EU) 2015/166 der Kommission (ABl. L 325 vom 16.12.2019, S. 1).

VXII. Künstliche Intelligenz-Verordnung (KI-VO)

(50) In Bezug auf KI-Systeme, die Sicherheitsbauteile von Produkten oder selbst Produkte sind, die in den Anwendungsbereich bestimmter, im Anhang dieser Verordnung aufgeführter Harmonisierungsrechtsvorschriften der Union fallen, ist es angezeigt, sie im Rahmen dieser Verordnung als hochriskant einzustufen, wenn das betreffende Produkt gemäß den einschlägigen Harmonisierungsrechtsvorschriften der Union dem Konformitätsbewertungsverfahren durch eine als Dritte auftretende Konformitätsbewertungsstelle unterzogen wird. Dabei handelt es sich insbesondere um Produkte wie Maschinen, Spielzeuge, Aufzüge, Geräte und Schutzsysteme zur bestimmungsgemäßen Verwendung in explosionsgefährdeten Bereichen, Funkanlagen, Druckgeräte, Sportbootausrüstung, Seilbahnen, Geräte zur Verbrennung gasförmiger Brennstoffe, Medizinprodukte, In-vitro-Diagnostika, Automobile und Flugzeuge.

(51) Die Einstufung eines KI-Systems als hochriskant gemäß dieser Verordnung sollte nicht zwangsläufig bedeuten, dass von dem Produkt, dessen Sicherheitsbauteil das KI-System ist, oder von dem KI-System als eigenständigem Produkt nach den Kriterien der einschlägigen Harmonisierungsrechtsvorschriften der Union für das betreffende Produkt ein hohes Risiko ausgeht. Dies gilt insbesondere für die Verordnungen (EU) 2017/745 und (EU) 2017/746, wo für Produkte mit mittlerem und hohem Risiko eine Konformitätsbewertung durch Dritte vorgesehen ist.

(52) Bei eigenständigen KI-Systemen, d. h. Hochrisiko-KI-Systemen, bei denen es sich um andere Systeme als Sicherheitsbauteile von Produkten handelt oder die selbst Produkte sind, ist es angezeigt, sie als hochriskant einzustufen, wenn sie aufgrund ihrer Zweckbestimmung ein hohes Risiko bergen, die Gesundheit und Sicherheit oder die Grundrechte von Personen zu schädigen, wobei sowohl die Schwere des möglichen Schadens als auch die Wahrscheinlichkeit seines Auftretens zu berücksichtigen sind, und sofern sie in einer Reihe von Bereichen verwendet werden, die in dieser Verordnung ausdrücklich festgelegt sind. Die Bestimmung dieser Systeme erfolgt nach derselben Methodik und denselben Kriterien, die auch für künftige Änderungen der Liste der Hochrisiko-KI-Systeme vorgesehen sind, zu deren Annahme die Kommission im Wege delegierter Rechtsakte ermächtigt werden sollte, um dem rasanten Tempo der technologischen Entwicklung sowie den möglichen Änderungen bei der Verwendung von KI-Systemen Rechnung zu tragen.

(53) Ferner muss klargestellt werden, dass es bestimmte Fälle geben kann, in denen KI-Systeme für vordefinierte in dieser Verordnung festgelegte Bereiche nicht zu einem bedeutenden Risiko der Beeinträchtigung der in diesen Bereichen geschützten rechtlichen Interessen führen, da sie die Entscheidungsfindung nicht wesentlich beeinflussen oder diesen Interessen nicht erheblich schaden. Für die Zwecke dieser Verordnung sollte ein KI-System, das das Ergebnis der Entscheidungsfindung nicht wesentlich beeinflusst, als ein KI-System verstanden werden, das keine Auswirkungen auf den Inhalt und damit das Ergebnis der Entscheidungsfindung hat, unabhängig davon, ob es sich um menschliche oder automatisierte Entscheidungen handelt. Ein KI-System, das das Ergebnis der Entscheidungsfindung nicht wesentlich beeinflusst, könnte Situationen einschließen, in denen eine oder mehrere der folgenden Bedingungen erfüllt sind. Die erste dieser Bedingungen ist, dass das KI-System dazu bestimmt ist, in einem Verfahren eine eng gefasste Aufgabe zu erfüllen, wie etwa ein KI-System, das unstrukturierte Daten in strukturierte Daten umwandelt, ein KI-System, das eingehende Dokumente in Kategorien einordnet, oder ein KI-System, das zur Erkennung von Duplikaten unter einer großen Zahl von Anwendungen eingesetzt wird. Diese Aufgaben sind so eng gefasst und be-

VXII. Künstliche Intelligenz-Verordnung (KI-VO)

grenzt, dass sie nur beschränkte Risiken darstellen, die sich durch die Verwendung eines KI-Systems in einem Kontext, der in einem Anhang dieser Verordnung als Verwendung mit hohem Risiko aufgeführt ist, nicht erhöhen. Die zweite Bedingung sollte darin bestehen, dass die von einem KI-System ausgeführte Aufgabe das Ergebnis einer zuvor abgeschlossenen menschlichen Tätigkeit verbessert, die für die Zwecke der in einem Anhang dieser Verordnung aufgeführten Verwendungen mit hohem Risiko relevant sein kann. Unter Berücksichtigung dieser Merkmale wird eine menschliche Tätigkeit durch das KI-System lediglich durch eine zusätzliche Ebene ergänzt und stellt daher ein geringeres Risiko dar. Diese Bedingung würde beispielsweise für KI-Systeme gelten, deren Ziel es ist, die in zuvor verfassten Dokumenten verwendete Sprache zu verbessern, etwa den professionellen Ton, den wissenschaftlichen Sprachstil oder um den Text an einen bestimmten mit einer Marke verbundenen Stil anzupassen. Dritte Bedingung sollte sein, dass mit dem KI-System Entscheidungsmuster oder Abweichungen von früheren Entscheidungsmustern erkannt werden sollen. Das Risiko wäre geringer, da die Verwendung des KI-Systems einer zuvor abgeschlossenen menschlichen Bewertung folgt, die das KI-System ohne angemessene menschliche Überprüfung nicht ersetzen oder beeinflussen soll. Zu solchen KI-Systemen gehören beispielsweise solche, die in Bezug auf ein bestimmtes Benotungsmuster eines Lehrers dazu verwendet werden können, nachträglich zu prüfen, ob der Lehrer möglicherweise von dem Benotungsmuster abgewichen ist, um so auf mögliche Unstimmigkeiten oder Unregelmäßigkeiten aufmerksam zu machen. Die vierte Bedingung sollte darin bestehen, dass das KI-System dazu bestimmt ist, eine Aufgabe auszuführen, die eine Bewertung, die für die Zwecke der in einem Anhang dieser Verordnung aufgeführten KI-Systeme relevant ist, lediglich vorbereitet, wodurch die mögliche Wirkung der Ausgaben des Systems im Hinblick auf das Risiko für die folgende Bewertung sehr gering bleibt. Diese Bedingung umfasst u. a. intelligente Lösungen für die Bearbeitung von Dossiers, wozu verschiedene Funktionen wie Indexierung, Suche, Text- und Sprachverarbeitung oder Verknüpfung von Daten mit anderen Datenquellen gehören, oder KI-Systeme, die für die Übersetzung von Erstdokumenten verwendet werden. In jedem Fall sollten KI-Systeme, die in den in einem Anhang dieser Verordnung aufgeführten Anwendungsfälle mit hohem Risiko verwendet werden, als erhebliche Risiken für die Gesundheit, Sicherheit oder Grundrechte gelten, wenn das KI-System Profiling im Sinne von Artikel 4 Nummer 4 der Verordnung (EU) 2016/679 oder Artikel 3 Nummer 4 der Richtlinie (EU) 2016/680 oder Artikel 3 Nummer 5 der Verordnung (EU) 2018/1725 beinhaltet. Um die Nachvollziehbarkeit und Transparenz zu gewährleisten, sollte ein Anbieter, der der Auffassung ist, dass ein KI-System auf der Grundlage der oben genannten Bedingungen kein hohes Risiko darstellt, eine Dokumentation der Bewertung erstellen, bevor dieses System in Verkehr gebracht oder in Betrieb genommen wird, und die genannte Dokumentation den zuständigen nationalen Behörden auf Anfrage zur Verfügung stellen. Ein solcher Anbieter sollte verpflichtet sein, das KI-System in der gemäß dieser Verordnung eingerichteten EU-Datenbank zu registrieren. Um eine weitere Anleitung für die praktische Umsetzung der Bedingungen zu geben, unter denen die in einem Anhang dieser Verordnung aufgeführten Systeme ausnahmsweise kein hohes Risiko darstellen, sollte die Kommission nach Konsultation des KI-Gremiums Leitlinien bereitstellen, in denen diese praktische Umsetzung detailliert aufgeführt ist und durch eine umfassende Liste praktischer Beispiele für Anwendungsfälle von KI-Systemen, die ein hohes Risiko und Anwendungsfälle, die kein hohes Risiko darstellen, ergänzt wird.

VXII. Künstliche Intelligenz-Verordnung (KI-VO)

(54) Da biometrische Daten eine besondere Kategorie personenbezogener Daten darstellen, sollten einige kritische Anwendungsfälle biometrischer Systeme als hochriskant eingestuft werden, sofern ihre Verwendung nach den einschlägigen Rechtsvorschriften der Union und den nationalen Rechtsvorschriften zulässig ist. Technische Ungenauigkeiten von KI-Systemen, die für die biometrische Fernidentifizierung natürlicher Personen bestimmt sind, können zu verzerrten Ergebnissen führen und eine diskriminierende Wirkung haben. Das Risiko solcher verzerrter Ergebnisse und solcher diskriminierender Wirkungen ist von besonderer Bedeutung, wenn es um das Alter, die ethnische Herkunft, die Rasse, das Geschlecht oder Behinderungen geht. Biometrische Fernidentifizierungssysteme sollten daher angesichts der von ihnen ausgehenden Risiken als hochriskant eingestuft werden. Diese Einstufung umfasst keine KI-Systeme, die bestimmungsgemäß für die biometrische Verifizierung, wozu die Authentifizierung gehört, verwendet werden sollen, deren einziger Zweck darin besteht, zu bestätigen, dass eine bestimmte natürliche Person die Person ist, für die sie sich ausgibt, sowie zur Bestätigung der Identität einer natürlichen Person zu dem alleinigen Zweck Zugang zu einem Dienst zu erhalten, ein Gerät zu entriegeln oder sicheren Zugang zu Räumlichkeiten zu erhalten. Darüber hinaus sollten KI-Systeme, die bestimmungsgemäß für die biometrische Kategorisierung nach sensiblen Attributen oder Merkmalen, die gemäß Artikel 9 Absatz 1 der Verordnung (EU) 2016/679 auf der Grundlage biometrischer Daten geschützt sind, und sofern sie nicht nach der vorliegenden Verordnung verboten sind, sowie Emotionserkennungssysteme, die nach dieser Verordnung nicht verboten sind, als hochriskant eingestuft werden. Biometrische Systeme, die ausschließlich dazu bestimmt sind, um Maßnahmen zur Cybersicherheit und zum Schutz personenbezogener Daten durchführen zu können, sollten nicht als Hochrisiko-KI-Systeme gelten.

(55) Was die Verwaltung und den Betrieb kritischer Infrastruktur anbelangt, so ist es angezeigt, KI-Systeme, die als Sicherheitsbauteile für die Verwaltung und den Betrieb kritischer digitaler Infrastruktur gemäß Nummer 8 des Anhangs der Richtlinie (EU) 2022/2557, des Straßenverkehrs sowie für die Wasser-, Gas-, Wärme- und Stromversorgung verwendet werden sollen, als hochriskant einzustufen, da ihr Ausfall oder ihre Störung in großem Umfang ein Risiko für das Leben und die Gesundheit von Personen darstellen und zu erheblichen Störungen bei der normalen Durchführung sozialer und wirtschaftlicher Tätigkeiten führen kann. Sicherheitsbauteile kritischer Infrastruktur, einschließlich kritischer digitaler Infrastruktur, sind Systeme, die verwendet werden, um die physische Integrität kritischer Infrastruktur oder die Gesundheit und Sicherheit von Personen und Eigentum zu schützen, die aber nicht notwendig sind, damit das System funktioniert. Ausfälle oder Störungen solcher Komponenten können direkt zu Risiken für die physische Integrität kritischer Infrastruktur und somit zu Risiken für die Gesundheit und Sicherheit von Personen und Eigentum führen. Komponenten, die für die ausschließliche Verwendung zu Zwecken der Cybersicherheit vorgesehen sind, sollten nicht als Sicherheitsbauteile gelten. Zu Beispielen von Sicherheitsbauteilen solcher kritischer Infrastruktur zählen etwa Systeme für die Überwachung des Wasserdrucks oder Feuermelder-Kontrollsysteme in Cloud-Computing-Zentren.

(56) Der Einsatz von KI-Systemen in der Bildung ist wichtig, um eine hochwertige digitale allgemeine und berufliche Bildung zu fördern und es allen Lernenden und Lehrkräften zu ermöglichen, die erforderlichen digitalen Fähigkeiten und Kompetenzen, einschließlich Medienkompetenz und kritischem Denken, zu erwerben und

VXII. Künstliche Intelligenz-Verordnung (KI-VO)

auszutauschen, damit sie sich aktiv an Wirtschaft, Gesellschaft und demokratischen Prozessen beteiligen können. Allerdings sollten KI-Systeme, die in der allgemeinen oder beruflichen Bildung eingesetzt werden, um insbesondere den Zugang oder die Zulassung zum Zweck der Zuordnung von Personen zu Bildungs- und Berufsbildungseinrichtungen oder -programmen auf allen Ebenen zu bestimmen, die Lernergebnisse von Personen zu beurteilen, das angemessene Bildungsniveau einer Person zu bewerten und das Niveau der Bildung und Ausbildung, das die Person erhält oder zu dem sie Zugang erhält, wesentlich zu beeinflussen und verbotenes Verhalten von Schülern während Prüfungen zu überwachen und zu erkennen als hochriskante KI-Systeme eingestuft werden, da sie über den Verlauf der Bildung und des Berufslebens einer Person entscheiden und daher ihre Fähigkeit beeinträchtigen können, ihren Lebensunterhalt zu sichern. Bei unsachgemäßer Konzeption und Verwendung können solche Systeme sehr intrusiv sein und das Recht auf allgemeine und berufliche Bildung sowie das Recht auf Nichtdiskriminierung verletzen und historische Diskriminierungsmuster fortschreiben, beispielsweise gegenüber Frauen, bestimmten Altersgruppen und Menschen mit Behinderungen oder Personen mit einer bestimmten rassischen oder ethnischen Herkunft oder sexuellen Ausrichtung.

(57) KI-Systeme, die in den Bereichen Beschäftigung, Personalmanagement und Zugang zur Selbstständigkeit eingesetzt werden, insbesondere für die Einstellung und Auswahl von Personen, für Entscheidungen über die Bedingungen des Arbeitsverhältnisses sowie die Beförderung und die Beendigung von Arbeitsvertragsverhältnissen, für die Zuweisung von Arbeitsaufgaben auf der Grundlage von individuellem Verhalten, persönlichen Eigenschaften oder Merkmalen sowie für die Überwachung oder Bewertung von Personen in Arbeitsvertragsverhältnissen sollten ebenfalls als hochriskant eingestuft werden, da diese Systeme die künftigen Karriereaussichten und die Lebensgrundlagen dieser Personen und die Arbeitnehmerrechte spürbar beeinflussen können. Einschlägige Arbeitsvertragsverhältnisse sollten in sinnvoller Weise Beschäftigte und Personen erfassen, die Dienstleistungen über Plattformen erbringen, auf die im Arbeitsprogramm der Kommission für 2021 Bezug genommen wird. Solche Systeme können während des gesamten Einstellungsverfahrens und bei der Bewertung, Beförderung oder Weiterbeschäftigung von Personen in Arbeitsvertragsverhältnissen historische Diskriminierungsmuster fortschreiben, beispielsweise gegenüber Frauen, bestimmten Altersgruppen und Menschen mit Behinderungen oder Personen mit einer bestimmten rassischen oder ethnischen Herkunft oder sexuellen Ausrichtung. KI-Systeme zur Überwachung der Leistung und des Verhaltens solcher Personen können auch deren Grundrechte auf Datenschutz und Privatsphäre untergraben.

(58) Ein weiterer Bereich, in dem der Einsatz von KI-Systemen besondere Aufmerksamkeit verdient, ist der Zugang zu und die Nutzung von bestimmten grundlegenden privaten und öffentlichen Diensten und Leistungen, die erforderlich sind, damit Menschen uneingeschränkt an der Gesellschaft teilhaben oder ihren Lebensstandard verbessern können. Insbesondere natürliche Personen, die grundlegende staatliche Unterstützungsleistungen und -dienste von Behörden beantragen oder erhalten, wie etwa Gesundheitsdienste, Leistungen der sozialen Sicherheit, soziale Dienste, die Schutz in Fällen wie Mutterschaft, Krankheit, Arbeitsunfall, Pflegebedürftigkeit oder Alter und Arbeitsplatzverlust sowie Sozialhilfe und Wohngeld bieten, sind in der Regel von diesen Leistungen und Diensten abhängig und befinden sich gegenüber den zuständigen Behörden in einer prekären Lage. Wenn KI-

VXII. Künstliche Intelligenz-Verordnung (KI-VO)

Systeme eingesetzt werden, um zu bestimmen, ob solche Leistungen und Dienste von den Behörden gewährt, verweigert, gekürzt, widerrufen oder zurückgefordert werden sollten, einschließlich der Frage, ob Begünstigte rechtmäßig Anspruch auf solche Leistungen oder Dienste haben, können diese Systeme erhebliche Auswirkungen auf die Lebensgrundlage von Personen haben und ihre Grundrechte wie etwa das Recht auf sozialen Schutz, Nichtdiskriminierung, Menschenwürde oder einen wirksamen Rechtsbehelf verletzen und sollten daher als hochriskant eingestuft werden. Dennoch sollte diese Verordnung die Entwicklung und Verwendung innovativer Ansätze in der öffentlichen Verwaltung nicht behindern, die von einer breiteren Verwendung konformer und sicherer KI-Systeme profitieren würde, sofern diese Systeme kein hohes Risiko für juristische und natürliche Personen bergen. Darüber hinaus sollten KI-Systeme, die zur Bewertung der Bonität oder Kreditwürdigkeit natürlicher Personen verwendet werden, als Hochrisiko-KI-Systeme eingestuft werden, da sie den Zugang dieser Personen zu Finanzmitteln oder wesentlichen Dienstleistungen wie etwa Wohnraum, Elektrizität und Telekommunikationsdienstleistungen bestimmen. KI-Systeme, die für diese Zwecke eingesetzt werden, können zur Diskriminierung von Personen oder Gruppen führen und historische Diskriminierungsmuster, wie etwa aufgrund der rassischen oder ethnischen Herkunft, des Geschlechts, einer Behinderung, des Alters oder der sexuellen Ausrichtung, fortschreiben oder neue Formen von Diskriminierung mit sich bringen. Allerdings sollten KI-Systeme, die nach Unionsrecht zur Aufdeckung von Betrug beim Angebot von Finanzdienstleistungen oder für Aufsichtszwecke zur Berechnung der Eigenkapitalanforderungen von Kreditinstituten und Versicherungsunternehmen vorgesehen sind, nicht als Hochrisiko-Systeme gemäß dieser Verordnung angesehen werden. Darüber hinaus können KI-Systeme, die für die Risikobewertung und Preisbildung in Bezug auf natürliche Personen im Fall von Kranken- und Lebensversicherungen eingesetzt werden, auch erhebliche Auswirkungen auf die Existenzgrundlage der Menschen haben und bei nicht ordnungsgemäßer Konzeption, Entwicklung und Verwendung schwerwiegende Konsequenzen für das Leben und die Gesundheit von Menschen nach sich ziehen, einschließlich finanzieller Ausgrenzung und Diskriminierung. Schließlich sollten KI-Systeme, die bei der Bewertung und Einstufung von Notrufen durch natürliche Personen oder der Entsendung oder der Priorisierung der Entsendung von Not- und Rettungsdiensten wie Polizei, Feuerwehr und medizinischer Nothilfe sowie für die Triage von Patienten bei der Notfallversorgung eingesetzt werden, ebenfalls als hochriskant eingestuft werden, da sie in für das Leben und die Gesundheit von Personen und für ihr Eigentum sehr kritischen Situationen Entscheidungen treffen.

(59) In Anbetracht der Rolle und Zuständigkeit von Strafverfolgungsbehörden sind deren Maßnahmen im Zusammenhang mit bestimmten Verwendungen von KI-Systemen durch ein erhebliches Machtungleichgewicht gekennzeichnet und können zur Überwachung, zur Festnahme oder zum Entzug der Freiheit einer natürlichen Person sowie zu anderen nachteiligen Auswirkungen auf die in der Charta verankerten Grundrechte führen. Insbesondere wenn das KI-System nicht mit hochwertigen Daten trainiert wird, die Anforderungen an seine Leistung, Genauigkeit oder Robustheit nicht erfüllt werden oder das System nicht ordnungsgemäß konzipiert und getestet wird, bevor es in Verkehr gebracht oder in anderer Weise in Betrieb genommen wird, kann es Personen in diskriminierender oder anderweitig falscher oder ungerechter Weise ausgrenzen. Darüber hinaus könnte die Ausübung wichtiger verfahrensrechtlicher Grundrechte wie etwa des Rechts auf einen wirksamen Rechts-

behelf und ein unparteiisches Gericht sowie das Verteidigungsrecht und die Unschuldsvermutung behindert werden, insbesondere wenn solche KI-Systeme nicht hinreichend transparent, erklärbar und dokumentiert sind. Daher ist es angezeigt, eine Reihe von KI-Systemen – sofern deren Einsatz nach einschlägigem Unions- oder nationalem Recht zugelassen ist –, die im Rahmen der Strafverfolgung eingesetzt werden sollen und bei denen Genauigkeit, Zuverlässigkeit und Transparenz besonders wichtig sind, als hochriskant einzustufen, um nachteilige Auswirkungen zu vermeiden, das Vertrauen der Öffentlichkeit zu erhalten und die Rechenschaftspflicht und einen wirksamen Rechtsschutz zu gewährleisten. Angesichts der Art der Tätigkeiten und der damit verbundenen Risiken sollten diese Hochrisiko-KI-Systeme insbesondere KI-Systeme umfassen, die von Strafverfolgungsbehörden oder in ihrem Auftrag oder von Organen, Einrichtungen und sonstigen Stellen der Union zur Unterstützung von Strafverfolgungsbehörden für folgende Zwecke eingesetzt werden: zur Bewertung des Risikos, dass eine natürliche Person Opfer von Straftaten wird, wie Lügendetektoren und ähnliche Instrumente, zur Bewertung der Zuverlässigkeit von Beweismitteln im Rahmen der Ermittlung oder Verfolgung von Straftaten und – soweit nach dieser Verordnung nicht untersagt – zur Bewertung des Risikos, dass eine natürliche Person eine Straftat begeht oder erneut begeht, nicht nur auf der Grundlage der Erstellung von Profilen natürlicher Personen oder zur Bewertung von Persönlichkeitsmerkmalen und Eigenschaften oder vergangenem kriminellen Verhalten von natürlichen Personen oder Gruppen, zur Erstellung von Profilen während der Aufdeckung, Untersuchung oder strafrechtlichen Verfolgung einer Straftat. KI-Systeme, die speziell für Verwaltungsverfahren in Steuer- und Zollbehörden sowie in Zentralstellen für Geldwäsche-Verdachtsanzeigen, die Verwaltungsaufgaben zur Analyse von Informationen gemäß dem Unionsrecht zur Bekämpfung der Geldwäsche durchführen, bestimmt sind, sollten nicht als Hochrisiko-KI-Systeme eingestuft werden, die von Strafverfolgungsbehörden zum Zweck der Verhütung, Aufdeckung, Untersuchung und strafrechtlichen Verfolgung von Straftaten eingesetzt werden. Der Einsatz von KI-Instrumenten durch Strafverfolgungsbehörden und anderen relevanten Behörden sollte nicht zu einem Faktor der Ungleichheit oder Ausgrenzung werden. Die Auswirkungen des Einsatzes von KI-Instrumenten auf die Verteidigungsrechte von Verdächtigen sollten nicht außer Acht gelassen werden, insbesondere nicht die Schwierigkeit, aussagekräftige Informationen über die Funktionsweise solcher Systeme zu erhalten, und die daraus resultierende Schwierigkeit einer gerichtlichen Anfechtung ihrer Ergebnisse, insbesondere durch natürliche Personen, gegen die ermittelt wird.

(60) KI-Systeme, die in den Bereichen Migration, Asyl und Grenzkontrolle eingesetzt werden, betreffen Personen, die sich häufig in einer besonders prekären Lage befinden und vom Ergebnis der Maßnahmen der zuständigen Behörden abhängig sind. Die Genauigkeit, der nichtdiskriminierende Charakter und die Transparenz der KI-Systeme, die in solchen Zusammenhängen eingesetzt werden, sind daher besonders wichtig, um die Achtung der Grundrechte der betroffenen Personen, insbesondere ihrer Rechte auf Freizügigkeit, Nichtdiskriminierung, Schutz des Privatlebens und personenbezogener Daten, internationalen Schutz und gute Verwaltung, zu gewährleisten. Daher ist es angezeigt, KI-Systeme – sofern deren Einsatz nach einschlägigem Unions- oder nationalem Recht zugelassen ist – als hochriskant einzustufen, die von den zuständigen mit Aufgaben in den Bereichen Migration, Asyl und Grenzkontrolle betrauten Behörden oder in deren Auftrag oder von Organen, Einrichtungen oder sonstigen Stellen der Union für Folgendes eingesetzt werden: als

Lügendetektoren und ähnliche Instrumente; zur Bewertung bestimmter Risiken, die von natürlichen Personen ausgehen, die in das Hoheitsgebiet eines Mitgliedstaats einreisen oder ein Visum oder Asyl beantragen; zur Unterstützung der zuständigen Behörden bei der Prüfung – einschließlich der damit zusammenhängenden Bewertung der Zuverlässigkeit von Beweismitteln – von Asyl- und Visumanträgen sowie Aufenthaltstiteln und damit verbundenen Beschwerden im Hinblick darauf, die Berechtigung der den Antrag stellenden natürlichen Personen festzustellen; zum Zweck der Aufdeckung, Anerkennung oder Identifizierung natürlicher Personen im Zusammenhang mit Migration, Asyl und Grenzkontrolle, mit Ausnahme der Überprüfung von Reisedokumenten. KI-Systeme im Bereich Migration, Asyl und Grenzkontrolle, die unter diese Verordnung fallen, sollten den einschlägigen Verfahrensvorschriften der Verordnung (EG) Nr. 810/2009 des Europäischen Parlaments und des Rates[32], der Richtlinie 2013/32/EU des Europäischen Parlaments und des Rates[33] und anderem einschlägigen Unionsrecht entsprechen. Der Einsatz von KI-Systemen in den Bereichen Migration, Asyl und Grenzkontrolle sollte unter keinen Umständen von den Mitgliedstaaten oder Organen, Einrichtungen oder sonstigen Stellen der Union als Mittel zur Umgehung ihrer internationalen Verpflichtungen aus dem am 28. Juli 1951 in Genf unterzeichneten Abkommen der Vereinten Nationen über die Rechtsstellung der Flüchtlinge in der durch das Protokoll vom 31. Januar 1967 geänderten Fassung genutzt werden. Die Systeme sollten auch nicht dazu genutzt werden, in irgendeiner Weise gegen den Grundsatz der Nichtzurückweisung zu verstoßen oder sichere und wirksame legale Wege in das Gebiet der Union, einschließlich des Rechts auf internationalen Schutz, zu verweigern.

(61) Bestimmte KI-Systeme, die für die Rechtspflege und demokratische Prozesse bestimmt sind, sollten angesichts ihrer möglichen erheblichen Auswirkungen auf die Demokratie, die Rechtsstaatlichkeit, die individuellen Freiheiten sowie das Recht auf einen wirksamen Rechtsbehelf und ein unparteiisches Gericht als hochriskant eingestuft werden. Um insbesondere den Risiken möglicher Verzerrungen, Fehler und Undurchsichtigkeiten zu begegnen, sollten KI-Systeme, die von einer Justizbehörde oder in ihrem Auftrag dazu genutzt werden sollen, Justizbehörden bei der Ermittlung und Auslegung von Sachverhalten und Rechtsvorschriften und bei der Anwendung des Rechts auf konkrete Sachverhalte zu unterstützen, als hochriskant eingestuft werden. KI-Systeme, die von Stellen für die alternative Streitbeilegung für diese Zwecke genutzt werden sollen, sollten ebenfalls als hochriskant gelten, wenn die Ergebnisse der alternativen Streitbeilegung Rechtswirkung für die Parteien entfalten. Der Einsatz von KI-Instrumenten kann die Entscheidungsgewalt von Richtern oder die Unabhängigkeit der Justiz unterstützen, sollte sie aber nicht ersetzen; die endgültige Entscheidungsfindung muss eine von Menschen gesteuerte Tätigkeit bleiben. Die Einstufung von KI-Systemen als hochriskant sollte sich jedoch nicht auf KI-Systeme erstrecken, die für rein begleitende Verwaltungstätigkeiten bestimmt sind, die die tatsächliche Rechtspflege in Einzelfällen nicht beeinträchtigen, wie etwa die Anonymisierung oder Pseudonymisierung gerichtlicher Urteile,

---

32 Verordnung (EG) Nr. 810/2009 des Europäischen Parlaments und des Rates vom 13. Juli 2009 über einen Visakodex der Gemeinschaft (Visakodex) (ABl. L 243 vom 15.9.2009, S. 1).
33 Richtlinie 2013/32/EU des Europäischen Parlaments und des Rates vom 26. Juni 2013 zu gemeinsamen Verfahren für die Zuerkennung und Aberkennung des internationalen Schutzes (ABl. L 180 vom 29.6.2013, S. 60).

VXII. Künstliche Intelligenz-Verordnung (KI-VO)

Dokumente oder Daten, die Kommunikation zwischen dem Personal oder Verwaltungsaufgaben.

(62) Unbeschadet der Vorschriften der Verordnung (EU) 2024/900 des Europäischen Parlaments und des Rates[34] und um den Risiken eines unzulässigen externen Eingriffs in das in Artikel 39 der Charta verankerte Wahlrecht und nachteiligen Auswirkungen auf die Demokratie und die Rechtsstaatlichkeit zu begegnen, sollten KI-Systeme, die verwendet werden sollen, um das Ergebnis einer Wahl oder eines Referendums oder das Wahlverhalten natürlicher Personen bei der Ausübung ihres Wahlrechts in einer Wahl oder in Referenden zu beeinflussen, als Hochrisiko-KI-Systeme eingestuft werden, mit Ausnahme von KI-Systemen, deren Ausgaben natürliche Personen nicht direkt ausgesetzt sind, wie Instrumente zur Organisation, Optimierung und Strukturierung politischer Kampagnen in administrativer und logistischer Hinsicht.

(63) Die Tatsache, dass ein KI-System gemäß dieser Verordnung als ein Hochrisiko-KI-System eingestuft wird, sollte nicht dahin gehend ausgelegt werden, dass die Verwendung des Systems nach anderen Rechtsakten der Union oder nach nationalen Rechtsvorschriften, die mit dem Unionsrecht vereinbar sind, rechtmäßig ist, beispielsweise in Bezug auf den Schutz personenbezogener Daten, die Verwendung von Lügendetektoren und ähnlichen Instrumenten oder anderen Systemen zur Ermittlung des emotionalen Zustands natürlicher Personen. Eine solche Verwendung sollte weiterhin ausschließlich gemäß den geltenden Anforderungen erfolgen, die sich aus der Charta, dem anwendbaren Sekundärrecht der Union und nationalen Recht ergeben. Diese Verordnung sollte nicht so verstanden werden, dass sie eine Rechtsgrundlage für die Verarbeitung personenbezogener Daten, gegebenenfalls einschließlich besonderer Kategorien personenbezogener Daten, bildet, es sei denn, in dieser Verordnung ist ausdrücklich etwas anderes vorgesehen.

(64) Um die von in Verkehr gebrachten oder in Betrieb genommenen Hochrisiko-KI-Systemen ausgehenden Risiken zu mindern und ein hohes Maß an Vertrauenswürdigkeit zu gewährleisten, sollten für Hochrisiko-KI-Systeme bestimmte verbindliche Anforderungen gelten, wobei der Zweckbestimmung und dem Nutzungskontext des KI-Systems sowie dem vom Anbieter einzurichtenden Risikomanagementsystem Rechnung zu tragen ist. Die von den Anbietern zur Erfüllung der verbindlichen Anforderungen dieser Verordnung ergriffenen Maßnahmen sollten dem allgemein anerkannten Stand der KI Rechnung tragen, verhältnismäßig und wirksam sein, um die Ziele dieser Verordnung zu erreichen. Auf der Grundlage des neuen Rechtsrahmens, wie in der Bekanntmachung der Kommission „Leitfaden für die Umsetzung der Produktvorschriften der EU 2022 (Blue Guide)" dargelegt, gilt als allgemeine Regel, dass mehr als ein Rechtsakt der Harmonisierungsrechtsvorschriften der Union auf ein Produkt anwendbar sein können, da die Bereitstellung oder Inbetriebnahme nur erfolgen kann, wenn das Produkt allen geltenden Harmonisierungsrechtsvorschriften der Union entspricht. Die Gefahren von KI-Systemen, die unter die Anforderungen dieser Verordnung fallen, decken andere Aspekte ab als die bestehenden Harmonisierungsrechtsvorschriften der Union, weshalb die Anforderungen dieser Verordnung das bestehende Regelwerk der Harmonisierungsrechtsvorschriften der Union ergänzen würden. So bergen etwa Maschinen oder Medizinprodukte mit einer KI-Komponente möglicherweise Risiken, die von

---

[34] Verordnung (EU) 2024/900 des Europäischen Parlaments und des Rates vom 13. März 2024 über die Transparenz und das Targeting politischer Werbung (ABl. L, 2024/900, 20.3.2024, ELI: http://data.europa.eu/eli/reg/2024/900/oj).

VXII. Künstliche Intelligenz-Verordnung (KI-VO)

den grundlegenden Gesundheits- und Sicherheitsanforderungen der einschlägigen harmonisierten Rechtsvorschriften der Union nicht erfasst werden, da diese sektoralen Rechtsvorschriften keine spezifischen KI-Risiken behandeln. Dies erfordert die gleichzeitige und ergänzende Anwendung mehrerer Rechtsakte. Um Kohärenz zu gewährleisten und unnötigen Verwaltungsaufwand sowie unnötige Kosten zu vermeiden, sollten die Anbieter eines Produkts, das ein oder mehrere Hochrisiko-KI-Systeme enthält, für die die Anforderungen dieser Verordnung und der in einem Anhang dieser Verordnung aufgeführten und auf dem neuen Rechtsrahmen beruhenden Harmonisierungsvorschriften der Union gelten, in Bezug auf betriebliche Entscheidungen darüber flexibel sein, wie die Konformität eines Produkts, das ein oder mehrere Hochrisiko-KI-Systeme enthält, bestmöglich mit allen geltenden Anforderungen dieser harmonisierten Rechtsvorschriften der Union sichergestellt werden kann. Diese Flexibilität könnte beispielsweise bedeuten, dass der Anbieter beschließt, einen Teil der gemäß dieser Verordnung erforderlichen Test- und Berichterstattungsverfahren, Informationen und Unterlagen in bereits bestehende Dokumentationen und Verfahren zu integrieren, die nach den auf dem neuen Rechtsrahmen beruhenden und in einem Anhang dieser Verordnung aufgeführten geltenden Harmonisierungsrechtsvorschriften der Union erforderlich sind. Dies sollte in keiner Weise die Verpflichtung des Anbieters untergraben, alle geltenden Anforderungen zu erfüllen.

(65) Das Risikomanagementsystem sollte in einem kontinuierlichen iterativen Prozess bestehen, der während des gesamten Lebenszyklus eines Hochrisiko-KI-Systems geplant und durchgeführt wird. Ziel dieses Prozesses sollte es ein, die einschlägigen Risiken von KI-Systemen für Gesundheit, Sicherheit und Grundrechte zu ermitteln und zu mindern. Das Risikomanagementsystem sollte regelmäßig überprüft und aktualisiert werden, um seine dauerhafte Wirksamkeit sowie die Begründetheit und Dokumentierung aller gemäß dieser Verordnung getroffenen wesentlichen Entscheidungen und Maßnahmen zu gewährleisten. Mit diesem Prozess sollte sichergestellt werden, dass der Anbieter Risiken oder negative Auswirkungen ermittelt und Minderungsmaßnahmen ergreift in Bezug auf die bekannten und vernünftigerweise vorhersehbaren Risiken von KI-Systemen für die Gesundheit, die Sicherheit und die Grundrechte angesichts ihrer Zweckbestimmung und vernünftigerweise vorhersehbaren Fehlanwendung, einschließlich der möglichen Risiken, die sich aus der Interaktion zwischen dem KI-System und der Umgebung, in der es betrieben wird, ergeben könnten. Im Rahmen des Risikomanagementsystems sollten die vor dem Hintergrund des Stands der KI am besten geeigneten Risikomanagementmaßnahmen ergriffen werden. Bei der Ermittlung der am besten geeigneten Risikomanagementmaßnahmen sollte der Anbieter die getroffenen Entscheidungen dokumentieren und erläutern und gegebenenfalls Sachverständige und externe Interessenträger hinzuziehen. Bei der Ermittlung der vernünftigerweise vorhersehbaren Fehlanwendung von Hochrisiko-KI-Systemen sollte der Anbieter die Verwendungen von KI-Systemen erfassen, die zwar nicht unmittelbar der Zweckbestimmung entsprechen und in der Betriebsanleitung vorgesehen sind, jedoch nach vernünftigem Ermessen davon auszugehen ist, dass sie sich aus einem leicht absehbaren menschlichen Verhalten im Zusammenhang mit den spezifischen Merkmalen und der Verwendung eines bestimmten KI-Systems ergeben. Alle bekannten oder vorhersehbaren Umstände bezüglich der Verwendung des Hochrisiko-KI-Systems im Einklang mit seiner Zweckbestimmung oder einer vernünftigerweise vorhersehbaren Fehlanwendung, die zu Risiken für die Gesundheit und Sicherheit oder die

181

VXII. Künstliche Intelligenz-Verordnung (KI-VO)

Grundrechte führen können, sollten vom Anbieter in der Betriebsanleitung aufgeführt werden. Damit soll sichergestellt werden, dass der Betreiber diese Umstände bei der Nutzung des Hochrisiko-KI-Systems kennt und berücksichtigt. Die Ermittlung und Umsetzung von Risikominderungsmaßnahmen in Bezug auf vorhersehbare Fehlanwendungen im Rahmen dieser Verordnung sollte keine spezifische zusätzliche Schulung für das Hochrisiko-KI-System durch den Anbieter erfordern, um gegen vorhersehbare Fehlanwendungen vorzugehen. Die Anbieter sind jedoch gehalten, solche zusätzlichen Schulungsmaßnahmen in Erwägung zu ziehen, um einer vernünftigerweise vorhersehbare Fehlanwendung entgegenzuwirken, soweit dies erforderlich und angemessen ist.

(66) Die Anforderungen sollten für Hochrisiko-KI-Systeme im Hinblick auf das Risikomanagement, die Qualität und Relevanz der verwendeten Datensätze, die technische Dokumentation und die Aufzeichnungspflichten, die Transparenz und die Bereitstellung von Informationen für die Betreiber, die menschliche Aufsicht sowie die Robustheit, Genauigkeit und Sicherheit gelten. Diese Anforderungen sind erforderlich, um die Risiken für Gesundheit, Sicherheit und Grundrechte wirksam zu mindern. Nachdem nach vernünftigem Ermessen keine anderen weniger handelsbeschränkenden Maßnahmen zur Verfügung stehen, stellen sie keine ungerechtfertigten Handelsbeschränkungen dar.

(67) Hochwertige Daten und der Zugang dazu spielen eine zentrale Rolle bei der Bereitstellung von Strukturen und für die Sicherstellung der Leistung vieler KI-Systeme, insbesondere wenn Techniken eingesetzt werden, bei denen Modelle mit Daten trainiert werden, um sicherzustellen, dass das Hochrisiko-KI-System bestimmungsgemäß und sicher funktioniert und nicht zur Ursache für Diskriminierung wird, die nach dem Unionsrecht verboten ist. Hochwertige Trainings-, Validierungs- und Testdatensätze erfordern geeignete Daten-Governance- und Datenverwaltungsverfahren. Die Trainings-, Validierungs- und Testdatensätze, einschließlich der Kennzeichnungen, sollten im Hinblick auf die Zweckbestimmung des Systems relevant, hinreichend repräsentativ und so weit wie möglich fehlerfrei und vollständig sein. Um die Einhaltung des Datenschutzrechts der Union, wie der Verordnung (EU) 2016/679, zu erleichtern, sollten Daten-Governance- und Datenverwaltungsverfahren bei personenbezogenen Daten Transparenz in Bezug auf den ursprünglichen Zweck der Datenerhebung umfassen. Die Datensätze sollten auch die geeigneten statistischen Merkmale haben, auch bezüglich der Personen oder Personengruppen, auf die das Hochrisiko-KI-System bestimmungsgemäß angewandt werden soll, unter besonderer Berücksichtigung der Minderung möglicher Verzerrungen in den Datensätzen, die die Gesundheit und Sicherheit von Personen beeinträchtigen, sich negativ auf die Grundrechte auswirken oder zu einer nach dem Unionsrecht verbotenen Diskriminierung führen könnten, insbesondere wenn die Datenausgaben die Eingaben für künftige Operationen beeinflussen (Rückkopplungsschleifen). Verzerrungen können zum Beispiel – insbesondere bei Verwendung historischer Daten – den zugrunde liegenden Datensätzen innewohnen oder bei der Implementierung der Systeme in der realen Welt generiert werden. Die von einem KI-System ausgegebenen Ergebnisse könnten durch solche inhärenten Verzerrungen beeinflusst werden, die tendenziell allmählich zunehmen und dadurch bestehende Diskriminierungen fortschreiben und verstärken, insbesondere in Bezug auf Personen, die bestimmten schutzbedürftigen Gruppen wie aufgrund von Rassismus benachteiligten oder ethnischen Gruppen angehören. Die Anforderung, dass die Datensätze so weit wie möglich vollständig und fehlerfrei sein müssen, sollte sich nicht auf den

VXII. Künstliche Intelligenz-Verordnung (KI-VO)

Einsatz von Techniken zur Wahrung der Privatsphäre im Zusammenhang mit der Entwicklung und dem Testen von KI-Systemen auswirken. Insbesondere sollten die Datensätze, soweit dies für die Zweckbestimmung erforderlich ist, den Eigenschaften, Merkmalen oder Elementen entsprechen, die für die besonderen geografischen, kontextuellen, verhaltensbezogenen oder funktionalen Rahmenbedingungen, unter denen das Hochrisiko-KI-System bestimmungsgemäß verwendet werden soll, typisch sind. Die Anforderungen an die Daten-Governance können durch die Inanspruchnahme Dritter erfüllt werden, die zertifizierte Compliance-Dienste anbieten, einschließlich der Überprüfung der Daten-Governance, der Datensatzintegrität und der Datenschulungs-, Validierungs- und Testverfahren, sofern die Einhaltung der Datenanforderungen dieser Verordnung gewährleistet ist.

(68) Für die Entwicklung und Bewertung von Hochrisiko-KI-Systemen sollten bestimmte Akteure wie etwa Anbieter, notifizierte Stellen und andere einschlägige Einrichtungen wie etwa Europäische Digitale Innovationszentren, Test- und Versuchseinrichtungen und Forscher in der Lage sein, in den Tätigkeitsbereichen, in denen diese Akteure tätig sind und die mit dieser Verordnung in Zusammenhang stehen, auf hochwertige Datensätze zuzugreifen und diese zu nutzen. Die von der Kommission eingerichteten gemeinsamen europäischen Datenräume und die Erleichterung des Datenaustauschs im öffentlichen Interesse zwischen Unternehmen und mit Behörden werden entscheidend dazu beitragen, einen vertrauensvollen, rechenschaftspflichtigen und diskriminierungsfreien Zugang zu hochwertigen Daten für das Training, die Validierung und das Testen von KI-Systemen zu gewährleisten. Im Gesundheitsbereich beispielsweise wird der europäische Raum für Gesundheitsdaten den diskriminierungsfreien Zugang zu Gesundheitsdaten und das Training von KI-Algorithmen mithilfe dieser Datensätze erleichtern, und zwar unter Wahrung der Privatsphäre, auf sichere, zeitnahe, transparente und vertrauenswürdige Weise und unter angemessener institutioneller Leitung. Die einschlägigen zuständigen Behörden, einschließlich sektoraler Behörden, die den Zugang zu Daten bereitstellen oder unterstützen, können auch die Bereitstellung hochwertiger Daten für das Training, die Validierung und das Testen von KI-Systemen unterstützen.

(69) Das Recht auf Privatsphäre und den Schutz personenbezogener Daten muss während des gesamten Lebenszyklus des KI-Systems sichergestellt sein. In dieser Hinsicht gelten die Grundsätze der Datenminimierung und des Datenschutzes durch Technikgestaltung und Voreinstellungen, wie sie im Datenschutzrecht der Union festgelegt sind, wenn personenbezogene Daten verarbeitet werden. Unbeschadet der in dieser Verordnung festgelegten Anforderungen an die Daten-Governance können zu den Maßnahmen, mit denen die Anbieter die Einhaltung dieser Grundsätze sicherstellen, nicht nur Anonymisierung und Verschlüsselung gehören, sondern auch der Einsatz von Technik, die es ermöglicht, Algorithmen direkt am Ort der Datenerzeugung einzusetzen und KI-Systeme zu trainieren, ohne dass Daten zwischen Parteien übertragen oder die Rohdaten oder strukturierten Daten selbst kopiert werden.

(70) Um das Recht anderer auf Schutz vor Diskriminierung, die sich aus Verzerrungen in KI-Systemen ergeben könnte, zu wahren, sollten die Anbieter ausnahmsweise und in dem unbedingt erforderlichen Ausmaß, um die Erkennung und Korrektur von Verzerrungen im Zusammenhang mit Hochrisiko-KI-Systemen sicherzustellen, vorbehaltlich angemessener Vorkehrungen für den Schutz der Grundrechte und Grundfreiheiten natürlicher Personen und nach Anwendung aller in dieser Verordnung festgelegten geltenden Bedingungen zusätzlich zu den in den Verordnungen

VXII. Künstliche Intelligenz-Verordnung (KI-VO)

(EU) 2016/679 und (EU) 2018/1725 sowie der Richtlinie (EU) 2016/680 festgelegten Bedingungen besondere Kategorien personenbezogener Daten als Angelegenheit von erheblichem öffentlichen Interesse im Sinne des Artikels 9 Absatz 2 Buchstabe g der Verordnung (EU) 2016/679 und des Artikels 10 Absatz 2 Buchstabe g der Verordnung (EU) 2018/1725 verarbeiten können.

(71) Umfassende Informationen darüber, wie Hochrisiko-KI-Systeme entwickelt wurden und wie sie während ihrer gesamten Lebensdauer funktionieren, sind unerlässlich, um die Nachvollziehbarkeit dieser Systeme, die Überprüfung der Einhaltung der Anforderungen dieser Verordnung sowie die Beobachtung ihres Betriebs und ihre Beobachtung nach dem Inverkehrbringen zu ermöglichen. Dies erfordert die Führung von Aufzeichnungen und die Verfügbarkeit einer technischen Dokumentation, die alle erforderlichen Informationen enthält, um die Einhaltung der einschlägigen Anforderungen durch das KI-System zu beurteilen und die Beobachtung nach dem Inverkehrbringen zu erleichtern. Diese Informationen sollten die allgemeinen Merkmale, Fähigkeiten und Grenzen des Systems, die verwendeten Algorithmen, Daten und Trainings-, Test- und Validierungsverfahren sowie die Dokumentation des einschlägigen Risikomanagementsystems umfassen und in klarer und umfassender Form abgefasst sein. Die technische Dokumentation sollte während der gesamten Lebensdauer des KI-Systems angemessen auf dem neuesten Stand gehalten werden. Darüber hinaus sollten die Hochrisiko-KI-Systeme technisch die automatische Aufzeichnung von Ereignissen mittels Protokollierung während der Lebensdauer des Systems ermöglichen.

(72) Um Bedenken hinsichtlich der Undurchsichtigkeit und Komplexität bestimmter KI-Systeme auszuräumen und die Betreiber bei der Erfüllung ihrer Pflichten gemäß dieser Verordnung zu unterstützen, sollte für Hochrisiko-KI-Systeme Transparenz vorgeschrieben werden, bevor sie in Verkehr gebracht oder in Betrieb genommen werden. Hochrisiko-KI-Systeme sollten so gestaltet sein, dass die Betreiber in der Lage sind, zu verstehen, wie das KI-System funktioniert, seine Funktionalität zu bewerten und seine Stärken und Grenzen zu erfassen. Hochrisiko-KI-Systemen sollten angemessene Informationen in Form von Betriebsanleitungen beigefügt sein. Zu diesen Informationen sollten die Merkmale, Fähigkeiten und Leistungsbeschränkungen des KI-Systems gehören. Diese würden Informationen über mögliche bekannte und vorhersehbare Umstände im Zusammenhang mit der Nutzung des Hochrisiko-KI-Systems, einschließlich Handlungen des Betreibers, die das Verhalten und die Leistung des Systems beeinflussen können, unter denen das KI-System zu Risiken in Bezug auf die Gesundheit, die Sicherheit und die Grundrechte führen kann, über die Änderungen, die vom Anbieter vorab festgelegt und auf Konformität geprüft wurden, und über die einschlägigen Maßnahmen der menschlichen Aufsicht, einschließlich der Maßnahmen, um den Betreibern die Interpretation der Ausgaben von KI-Systemen zu erleichtern, umfassen. Transparenz, einschließlich der begleitenden Betriebsanleitungen, sollte den Betreibern bei der Nutzung des Systems helfen und ihre fundierte Entscheidungsfindung unterstützen. Unter anderem sollten Betreiber besser in der Lage sein, das richtige System auszuwählen, das sie angesichts der für sie geltenden Pflichten verwenden wollen, über die beabsichtigten und ausgeschlossenen Verwendungszwecke informiert sein und das KI-System korrekt und angemessen verwenden. Um die Lesbarkeit und Zugänglichkeit der in der Betriebsanleitung enthaltenen Informationen zu verbessern, sollten diese gegebenenfalls anschauliche Beispiele enthalten, zum Beispiel zu den Beschränkungen sowie zu den beabsichtigten und ausgeschlossenen Verwendungen des KI-

Systems. Die Anbieter sollten dafür sorgen, dass in der gesamten Dokumentation, einschließlich der Betriebsanleitungen, aussagekräftige, umfassende, zugängliche und verständliche Informationen enthalten sind, wobei die Bedürfnisse und vorhersehbaren Kenntnisse der Zielbetreiber zu berücksichtigen sind. Die Betriebsanleitungen sollten in einer vom betreffenden Mitgliedstaat festgelegten Sprache zur Verfügung gestellt werden, die von den Zielbetreibern leicht verstanden werden kann.

(73) Hochrisiko-KI-Systeme sollten so gestaltet und entwickelt werden, dass natürliche Personen ihre Funktionsweise überwachen und sicherstellen können, dass sie bestimmungsgemäß verwendet werden und dass ihre Auswirkungen während des Lebenszyklus des Systems berücksichtigt werden. Zu diesem Zweck sollte der Anbieter des Systems vor dem Inverkehrbringen oder der Inbetriebnahme geeignete Maßnahmen zur Gewährleistung der menschlichen Aufsicht festlegen. Insbesondere sollten solche Maßnahmen gegebenenfalls gewährleisten, dass das System integrierten Betriebseinschränkungen unterliegt, über die sich das System selbst nicht hinwegsetzen kann, dass es auf den menschlichen Bediener reagiert und dass die natürlichen Personen, denen die menschliche Aufsicht übertragen wurde, über die erforderliche Kompetenz, Ausbildung und Befugnis verfügen, um diese Aufgabe wahrzunehmen. Es ist außerdem unerlässlich, gegebenenfalls dafür zu sorgen, dass in Hochrisiko-KI-Systemen Mechanismen enthalten sind, um eine natürliche Person, der die menschliche Aufsicht übertragen wurde, zu beraten und zu informieren, damit sie fundierte Entscheidungen darüber trifft, ob, wann und wie einzugreifen ist, um negative Folgen oder Risiken zu vermeiden, oder das System anzuhalten, wenn es nicht wie beabsichtigt funktioniert. Angesichts der bedeutenden Konsequenzen für Personen im Falle eines falschen Treffers durch bestimmte biometrische Identifizierungssysteme ist es angezeigt, für diese Systeme eine verstärkte Anforderung im Hinblick auf die menschliche Aufsicht vorzusehen, sodass der Betreiber keine Maßnahmen oder Entscheidungen aufgrund des vom System hervorgebrachten Identifizierungsergebnisses treffen kann, solange dies nicht von mindestens zwei natürlichen Personen getrennt überprüft und bestätigt wurde. Diese Personen könnten von einer oder mehreren Einrichtungen stammen und die Person umfassen, die das System bedient oder verwendet. Diese Anforderung sollte keine unnötigen Belastungen oder Verzögerungen mit sich bringen, und es könnte ausreichen, dass die getrennten Überprüfungen durch die verschiedenen Personen automatisch in die vom System erzeugten Protokolle aufgenommen werden. Angesichts der Besonderheiten der Bereiche Strafverfolgung, Migration, Grenzkontrolle und Asyl sollte diese Anforderung nicht gelten, wenn die Geltung dieser Anforderung nach Unionsrecht oder nationalem Recht unverhältnismäßig ist.

(74) Hochrisiko-KI-Systeme sollten während ihres gesamten Lebenszyklus beständig funktionieren und ein angemessenes Maß an Genauigkeit, Robustheit und Cybersicherheit angesichts ihrer Zweckbestimmung und entsprechend dem allgemein anerkannten Stand der Technik aufweisen. Die Kommission sowie einschlägige Interessenträger und Organisationen sind aufgefordert, der Minderung der Risiken und negativen Auswirkungen des KI-Systems gebührend Rechnung zu tragen. Das erwartete Leistungskennzahlniveau sollte in der beigefügten Betriebsanleitung angegeben werden. Die Anbieter werden nachdrücklich aufgefordert, diese Informationen den Betreibern in klarer und leicht verständlicher Weise ohne Missverständnisse oder irreführende Aussagen zu übermitteln. Die Rechtsvorschriften der

VXII. Künstliche Intelligenz-Verordnung (KI-VO)

Union zum gesetzlichen Messwesen, einschließlich der Richtlinien 2014/31/EU[35] und 2014/32/EU des Europäischen Parlaments und des Rates[36], zielt darauf ab, die Genauigkeit von Messungen sicherzustellen und die Transparenz und Fairness im Geschäftsverkehr zu fördern. In diesem Zusammenhang sollte die Kommission in Zusammenarbeit mit einschlägigen Interessenträgern und Organisationen, wie Metrologie- und Benchmarking-Behörden, gegebenenfalls die Entwicklung von Benchmarks und Messmethoden für KI-Systeme fördern. Dabei sollte die Kommission internationale Partner, die an Metrologie und einschlägigen Messindikatoren für KI arbeiten, beachten und mit ihnen zusammenarbeiten.

(75) Die technische Robustheit ist eine wesentliche Voraussetzung für Hochrisiko-KI-Systeme. Sie sollten widerstandsfähig in Bezug auf schädliches oder anderweitig unerwünschtes Verhalten sein, das sich aus Einschränkungen innerhalb der Systeme oder der Umgebung, in der die Systeme betrieben werden, ergeben kann (z. B. Fehler, Störungen, Unstimmigkeiten, unerwartete Situationen). Daher sollten technische und organisatorische Maßnahmen ergriffen werden, um die Robustheit von Hochrisiko-KI-Systemen sicherzustellen, indem beispielsweise geeignete technische Lösungen konzipiert und entwickelt werden, um schädliches oder anderweitig unerwünschtes Verhalten zu verhindern oder zu minimieren. Zu diesen technischen Lösungen können beispielsweise Mechanismen gehören, die es dem System ermöglichen, seinen Betrieb bei bestimmten Anomalien oder beim Betrieb außerhalb bestimmter vorab festgelegter Grenzen sicher zu unterbrechen (Störungssicherheitspläne). Ein fehlender Schutz vor diesen Risiken könnte die Sicherheit beeinträchtigen oder sich negativ auf die Grundrechte auswirken, wenn das KI-System beispielsweise falsche Entscheidungen trifft oder falsche oder verzerrte Ausgaben hervorbringt.

(76) Die Cybersicherheit spielt eine entscheidende Rolle, wenn es darum geht, sicherzustellen, dass KI-Systeme widerstandsfähig gegenüber Versuchen böswilliger Dritter sind, unter Ausnutzung der Schwachstellen der Systeme deren Verwendung, Verhalten, Leistung zu verändern oder ihre Sicherheitsmerkmale zu beeinträchtigen. Cyberangriffe auf KI-Systeme können KI-spezifische Ressourcen wie Trainingsdatensätze (z. B. Datenvergiftung) oder trainierte Modelle (z. B. feindliche Angriffe oder Inferenzangriffe auf Mitgliederdaten) nutzen oder Schwachstellen in den digitalen Ressourcen des KI-Systems oder der zugrunde liegenden IKT-Infrastruktur ausnutzen. Um ein den Risiken angemessenes Cybersicherheitsniveau zu gewährleisten, sollten die Anbieter von Hochrisiko-KI-Systemen daher geeignete Maßnahmen, etwa Sicherheitskontrollen, ergreifen, wobei gegebenenfalls auch die zugrunde liegende IKT-Infrastruktur zu berücksichtigen ist.

(77) Unbeschadet der in dieser Verordnung festgelegten Anforderungen an Robustheit und Genauigkeit können Hochrisiko-AI-Systeme, die in den Geltungsbereich einer Verordnung des Europäischen Parlaments und des Rates über horizontale Cybersicherheitsanforderungen für Produkte mit digitalen Elementen gemäß der genannten Verordnung fallen, die Erfüllung der Cybersicherheitsanforderungen der vorliegenden Verordnung nachweisen, indem sie die in der genannten Verordnung festge-

---

35 Richtlinie 2014/31/EU des Europäischen Parlaments und des Rates vom 26. Februar 2014 zur Angleichung der Rechtsvorschriften der Mitgliedstaaten betreffend die Bereitstellung nichtselbsttätiger Waagen auf dem Markt (ABl. L 96 vom 29.3.2014, S. 107).
36 Richtlinie 2014/32/EU des Europäischen Parlaments und des Rates vom 26. Februar 2014 zur Harmonisierung der Rechtsvorschriften der Mitgliedstaaten über die Bereitstellung von Messgeräten auf dem Markt (ABl. L 96 vom 29.3.2014, S. 149).

VXII. Künstliche Intelligenz-Verordnung (KI-VO)

legten grundlegenden Cybersicherheitsanforderungen erfüllen. Wenn Hochrisiko-KI-Systeme die grundlegenden Anforderungen einer Verordnung des Europäischen Parlaments und des Rates über horizontale Cybersicherheitsanforderungen für Produkte mit digitalen Elementen erfüllen, sollten sie als die in der vorliegenden Verordnung festgelegten Cybersicherheitsanforderungen erfüllend gelten, soweit die Erfüllung der genannten Anforderungen in der gemäß der genannten Verordnung ausgestellten EU-Konformitätserklärung oder in Teilen davon nachgewiesen wird. Zu diesem Zweck sollten bei der im Rahmen einer Verordnung des Europäischen Parlaments und des Rates über horizontale Cybersicherheitsanforderungen für Produkte mit digitalen Elementen durchgeführten Bewertung der Cybersicherheitsrisiken, die mit einem gemäß der vorliegenden Verordnung als Hochrisiko-KI-System eingestuften Produkt mit digitalen Elementen verbunden sind, Risiken für die Cyberabwehrfähigkeit eines KI-Systems in Bezug auf Versuche unbefugter Dritter, seine Verwendung, sein Verhalten oder seine Leistung zu verändern, einschließlich KI-spezifischer Schwachstellen wie Datenvergiftung oder feindlicher Angriffe, sowie gegebenenfalls Risiken für die Grundrechte gemäß der vorliegenden Verordnung berücksichtigt werden.

(78) Das in dieser Verordnung vorgesehene Konformitätsbewertungsverfahren sollte in Bezug auf die grundlegenden Cybersicherheitsanforderungen an ein Produkt mit digitalen Elementen, das unter eine Verordnung des Europäischen Parlaments und des Rates über horizontale Cybersicherheitsanforderungen für Produkte mit digitalen Elementen fällt und gemäß der vorliegenden Verordnung als Hochrisiko-KI-System eingestuft ist, gelten. Diese Regel sollte jedoch nicht dazu führen, dass die erforderliche Vertrauenswürdigkeit für unter eine Verordnung des Europäischen Parlaments und des Rates über horizontale Cybersicherheitsanforderungen für Produkte mit digitalen Elementen fallende kritische Produkte mit digitalen Elementen verringert wird. Daher unterliegen abweichend von dieser Regel Hochrisiko-KI-Systeme, die in den Anwendungsbereich der vorliegenden Verordnung fallen und gemäß einer Verordnung des Europäischen Parlaments und des Rates über horizontale Cybersicherheitsanforderungen für Produkte mit digitalen Elementen als wichtige und kritische Produkte mit digitalen Elementen eingestuft werden und für die das Konformitätsbewertungsverfahren auf der Grundlage der internen Kontrolle gemäß einem Anhang der vorliegenden Verordnung gilt, den Konformitätsbewertungsbestimmungen einer Verordnung des Europäischen Parlaments und des Rates über horizontale Cybersicherheitsanforderungen für Produkte mit digitalen Elementen, soweit die wesentlichen Cybersicherheitsanforderungen der genannten Verordnung betroffen sind. In diesem Fall sollten für alle anderen Aspekte, die unter die vorliegende Verordnung fallen, die entsprechenden Bestimmungen über die Konformitätsbewertung auf der Grundlage der internen Kontrolle gelten, die in einem Anhang der vorliegenden Verordnung festgelegt sind. Aufbauend auf den Kenntnissen und dem Fachwissen der ENISA in Bezug auf die Cybersicherheitspolitik und die der ENISA gemäß der Verordnung (EU) 2019/881 des Europäischen Parlaments und des Rates[37] übertragenen Aufgaben sollte die Kommission in Fragen im Zusammenhang mit der Cybersicherheit von KI-Systemen mit der ENISA zusammenarbeiten.

---

37 Verordnung (EU) 2019/881 des Europäischen Parlaments und des Rates vom 17. April 2019 über die ENISA (Agentur der Europäischen Union für Cybersicherheit) und über die Zertifizierung der Cybersicherheit von Informations- und Kommunikationstechnik und zur Aufhebung der Verordnung (EU) Nr. 526/2013 (Rechtsakt zur Cybersicherheit) (ABl. L 151 vom 7.6.2019, S. 15).

VXII. Künstliche Intelligenz-Verordnung (KI-VO)

(79) Es ist angezeigt, dass eine bestimmte als Anbieter definierte natürliche oder juristische Person die Verantwortung für das Inverkehrbringen oder die Inbetriebnahme eines Hochrisiko-KI-Systems übernimmt, unabhängig davon, ob es sich bei dieser natürlichen oder juristischen Person um die Person handelt, die das System konzipiert oder entwickelt hat.

(80) Als Unterzeichner des Übereinkommens über die Rechte von Menschen mit Behinderungen der Vereinten Nationen sind die Union und alle Mitgliedstaaten rechtlich verpflichtet, Menschen mit Behinderungen vor Diskriminierung zu schützen und ihre Gleichstellung zu fördern, sicherzustellen, dass Menschen mit Behinderungen gleichberechtigt Zugang zu Informations- und Kommunikationstechnologien und -systemen haben, und die Achtung der Privatsphäre von Menschen mit Behinderungen sicherzustellen. Angesichts der zunehmenden Bedeutung und Nutzung von KI-Systemen sollte die strikte Anwendung der Grundsätze des universellen Designs auf alle neuen Technologien und Dienste einen vollständigen und gleichberechtigten Zugang für alle Menschen sicherstellen, die potenziell von KI-Technologien betroffen sind oder diese nutzen, einschließlich Menschen mit Behinderungen, und zwar in einer Weise, die ihrer Würde und Vielfalt in vollem Umfang Rechnung trägt. Es ist daher von wesentlicher Bedeutung, dass die Anbieter die uneingeschränkte Einhaltung der Barrierefreiheitsanforderungen sicherstellen, einschließlich der in der Richtlinie (EU) 2016/2102 des Europäischen Parlaments und des Rates[38] und in der Richtlinie (EU) 2019/882 festgelegten Anforderungen. Die Anbieter sollten die Einhaltung dieser Anforderungen durch Voreinstellungen sicherstellen. Die erforderlichen Maßnahmen sollten daher so weit wie möglich in die Konzeption von Hochrisiko-KI-Systemen integriert werden.

(81) Der Anbieter sollte ein solides Qualitätsmanagementsystem einrichten, die Durchführung des vorgeschriebenen Konformitätsbewertungsverfahrens sicherstellen, die einschlägige Dokumentation erstellen und ein robustes System zur Beobachtung nach dem Inverkehrbringen einrichten. Anbieter von Hochrisiko-KI-Systemen, die Pflichten in Bezug auf Qualitätsmanagementsysteme gemäß den einschlägigen sektorspezifischen Rechtsvorschriften der Union unterliegen, sollten die Möglichkeit haben, die Elemente des in dieser Verordnung vorgesehenen Qualitätsmanagementsystems als Teil des bestehenden, in diesen anderen sektoralen Rechtsvorschriften der Union vorgesehen Qualitätsmanagementsystems aufzunehmen. Auch bei künftigen Normungstätigkeiten oder Leitlinien, die von der Kommission angenommen werden, sollte der Komplementarität zwischen dieser Verordnung und den bestehenden sektorspezifischen Rechtsvorschriften der Union Rechnung getragen werden. Behörden, die Hochrisiko-KI-Systeme für den Eigengebrauch in Betrieb nehmen, können unter Berücksichtigung der Besonderheiten des Bereichs sowie der Zuständigkeiten und der Organisation der besagten Behörde die Vorschriften für das Qualitätsmanagementsystem als Teil des auf nationaler oder regionaler Ebene eingesetzten Qualitätsmanagementsystems annehmen und umsetzen.

(82) Um die Durchsetzung dieser Verordnung zu ermöglichen und gleiche Wettbewerbsbedingungen für die Akteure zu schaffen, muss unter Berücksichtigung der verschiedenen Formen der Bereitstellung digitaler Produkte sichergestellt sein, dass unter allen Umständen eine in der Union niedergelassene Person den Behörden alle erforderlichen Informationen über die Konformität eines KI-Systems zur Verfü-

---

38 Richtlinie (EU) 2016/2102 des Europäischen Parlaments und des Rates vom 26. Oktober 2016 über den barrierefreien Zugang zu Websites und mobilen Anwendungen öffentlicher Stellen (ABl. L 327 vom 2.12.2016, S. 1).

VXII. Künstliche Intelligenz-Verordnung (KI-VO)

gung stellen kann. Daher sollten Anbieter, die in Drittländern niedergelassen sind, vor der Bereitstellung ihrer KI-Systeme in der Union schriftlich einen in der Union niedergelassenen Bevollmächtigten benennen. Dieser Bevollmächtigte spielt eine zentrale Rolle bei der Gewährleistung der Konformität der von den betreffenden Anbietern, die nicht in der Union niedergelassen sind, in der Union in Verkehr gebrachten oder in Betrieb genommenen Hochrisiko-KI-Systeme und indem er als ihr in der Union niedergelassener Ansprechpartner dient.

(83) Angesichts des Wesens und der Komplexität der Wertschöpfungskette für KI-Systeme und im Einklang mit dem neuen Rechtsrahmen ist es von wesentlicher Bedeutung, Rechtssicherheit zu gewährleisten und die Einhaltung dieser Verordnung zu erleichtern. Daher müssen die Rolle und die spezifischen Pflichten der relevanten Akteure entlang dieser Wertschöpfungskette, wie Einführer und Händler, die zur Entwicklung von KI-Systemen beitragen können, präzisiert werden. In bestimmten Situationen könnten diese Akteure mehr als eine Rolle gleichzeitig wahrnehmen und sollten daher alle einschlägigen Pflichten, die mit diesen Rollen verbunden sind, kumulativ erfüllen. So könnte ein Akteur beispielsweise gleichzeitig als Händler und als Einführer auftreten.

(84) Um Rechtssicherheit zu gewährleisten, muss präzisiert werden, dass unter bestimmten spezifischen Bedingungen jeder Händler, Einführer, Betreiber oder andere Dritte als Anbieter eines Hochrisiko-KI-Systems betrachtet werden und daher alle einschlägigen Pflichten erfüllen sollte. Dies wäre auch der Fall, wenn diese Partei ein bereits in Verkehr gebrachtes oder in Betrieb genommenes Hochrisiko-KI-System mit ihrem Namen oder ihrer Handelsmarke versieht, unbeschadet vertraglicher Vereinbarungen, die eine andere Aufteilung der Pflichten vorsehen, oder wenn sie eine wesentliche Veränderung des Hochrisiko-KI-Systems, das bereits in Verkehr gebracht oder bereits in Betrieb genommen wurde, so vornimmt, dass es weiterhin ein Hochrisiko-KI-System im Sinne dieser Verordnung bleibt, oder wenn sie die Zweckbestimmung eines KI-Systems, einschließlich eines KI-Systems mit allgemeinem Verwendungszweck, das nicht als Hochrisiko-KI-System eingestuft wurde und bereits in Verkehr gebracht oder in Betrieb genommen wurde, so verändert, dass das KI-System zu einem Hochrisiko-KI-System im Sinne dieser Verordnung wird. Diese Bestimmungen sollten unbeschadet spezifischerer Bestimmungen in bestimmten Harmonisierungsrechtsvorschriften der Union auf Grundlage des neuen Rechtsrahmens gelten, mit denen diese Verordnung zusammen gelten sollte. So sollte beispielsweise Artikel 16 Absatz 2 der Verordnung (EU) 2017/745, wonach bestimmte Änderungen nicht als eine Änderung des Produkts, die Auswirkungen auf seine Konformität mit den geltenden Anforderungen haben könnte, gelten sollten, weiterhin auf Hochrisiko-KI-Systeme angewandt werden, bei denen es sich um Medizinprodukte im Sinne der genannten Verordnung handelt.

(85) KI-Systeme mit allgemeinem Verwendungszweck können als eigenständige Hochrisiko-KI-Systeme eingesetzt werden oder Komponenten anderer Hochrisiko-KI-Systemen sein. Daher sollten, aufgrund der besonderen Merkmale dieser KI-Systeme und um für eine gerechte Verteilung der Verantwortlichkeiten entlang der KI-Wertschöpfungskette zu sorgen, Anbieter solcher Systeme, unabhängig davon, ob sie von anderen Anbietern als eigenständige Hochrisiko-KI-Systeme oder als Komponenten von Hochrisiko-KI-Systemen verwendet werden können, und sofern in dieser Verordnung nichts anderes bestimmt ist, eng mit den Anbietern der relevanten Hochrisiko-KI-Systeme, um ihnen die Einhaltung der entsprechenden

VXII. Künstliche Intelligenz-Verordnung (KI-VO)

Pflichten aus dieser Verordnung zu ermöglichen, und mit den gemäß dieser Verordnung eingerichteten zuständigen Behörden zusammenarbeiten.

(86) Sollte der Anbieter, der das KI-System ursprünglich in Verkehr gebracht oder in Betrieb genommen hat, unter den in dieser Verordnung festgelegten Bedingungen nicht mehr als Anbieter im Sinne dieser Verordnung gelten und hat jener Anbieter die Änderung des KI-Systems in ein Hochrisiko-KI-System nicht ausdrücklich ausgeschlossen, so sollte der erstgenannte Anbieter dennoch eng zusammenarbeiten, die erforderlichen Informationen zur Verfügung stellen und den vernünftigerweise erwarteten technischen Zugang und sonstige Unterstützung leisten, die für die Erfüllung der in dieser Verordnung festgelegten Pflichten, insbesondere in Bezug auf die Konformitätsbewertung von Hochrisiko-KI-Systemen, erforderlich sind.

(87) Zusätzlich sollte, wenn ein Hochrisiko-KI-System, bei dem es sich um ein Sicherheitsbauteil eines Produkts handelt, das in den Geltungsbereich von Harmonisierungsrechtsvorschriften der Union auf Grundlage des neuen Rechtsrahmens fällt, nicht unabhängig von dem Produkt in Verkehr gebracht oder in Betrieb genommen wird, der Produkthersteller im Sinne der genannten Rechtsvorschriften die in der vorliegenden Verordnung festgelegten Anbieterpflichten erfüllen und sollte insbesondere sicherstellen, dass das in das Endprodukt eingebettete KI-System den Anforderungen dieser Verordnung entspricht.

(88) Entlang der KI-Wertschöpfungskette liefern häufig mehrere Parteien KI-Systeme, Instrumente und Dienstleistungen, aber auch Komponenten oder Prozesse, die vom Anbieter zu diversen Zwecken in das KI-System integriert werden; dazu gehören das Trainieren, Neutrainieren, Testen und Bewerten von Modellen, die Integration in Software oder andere Aspekte der Modellentwicklung. Diese Parteien haben eine wichtige Rolle in der Wertschöpfungskette gegenüber dem Anbieter des Hochrisiko-KI-Systems, in das ihre KI-Systeme, Instrumente, Dienste, Komponenten oder Verfahren integriert werden, und sollten in einer schriftlichen Vereinbarung die Informationen, die Fähigkeiten, den technischen Zugang und die sonstige Unterstützung nach dem allgemein anerkannten Stand der Technik bereitstellen, die erforderlich sind, damit der Anbieter die in dieser Verordnung festgelegten Pflichten vollständig erfüllen kann, ohne seine eigenen Rechte des geistigen Eigentums oder Geschäftsgeheimnisse zu gefährden.

(89) Dritte, die Instrumente, Dienste, Verfahren oder Komponenten, bei denen es sich nicht um KI-Modelle mit allgemeinem Verwendungszweck handelt, öffentlich zugänglich machen, sollten nicht dazu verpflichtet werden, Anforderungen zu erfüllen, die auf die Verantwortlichkeiten entlang der KI-Wertschöpfungskette ausgerichtet sind, insbesondere gegenüber dem Anbieter, der sie genutzt oder integriert hat, wenn diese Instrumente, Dienste, Verfahren oder KI-Komponenten im Rahmen einer freien und quelloffenen Lizenz zugänglich gemacht werden. Die Entwickler von freien und quelloffenen Instrumenten, Diensten, Verfahren oder KI-Komponenten, bei denen es sich nicht um KI-Modelle mit allgemeinem Verwendungszweck handelt, sollten dazu ermutigt werden, weit verbreitete Dokumentationsverfahren, wie z. B. Modellkarten und Datenblätter, als Mittel dazu einzusetzen, den Informationsaustausch entlang der KI-Wertschöpfungskette zu beschleunigen, sodass vertrauenswürdige KI-Systeme in der Union gefördert werden können.

(90) Die Kommission könnte freiwillige Mustervertragsbedingungen für Verträge zwischen Anbietern von Hochrisiko-KI-Systemen und Dritten ausarbeiten und empfehlen, in deren Rahmen Instrumente, Dienste, Komponenten oder Verfahren bereitgestellt werden, die für Hochrisiko-KI-Systeme verwendet oder in diese inte-

griert werden, um die Zusammenarbeit entlang der Wertschöpfungskette zu erleichtern. Bei der Ausarbeitung dieser freiwilligen Mustervertragsbedingungen sollte die Kommission auch mögliche vertragliche Anforderungen berücksichtigen, die in bestimmten Sektoren oder Geschäftsfällen gelten.

(91) Angesichts des Charakters von KI-Systemen und der Risiken für die Sicherheit und die Grundrechte, die mit ihrer Verwendung verbunden sein können, ist es angezeigt, besondere Zuständigkeiten für die Betreiber festzulegen, auch im Hinblick darauf, dass eine angemessene Beobachtung der Leistung eines KI-Systems unter Realbedingungen sichergestellt werden muss. Die Betreiber sollten insbesondere geeignete technische und organisatorische Maßnahmen treffen, um sicherzustellen, dass sie Hochrisiko-KI-Systeme gemäß den Betriebsanleitungen verwenden, und es sollten bestimmte andere Pflichten in Bezug auf die Überwachung der Funktionsweise der KI-Systeme und gegebenenfalls auch Aufzeichnungspflichten festgelegt werden. Darüber hinaus sollten die Betreiber sicherstellen, dass die Personen, denen die Umsetzung der Betriebsanleitungen und die menschliche Aufsicht gemäß dieser Verordnung übertragen wurde, über die erforderliche Kompetenz verfügen, insbesondere über ein angemessenes Niveau an KI-Kompetenz, Schulung und Befugnis, um diese Aufgaben ordnungsgemäß zu erfüllen. Diese Pflichten sollten sonstige Pflichten des Betreibers in Bezug auf Hochrisiko-KI-Systeme nach Unionsrecht oder nationalem Recht unberührt lassen.

(92) Diese Verordnung lässt Pflichten der Arbeitgeber unberührt, Arbeitnehmer oder ihre Vertreter nach dem Unionsrecht oder nationalem Recht und nationaler Praxis, einschließlich der Richtlinie 2002/14/EG des Europäischen Parlaments und des Rates[39] über Entscheidungen zur Inbetriebnahme oder Nutzung von KI-Systemen zu unterrichten oder zu unterrichten und anzuhören. Es muss nach wie vor sichergestellt werden, dass Arbeitnehmer und ihre Vertreter über die geplante Einführung von Hochrisiko-KI-Systemen am Arbeitsplatz unterrichtet werden, wenn die Bedingungen für diese Pflichten zur Unterrichtung oder zur Unterrichtung und Anhörung gemäß anderen Rechtsinstrumenten nicht erfüllt sind. Darüber hinaus ist dieses Recht, unterrichtet zu werden, ein Nebenrecht und für das Ziel des Schutzes der Grundrechte, das dieser Verordnung zugrunde liegt, erforderlich. Daher sollte in dieser Verordnung eine entsprechende Unterrichtungsanforderung festgelegt werden, ohne bestehende Arbeitnehmerrechte zu beeinträchtigen.

(93) Während Risiken im Zusammenhang mit KI-Systemen einerseits aus der Art und Weise entstehen können, in der solche Systeme konzipiert sind, können sie sich andererseits auch aus der Art und Weise ergeben, in der diese Systeme verwendet werden. Betreiber von Hochrisiko-KI-Systemen spielen daher eine entscheidende Rolle bei der Gewährleistung des Schutzes der Grundrechte in Ergänzung der Pflichten der Anbieter bei der Entwicklung der KI-Systeme. Betreiber können am besten verstehen, wie das Hochrisiko-KI-System konkret eingesetzt wird, und können somit dank einer genaueren Kenntnis des Verwendungskontextes sowie der wahrscheinlich betroffenen Personen oder Personengruppen, einschließlich schutzbedürftiger Gruppen, erhebliche potenzielle Risiken erkennen, die in der Entwicklungsphase nicht vorausgesehen wurden. Betreiber der in einem Anhang dieser Verordnung aufgeführten Hochrisiko-KI-Systeme spielen ebenfalls eine entscheidende Rolle bei der Unterrichtung natürlicher Personen und sollten, wenn sie natürliche

---

39 Richtlinie 2002/14/EG des Europäischen Parlaments und des Rates vom 11. März 2002 zur Festlegung eines allgemeinen Rahmens für die Unterrichtung und Anhörung der Arbeitnehmer in der Europäischen Gemeinschaft (ABl. L 80 vom 23.3.2002, S. 29).

VXII. Künstliche Intelligenz-Verordnung (KI-VO)

Personen betreffende Entscheidungen treffen oder bei solchen Entscheidungen Unterstützung leisten, gegebenenfalls die natürlichen Personen darüber unterrichten, dass sie Gegenstand des Einsatzes des Hochrisiko-KI-Systems sind. Diese Unterrichtung sollte die Zweckbestimmung und die Art der getroffenen Entscheidungen umfassen. Der Betreiber sollte die natürlichen Personen auch über ihr Recht auf eine Erklärung gemäß dieser Verordnung unterrichten. Bei Hochrisiko-KI-Systemen, die zu Strafverfolgungszwecken eingesetzt werden, sollte diese Pflicht im Einklang mit Artikel 13 der Richtlinie (EU) 2016/680 umgesetzt werden.

(94) Jede Verarbeitung biometrischer Daten im Zusammenhang mit der Verwendung von KI-Systemen für die biometrische Identifizierung zu Strafverfolgungszwecken muss im Einklang mit Artikel 10 der Richtlinie (EU) 2016/680, demzufolge eine solche Verarbeitung nur dann erlaubt ist, wenn sie unbedingt erforderlich ist, vorbehaltlich angemessener Vorkehrungen für den Schutz der Rechte und Freiheiten der betroffenen Person, und sofern sie nach dem Unionsrecht oder dem Recht der Mitgliedstaaten zulässig ist, erfolgen. Bei einer solchen Nutzung, sofern sie zulässig ist, müssen auch die in Artikel 4 Absatz 1 der Richtlinie (EU) 2016/680 festgelegten Grundsätze geachtet werden, einschließlich Rechtmäßigkeit, Fairness und Transparenz, Zweckbindung, sachliche Richtigkeit und Speicherbegrenzung.

(95) Unbeschadet des geltenden Unionsrechts, insbesondere der Verordnung (EU) 2016/679 und der Richtlinie (EU) 2016/680, sollte die Verwendung von Systemen zur nachträglichen biometrischen Fernidentifizierung in Anbetracht des intrusiven Charakters von Systemen zur nachträglichen biometrischen Fernidentifizierung Schutzvorkehrungen unterliegen. Systeme zur nachträglichen biometrischen Fernidentifizierung sollten stets auf verhältnismäßige, legitime und unbedingt erforderliche Weise eingesetzt werden und somit zielgerichtet sein, was die zu identifizierenden Personen, den Ort und den zeitlichen Anwendungsbereich betrifft, und auf einem geschlossenen Datensatz rechtmäßig erworbener Videoaufnahmen basieren. In jedem Fall sollten Systeme zur nachträglichen biometrischen Fernidentifizierung im Rahmen der Strafverfolgung nicht so verwendet werden, dass sie zu willkürlicher Überwachung führen. Die Bedingungen für die nachträgliche biometrische Fernidentifizierung sollten keinesfalls eine Grundlage dafür bieten, die Bedingungen des Verbots und der strengen Ausnahmen für biometrische Echtzeit-Fernidentifizierung zu umgehen.

(96) Um wirksam sicherzustellen, dass die Grundrechte geschützt werden, sollten Betreiber von Hochrisiko-KI-Systemen, bei denen es sich um Einrichtungen des öffentlichen Rechts oder private Einrichtungen, die öffentliche Dienste erbringen, handelt, und Betreiber, die bestimmte Hochrisiko-KI-Systemen gemäß einem Anhang dieser Verordnung betreiben, wie Bank- oder Versicherungsunternehmen, vor der Inbetriebnahme eine Grundrechte-Folgenabschätzung durchführen. Für Einzelpersonen wichtige Dienstleistungen öffentlicher Art können auch von privaten Einrichtungen erbracht werden. Private Einrichtungen, die solche öffentliche Dienstleistungen erbringen, sind mit Aufgaben im öffentlichen Interesse verknüpft, etwa in den Bereichen Bildung, Gesundheitsversorgung, Sozialdienste, Wohnungswesen und Justizverwaltung. Ziel der Grundrechte-Folgenabschätzung ist es, dass der Betreiber die spezifischen Risiken für die Rechte von Einzelpersonen oder Gruppen von Einzelpersonen, die wahrscheinlich betroffen sein werden, ermittelt und Maßnahmen ermittelt, die im Falle eines Eintretens dieser Risiken zu ergreifen sind. Die Folgenabschätzung sollte vor dem erstmaligen Einsatz des Hochrisiko-KI-Systems durchgeführt werden, und sie sollte aktualisiert werden, wenn der Be-

VXII. Künstliche Intelligenz-Verordnung (KI-VO)

treiber der Auffassung ist, dass sich einer der relevanten Faktoren geändert hat. In der Folgenabschätzung sollten die einschlägigen Verfahren des Betreibers, bei denen das Hochrisiko-KI-System im Einklang mit seiner Zweckbestimmung verwendet wird, genannt werden, und sie sollte eine Beschreibung des Zeitraums und der Häufigkeit, innerhalb dessen bzw. mit der das Hochrisiko-KI-System verwendet werden soll, sowie der Kategorien der natürlichen Personen und Gruppen, die im spezifischen Verwendungskontext betroffen sein könnten, enthalten. Die Abschätzung sollte außerdem die spezifischen Schadensrisiken enthalten, die sich auf die Grundrechte dieser Personen oder Gruppen auswirken können. Bei der Durchführung dieser Bewertung sollte der Betreiber Informationen Rechnung tragen, die für eine ordnungsgemäße Abschätzung der Folgen relevant sind, unter anderem die vom Anbieter des Hochrisiko-KI-Systems in der Betriebsanleitung angegebenen Informationen. Angesichts der ermittelten Risiken sollten die Betreiber Maßnahmen festlegen, die im Falle eines Eintretens dieser Risiken zu ergreifen sind, einschließlich beispielsweise Unternehmensführungsregelungen in diesem spezifischen Verwendungskontext, etwa Regelungen für die menschliche Aufsicht gemäß den Betriebsanleitungen oder Verfahren für die Bearbeitung von Beschwerden und Rechtsbehelfsverfahren, da sie dazu beitragen könnten, Risiken für die Grundrechte in konkreten Anwendungsfällen zu mindern. Nach Durchführung dieser Folgenabschätzung sollte der Betreiber die zuständige Marktüberwachungsbehörde unterrichten. Um einschlägige Informationen einzuholen, die für die Durchführung der Folgenabschätzung erforderlich sind, könnten die Betreiber von Hochrisiko-KI-Systemen, insbesondere wenn KI-Systeme im öffentlichen Sektor verwendet werden, relevante Interessenträger, unter anderem Vertreter von Personengruppen, die von dem KI-System betroffen sein könnten, unabhängige Sachverständige und Organisationen der Zivilgesellschaft, in die Durchführung solcher Folgenabschätzungen und die Gestaltung von Maßnahmen, die im Falle des Eintretens der Risiken zu ergreifen sind, einbeziehen. Das Europäische Büro für Künstliche Intelligenz (im Folgenden „Büro für Künstliche Intelligenz") sollte ein Muster für einen Fragebogen ausarbeiten, um den Betreibern die Einhaltung der Vorschriften zu erleichtern und den Verwaltungsaufwand für sie zu verringern.

(97) Der Begriff „KI-Modelle mit allgemeinem Verwendungszweck" sollte klar bestimmt und vom Begriff der KI-Systeme abgegrenzt werden, um Rechtssicherheit zu schaffen. Die Begriffsbestimmung sollte auf den wesentlichen funktionalen Merkmalen eines KI-Modells mit allgemeinem Verwendungszweck beruhen, insbesondere auf der allgemeinen Verwendbarkeit und der Fähigkeit, ein breites Spektrum unterschiedlicher Aufgaben kompetent zu erfüllen. Diese Modelle werden in der Regel mit großen Datenmengen durch verschiedene Methoden, etwa überwachtes, unüberwachtes und bestärkendes Lernen, trainiert. KI-Modelle mit allgemeinem Verwendungszweck können auf verschiedene Weise in Verkehr gebracht werden, unter anderem über Bibliotheken, Anwendungsprogrammierschnittstellen (API), durch direktes Herunterladen oder als physische Kopie. Diese Modelle können weiter geändert oder zu neuen Modellen verfeinert werden. Obwohl KI-Modelle wesentliche Komponenten von KI-Systemen sind, stellen sie für sich genommen keine KI-Systeme dar. Damit KI-Modelle zu KI-Systemen werden, ist die Hinzufügung weiterer Komponenten, zum Beispiel einer Nutzerschnittstelle, erforderlich. KI-Modelle sind in der Regel in KI-Systeme integriert und Teil davon. Diese Verordnung enthält spezifische Vorschriften für KI-Modelle mit allgemeinem Verwendungszweck und für KI-Modelle mit allgemeinem Verwendungszweck, die

VXII. Künstliche Intelligenz-Verordnung (KI-VO)

systemische Risiken bergen; diese sollten auch gelten, wenn diese Modelle in ein KI-System integriert oder Teil davon sind. Es sollte klar sein, dass die Pflichten für die Anbieter von KI-Modellen mit allgemeinem Verwendungszweck gelten sollten, sobald die KI-Modelle mit allgemeinem Verwendungszweck in Verkehr gebracht werden. Wenn der Anbieter eines KI-Modells mit allgemeinem Verwendungszweck ein eigenes Modell in sein eigenes KI-System integriert, das auf dem Markt bereitgestellt oder in Betrieb genommen wird, sollte jenes Modell als in Verkehr gebracht gelten und sollten daher die Pflichten aus dieser Verordnung für Modelle weiterhin zusätzlich zu den Pflichten für KI-Systeme gelten. Die für Modelle festgelegten Pflichten sollten in jedem Fall nicht gelten, wenn ein eigenes Modell für rein interne Verfahren verwendet wird, die für die Bereitstellung eines Produkts oder einer Dienstleistung an Dritte nicht wesentlich sind, und die Rechte natürlicher Personen nicht beeinträchtigt werden. Angesichts ihrer potenziellen in erheblichem Ausmaße negativen Auswirkungen sollten KI-Modelle mit allgemeinem Verwendungszweck mit systemischem Risiko stets den einschlägigen Pflichten gemäß dieser Verordnung unterliegen. Die Begriffsbestimmung sollte nicht für KI-Modelle gelten, die vor ihrem Inverkehrbringen ausschließlich für Forschungs- und Entwicklungstätigkeiten oder die Konzipierung von Prototypen verwendet werden. Dies gilt unbeschadet der Pflicht, dieser Verordnung nachzukommen, wenn ein Modell nach solchen Tätigkeiten in Verkehr gebracht wird.

(98) Die allgemeine Verwendbarkeit eines Modells könnte zwar unter anderem auch durch eine bestimmte Anzahl von Parametern bestimmt werden, doch sollten Modelle mit mindestens einer Milliarde Parametern, die mit einer großen Datenmenge unter umfassender Selbstüberwachung trainiert werden, als Modelle gelten, die eine erhebliche allgemeine Verwendbarkeit aufweisen und ein breites Spektrum unterschiedlicher Aufgaben kompetent erfüllen.

(99) Große generative KI-Modelle sind ein typisches Beispiel für ein KI-Modell mit allgemeinem Verwendungszweck, da sie eine flexible Erzeugung von Inhalten ermöglichen, etwa in Form von Text- Audio-, Bild- oder Videoinhalten, die leicht ein breites Spektrum unterschiedlicher Aufgaben umfassen können.

(100) Wenn ein KI-Modell mit allgemeinem Verwendungszweck in ein KI-System integriert oder Teil davon ist, sollte dieses System als KI-System mit allgemeinem Verwendungszweck gelten, wenn dieses System aufgrund dieser Integration in der Lage ist, einer Vielzahl von Zwecken zu dienen. Ein KI-System mit allgemeinem Verwendungszweck kann direkt eingesetzt oder in andere KI-Systeme integriert werden.

(101) Anbieter von KI-Modellen mit allgemeinem Verwendungszweck nehmen entlang der KI-Wertschöpfungskette eine besondere Rolle und Verantwortung wahr, da die von ihnen bereitgestellten Modelle die Grundlage für eine Reihe nachgelagerter Systeme bilden können, die häufig von nachgelagerten Anbietern bereitgestellt werden und die ein gutes Verständnis der Modelle und ihrer Fähigkeiten erfordern, sowohl um die Integration solcher Modelle in ihre Produkte zu ermöglichen als auch ihre Pflichten im Rahmen dieser oder anderer Verordnungen zu erfüllen. Daher sollten verhältnismäßige Transparenzmaßnahmen festgelegt werden, einschließlich der Erstellung und Aktualisierung von Dokumentation und der Bereitstellung von Informationen über das KI-Modell mit allgemeinem Verwendungszweck für dessen Nutzung durch die nachgelagerten Anbieter. Der Anbieter von KI-Modellen mit allgemeinem Verwendungszweck sollte technische Dokumentation erarbeiten und aktualisieren, damit sie dem Büro für Künstliche Intelligenz und den zuständigen

VXII. Künstliche Intelligenz-Verordnung (KI-VO)

nationalen Behörden auf Anfrage zur Verfügung gestellt werden kann. Welche Elemente mindestens in eine solche Dokumentation aufzunehmen sind, sollte in bestimmten Anhängen dieser Verordnung festgelegt werden. Der Kommission sollte die Befugnis übertragen werden, diese Anhänge im Wege delegierter Rechtsakte vor dem Hintergrund sich wandelnder technologischer Entwicklungen zu ändern.

(102) Software und Daten, einschließlich Modellen, die im Rahmen einer freien und quelloffenen Lizenz freigegeben werden, die ihre offene Weitergabe erlaubt und die Nutzer kostenlos abrufen, nutzen, verändern und weiter verteilen können, auch in veränderter Form, können zu Forschung und Innovation auf dem Markt beitragen und der Wirtschaft der Union erhebliche Wachstumschancen eröffnen. KI-Modelle mit allgemeinem Verwendungszweck, die im Rahmen freier und quelloffener Lizenzen freigegeben werden, sollten als ein hohes Maß an Transparenz und Offenheit sicherstellend gelten, wenn ihre Parameter, einschließlich Gewichte, Informationen über die Modellarchitektur und Informationen über die Modellnutzung, öffentlich zugänglich gemacht werden. Die Lizenz sollte auch als freie quelloffene Lizenz gelten, wenn sie es den Nutzern ermöglicht, Software und Daten zu betreiben, zu kopieren, zu verbreiten, zu untersuchen, zu ändern und zu verbessern, einschließlich Modelle, sofern der ursprüngliche Anbieter des Modells genannt und identische oder vergleichbare Vertriebsbedingungen eingehalten werden.

(103) Zu freien und quelloffenen KI-Komponenten zählen Software und Daten, einschließlich Modelle und KI-Modelle mit allgemeinem Verwendungszweck, Instrumente, Dienste oder Verfahren eines KI-Systems. Freie und quelloffene KI-Komponenten können über verschiedene Kanäle bereitgestellt werden, einschließlich ihrer Entwicklung auf offenen Speichern. Für die Zwecke dieser Verordnung sollten KI-Komponenten, die gegen einen Preis bereitgestellt oder anderweitig monetarisiert werden, einschließlich durch die Bereitstellung technischer Unterstützung oder anderer Dienste – einschließlich über eine Softwareplattform – im Zusammenhang mit der KI-Komponente oder durch die Verwendung personenbezogener Daten aus anderen Gründen als der alleinigen Verbesserung der Sicherheit, Kompatibilität oder Interoperabilität der Software, mit Ausnahme von Transaktionen zwischen Kleinstunternehmen, nicht unter die Ausnahmen für freie und quelloffene KI-Komponenten fallen. Die Bereitstellung von KI-Komponenten über offene Speicher sollte für sich genommen keine Monetarisierung darstellen.

(104) Für die Anbieter von KI-Modellen mit allgemeinem Verwendungszweck, die im Rahmen einer freien und quelloffenen Lizenz freigegeben werden und deren Parameter, einschließlich Gewichte, Informationen über die Modellarchitektur und Informationen über die Modellnutzung, öffentlich zugänglich gemacht werden, sollten Ausnahmen in Bezug auf die Transparenzanforderungen für KI-Modelle mit allgemeinem Verwendungszweck gelten, es sei denn, sie können als Modelle gelten, die ein systemisches Risiko bergen; in diesem Fall sollte der Umstand, dass das Modell transparent ist und mit einer quelloffenen Lizenz einhergeht, nicht als ausreichender Grund gelten, um sie von der Einhaltung der Pflichten aus dieser Verordnung auszunehmen. Da die Freigabe von KI-Modellen mit allgemeinem Verwendungszweck im Rahmen einer freien und quelloffenen Lizenz nicht unbedingt wesentliche Informationen über den für das Trainieren oder die Feinabstimmung des Modells verwendeten Datensatz und die Art und Weise, wie damit die Einhaltung des Urheberrechts sichergestellt wurde, offenbart, sollte die für KI-Modelle mit allgemeinem Verwendungszweck vorgesehene Ausnahme von der Einhaltung der Transparenzanforderungen in jedem Fall nicht die Pflicht zur Erstellung einer

Zusammenfassung der für das Training des Modells verwendeten Inhalte und die Pflicht, eine Strategie zur Einhaltung des Urheberrechts der Union, insbesondere zur Ermittlung und Einhaltung der gemäß Artikel 4 Absatz 3 der Richtlinie (EU) 2019/790 des Europäischen Parlaments und des Rates[40] geltend gemachten Rechtsvorbehalte, auf den Weg zu bringen, betreffen.

(105) KI-Modelle mit allgemeinem Verwendungszweck, insbesondere große generative KI-Modelle, die Text, Bilder und andere Inhalte erzeugen können, bedeuten einzigartige Innovationsmöglichkeiten, aber auch Herausforderungen für Künstler, Autoren und andere Kreative sowie die Art und Weise, wie ihre kreativen Inhalte geschaffen, verbreitet, genutzt und konsumiert werden. Für die Entwicklung und das Training solcher Modelle ist der Zugang zu riesigen Mengen an Text, Bildern, Videos und anderen Daten erforderlich. In diesem Zusammenhang können Text- und-Data-Mining-Techniken in großem Umfang für das Abrufen und die Analyse solcher Inhalte, die urheberrechtlich und durch verwandte Schutzrechte geschützt sein können, eingesetzt werden. Für jede Nutzung urheberrechtlich geschützter Inhalte ist die Zustimmung des betreffenden Rechteinhabers erforderlich, es sei denn, es gelten einschlägige Ausnahmen und Beschränkungen des Urheberrechts. Mit der Richtlinie (EU) 2019/790 wurden Ausnahmen und Beschränkungen eingeführt, um unter bestimmten Bedingungen Vervielfältigungen und Entnahmen von Werken oder sonstigen Schutzgegenständen für die Zwecke des Text und Data Mining zu erlauben. Nach diesen Vorschriften können Rechteinhaber beschließen, ihre Rechte an ihren Werken oder sonstigen Schutzgegenständen vorzubehalten, um Text und Data Mining zu verhindern, es sei denn, es erfolgt zum Zwecke der wissenschaftlichen Forschung. Wenn die Vorbehaltsrechte ausdrücklich und in geeigneter Weise vorbehalten wurden, müssen Anbieter von KI-Modellen mit allgemeinem Verwendungszweck eine Genehmigung von den Rechteinhabern einholen, wenn sie Text und Data Mining bei solchen Werken durchführen wollen.

(106) Anbieter, die KI-Modelle mit allgemeinem Verwendungszweck in der Union in Verkehr bringen, sollten die Erfüllung der einschlägigen Pflichten aus dieser Verordnung gewährleisten. Zu diesem Zweck sollten Anbieter von KI-Modellen mit allgemeinem Verwendungszweck eine Strategie zur Einhaltung des Urheberrechts der Union und der verwandten Schutzrechte einführen, insbesondere zur Ermittlung und Einhaltung des gemäß Artikel 4 Absatz 3 der Richtlinie (EU) 2019/790 durch die Rechteinhaber geltend gemachten Rechtsvorbehalts. Jeder Anbieter, der ein KI-Modell mit allgemeinem Verwendungszweck in der Union in Verkehr bringt, sollte diese Pflicht erfüllen, unabhängig davon, in welchem Hoheitsgebiet die urheberrechtlich relevanten Handlungen, die dem Training dieser KI-Modelle mit allgemeinem Verwendungszweck zugrunde liegen, stattfinden. Dies ist erforderlich, um gleiche Wettbewerbsbedingungen für Anbieter von KI-Modellen mit allgemeinem Verwendungszweck sicherzustellen, unter denen kein Anbieter in der Lage sein sollte, durch die Anwendung niedrigerer Urheberrechtsstandards als in der Union einen Wettbewerbsvorteil auf dem Unionsmarkt zu erlangen.

(107) Um die Transparenz in Bezug auf die beim Vortraining und Training von KI-Modellen mit allgemeinem Verwendungszweck verwendeten Daten, einschließlich urheberrechtlich geschützter Texte und Daten, zu erhöhen, ist es angemessen, dass die Anbieter solcher Modelle eine hinreichend detaillierte Zusammenfassung der

---

[40] Richtlinie (EU) 2019/790 des Europäischen Parlaments und des Rates vom 17. April 2019 über das Urheberrecht und die verwandten Schutzrechte im digitalen Binnenmarkt und zur Änderung der Richtlinien 96/9/EG und 2001/29/EG (ABl. L 130 vom 17.5.2019, S. 92).

VXII. Künstliche Intelligenz-Verordnung (KI-VO)

für das Training des KI-Modells mit allgemeinem Verwendungszweck verwendeten Inhalte erstellen und veröffentlichen. Unter gebührender Berücksichtigung der Notwendigkeit, Geschäftsgeheimnisse und vertrauliche Geschäftsinformationen zu schützen, sollte der Umfang dieser Zusammenfassung allgemein weitreichend und nicht technisch detailliert sein, um Parteien mit berechtigtem Interesse, einschließlich der Inhaber von Urheberrechten, die Ausübung und Durchsetzung ihrer Rechte nach dem Unionsrecht zu erleichtern, beispielsweise indem die wichtigsten Datenerhebungen oder Datensätze aufgeführt werden, die beim Training des Modells verwendet wurden, etwa große private oder öffentliche Datenbanken oder Datenarchive, und indem eine beschreibende Erläuterung anderer verwendeter Datenquellen bereitgestellt wird. Es ist angebracht, dass das Büro für Künstliche Intelligenz eine Vorlage für die Zusammenfassung bereitstellt, die einfach und wirksam sein sollte und es dem Anbieter ermöglichen sollte, die erforderliche Zusammenfassung in beschreibender Form bereitzustellen.

(108) In Bezug auf die den Anbietern von KI-Modellen mit allgemeinem Verwendungszweck auferlegten Pflichten, eine Strategie zur Einhaltung des Urheberrechts der Union einzuführen und eine Zusammenfassung der für das Training verwendeten Inhalte zu veröffentlichen, sollte das Büro für Künstliche Intelligenz überwachen, ob der Anbieter diese Pflichten erfüllt hat, ohne dies zu überprüfen oder die Trainingsdaten im Hinblick auf die Einhaltung des Urheberrechts Werk für Werk zu bewerten. Diese Verordnung berührt nicht die Durchsetzung der Urheberrechtsvorschriften des Unionsrechts.

(109) Die Einhaltung der für die Anbieter von KI-Modellen mit allgemeinem Verwendungszweck geltenden Pflichten sollte der Art des Anbieters von Modellen angemessen und verhältnismäßig sein, wobei Personen, die Modelle für nicht berufliche oder wissenschaftliche Forschungszwecke entwickeln oder verwenden, ausgenommen sind, jedoch ermutigt werden sollten, diese Anforderungen freiwillig zu erfüllen. Unbeschadet des Urheberrechts der Union sollte bei der Einhaltung dieser Pflichten der Größe des Anbieters gebührend Rechnung getragen und für KMU, einschließlich Start-up-Unternehmen, vereinfachte Verfahren zur Einhaltung ermöglicht werden, die keine übermäßigen Kosten verursachen und nicht von der Verwendung solcher Modelle abhalten sollten. Im Falle einer Änderung oder Feinabstimmung eines Modells sollten die Pflichten der Anbieter von KI-Modellen mit allgemeinem Verwendungszweck auf diese Änderung oder Feinabstimmung beschränkt sein, indem beispielsweise die bereits vorhandene technische Dokumentation um Informationen über die Änderungen, einschließlich neuer Trainingsdatenquellen, ergänzt wird, um die in dieser Verordnung festgelegten Pflichten in der Wertschöpfungskette zu erfüllen.

(110) KI-Modelle mit allgemeinem Verwendungszweck könnten systemische Risiken bergen, unter anderem tatsächliche oder vernünftigerweise vorhersehbare negative Auswirkungen im Zusammenhang mit schweren Unfällen, Störungen kritischer Sektoren und schwerwiegende Folgen für die öffentliche Gesundheit und Sicherheit; alle tatsächlichen oder vernünftigerweise vorhersehbaren negativen Auswirkungen auf die demokratischen Prozesse und die öffentliche und wirtschaftliche Sicherheit; die Verbreitung illegaler, falscher oder diskriminierender Inhalte. Bei systemischen Risiken sollte davon ausgegangen werden, dass sie mit den Fähigkeiten und der Reichweite des Modells zunehmen, während des gesamten Lebenszyklus des Modells auftreten können und von Bedingungen einer Fehlanwendung, der Zuverlässigkeit des Modells, der Modellgerechtigkeit und der Modellsicherheit,

dem Grad der Autonomie des Modells, seinem Zugang zu Instrumenten, neuartigen oder kombinierten Modalitäten, Freigabe- und Vertriebsstrategien, dem Potenzial zur Beseitigung von Leitplanken und anderen Faktoren beeinflusst werden. Insbesondere bei internationalen Ansätzen wurde bisher festgestellt, dass folgenden Risiken Rechnung getragen werden muss: den Risiken einer möglichen vorsätzlichen Fehlanwendung oder unbeabsichtigter Kontrollprobleme im Zusammenhang mit der Ausrichtung auf menschliche Absicht; chemischen, biologischen, radiologischen und nuklearen Risiken, zum Beispiel Möglichkeiten zur Verringerung der Zutrittsschranken, einschließlich für Entwicklung, Gestaltung, Erwerb oder Nutzung von Waffen; offensiven Cyberfähigkeiten, zum Beispiel die Art und Weise, wie Entdeckung, Ausbeutung oder operative Nutzung von Schwachstellen ermöglicht werden können; den Auswirkungen der Interaktion und des Einsatzes von Instrumenten, einschließlich zum Beispiel der Fähigkeit, physische Systeme zu steuern und in kritische Infrastrukturen einzugreifen; Risiken, dass Modelle sich selbst vervielfältigen, oder der „Selbstreplikation" oder des Trainings anderer Modelle; der Art und Weise, wie Modelle zu schädlichen Verzerrungen und Diskriminierung mit Risiken für Einzelpersonen, Gemeinschaften oder Gesellschaften führen können; der Erleichterung von Desinformation oder der Verletzung der Privatsphäre mit Gefahren für demokratische Werte und Menschenrechte; dem Risiko, dass ein bestimmtes Ereignis zu einer Kettenreaktion mit erheblichen negativen Auswirkungen führen könnte, die sich auf eine ganze Stadt, eine ganze Tätigkeit in einem Bereich oder eine ganze Gemeinschaft auswirken könnten.

(111) Es ist angezeigt, eine Methodik für die Einstufung von KI-Modellen mit allgemeinem Verwendungszweck als KI-Modelle mit allgemeinem Verwendungszweck mit systemischen Risiken festzulegen. Da sich systemische Risiken aus besonders hohen Fähigkeiten ergeben, sollte ein KI-Modell mit allgemeinem Verwendungszweck als Modell mit systemischen Risiken gelten, wenn es über auf der Grundlage geeigneter technischer Instrumente und Methoden bewertete Fähigkeiten mit hoher Wirkkraft verfügt oder aufgrund seiner Reichweite erhebliche Auswirkungen auf den Binnenmarkt hat. „Fähigkeiten mit hoher Wirkkraft" bei KI-Modellen mit allgemeinem Verwendungszweck bezeichnet Fähigkeiten, die den bei den fortschrittlichsten KI-Modellen mit allgemeinem Verwendungszweck festgestellten Fähigkeiten entsprechen oder diese übersteigen. Das gesamte Spektrum der Fähigkeiten eines Modells könnte besser verstanden werden, nachdem es in Verkehr gebracht wurde oder wenn die Betreiber mit dem Modell interagieren. Nach dem Stand der Technik zum Zeitpunkt des Inkrafttretens dieser Verordnung ist die kumulierte Menge der für das Training des KI-Modells mit allgemeinem Verwendungszweck verwendeten Berechnungen, gemessen in Gleitkommaoperationen, einer der einschlägigen Näherungswerte für Modellfähigkeiten. Die kumulierte Menge der für das Training verwendeten Berechnungen umfasst die kumulierte Menge der für die Tätigkeiten und Methoden, mit denen die Fähigkeiten des Modells vor der Einführung verbessert werden sollen, wie zum Beispiel Vortraining, Generierung synthetischer Daten und Feinabstimmung, verwendeten Berechnungen. Daher sollte ein erster Schwellenwert der Gleitkommaoperationen festgelegt werden, dessen Erreichen durch ein KI-Modell mit allgemeinem Verwendungszweck zu der Annahme führt, dass es sich bei dem Modell um ein KI-Modell mit allgemeinem Verwendungszweck mit systemischen Risiken handelt. Dieser Schwellenwert sollte im Laufe der Zeit angepasst werden, um technologischen und industriellen Veränderungen, wie zum Beispiel algorithmischen Verbesserungen oder erhöhter Hard-

VXII. Künstliche Intelligenz-Verordnung (KI-VO)

wareeffizienz, Rechnung zu tragen, und um Benchmarks und Indikatoren für die Modellfähigkeit ergänzt werden. Um die Grundlage dafür zu schaffen, sollte das Büro für Künstliche Intelligenz mit der Wissenschaftsgemeinschaft, der Industrie, der Zivilgesellschaft und anderen Sachverständigen zusammenarbeiten. Schwellenwerte sowie Instrumente und Benchmarks für die Bewertung von Fähigkeiten mit hoher Wirkkraft sollten zuverlässig die allgemeine Verwendbarkeit, die Fähigkeiten und die mit ihnen verbundenen systemischen Risikos von KI-Modellen mit allgemeinem Verwendungszweck vorhersagen können und könnten die Art und Weise, wie das Modell in Verkehr gebracht wird, oder die Zahl der Nutzer, auf die es sich auswirken könnte, berücksichtigen. Ergänzend zu diesem System sollte die Kommission Einzelentscheidungen treffen können, mit denen ein KI-Modell mit allgemeinem Verwendungszweck als KI-Modell mit allgemeinem Verwendungszweck mit systemischem Risiko eingestuft wird, wenn festgestellt wurde, dass dieses Modell Fähigkeiten oder Auswirkungen hat, die den von dem festgelegten Schwellenwert erfassten entsprechen. Die genannte Entscheidung sollte auf der Grundlage einer Gesamtbewertung der in einem Anhang dieser Verordnung festgelegten Kriterien für die Benennung von KI-Modellen mit allgemeinem Verwendungszweck mit systemischem Risiko getroffen werden, etwa Qualität oder Größe des Trainingsdatensatzes, Anzahl der gewerblichen Nutzer und Endnutzer, seine Ein- und Ausgabemodalitäten, sein Grad an Autonomie und Skalierbarkeit oder die Instrumente, zu denen es Zugang hat. Stellt der Anbieter, dessen Modell als KI-Modell mit allgemeinem Verwendungszweck mit systemischem Risiko benannt wurde, einen entsprechenden Antrag, sollte die Kommission den Antrag berücksichtigen, und sie kann entscheiden, erneut zu prüfen, ob beim KI-Modell mit allgemeinem Verwendungszweck immer noch davon ausgegangen werden kann, dass es systemische Risiken aufweist.

(112) Außerdem muss das Verfahren für die Einstufung eines KI-Modell mit allgemeinem Verwendungszweck mit systemischem Risiko präzisiert werden. Bei einem KI-Modell mit allgemeinem Verwendungszweck, das den geltenden Schwellenwert für Fähigkeiten mit hoher Wirkkraft erreicht, sollte angenommen werden, dass es sich um ein KI-Modell mit allgemeinem Verwendungszweck mit systemischem Risiko handelt. Der Anbieter sollte spätestens zwei Wochen, nachdem die Bedingungen erfüllt sind oder bekannt wird, dass ein KI-Modell mit allgemeinem Verwendungszweck die Bedingungen, die die Annahme bewirken, erfüllen wird, dies dem Büro für Künstliche Intelligenz mitteilen. Dies ist insbesondere im Zusammenhang mit dem Schwellenwert der Gleitkommaoperationen relevant, da das Training von KI-Modellen mit allgemeinem Verwendungszweck eine erhebliche Planung erfordert, die die vorab durchgeführte Zuweisung von Rechenressourcen umfasst, sodass die Anbieter von KI-Modellen mit allgemeinem Verwendungszweck vor Abschluss des Trainings erfahren können, ob ihr Modell den Schwellenwert erreichen wird. Im Rahmen dieser Mitteilung sollte der Anbieter nachweisen können, dass ein KI-Modell mit allgemeinem Verwendungszweck aufgrund seiner besonderen Merkmale außerordentlicherweise keine systemischen Risiken birgt und daher nicht als KI-Modell mit allgemeinem Verwendungszweck mit systemischem Risiko eingestuft werden sollte. Diese Informationen sind für das Büro für Künstliche Intelligenz wertvoll, um das Inverkehrbringen von KI-Modellen mit allgemeinem Verwendungszweck mit systemischem Risiko zu antizipieren, und die Anbieter können frühzeitig mit der Zusammenarbeit mit dem Büro für Künstliche Intelligenz beginnen. Diese Informationen sind besonders wichtig im Hinblick auf KI-Modell

VXII. Künstliche Intelligenz-Verordnung (KI-VO)

mit allgemeinem Verwendungszweck, die als quelloffene Modelle bereitgestellt werden sollen, da nach der Bereitstellung von quelloffenen Modellen die erforderlichen Maßnahmen zur Gewährleistung der Einhaltung der Pflichten gemäß dieser Verordnung möglicherweise schwieriger umzusetzen sind.

(113) Erhält die Kommission Kenntnis davon, dass ein KI-Modell mit allgemeinem Verwendungszweck die Anforderungen für die Einstufung als KI-Modell mit allgemeinem Verwendungszweck mit systemischem Risiko erfüllt, das zuvor nicht bekannt war oder das der betreffende Anbieter nicht der Kommission gemeldet hat, sollte die Kommission befugt sein, es als solches auszuweisen. Zusätzlich zu den Überwachungstätigkeiten des Büros für Künstliche Intelligenz sollte ein System qualifizierter Warnungen sicherstellen, dass das Büro für Künstliche Intelligenz von dem wissenschaftlichen Gremium von KI-Modelle mit allgemeinem Verwendungszweck in Kenntnis gesetzt wird, die möglicherweise als KI-Modelle mit allgemeinem Verwendungszweck mit systemischem Risiko eingestuft werden sollten, was zu den hinzukommt.

(114) Anbieter von KI-Modellen mit allgemeinem Verwendungszweck, die systemische Risiken bergen, sollten zusätzlich zu den Pflichten für Anbieter von KI-Modellen mit allgemeinem Verwendungszweck Pflichten unterliegen, die darauf abzielen, diese Risiken zu ermitteln und zu mindern und ein angemessenes Maß an Cybersicherheit zu gewährleisten, unabhängig davon, ob es als eigenständiges Modell bereitgestellt wird oder in ein KI-System oder ein Produkt eingebettet ist. Um diese Ziele zu erreichen, sollten die Anbieter in dieser Verordnung verpflichtet werden, die erforderlichen Bewertungen des Modells – insbesondere vor seinem ersten Inverkehrbringen – durchzuführen, wozu auch die Durchführung und Dokumentation von Angriffstests bei Modellen gehören, gegebenenfalls auch im Rahmen interner oder unabhängiger externer Tests. Darüber hinaus sollten KI-Modellen mit allgemeinem Verwendungszweck mit systemischem Risiko fortlaufend systemische Risiken bewerten und mindern, unter anderem durch die Einführung von Risikomanagementstrategien wie Verfahren der Rechenschaftspflicht und Governance-Verfahren, die Umsetzung der Beobachtung nach dem Inverkehrbringen, die Ergreifung geeigneter Maßnahmen während des gesamten Lebenszyklus des Modells und die Zusammenarbeit mit einschlägigen Akteuren entlang der KI-Wertschöpfungskette.

(115) Anbieter von KI-Modellen mit allgemeinem Verwendungszweck mit systemischem Risiko sollten mögliche systemische Risiken bewerten und mindern. Wenn trotz der Bemühungen um Ermittlung und Vermeidung von Risiken im Zusammenhang mit einem KI-Modell mit allgemeinem Verwendungszweck, das systemische Risiken bergen könnte, die Entwicklung oder Verwendung des Modells einen schwerwiegenden Vorfall verursacht, so sollte der Anbieter des KI-Modells mit allgemeinem Verwendungszweck unverzüglich dem Vorfall nachgehen und der Kommission und den zuständigen nationalen Behörden alle einschlägigen Informationen und mögliche Korrekturmaßnahmen mitteilen. Zudem sollten die Anbieter während des gesamten Lebenszyklus des Modells ein angemessenes Maß an Cybersicherheit für das Modell und seine physische Infrastruktur gewährleisten. Beim Schutz der Cybersicherheit im Zusammenhang mit systemischen Risiken, die mit böswilliger Nutzung oder böswilligen Angriffen verbunden sind, sollte der unbeabsichtigte Modelldatenverlust, die unerlaubte Bereitstellung, die Umgehung von Sicherheitsmaßnahmen und der Schutz vor Cyberangriffen, unbefugtem Zugriff oder Modelldiebstahl gebührend beachtet werden. Dieser Schutz könnte durch die Sicherung

VXII. Künstliche Intelligenz-Verordnung (KI-VO)

von Modellgewichten, Algorithmen, Servern und Datensätzen erleichtert werden, z. B. durch Betriebssicherheitsmaßnahmen für die Informationssicherheit, spezifische Cybersicherheitsstrategien, geeignete technische und etablierte Lösungen sowie Kontrollen des physischen Zugangs und des Cyberzugangs, die den jeweiligen Umständen und den damit verbundenen Risiken angemessen sind.

(116) Das Büro für Künstliche Intelligenz sollte die Ausarbeitung, Überprüfung und Anpassung von Praxisleitfäden unter Berücksichtigung internationaler Ansätze fördern und erleichtern. Alle Anbieter von KI-Modellen mit allgemeinem Verwendungszweck könnten ersucht werden, sich daran zu beteiligen. Um sicherzustellen, dass die Praxisleitfäden dem Stand der Technik entsprechen und unterschiedlichen Perspektiven gebührend Rechnung tragen, sollte das Büro für Künstliche Intelligenz bei der Ausarbeitung solcher Leitfäden mit den einschlägigen zuständigen nationalen Behörden zusammenarbeiten und könnte dabei gegebenenfalls Organisationen der Zivilgesellschaft und andere einschlägige Interessenträger und Sachverständige, einschließlich des wissenschaftlichen Gremiums, konsultieren. Die Praxisleitfäden sollten die Pflichten für Anbieter von KI-Modellen mit allgemeinem Verwendungszweck und von KI-Modellen mit allgemeinem Verwendungszweck, die systemische Risiken bergen, abdecken. Ferner sollten Praxisleitfäden im Zusammenhang mit systemischen Risiken dazu beitragen, dass eine Risikotaxonomie für Art und Wesen der systemischen Risiken auf Unionsebene, einschließlich ihrer Ursachen, festgelegt wird. Bei den Praxisleitfäden sollten auch auf spezifische Maßnahmen zur Risikobewertung und -minderung im Mittelpunkt stehen.

(117) Die Verhaltenskodizes sollten ein zentrales Instrument für die ordnungsgemäße Einhaltung der in dieser Verordnung für Anbieter von KI-Modellen mit allgemeinem Verwendungszweck vorgesehenen Pflichten darstellen. Die Anbieter sollten sich auf Verhaltenskodizes stützen können, um die Einhaltung der Pflichten nachzuweisen. Die Kommission kann im Wege von Durchführungsrechtsakten beschließen, einen Praxisleitfaden zu genehmigen und ihm eine allgemeine Gültigkeit in der Union zu verleihen oder alternativ gemeinsame Vorschriften für die Umsetzung der einschlägigen Pflichten festzulegen, wenn ein Verhaltenskodex bis zum Zeitpunkt der Anwendbarkeit dieser Verordnung nicht fertiggestellt werden kann oder dies vom Büro für Künstliche Intelligenz für nicht angemessen erachtet wird. Sobald eine harmonisierte Norm veröffentlicht und als geeignet bewertet wurde, um die einschlägigen Pflichten des Büros für Künstliche Intelligenz abzudecken, sollte die Einhaltung einer harmonisierten europäischen Norm den Anbietern die Konformitätsvermutung begründen. Anbieter von KI-Modellen mit allgemeinem Verwendungszweck sollten darüber hinaus in der Lage sein, die Konformität mit angemessenen alternativen Mitteln nachzuweisen, wenn Praxisleitfäden oder harmonisierte Normen nicht verfügbar sind oder sie sich dafür entscheiden, sich auf diese zu stützen.

(118) Mit dieser Verordnung werden KI-Systeme und KI-Modelle reguliert, indem einschlägigen Marktteilnehmern, die sie in der Union in Verkehr bringen, in Betrieb nehmen oder verwenden, bestimmte Anforderungen und Pflichten auferlegt werden, wodurch die Pflichten für Anbieter von Vermittlungsdiensten ergänzt werden, die solche Systeme oder Modelle in ihre unter die Verordnung (EU) 2022/2065 fallenden Dienste integrieren. Soweit solche Systeme oder Modelle in als sehr groß eingestufte Online-Plattformen oder als sehr groß eingestufte Online-Suchmaschinen eingebettet sind, unterliegen sie dem in der Verordnung (EU) 2022/2065 vorgesehenen Rahmen für das Risikomanagement. Folglich sollte angenommen

201

VXII. Künstliche Intelligenz-Verordnung (KI-VO)

werden, dass die entsprechenden Verpflichtungen dieser Verordnung erfüllt sind, es sei denn, in solchen Modellen treten erhebliche systemische Risiken auf, die nicht unter die Verordnung (EU) 2022/2065 fallen, und werden dort ermittelt. Im vorliegenden Rahmen sind Anbieter sehr großer Online-Plattformen und sehr großer Online-Suchmaschinen verpflichtet, potenzielle systemische Risiken, die sich aus dem Entwurf, dem Funktionieren und der Nutzung ihrer Dienste ergeben, einschließlich der Frage, wie der Entwurf der in dem Dienst verwendeten algorithmischen Systeme zu solchen Risiken beitragen kann, sowie systemische Risiken, die sich aus potenziellen Fehlanwendungen ergeben, zu bewerten. Diese Anbieter sind zudem verpflichtet, unter Wahrung der Grundrechte geeignete Risikominderungsmaßnahmen zu ergreifen.

(119) Angesichts des raschen Innovationstempos und der technologischen Entwicklung digitaler Dienste, die in den Anwendungsbereich verschiedener Instrumente des Unionsrechts fallen, können insbesondere unter Berücksichtigung der Verwendung durch ihre Nutzer und deren Wahrnehmung die dieser Verordnung unterliegenden KI-Systeme als Vermittlungsdienste oder Teile davon im Sinne der Verordnung (EU) 2022/2065 bereitgestellt werden, was technologieneutral ausgelegt werden sollte. Beispielsweise können KI-Systeme als Online-Suchmaschinen verwendet werden, insbesondere wenn ein KI-System wie ein Online-Chatbot grundsätzlich alle Websites durchsucht, die Ergebnisse anschließend in sein vorhandenes Wissen integriert und das aktualisierte Wissen nutzt, um eine einzige Ausgabe zu generieren, bei der verschiedene Informationsquellen zusammengeführt wurden.

(120) Zudem sind die Pflichten, die Anbietern und Betreibern bestimmter KI-Systeme mit dieser Verordnung auferlegt werden, um die Feststellung und Offenlegung zu ermöglichen, dass die Ausgaben dieser Systeme künstlich erzeugt oder manipuliert werden, von besonderer Bedeutung für die Erleichterung der wirksamen Umsetzung der Verordnung (EU) 2022/2065. Dies gilt insbesondere für die Pflichten der Anbieter sehr großer Online-Plattformen oder sehr großer Online-Suchmaschinen, systemische Risiken zu ermitteln und zu mindern, die aus der Verbreitung von künstlich erzeugten oder manipulierten Inhalten entstehen können, insbesondere das Risiko tatsächlicher oder vorhersehbarer negativer Auswirkungen auf demokratische Prozesse, den gesellschaftlichen Diskurs und Wahlprozesse, unter anderem durch Desinformation.

(121) Die Normung sollte eine Schlüsselrolle dabei spielen, den Anbietern technische Lösungen zur Verfügung zu stellen, um im Einklang mit dem Stand der Technik die Einhaltung dieser Verordnung zu gewährleisten und Innovation sowie Wettbewerbsfähigkeit und Wachstum im Binnenmarkt zu fördern. Die Einhaltung harmonisierter Normen im Sinne von Artikel 2 Nummer 1 Buchstabe c der Verordnung (EU) Nr. 1025/2012 des Europäischen Parlaments und des Rates[41], die normalerweise den Stand der Technik widerspiegeln sollten, sollte den Anbietern den Nachweis der Konformität mit den Anforderungen der vorliegenden Verordnung ermöglichen. Daher sollte eine ausgewogene Interessenvertretung unter Einbeziehung aller relevanten Interessenträger, insbesondere KMU, Verbraucherorganisationen

---

41 Verordnung (EU) Nr. 1025/2012 des Europäischen Parlaments und des Rates vom 25. Oktober 2012 zur europäischen Normung, zur Änderung der Richtlinien 89/686/EWG und 93/15/EWG des Rates sowie der Richtlinien 94/9/EG, 94/25/EG, 95/16/EG, 97/23/EG, 98/34/EG, 2004/22/EG, 2007/23/EG, 2009/23/EG und 2009/105/EG des Europäischen Parlaments und des Rates und zur Aufhebung des Beschlusses 87/95/EWG des Rates und des Beschlusses Nr. 1673/2006/EG des Europäischen Parlaments und des Rates (ABl. L 316 vom 14.11.2012, S. 12).

VXII. Künstliche Intelligenz-Verordnung (KI-VO)

sowie ökologischer und sozialer Interessenträger, bei der Entwicklung von Normen gemäß den Artikeln 5 und 6 der Verordnung (EU) Nr. 1025/2012, gefördert werden. Um die Einhaltung der Vorschriften zu erleichtern, sollten die Normungsaufträge von der Kommission unverzüglich erteilt werden. Bei der Ausarbeitung des Normungsauftrags sollte die Kommission das Beratungsforum und das KI-Gremium konsultieren, um einschlägiges Fachwissen einzuholen. In Ermangelung einschlägiger Fundstellen zu harmonisierten Normen sollte die Kommission jedoch im Wege von Durchführungsrechtsakten und nach Konsultation des Beratungsforums gemeinsame Spezifikationen für bestimmte Anforderungen im Rahmen dieser Verordnung festlegen können. Die gemeinsame Spezifikation sollte eine außergewöhnliche Ausweichlösung sein, um die Pflicht des Anbieters zur Einhaltung der Anforderungen dieser Verordnung zu erleichtern, wenn der Normungsauftrag von keiner der europäischen Normungsorganisationen angenommen wurde oder die einschlägigen harmonisierten Normen den Bedenken im Bereich der Grundrechte nicht ausreichend Rechnung tragen oder die harmonisierten Normen dem Auftrag nicht entsprechen oder es Verzögerungen bei der Annahme einer geeigneten harmonisierten Norm gibt. Ist eine solche Verzögerung bei der Annahme einer harmonisierten Norm auf die technische Komplexität dieser Norm zurückzuführen, so sollte die Kommission dies prüfen, bevor sie die Festlegung gemeinsamer Spezifikationen in Erwägung zieht. Die Kommission wird ermutigt, bei der Entwicklung gemeinsamer Spezifikationen mit internationalen Partnern und internationalen Normungsgremien zusammenzuarbeiten.

(122) Unbeschadet der Anwendung harmonisierter Normen und gemeinsamer Spezifikationen ist es angezeigt, dass für Anbieter von Hochrisiko-KI-Systemen, die mit Daten, in denen sich die besonderen geografischen, verhaltensbezogenen, kontextuellen oder funktionalen Rahmenbedingungen niederschlagen, unter denen sie verwendet werden sollen, trainiert und getestet wurden, die Vermutung der Konformität mit der einschlägigen Maßnahme gilt, die im Rahmen der in dieser Verordnung festgelegten Anforderungen an die Daten-Governance vorgesehen ist. Unbeschadet der in dieser Verordnung festgelegten Anforderungen an Robustheit und Genauigkeit sollte gemäß Artikel 54 Absatz 3 der Verordnung (EU) 2019/881 bei Hochrisiko-KI-Systemen, die im Rahmen eines Schemas für die Cybersicherheit gemäß der genannten Verordnung zertifiziert wurden oder für die eine Konformitätserklärung ausgestellt wurde und deren Fundstellen im *Amtsblatt der Europäischen Union* veröffentlicht wurden, vermutet werden, dass eine Übereinstimmung mit den Cybersicherheitsanforderungen der vorliegenden Verordnung gegeben ist, sofern das Cybersicherheitszertifikat oder die Konformitätserklärung oder Teile davon die Cybersicherheitsanforderungen dieser Verordnung abdecken. Dies gilt unbeschadet des freiwilligen Charakters dieses Schemas für die Cybersicherheit.

(123) Um ein hohes Maß an Vertrauenswürdigkeit von Hochrisiko-KI-Systemen zu gewährleisten, sollten diese Systeme einer Konformitätsbewertung unterzogen werden, bevor sie in Verkehr gebracht oder in Betrieb genommen werden.

(124) Damit für Akteure möglichst wenig Aufwand entsteht und etwaige Doppelarbeit vermieden wird, ist es angezeigt, dass bei Hochrisiko-KI-Systemen im Zusammenhang mit Produkten, die auf der Grundlage des neuen Rechtsrahmens unter bestehende Harmonisierungsrechtsvorschriften der Union fallen, im Rahmen der bereits in den genannten Rechtsvorschriften vorgesehenen Konformitätsbewertung bewertet wird, ob diese KI-Systeme den Anforderungen dieser Verordnung genügen. Die Anwendbarkeit der Anforderungen dieser Verordnung sollte daher die besondere

VXII. Künstliche Intelligenz-Verordnung (KI-VO)

Logik, Methodik oder allgemeine Struktur der Konformitätsbewertung gemäß den einschlägigen Harmonisierungsrechtsvorschriften der Union unberührt lassen.

(125) Angesichts der Komplexität von Hochrisiko-KI-Systemen und der damit verbundenen Risiken ist es wichtig, ein angemessenes Konformitätsbewertungsverfahren für Hochrisiko-KI-Systeme, an denen notifizierte Stellen beteiligt sind, – die sogenannte Konformitätsbewertung durch Dritte – zu entwickeln. In Anbetracht der derzeitigen Erfahrung professioneller dem Inverkehrbringen vorgeschalteter Zertifizierer im Bereich der Produktsicherheit und der unterschiedlichen Art der damit verbundenen Risiken empfiehlt es sich jedoch, zumindest während der anfänglichen Anwendung dieser Verordnung für Hochrisiko-KI-Systeme, die nicht mit Produkten in Verbindung stehen, den Anwendungsbereich der Konformitätsbewertung durch Dritte einzuschränken. Daher sollte die Konformitätsbewertung solcher Systeme in der Regel vom Anbieter in eigener Verantwortung durchgeführt werden, mit Ausnahme von KI-Systemen, die für die Biometrie verwendet werden sollen.

(126) Damit KI-Systeme, falls vorgeschrieben, Konformitätsbewertungen durch Dritte unterzogen werden können, sollten die notifizierten Stellen gemäß dieser Verordnung von den zuständigen nationalen Behörden notifiziert werden, sofern sie eine Reihe von Anforderungen erfüllen, insbesondere in Bezug auf Unabhängigkeit, Kompetenz, Nichtvorliegen von Interessenkonflikten und geeignete Anforderungen an die Cybersicherheit. Die Notifizierung dieser Stellen sollte von den zuständigen nationalen Behörden der Kommission und den anderen Mitgliedstaaten mittels des von der Kommission entwickelten und verwalteten elektronischen Notifizierungsinstruments gemäß Anhang I Artikel R23 des Beschlusses Nr. 768/2008/EG übermittelt werden.

(127) Im Einklang mit den Verpflichtungen der Union im Rahmen des Übereinkommens der Welthandelsorganisation über technische Handelshemmnisse ist es angemessen, die gegenseitige Anerkennung von Konformitätsbewertungsergebnissen zu erleichtern, die von den zuständigen Konformitätsbewertungsstellen unabhängig von dem Gebiet, in dem sie niedergelassen sind, generiert wurden, sofern diese nach dem Recht eines Drittlandes errichteten Konformitätsbewertungsstellen die geltenden Anforderungen dieser Verordnung erfüllen und die Union ein entsprechendes Abkommen geschlossen hat. In diesem Zusammenhang sollte die Kommission aktiv mögliche internationale Instrumente zu diesem Zweck prüfen und insbesondere den Abschluss von Abkommen über die gegenseitige Anerkennung mit Drittländern anstreben.

(128) Im Einklang mit dem allgemein anerkannten Begriff der wesentlichen Änderung von Produkten, für die Harmonisierungsvorschriften der Union gelten, ist es angezeigt, dass das KI-System bei jeder Änderung, die die Einhaltung dieser Verordnung durch das Hochrisiko-KI-System beeinträchtigen könnte (z. B. Änderung des Betriebssystems oder der Softwarearchitektur), oder wenn sich die Zweckbestimmung des Systems ändert, als neues KI-System betrachtet werden sollte, das einer neuen Konformitätsbewertung unterzogen werden sollte. Änderungen, die den Algorithmus und die Leistung von KI-Systemen betreffen, die nach dem Inverkehrbringen oder der Inbetriebnahme weiterhin dazulernen – d. h., sie passen automatisch an, wie die Funktionen ausgeführt werden –, sollten jedoch keine wesentliche Veränderung darstellen, sofern diese Änderungen vom Anbieter vorab festgelegt und zum Zeitpunkt der Konformitätsbewertung bewertet wurden.

(129) Hochrisiko-KI-Systeme sollten grundsätzlich mit der CE-Kennzeichnung versehen sein, aus der ihre Konformität mit dieser Verordnung hervorgeht, sodass sie frei

VXII. Künstliche Intelligenz-Verordnung (KI-VO)

im Binnenmarkt verkehren können. Bei in ein Produkt integrierten Hochrisiko-KI-Systemen sollte eine physische CE-Kennzeichnung angebracht werden, die durch eine digitale CE-Kennzeichnung ergänzt werden kann. Bei Hochrisiko-KI-Systemen, die nur digital bereitgestellt werden, sollte eine digitale CE-Kennzeichnung verwendet werden. Die Mitgliedstaaten sollten keine ungerechtfertigten Hindernisse für das Inverkehrbringen oder die Inbetriebnahme von Hochrisiko-KI-Systemen schaffen, die die in dieser Verordnung festgelegten Anforderungen erfüllen und mit der CE-Kennzeichnung versehen sind.

(130) Unter bestimmten Bedingungen kann die rasche Verfügbarkeit innovativer Technik für die Gesundheit und Sicherheit von Menschen, den Schutz der Umwelt und vor dem Klimawandel und die Gesellschaft insgesamt von entscheidender Bedeutung sein. Es ist daher angezeigt, dass die Aufsichtsbehörden aus außergewöhnlichen Gründen der öffentlichen Sicherheit, des Schutzes des Lebens und der Gesundheit natürlicher Personen, des Umweltschutzes und des Schutzes wichtiger Industrie- und Infrastrukturanlagen das Inverkehrbringen oder die Inbetriebnahme von KI-Systemen, die keiner Konformitätsbewertung unterzogen wurden, genehmigen könnten. In hinreichend begründeten Fällen gemäß dieser Verordnung können Strafverfolgungs- oder Katastrophenschutzbehörden ein bestimmtes Hochrisiko-KI-System ohne Genehmigung der Marktüberwachungsbehörde in Betrieb nehmen, sofern diese Genehmigung während der Verwendung oder im Anschluss daran unverzüglich beantragt wird.

(131) Um die Arbeit der Kommission und der Mitgliedstaaten im KI-Bereich zu erleichtern und die Transparenz gegenüber der Öffentlichkeit zu erhöhen, sollten Anbieter von Hochrisiko-KI-Systemen, die nicht im Zusammenhang mit Produkten stehen, welche in den Anwendungsbereich einschlägiger Harmonisierungsrechtsvorschriften der Union fallen, und Anbieter, die der Auffassung sind, dass ein KI-System, das in den in einem Anhang dieser Verordnung aufgeführten Anwendungsfällen mit hohem Risiko aufgeführt ist, auf der Grundlage einer Ausnahme nicht hochriskant ist, dazu verpflichtet werden, sich und Informationen über ihr KI-System in einer von der Kommission einzurichtenden und zu verwaltenden EU-Datenbank zu registrieren. Vor der Verwendung eines KI-Systems, das in den in einem Anhang dieser Verordnung aufgeführten Anwendungsfällen mit hohem Risiko aufgeführt ist, sollten sich Betreiber von Hochrisiko-KI-Systemen, die Behörden, Einrichtungen oder sonstige Stellen sind, in dieser Datenbank registrieren und das System auswählen, dessen Verwendung sie planen. Andere Betreiber sollten berechtigt sein, dies freiwillig zu tun. Dieser Teil der EU-Datenbank sollte öffentlich und kostenlos zugänglich sein, und die Informationen sollten leicht zu navigieren, verständlich und maschinenlesbar sein. Die EU-Datenbank sollte außerdem benutzerfreundlich sein und beispielsweise die Suche, auch mit Stichwörtern, vorsehen, damit die breite Öffentlichkeit die einschlägigen Informationen finden kann, die bei der Registrierung von Hochrisiko-KI-Systemen einzureichen sind und die sich auf einen in einem Anhang dieser Verordnung aufgeführten Anwendungsfall der Hochrisiko-KI-Systeme, denen die betreffenden Hochrisiko-KI-Systeme entsprechen, beziehen. Jede wesentliche Veränderung von Hochrisiko-KI-Systemen sollte ebenfalls in der EU-Datenbank registriert werden. Bei Hochrisiko-KI-Systemen, die in den Bereichen Strafverfolgung, Migration, Asyl und Grenzkontrolle eingesetzt werden, sollten die Registrierungspflichten in einem sicheren nicht öffentlichen Teil der EU-Datenbank erfüllt werden. Der Zugang zu dem gesicherten nicht öffentlichen Teil sollte sich strikt auf die Kommission sowie auf die Marktüberwachungsbe-

VXII. Künstliche Intelligenz-Verordnung (KI-VO)

hörden und bei diesen auf ihren nationalen Teil dieser Datenbank beschränken. Hochrisiko-KI-Systeme im Bereich kritischer Infrastrukturen sollten nur auf nationaler Ebene registriert werden. Die Kommission sollte gemäß der Verordnung (EU) 2018/1725 als für die EU-Datenbank Verantwortlicher gelten. Um die volle Funktionsfähigkeit der EU-Datenbank zu gewährleisten, sollte das Verfahren für die Einrichtung der Datenbank auch die Entwicklung von funktionalen Spezifikationen durch die Kommission und einen unabhängigen Prüfbericht umfassen. Die Kommission sollte bei der Wahrnehmung ihrer Aufgaben als Verantwortliche für die EU-Datenbank die Risiken im Zusammenhang mit Cybersicherheit berücksichtigen. Um für ein Höchstmaß an Verfügbarkeit und Nutzung der EU-Datenbank durch die Öffentlichkeit zu sorgen, sollte die EU-Datenbank, einschließlich der über sie zur Verfügung gestellten Informationen, den Anforderungen der Richtlinie (EU) 2019/882 entsprechen.

(132) Bestimmte KI-Systeme, die mit natürlichen Personen interagieren oder Inhalte erzeugen, können unabhängig davon, ob sie als hochriskant eingestuft werden, ein besonderes Risiko in Bezug auf Identitätsbetrug oder Täuschung bergen. Unter bestimmten Umständen sollte die Verwendung solcher Systeme daher – unbeschadet der Anforderungen an und Pflichten für Hochrisiko-KI-Systeme und vorbehaltlich punktueller Ausnahmen, um den besonderen Erfordernissen der Strafverfolgung Rechnung zu tragen – besonderen Transparenzpflichten unterliegen. Insbesondere sollte natürlichen Personen mitgeteilt werden, dass sie es mit einem KI-System zu tun haben, es sei denn, dies ist aus Sicht einer angemessen informierten, aufmerksamen und verständigen natürlichen Person aufgrund der Umstände und des Kontexts der Nutzung offensichtlich. Bei der Umsetzung dieser Pflicht sollten die Merkmale von natürlichen Personen, die aufgrund ihres Alters oder einer Behinderung schutzbedürftigen Gruppen angehören, berücksichtigt werden, soweit das KI-System auch mit diesen Gruppen interagieren soll. Darüber hinaus sollte natürlichen Personen mitgeteilt werden, wenn sie KI-Systemen ausgesetzt sind, die durch die Verarbeitung ihrer biometrischen Daten die Gefühle oder Absichten dieser Personen identifizieren oder ableiten oder sie bestimmten Kategorien zuordnen können. Solche spezifischen Kategorien können Aspekte wie etwa Geschlecht, Alter, Haarfarbe, Augenfarbe, Tätowierungen, persönliche Merkmale, ethnische Herkunft sowie persönliche Vorlieben und Interessen betreffen. Diese Informationen und Mitteilungen sollten für Menschen mit Behinderungen in entsprechend barrierefrei zugänglicher Form bereitgestellt werden.

(133) Eine Vielzahl von KI-Systemen kann große Mengen synthetischer Inhalte erzeugen, bei denen es für Menschen immer schwieriger wird, sie vom Menschen erzeugten und authentischen Inhalten zu unterscheiden. Die breite Verfügbarkeit und die zunehmenden Fähigkeiten dieser Systeme wirken sich erheblich auf die Integrität des Informationsökosystems und das ihm entgegengebrachte Vertrauen aus, weil neue Risiken in Bezug auf Fehlinformation und Manipulation in großem Maßstab, Betrug, Identitätsbetrug und Täuschung der Verbraucher entstehen. Angesichts dieser Auswirkungen, des raschen Tempos im Technologiebereich und der Notwendigkeit neuer Methoden und Techniken zur Rückverfolgung der Herkunft von Informationen sollten die Anbieter dieser Systeme verpflichtet werden, technische Lösungen zu integrieren, die die Kennzeichnung in einem maschinenlesbaren Format und die Feststellung ermöglichen, dass die Ausgabe von einem KI-System und nicht von einem Menschen erzeugt oder manipuliert wurde. Diese Techniken und Methoden sollten – soweit technisch möglich – hinreichend zuverlässig, inte-

VXII. Künstliche Intelligenz-Verordnung (KI-VO)

roperabel, wirksam und belastbar sein, wobei verfügbare Techniken, wie Wasserzeichen, Metadatenidentifizierungen, kryptografische Methoden zum Nachweis der Herkunft und Authentizität des Inhalts, Protokollierungsmethoden, Fingerabdrücke oder andere Techniken, oder eine Kombination solcher Techniken je nach Sachlage zu berücksichtigen sind. Bei der Umsetzung dieser Pflicht sollten die Anbieter auch die Besonderheiten und Einschränkungen der verschiedenen Arten von Inhalten und die einschlägigen technologischen Entwicklungen und Marktentwicklungen in diesem Bereich, die dem allgemein anerkannten Stand der Technik entsprechen, berücksichtigen. Solche Techniken und Methoden können auf der Ebene des KI-Systems oder der Ebene des KI-Modells, darunter KI-Modelle mit allgemeinem Verwendungszweck zur Erzeugung von Inhalten, angewandt werden, wodurch dem nachgelagerten Anbieter des KI-Systems die Erfüllung dieser Pflicht erleichtert wird. Um die Verhältnismäßigkeit zu wahren, sollte vorgesehen werden, dass diese Kennzeichnungspflicht weder für KI-Systeme, die in erster Linie eine unterstützende Funktion für die Standardbearbeitung ausführen, noch für KI-Systeme, die die vom Betreiber bereitgestellten Eingabedaten oder deren Semantik nicht wesentlich verändern, gilt.

(134) Neben den technischen Lösungen, die von den Anbietern von KI-Systemen eingesetzt werden, sollten Betreiber, die ein KI-System zum Erzeugen oder Manipulieren von Bild-, Audio- oder Videoinhalte verwenden, die wirklichen Personen, Gegenständen, Orten, Einrichtungen oder Ereignissen merklich ähneln und einer Person fälschlicherweise echt oder wahr erscheinen würden (Deepfakes), auch klar und deutlich offenlegen, dass die Inhalte künstlich erzeugt oder manipuliert wurden, indem sie die Ausgaben von KI entsprechend kennzeichnen und auf ihren künstlichen Ursprung hinweisen. Die Einhaltung dieser Transparenzpflicht sollte nicht so ausgelegt werden, dass sie darauf hindeutet, dass die Verwendung des KI-Systems oder seiner Ausgabe das Recht auf freie Meinungsäußerung und das Recht auf Freiheit der Kunst und Wissenschaft, die in der Charta garantiert sind, behindern, insbesondere wenn der Inhalt Teil eines offensichtlich kreativen, satirischen, künstlerischen, fiktionalen oder analogen Werks oder Programms ist und geeignete Schutzvorkehrungen für die Rechte und Freiheiten Dritter bestehen. In diesen Fällen beschränkt sich die in dieser Verordnung festgelegte Transparenzpflicht für Deepfakes darauf, das Vorhandenseins solcher erzeugten oder manipulierten Inhalte in geeigneter Weise offenzulegen, indem die Darstellung oder den Genuss des Werks, einschließlich seiner normalen Nutzung und Verwendung, nicht beeinträchtigt und gleichzeitig den Nutzen und die Qualität des Werks aufrechterhält. Darüber hinaus ist es angezeigt, eine ähnliche Offenlegungspflicht in Bezug auf durch KI erzeugte oder manipulierte Texte anzustreben, soweit diese veröffentlicht werden, um die Öffentlichkeit über Angelegenheiten von öffentlichem Interesse zu informieren, es sei denn, die durch KI erzeugten Inhalte wurden einem Verfahren der menschlichen Überprüfung oder redaktionellen Kontrolle unterzogen und eine natürliche oder juristische Person trägt die redaktionelle Verantwortung für die Veröffentlichung der Inhalte.

(135) Unbeschadet des verbindlichen Charakters und der uneingeschränkten Anwendbarkeit der Transparenzpflichten kann die Kommission zudem die Ausarbeitung von Praxisleitfäden auf Unionsebene im Hinblick auf die Ermöglichung der wirksamen Umsetzung der Pflichten in Bezug auf die Feststellung und Kennzeichnung künstlich erzeugter oder manipulierter Inhalte erleichtern und fördern, auch um praktische Vorkehrungen zu unterstützen, mit denen gegebenenfalls die Feststellungsme-

VXII. Künstliche Intelligenz-Verordnung (KI-VO)

chanismen zugänglich gemacht werden, die Zusammenarbeit mit anderen Akteuren entlang der Wertschöpfungskette erleichtert wird und Inhalte verbreitet oder ihre Echtheit und Herkunft überprüft werden, damit die Öffentlichkeit durch KI erzeugte Inhalte wirksam erkennen kann.

(136) Die Pflichten, die Anbietern und Betreibern bestimmter KI-Systeme mit dieser Verordnung auferlegt werden, die Feststellung und Offenlegung zu ermöglichen, dass die Ausgaben dieser Systeme künstlich erzeugt oder manipuliert werden, sind von besonderer Bedeutung für die Erleichterung der wirksamen Umsetzung der Verordnung (EU) 2022/2065. Dies gilt insbesondere für die Pflicht der Anbieter sehr großer Online-Plattformen oder sehr großer Online-Suchmaschinen, systemische Risiken zu ermitteln und zu mindern, die aus der Verbreitung von künstlich erzeugten oder manipulierten Inhalten entstehen können, insbesondere das Risiko tatsächlicher oder vorhersehbarer negativer Auswirkungen auf demokratische Prozesse, den gesellschaftlichen Diskurs und Wahlprozesse, unter anderem durch Desinformation. Die Anforderung gemäß dieser Verordnung, durch KI-Systeme erzeugte Inhalte zu kennzeichnen, berührt nicht die Pflicht in Artikel 16 Absatz 6 der Verordnung (EU) 2022/2065 für Anbieter von Hostingdiensten, gemäß Artikel 16 Absatz 1 der genannten Verordnung eingegangene Meldungen über illegale Inhalte zu bearbeiten, und sollte nicht die Beurteilung der Rechtswidrigkeit der betreffenden Inhalte und die Entscheidung darüber beeinflussen. Diese Beurteilung sollte ausschließlich anhand der Vorschriften für die Rechtmäßigkeit der Inhalte vorgenommen werden.

(137) Die Einhaltung der Transparenzpflichten für die von dieser Verordnung erfassten KI-Systeme sollte nicht als Hinweis darauf ausgelegt werden, dass die Verwendung des KI-Systems oder seiner Ausgabe nach dieser Verordnung oder anderen Rechtsvorschriften der Union und der Mitgliedstaaten rechtmäßig ist, und sollte andere Transparenzpflichten für Betreiber von KI-Systemen, die im Unionsrecht oder im nationalen Recht festgelegt sind, unberührt lassen.

(138) KI bezeichnet eine Reihe sich rasch entwickelnder Technologien, die eine Regulierungsaufsicht und einen sicheren und kontrollierten Raum für die Erprobung erfordern, wobei gleichzeitig eine verantwortungsvolle Innovation und die Integration geeigneter Schutzvorkehrungen und Risikominderungsmaßnahmen gewährleistet werden müssen. Um einen innovationsfördernden, zukunftssicheren und gegenüber Störungen widerstandsfähigen Rechtsrahmen sicherzustellen, sollten die Mitgliedstaaten sicherstellen, dass ihre zuständigen nationalen Behörden mindestens ein KI-Reallabor auf nationaler Ebene einrichten, um die Entwicklung und die Erprobung innovativer KI-Systeme vor deren Inverkehrbringen oder anderweitiger Inbetriebnahme unter strenger Regulierungsaufsicht zu erleichtern. Die Mitgliedstaaten könnten diese Pflicht auch erfüllen, indem sie sich an bereits bestehenden Reallaboren beteiligen oder ein Reallabor mit den zuständigen Behörden eines oder mehrerer Mitgliedstaaten gemeinsam einrichten, insoweit diese Beteiligung eine gleichwertige nationale Abdeckung für die teilnehmenden Mitgliedstaaten bietet. KI-Reallabore könnten in physischer, digitaler oder Hybrid-Form eingerichtet werden, und sie können physische sowie digitale Produkte umfassen. Die einrichtenden Behörden sollten ferner sicherstellen, dass die KI-Reallabore über angemessene Ressourcen für ihre Aufgaben, einschließlich finanzieller und personeller Ressourcen, verfügen.

(139) Die Ziele der KI-Reallabore sollten in Folgendem bestehen: Innovationen im Bereich KI zu fördern, indem eine kontrollierte Versuchs- und Testumgebung für die Entwicklungsphase und die dem Inverkehrbringen vorgelagerte Phase geschaffen

VXII. Künstliche Intelligenz-Verordnung (KI-VO)

wird, um sicherzustellen, dass die innovativen KI-Systeme mit dieser Verordnung und anderem einschlägigen Unionsrecht und dem nationalen Recht in Einklang stehen. Darüber hinaus sollten die KI-Reallabore darauf abzielen, die Rechtssicherheit für Innovatoren sowie die Aufsicht und das Verständnis der zuständigen Behörden in Bezug auf die Möglichkeiten, neu auftretenden Risiken und Auswirkungen der KI-Nutzung zu verbessern, das regulatorische Lernen für Behörden und Unternehmen zu erleichtern, unter anderem im Hinblick auf künftige Anpassungen des Rechtsrahmens, die Zusammenarbeit und den Austausch bewährter Praktiken mit den an dem KI-Reallabor beteiligten Behörden zu unterstützen und den Marktzugang zu beschleunigen, unter anderem indem Hindernisse für KMU, einschließlich Start-up-Unternehmen, abgebaut werden. KI-Reallabore sollten in der gesamten Union weithin verfügbar sein, und ein besonderes Augenmerk sollte auf ihre Zugänglichkeit für KMU, einschließlich Start-up-Unternehmen, gelegt werden. Die Beteiligung am KI-Reallabor sollte sich auf Fragen konzentrieren, die zu Rechtsunsicherheit für Anbieter und zukünftige Anbieter führen, damit sie Innovationen vornehmen, mit KI in der Union experimentieren und zu evidenzbasiertem regulatorischen Lernen beitragen. Die Beaufsichtigung der KI-Systeme im KI-Reallabor sollte sich daher auf deren Entwicklung, Training, Testen und Validierung vor dem Inverkehrbringen oder der Inbetriebnahme der Systeme sowie auf das Konzept und das Auftreten wesentlicher Änderungen erstrecken, die möglicherweise ein neues Konformitätsbewertungsverfahren erfordern. Alle erheblichen Risiken, die bei der Entwicklung und Erprobung solcher KI-Systeme festgestellt werden, sollten eine angemessene Risikominderung und, in Ermangelung dessen, die Aussetzung des Entwicklungs- und Erprobungsprozesses nach sich ziehen. Gegebenenfalls sollten die zuständigen nationalen Behörden, die KI-Reallabore einrichten, mit anderen einschlägigen Behörden zusammenarbeiten, einschließlich derjenigen, die den Schutz der Grundrechte überwachen, und könnten die Einbeziehung anderer Akteure innerhalb des KI-Ökosystems gestatten, wie etwa nationaler oder europäischer Normungsorganisationen, notifizierter Stellen, Test- und Versuchseinrichtungen, Forschungs- und Versuchslabore, Europäischer Digitaler Innovationszentren und einschlägiger Interessenträger und Organisationen der Zivilgesellschaft. Im Interesse einer unionsweit einheitlichen Umsetzung und der Erzielung von Größenvorteilen ist es angezeigt, dass gemeinsame Vorschriften für die Umsetzung von KI-Reallaboren und ein Rahmen für die Zusammenarbeit zwischen den an der Beaufsichtigung der Reallabore beteiligten Behörden festgelegt werden. KI-Reallabore, die im Rahmen dieser Verordnung eingerichtet werden, sollten anderes Recht, das die Einrichtung anderer Reallabore ermöglicht, unberührt lassen, um die Einhaltung anderen Rechts als dieser Verordnung sicherzustellen. Gegebenenfalls sollten die für diese anderen Reallabore zuständigen Behörden die Vorteile der Nutzung dieser Reallabore auch zum Zweck der Gewährleistung der Konformität der KI-Systeme mit dieser Verordnung berücksichtigen. Im Einvernehmen zwischen den zuständigen nationalen Behörden und den am KI-Reallabor Beteiligten können Tests unter Realbedingungen auch im Rahmen des KI-Reallabors durchgeführt und beaufsichtigt werden.

(140) Die vorliegende Verordnung sollte im Einklang mit Artikel 6 Absatz 4 und Artikel 9 Absatz 2 Buchstabe g der Verordnung (EU) 2016/679 und den Artikeln 5, 6 und 10 der Verordnung (EU) 2018/1725 sowie unbeschadet des Artikels 4 Absatz 2 und des Artikels 10 der Richtlinie (EU) 2016/680 die Rechtsgrundlage für die Verwendung – ausschließlich unter bestimmten Bedingungen – personenbezogener

Daten, die für andere Zwecke erhoben wurden, zur Entwicklung bestimmter KI-Systeme im öffentlichen Interesse innerhalb des KI-Reallabors durch die Anbieter und zukünftigen Anbieter im KI-Reallabor bilden. Alle anderen Pflichten von Verantwortlichen und Rechte betroffener Personen im Rahmen der Verordnungen (EU) 2016/679 und (EU) 2018/1725 und der Richtlinie (EU) 2016/680 gelten weiterhin. Insbesondere sollte diese Verordnung keine Rechtsgrundlage im Sinne des Artikels 22 Absatz 2 Buchstabe b der Verordnung (EU) 2016/679 und des Artikels 24 Absatz 2 Buchstabe b der Verordnung (EU) 2018/1725 bilden. Anbieter und zukünftige Anbieter im KI-Reallabor sollten angemessene Schutzvorkehrungen treffen und mit den zuständigen Behörden zusammenarbeiten, unter anderem indem sie deren Anleitung folgen und zügig und nach Treu und Glauben handeln, um etwaige erhebliche Risiken für die Sicherheit, die Gesundheit und die Grundrechte, die bei der Entwicklung, bei der Erprobung und bei Versuchen in diesem Reallabor auftreten können, zu mindern.

(141) Um den Prozess der Entwicklung und des Inverkehrbringens der in einem Anhang dieser Verordnung aufgeführten Hochrisiko-KI-Systeme zu beschleunigen, ist es wichtig, dass Anbieter oder zukünftige Anbieter solcher Systeme auch von einer spezifischen Regelung für das Testen dieser Systeme unter Realbedingungen profitieren können, ohne sich an einem KI-Reallabor zu beteiligen. In solchen Fällen, unter Berücksichtigung der möglichen Folgen solcher Tests für Einzelpersonen, sollte jedoch sichergestellt werden, dass mit dieser Verordnung angemessene und ausreichende Garantien und Bedingungen für Anbieter oder zukünftige Anbieter eingeführt werden. Diese Garantien sollten unter anderem die Einholung der informierten Einwilligung natürlicher Personen in die Beteiligung an Tests unter Realbedingungen umfassen, mit Ausnahme der Strafverfolgung, wenn die Einholung der informierten Einwilligung verhindern würde, dass das KI-System getestet wird. Die Einwilligung der Testteilnehmer zur Teilnahme an solchen Tests im Rahmen dieser Verordnung unterscheidet sich von der Einwilligung betroffener Personen in die Verarbeitung ihrer personenbezogenen Daten nach den einschlägigen Datenschutzvorschriften und greift dieser nicht vor. Ferner ist es wichtig, die Risiken zu minimieren und die Aufsicht durch die zuständigen Behörden zu ermöglichen und daher von zukünftigen Anbietern zu verlangen, dass sie der zuständigen Marktüberwachungsbehörde einen Plan für einen Test unter Realbedingungen vorgelegt haben, die Tests – vorbehaltlich einiger begrenzter Ausnahmen – in den dafür vorgesehenen Abschnitten der EU-Datenbank zu registrieren, den Zeitraum zu begrenzen, in dem die Tests durchgeführt werden können, und zusätzliche Schutzmaßnahmen für Personen, die schutzbedürftigen Gruppen angehören, sowie eine schriftliche Einwilligung mit der Festlegung der Aufgaben und Zuständigkeiten der zukünftigen Anbieter und der Betreiber und eine wirksame Aufsicht durch zuständiges Personal, das an den Tests unter Realbedingungen beteiligt ist, zu verlangen. Darüber hinaus ist es angezeigt, zusätzliche Schutzmaßnahmen vorzusehen, um sicherzustellen, dass die Vorhersagen, Empfehlungen oder Entscheidungen des KI-Systems effektiv rückgängig gemacht und missachtet werden können, und dass personenbezogene Daten geschützt sind und gelöscht werden, wenn die Testteilnehmer ihre Einwilligung zur Teilnahme an den Tests widerrufen haben, und zwar unbeschadet ihrer Rechte als betroffene Personen nach dem Datenschutzrecht der Union. Was die Datenübermittlung betrifft, so ist es angezeigt vorzusehen, dass Daten, die zum Zweck von Tests unter Realbedingungen erhoben und verarbeitet wurden, nur dann an Drittstaaten übermittelt werden sollten, wenn angemessene

VXII. Künstliche Intelligenz-Verordnung (KI-VO)

und anwendbare Schutzmaßnahmen nach dem Unionsrecht umgesetzt wurden, insbesondere im Einklang mit den Grundlagen für die Übermittlung personenbezogener Daten nach dem Datenschutzrecht der Union, während für nicht personenbezogene Daten angemessene Schutzmaßnahmen im Einklang mit dem Unionsrecht, z. B. den Verordnungen (EU) 2022/868[42] und (EU) 2023/2854[43] des Europäischen Parlaments und des Rates eingerichtet wurden.

(142) Um sicherzustellen, dass KI zu sozial und ökologisch vorteilhaften Ergebnissen führt, werden die Mitgliedstaaten ermutigt, Forschung und Entwicklung zu KI-Lösungen, die zu sozial und ökologisch vorteilhaften Ergebnissen beitragen, zu unterstützen und zu fördern, wie KI-gestützte Lösungen für mehr Barrierefreiheit für Personen mit Behinderungen, zur Bekämpfung sozioökonomischer Ungleichheiten oder zur Erreichung von Umweltzielen, indem ausreichend Ressourcen – einschließlich öffentlicher Mittel und Unionsmittel – bereitgestellt werden, und – soweit angebracht und sofern die Voraussetzungen und Zulassungskriterien erfüllt sind – insbesondere unter Berücksichtigung von Projekten, mit denen diese Ziele verfolgt werden. Diese Projekte sollten auf dem Grundsatz der interdisziplinären Zusammenarbeit zwischen KI-Entwicklern, Sachverständigen in den Bereichen Gleichstellung und Nichtdiskriminierung, Barrierefreiheit und Verbraucher-, Umwelt- und digitale Rechte sowie Wissenschaftlern beruhen.

(143) Um Innovationen zu fördern und zu schützen, ist es wichtig, die Interessen von KMU, einschließlich Start-up-Unternehmen, die Anbieter und Betreiber von KI-Systemen sind, besonders zu berücksichtigen. Zu diesem Zweck sollten die Mitgliedstaaten Initiativen ergreifen, die sich an diese Akteure richten, darunter auch Sensibilisierungs- und Informationsmaßnahmen. Die Mitgliedstaaten sollten KMU, einschließlich Start-up-Unternehmen, die ihren Sitz oder eine Zweigniederlassung in der Union haben, vorrangigen Zugang zu den KI-Reallaboren gewähren, soweit sie die Voraussetzungen und Zulassungskriterien erfüllen und ohne andere Anbieter und zukünftige Anbieter am Zugang zu den Reallaboren zu hindern, sofern die gleichen Voraussetzungen und Kriterien erfüllt sind. Die Mitgliedstaaten sollten bestehende Kanäle nutzen und gegebenenfalls neue Kanäle für die Kommunikation mit KMU, einschließlich Start-up-Unternehmen, Betreibern, anderen Innovatoren und gegebenenfalls Behörden einrichten, um KMU auf ihrem gesamten Entwicklungsweg zu unterstützen, indem sie ihnen Orientierungshilfe bieten und Fragen zur Durchführung dieser Verordnung beantworten. Diese Kanäle sollten gegebenenfalls zusammenarbeiten, um Synergien zu schaffen und eine Homogenität ihrer Leitlinien für KMU, einschließlich Start-up-Unternehmen, und Betreiber KI sicherzustellen. Darüber hinaus sollten die Mitgliedstaaten die Beteiligung von KMU und anderen einschlägigen Interessenträgern an der Entwicklung von Normen fördern. Außerdem sollten die besonderen Interessen und Bedürfnisse von Anbietern, die KMU, einschließlich Start-up-Unternehmen, sind, bei der Festlegung der Gebühren für die Konformitätsbewertung durch die notifizierten Stellen berücksichtigt werden. Die Kommission sollte regelmäßig die Zertifizierungs- und Befolgungskosten

---

[42] Verordnung (EU) 2022/868 des Europäischen Parlaments und des Rates vom 30. Mai 2022 über europäische Daten-Governance und zur Änderung der Verordnung (EU) 2018/1724 (Daten-Governance-Rechtsakt) (ABl. L 152 vom 3.6.2022, S. 1).
[43] Verordnung (EU) 2023/2854 des Rates und des Europäischen Parlaments vom 13. Dezember 2023 über harmonisierte Vorschriften für einen fairen Datenzugang und eine faire Datennutzung sowie zur Änderung der Verordnung (EU) 2017/2394 und der Richtlinie (EU) 2020/1828 (Datenverordnung) (ABl. L, 2023/2854, 22.12.2023, ELI: http://data.europa.eu/eli/reg/2023/2854/oj).

VXII. Künstliche Intelligenz-Verordnung (KI-VO)

für KMU, einschließlich Start-up-Unternehmen, durch transparente Konsultationen bewerten, und sie sollte mit den Mitgliedstaaten zusammenarbeiten, um diese Kosten zu senken. So können beispielsweise Übersetzungen im Zusammenhang mit der verpflichtenden Dokumentation und Kommunikation mit Behörden für Anbieter und andere Akteure, insbesondere die kleineren unter ihnen, erhebliche Kosten verursachen. Die Mitgliedstaaten sollten möglichst dafür sorgen, dass eine der Sprachen, die sie für die einschlägige Dokumentation der Anbieter und für die Kommunikation mit den Akteuren bestimmen und akzeptieren, eine Sprache ist, die von der größtmöglichen Zahl grenzüberschreitender Betreiber weitgehend verstanden wird. Um den besonderen Bedürfnissen von KMU, einschließlich Start-up-Unternehmen, gerecht zu werden, sollte die Kommission auf Ersuchen des KI-Gremiums standardisierte Vorlagen für die unter diese Verordnung fallenden Bereiche bereitstellen. Ferner sollte die Kommission die Bemühungen der Mitgliedstaaten ergänzen, indem sie eine zentrale Informationsplattform mit leicht nutzbaren Informationen über diese Verordnung für alle Anbieter und Betreiber bereitstellt, indem sie angemessene Informationskampagnen durchführt, um für die aus dieser Verordnung erwachsenden Pflichten zu sensibilisieren, und indem sie die Konvergenz bewährter Praktiken bei Vergabeverfahren im Zusammenhang mit KI-Systemen bewertet und fördert. Mittlere Unternehmen, die bis vor kurzem als kleine Unternehmen im Sinne des Anhangs der Empfehlung 2003/361/EG der Kommission[44] galten, sollten Zugang zu diesen Unterstützungsmaßnahmen haben, da diese neuen mittleren Unternehmen mitunter nicht über die erforderlichen rechtlichen Ressourcen und Ausbildung verfügen, um ein ordnungsgemäßes Verständnis und eine entsprechende Einhaltung dieser Verordnung zu gewährleisten.

(144) Um Innovationen zu fördern und zu schützen, sollten die Plattform für KI auf Abruf, alle einschlägigen Finanzierungsprogramme und -projekte der Union, wie etwa das Programm „Digitales Europa" und Horizont Europa, die von der Kommission und den Mitgliedstaaten auf Unionsebene bzw. auf nationaler Ebene durchgeführt werden, zur Verwirklichung der Ziele dieser Verordnung beitragen.

(145) Um die Risiken bei der Umsetzung, die sich aus mangelndem Wissen und fehlenden Fachkenntnissen auf dem Markt ergeben, zu minimieren und den Anbietern, insbesondere KMU, einschließlich Start-up-Unternehmen, und notifizierten Stellen die Einhaltung ihrer Pflichten aus dieser Verordnung zu erleichtern, sollten insbesondere die Plattform für KI auf Abruf, die europäischen Zentren für digitale Innovation und die Test- und Versuchseinrichtungen, die von der Kommission und den Mitgliedstaaten auf Unionsebene bzw. auf nationaler Ebene eingerichtet werden, zur Durchführung dieser Verordnung beitragen. Die Plattform für KI auf Abruf, die europäischen Zentren für digitale Innovation und die Test- und Versuchseinrichtungen können Anbieter und notifizierte Stellen im Rahmen ihres jeweiligen Auftrags und ihrer jeweiligen Kompetenzbereiche insbesondere technisch und wissenschaftlich unterstützen.

(146) Angesichts der sehr geringen Größe einiger Akteure und um die Verhältnismäßigkeit in Bezug auf die Innovationskosten sicherzustellen, ist es darüber hinaus angezeigt, Kleinstunternehmen zu erlauben, eine der kostspieligsten Pflichten, nämlich die Einführung eines Qualitätsmanagementsystems, in vereinfachter Weise zu erfüllen, was den Verwaltungsaufwand und die Kosten für diese Unternehmen ver-

---

44 Empfehlung der Kommission vom 6. Mai 2003 betreffend die Definition der Kleinstunternehmen sowie der kleinen und mittleren Unternehmen (ABl. L 124 vom 20.5.2003, S. 36).

VXII. Künstliche Intelligenz-Verordnung (KI-VO)

ringern würde, ohne das Schutzniveau und die Notwendigkeit der Einhaltung der Anforderungen für Hochrisiko-KI-Systeme zu beeinträchtigen. Die Kommission sollte Leitlinien ausarbeiten, um die Elemente des Qualitätsmanagementsystems zu bestimmen, die von Kleinstunternehmen auf diese vereinfachte Weise zu erfüllen sind.

(147) Es ist angezeigt, dass die Kommission den Stellen, Gruppen oder Laboratorien, die gemäß den einschlägigen Harmonisierungsrechtsvorschriften der Union eingerichtet oder akkreditiert sind und Aufgaben im Zusammenhang mit der Konformitätsbewertung von Produkten oder Geräten wahrnehmen, die unter diese Harmonisierungsrechtsvorschriften der Union fallen, so weit wie möglich den Zugang zu Test- und Versuchseinrichtungen erleichtert. Dies gilt insbesondere für Expertengremien, Fachlaboratorien und Referenzlaboratorien im Bereich Medizinprodukte gemäß den Verordnungen (EU) 2017/745 und (EU) 2017/746.

(148) Mit dieser Verordnung sollte ein Governance-Rahmen geschaffen werden, der sowohl die Koordinierung und Unterstützung der Anwendung dieser Verordnung auf nationaler Ebene als auch den Aufbau von Kapazitäten auf Unionsebene und die Integration von Interessenträgern im Bereich der KI ermöglicht. Für die wirksame Umsetzung und Durchsetzung dieser Verordnung ist ein Governance-Rahmen erforderlich, der es ermöglicht, zentrales Fachwissen auf Unionsebene zu koordinieren und aufzubauen. Per Kommissionbeschluss[45] wurde das Büro für Künstliche Intelligenz errichtet, dessen Aufgabe es ist, Fachwissen und Kapazitäten der Union im Bereich der KI zu entwickeln und zur Umsetzung des Unionsrechts im KI-Bereich beizutragen. Die Mitgliedstaaten sollten die Aufgaben des Büros für Künstliche Intelligenz erleichtern, um die Entwicklung von Fachwissen und Kapazitäten auf Unionsebene zu unterstützen und die Funktionsweise des digitalen Binnenmarkts zu stärken. Darüber hinaus sollten ein aus Vertretern der Mitgliedstaaten zusammengesetztes KI-Gremium, ein wissenschaftliches Gremium zur Integration der Wissenschaftsgemeinschaft und ein Beratungsforum für Beiträge von Interessenträgern zur Durchführung dieser Verordnung auf Unionsebene und auf nationaler Ebene eingerichtet werden. Die Entwicklung von Fachwissen und Kapazitäten der Union sollte auch die Nutzung bestehender Ressourcen und Fachkenntnisse umfassen, insbesondere durch Synergien mit Strukturen, die im Rahmen der Durchsetzung anderer Rechts auf Unionsebene aufgebaut wurden, und Synergien mit einschlägigen Initiativen auf Unionsebene, wie dem Gemeinsamen Unternehmen EuroHPC und den KI-Test- und Versuchseinrichtungen im Rahmen des Programms „Digitales Europa".

(149) Um eine reibungslose, wirksame und harmonisierte Durchführung dieser Verordnung zu erleichtern, sollte ein KI-Gremium eingerichtet werden. Das KI-Gremium sollte die verschiedenen Interessen des KI-Ökosystems widerspiegeln und sich aus Vertretern der Mitgliedstaaten zusammensetzen. Das KI-Gremium sollte für eine Reihe von Beratungsaufgaben zuständig sein, einschließlich der Abgabe von Stellungnahmen, Empfehlungen, Ratschlägen oder Beiträgen zu Leitlinien zu Fragen im Zusammenhang mit der Durchführung dieser Verordnung – darunter zu Durchsetzungsfragen, technischen Spezifikationen oder bestehenden Normen in Bezug auf die in dieser Verordnung festgelegten Anforderungen – sowie der Beratung der Kommission und der Mitgliedstaaten und ihrer zuständigen nationalen Behörden

---

45 Beschluss C(2024) 390 der Kommission vom 24.1.2024 zur Errichtung des Europäischen Amts für künstliche Intelligenz.

in spezifischen Fragen im Zusammenhang mit KI. Um den Mitgliedstaaten eine gewisse Flexibilität bei der Benennung ihrer Vertreter im KI-Gremium zu geben, können diese Vertreter alle Personen sein, die öffentlichen Einrichtungen angehören, die über einschlägige Zuständigkeiten und Befugnisse verfügen sollten, um die Koordinierung auf nationaler Ebene zu erleichtern und zur Erfüllung der Aufgaben des KI-Gremiums beizutragen. Das KI-Gremium sollte zwei ständige Untergruppen einrichten, um Marktüberwachungsbehörden und notifizierenden Behörden für die Zusammenarbeit und den Austausch in Fragen, die die Marktüberwachung bzw. notifizierende Stellen betreffen, eine Plattform zu bieten. Die ständige Untergruppe für Marktüberwachung sollte für diese Verordnung als Gruppe für die Verwaltungszusammenarbeit (ADCO-Gruppe) im Sinne des Artikels 30 der Verordnung (EU) 2019/1020 fungieren. Im Einklang mit Artikel 33 der genannten Verordnung sollte die Kommission die Tätigkeiten der ständigen Untergruppe für Marktüberwachung durch die Durchführung von Marktbewertungen oder -untersuchungen unterstützen, insbesondere im Hinblick auf die Ermittlung von Aspekten dieser Verordnung, die eine spezifische und dringende Koordinierung zwischen den Marktüberwachungsbehörden erfordern. Das KI-Gremium kann weitere ständige oder nichtständige Untergruppen einrichten, falls das für die Prüfung bestimmter Fragen zweckmäßig sein sollte. Das KI-Gremium sollte gegebenenfalls auch mit einschlägigen Einrichtungen, Sachverständigengruppen und Netzwerken der Union zusammenarbeiten, die im Zusammenhang mit dem einschlägigen Unionsrecht tätig sind, einschließlich insbesondere derjenigen, die im Rahmen des einschlägigen Unionsrechts über Daten, digitale Produkte und Dienstleistungen tätig sind.

(150) Im Hinblick auf die Einbeziehung von Interessenträgern in die Umsetzung und Anwendung dieser Verordnung sollte ein Beratungsforum eingerichtet werden, um das KI-Gremium und die Kommission zu beraten und ihnen technisches Fachwissen bereitzustellen. Um eine vielfältige und ausgewogene Vertretung der Interessenträger mit gewerblichen und nicht gewerblichen Interessen und – innerhalb der Kategorie mit gewerblichen Interessen – in Bezug auf KMU und andere Unternehmen zu gewährleisten, sollten in dem Beratungsforum unter anderem die Industrie, Start-up-Unternehmen, KMU, die Wissenschaft, die Zivilgesellschaft, einschließlich der Sozialpartner, sowie die Agentur für Grundrechte, die ENISA, das Europäische Komitee für Normung (CEN), das Europäische Komitee für elektrotechnische Normung (CENELEC) und das Europäische Institut für Telekommunikationsnormen (ETSI) vertreten sein.

(151) Zur Unterstützung der Umsetzung und Durchsetzung dieser Verordnung, insbesondere der Beobachtungstätigkeiten des Büros für Künstliche Intelligenz in Bezug auf KI-Modelle mit allgemeinem Verwendungszweck, sollte ein wissenschaftliches Gremium mit unabhängigen Sachverständigen eingerichtet werden. Die unabhängigen Sachverständigen, aus denen sich das wissenschaftliche Gremium zusammensetzt, sollten auf der Grundlage des aktuellen wissenschaftlichen oder technischen Fachwissens im KI-Bereich ausgewählt werden und ihre Aufgaben unparteiisch, objektiv und unter Achtung der Vertraulichkeit der bei der Durchführung ihrer Aufgaben und Tätigkeiten erhaltenen Informationen und Daten ausüben. Um eine Aufstockung der nationalen Kapazitäten, die für die wirksame Durchsetzung dieser Verordnung erforderlich sind, zu ermöglichen, sollten die Mitgliedstaaten für ihre Durchsetzungstätigkeiten Unterstützung aus dem Pool von Sachverständigen anfordern können, der das wissenschaftliche Gremium bildet.

VXII. Künstliche Intelligenz-Verordnung (KI-VO)

(152) Um eine angemessene Durchsetzung in Bezug auf KI-Systeme zu unterstützen und die Kapazitäten der Mitgliedstaaten zu stärken, sollten Unionsstrukturen zur Unterstützung der Prüfung von KI eingerichtet und den Mitgliedstaaten zur Verfügung gestellt werden.

(153) Den Mitgliedstaaten kommt bei der Anwendung und Durchsetzung dieser Verordnung eine Schlüsselrolle zu. Dazu sollte jeder Mitgliedstaat mindestens eine notifizierende Behörde und mindestens eine Marktüberwachungsbehörde als zuständige nationale Behörden benennen, die die Anwendung und Durchführung dieser Verordnung beaufsichtigen. Die Mitgliedstaaten können beschließen, öffentliche Einrichtungen jeder Art zu benennen, die die Aufgaben der zuständigen nationalen Behörden im Sinne dieser Verordnung gemäß ihren spezifischen nationalen organisatorischen Merkmalen und Bedürfnissen wahrnehmen. Um die Effizienz der Organisation aufseiten der Mitgliedstaaten zu steigern und eine zentrale Anlaufstelle gegenüber der Öffentlichkeit und anderen Ansprechpartnern auf Ebene der Mitgliedstaaten und der Union einzurichten, sollte jeder Mitgliedstaat eine Marktüberwachungsbehörde als zentrale Anlaufstelle benennen.

(154) Die zuständigen nationalen Behörden sollten ihre Befugnisse unabhängig, unparteiisch und unvoreingenommen ausüben, um die Grundsätze der Objektivität ihrer Tätigkeiten und Aufgaben zu wahren und die Anwendung und Durchführung dieser Verordnung sicherzustellen. Die Mitglieder dieser Behörden sollten sich jeder Handlung enthalten, die mit ihren Aufgaben unvereinbar wäre, und sie sollten den Vertraulichkeitsvorschriften gemäß dieser Verordnung unterliegen.

(155) Damit Anbieter von Hochrisiko-KI-Systemen die Erfahrungen mit der Verwendung von Hochrisiko-KI-Systemen bei der Verbesserung ihrer Systeme und im Konzeptions- und Entwicklungsprozess berücksichtigen oder rechtzeitig etwaige Korrekturmaßnahmen ergreifen können, sollten alle Anbieter über ein System zur Beobachtung nach dem Inverkehrbringen verfügen. Gegebenenfalls sollte die Beobachtung nach dem Inverkehrbringen eine Analyse der Interaktion mit anderen KI-Systemen, einschließlich anderer Geräte und Software, umfassen. Die Beobachtung nach dem Inverkehrbringen sollte nicht für sensible operative Daten von Betreibern, die Strafverfolgungsbehörden sind, gelten. Dieses System ist auch wichtig, damit den möglichen Risiken, die von KI-Systemen ausgehen, die nach dem Inverkehrbringen oder der Inbetriebnahme dazulernen, effizienter und zeitnah begegnet werden kann. In diesem Zusammenhang sollten die Anbieter auch verpflichtet sein, ein System einzurichten, um den zuständigen Behörden schwerwiegende Vorfälle zu melden, die sich aus der Verwendung ihrer KI-Systeme ergeben; damit sind Vorfälle oder Fehlfunktionen gemeint, die zum Tod oder zu schweren Gesundheitsschäden führen, schwerwiegende und irreversible Störungen der Verwaltung und des Betriebs kritischer Infrastrukturen, Verstöße gegen Verpflichtungen aus dem Unionsrecht, mit denen die Grundrechte geschützt werden sollen, oder schwere Sach- oder Umweltschäden.

(156) Zur Gewährleistung einer angemessenen und wirksamen Durchsetzung der Anforderungen und Pflichten gemäß dieser Verordnung, bei der es sich um eine Harmonisierungsrechtsvorschrift der Union handelt, sollte das mit der Verordnung (EU) 2019/1020 eingeführte System der Marktüberwachung und der Konformität von Produkten in vollem Umfang gelten. Die gemäß dieser Verordnung benannten Marktüberwachungsbehörden sollten über alle in der vorliegenden Verordnung und der Verordnung (EU) 2019/1020 festgelegten Durchsetzungsbefugnisse verfügen und ihre Befugnisse und Aufgaben unabhängig, unparteiisch und unvoreingenom-

men wahrnehmen. Obwohl die meisten KI-Systeme keinen spezifischen Anforderungen und Pflichten gemäß der vorliegenden Verordnung unterliegen, können die Marktüberwachungsbehörden Maßnahmen in Bezug auf alle KI-Systeme ergreifen, wenn sie ein Risiko gemäß dieser Verordnung darstellen. Aufgrund des spezifischen Charakters der Organe, Einrichtungen und sonstigen Stellen der Union, die in den Anwendungsbereich dieser Verordnung fallen, ist es angezeigt, dass der Europäische Datenschutzbeauftragte als eine zuständige Marktüberwachungsbehörde für sie benannt wird. Die Benennung zuständiger nationaler Behörden durch die Mitgliedstaaten sollte davon unberührt bleiben. Die Marktüberwachungstätigkeiten sollten die Fähigkeit der beaufsichtigten Einrichtungen, ihre Aufgaben unabhängig wahrzunehmen, nicht beeinträchtigen, wenn eine solche Unabhängigkeit nach dem Unionsrecht erforderlich ist.

(157) Diese Verordnung berührt nicht die Zuständigkeiten, Aufgaben, Befugnisse und Unabhängigkeit der einschlägigen nationalen Behörden oder Stellen, die die Anwendung des Unionsrechts zum Schutz der Grundrechte überwachen, einschließlich Gleichbehandlungsstellen und Datenschutzbehörden. Sofern dies für die Erfüllung ihres Auftrags erforderlich ist, sollten auch diese nationalen Behörden oder Stellen Zugang zu der gesamten im Rahmen dieser Verordnung erstellten Dokumentation haben. Es sollte ein spezifisches Schutzklauselverfahren festgelegt werden, um eine angemessene und zeitnahe Durchsetzung gegenüber KI-Systemen, die ein Risiko für Gesundheit, Sicherheit und Grundrechte bergen, sicherzustellen. Das Verfahren für solche KI-Systeme, die ein Risiko bergen, sollte auf Hochrisiko-KI-Systeme, von denen ein Risiko ausgeht, auf verbotene Systeme, die unter Verstoß gegen die in dieser Verordnung festgelegten verbotenen Praktiken in Verkehr gebracht, in Betrieb genommen oder verwendet wurden, sowie auf KI-Systeme, die unter Verstoß der Transparenzanforderungen dieser Verordnung bereitgestellt wurden und ein Risiko bergen, angewandt werden.

(158) Die Rechtsvorschriften der Union über Finanzdienstleistungen enthalten Vorschriften und Anforderungen für die interne Unternehmensführung und das Risikomanagement, die für regulierte Finanzinstitute bei der Erbringung solcher Dienstleistungen gelten, auch wenn sie KI-Systeme verwenden. Um eine kohärente Anwendung und Durchsetzung der Pflichten aus dieser Verordnung sowie der einschlägigen Vorschriften und Anforderungen der Rechtsvorschriften der Union über Finanzdienstleistungen zu gewährleisten, sollten die für die Beaufsichtigung und Durchsetzung jener Rechtsvorschriften zuständigen Behörden, insbesondere die zuständigen Behörden im Sinne der Verordnung (EU) Nr. 575/2013 des Europäischen Parlaments und des Rates[46] und der Richtlinien 2008/48/EG[47], 2009/138/EG[48],

---

46 Verordnung (EU) Nr. 575/2013 des Europäischen Parlaments und des Rates vom 26. Juni 2013 über Aufsichtsanforderungen an Kreditinstitute und Wertpapierfirmen und zur Änderung der Verordnung (EU) Nr. 648/2012 (ABl. L 176 vom 27.6.2013, S. 1).
47 Richtlinie 2008/48/EG des Europäischen Parlaments und des Rates vom 23. April 2008 über Verbraucherkreditverträge und zur Aufhebung der Richtlinie 87/102/EWG des Rates (ABl. L 133 vom 22.5.2008, S. 66).
48 Richtlinie 2009/138/EG des Europäischen Parlaments und des Rates vom 25. November 2009 betreffend die Aufnahme und Ausübung der Versicherungs- und der Rückversicherungstätigkeit (Solvabilität II) (ABl. L 335 vom 17.12.2009, S. 1).

VXII. Künstliche Intelligenz-Verordnung (KI-VO)

2013/36/EU[49], 2014/17/EU[50] und (EU) 2016/97[51] des Europäischen Parlaments und des Rates, im Rahmen ihrer jeweiligen Zuständigkeiten auch als zuständige Behörden für die Beaufsichtigung der Durchführung dieser Verordnung, einschließlich der Marktüberwachungstätigkeiten, in Bezug auf von regulierten und beaufsichtigten Finanzinstituten bereitgestellte oder verwendete KI-Systeme benannt werden, es sei denn, die Mitgliedstaaten beschließen, eine andere Behörde zu benennen, um diese Marktüberwachungsaufgaben wahrzunehmen. Diese zuständigen Behörden sollten alle Befugnisse gemäß dieser Verordnung und der Verordnung (EU) 2019/1020 haben, um die Anforderungen und Pflichten der vorliegenden Verordnung durchzusetzen, einschließlich Befugnisse zur Durchführung von Ex-post-Marktüberwachungstätigkeiten, die gegebenenfalls in ihre bestehenden Aufsichtsmechanismen und -verfahren im Rahmen des einschlägigen Unionsrechts über Finanzdienstleistungen integriert werden können. Es ist angezeigt, vorzusehen, dass die nationalen Behörden, die für die Aufsicht über unter die Richtlinie 2013/36/EU fallende Kreditinstitute zuständig sind, welche an dem mit der Verordnung (EU) Nr. 1024/2013 des Rates[52] eingerichteten einheitlichen Aufsichtsmechanismus teilnehmen, in ihrer Funktion als Marktüberwachungsbehörden gemäß der vorliegenden Verordnung der Europäischen Zentralbank unverzüglich alle im Zuge ihrer Marktüberwachungstätigkeiten ermittelten Informationen übermitteln, die für die in der genannten Verordnung festgelegten Aufsichtsaufgaben der Europäischen Zentralbank von Belang sein könnten. Um die Kohärenz zwischen der vorliegenden Verordnung und den Vorschriften für Kreditinstitute, die unter die Richtlinie 2013/36/EU fallen, weiter zu verbessern, ist es ferner angezeigt, einige verfahrenstechnische Anbieterpflichten in Bezug auf das Risikomanagement, die Beobachtung nach dem Inverkehrbringen und die Dokumentation in die bestehenden Pflichten und Verfahren gemäß der Richtlinie 2013/36/EU aufzunehmen. Zur Vermeidung von Überschneidungen sollten auch begrenzte Ausnahmen in Bezug auf das Qualitätsmanagementsystem der Anbieter und die Beobachtungspflicht der Betreiber von Hochrisiko-KI-Systemen in Betracht gezogen werden, soweit diese Kreditinstitute betreffen, die unter die Richtlinie 2013/36/EU fallen. Die gleiche Regelung sollte für Versicherungs- und Rückversicherungsunternehmen und Versicherungsholdinggesellschaften gemäß der Richtlinie 2009/138/EG und Versicherungsvermittler gemäß der Richtlinie (EU) 2016/97 sowie für andere Arten von Finanzinstituten gelten, die Anforderungen in Bezug auf ihre Regelungen oder Verfahren der internen Unternehmensführung unterliegen, die gemäß einschlägigem Unionsrecht der Union über Finanzdienstleistungen festgelegt wurden, um Kohärenz und Gleichbehandlung im Finanzsektor sicherzustellen.

---

49 Richtlinie 2013/36/EU des Europäischen Parlaments und des Rates vom 26. Juni 2013 über den Zugang zur Tätigkeit von Kreditinstituten und die Beaufsichtigung von Kreditinstituten und Wertpapierfirmen, zur Änderung der Richtlinie 2002/87/EG und zur Aufhebung der Richtlinien 2006/48/EG und 2006/49/EG (ABl. L 176 vom 27.6.2013, S. 338).
50 Richtlinie 2014/17/EU des Europäischen Parlaments und des Rates vom 4. Februar 2014 über Wohnimmobilienkreditverträge für Verbraucher und zur Änderung der Richtlinien 2008/48/EG und 2013/36/EU und der Verordnung (EU) Nr. 1093/2010 (ABl. L 60 vom 28.2.2014, S. 34).
51 Richtlinie (EU) 2016/97 des Europäischen Parlaments und des Rates vom 20. Januar 2016 über Versicherungsvertrieb (ABl. L 26 vom 2.2.2016, S. 19).
52 Verordnung (EU) Nr. 1024/2013 des Rates vom 15. Oktober 2013 zur Übertragung besonderer Aufgaben im Zusammenhang mit der Aufsicht über Kreditinstitute auf die Europäische Zentralbank (ABl. L 287 vom 29.10.2013, S. 63).

VXII. Künstliche Intelligenz-Verordnung (KI-VO)

(159) Jede Marktüberwachungsbehörde für Hochrisiko-KI-Systeme im Bereich der Biometrie, die in einem Anhang zu dieser Verordnung aufgeführt sind, sollte – soweit diese Systeme für die Zwecke der Strafverfolgung, von Migration, Asyl und Grenzkontrolle oder von Rechtspflege und demokratischen Prozessen eingesetzt werden – über wirksame Ermittlungs- und Korrekturbefugnisse verfügen, einschließlich mindestens der Befugnis, Zugang zu allen personenbezogenen Daten, die verarbeitet werden, und zu allen Informationen, die für die Ausübung ihrer Aufgaben erforderlich sind, zu erhalten. Die Marktüberwachungsbehörden sollten in der Lage sein, ihre Befugnisse in völliger Unabhängigkeit auszuüben. Jede Beschränkung ihres Zugangs zu sensiblen operativen Daten im Rahmen dieser Verordnung sollte die Befugnisse unberührt lassen, die ihnen mit der Richtlinie (EU) 2016/680 übertragen wurden. Kein Ausschluss der Offenlegung von Daten gegenüber nationalen Datenschutzbehörden im Rahmen dieser Verordnung sollte die derzeitigen oder künftigen Befugnisse dieser Behörden über den Geltungsbereich dieser Verordnung hinaus beeinträchtigen.

(160) Die Marktüberwachungsbehörden und die Kommission sollten gemeinsame Tätigkeiten, einschließlich gemeinsamer Untersuchungen, vorschlagen können, die von den Marktüberwachungsbehörden oder von den Marktüberwachungsbehörden gemeinsam mit der Kommission durchgeführt werden, um Konformität zu fördern, Nichtkonformität festzustellen, zu sensibilisieren und Orientierung zu dieser Verordnung und bestimmten Kategorien von Hochrisiko-KI-Systemen bereitzustellen, bei denen festgestellt wird, dass sie in zwei oder mehr Mitgliedstaaten ein ernstes Risiko darstellen. Gemeinsame Tätigkeiten zur Förderung der Konformität sollten im Einklang mit Artikel 9 der Verordnung (EU) 2019/1020 durchgeführt werden. Das Büro für Künstliche Intelligenz sollte die Koordinierung gemeinsamer Untersuchungen unterstützen.

(161) Die Verantwortlichkeiten und Zuständigkeiten auf Unionsebene und nationaler Ebene in Bezug auf KI-Systeme, die auf KI-Modellen mit allgemeinem Verwendungszweck aufbauen, müssen präzisiert werden. Um sich überschneidende Zuständigkeiten zu vermeiden, sollte die Aufsicht für KI-Systeme, die auf KI-Modellen mit allgemeinem Verwendungszweck beruhen und bei denen das Modell und das System vom selben Anbieter bereitgestellt werden, auf der Unionsebene durch das Büro für Künstliche Intelligenz erfolgen, das für diesen Zweck über die Befugnisse einer Marktüberwachungsbehörde im Sinne der Verordnung (EU) 2019/1020 verfügen sollte. In allen anderen Fällen sollten die nationalen Marktüberwachungsbehörden weiterhin für die Aufsicht über KI-Systeme zuständig sein. Bei KI-Systemen mit allgemeinem Verwendungszweck, die von Betreibern direkt für mindestens einen Zweck verwendet werden können, der als hochriskant eingestuft wird, sollten die Marktüberwachungsbehörden jedoch mit dem Büro für Künstliche Intelligenz zusammenarbeiten, um Konformitätsbewertungen durchzuführen, und sie sollten KI-Gremium und andere Marktüberwachungsbehörden entsprechend informieren. Darüber hinaus sollten Marktüberwachungsbehörden das Büro für Künstliche Intelligenz um Unterstützung ersuchen können, wenn die Marktüberwachungsbehörde nicht in der Lage ist, eine Untersuchung zu einem Hochrisiko-KI-System abzuschließen, weil sie keinen Zugang zu bestimmten Informationen im Zusammenhang mit dem KI-Modell mit allgemeinem Verwendungszweck, auf dem das Hochrisiko-KI-System beruht, haben. In diesen Fällen sollte das Verfahren bezüglich grenzübergreifender Amtshilfe nach Kapitel VI der Verordnung (EU) 2019/1020 entsprechend Anwendung finden.

VXII. Künstliche Intelligenz-Verordnung (KI-VO)

(162) Um das zentralisierte Fachwissen der Union und Synergien auf Unionsebene bestmöglich zu nutzen, sollte die Kommission für die Aufsicht und die Durchsetzung der Pflichten der Anbieter von KI-Modellen mit allgemeinem Verwendungszweck zuständig sein. Das Büro für Künstliche Intelligenz sollte alle erforderlichen Maßnahmen durchführen können, um die wirksame Umsetzung dieser Verordnung im Hinblick auf KI-Modelle mit allgemeinem Verwendungszweck zu überwachen. Es sollte mögliche Verstöße gegen die Vorschriften für Anbieter von KI-Modellen mit allgemeinem Verwendungszweck sowohl auf eigene Initiative, auf der Grundlage der Ergebnisse seiner Überwachungstätigkeiten, als auch auf Anfrage von Marktüberwachungsbehörden gemäß den in dieser Verordnung festgelegten Bedingungen untersuchen können. Zur Unterstützung einer wirksamen Überwachung durch das Büro für Künstliche Intelligenz sollte die Möglichkeit vorgesehen werden, dass nachgelagerte Anbieter Beschwerden über mögliche Verstöße gegen die Vorschriften für Anbieter von KI-Modellen und -Systemen mit allgemeinem Verwendungszweck einreichen können.

(163) Um die Governance-Systeme für KI-Modelle mit allgemeinem Verwendungszweck zu ergänzen, sollte das wissenschaftliche Gremium die Überwachungstätigkeiten des Büros für Künstliche Intelligenz unterstützen; dazu kann es in bestimmten Fällen qualifizierte Warnungen an das Büro für Künstliche Intelligenz richten, die Folgemaßnahmen wie etwa Untersuchungen auslösen. Dies sollte der Fall sein, wenn das wissenschaftliche Gremium Grund zu der Annahme hat, dass ein KI-Modell mit allgemeinem Verwendungszweck ein konkretes und identifizierbares Risiko auf Unionsebene darstellt. Außerdem sollte dies der Fall sein, wenn das wissenschaftliche Gremium Grund zu der Annahme hat, dass ein KI-Modell mit allgemeinem Verwendungszweck die Kriterien erfüllt, die zu einer Einstufung als KI-Modell mit allgemeinem Verwendungszweck mit systemischem Risiko führen würde. Um dem wissenschaftlichen Gremium die Informationen zur Verfügung zu stellen, die für die Ausübung dieser Aufgaben erforderlich sind, sollte es einen Mechanismus geben, wonach das wissenschaftliche Gremium die Kommission ersuchen kann, Unterlagen oder Informationen von einem Anbieter anzufordern.

(164) Das Büro für Künstliche Intelligenz sollte die erforderlichen Maßnahmen ergreifen können, um die wirksame Umsetzung und die Einhaltung der in dieser Verordnung festgelegten Pflichten der Anbieter von KI-Modellen mit allgemeinem Verwendungszweck zu überwachen. Das Büro für Künstliche Intelligenz sollte mögliche Verstöße im Einklang mit den in dieser Verordnung vorgesehenen Befugnissen untersuchen können, unter anderem indem es Unterlagen und Informationen anfordert, Bewertungen durchführt und Maßnahmen von Anbietern von KI-Modellen mit allgemeinem Verwendungszweck verlangt. Was die Durchführung von Bewertungen betrifft, so sollte das Büro für Künstliche Intelligenz unabhängige Sachverständige mit der Durchführung der Bewertungen in seinem Namen beauftragen können, damit unabhängiges Fachwissen genutzt werden kann. Die Einhaltung der Pflichten sollte durchsetzbar sein, unter anderem durch die Aufforderung zum Ergreifen angemessener Maßnahmen, einschließlich Risikominderungsmaßnahmen im Fall von festgestellten systemischen Risiken, sowie durch die Einschränkung der Bereitstellung des Modells auf dem Markt, die Rücknahme des Modells oder den Rückruf des Modells. Als Schutzmaßnahme, die erforderlichenfalls über die in dieser Verordnung vorgesehenen Verfahrensrechte hinausgeht, sollten die Anbieter von KI-Modellen mit allgemeinem Verwendungszweck über die in Artikel 18 der Verordnung (EU) 2019/1020 vorgesehenen Verfahrensrechte verfügen, die – unbe-

schadet in der vorliegenden Verordnung vorgesehener spezifischerer Verfahrensrechte – entsprechend gelten sollten.

(165) Die Entwicklung anderer KI-Systeme als Hochrisiko-KI-Systeme gemäß den Anforderungen dieser Verordnung kann zu einer stärkeren Verbreitung ethischer und vertrauenswürdiger KI in der Union führen. Anbieter von KI-Systemen, die kein hohes Risiko bergen, sollten angehalten werden, Verhaltenskodizes – einschließlich zugehöriger Governance-Mechanismen – zu erstellen, um eine freiwillige Anwendung einiger oder aller der für Hochrisiko-KI-Systeme geltenden Anforderungen zu fördern, die angesichts der Zweckbestimmung der Systeme und des niedrigeren Risikos angepasst werden, und unter Berücksichtigung der verfügbaren technischen Lösungen und bewährten Verfahren der Branche wie Modell- und Datenkarten. Darüber hinaus sollten die Anbieter und gegebenenfalls die Betreiber aller KI-Systeme, ob mit hohem Risiko oder nicht, und aller KI-Modelle auch ermutigt werden, freiwillig zusätzliche Anforderungen anzuwenden, z. B. in Bezug auf die Elemente der Ethikleitlinien der Union für vertrauenswürdige KI, die ökologische Nachhaltigkeit, Maßnahmen für KI-Kompetenz, die inklusive und vielfältige Gestaltung und Entwicklung von KI-Systemen, unter anderem mit Schwerpunkt auf schutzbedürftige Personen und die Barrierefreiheit für Menschen mit Behinderungen, die Beteiligung der Interessenträger, gegebenenfalls mit Einbindung einschlägiger Interessenträger wie Unternehmensverbänden und Organisationen der Zivilgesellschaft, Wissenschaft, Forschungsorganisationen, Gewerkschaften und Verbraucherschutzorganisationen an der Konzeption und Entwicklung von KI-Systemen und die Vielfalt der Entwicklungsteams, einschließlich einer ausgewogenen Vertretung der Geschlechter. Um sicherzustellen, dass die freiwilligen Verhaltenskodizes wirksam sind, sollten sie auf klaren Zielen und zentralen Leistungsindikatoren zur Messung der Verwirklichung dieser Ziele beruhen. Sie sollten außerdem in inklusiver Weise entwickelt werden, gegebenenfalls unter Einbeziehung einschlägiger Interessenträger wie Unternehmensverbände und Organisationen der Zivilgesellschaft, Wissenschaft, Forschungsorganisationen, Gewerkschaften und Verbraucherschutzorganisationen. Die Kommission kann Initiativen, auch sektoraler Art, ergreifen, um den Abbau technischer Hindernisse zu erleichtern, die den grenzüberschreitenden Datenaustausch im Zusammenhang mit der KI-Entwicklung behindern, unter anderem in Bezug auf die Infrastruktur für den Datenzugang und die semantische und technische Interoperabilität verschiedener Arten von Daten.

(166) Es ist wichtig, dass KI-Systeme im Zusammenhang mit Produkten, die gemäß dieser Verordnung kein hohes Risiko bergen und daher nicht die in dieser Verordnung festgelegten Anforderungen für Hochrisiko-KI-Systeme erfüllen müssen, dennoch sicher sind, wenn sie in Verkehr gebracht oder in Betrieb genommen werden. Um zu diesem Ziel beizutragen, würde die Verordnung (EU) 2023/988 des Europäischen Parlaments und des Rates[53] als Sicherheitsnetz dienen.

(167) Zur Gewährleistung einer vertrauensvollen und konstruktiven Zusammenarbeit der zuständigen Behörden auf Ebene der Union und der Mitgliedstaaten sollten alle an der Anwendung dieser Verordnung beteiligten Parteien gemäß dem Unionsrecht und dem nationalen Recht die Vertraulichkeit der im Rahmen der Wahrnehmung ih-

---

[53] Verordnung (EU) 2023/988 des Europäischen Parlaments und des Rates vom 10. Mai 2023 über die allgemeine Produktsicherheit, zur Änderung der Verordnung (EU) Nr. 1025/2012 des Europäischen Parlaments und des Rates und der Richtlinie (EU) 2020/1828 des Europäischen Parlaments und des Rates sowie zur Aufhebung der Richtlinie 2001/95/EG des Europäischen Parlaments und des Rates und der Richtlinie 87/357/EWG des Rates (ABl. L 135 vom 23.5.2023, S. 1).

VXII. Künstliche Intelligenz-Verordnung (KI-VO)

rer Aufgaben erlangten Informationen und Daten wahren. Sie sollten ihre Aufgaben und Tätigkeiten so ausüben, dass insbesondere die Rechte des geistigen Eigentums, vertrauliche Geschäftsinformationen und Geschäftsgeheimnisse, die wirksame Durchführung dieser Verordnung, die öffentlichen und nationalen Sicherheitsinteressen, die Integrität von Straf- und Verwaltungsverfahren und die Integrität von Verschlusssachen geschützt werden.

(168) Die Einhaltung dieser Verordnung sollte durch die Verhängung von Sanktionen und anderen Durchsetzungsmaßnahmen durchsetzbar sein. Die Mitgliedstaaten sollten alle erforderlichen Maßnahmen ergreifen, um sicherzustellen, dass die Bestimmungen dieser Verordnung durchgeführt werden, und dazu unter anderem wirksame, verhältnismäßige und abschreckende Sanktionen für Verstöße festlegen und das Verbot der Doppelbestrafung befolgen. Um die verwaltungsrechtlichen Sanktionen für Verstöße gegen diese Verordnung zu verschärfen und zu harmonisieren, sollten Obergrenzen für die Festsetzung der Geldbußen bei bestimmten Verstößen festgelegt werden. Bei der Bemessung der Höhe der Geldbußen sollten die Mitgliedstaaten in jedem Einzelfall alle relevanten Umstände der jeweiligen Situation berücksichtigen, insbesondere die Art, die Schwere und die Dauer des Verstoßes und seiner Folgen sowie die Größe des Anbieters, vor allem wenn es sich bei diesem um ein KMU – einschließlich eines Start-up-Unternehmens – handelt. Der Europäische Datenschutzbeauftragte sollte befugt sein, gegen Organe, Einrichtungen und sonstige Stellen der Union, die in den Anwendungsbereich dieser Verordnung fallen, Geldbußen zu verhängen.

(169) Die Einhaltung der mit dieser Verordnung auferlegten Pflichten für Anbieter von KI-Modellen mit allgemeinem Verwendungszweck sollte unter anderem durch Geldbußen durchgesetzt werden können. Zu diesem Zweck sollten Geldbußen in angemessener Höhe für Verstöße gegen diese Pflichten, einschließlich der Nichteinhaltung der von der Kommission gemäß dieser Verordnung verlangten Maßnahmen, festgesetzt werden, vorbehaltlich angemessener Verjährungsfristen im Einklang mit dem Grundsatz der Verhältnismäßigkeit. Alle Beschlüsse, die die Kommission auf der Grundlage dieser Verordnung fasst, unterliegen der Überprüfung durch den Gerichtshof der Europäischen Union im Einklang mit dem AEUV, einschließlich der Befugnis des Gerichtshofs zu unbeschränkter Ermessensnachprüfung hinsichtlich Zwangsmaßnahmen im Einklang mit Artikel 261 AEUV.

(170) Im Unionsrecht und im nationalen Recht sind bereits wirksame Rechtsbehelfe für natürliche und juristische Personen vorgesehen, deren Rechte und Freiheiten durch die Nutzung von KI-Systemen beeinträchtigt werden. Unbeschadet dieser Rechtsbehelfe sollte jede natürliche oder juristische Person, die Grund zu der Annahme hat, dass gegen diese Verordnung verstoßen wurde, befugt sein, bei der betreffenden Marktüberwachungsbehörde eine Beschwerde einzureichen.

(171) Betroffene Personen sollten das Recht haben, eine Erklärung zu erhalten, wenn eine Entscheidung eines Betreibers überwiegend auf den Ausgaben bestimmter Hochrisiko-KI-systeme beruht, die in den Geltungsbereich dieser Verordnung fallen, und wenn diese Entscheidung Rechtswirkungen entfaltet oder diese Personen in ähnlicher Weise wesentlich beeinträchtigt, und zwar so, dass sie ihrer Ansicht nach negative Auswirkungen auf ihre Gesundheit, ihre Sicherheit oder ihre Grundrechte hat. Diese Erklärung sollte klar und aussagekräftig sein, und sie sollte eine Grundlage bieten, auf der die betroffenen Personen ihre Rechte ausüben können. Das Recht auf eine Erklärung sollte nicht für die Nutzung von KI-Systemen gelten, für die sich aus dem Unionsrecht oder dem nationalen Recht Ausnahmen oder

VXII. Künstliche Intelligenz-Verordnung (KI-VO)

Beschränkungen ergeben, und es sollte nur insoweit gelten, als es nicht bereits in anderem Unionsrecht vorgesehen ist.

(172) Personen, die als Hinweisgeber in Bezug auf die in dieser Verordnung genannten Verstöße auftreten, sollten durch das Unionsrecht geschützt werden. Für die Meldung von Verstößen gegen diese Verordnung und den Schutz von Personen, die solche Verstöße melden, sollte daher die Richtlinie (EU) 2019/1937 des Europäischen Parlaments und des Rates[54] gelten.

(173) Damit der Regelungsrahmen erforderlichenfalls angepasst werden kann, sollte der Kommission die Befugnis übertragen werden, gemäß Artikel 290 AEUV Rechtsakte zur Änderung der Bedingungen, unter denen ein KI-System nicht als Hochrisiko-System einzustufen ist, der Liste der Hochrisiko-KI-Systeme, der Bestimmungen über die technische Dokumentation, des Inhalts der EU-Konformitätserklärung, der Bestimmungen über die Konformitätsbewertungsverfahren, der Bestimmungen zur Festlegung der Hochrisiko-KI-Systeme, für die das Konformitätsbewertungsverfahren auf der Grundlage der Bewertung des Qualitätsmanagementsystems und der technischen Dokumentation gelten sollte, der Schwellenwerte, Benchmarks und Indikatoren – auch durch Ergänzung dieser Benchmarks und Indikatoren – in den Vorschriften für die Einstufung von KI-Modellen mit allgemeinem Verwendungszweck mit systemischem Risiko, der Kriterien für die Benennung von KI-Modellen mit allgemeinem Verwendungszweck mit systemischem Risiko, der technischen Dokumentation für Anbieter von KI-Modellen mit allgemeinem Verwendungszweck und der Transparenzinformationen für Anbieter von KI-Modellen mit allgemeinem Verwendungszweck zu erlassen. Es ist von besonderer Bedeutung, dass die Kommission im Zuge ihrer Vorbereitungsarbeit angemessene Konsultationen, auch auf der Ebene von Sachverständigen, durchführt, die mit den Grundsätzen in Einklang stehen, die in der Interinstitutionellen Vereinbarung vom 13. April 2016 über bessere Rechtsetzung[55] niedergelegt wurden. Um insbesondere für eine gleichberechtigte Beteiligung an der Vorbereitung delegierter Rechtsakte zu sorgen, erhalten das Europäische Parlament und der Rat alle Dokumente zur gleichen Zeit wie die Sachverständigen der Mitgliedstaaten, und ihre Sachverständigen haben systematisch Zugang zu den Sitzungen der Sachverständigengruppen der Kommission, die mit der Vorbereitung der delegierten Rechtsakte befasst sind.

(174) Angesichts der raschen technologischen Entwicklungen und des für die wirksame Anwendung dieser Verordnung erforderlichen technischen Fachwissens sollte die Kommission diese Verordnung bis zum 2. August 2029 und danach alle vier Jahre bewerten und überprüfen und dem Europäischen Parlament und dem Rat darüber Bericht erstatten. Darüber hinaus sollte die Kommission – unter Berücksichtigung der Auswirkungen auf den Geltungsbereich dieser Verordnung – einmal jährlich beurteilen, ob es notwendig ist, die Liste der Hochrisiko-KI-Systeme und die Liste der verbotenen Praktiken zu ändern. Außerdem sollte die Kommission bis zum 2. August 2028 und danach alle vier Jahre die Notwendigkeit einer Änderung der Liste der Hochrisikobereiche im Anhang dieser Verordnung, die KI-Systeme im Geltungsbereich der Transparenzpflichten, die Wirksamkeit des Aufsichts- und Governance-Systems und die Fortschritte bei der Entwicklung von Normungsdokumenten zur energieeffizienten Entwicklung von KI-Modellen mit allgemeinem Verwendungszweck, einschließlich der Notwendigkeit weiterer Maßnahmen oder

---

[54] Richtlinie (EU) 2019/1937 des Europäischen Parlaments und des Rates vom 23. Oktober 2019 zum Schutz von Personen, die Verstöße gegen das Unionsrecht melden (ABl. L 305 vom 26.11.2019, S. 17).
[55] ABl. L 123 vom 12.5.2016, S. 1.

VXII. Künstliche Intelligenz-Verordnung (KI-VO)

Handlungen, bewerten und dem Europäischen Parlament und dem Rat darüber Bericht erstatten. Schließlich sollte die Kommission bis zum 2. August 2028 und danach alle drei Jahre eine Bewertung der Folgen und der Wirksamkeit der freiwilligen Verhaltenskodizes durchführen, mit denen die Anwendung der für Hochrisiko-KI-Systeme vorgesehenen Anforderungen bei anderen KI-Systemen als Hochrisiko-KI-Systemen und möglicherweise auch zusätzlicher Anforderungen an solche KI-Systeme gefördert werden soll.

(175) Zur Gewährleistung einheitlicher Bedingungen für die Durchführung dieser Verordnung sollten der Kommission Durchführungsbefugnisse übertragen werden. Diese Befugnisse sollten gemäß der Verordnung (EU) Nr. 182/2011 des Europäischen Parlaments und des Rates[56] ausgeübt werden.

(176) Da das Ziel dieser Verordnung, nämlich die Verbesserung der Funktionsweise des Binnenmarkts und die Förderung der Einführung einer auf den Menschen ausgerichteten und vertrauenswürdigen KI bei gleichzeitiger Gewährleistung eines hohen Maßes an Schutz der Gesundheit, der Sicherheit, der in der Charta verankerten Grundrechte, einschließlich Demokratie, Rechtsstaatlichkeit und Schutz der Umwelt vor schädlichen Auswirkungen von KI-Systemen in der Union, und der Förderung von Innovation, von den Mitgliedstaaten nicht ausreichend verwirklicht werden kann, sondern vielmehr wegen des Umfangs oder der Wirkungen der Maßnahme auf Unionsebene besser zu verwirklichen ist, kann die Union im Einklang mit dem in Artikel 5 EUV verankerten Subsidiaritätsprinzip tätig werden. Entsprechend dem in demselben Artikel genannten Grundsatz der Verhältnismäßigkeit geht diese Verordnung nicht über das für die Verwirklichung dieses Ziels erforderliche Maß hinaus.

(177) Um Rechtssicherheit zu gewährleisten, einen angemessenen Anpassungszeitraum für die Akteure sicherzustellen und Marktstörungen zu vermeiden, unter anderem durch Gewährleistung der Kontinuität der Verwendung von KI-Systemen, ist es angezeigt, dass diese Verordnung nur dann für die Hochrisiko-KI-Systeme, die vor dem allgemeinen Anwendungsbeginn dieser Verordnung in Verkehr gebracht oder in Betrieb genommen wurden, gilt, wenn diese Systeme ab diesem Datum erheblichen Veränderungen in Bezug auf ihre Konzeption oder Zweckbestimmung unterliegen. Es ist angezeigt, klarzustellen, dass der Begriff der erheblichen Veränderung in diesem Hinblick als gleichwertig mit dem Begriff der wesentlichen Änderung verstanden werden sollte, der nur in Bezug auf Hochrisiko-KI-Systeme im Sinne dieser Verordnung verwendet wird. Ausnahmsweise und im Lichte der öffentlichen Rechenschaftspflicht sollten Betreiber von KI-Systemen, die Komponenten der in einem Anhang zu dieser Verordnung aufgeführten durch Rechtsakte eingerichteten IT-Großsysteme sind, und Betreiber von Hochrisiko-KI-Systemen, die von Behörden genutzt werden sollen, die erforderlichen Schritte unternehmen, um den Anforderungen dieser Verordnung bis Ende 2030 bzw. bis zum 2. August 2030 nachzukommen.

(178) Die Anbieter von Hochrisiko-KI-Systemen werden ermutigt, auf freiwilliger Basis bereits während der Übergangsphase mit der Einhaltung der einschlägigen Pflichten aus dieser Verordnung zu beginnen.

---

56 Verordnung (EU) Nr. 182/2011 des Europäischen Parlaments und des Rates vom 16. Februar 2011 zur Festlegung der allgemeinen Regeln und Grundsätze, nach denen die Mitgliedstaaten die Wahrnehmung der Durchführungsbefugnisse durch die Kommission kontrollieren (ABl. L 55 vom 28.2.2011, S. 13).

VXII. Künstliche Intelligenz-Verordnung (KI-VO)

(179) Diese Verordnung sollte ab dem 2. August 2026 gelten. Angesichts des unannehmbaren Risikos, das mit der Nutzung von KI auf bestimmte Weise verbunden ist, sollten die Verbote sowie die allgemeinen Bestimmungen dieser Verordnung jedoch bereits ab dem 2. Februar 2025 gelten. Während die volle Wirkung dieser Verbote erst mit der Festlegung der Leitung und der Durchsetzung dieser Verordnung entsteht, ist die Vorwegnahme der Anwendung der Verbote wichtig, um unannehmbaren Risiken Rechnung zu tragen und Wirkung auf andere Verfahren, etwa im Zivilrecht, zu entfalten. Darüber hinaus sollte die Infrastruktur für die Leitung und das Konformitätsbewertungssystem vor dem 2. August 2026 einsatzbereit sein, weshalb die Bestimmungen über notifizierte Stellen und die Leitungsstruktur ab dem 2. August 2025 gelten sollten. Angesichts des raschen technologischen Fortschritts und der Einführung von KI-Modellen mit allgemeinem Verwendungszweck sollten die Pflichten der Anbieter von KI-Modellen mit allgemeinem Verwendungszweck ab dem 2. August 2025 gelten. Die Verhaltenskodizes sollten bis zum 2. Mai 2025 vorliegen, damit die Anbieter die Einhaltung fristgerecht nachweisen können. Das Büro für Künstliche Intelligenz sollte sicherstellen, dass die Vorschriften und Verfahren für die Einstufung jeweils dem Stand der technologischen Entwicklung entsprechen. Darüber hinaus sollten die Mitgliedstaaten die Vorschriften über Sanktionen, einschließlich Geldbußen, festlegen und der Kommission mitteilen sowie dafür sorgen, dass diese bis zum Geltungsbeginn dieser Verordnung ordnungsgemäß und wirksam umgesetzt werden. Daher sollten die Bestimmungen über Sanktionen ab dem 2. August 2025 gelten.

(180) Der Europäische Datenschutzbeauftragte und der Europäische Datenschutzausschuss wurden gemäß Artikel 42 Absätze 1 und 2 der Verordnung (EU) 2018/1725 angehört und haben am 18. Juni 2021 ihre gemeinsame Stellungnahme abgegeben –

HABEN FOLGENDE VERORDNUNG ERLASSEN:

Kapitel I
Allgemeine Bestimmungen

Artikel 1
Gegenstand

(1) Zweck dieser Verordnung ist es, das Funktionieren des Binnenmarkts zu verbessern und die Einführung einer auf den Menschen ausgerichteten und vertrauenswürdigen künstlichen Intelligenz (KI) zu fördern und gleichzeitig ein hohes Schutzniveau in Bezug auf Gesundheit, Sicherheit und die in der Charta verankerten Grundrechte, einschließlich Demokratie, Rechtsstaatlichkeit und Umweltschutz, vor schädlichen Auswirkungen von KI-Systemen in der Union zu gewährleisten und die Innovation zu unterstützen.

(2) In dieser Verordnung wird Folgendes festgelegt:
   a) harmonisierte Vorschriften für das Inverkehrbringen, die Inbetriebnahme und die Verwendung von KI-Systemen in der Union;
   b) Verbote bestimmter Praktiken im KI-Bereich;
   c) besondere Anforderungen an Hochrisiko-KI-Systeme und Pflichten für Akteure in Bezug auf solche Systeme;
   d) harmonisierte Transparenzvorschriften für bestimmte KI-Systeme;

VXII. Künstliche Intelligenz-Verordnung (KI-VO)

e) harmonisierte Vorschriften für das Inverkehrbringen von KI-Modellen mit allgemeinem Verwendungszweck;
f) Vorschriften für die Marktbeobachtung sowie die Governance und Durchsetzung der Marktüberwachung;
g) Maßnahmen zur Innovationsförderung mit besonderem Augenmerk auf KMU, einschließlich Start-up-Unternehmen.

Artikel 2
Anwendungsbereich

(1) Diese Verordnung gilt für
  a) Anbieter, die in der Union KI-Systeme in Verkehr bringen oder in Betrieb nehmen oder KI-Modelle mit allgemeinem Verwendungszweck in Verkehr bringen, unabhängig davon, ob diese Anbieter in der Union oder in einem Drittland niedergelassen sind;
  b) Betreiber von KI-Systemen, die ihren Sitz in der Union haben oder in der Union befinden;
  c) Anbieter und Betreiber von KI-Systemen, die ihren Sitz in einem Drittland haben oder sich in einem Drittland befinden, wenn die vom KI-System hervorgebrachte Ausgabe in der Union verwendet wird;
  d) Einführer und Händler von KI-Systemen;
  e) Produkthersteller, die KI-Systeme zusammen mit ihrem Produkt unter ihrem eigenen Namen oder ihrer Handelsmarke in Verkehr bringen oder in Betrieb nehmen;
  f) Bevollmächtigte von Anbietern, die nicht in der Union niedergelassen sind;
  g) betroffene Personen, die sich in der Union befinden.
(2) Für KI-Systeme, die als Hochrisiko-KI-Systeme gemäß Artikel 6 Absatz 1 eingestuft sind und im Zusammenhang mit Produkten stehen, die unter die in Anhang I Abschnitt B aufgeführten Harmonisierungsrechtsvorschriften der Union fallen, gelten nur Artikel 6 Absatz 1, die Artikel 102 bis 109 und Artikel 112. Artikel 57 gilt nur, soweit die Anforderungen an Hochrisiko-KI-Systeme gemäß dieser Verordnung im Rahmen der genannten Harmonisierungsrechtsvorschriften der Union eingebunden wurden.
(3) Diese Verordnung gilt nur in den unter das Unionsrecht fallenden Bereichen und berührt keinesfalls die Zuständigkeiten der Mitgliedstaaten in Bezug auf die nationale Sicherheit, unabhängig von der Art der Einrichtung, die von den Mitgliedstaaten mit der Wahrnehmung von Aufgaben im Zusammenhang mit diesen Zuständigkeiten betraut wurde.
Diese Verordnung gilt nicht für KI-Systeme, wenn und soweit sie ausschließlich für militärische Zwecke, Verteidigungszwecke oder Zwecke der nationalen Sicherheit in Verkehr gebracht, in Betrieb genommen oder, mit oder ohne Änderungen, verwendet werden, unabhängig von der Art der Einrichtung, die diese Tätigkeiten ausübt.
Diese Verordnung gilt nicht für KI-Systeme, die nicht in der Union in Verkehr gebracht oder in Betrieb genommen werden, wenn die Ausgaben in der Union ausschließlich für militärische Zwecke, Verteidigungszwecke oder Zwecke der nationalen Sicherheit verwendet werden, unabhängig von der Art der Einrichtung, die diese Tätigkeiten ausübt.
(4) Diese Verordnung gilt weder für Behörden in Drittländern noch für internationale Organisationen, die gemäß Absatz 1 in den Anwendungsbereich dieser Verordnung fallen, soweit diese Behörden oder Organisationen KI-Systeme im Rahmen der internationalen Zusammenarbeit oder internationaler Übereinkünfte im Bereich der

VXII. Künstliche Intelligenz-Verordnung (KI-VO)

Strafverfolgung und justiziellen Zusammenarbeit mit der Union oder mit einem oder mehreren Mitgliedstaaten verwenden und sofern ein solches Drittland oder eine solche internationale Organisation angemessene Garantien hinsichtlich des Schutz der Privatsphäre, der Grundrechte und der Grundfreiheiten von Personen bietet.

(5) Die Anwendung der Bestimmungen über die Haftung der Anbieter von Vermittlungsdiensten in Kapitel II der Verordnung 2022/2065 bleibt von dieser Verordnung unberührt.

(6) Diese Verordnung gilt nicht für KI-Systeme oder KI-Modelle, einschließlich ihrer Ausgabe, die eigens für den alleinigen Zweck der wissenschaftlichen Forschung und Entwicklung entwickelt und in Betrieb genommen werden.

(7) Die Rechtsvorschriften der Union zum Schutz personenbezogener Daten, der Privatsphäre und der Vertraulichkeit der Kommunikation gelten für die Verarbeitung personenbezogener Daten im Zusammenhang mit den in dieser Verordnung festgelegten Rechten und Pflichten. Diese Verordnung berührt nicht die Verordnung (EU) 2016/679 bzw. (EU) 2018/1725 oder die Richtlinie 2002/58/EG bzw. (EU) 2016/680, unbeschadet des Artikels 10 Absatz 5 und des Artikels 59 der vorliegenden Verordnung.

(8) Diese Verordnung gilt nicht für Forschungs-, Test- und Entwicklungstätigkeiten zu KI-Systemen oder KI-Modellen, bevor diese in Verkehr gebracht oder in Betrieb genommen werden. Solche Tätigkeiten werden im Einklang mit dem geltenden Unionsrecht durchgeführt. Tests unter Realbedingungen fallen nicht unter diesen Ausschluss.

(9) Diese Verordnung berührt nicht die Vorschriften anderer Rechtsakte der Union zum Verbraucherschutz und zur Produktsicherheit.

(10) Diese Verordnung gilt nicht für die Pflichten von Betreibern, die natürliche Personen sind und KI-Systeme im Rahmen einer ausschließlich persönlichen und nicht beruflichen Tätigkeit verwenden.

(11) Diese Verordnung hindert die Union oder die Mitgliedstaaten nicht daran, Rechts- oder Verwaltungsvorschriften beizubehalten oder einzuführen, die für die Arbeitnehmer im Hinblick auf den Schutz ihrer Rechte bei der Verwendung von KI-Systemen durch die Arbeitgeber vorteilhafter sind, oder die Anwendung von Kollektivvereinbarungen zu fördern oder zuzulassen, die für die Arbeitnehmer vorteilhafter sind.

(12) Diese Verordnung gilt nicht für KI-Systeme, die unter freien und quelloffenen Lizenzen bereitgestellt werden, es sei denn, sie werden als Hochrisiko-KI-Systeme oder als ein KI-System, das unter Artikel 5 oder 50 fällt, in Verkehr gebracht oder in Betrieb genommen.

Artikel 3
Begriffsbestimmungen

Für die Zwecke dieser Verordnung bezeichnet der Ausdruck

1. „KI-System" ein maschinengestütztes System, das für einen in unterschiedlichem Grade autonomen Betrieb ausgelegt ist und das nach seiner Betriebsaufnahme anpassungsfähig sein kann und das aus den erhaltenen Eingaben für explizite oder implizite Ziele ableitet, wie Ausgaben wie etwa Vorhersagen, Inhalte, Empfehlungen oder Entscheidungen erstellt werden, die physische oder virtuelle Umgebungen beeinflussen können;

2. „Risiko" die Kombination aus der Wahrscheinlichkeit des Auftretens eines Schadens und der Schwere dieses Schadens;

3. „Anbieter" eine natürliche oder juristische Person, Behörde, Einrichtung oder sonstige Stelle, die ein KI-System oder ein KI-Modell mit allgemeinem Verwendungszweck entwickelt oder entwickeln lässt und es unter ihrem eigenen Namen oder ihrer Han-

VXII. Künstliche Intelligenz-Verordnung (KI-VO)

delsmarke in Verkehr bringt oder das KI-System unter ihrem eigenen Namen oder ihrer Handelsmarke in Betrieb nimmt, sei es entgeltlich oder unentgeltlich;

4. „Betreiber" eine natürliche oder juristische Person, Behörde, Einrichtung oder sonstige Stelle, die ein KI-System in eigener Verantwortung verwendet, es sei denn, das KI-System wird im Rahmen einer persönlichen und nicht beruflichen Tätigkeit verwendet;

5. „Bevollmächtigter" eine in der Union ansässige oder niedergelassene natürliche oder juristische Person, die vom Anbieter eines KI-Systems oder eines KI-Modells mit allgemeinem Verwendungszweck schriftlich dazu bevollmächtigt wurde und sich damit einverstanden erklärt hat, in seinem Namen die in dieser Verordnung festgelegten Pflichten zu erfüllen bzw. Verfahren durchzuführen;

6. „Einführer" eine in der Union ansässige oder niedergelassene natürliche oder juristische Person, die ein KI-System, das den Namen oder die Handelsmarke einer in einem Drittland niedergelassenen natürlichen oder juristischen Person trägt, in Verkehr bringt;

7. „Händler" eine natürliche oder juristische Person in der Lieferkette, die ein KI-System auf dem Unionsmarkt bereitstellt, mit Ausnahme des Anbieters oder des Einführers;

8. „Akteur" einen Anbieter, Produkthersteller, Betreiber, Bevollmächtigten, Einführer oder Händler;

9. „Inverkehrbringen" die erstmalige Bereitstellung eines KI-Systems oder eines KI-Modells mit allgemeinem Verwendungszweck auf dem Unionsmarkt;

10. „Bereitstellung auf dem Markt" die entgeltliche oder unentgeltliche Abgabe eines KI-Systems oder eines KI-Modells mit allgemeinem Verwendungszweck zum Vertrieb oder zur Verwendung auf dem Unionsmarkt im Rahmen einer Geschäftstätigkeit;

11. „Inbetriebnahme" die Bereitstellung eines KI-Systems in der Union zum Erstgebrauch direkt an den Betreiber oder zum Eigengebrauch entsprechend seiner Zweckbestimmung;

12. „Zweckbestimmung" die Verwendung, für die ein KI-System laut Anbieter bestimmt ist, einschließlich der besonderen Umstände und Bedingungen für die Verwendung, entsprechend den vom Anbieter bereitgestellten Informationen in den Betriebsanleitungen, im Werbe- oder Verkaufsmaterial und in diesbezüglichen Erklärungen sowie in der technischen Dokumentation;

13. „vernünftigerweise vorhersehbare Fehlanwendung" die Verwendung eines KI-Systems in einer Weise, die nicht seiner Zweckbestimmung entspricht, die sich aber aus einem vernünftigerweise vorhersehbaren menschlichen Verhalten oder einer vernünftigerweise vorhersehbaren Interaktion mit anderen Systemen, auch anderen KI-Systemen, ergeben kann;

14. „Sicherheitsbauteil" einen Bestandteil eines Produkts oder KI-Systems, der eine Sicherheitsfunktion für dieses Produkt oder KI-System erfüllt oder dessen Ausfall oder Störung die Gesundheit und Sicherheit von Personen oder Eigentum gefährdet;

15. „Betriebsanleitungen" die Informationen, die der Anbieter bereitstellt, um den Betreiber insbesondere über die Zweckbestimmung und die ordnungsgemäße Verwendung eines KI-Systems zu informieren;

16. „Rückruf eines KI-Systems" jede Maßnahme, die auf die Rückgabe an den Anbieter oder auf die Außerbetriebsetzung oder Abschaltung eines den Betreibern bereits zur Verfügung gestellten KI-Systems abzielt;

17. „Rücknahme eines KI-Systems" jede Maßnahme, mit der die Bereitstellung eines in der Lieferkette befindlichen KI-Systems auf dem Markt verhindert werden soll;

VXII. Künstliche Intelligenz-Verordnung (KI-VO)

18. „Leistung eines KI-Systems" die Fähigkeit eines KI-Systems, seine Zweckbestimmung zu erfüllen;
19. „notifizierende Behörde" die nationale Behörde, die für die Einrichtung und Durchführung der erforderlichen Verfahren für die Bewertung, Benennung und Notifizierung von Konformitätsbewertungsstellen und für deren Überwachung zuständig ist;
20. „Konformitätsbewertung" ein Verfahren mit dem bewertet wird, ob die in Titel III Abschnitt 2 festgelegten Anforderungen an ein Hochrisiko-KI-System erfüllt wurden;
21. „Konformitätsbewertungsstelle" eine Stelle, die Konformitätsbewertungstätigkeiten einschließlich Prüfungen, Zertifizierungen und Inspektionen durchführt und dabei als Dritte auftritt;
22. „notifizierte Stelle" eine Konformitätsbewertungsstelle, die gemäß dieser Verordnung und den anderen einschlägigen Harmonisierungsrechtsvorschriften der Union notifiziert wurde;
23. „wesentliche Veränderung" eine Veränderung eines KI-Systems nach dessen Inverkehrbringen oder Inbetriebnahme, die in der vom Anbieter durchgeführten ursprünglichen Konformitätsbewertung nicht vorgesehen oder geplant war und durch die die Konformität des KI-Systems mit den Anforderungen in Kapitel III Abschnitt 2 beeinträchtigt wird oder die zu einer Änderung der Zweckbestimmung führt, für die das KI-System bewertet wurde;
24. „CE-Kennzeichnung" eine Kennzeichnung, durch die ein Anbieter erklärt, dass ein KI-System die Anforderungen erfüllt, die in Kapitel III Abschnitt 2 und in anderen anwendbaren Harmonisierungsrechtsvorschriften, die die Anbringung dieser Kennzeichnung vorsehen, festgelegt sind;
25. „System zur Beobachtung nach dem Inverkehrbringen" alle Tätigkeiten, die Anbieter von KI-Systemen zur Sammlung und Überprüfung von Erfahrungen mit der Verwendung der von ihnen in Verkehr gebrachten oder in Betrieb genommenen KI-Systeme durchführen, um festzustellen, ob unverzüglich nötige Korrektur- oder Präventivmaßnahmen zu ergreifen sind;
26. „Marktüberwachungsbehörde" die nationale Behörde, die die Tätigkeiten durchführt und die Maßnahmen ergreift, die in der Verordnung (EU) 2019/1020 vorgesehen sind;
27. „harmonisierte Norm" bezeichnet eine harmonisierte Norm im Sinne des Artikels 2 Absatz 1 Buchstabe c der Verordnung (EU) Nr. 1025/2012;
28. „gemeinsame Spezifikation" eine Reihe technischer Spezifikationen im Sinne des Artikels 2 Nummer 4 der Verordnung (EU) Nr. 1025/2012, deren Befolgung es ermöglicht, bestimmte Anforderungen der vorliegenden Verordnung zu erfüllen;
29. „Trainingsdaten" Daten, die zum Trainieren eines KI-Systems verwendet werden, wobei dessen lernbare Parameter angepasst werden;
30. „Validierungsdaten" Daten, die zur Evaluation des trainierten KI-Systems und zur Einstellung seiner nicht erlernbaren Parameter und seines Lernprozesses verwendet werden, um unter anderem eine Unter- oder Überanpassung zu vermeiden;
31. „Validierungsdatensatz" einen separaten Datensatz oder einen Teil des Trainingsdatensatzes mit fester oder variabler Aufteilung;
32. „Testdaten" Daten, die für eine unabhängige Bewertung des KI-Systems verwendet werden, um die erwartete Leistung dieses Systems vor dessen Inverkehrbringen oder Inbetriebnahme zu bestätigen;
33. „Eingabedaten" die in ein KI-System eingespeisten oder von diesem direkt erfassten Daten, auf deren Grundlage das System eine Ausgabe hervorbringt;

VXII. Künstliche Intelligenz-Verordnung (KI-VO)

34. „biometrische Daten" mit speziellen technischen Verfahren gewonnene personenbezogene Daten zu den physischen, physiologischen oder verhaltenstypischen Merkmalen einer natürlichen Person, wie etwa Gesichtsbilder oder daktyloskopische Daten;
35. „biometrische Identifizierung" die automatisierte Erkennung physischer, physiologischer, verhaltensbezogener oder psychologischer menschlicher Merkmale zum Zwecke der Feststellung der Identität einer natürlichen Person durch den Vergleich biometrischer Daten dieser Person mit biometrischen Daten von Personen, die in einer Datenbank gespeichert sind;
36. „biometrische Verifizierung" die automatisierte Eins-zu-eins-Verifizierung, einschließlich Authentifizierung, der Identität natürlicher Personen durch den Vergleich ihrer biometrischen Daten mit zuvor bereitgestellten biometrischen Daten;
37. „besondere Kategorien personenbezogener Daten" die in Artikel 9 Absatz 1der Verordnung (EU) 2016/679, Artikel 10 der Richtlinie (EU) 2016/680 und Artikel 10 Absatz 1 der Verordnung (EU) 2018/1725 aufgeführten Kategorien personenbezogener Daten;
38. „sensible operative Daten" operative Daten im Zusammenhang mit Tätigkeiten zur Verhütung, Aufdeckung, Untersuchung oder Verfolgung von Straftaten, deren Offenlegung die Integrität von Strafverfahren gefährden könnte;
39. „Emotionserkennungssystem" ein KI-System, das dem Zweck dient, Emotionen oder Absichten natürlicher Personen auf der Grundlage ihrer biometrischen Daten festzustellen oder daraus abzuleiten;
40. „System zur biometrischen Kategorisierung" ein KI-System, das dem Zweck dient, natürliche Personen auf der Grundlage ihrer biometrischen Daten bestimmten Kategorien zuzuordnen, sofern es sich um eine Nebenfunktion eines anderen kommerziellen Dienstes handelt und aus objektiven technischen Gründen unbedingt erforderlich ist;
41. „biometrisches Fernidentifizierungssystem" ein KI-System, das dem Zweck dient, natürliche Personen ohne ihre aktive Einbeziehung und in der Regel aus der Ferne durch Abgleich der biometrischen Daten einer Person mit den in einer Referenzdatenbank gespeicherten biometrischen Daten zu identifizieren;
42. „biometrisches Echtzeit-Fernidentifizierungssystem" ein biometrisches Fernidentifizierungssystem, bei dem die Erfassung biometrischer Daten, der Abgleich und die Identifizierung ohne erhebliche Verzögerung erfolgen, und das zur Vermeidung einer Umgehung der Vorschriften nicht nur die sofortige Identifizierung, sondern auch eine Identifizierung mit begrenzten kurzen Verzögerungen umfasst;
43. „System zur nachträglichen biometrischen Fernidentifizierung" ein biometrisches Fernidentifizierungssystem, das kein biometrisches Echtzeit-Fernidentifizierungssystem ist;
44. „öffentlich zugänglicher Raum" einen einer unbestimmten Anzahl natürlicher Personen zugänglichen physischen Ort in privatem oder öffentlichem Eigentum, unabhängig davon, ob bestimmte Bedingungen für den Zugang gelten, und unabhängig von möglichen Kapazitätsbeschränkungen;
45. „Strafverfolgungsbehörde"
    a) eine Behörde, die für die Verhütung, Ermittlung, Aufdeckung oder Verfolgung von Straftaten oder die Strafvollstreckung, einschließlich des Schutzes vor und der Abwehr von Gefahren für die öffentliche Sicherheit, zuständig ist, oder
    b) eine andere Stelle oder Einrichtung, der durch nationales Recht die Ausübung öffentlicher Gewalt und hoheitlicher Befugnisse zur Verhütung, Ermittlung, Aufdeckung oder Verfolgung von Straftaten oder zur Strafvollstreckung, einschließlich

VXII. Künstliche Intelligenz-Verordnung (KI-VO)

des Schutzes vor und der Abwehr von Gefahren für die öffentliche Sicherheit, übertragen wurde;

46. „Strafverfolgung" Tätigkeiten der Strafverfolgungsbehörden oder in deren Auftrag zur Verhütung, Ermittlung, Aufdeckung oder Verfolgung von Straftaten oder zur Strafvollstreckung, einschließlich des Schutzes vor und der Abwehr von Gefahren für die öffentliche Sicherheit;

47. „Büro für Künstliche Intelligenz" die Aufgabe der Kommission, zur Umsetzung, Beobachtung und Überwachung von KI-Systemen und KI-Modellen mit allgemeinem Verwendungszweck und zu der im Beschluss der Kommission vom 24. Januar 2024 vorgesehenen KI-Governance beizutragen; Bezugnahmen in dieser Verordnung auf das Büro für Künstliche Intelligenz gelten als Bezugnahmen auf die Kommission;

48. „zuständige nationale Behörde" eine notifizierende Behörde oder eine Marktüberwachungsbehörde; in Bezug auf KI-Systeme, die von Organen, Einrichtungen und sonstigen Stellen der Union in Betrieb genommen oder verwendet werden, sind Bezugnahmen auf die zuständigen nationalen Behörden oder Marktüberwachungsbehörden in dieser Verordnung als Bezugnahmen auf den Europäischen Datenschutzbeauftragten auszulegen;

49. „schwerwiegender Vorfall" einen Vorfall oder eine Fehlfunktion bezüglich eines KI-Systems, das bzw. die direkt oder indirekt eine der nachstehenden Folgen hat:
   a) den Tod oder die schwere gesundheitliche Schädigung einer Person;
   b) eine schwere und unumkehrbare Störung der Verwaltung oder des Betriebs kritischer Infrastrukturen;
   c) die Verletzung von Pflichten aus den Unionsrechtsvorschriften zum Schutz der Grundrechte;
   d) schwere Sach- oder Umweltschäden;

50. „personenbezogene Daten" personenbezogene Daten im Sinne von Artikel 4 Nummer 1 der Verordnung (EU) 2016/679;

51. „nicht personenbezogene Daten" Daten, die keine personenbezogenen Daten im Sinne von Artikel 4 Nummer 1 der Verordnung (EU) 2016/679 sind;

52. „Profiling" das Profiling im Sinne von Artikel 4 Nummer 4 der Verordnung (EU) 2016/679;

53. „Plan für einen Test unter Realbedingungen" ein Dokument, in dem die Ziele, die Methodik, der geografische, bevölkerungsbezogene und zeitliche Umfang, die Überwachung, die Organisation und die Durchführung eines Tests unter Realbedingungen beschrieben werden;

54. „Plan für das Reallabor" ein zwischen dem teilnehmenden Anbieter und der zuständigen Behörde vereinbartes Dokument, in dem die Ziele, die Bedingungen, der Zeitrahmen, die Methodik und die Anforderungen für die im Reallabor durchgeführten Tätigkeiten beschrieben werden;

55. „KI-Reallabor" einen kontrollierten Rahmen, der von einer zuständigen Behörde geschaffen wird und den Anbieter oder zukünftige Anbieter von KI-Systemen nach einem Plan für das Reallabor einen begrenzten Zeitraum und unter regulatorischer Aufsicht nutzen können, um ein innovatives KI-System zu entwickeln, zu trainieren, zu validieren und – gegebenenfalls unter Realbedingungen – zu testen.

56. „KI-Kompetenz" die Fähigkeiten, die Kenntnisse und das Verständnis, die es Anbietern, Betreibern und Betroffenen unter Berücksichtigung ihrer jeweiligen Rechte und Pflichten im Rahmen dieser Verordnung ermöglichen, KI-Systeme sachkundig einzu-

setzen sowie sich der Chancen und Risiken von KI und möglicher Schäden, die sie verursachen kann, bewusst zu werden.

57. „Test unter Realbedingungen" den befristeten Test eines KI-Systems auf seine Zweckbestimmung, der unter Realbedingungen außerhalb eines Labors oder einer anderweitig simulierten Umgebung erfolgt, um zuverlässige und belastbare Daten zu erheben und die Konformität des KI-Systems mit den Anforderungen der vorliegenden Verordnung zu bewerten und zu überprüfen, wobei dieser Test nicht als Inverkehrbringen oder Inbetriebnahme des KI-Systems im Sinne dieser Verordnung gilt, sofern alle Bedingungen nach Artikel 57 oder Artikel 60 erfüllt sind;

58. „Testteilnehmer" für die Zwecke eines Tests unter Realbedingungen eine natürliche Person, die an dem Test unter Realbedingungen teilnimmt;

59. „informierte Einwilligung" eine aus freien Stücken erfolgende, spezifische, eindeutige und freiwillige Erklärung der Bereitschaft, an einem bestimmten Test unter Realbedingungen teilzunehmen, durch einen Testteilnehmer, nachdem dieser über alle Aspekte des Tests, die für die Entscheidungsfindung des Testteilnehmers bezüglich der Teilnahme relevant sind, aufgeklärt wurde;

60. „Deepfake" einen durch KI erzeugten oder manipulierten Bild-, Ton- oder Videoinhalt, der wirklichen Personen, Gegenständen, Orten, Einrichtungen oder Ereignissen ähnelt und einer Person fälschlicherweise als echt oder wahrheitsgemäß erscheinen würde;

61. „weitverbreiteter Verstoß" jede Handlung oder Unterlassung, die gegen das Unionsrecht verstößt, das die Interessen von Einzelpersonen schützt, und die
    a) die kollektiven Interessen von Einzelpersonen in mindestens zwei anderen Mitgliedstaaten als dem Mitgliedstaat schädigt oder zu schädigen droht, in dem
        i) die Handlung oder die Unterlassung ihren Ursprung hatte oder stattfand,
        ii) der betreffende Anbieter oder gegebenenfalls sein Bevollmächtigter sich befindet oder niedergelassen ist oder
        iii) der Betreiber niedergelassen ist, sofern der Verstoß vom Betreiber begangen wird,
    b) die kollektiven Interessen von Einzelpersonen geschädigt hat, schädigt oder schädigen könnte und allgemeine Merkmale aufweist, einschließlich derselben rechtswidrigen Praxis oder desselben verletzten Interesses, und gleichzeitig auftritt und von demselben Akteur in mindestens drei Mitgliedstaaten begangen wird;

62. „kritische Infrastrukturen" kritische Infrastrukturen im Sinne von Artikel 2 Nummer 4 der Richtlinie (EU) 2022/2557;

63. „KI-Modell mit allgemeinem Verwendungszweck" ein KI-Modell – einschließlich der Fälle, in denen ein solches KI-Modell mit einer großen Datenmenge unter umfassender Selbstüberwachung trainiert wird –, das eine erhebliche allgemeine Verwendbarkeit aufweist und in der Lage ist, unabhängig von der Art und Weise seines Inverkehrbringens ein breites Spektrum unterschiedlicher Aufgaben kompetent zu erfüllen, und das in eine Vielzahl nachgelagerter Systeme oder Anwendungen integriert werden kann, ausgenommen KI-Modelle, die vor ihrem Inverkehrbringen für Forschungs- und Entwicklungstätigkeiten oder die Konzipierung von Prototypen eingesetzt werden;

64. „Fähigkeiten mit hoher Wirkkraft" bezeichnet Fähigkeiten, die den bei den fortschrittlichsten KI-Modellen mit allgemeinem Verwendungszweck festgestellten Fähigkeiten entsprechen oder diese übersteigen;

65. „systemisches Risiko" ein Risiko, das für die Fähigkeiten mit hoher Wirkkraft von KI-Modellen mit allgemeinem Verwendungszweck spezifisch ist und aufgrund deren Reichweite oder aufgrund tatsächlicher oder vernünftigerweise vorhersehbarer nega-

tiver Folgen für die öffentliche Gesundheit, die Sicherheit, die öffentliche Sicherheit, die Grundrechte oder die Gesellschaft insgesamt erhebliche Auswirkungen auf den Unionsmarkt hat, die sich in großem Umfang über die gesamte Wertschöpfungskette hinweg verbreiten können;

66. „KI-System mit allgemeinem Verwendungszweck" ein KI-System, das auf einem KI-Modell mit allgemeinem Verwendungszweck beruht und in der Lage ist, einer Vielzahl von Zwecken sowohl für die direkte Verwendung als auch für die Integration in andere KI-Systeme zu dienen;

67. „Gleitkommaoperation" jede Rechenoperation oder jede Zuweisung mit Gleitkommazahlen, bei denen es sich um eine Teilmenge der reellen Zahlen handelt, die auf Computern typischerweise durch das Produkt aus einer ganzen Zahl mit fester Genauigkeit und einer festen Basis mit ganzzahligem Exponenten dargestellt wird;

68. „nachgelagerter Anbieter" einen Anbieter eines KI-Systems, einschließlich eines KI-Systems mit allgemeinem Verwendungszweck, das ein KI-Modell integriert, unabhängig davon, ob das KI-Modell von ihm selbst bereitgestellt und vertikal integriert wird oder von einer anderen Einrichtung auf der Grundlage vertraglicher Beziehungen bereitgestellt wird.

Artikel 4
KI-Kompetenz

Die Anbieter und Betreiber von KI-Systemen ergreifen Maßnahmen, um nach besten Kräften sicherzustellen, dass ihr Personal und andere Personen, die in ihrem Auftrag mit dem Betrieb und der Nutzung von KI-Systemen befasst sind, über ein ausreichendes Maß an KI-Kompetenz verfügen, wobei ihre technischen Kenntnisse, ihre Erfahrung, ihre Ausbildung und Schulung und der Kontext, in dem die KI-Systeme eingesetzt werden sollen, sowie die Personen oder Personengruppen, bei denen die KI-Systeme eingesetzt werden sollen, zu berücksichtigen sind.

Kapitel II
Verbotene Praktiken im KI-Bereich

Artikel 5
Verbotene Praktiken im KI-Bereich

(1) Folgende Praktiken im KI-Bereich sind verboten:

a) das Inverkehrbringen, die Inbetriebnahme oder die Verwendung eines KI-Systems, das Techniken der unterschwelligen Beeinflussung außerhalb des Bewusstseins einer Person oder absichtlich manipulative oder täuschende Techniken mit dem Ziel oder der Wirkung einsetzt, das Verhalten einer Person oder einer Gruppe von Personen wesentlich zu verändern, indem ihre Fähigkeit, eine fundierte Entscheidung zu treffen, deutlich beeinträchtigt wird, wodurch sie veranlasst wird, eine Entscheidung zu treffen, die sie andernfalls nicht getroffen hätte, und zwar in einer Weise, die dieser Person, einer anderen Person oder einer Gruppe von Personen erheblichen Schaden zufügt oder mit hinreichender Wahrscheinlichkeit zufügen wird.

b) das Inverkehrbringen, die Inbetriebnahme oder die Verwendung eines KI-Systems, das eine Vulnerabilität oder Schutzbedürftigkeit einer natürlichen Person oder einer bestimmten Gruppe von Personen aufgrund ihres Alters, einer Behinderung oder einer bestimmten sozialen oder wirtschaftlichen Situation mit dem Ziel oder der Wirkung ausnutzt, das Verhalten dieser Person oder einer dieser Gruppe angehörenden

Person in einer Weise wesentlich zu verändern, die dieser Person oder einer anderen Person erheblichen Schaden zufügt oder mit hinreichender Wahrscheinlichkeit zufügen wird;
c) das Inverkehrbringen, die Inbetriebnahme oder die Verwendung von KI-Systemen zur Bewertung oder Einstufung von natürlichen Personen oder Gruppen von Personen über einen bestimmten Zeitraum auf der Grundlage ihres sozialen Verhaltens oder bekannter, abgeleiteter oder vorhergesagter persönlicher Eigenschaften oder Persönlichkeitsmerkmale, wobei die soziale Bewertung zu einem oder beiden der folgenden Ergebnisse führt:
  i) Schlechterstellung oder Benachteiligung bestimmter natürlicher Personen oder Gruppen von Personen in sozialen Zusammenhängen, die in keinem Zusammenhang zu den Umständen stehen, unter denen die Daten ursprünglich erzeugt oder erhoben wurden;
  ii) Schlechterstellung oder Benachteiligung bestimmter natürlicher Personen oder Gruppen von Personen in einer Weise, die im Hinblick auf ihr soziales Verhalten oder dessen Tragweite ungerechtfertigt oder unverhältnismäßig ist;
d) das Inverkehrbringen, die Inbetriebnahme für diesen spezifischen Zweck oder die Verwendung eines KI-Systems zur Durchführung von Risikobewertungen in Bezug auf natürliche Personen, um das Risiko, dass eine natürliche Person eine Straftat begeht, ausschließlich auf der Grundlage des Profiling einer natürlichen Person oder der Bewertung ihrer persönlichen Merkmale und Eigenschaften zu bewerten oder vorherzusagen; dieses Verbot gilt nicht für KI-Systeme, die dazu verwendet werden, die durch Menschen durchgeführte Bewertung der Beteiligung einer Person an einer kriminellen Aktivität, die sich bereits auf objektive und überprüfbare Tatsachen stützt, die in unmittelbarem Zusammenhang mit einer kriminellen Aktivität stehen, zu unterstützen;
e) das Inverkehrbringen, die Inbetriebnahme für diesen spezifischen Zweck oder die Verwendung von KI-Systemen, die Datenbanken zur Gesichtserkennung durch das ungezielte Auslesen von Gesichtsbildern aus dem Internet oder von Überwachungsaufnahmen erstellen oder erweitern;
f) das Inverkehrbringen, die Inbetriebnahme für diesen spezifischen Zweck oder die Verwendung von KI-Systemen zur Ableitung von Emotionen einer natürlichen Person am Arbeitsplatz und in Bildungseinrichtungen, es sei denn, die Verwendung des KI-Systems soll aus medizinischen Gründen oder Sicherheitsgründen eingeführt oder auf den Markt gebracht werden;
g) das Inverkehrbringen, die Inbetriebnahme für diesen spezifischen Zweck oder die Verwendung von Systemen zur biometrischen Kategorisierung, mit denen natürliche Personen individuell auf der Grundlage ihrer biometrischen Daten kategorisiert werden, um ihre Rasse, ihre politischen Einstellungen, ihre Gewerkschaftszugehörigkeit, ihre religiösen oder weltanschaulichen Überzeugungen, ihr Sexualleben oder ihre sexuelle Ausrichtung zu erschließen oder abzuleiten; dieses Verbot gilt nicht für die Kennzeichnung oder Filterung rechtmäßig erworbener biometrischer Datensätze, wie z. B. Bilder auf der Grundlage biometrischer Daten oder die Kategorisierung biometrischer Daten im Bereich der Strafverfolgung;
h) die Verwendung biometrischer Echtzeit-Fernidentifizierungssysteme in öffentlich zugänglichen Räumen zu Strafverfolgungszwecken, außer wenn und insoweit dies im Hinblick auf eines der folgenden Ziele unbedingt erforderlich ist:
  i) gezielte Suche nach bestimmten Opfern von Entführung, Menschenhandel oder sexueller Ausbeutung sowie die Suche nach vermissten Personen;

ii) Abwenden einer konkreten, erheblichen und unmittelbaren Gefahr für das Leben oder die körperliche Unversehrtheit natürlicher Personen oder einer tatsächlichen und bestehenden oder tatsächlichen und vorhersehbaren Gefahr eines Terroranschlags;
iii) Aufspüren oder Identifizieren einer Person, die der Begehung einer Straftat verdächtigt wird, zum Zwecke der Durchführung von strafrechtlichen Ermittlungen oder von Strafverfahren oder der Vollstreckung einer Strafe für die in Anhang II aufgeführten Straftaten, die in dem betreffenden Mitgliedstaat nach dessen Recht mit einer Freiheitsstrafe oder einer freiheitsentziehenden Maßregel der Sicherung im Höchstmaß von mindestens vier Jahren bedroht ist.

Unterabsatz 1 Buchstabe h gilt unbeschadet des Artikels 9 der Verordnung (EU) 2016/679 für die Verarbeitung biometrischer Daten zu anderen Zwecken als der Strafverfolgung.

(2) Die Verwendung biometrischer Echtzeit-Fernidentifizierungssysteme in öffentlich zugänglichen Räumen zu Strafverfolgungszwecken im Hinblick auf die in Absatz 1 Unterabsatz 1 Buchstabe h genannten Ziele darf für die in jenem Buchstaben genannten Zwecke nur zur Bestätigung der Identität der speziell betroffenen Person erfolgen, wobei folgende Elemente berücksichtigt werden:
a) die Art der Situation, die der möglichen Verwendung zugrunde liegt, insbesondere die Schwere, die Wahrscheinlichkeit und das Ausmaß des Schadens, der entstehen würde, wenn das System nicht eingesetzt würde;
b) die Folgen der Verwendung des Systems für die Rechte und Freiheiten aller betroffenen Personen, insbesondere die Schwere, die Wahrscheinlichkeit und das Ausmaß solcher Folgen.

Darüber hinaus sind bei der Verwendung biometrischer Echtzeit-Fernidentifizierungssysteme in öffentlich zugänglichen Räumen zu Strafverfolgungszwecken im Hinblick auf die in Absatz 1 Unterabsatz 1 Buchstabe h des vorliegenden Artikels genannten Ziele notwendige und verhältnismäßige Schutzvorkehrungen und Bedingungen für die Verwendung im Einklang mit nationalem Recht über die Ermächtigung ihrer Verwendung einzuhalten, insbesondere in Bezug auf die zeitlichen, geografischen und personenbezogenen Beschränkungen. Die Verwendung biometrischer Echtzeit-Fernidentifizierungssysteme in öffentlich zugänglichen Räumen ist nur dann zu gestatten, wenn die Strafverfolgungsbehörde eine Folgenabschätzung im Hinblick auf die Grundrechte gemäß Artikel 27 abgeschlossen und das System gemäß Artikel 49 in der EU-Datenbank registriert hat. In hinreichend begründeten dringenden Fällen kann jedoch mit der Verwendung solcher Systeme zunächst ohne Registrierung in der EU-Datenbank begonnen werden, sofern diese Registrierung unverzüglich erfolgt.

(3) Für die Zwecke des Absatz 1 Unterabsatz 1 Buchstabe h und des Absatzes 2 ist für jede Verwendung eines biometrischen Echtzeit-Fernidentifizierungssystems in öffentlich zugänglichen Räumen zu Strafverfolgungszwecken eine vorherige Genehmigung erforderlich, die von einer Justizbehörde oder einer unabhängigen Verwaltungsbehörde des Mitgliedstaats, in dem die Verwendung erfolgen soll, auf begründeten Antrag und gemäß den in Absatz 5 genannten detaillierten nationalen Rechtsvorschriften erteilt wird, wobei deren Entscheidung bindend ist. In hinreichend begründeten dringenden Fällen kann jedoch mit der Verwendung eines solchen Systems zunächst ohne Genehmigung begonnen werden, sofern eine solche Genehmigung unverzüglich, spätestens jedoch innerhalb von 24 Stunden beantragt wird. Wird eine solche Genehmigung abgelehnt, so wird die Verwendung mit sofortiger Wirkung eingestellt und werden alle

VXII. Künstliche Intelligenz-Verordnung (KI-VO)

Daten sowie die Ergebnisse und Ausgaben dieser Verwendung unverzüglich verworfen und gelöscht.

Die zuständige Justizbehörde oder eine unabhängige Verwaltungsbehörde, deren Entscheidung bindend ist, erteilt die Genehmigung nur dann, wenn sie auf der Grundlage objektiver Nachweise oder eindeutiger Hinweise, die ihr vorgelegt werden, davon überzeugt ist, dass die Verwendung des betreffenden biometrischen Echtzeit-Fernidentifizierungssystems für das Erreichen eines der in Absatz 1 Unterabsatz 1 Buchstabe h genannten Ziele – wie im Antrag angegeben – notwendig und verhältnismäßig ist und insbesondere auf das in Bezug auf den Zeitraum sowie den geografischen und persönlichen Anwendungsbereich unbedingt erforderliche Maß beschränkt bleibt. Bei ihrer Entscheidung über den Antrag berücksichtigt diese Behörde die in Absatz 2 genannten Elemente. Eine Entscheidung, aus der sich eine nachteilige Rechtsfolge für eine Person ergibt, darf nicht ausschließlich auf der Grundlage der Ausgabe des biometrischen Echtzeit-Fernidentifizierungssystems getroffen werden.

(4) Unbeschadet des Absatzes 3 wird jede Verwendung eines biometrischen Echtzeit-Fernidentifizierungssystems in öffentlich zugänglichen Räumen zu Strafverfolgungszwecken der zuständigen Marktüberwachungsbehörde und der nationalen Datenschutzbehörde gemäß den in Absatz 5 genannten nationalen Vorschriften mitgeteilt. Die Mitteilung muss mindestens die in Absatz 6 genannten Angaben enthalten und darf keine sensiblen operativen Daten enthalten.

(5) Ein Mitgliedstaat kann die Möglichkeit einer vollständigen oder teilweisen Ermächtigung zur Verwendung biometrischer Echtzeit-Fernidentifizierungssysteme in öffentlich zugänglichen Räumen zu Strafverfolgungszwecken innerhalb der in Absatz 1 Unterabsatz 1 Buchstabe h sowie Absätze 2 und 3 aufgeführten Grenzen und unter den dort genannten Bedingungen vorsehen. Die betreffenden Mitgliedstaaten legen in ihrem nationalen Recht die erforderlichen detaillierten Vorschriften für die Beantragung, Erteilung und Ausübung der in Absatz 3 genannten Genehmigungen sowie für die entsprechende Beaufsichtigung und Berichterstattung fest. In diesen Vorschriften wird auch festgelegt, im Hinblick auf welche der in Absatz 1 Unterabsatz 1 Buchstabe h aufgeführten Ziele und welche der unter Buchstabe h Ziffer iii genannten Straftaten die zuständigen Behörden ermächtigt werden können, diese Systeme zu Strafverfolgungszwecken zu verwenden. Die Mitgliedstaaten teilen der Kommission diese Vorschriften spätestens 30 Tage nach ihrem Erlass mit. Die Mitgliedstaaten können im Einklang mit dem Unionsrecht strengere Rechtsvorschriften für die Verwendung biometrischer Fernidentifizierungssysteme erlassen.

(6) Die nationalen Marktüberwachungsbehörden und die nationalen Datenschutzbehörden der Mitgliedstaaten, denen gemäß Absatz 4 die Verwendung biometrischer Echtzeit-Fernidentifizierungssysteme in öffentlich zugänglichen Räumen zu Strafverfolgungszwecken mitgeteilt wurden, legen der Kommission Jahresberichte über diese Verwendung vor. Zu diesem Zweck stellt die Kommission den Mitgliedstaaten und den nationalen Marktüberwachungs- und Datenschutzbehörden ein Muster zur Verfügung, das Angaben über die Anzahl der Entscheidungen der zuständigen Justizbehörden oder einer unabhängigen Verwaltungsbehörde, deren Entscheidung über Genehmigungsanträge gemäß Absatz 3 bindend ist, und deren Ergebnis enthält.

(7) Die Kommission veröffentlicht Jahresberichte über die Verwendung biometrischer Echtzeit-Fernidentifizierungssysteme in öffentlich zugänglichen Räumen zu Strafverfolgungszwecken, die auf aggregierten Daten aus den Mitgliedstaaten auf der Grundlage der in Absatz 6 genannten Jahresberichte beruhen. Diese Jahresberichte dürfen keine

sensiblen operativen Daten im Zusammenhang mit den damit verbundenen Strafverfolgungsmaßnahmen enthalten.
(8) Dieser Artikel berührt nicht die Verbote, die gelten, wenn KI-Praktiken gegen andere Rechtsvorschriften der Union verstoßen.

Kapitel III
Hochrisiko-KI-Systeme

ABSCHNITT 1
Einstufung von KI-Systemen als Hochrisiko-KI-Systeme

Artikel 6
Einstufungsvorschriften für Hochrisiko-KI-Systeme

(1) Ungeachtet dessen, ob ein KI-System unabhängig von den unter den Buchstaben a und b genannten Produkten in Verkehr gebracht oder in Betrieb genommen wird, gilt es als Hochrisiko-KI-System, wenn die beiden folgenden Bedingungen erfüllt sind:
a) das KI-System soll als Sicherheitsbauteil eines unter die in Anhang I aufgeführten Harmonisierungsrechtsvorschriften der Union fallenden Produkts verwendet werden oder das KI-System ist selbst ein solches Produkt;
b) das Produkt, dessen Sicherheitsbauteil gemäß Buchstabe a das KI-System ist, oder das KI-System selbst als Produkt muss einer Konformitätsbewertung durch Dritte im Hinblick auf das Inverkehrbringen oder die Inbetriebnahme dieses Produkts gemäß den in Anhang I aufgeführten Harmonisierungsrechtsvorschriften der Union unterzogen werden.
(2) Zusätzlich zu den in Absatz 1 genannten Hochrisiko-KI-Systemen gelten die in Anhang III genannten KI-Systeme als hochriskant.
(3) Abweichend von Absatz 2 gilt ein in Anhang III genanntes KI-System nicht als hochriskant, wenn es kein erhebliches Risiko der Beeinträchtigung in Bezug auf die Gesundheit, Sicherheit oder Grundrechte natürlicher Personen birgt, indem es unter anderem nicht das Ergebnis der Entscheidungsfindung wesentlich beeinflusst.
Unterabsatz 1 gilt, wenn eine der folgenden Bedingungen erfüllt ist:
a) das KI-System ist dazu bestimmt, eine eng gefasste Verfahrensaufgabe durchzuführen;
b) das KI-System ist dazu bestimmt, das Ergebnis einer zuvor abgeschlossenen menschlichen Tätigkeit zu verbessern;
c) das KI-System ist dazu bestimmt, Entscheidungsmuster oder Abweichungen von früheren Entscheidungsmustern zu erkennen, und ist nicht dazu gedacht, die zuvor abgeschlossene menschliche Bewertung ohne eine angemessene menschliche Überprüfung zu ersetzen oder zu beeinflussen; oder
d) das KI-System ist dazu bestimmt, eine vorbereitende Aufgabe für eine Bewertung durchzuführen, die für die Zwecke der in Anhang III aufgeführten Anwendungsfälle relevant ist.
Ungeachtet des Unterabsatzes 1 gilt ein in Anhang III aufgeführtes KI-System immer dann als hochriskant, wenn es ein Profiling natürlicher Personen vornimmt.
(4) Ein Anbieter, der der Auffassung ist, dass ein in Anhang III aufgeführtes KI-System nicht hochriskant ist, dokumentiert seine Bewertung, bevor dieses System in Verkehr gebracht oder in Betrieb genommen wird. Dieser Anbieter unterliegt der Registrie-

rungspflicht gemäß Artikel 49 Absatz 2. Auf Verlangen der zuständigen nationalen Behörden legt der Anbieter die Dokumentation der Bewertung vor.

(5) Die Kommission stellt nach Konsultation des Europäischen Gremiums für Künstliche Intelligenz (im Folgenden „KI-Gremium") spätestens bis zum 2. Februar 2026 Leitlinien zur praktischen Umsetzung dieses Artikels gemäß Artikel 96 und eine umfassende Liste praktischer Beispiele für Anwendungsfälle für KI-Systeme, die hochriskant oder nicht hochriskant sind, bereit.

(6) Die Kommission ist befugt, gemäß Artikel 97 delegierte Rechtsakte zu erlassen, um Absatz 3 Unterabsatz 2 des vorliegenden Artikels zu ändern, indem neue Bedingungen zu den darin genannten Bedingungen hinzugefügt oder diese geändert werden, wenn konkrete und zuverlässige Beweise für das Vorhandensein von KI-Systemen vorliegen, die in den Anwendungsbereich von Anhang III fallen, jedoch kein erhebliches Risiko der Beeinträchtigung in Bezug auf die Gesundheit, Sicherheit oder Grundrechte natürlicher Personen bergen.

(7) Die Kommission erlässt gemäß Artikel 97 delegierte Rechtsakte, um Absatz 3 Unterabsatz 2 des vorliegenden Artikels zu ändern, indem eine der darin festgelegten Bedingungen gestrichen wird, wenn konkrete und zuverlässige Beweise dafür vorliegen, dass dies für die Aufrechterhaltung des Schutzniveaus in Bezug auf Gesundheit, Sicherheit und die in dieser Verordnung vorgesehenen Grundrechte erforderlich ist.

(8) Eine Änderung der in Absatz 3 Unterabsatz 2 festgelegten Bedingungen, die gemäß den Absätzen 6 und 7 des vorliegenden Artikels erlassen wurde, darf das allgemeine Schutzniveau in Bezug auf Gesundheit, Sicherheit und die in dieser Verordnung vorgesehenen Grundrechte nicht senken; dabei ist die Kohärenz mit den gemäß Artikel 7 Absatz 1 erlassenen delegierten Rechtsakten sicherzustellen und die Marktentwicklungen und die technologischen Entwicklungen sind zu berücksichtigen.

Artikel 7
Änderungen des Anhangs III

(1) Die Kommission ist befugt, gemäß Artikel 97 delegierte Rechtsakte zur Änderung von Anhang III durch Hinzufügung oder Änderung von Anwendungsfällen für Hochrisiko-KI-Systeme zu erlassen, die beide der folgenden Bedingungen erfüllen:
a) Die KI-Systeme sollen in einem der in Anhang III aufgeführten Bereiche eingesetzt werden;
b) die KI-Systeme bergen ein Risiko der Schädigung in Bezug auf die Gesundheit und Sicherheit oder haben nachteilige Auswirkungen auf die Grundrechte und dieses Risiko gleicht dem Risiko der Schädigung oder den nachteiligen Auswirkungen, das bzw. die von den in Anhang III bereits genannten Hochrisiko-KI-Systemen ausgeht bzw. ausgehen, oder übersteigt diese.

(2) Bei der Bewertung der Bedingung gemäß Absatz 1 Buchstabe b berücksichtigt die Kommission folgende Kriterien:
a) die Zweckbestimmung des KI-Systems;
b) das Ausmaß, in dem ein KI-System verwendet wird oder voraussichtlich verwendet werden wird;
c) die Art und den Umfang der vom KI-System verarbeiteten und verwendeten Daten, insbesondere die Frage, ob besondere Kategorien personenbezogener Daten verarbeitet werden;

VXII. Künstliche Intelligenz-Verordnung (KI-VO)

d) das Ausmaß, in dem das KI-System autonom handelt, und die Möglichkeit, dass ein Mensch eine Entscheidung oder Empfehlungen, die zu einem potenziellen Schaden führen können, außer Kraft setzt;
e) das Ausmaß, in dem durch die Verwendung eines KI-Systems schon die Gesundheit und Sicherheit geschädigt wurden, es nachteilige Auswirkungen auf die Grundrechte gab oder z. B. nach Berichten oder dokumentierten Behauptungen, die den zuständigen nationalen Behörden übermittelt werden, oder gegebenenfalls anderen Berichten Anlass zu erheblichen Bedenken hinsichtlich der Wahrscheinlichkeit eines solchen Schadens oder solcher nachteiligen Auswirkungen besteht;
f) das potenzielle Ausmaß solcher Schäden oder nachteiligen Auswirkungen, insbesondere hinsichtlich ihrer Intensität und ihrer Eignung, mehrere Personen zu beeinträchtigen oder eine bestimmte Gruppe von Personen unverhältnismäßig stark zu beeinträchtigen;
g) das Ausmaß, in dem Personen, die potenziell geschädigt oder negative Auswirkungen erleiden werden, von dem von einem KI-System hervorgebrachten Ergebnis abhängen, weil es insbesondere aus praktischen oder rechtlichen Gründen nach vernünftigem Ermessen unmöglich ist, sich diesem Ergebnis zu entziehen;
h) das Ausmaß, in dem ein Machtungleichgewicht besteht oder in dem Personen, die potenziell geschädigt oder negative Auswirkungen erleiden werden, gegenüber dem Betreiber eines KI-Systems schutzbedürftig sind, insbesondere aufgrund von Status, Autorität, Wissen, wirtschaftlichen oder sozialen Umständen oder Alter;
i) das Ausmaß, in dem das mithilfe eines KI-Systems hervorgebrachte Ergebnis unter Berücksichtigung der verfügbaren technischen Lösungen für seine Korrektur oder Rückgängigmachung leicht zu korrigieren oder rückgängig zu machen ist, wobei Ergebnisse, die sich auf die Gesundheit, Sicherheit oder Grundrechte von Personen negativ auswirken, nicht als leicht korrigierbar oder rückgängig zu machen gelten;
j) das Ausmaß und die Wahrscheinlichkeit, dass der Einsatz des KI-Systems für Einzelpersonen, Gruppen oder die Gesellschaft im Allgemeinen, einschließlich möglicher Verbesserungen der Produktsicherheit, nützlich ist;
k) das Ausmaß, in dem bestehendes Unionsrecht Folgendes vorsieht:
   i) wirksame Abhilfemaßnahmen in Bezug auf die Risiken, die von einem KI-System ausgehen, mit Ausnahme von Schadenersatzansprüchen;
   ii) wirksame Maßnahmen zur Vermeidung oder wesentlichen Verringerung dieser Risiken.

(3) Die Kommission ist befugt, gemäß Artikel 97 delegierte Rechtsakte zur Änderung der Liste in Anhang III zu erlassen, um Hochrisiko-KI-Systeme zu streichen, die beide der folgenden Bedingungen erfüllen:
a) Das betreffende Hochrisiko-KI-System weist unter Berücksichtigung der in Absatz 2 aufgeführten Kriterien keine erheblichen Risiken mehr für die Grundrechte, Gesundheit oder Sicherheit auf;
b) durch die Streichung wird das allgemeine Schutzniveau in Bezug auf Gesundheit, Sicherheit und Grundrechte im Rahmen des Unionsrechts nicht gesenkt.

ABSCHNITT 2
Anforderungen an Hochrisiko-KI-Systeme

Artikel 8
Einhaltung der Anforderungen

(1) Hochrisiko-KI-Systeme müssen die in diesem Abschnitt festgelegten Anforderungen erfüllen, wobei ihrer Zweckbestimmung sowie dem allgemein anerkannten Stand der

VXII. Künstliche Intelligenz-Verordnung (KI-VO)

Technik in Bezug auf KI und KI-bezogene Technologien Rechnung zu tragen ist. Bei der Gewährleistung der Einhaltung dieser Anforderungen wird dem in Artikel 9 genannten Risikomanagementsystem Rechnung getragen.

(2) Enthält ein Produkt ein KI-System, für das die Anforderungen dieser Verordnung und die Anforderungen der in Anhang I Abschnitt A aufgeführten Harmonisierungsrechtsvorschriften der Union gelten, so sind die Anbieter dafür verantwortlich, sicherzustellen, dass ihr Produkt alle geltenden Anforderungen der geltenden Harmonisierungsrechtsvorschriften der Union vollständig erfüllt. Bei der Gewährleistung der Erfüllung der in diesem Abschnitt festgelegten Anforderungen durch die in Absatz 1 genannten Hochrisiko-KI-Systeme und im Hinblick auf die Gewährleistung der Kohärenz, der Vermeidung von Doppelarbeit und der Minimierung zusätzlicher Belastungen haben die Anbieter die Wahl, die erforderlichen Test- und Berichterstattungsverfahren, Informationen und Dokumentationen, die sie im Zusammenhang mit ihrem Produkt bereitstellen, gegebenenfalls in Dokumentationen und Verfahren zu integrieren, die bereits bestehen und gemäß den in Anhang I Abschnitt A aufgeführten Harmonisierungsrechtsvorschriften der Union vorgeschrieben sind.

Artikel 9
Risikomanagementsystem

(1) Für Hochrisiko-KI-Systeme wird ein Risikomanagementsystem eingerichtet, angewandt, dokumentiert und aufrechterhalten.

(2) Das Risikomanagementsystem versteht sich als ein kontinuierlicher iterativer Prozess, der während des gesamten Lebenszyklus eines Hochrisiko-KI-Systems geplant und durchgeführt wird und eine regelmäßige systematische Überprüfung und Aktualisierung erfordert. Es umfasst folgende Schritte:

   a) die Ermittlung und Analyse der bekannten und vernünftigerweise vorhersehbaren Risiken, die vom Hochrisiko-KI-System für die Gesundheit, Sicherheit oder Grundrechte ausgehen können, wenn es entsprechend seiner Zweckbestimmung verwendet wird;

   b) die Abschätzung und Bewertung der Risiken, die entstehen können, wenn das Hochrisiko-KI-System entsprechend seiner Zweckbestimmung oder im Rahmen einer vernünftigerweise vorhersehbaren Fehlanwendung verwendet wird;

   c) die Bewertung anderer möglicherweise auftretender Risiken auf der Grundlage der Auswertung der Daten aus dem in Artikel 72 genannten System zur Beobachtung nach dem Inverkehrbringen;

   d) die Ergreifung geeigneter und gezielter Risikomanagementmaßnahmen zur Bewältigung der gemäß Buchstabe a ermittelten Risiken.

(3) Die in diesem Artikel genannten Risiken betreffen nur solche Risiken, die durch die Entwicklung oder Konzeption des Hochrisiko-KI-Systems oder durch die Bereitstellung ausreichender technischer Informationen angemessen gemindert oder behoben werden können.

(4) Bei den in Absatz 2 Buchstabe d genannten Risikomanagementmaßnahmen werden die Auswirkungen und möglichen Wechselwirkungen, die sich aus der kombinierten Anwendung der Anforderungen dieses Abschnitts ergeben, gebührend berücksichtigt, um die Risiken wirksamer zu minimieren und gleichzeitig ein angemessenes Gleichgewicht bei der Durchführung der Maßnahmen zur Erfüllung dieser Anforderungen sicherzustellen.

(5) Die in Absatz 2 Buchstabe d genannten Risikomanagementmaßnahmen werden so gestaltet, dass jedes mit einer bestimmten Gefahr verbundene relevante Restrisiko sowie das Gesamtrestrisiko der Hochrisiko-KI-Systeme als vertretbar beurteilt wird. Bei der Festlegung der am besten geeigneten Risikomanagementmaßnahmen ist Folgendes sicherzustellen:
a) soweit technisch möglich, Beseitigung oder Verringerung der gemäß Absatz 2 ermittelten und bewerteten Risiken durch eine geeignete Konzeption und Entwicklung des Hochrisiko-KI-Systems;
b) gegebenenfalls Anwendung angemessener Minderungs- und Kontrollmaßnahmen zur Bewältigung nicht auszuschließender Risiken;
c) Bereitstellung der gemäß Artikel 13 erforderlichen Informationen und gegebenenfalls entsprechende Schulung der Betreiber.

Zur Beseitigung oder Verringerung der Risiken im Zusammenhang mit der Verwendung des Hochrisiko-KI-Systems werden die technischen Kenntnisse, die Erfahrungen und der Bildungsstand, die vom Betreiber erwartet werden können, sowie der voraussichtliche Kontext, in dem das System eingesetzt werden soll, gebührend berücksichtigt.

(6) Hochrisiko-KI-Systeme müssen getestet werden, um die am besten geeigneten gezielten Risikomanagementmaßnahmen zu ermitteln. Durch das Testen wird sichergestellt, dass Hochrisiko-KI-Systeme stets im Einklang mit ihrer Zweckbestimmung funktionieren und die Anforderungen dieses Abschnitts erfüllen.

(7) Die Testverfahren können einen Test unter Realbedingungen gemäß Artikel 60 umfassen.

(8) Das Testen von Hochrisiko-KI-Systemen erfolgt zu jedem geeigneten Zeitpunkt während des gesamten Entwicklungsprozesses und in jedem Fall vor ihrem Inverkehrbringen oder ihrer Inbetriebnahme. Das Testen erfolgt anhand vorab festgelegter Metriken und Wahrscheinlichkeitsschwellenwerte, die für die Zweckbestimmung des Hochrisiko-KI-Systems geeignet sind.

(9) Bei der Umsetzung des in den Absätzen 1 bis 7 vorgesehenen Risikomanagementsystems berücksichtigen die Anbieter, ob angesichts seiner Zweckbestimmung das Hochrisiko-KI-System wahrscheinlich nachteilige Auswirkungen auf Personen unter 18 Jahren oder gegebenenfalls andere schutzbedürftige Gruppen haben wird.

(10) Bei Anbietern von Hochrisiko-KI-Systemen, die den Anforderungen an interne Risikomanagementprozesse gemäß anderen einschlägigen Bestimmungen des Unionsrechts unterliegen, können die in den Absätzen 1 bis 9 enthaltenen Aspekte Bestandteil der nach diesem Recht festgelegten Risikomanagementverfahren sein oder mit diesen Verfahren kombiniert werden.

Artikel 10
Daten und Daten-Governance

(1) Hochrisiko-KI-Systeme, in denen Techniken eingesetzt werden, bei denen KI-Modelle mit Daten trainiert werden, müssen mit Trainings-, Validierungs- und Testdatensätzen entwickelt werden, die den in den Absätzen 2 bis 5 genannten Qualitätskriterien entsprechen, wenn solche Datensätze verwendet werden.

(2) Für Trainings-, Validierungs- und Testdatensätze gelten Daten-Governance- und Datenverwaltungsverfahren, die für die Zweckbestimmung des Hochrisiko-KI-Systems geeignet sind. Diese Verfahren betreffen insbesondere
a) die einschlägigen konzeptionellen Entscheidungen,

b) die Datenerhebungsverfahren und die Herkunft der Daten und im Falle personenbezogener Daten den ursprünglichen Zweck der Datenerhebung,
c) relevante Datenaufbereitungsvorgänge wie Annotation, Kennzeichnung, Bereinigung, Aktualisierung, Anreicherung und Aggregierung,
d) die Aufstellung von Annahmen, insbesondere in Bezug auf die Informationen, die mit den Daten erfasst und dargestellt werden sollen,
e) eine Bewertung der Verfügbarkeit, Menge und Eignung der benötigten Datensätze,
f) eine Untersuchung im Hinblick auf mögliche Verzerrungen (Bias), die die Gesundheit und Sicherheit von Personen beeinträchtigen, sich negativ auf die Grundrechte auswirken oder zu einer nach den Rechtsvorschriften der Union verbotenen Diskriminierung führen könnten, insbesondere wenn die Datenausgaben die Eingaben für künftige Operationen beeinflussen,
g) geeignete Maßnahmen zur Erkennung, Verhinderung und Abschwächung möglicher gemäß Buchstabe f ermittelter Verzerrungen,
h) die Ermittlung relevanter Datenlücken oder Mängel, die der Einhaltung dieser Verordnung entgegenstehen, und wie diese Lücken und Mängel behoben werden können.

(3) Die Trainings-, Validierungs- und Testdatensätze müssen im Hinblick auf die Zweckbestimmung relevant, hinreichend repräsentativ und so weit wie möglich fehlerfrei und vollständig sein. Sie müssen die geeigneten statistischen Merkmale, gegebenenfalls auch bezüglich der Personen oder Personengruppen, für die das Hochrisiko-KI-System bestimmungsgemäß verwendet werden soll, haben. Diese Merkmale der Datensätze können auf der Ebene einzelner Datensätze oder auf der Ebene einer Kombination davon erfüllt werden.

(4) Die Datensätze müssen, soweit dies für die Zweckbestimmung erforderlich ist, die entsprechenden Merkmale oder Elemente berücksichtigen, die für die besonderen geografischen, kontextuellen, verhaltensbezogenen oder funktionalen Rahmenbedingungen, unter denen das Hochrisiko-KI-System bestimmungsgemäß verwendet werden soll, typisch sind.

(5) Soweit dies für die Erkennung und Korrektur von Verzerrungen im Zusammenhang mit Hochrisiko-KI-Systemen im Einklang mit Absatz 2 Buchstaben f und g dieses Artikels unbedingt erforderlich ist, dürfen die Anbieter solcher Systeme ausnahmsweise besondere Kategorien personenbezogener Daten verarbeiten, wobei sie angemessene Vorkehrungen für den Schutz der Grundrechte und Grundfreiheiten natürlicher Personen treffen müssen. Zusätzlich zu den Bestimmungen der Verordnungen (EU) 2016/679 und (EU) 2018/1725 und der Richtlinie (EU) 2016/680 müssen alle folgenden Bedingungen erfüllt sein, damit eine solche Verarbeitung stattfinden kann:
a) Die Erkennung und Korrektur von Verzerrungen kann durch die Verarbeitung anderer Daten, einschließlich synthetischer oder anonymisierter Daten, nicht effektiv durchgeführt werden;
b) die besonderen Kategorien personenbezogener Daten unterliegen technischen Beschränkungen einer Weiterverwendung der personenbezogenen Daten und modernsten Sicherheits- und Datenschutzmaßnahmen, einschließlich Pseudonymisierung;
c) die besonderen Kategorien personenbezogener Daten unterliegen Maßnahmen, mit denen sichergestellt wird, dass die verarbeiteten personenbezogenen Daten gesichert, geschützt und Gegenstand angemessener Sicherheitsvorkehrungen sind, wozu auch strenge Kontrollen des Zugriffs und seine Dokumentation gehören, um Missbrauch zu verhindern und sicherzustellen, dass nur befugte Personen Zugang zu diesen personenbezogenen Daten mit angemessenen Vertraulichkeitspflichten haben;

VXII. Künstliche Intelligenz-Verordnung (KI-VO)

d) die besonderen Kategorien personenbezogener Daten werden nicht an Dritte übermittelt oder übertragen, noch haben diese Dritten anderweitigen Zugang zu diesen Daten;
e) die besonderen Kategorien personenbezogener Daten werden gelöscht, sobald die Verzerrung korrigiert wurde oder das Ende der Speicherfrist für die personenbezogenen Daten erreicht ist, je nachdem, was zuerst eintritt;
f) die Aufzeichnungen über Verarbeitungstätigkeiten gemäß den Verordnungen (EU) 2016/679 und (EU) 2018/1725 und der Richtlinie (EU) 2016/680 enthalten die Gründe, warum die Verarbeitung besonderer Kategorien personenbezogener Daten für die Erkennung und Korrektur von Verzerrungen unbedingt erforderlich war und warum dieses Ziel mit der Verarbeitung anderer Daten nicht erreicht werden konnte.

(6) Bei der Entwicklung von Hochrisiko-KI-Systemen, in denen keine Techniken eingesetzt werden, bei denen KI-Modelle trainiert werden, gelten die Absätze 2 bis 5 nur für Testdatensätze.

Artikel 11
Technische Dokumentation

(1) Die technische Dokumentation eines Hochrisiko-KI-Systems wird erstellt, bevor dieses System in Verkehr gebracht oder in Betrieb genommen wird, und ist auf dem neuesten Stand zu halten.

Die technische Dokumentation wird so erstellt, dass aus ihr der Nachweis hervorgeht, wie das Hochrisiko-KI-System die Anforderungen dieses Abschnitts erfüllt, und dass den zuständigen nationalen Behörden und den notifizierten Stellen die Informationen in klarer und verständlicher Form zur Verfügung stehen, die erforderlich sind, um zu beurteilen, ob das KI-System diese Anforderungen erfüllt. Sie enthält zumindest die in Anhang IV genannten Angaben. KMU, einschließlich Start-up-Unternehmen, können die in Anhang IV aufgeführten Elemente der technischen Dokumentation in vereinfachter Weise bereitstellen. Zu diesem Zweck erstellt die Kommission ein vereinfachtes Formular für die technische Dokumentation, das auf die Bedürfnisse von kleinen Unternehmen und Kleinstunternehmen zugeschnitten ist. Entscheidet sich ein KMU, einschließlich Start-up-Unternehmen, für eine vereinfachte Bereitstellung der in Anhang IV vorgeschriebenen Angaben, so verwendet es das in diesem Absatz genannte Formular. Die notifizierten Stellen akzeptieren das Formular für die Zwecke der Konformitätsbewertung.

(2) Wird ein Hochrisiko-KI-System, das mit einem Produkt verbunden ist, das unter die in Anhang I Abschnitt A aufgeführten Harmonisierungsrechtsvorschriften der Union fällt, in Verkehr gebracht oder in Betrieb genommen, so wird eine einzige technische Dokumentation erstellt, die alle in Absatz 1 genannten Informationen sowie die nach diesen Rechtsakten erforderlichen Informationen enthält.

(3) Die Kommission ist befugt, wenn dies nötig ist, gemäß Artikel 97 delegierte Rechtsakte zur Änderung des Anhangs IV zu erlassen, damit die technische Dokumentation in Anbetracht des technischen Fortschritts stets alle Informationen enthält, die erforderlich sind, um zu beurteilen, ob das System die Anforderungen dieses Abschnitts erfüllt.

VXII. Künstliche Intelligenz-Verordnung (KI-VO)

Artikel 12
Aufzeichnungspflichten

(1) Die Technik der Hochrisiko-KI-Systeme muss die automatische Aufzeichnung von Ereignissen (im Folgenden „Protokollierung") während des Lebenszyklus des Systems ermöglichen.

(2) Zur Gewährleistung, dass das Funktionieren des Hochrisiko-KI-Systems in einem der Zweckbestimmung des Systems angemessenen Maße rückverfolgbar ist, ermöglichen die Protokollierungsfunktionen die Aufzeichnung von Ereignissen, die für Folgendes relevant sind:
   a) die Ermittlung von Situationen, die dazu führen können, dass das Hochrisiko-KI-System ein Risiko im Sinne des Artikels 79 Absatz 1 birgt oder dass es zu einer wesentlichen Änderung kommt,
   b) die Erleichterung der Beobachtung nach dem Inverkehrbringen gemäß Artikel 72 und
   c) die Überwachung des Betriebs der Hochrisiko-KI-Systeme gemäß Artikel 26 Absatz 5.

(3) Die Protokollierungsfunktionen der in Anhang III Nummer 1 Buchstabe a genannten Hochrisiko-KI-Systeme müssen zumindest Folgendes umfassen:
   a) Aufzeichnung jedes Zeitraums der Verwendung des Systems (Datum und Uhrzeit des Beginns und des Endes jeder Verwendung);
   b) die Referenzdatenbank, mit der das System die Eingabedaten abgleicht;
   c) die Eingabedaten, mit denen die Abfrage zu einer Übereinstimmung geführt hat;
   d) die Identität der gemäß Artikel 14 Absatz 5 an der Überprüfung der Ergebnisse beteiligten natürlichen Personen.

Artikel 13
Transparenz und Bereitstellung von Informationen für die Betreiber

(1) Hochrisiko-KI-Systeme werden so konzipiert und entwickelt, dass ihr Betrieb hinreichend transparent ist, damit die Betreiber die Ausgaben eines Systems angemessen interpretieren und verwenden können. Die Transparenz wird auf eine geeignete Art und in einem angemessenen Maß gewährleistet, damit die Anbieter und Betreiber ihre in Abschnitt 3 festgelegten einschlägigen Pflichten erfüllen können.

(2) Hochrisiko-KI-Systeme werden mit Betriebsanleitungen in einem geeigneten digitalen Format bereitgestellt oder auf andere Weise mit Betriebsanleitungen versehen, die präzise, vollständige, korrekte und eindeutige Informationen in einer für die Betreiber relevanten, barrierefrei zugänglichen und verständlichen Form enthalten.

(3) Die Betriebsanleitungen enthalten mindestens folgende Informationen:
   a) den Namen und die Kontaktangaben des Anbieters sowie gegebenenfalls seines Bevollmächtigten;
   b) die Merkmale, Fähigkeiten und Leistungsgrenzen des Hochrisiko-KI-Systems, einschließlich
      i) seiner Zweckbestimmung,
      ii) des Maßes an Genauigkeit – einschließlich diesbezüglicher Metriken –, Robustheit und Cybersicherheit gemäß Artikel 15, für das das Hochrisiko-KI-System getestet und validiert wurde und das zu erwarten ist, sowie aller bekannten und vorhersehbaren Umstände, die sich auf das erwartete Maß an Genauigkeit, Robustheit und Cybersicherheit auswirken können;

iii) aller bekannten oder vorhersehbaren Umstände bezüglich der Verwendung des Hochrisiko-KI-Systems im Einklang mit seiner Zweckbestimmung oder einer vernünftigerweise vorhersehbaren Fehlanwendung, die zu den in Artikel 9 Absatz 2 genannten Risiken für die Gesundheit und Sicherheit oder die Grundrechte führen können,
iv) gegebenenfalls der technischen Fähigkeiten und Merkmale des Hochrisiko-KI-Systems, um Informationen bereitzustellen, die zur Erläuterung seiner Ausgaben relevant sind;
v) gegebenenfalls seiner Leistung in Bezug auf bestimmte Personen oder Personengruppen, auf die das System bestimmungsgemäß angewandt werden soll;
vi) gegebenenfalls der Spezifikationen für die Eingabedaten oder sonstiger relevanter Informationen über die verwendeten Trainings-, Validierungs- und Testdatensätze, unter Berücksichtigung der Zweckbestimmung des Hochrisiko-KI-Systems;
vii) gegebenenfalls Informationen, die es den Betreibern ermöglichen, die Ausgabe des Hochrisiko-KI-Systems zu interpretieren und es angemessen zu nutzen;
c) etwaige Änderungen des Hochrisiko-KI-Systems und seiner Leistung, die der Anbieter zum Zeitpunkt der ersten Konformitätsbewertung vorab bestimmt hat;
d) die in Artikel 14 genannten Maßnahmen zur Gewährleistung der menschlichen Aufsicht, einschließlich der technischen Maßnahmen, die getroffen wurden, um den Betreibern die Interpretation der Ausgaben von Hochrisiko-KI-Systemen zu erleichtern;
e) die erforderlichen Rechen- und Hardware-Ressourcen, die erwartete Lebensdauer des Hochrisiko-KI-Systems und alle erforderlichen Wartungs- und Pflegemaßnahmen einschließlich deren Häufigkeit zur Gewährleistung des ordnungsgemäßen Funktionierens dieses KI-Systems, auch in Bezug auf Software-Updates;
f) gegebenenfalls eine Beschreibung der in das Hochrisiko-KI-System integrierten Mechanismen, die es den Betreibern ermöglicht, die Protokolle im Einklang mit Artikel 12 ordnungsgemäß zu erfassen, zu speichern und auszuwerten.

Artikel 14
Menschliche Aufsicht

(1) Hochrisiko-KI-Systeme werden so konzipiert und entwickelt, dass sie während der Dauer ihrer Verwendung – auch mit geeigneten Instrumenten einer Mensch-Maschine-Schnittstelle – von natürlichen Personen wirksam beaufsichtigt werden können.

(2) Die menschliche Aufsicht dient der Verhinderung oder Minimierung der Risiken für Gesundheit, Sicherheit oder Grundrechte, die entstehen können, wenn ein Hochrisiko-KI-System im Einklang mit seiner Zweckbestimmung oder im Rahmen einer vernünftigerweise vorhersehbaren Fehlanwendung verwendet wird, insbesondere wenn solche Risiken trotz der Einhaltung anderer Anforderungen dieses Abschnitts fortbestehen.

(3) Die Aufsichtsmaßnahmen müssen den Risiken, dem Grad der Autonomie und dem Kontext der Nutzung des Hochrisiko-KI-Systems angemessen sein und werden durch eine oder beide der folgenden Arten von Vorkehrungen gewährleistet:
a) Vorkehrungen, die vor dem Inverkehrbringen oder der Inbetriebnahme vom Anbieter bestimmt und, sofern technisch machbar, in das Hochrisiko-KI-System eingebaut werden;
b) Vorkehrungen, die vor dem Inverkehrbringen oder der Inbetriebnahme des Hochrisiko-KI-Systems vom Anbieter bestimmt werden und dazu geeignet sind, vom Betreiber umgesetzt zu werden.

VXII. Künstliche Intelligenz-Verordnung (KI-VO)

(4) Für die Zwecke der Durchführung der Absätze 1, 2 und 3 wird das Hochrisiko-KI-System dem Betreiber so zur Verfügung gestellt, dass die natürlichen Personen, denen die menschliche Aufsicht übertragen wurde, angemessen und verhältnismäßig in der Lage sind,
 a) die einschlägigen Fähigkeiten und Grenzen des Hochrisiko-KI-Systems angemessen zu verstehen und seinen Betrieb ordnungsgemäß zu überwachen, einschließlich in Bezug auf das Erkennen und Beheben von Anomalien, Fehlfunktionen und unerwarteter Leistung;
 b) sich einer möglichen Neigung zu einem automatischen oder übermäßigen Vertrauen in die von einem Hochrisiko-KI-System hervorgebrachte Ausgabe („Automatisierungsbias") bewusst zu bleiben, insbesondere wenn Hochrisiko-KI-Systeme Informationen oder Empfehlungen ausgeben, auf deren Grundlage natürliche Personen Entscheidungen treffen;
 c) die Ausgabe des Hochrisiko-KI-Systems richtig zu interpretieren, wobei beispielsweise die vorhandenen Interpretationsinstrumente und -methoden zu berücksichtigen sind;
 d) in einer bestimmten Situation zu beschließen, das Hochrisiko-KI-System nicht zu verwenden oder die Ausgabe des Hochrisiko-KI-Systems außer Acht zu lassen, außer Kraft zu setzen oder rückgängig zu machen;
 e) in den Betrieb des Hochrisiko-KI-Systems einzugreifen oder den Systembetrieb mit einer „Stopptaste" oder einem ähnlichen Verfahren zu unterbrechen, was dem System ermöglicht, in einem sicheren Zustand zum Stillstand zu kommen.

(5) Bei den in Anhang III Nummer 1 Buchstabe a genannten Hochrisiko-KI-Systemen müssen die in Absatz 3 des vorliegenden Artikels genannten Vorkehrungen so gestaltet sein, dass außerdem der Betreiber keine Maßnahmen oder Entscheidungen allein aufgrund des vom System hervorgebrachten Identifizierungsergebnisses trifft, solange diese Identifizierung nicht von mindestens zwei natürlichen Personen, die die notwendige Kompetenz, Ausbildung und Befugnis besitzen, getrennt überprüft und bestätigt wurde.

Die Anforderung einer getrennten Überprüfung durch mindestens zwei natürliche Personen gilt nicht für Hochrisiko-KI-Systeme, die für Zwecke in den Bereichen Strafverfolgung, Migration, Grenzkontrolle oder Asyl verwendet werden, wenn die Anwendung dieser Anforderung nach Unionsrecht oder nationalem Recht unverhältnismäßig wäre.

Artikel 15
Genauigkeit, Robustheit und Cybersicherheit

(1) Hochrisiko-KI-Systeme werden so konzipiert und entwickelt, dass sie ein angemessenes Maß an Genauigkeit, Robustheit und Cybersicherheit erreichen und in dieser Hinsicht während ihres gesamten Lebenszyklus beständig funktionieren.

(2) Um die technischen Aspekte der Art und Weise der Messung des angemessenen Maßes an Genauigkeit und Robustheit gemäß Absatz 1 und anderer einschlägiger Leistungsmetriken anzugehen, fördert die Kommission in Zusammenarbeit mit einschlägigen Interessenträgern und Organisationen wie Metrologie- und Benchmarking-Behörden gegebenenfalls die Entwicklung von Benchmarks und Messmethoden.

(3) Die Maße an Genauigkeit und die relevanten Genauigkeitsmetriken von Hochrisiko-KI-Systemen werden in den ihnen beigefügten Betriebsanleitungen angegeben.

(4) Hochrisiko-KI-Systeme müssen so widerstandsfähig wie möglich gegenüber Fehlern, Störungen oder Unstimmigkeiten sein, die innerhalb des Systems oder der Umgebung,

in der das System betrieben wird, insbesondere wegen seiner Interaktion mit natürlichen Personen oder anderen Systemen, auftreten können. In diesem Zusammenhang sind technische und organisatorische Maßnahmen zu ergreifen.

Die Robustheit von Hochrisiko-KI-Systemen kann durch technische Redundanz erreicht werden, was auch Sicherungs- oder Störungssicherheitspläne umfassen kann.

Hochrisiko-KI-Systeme, die nach dem Inverkehrbringen oder der Inbetriebnahme weiterhin dazulernen, sind so zu entwickeln, dass das Risiko möglicherweise verzerrter Ausgaben, die künftige Vorgänge beeinflussen („Rückkopplungsschleifen"), beseitigt oder so gering wie möglich gehalten wird und sichergestellt wird, dass auf solche Rückkopplungsschleifen angemessen mit geeigneten Risikominderungsmaßnahmen eingegangen wird.

(5) Hochrisiko-KI-Systeme müssen widerstandsfähig gegen Versuche unbefugter Dritter sein, ihre Verwendung, Ausgaben oder Leistung durch Ausnutzung von Systemschwachstellen zu verändern.

Die technischen Lösungen zur Gewährleistung der Cybersicherheit von Hochrisiko-KI-Systemen müssen den jeweiligen Umständen und Risiken angemessen sein.

Die technischen Lösungen für den Umgang mit KI-spezifischen Schwachstellen umfassen gegebenenfalls Maßnahmen, um Angriffe, mit denen versucht wird, eine Manipulation des Trainingsdatensatzes („data poisoning") oder vortrainierter Komponenten, die beim Training verwendet werden („model poisoning"), vorzunehmen, Eingabedaten, die das KI-Modell zu Fehlern verleiten sollen („adversarial examples" oder „model evasions"), Angriffe auf vertrauliche Daten oder Modellmängel zu verhüten, zu erkennen, darauf zu reagieren, sie zu beseitigen und zu kontrollieren.

ABSCHNITT 3
Pflichten der Anbieter und Betreiber von Hochrisiko-KI-Systemen und anderer Beteiligter

Artikel 16
Pflichten der Anbieter von Hochrisiko-KI-Systemen

Anbieter von Hochrisiko-KI-Systemen müssen
- a) sicherstellen, dass ihre Hochrisiko-KI-Systeme die in Abschnitt 2 festgelegten Anforderungen erfüllen;
- b) auf dem Hochrisiko-KI-System oder, falls dies nicht möglich ist, auf seiner Verpackung oder in der beigefügten Dokumentation ihren Namen, ihren eingetragenen Handelsnamen bzw. ihre eingetragene Handelsmarke und ihre Kontaktanschrift angeben;
- c) über ein Qualitätsmanagementsystem verfügen, das Artikel 17 entspricht;
- d) die in Artikel 18 genannte Dokumentation aufbewahren;
- e) die von ihren Hochrisiko-KI-Systemen automatisch erzeugten Protokolle gemäß Artikel 19 aufbewahren, wenn diese ihrer Kontrolle unterliegen;
- f) sicherstellen, dass das Hochrisiko-KI-System dem betreffenden Konformitätsbewertungsverfahren gemäß Artikel 43 unterzogen wird, bevor es in Verkehr gebracht oder in Betrieb genommen wird;
- g) eine EU-Konformitätserklärung gemäß Artikel 47 ausstellen;
- h) die CE-Kennzeichnung an das Hochrisiko-KI-System oder, falls dies nicht möglich ist, auf seiner Verpackung oder in der beigefügten Dokumentation anbringen, um Konformität mit dieser Verordnung gemäß Artikel 48 anzuzeigen;
- i) den in Artikel 49 Absatz 1 genannten Registrierungspflichten nachkommen;

VXII. Künstliche Intelligenz-Verordnung (KI-VO)

j) die erforderlichen Korrekturmaßnahmen ergreifen und die gemäß Artikel 20 erforderlichen Informationen bereitstellen;
k) auf begründete Anfrage einer zuständigen nationalen Behörde nachweisen, dass das Hochrisiko-KI-System die Anforderungen in Abschnitt 2 erfüllt;
l) sicherstellen, dass das Hochrisiko-KI-System die Barrierefreiheitsanforderungen gemäß den Richtlinien (EU) 2016/2102 und (EU) 2019/882 erfüllt.

Artikel 17
Qualitätsmanagementsystem

(1) Anbieter von Hochrisiko-KI-Systemen richten ein Qualitätsmanagementsystem ein, das die Einhaltung dieser Verordnung gewährleistet. Dieses System wird systematisch und ordnungsgemäß in Form schriftlicher Regeln, Verfahren und Anweisungen dokumentiert und umfasst mindestens folgende Aspekte:
a) ein Konzept zur Einhaltung der Regulierungsvorschriften, was die Einhaltung der Konformitätsbewertungsverfahren und der Verfahren für das Management von Änderungen an dem Hochrisiko-KI-System miteinschließt;
b) Techniken, Verfahren und systematische Maßnahmen für den Entwurf, die Entwurfskontrolle und die Entwurfsprüfung des Hochrisiko-KI-Systems;
c) Techniken, Verfahren und systematische Maßnahmen für die Entwicklung, Qualitätskontrolle und Qualitätssicherung des Hochrisiko-KI-Systems;
d) Untersuchungs-, Test- und Validierungsverfahren, die vor, während und nach der Entwicklung des Hochrisiko-KI-Systems durchzuführen sind, und die Häufigkeit der Durchführung;
e) die technischen Spezifikationen und Normen, die anzuwenden sind und, falls die einschlägigen harmonisierten Normen nicht vollständig angewandt werden oder sie nicht alle relevanten Anforderungen gemäß Abschnitt 2 abdecken, die Mittel, mit denen gewährleistet werden soll, dass das Hochrisiko-KI-System diese Anforderungen erfüllt;
f) Systeme und Verfahren für das Datenmanagement, einschließlich Datengewinnung, Datenerhebung, Datenanalyse, Datenkennzeichnung, Datenspeicherung, Datenfilterung, Datenauswertung, Datenaggregation, Vorratsdatenspeicherung und sonstiger Vorgänge in Bezug auf die Daten, die im Vorfeld und für die Zwecke des Inverkehrbringens oder der Inbetriebnahme von Hochrisiko-KI-Systemen durchgeführt werden;
g) das in Artikel 9 genannte Risikomanagementsystem;
h) die Einrichtung, Anwendung und Aufrechterhaltung eines Systems zur Beobachtung nach dem Inverkehrbringen gemäß Artikel 72;
i) Verfahren zur Meldung eines schwerwiegenden Vorfalls gemäß Artikel 73;
j) die Handhabung der Kommunikation mit zuständigen nationalen Behörden, anderen einschlägigen Behörden, auch Behörden, die den Zugang zu Daten gewähren oder erleichtern, notifizierten Stellen, anderen Akteuren, Kunden oder sonstigen interessierten Kreisen;
k) Systeme und Verfahren für die Aufzeichnung sämtlicher einschlägigen Dokumentation und Informationen;
l) Ressourcenmanagement, einschließlich Maßnahmen im Hinblick auf die Versorgungssicherheit;
m) einen Rechenschaftsrahmen, der die Verantwortlichkeiten der Leitung und des sonstigen Personals in Bezug auf alle in diesem Absatz aufgeführten Aspekte regelt.

VXII. Künstliche Intelligenz-Verordnung (KI-VO)

(2) Die Umsetzung der in Absatz 1 genannten Aspekte erfolgt in einem angemessenen Verhältnis zur Größe der Organisation des Anbieters. Die Anbieter müssen in jedem Fall den Grad der Strenge und das Schutzniveau einhalten, die erforderlich sind, um die Übereinstimmung ihrer Hochrisiko-KI-Systeme mit dieser Verordnung sicherzustellen.

(3) Anbieter von Hochrisiko-KI-Systemen, die Pflichten in Bezug auf Qualitätsmanagementsysteme oder eine gleichwertige Funktion gemäß den sektorspezifischen Rechtsvorschriften der Union unterliegen, können die in Absatz 1 aufgeführten Aspekte als Bestandteil der nach den genannten Rechtsvorschriften festgelegten Qualitätsmanagementsysteme einbeziehen.

(4) Bei Anbietern, die Finanzinstitute sind und gemäß den Rechtsvorschriften der Union über Finanzdienstleistungen Anforderungen in Bezug auf ihre Regelungen oder Verfahren der internen Unternehmensführung unterliegen, gilt die Pflicht zur Einrichtung eines Qualitätsmanagementsystems – mit Ausnahme des Absatzes 1 Buchstaben g, h und i des vorliegenden Artikels – als erfüllt, wenn die Vorschriften über Regelungen oder Verfahren der internen Unternehmensführung gemäß dem einschlägigen Unionsrecht über Finanzdienstleistungen eingehalten werden. Zu diesem Zweck werden die in Artikel 40 genannten harmonisierten Normen berücksichtigt.

Artikel 18
Aufbewahrung der Dokumentation

(1) Der Anbieter hält für einen Zeitraum von zehn Jahren ab dem Inverkehrbringen oder der Inbetriebnahme des Hochrisiko-KI-Systems folgende Unterlagen für die zuständigen nationalen Behörden bereit:
a) die in Artikel 11 genannte technische Dokumentation;
b) die Dokumentation zu dem in Artikel 17 genannten Qualitätsmanagementsystem;
c) die Dokumentation über etwaige von notifizierten Stellen genehmigte Änderungen;
d) gegebenenfalls die von den notifizierten Stellen ausgestellten Entscheidungen und sonstigen Dokumente;
e) die in Artikel 47 genannte EU-Konformitätserklärung.

(2) Jeder Mitgliedstaat legt die Bedingungen fest, unter denen die in Absatz 1 genannte Dokumentation für die zuständigen nationalen Behörden für den in dem genannten Absatz angegebenen Zeitraum bereitgehalten wird, für den Fall, dass ein Anbieter oder sein in demselben Hoheitsgebiet niedergelassener Bevollmächtigter vor Ende dieses Zeitraums in Konkurs geht oder seine Tätigkeit aufgibt.

(3) Anbieter, die Finanzinstitute sind und gemäß dem Unionsrecht über Finanzdienstleistungen Anforderungen in Bezug auf ihre Regelungen oder Verfahren der internen Unternehmensführung unterliegen, pflegen die technische Dokumentation als Teil der gemäß dem Unionsrecht über Finanzdienstleistungen aufzubewahrenden Dokumentation.

Artikel 19
Automatisch erzeugte Protokolle

(1) Anbieter von Hochrisiko-KI-Systemen bewahren die von ihren Hochrisiko-KI-Systemen automatisch erzeugten Protokolle gemäß Artikel 12 Absatz 1 auf, soweit diese Protokolle ihrer Kontrolle unterliegen. Unbeschadet des geltenden Unionsrechts oder nationalen Rechts werden die Protokolle für einen der Zweckbestimmung des Hochrisiko-KI-Systems angemessenen Zeitraum von mindestens sechs Monaten aufbewahrt, sofern in den geltenden Rechtsvorschriften der Union, insbesondere im Unionsrecht

VXII. Künstliche Intelligenz-Verordnung (KI-VO)

zum Schutz personenbezogener Daten, oder im geltenden nationalen Recht nichts anderes vorgesehen ist.

(2) Anbieter, die Finanzinstitute sind und gemäß den Rechtsvorschriften der Union über Finanzdienstleistungen Anforderungen in Bezug auf ihre Regelungen oder Verfahren der internen Unternehmensführung, unterliegen, bewahren die von ihren Hochrisiko-KI-Systemen automatisch erzeugten Protokolle als Teil der gemäß dem einschlägigen Unionsrecht über Finanzdienstleistungen aufzubewahrenden Dokumentation auf.

Artikel 20
Korrekturmaßnahmen und Informationspflicht

(1) Anbieter von Hochrisiko-KI-Systemen, die der Auffassung sind oder Grund zu der Annahme haben, dass ein von ihnen in Verkehr gebrachtes oder in Betrieb genommenes Hochrisiko-KI-System nicht dieser Verordnung entspricht, ergreifen unverzüglich die erforderlichen Korrekturmaßnahmen, um die Konformität dieses Systems herzustellen oder es gegebenenfalls zurückzunehmen, zu deaktivieren oder zurückzurufen. Sie informieren die Händler des betreffenden Hochrisiko-KI-Systems und gegebenenfalls die Betreiber, den Bevollmächtigten und die Einführer darüber.

(2) Birgt das Hochrisiko-KI-System ein Risiko im Sinne des Artikels 79 Absatz 1 und wird sich der Anbieter des Systems dieses Risikos bewusst, so führt er unverzüglich gegebenenfalls gemeinsam mit dem meldenden Betreiber eine Untersuchung der Ursachen durch und informiert er die Marktüberwachungsbehörden, in deren Zuständigkeit das betroffene Hochrisiko-KI-System fällt, und gegebenenfalls die notifizierte Stelle, die eine Bescheinigung für dieses Hochrisiko-KI-System gemäß Artikel 44 ausgestellt hat, insbesondere über die Art der Nichtkonformität und über bereits ergriffene relevante Korrekturmaßnahmen.

Artikel 21
Zusammenarbeit mit den zuständigen Behörden

(1) Anbieter von Hochrisiko-KI-Systemen übermitteln einer zuständigen Behörde auf deren begründete Anfrage sämtliche Informationen und Dokumentation, die erforderlich sind, um die Konformität des Hochrisiko-KI-Systems mit den in Abschnitt 2 festgelegten Anforderungen nachzuweisen, und zwar in einer Sprache, die für die Behörde leicht verständlich ist und bei der es sich um eine der vom betreffenden Mitgliedstaat angegebenen Amtssprachen der Institutionen der Union handelt.

(2) Auf begründete Anfrage einer zuständigen Behörde gewähren die Anbieter der anfragenden zuständigen Behörde gegebenenfalls auch Zugang zu den automatisch erzeugten Protokollen des Hochrisiko-KI-Systems gemäß Artikel 12 Absatz 1, soweit diese Protokolle ihrer Kontrolle unterliegen.

(3) Alle Informationen, die eine zuständige Behörde aufgrund dieses Artikels erhält, werden im Einklang mit den in Artikel 78 festgelegten Vertraulichkeitspflichten behandelt.

Artikel 22
Bevollmächtigte der Anbieter von Hochrisiko-KI-Systemen

(1) Anbieter, die in Drittländern niedergelassen sind, benennen vor der Bereitstellung ihrer Hochrisiko-KI-Systeme auf dem Unionsmarkt schriftlich einen in der Union niedergelassenen Bevollmächtigten.

(2) Der Anbieter muss seinem Bevollmächtigten ermöglichen, die Aufgaben wahrzunehmen, die im vom Anbieter erhaltenen Auftrag festgelegt sind.

VXII. Künstliche Intelligenz-Verordnung (KI-VO)

(3) Der Bevollmächtigte nimmt die Aufgaben wahr, die in seinem vom Anbieter erhaltenen Auftrag festgelegt sind. Er stellt den Marktüberwachungsbehörden auf Anfrage eine Kopie des Auftrags in einer von der zuständigen Behörde angegebenen Amtssprache der Institutionen der Union bereit. Für die Zwecke dieser Verordnung ermächtigt der Auftrag den Bevollmächtigten zumindest zur Wahrnehmung folgender Aufgaben:
a) Überprüfung, ob die in Artikel 47 genannte EU-Konformitätserklärung und die technische Dokumentation gemäß Artikel 11 erstellt wurden und ob der Anbieter ein angemessenes Konformitätsbewertungsverfahren durchgeführt hat;
b) Bereithaltung – für einen Zeitraum von zehn Jahren ab dem Inverkehrbringen oder der Inbetriebnahme des Hochrisiko-KI-Systems – der Kontaktdaten des Anbieters, der den Bevollmächtigten benannt hat, eines Exemplars der in Artikel 47 genannten EU-Konformitätserklärung, der technischen Dokumentation und gegebenenfalls der von der notifizierten Stelle ausgestellten Bescheinigung für die zuständigen Behörden und die in Artikel 74 Absatz 10 genannten nationalen Behörden oder Stellen;
c) Übermittlung sämtlicher – auch der unter Buchstabe b dieses Unterabsatzes genannten – Informationen und Dokumentation, die erforderlich sind, um die Konformität eines Hochrisiko-KI-Systems mit den in Abschnitt 2 festgelegten Anforderungen nachzuweisen, an eine zuständige Behörde auf deren begründete Anfrage, einschließlich der Gewährung des Zugangs zu den vom Hochrisiko-KI-System automatisch erzeugten Protokollen gemäß Artikel 12 Absatz 1, soweit diese Protokolle der Kontrolle des Anbieters unterliegen;
d) Zusammenarbeit mit den zuständigen Behörden auf deren begründete Anfrage bei allen Maßnahmen, die Letztere im Zusammenhang mit dem Hochrisiko-KI-System ergreifen, um insbesondere die von dem Hochrisiko-KI-System ausgehenden Risiken zu verringern und abzumildern;
e) gegebenenfalls die Einhaltung der Registrierungspflichten gemäß Artikel 49 Absatz 1 oder, falls die Registrierung vom Anbieter selbst vorgenommen wird, Sicherstellung der Richtigkeit der in Anhang VIII Abschnitt A Nummer 3 aufgeführten Informationen.

Mit dem Auftrag wird der Bevollmächtigte ermächtigt, neben oder anstelle des Anbieters als Ansprechpartner für die zuständigen Behörden in allen Fragen zu dienen, die die Gewährleistung der Einhaltung dieser Verordnung betreffen.

(4) Der Bevollmächtigte beendet den Auftrag, wenn er der Auffassung ist oder Grund zu der Annahme hat, dass der Anbieter gegen seine Pflichten gemäß dieser Verordnung verstößt. In diesem Fall informiert er unverzüglich die betreffende Marktüberwachungsbehörde und gegebenenfalls die betreffende notifizierte Stelle über die Beendigung des Auftrags und deren Gründe.

Artikel 23
Pflichten der Einführer

(1) Bevor sie ein Hochrisiko-KI-System in Verkehr bringen, stellen die Einführer sicher, dass das System dieser Verordnung entspricht, indem sie überprüfen, ob
a) der Anbieter des Hochrisiko-KI-Systems das entsprechende Konformitätsbewertungsverfahren gemäß Artikel 43 durchgeführt hat;
b) der Anbieter die technische Dokumentation gemäß Artikel 11 und Anhang IV erstellt hat;
c) das System mit der erforderlichen CE-Kennzeichnung versehen ist und ihm die in Artikel 47 genannte EU-Konformitätserklärung und Betriebsanleitungen beigefügt sind;

VXII. Künstliche Intelligenz-Verordnung (KI-VO)

d) der Anbieter einen Bevollmächtigten gemäß Artikel 22 Absatz 1 benannt hat.

(2) Hat ein Einführer hinreichenden Grund zu der Annahme, dass ein Hochrisiko-KI-System nicht dieser Verordnung entspricht oder gefälscht ist oder diesem eine gefälschte Dokumentation beigefügt ist, so bringt er das System erst in Verkehr, nachdem dessen Konformität hergestellt wurde. Birgt das Hochrisiko-KI-System ein Risiko im Sinne des Artikels 79 Absatz 1, so informiert der Einführer den Anbieter des Systems, die Bevollmächtigten und die Marktüberwachungsbehörden darüber.

(3) Die Einführer geben ihren Namen, ihren eingetragenen Handelsnamen oder ihre eingetragene Handelsmarke und die Anschrift, unter der sie in Bezug auf das Hochrisiko-KI-System kontaktiert werden können, auf der Verpackung oder gegebenenfalls in der beigefügten Dokumentation an.

(4) Solange sich ein Hochrisiko-KI-System in ihrer Verantwortung befindet, gewährleisten Einführer, dass – soweit zutreffend – die Lagerungs- oder Transportbedingungen seine Konformität mit den in Abschnitt 2 festgelegten Anforderungen nicht beeinträchtigen.

(5) Die Einführer halten für einen Zeitraum von zehn Jahren ab dem Inverkehrbringen oder der Inbetriebnahme des Hochrisiko-KI-Systems ein Exemplar der von der notifizierten Stelle ausgestellten Bescheinigung sowie gegebenenfalls die Betriebsanleitungen und die in Artikel 47 genannte EU-Konformitätserklärung bereit.

(6) Die Einführer übermitteln den betreffenden nationalen Behörden auf deren begründete Anfrage sämtliche – auch das in Absatz 5 genannten – Informationen und Dokumentation, die erforderlich sind, um die Konformität des Hochrisiko-KI-Systems mit den in Abschnitt 2 festgelegten Anforderungen nachzuweisen, und zwar in einer Sprache, die für jene leicht verständlich ist. Zu diesem Zweck stellen sie auch sicher, dass diesen Behörden die technische Dokumentation zur Verfügung gestellt werden kann.

(7) Die Einführer arbeiten mit den betreffenden nationalen Behörden bei allen Maßnahmen zusammen, die diese Behörden im Zusammenhang mit einem von den Einführern in Verkehr gebrachten Hochrisiko-KI-System ergreifen, um insbesondere die von diesem System ausgehenden Risiken zu verringern und abzumildern.

Artikel 24
Pflichten der Händler

(1) Bevor Händler ein Hochrisiko-KI-System auf dem Markt bereitstellen, überprüfen sie, ob es mit der erforderlichen CE-Kennzeichnung versehen ist, ob ihm eine Kopie der in Artikel 47 genannten EU-Konformitätserklärung und Betriebsanleitungen beigefügt sind und ob der Anbieter und gegebenenfalls der Einführer dieses Systems ihre in Artikel 16 Buchstaben b und c sowie Artikel 23 Absatz 3 festgelegten jeweiligen Pflichten erfüllt haben.

(2) Ist ein Händler der Auffassung oder hat er aufgrund von Informationen, die ihm zur Verfügung stehen, Grund zu der Annahme, dass ein Hochrisiko-KI-System nicht den Anforderungen in Abschnitt 2 entspricht, so stellt er das Hochrisiko-KI-System erst auf dem Markt bereit, nachdem die Konformität des Systems mit den Anforderungen hergestellt wurde. Birgt das Hochrisiko-IT-System zudem ein Risiko im Sinne des Artikels 79 Absatz 1, so informiert der Händler den Anbieter bzw. den Einführer des Systems darüber.

(3) Solange sich ein Hochrisiko-KI-System in ihrer Verantwortung befindet, gewährleisten Händler, dass – soweit zutreffend – die Lagerungs- oder Transportbedingungen die Konformität des Systems mit den in Abschnitt 2 festgelegten Anforderungen nicht beeinträchtigen.

VXII. Künstliche Intelligenz-Verordnung (KI-VO)

(4) Ein Händler, der aufgrund von Informationen, die ihm zur Verfügung stehen, der Auffassung ist oder Grund zu der Annahme hat, dass ein von ihm auf dem Markt bereitgestelltes Hochrisiko-KI-System nicht den Anforderungen in Abschnitt 2 entspricht, ergreift die erforderlichen Korrekturmaßnahmen, um die Konformität dieses Systems mit diesen Anforderungen herzustellen, es zurückzunehmen oder zurückzurufen, oder er stellt sicher, dass der Anbieter, der Einführer oder gegebenenfalls jeder relevante Akteur diese Korrekturmaßnahmen ergreift. Birgt das Hochrisiko-KI-System ein Risiko im Sinne des Artikels 79 Absatz 1, so informiert der Händler unverzüglich den Anbieter bzw. den Einführer des Systems sowie die für das betroffene Hochrisiko-KI-System zuständigen Behörden und macht dabei ausführliche Angaben, insbesondere zur Nichtkonformität und zu bereits ergriffenen Korrekturmaßnahmen.

(5) Auf begründete Anfrage einer betreffenden zuständigen Behörde übermitteln die Händler eines Hochrisiko-KI-Systems dieser Behörde sämtliche Informationen und Dokumentation in Bezug auf ihre Maßnahmen gemäß den Absätzen 1 bis 4, die erforderlich sind, um die Konformität dieses Systems mit den in Abschnitt 2 festgelegten Anforderungen nachzuweisen.

(6) Die Händler arbeiten mit den betreffenden zuständigen Behörden bei allen Maßnahmen zusammen, die diese Behörden im Zusammenhang mit einem von den Händlern auf dem Markt bereitgestellten Hochrisiko-KI-System ergreifen, um insbesondere das von diesem System ausgehende Risiko zu verringern oder abzumildern.

Artikel 25
Verantwortlichkeiten entlang der KI-Wertschöpfungskette

(1) In den folgenden Fällen gelten Händler, Einführer, Betreiber oder sonstige Dritte als Anbieter eines Hochrisiko-KI-Systems für die Zwecke dieser Verordnung und unterliegen den Anbieterpflichten gemäß Artikel 16:
  a) wenn sie ein bereits in Verkehr gebrachtes oder in Betrieb genommenes Hochrisiko-KI-System mit ihrem Namen oder ihrer Handelsmarke versehen, unbeschadet vertraglicher Vereinbarungen, die eine andere Aufteilung der Pflichten vorsehen;
  b) wenn sie eine wesentliche Veränderung eines Hochrisiko-KI-Systems, das bereits in Verkehr gebracht oder in Betrieb genommen wurde, so vornehmen, dass es weiterhin ein Hochrisiko-KI-System gemäß Artikel 6 bleibt;
  c) wenn sie die Zweckbestimmung eines KI-Systems, einschließlich eines KI-Systems mit allgemeinem Verwendungszweck, das nicht als hochriskant eingestuft wurde und bereits in Verkehr gebracht oder in Betrieb genommen wurde, so verändern, dass das betreffende KI-System zu einem Hochrisiko-KI-System im Sinne von Artikel 6 wird.

(2) Unter den in Absatz 1 genannten Umständen gilt der Anbieter, der das KI-System ursprünglich in Verkehr gebracht oder in Betrieb genommen hatte, nicht mehr als Anbieter dieses spezifischen KI-Systems für die Zwecke dieser Verordnung. Dieser Erstanbieter arbeitet eng mit neuen Anbietern zusammen, stellt die erforderlichen Informationen zur Verfügung und sorgt für den vernünftigerweise zu erwartenden technischen Zugang und sonstige Unterstützung, die für die Erfüllung der in dieser Verordnung festgelegten Pflichten, insbesondere in Bezug auf die Konformitätsbewertung von Hochrisiko-KI-Systemen, erforderlich sind. Dieser Absatz gilt nicht in Fällen, in denen der Erstanbieter eindeutig festgelegt hat, dass sein KI-System nicht in ein Hochrisiko-KI-System umgewandelt werden darf und daher nicht der Pflicht zur Übergabe der Dokumentation unterliegt.

VXII. Künstliche Intelligenz-Verordnung (KI-VO)

(3) Im Falle von Hochrisiko-KI-Systemen, bei denen es sich um Sicherheitsbauteile von Produkten handelt, die unter die in Anhang I Abschnitt A aufgeführten Harmonisierungsrechtsvorschriften der Union fallen, gilt der Produkthersteller als Anbieter des Hochrisiko-KI-Systems und unterliegt in den beiden nachfolgenden Fällen den Pflichten nach Artikel 16:
a) Das Hochrisiko-KI-System wird zusammen mit dem Produkt unter dem Namen oder der Handelsmarke des Produktherstellers in Verkehr gebracht;
b) das Hochrisiko-KI-System wird unter dem Namen oder der Handelsmarke des Produktherstellers in Betrieb genommen, nachdem das Produkt in Verkehr gebracht wurde.

(4) Der Anbieter eines Hochrisiko-KI-Systems und der Dritte, der ein KI-System, Instrumente, Dienste, Komponenten oder Verfahren bereitstellt, die in einem Hochrisiko-KI-System verwendet oder integriert werden, legen in einer schriftlichen Vereinbarung die Informationen, die Fähigkeiten, den technischen Zugang und die sonstige Unterstützung nach dem allgemein anerkannten Stand der Technik fest, die erforderlich sind, damit der Anbieter des Hochrisiko-KI-Systems die in dieser Verordnung festgelegten Pflichten vollständig erfüllen kann. Dieser Absatz gilt nicht für Dritte, die Instrumente, Dienste, Verfahren oder Komponenten, bei denen es sich nicht um KI-Modelle mit allgemeinem Verwendungszweck handelt, im Rahmen einer freien und quelloffenen Lizenz öffentlich zugänglich machen.

Das Büro für Künstliche Intelligenz kann freiwillige Musterbedingungen für Verträge zwischen Anbietern von Hochrisiko-KI-Systemen und Dritten, die Instrumente, Dienste, Komponenten oder Verfahren bereitstellen, die für Hochrisiko-KI-Systeme verwendet oder in diese integriert werden, ausarbeiten und empfehlen. Bei der Ausarbeitung dieser freiwilligen Musterbedingungen berücksichtigt das Büro für Künstliche Intelligenz mögliche vertragliche Anforderungen, die in bestimmten Sektoren oder Geschäftsfällen gelten. Die freiwilligen Musterbedingungen werden veröffentlicht und sind kostenlos in einem leicht nutzbaren elektronischen Format verfügbar.

(5) Die Absätze 2 und 3 berühren nicht die Notwendigkeit, Rechte des geistigen Eigentums, vertrauliche Geschäftsinformationen und Geschäftsgeheimnisse im Einklang mit dem Unionsrecht und dem nationalen Recht zu achten und zu schützen.

Artikel 26
Pflichten der Betreiber von Hochrisiko-KI-Systemen

(1) Die Betreiber von Hochrisiko-KI-Systemen treffen geeignete technische und organisatorische Maßnahmen, um sicherzustellen, dass sie solche Systeme entsprechend der den Systemen beigefügten Betriebsanleitungen und gemäß den Absätzen 3 und 6 verwenden.

(2) Die Betreiber übertragen natürlichen Personen, die über die erforderliche Kompetenz, Ausbildung und Befugnis verfügen, die menschliche Aufsicht und lassen ihnen die erforderliche Unterstützung zukommen.

(3) Die Pflichten nach den Absätzen 1 und 2 lassen sonstige Pflichten der Betreiber nach Unionsrecht oder nationalem Recht sowie die Freiheit der Betreiber bei der Organisation ihrer eigenen Ressourcen und Tätigkeiten zur Wahrnehmung der vom Anbieter angegebenen Maßnahmen der menschlichen Aufsicht unberührt.

(4) Unbeschadet der Absätze 1 und 2 und soweit die Eingabedaten ihrer Kontrolle unterliegen, sorgen die Betreiber dafür, dass die Eingabedaten der Zweckbestimmung des Hochrisiko-KI-Systems entsprechen und ausreichend repräsentativ sind.

VXII. Künstliche Intelligenz-Verordnung (KI-VO)

(5) Die Betreiber überwachen den Betrieb des Hochrisiko-KI-Systems anhand der Betriebsanleitung und informieren gegebenenfalls die Anbieter gemäß Artikel 72. Haben Betreiber Grund zu der Annahme, dass die Verwendung gemäß der Betriebsanleitung dazu führen kann, dass dieses Hochrisiko-KI-System ein Risiko im Sinne des Artikels 79 Absatz 1 birgt, so informieren sie unverzüglich den Anbieter oder Händler und die zuständige Marktüberwachungsbehörde und setzen die Verwendung dieses Systems aus. Haben die Betreiber einen schwerwiegenden Vorfall festgestellt, informieren sie auch unverzüglich zuerst den Anbieter und dann den Einführer oder Händler und die zuständigen Marktüberwachungsbehörden über diesen Vorfall. Kann der Betreiber den Anbieter nicht erreichen, so gilt Artikel 73 entsprechend. Diese Pflicht gilt nicht für sensible operative Daten von Betreibern von KI-Systemen, die Strafverfolgungsbehörden sind.
Bei Betreibern, die Finanzinstitute sind und gemäß den Rechtsvorschriften der Union über Finanzdienstleistungen Anforderungen in Bezug auf ihre Regelungen oder Verfahren der internen Unternehmensführung, unterliegen, gilt die in Unterabsatz 1 festgelegte Überwachungspflicht als erfüllt, wenn die Vorschriften über Regelungen, Verfahren oder Mechanismen der internen Unternehmensführung gemäß einschlägigem Recht über Finanzdienstleistungen eingehalten werden.

(6) Betreiber von Hochrisiko-KI-Systemen bewahren die von ihrem Hochrisiko-KI-System automatisch erzeugten Protokolle, soweit diese Protokolle ihrer Kontrolle unterliegen, für einen der Zweckbestimmung des Hochrisiko-KI-Systems angemessenen Zeitraum von mindestens sechs Monaten auf, sofern im geltenden Unionsrecht, insbesondere im Unionsrecht über den Schutz personenbezogener Daten, oder im geltenden nationalen Recht nichts anderes bestimmt ist.
Betreiber, die Finanzinstitute sind und gemäß den Rechtsvorschriften der Union über Finanzdienstleistungen Anforderungen in Bezug auf ihre Regelungen oder Verfahren der internen Unternehmensführung unterliegen, bewahren die Protokolle als Teil der gemäß einschlägigem Unionsecht über Finanzdienstleistungen aufzubewahrenden Dokumentation auf.

(7) Vor der Inbetriebnahme oder Verwendung eines Hochrisiko-KI-Systems am Arbeitsplatz informieren Betreiber, die Arbeitgeber sind, die Arbeitnehmervertreter und die betroffenen Arbeitnehmer darüber, dass sie der Verwendung des Hochrisiko-KI-Systems unterliegen werden. Diese Informationen werden gegebenenfalls im Einklang mit den Vorschriften und Gepflogenheiten auf Unionsebene und nationaler Ebene in Bezug auf die Unterrichtung der Arbeitnehmer und ihrer Vertreter bereitgestellt.

(8) Betreiber von Hochrisiko-KI-Systemen, bei denen es sich um Organe, Einrichtungen oder sonstige Stellen der Union handelt, müssen den Registrierungspflichten gemäß Artikel 49 nachkommen. Stellen diese Betreiber fest, dass das Hochrisiko-KI-System, dessen Verwendung sie planen, nicht in der in Artikel 71 genannten EU-Datenbank registriert wurde, sehen sie von der Verwendung dieses Systems ab und informieren den Anbieter oder den Händler.

(9) Die Betreiber von Hochrisiko-KI-Systemen verwenden gegebenenfalls die gemäß Artikel 13 der vorliegenden Verordnung bereitgestellten Informationen, um ihrer Pflicht zur Durchführung einer Datenschutz-Folgenabschätzung gemäß Artikel 35 der Verordnung (EU) 2016/679 oder Artikel 27 der Richtlinie (EU) 2016/680 nachzukommen.

(10) Unbeschadet der Richtlinie (EU) 2016/680 beantragt der Betreiber eines Hochrisiko-KI-Systems zur nachträglichen biometrischen Fernfernidentifizierung im Rahmen von Ermittlungen zur gezielten Suche einer Person, die der Begehung einer Straftat verdächtigt wird oder aufgrund einer solchen verurteilt wurde, vorab oder unverzüg-

lich, spätestens jedoch binnen 48 Stunden bei einer Justizbehörde oder einer Verwaltungsbehörde, deren Entscheidung bindend ist und einer justiziellen Überprüfung unterliegt, die Genehmigung für die Nutzung dieses Systems, es sei denn, es wird zur erstmaligen Identifizierung eines potenziellen Verdächtigen auf der Grundlage objektiver und nachprüfbarer Tatsachen, die in unmittelbarem Zusammenhang mit der Straftat stehen, verwendet. Jede Verwendung ist auf das für die Ermittlung einer bestimmten Straftat unbedingt erforderliche Maß zu beschränken.

Wird die gemäß Unterabsatz 1 beantragte Genehmigung abgelehnt, so wird die Verwendung des mit dieser beantragten Genehmigung verbundenen Systems zur nachträglichen biometrischen Fernidentifizierung mit sofortiger Wirkung eingestellt und werden die personenbezogenen Daten, die im Zusammenhang mit der Verwendung des Hochrisiko-KI-Systems stehen, für die die Genehmigung beantragt wurde, gelöscht.

In keinem Fall darf ein solches Hochrisiko-KI-System zur nachträglichen biometrischen Fernidentifizierung zu Strafverfolgungszwecken in nicht zielgerichteter Weise und ohne jeglichen Zusammenhang mit einer Straftat, einem Strafverfahren, einer tatsächlichen und bestehenden oder tatsächlichen und vorhersehbaren Gefahr einer Straftat oder der Suche nach einer bestimmten vermissten Person verwendet werden. Es muss sichergestellt werden, dass die Strafverfolgungsbehörden keine ausschließlich auf der Grundlage der Ausgabe solcher Systeme zur nachträglichen biometrischen Fernidentifizierung beruhende Entscheidung, aus der sich eine nachteilige Rechtsfolge für eine Person ergibt, treffen.

Dieser Absatz gilt unbeschadet des Artikels 9 der Verordnung (EU) 2016/679 und des Artikels 10 der Richtlinie (EU) 2016/680 für die Verarbeitung biometrischer Daten.

Unabhängig vom Zweck oder Betreiber wird jede Verwendung solcher Hochrisiko-KI-Systeme in der einschlägigen Polizeiakte dokumentiert und der zuständigen Marktüberwachungsbehörde und der nationalen Datenschutzbehörde auf Anfrage zur Verfügung gestellt, wovon die Offenlegung sensibler operativer Daten im Zusammenhang mit der Strafverfolgung ausgenommen ist. Dieser Unterabsatz berührt nicht die den Aufsichtsbehörden durch die Richtlinie (EU) 2016/680 übertragenen Befugnisse.

Die Betreiber legen den zuständigen Marktüberwachungsbehörden und den nationalen Datenschutzbehörden Jahresberichte über ihre Verwendung von Systemen zur nachträglichen biometrischen Fernidentifizierung vor, wovon die Offenlegung sensibler operativer Daten im Zusammenhang mit der Strafverfolgung ausgenommen ist. Die Berichte können eine Zusammenfassung sein, damit sie mehr als einen Einsatz abdecken.

Die Mitgliedstaaten können im Einklang mit dem Unionsrecht strengere Rechtsvorschriften für die Verwendung von Systemen zur nachträglichen biometrischen Fernidentifizierung erlassen.

(11) Unbeschadet des Artikels 50 der vorliegenden Verordnung informieren die Betreiber der in Anhang III aufgeführten Hochrisiko-KI-Systeme, die natürliche Personen betreffende Entscheidungen treffen oder bei solchen Entscheidungen Unterstützung leisten, die natürlichen Personen darüber, dass sie der Verwendung des Hochrisiko-KI-Systems unterliegen. Für Hochrisiko-KI-Systeme, die zu Strafverfolgungszwecken verwendet werden, gilt Artikel 13 der Richtlinie (EU) 2016/680.

(12) Die Betreiber arbeiten mit den zuständigen Behörden bei allen Maßnahmen zusammen, die diese Behörden im Zusammenhang mit dem Hochrisiko-KI-System zur Umsetzung dieser Verordnung ergreifen.

VXII. Künstliche Intelligenz-Verordnung (KI-VO)

Artikel 27
Grundrechte-Folgenabschätzung für Hochrisiko-KI-Systeme

(1) Vor der Inbetriebnahme eines Hochrisiko-KI-Systems gemäß Artikel 6 Absatz 2 – mit Ausnahme von Hochrisiko-KI-Systemen, die in dem in Anhang III Nummer 2 aufgeführten Bereich verwendet werden sollen – führen Betreiber, bei denen es sich um Einrichtungen des öffentlichen Rechts oder private Einrichtungen, die öffentliche Dienste erbringen, handelt, und Betreiber von Hochrisiko-KI-Systemen gemäß Anhang III Nummer 5 Buchstaben b und c eine Abschätzung der Auswirkungen, die die Verwendung eines solchen Systems auf die Grundrechte haben kann, durch. Zu diesem Zweck führen die Betreiber eine Abschätzung durch, die Folgendes umfasst:
  a) eine Beschreibung der Verfahren des Betreibers, bei denen das Hochrisiko-KI-System im Einklang mit seiner Zweckbestimmung verwendet wird;
  b) eine Beschreibung des Zeitraums und der Häufigkeit, innerhalb dessen bzw. mit der jedes Hochrisiko-KI-System verwendet werden soll;
  c) die Kategorien der natürlichen Personen und Personengruppen, die von seiner Verwendung im spezifischen Kontext betroffen sein könnten;
  d) die spezifischen Schadensrisiken, die sich auf die gemäß Buchstabe c dieses Absatzes ermittelten Kategorien natürlicher Personen oder Personengruppen auswirken könnten, unter Berücksichtigung der vom Anbieter gemäß Artikel 13 bereitgestellten Informationen;
  e) eine Beschreibung der Umsetzung von Maßnahmen der menschlichen Aufsicht entsprechend den Betriebsanleitungen;
  f) die Maßnahmen, die im Falle des Eintretens dieser Risiken zu ergreifen sind, einschließlich der Regelungen für die interne Unternehmensführung und Beschwerdemechanismen.

(2) Die in Absatz 1 festgelegte Pflicht gilt für die erste Verwendung eines Hochrisiko-KI-Systems. Der Betreiber kann sich in ähnlichen Fällen auf zuvor durchgeführte Grundrechte-Folgenabschätzungen oder bereits vorhandene Folgenabschätzungen, die vom Anbieter durchgeführt wurden, stützen. Gelangt der Betreiber während der Verwendung des Hochrisiko-KI-Systems zur Auffassung, dass sich eines der in Absatz 1 aufgeführten Elemente geändert hat oder nicht mehr auf dem neuesten Stand ist, so unternimmt der Betreiber die erforderlichen Schritte, um die Informationen zu aktualisieren.

(3) Sobald die Abschätzung gemäß Absatz 1 des vorliegenden Artikels durchgeführt wurde, teilt der Betreiber der Marktüberwachungsbehörde ihre Ergebnisse mit, indem er das ausgefüllte, in Absatz 5 des vorliegenden Artikels genannte Muster als Teil der Mitteilung übermittelt. In dem in Artikel 46 Absatz 1 genannten Fall können die Betreiber von der Mitteilungspflicht befreit werden.

(4) Wird eine der in diesem Artikel festgelegten Pflichten bereits infolge einer gemäß Artikel 35 der Verordnung (EU) 2016/679 oder Artikel 27 der Richtlinie (EU) 2016/680 durchgeführten Datenschutz-Folgenabschätzung erfüllt, so ergänzt die Grundrechte-Folgenabschätzung gemäß Absatz 1 des vorliegenden Artikels diese Datenschutz-Folgenabschätzung.

(5) Das Büro für Künstliche Intelligenz arbeitet ein Muster für einen Fragebogen – auch mithilfe eines automatisierten Instruments – aus, um die Betreiber in die Lage zu versetzen, ihren Pflichten gemäß diesem Artikel in vereinfachter Weise nachzukommen.

VXII. Künstliche Intelligenz-Verordnung (KI-VO)

ABSCHNITT 4
Notifizierende Behörden und notifizierte Stellen

Artikel 28
Notifizierende Behörden

(1) Jeder Mitgliedstaat sorgt für die Benennung oder Schaffung mindestens einer notifizierenden Behörde, die für die Einrichtung und Durchführung der erforderlichen Verfahren zur Bewertung, Benennung und Notifizierung von Konformitätsbewertungsstellen und für deren Überwachung zuständig ist. Diese Verfahren werden in Zusammenarbeit zwischen den notifizierenden Behörden aller Mitgliedstaaten entwickelt.

(2) Die Mitgliedstaaten können entscheiden, dass die Bewertung und Überwachung nach Absatz 1 von einer nationalen Akkreditierungsstelle im Sinne und gemäß der Verordnung (EG) Nr. 765/2008 durchzuführen ist.

(3) Notifizierende Behörden werden so eingerichtet, organisiert und geführt, dass jegliche Interessenkonflikte mit Konformitätsbewertungsstellen vermieden werden und die Objektivität und die Unparteilichkeit ihrer Tätigkeiten gewährleistet sind.

(4) Notifizierende Behörden werden so organisiert, dass Entscheidungen über die Notifizierung von Konformitätsbewertungsstellen von kompetenten Personen getroffen werden, die nicht mit den Personen identisch sind, die die Bewertung dieser Stellen durchgeführt haben.

(5) Notifizierende Behörden dürfen weder Tätigkeiten, die Konformitätsbewertungsstellen durchführen, noch Beratungsleistungen auf einer gewerblichen oder wettbewerblichen Basis anbieten oder erbringen.

(6) Notifizierende Behörden gewährleisten gemäß Artikel 78 die Vertraulichkeit der von ihnen erlangten Informationen.

(7) Notifizierende Behörden verfügen über eine angemessene Anzahl kompetenter Mitarbeiter, sodass sie ihre Aufgaben ordnungsgemäß wahrnehmen können. Die kompetenten Mitarbeiter verfügen – wo erforderlich – über das für ihre Funktion erforderliche Fachwissen in Bereichen wie Informationstechnologie sowie KI und Recht, einschließlich der Überwachung der Grundrechte.

Artikel 29
Antrag einer Konformitätsbewertungsstelle auf Notifizierung

(1) Konformitätsbewertungsstellen beantragen ihre Notifizierung bei der notifizierenden Behörde des Mitgliedstaats, in dem sie niedergelassen sind.

(2) Dem Antrag auf Notifizierung legen sie eine Beschreibung der Konformitätsbewertungstätigkeiten, des bzw. der Konformitätsbewertungsmodule und der Art der KI-Systeme, für die diese Konformitätsbewertungsstelle Kompetenz beansprucht, sowie, falls vorhanden, eine Akkreditierungsurkunde bei, die von einer nationalen Akkreditierungsstelle ausgestellt wurde und in der bescheinigt wird, dass die Konformitätsbewertungsstelle die Anforderungen des Artikels 31 erfüllt.

Sonstige gültige Dokumente in Bezug auf bestehende Benennungen der antragstellenden notifizierten Stelle im Rahmen anderer Harmonisierungsrechtsvorschriften der Union sind ebenfalls beizufügen.

(3) Kann die betreffende Konformitätsbewertungsstelle keine Akkreditierungsurkunde vorweisen, so legt sie der notifizierenden Behörde als Nachweis alle Unterlagen vor, die erforderlich sind, um zu überprüfen, festzustellen und regelmäßig zu überwachen, ob sie die Anforderungen des Artikels 31 erfüllt.

VXII. Künstliche Intelligenz-Verordnung (KI-VO)

(4) Bei notifizierten Stellen, die im Rahmen anderer Harmonisierungsrechtsvorschriften der Union benannt wurden, können alle Unterlagen und Bescheinigungen im Zusammenhang mit solchen Benennungen zur Unterstützung ihres Benennungsverfahrens nach dieser Verordnung verwendet werden. Die notifizierte Stelle aktualisiert die in den Absätzen 2 und 3 des vorliegenden Artikels genannte Dokumentation immer dann, wenn sich relevante Änderungen ergeben, damit die für notifizierte Stellen zuständige Behörde überwachen und überprüfen kann, ob die Anforderungen des Artikels 31 kontinuierlich erfüllt sind.

Artikel 30
Notifizierungsverfahren

(1) Die notifizierenden Behörden dürfen nur Konformitätsbewertungsstellen notifizieren, die die Anforderungen des Artikels 31 erfüllen.

(2) Die notifizierenden Behörden unterrichten die Kommission und die übrigen Mitgliedstaaten mithilfe des elektronischen Notifizierungsinstruments, das von der Kommission entwickelt und verwaltet wird, über jede Konformitätsbewertungsstelle gemäß Absatz 1.

(3) Die Notifizierung gemäß Absatz 2 des vorliegenden Artikels enthält vollständige Angaben zu den Konformitätsbewertungstätigkeiten, dem betreffenden Konformitätsbewertungsmodul oder den betreffenden Konformitätsbewertungsmodulen, den betreffenden Arten der KI-Systeme und der einschlägigen Bestätigung der Kompetenz. Beruht eine Notifizierung nicht auf einer Akkreditierungsurkunde gemäß Artikel 29 Absatz 2, so legt die notifizierende Behörde der Kommission und den anderen Mitgliedstaaten die Unterlagen vor, die die Kompetenz der Konformitätsbewertungsstelle und die Vereinbarungen nachweisen, die getroffen wurden, um sicherzustellen, dass die Stelle regelmäßig überwacht wird und weiterhin die Anforderungen des Artikels 31 erfüllt.

(4) Die betreffende Konformitätsbewertungsstelle darf die Tätigkeiten einer notifizierten Stelle nur dann wahrnehmen, wenn weder die Kommission noch die anderen Mitgliedstaaten innerhalb von zwei Wochen nach einer Notifizierung durch eine notifizierende Behörde, falls eine Akkreditierungsurkunde gemäß Artikel 29 Absatz 2 vorgelegt wird, oder innerhalb von zwei Monaten nach einer Notifizierung durch eine notifizierende Behörde, falls als Nachweis Unterlagen gemäß Artikel 29 Absatz 3 vorgelegt werden, Einwände erhoben haben.

(5) Werden Einwände erhoben, konsultiert die Kommission unverzüglich die betreffenden Mitgliedstaaten und die Konformitätsbewertungsstelle. Im Hinblick darauf entscheidet die Kommission, ob die Genehmigung gerechtfertigt ist. Die Kommission richtet ihren Beschluss an die betroffenen Mitgliedstaaten und an die zuständige Konformitätsbewertungsstelle.

Artikel 31
Anforderungen an notifizierte Stellen

(1) Eine notifizierte Stelle wird nach dem nationalen Recht eines Mitgliedstaats gegründet und muss mit Rechtspersönlichkeit ausgestattet sein.

(2) Die notifizierten Stellen müssen die zur Wahrnehmung ihrer Aufgaben erforderlichen Anforderungen an die Organisation, das Qualitätsmanagement, die Ressourcenausstattung und die Verfahren sowie angemessene Cybersicherheitsanforderungen erfüllen.

VXII. Künstliche Intelligenz-Verordnung (KI-VO)

(3) Die Organisationsstruktur, die Zuweisung der Zuständigkeiten, die Berichtslinien und die Funktionsweise der notifizierten Stellen müssen das Vertrauen in ihre Leistung und in die Ergebnisse der von ihnen durchgeführten Konformitätsbewertungstätigkeiten gewährleisten.

(4) Die notifizierten Stellen müssen von dem Anbieter eines Hochrisiko-KI-Systems, zu dem sie Konformitätsbewertungstätigkeiten durchführen, unabhängig sein. Außerdem müssen die notifizierten Stellen von allen anderen Akteuren, die ein wirtschaftliches Interesse an den bewerteten Hochrisiko-KI-Systemen haben, und von allen Wettbewerbern des Anbieters unabhängig sein. Dies schließt die Verwendung von bewerteten Hochrisiko-KI-Systemen, die für die Tätigkeit der Konformitätsbewertungsstelle nötig sind, oder die Verwendung solcher Hochrisiko-KI-Systeme zum persönlichen Gebrauch nicht aus.

(5) Weder die Konformitätsbewertungsstelle, ihre oberste Leitungsebene noch die für die Erfüllung ihrer Konformitätsbewertungsaufgaben zuständigen Mitarbeiter dürfen direkt an Entwurf, Entwicklung, Vermarktung oder Verwendung von Hochrisiko-KI-Systemen beteiligt sein oder die an diesen Tätigkeiten beteiligten Parteien vertreten. Sie dürfen sich nicht mit Tätigkeiten befassen, die ihre Unabhängigkeit bei der Beurteilung oder ihre Integrität im Zusammenhang mit den Konformitätsbewertungstätigkeiten, für die sie notifiziert sind, beeinträchtigen könnten. Dies gilt besonders für Beratungsdienstleistungen.

(6) Notifizierte Stellen werden so organisiert und geführt, dass bei der Ausübung ihrer Tätigkeit Unabhängigkeit, Objektivität und Unparteilichkeit gewahrt sind. Von den notifizierten Stellen werden eine Struktur und Verfahren dokumentiert und umgesetzt, die ihre Unparteilichkeit gewährleisten und sicherstellen, dass die Grundsätze der Unparteilichkeit in ihrer gesamten Organisation, von allen Mitarbeitern und bei allen Bewertungstätigkeiten gefördert und angewandt werden.

(7) Die notifizierten Stellen gewährleisten durch dokumentierte Verfahren, dass ihre Mitarbeiter, Ausschüsse, Zweigstellen, Unterauftragnehmer sowie alle zugeordneten Stellen oder Mitarbeiter externer Einrichtungen die Vertraulichkeit der Informationen, die bei der Durchführung der Konformitätsbewertungstätigkeiten in ihren Besitz gelangen, im Einklang mit Artikel 78 wahren, außer wenn ihre Offenlegung gesetzlich vorgeschrieben ist. Informationen, von denen Mitarbeiter der notifizierten Stellen bei der Durchführung ihrer Aufgaben gemäß dieser Verordnung Kenntnis erlangen, unterliegen der beruflichen Schweigepflicht, außer gegenüber den notifizierenden Behörden des Mitgliedstaats, in dem sie ihre Tätigkeiten ausüben.

(8) Die notifizierten Stellen verfügen über Verfahren zur Durchführung ihrer Tätigkeiten unter gebührender Berücksichtigung der Größe eines Betreibers, des Sektors, in dem er tätig ist, seiner Struktur sowie der Komplexität des betreffenden KI-Systems.

(9) Die notifizierten Stellen schließen eine angemessene Haftpflichtversicherung für ihre Konformitätsbewertungstätigkeiten ab, es sei denn, diese Haftpflicht wird aufgrund nationalen Rechts von dem Mitgliedstaat, in dem sie niedergelassen sind, gedeckt oder dieser Mitgliedstaat ist selbst unmittelbar für die Konformitätsbewertung zuständig.

(10) Die notifizierten Stellen müssen in der Lage sein, ihre Aufgaben gemäß dieser Verordnung mit höchster beruflicher Integrität und der erforderlichen Fachkompetenz in dem betreffenden Bereich auszuführen, gleichgültig, ob diese Aufgaben von den notifizierten Stellen selbst oder in ihrem Auftrag und in ihrer Verantwortung durchgeführt werden.

(11) Die notifizierten Stellen müssen über ausreichende interne Kompetenzen verfügen, um die von externen Stellen in ihrem Namen wahrgenommen Aufgaben wirksam be-

urteilen zu können. Die notifizierten Stellen müssen ständig über ausreichendes administratives, technisches, juristisches und wissenschaftliches Personal verfügen, das Erfahrungen und Kenntnisse in Bezug auf einschlägige Arten der KI-Systeme, Daten und Datenverarbeitung sowie die in Abschnitt 2 festgelegten Anforderungen besitzt.

(12) Die notifizierten Stellen wirken an den in Artikel 38 genannten Koordinierungstätigkeiten mit. Sie wirken außerdem unmittelbar oder mittelbar an der Arbeit der europäischen Normungsorganisationen mit oder stellen sicher, dass sie stets über den Stand der einschlägigen Normen unterrichtet sind.

Artikel 32
Vermutung der Konformität mit den Anforderungen an notifizierte Stellen

Weist eine Konformitätsbewertungsstelle nach, dass sie die Kriterien der einschlägigen harmonisierten Normen, deren Fundstellen im *Amtsblatt der Europäischen Union* veröffentlicht wurden, oder Teile dieser Normen erfüllt, so wird davon ausgegangen, dass sie die Anforderungen des Artikels 31, soweit diese von den geltenden harmonisierten Normen erfasst werden, erfüllt.

Artikel 33
Zweigstellen notifizierter Stellen und Vergabe von Unteraufträgen

(1) Vergibt eine notifizierte Stelle bestimmte mit der Konformitätsbewertung verbundene Aufgaben an Unterauftragnehmer oder überträgt sie diese einer Zweigstelle, so stellt sie sicher, dass der Unterauftragnehmer oder die Zweigstelle die Anforderungen des Artikels 31 erfüllt, und informiert die notifizierende Behörde darüber.

(2) Die notifizierten Stellen tragen die volle Verantwortung für Arbeiten, die von jedweden Unterauftragnehmern oder Zweigstellen ausgeführt werden.

(3) Tätigkeiten dürfen nur mit Zustimmung des Anbieters an einen Unterauftragnehmer vergeben oder einer Zweigstelle übertragen werden. Die notifizierten Stellen veröffentlichen ein Verzeichnis ihrer Zweigstellen.

(4) Die einschlägigen Unterlagen über die Bewertung der Qualifikation des Unterauftragnehmers oder der Zweigstelle und die von ihnen gemäß dieser Verordnung ausgeführten Arbeiten werden für einen Zeitraum von fünf Jahren ab dem Datum der Beendigung der Unterauftragsvergabe für die notifizierende Behörde bereitgehalten.

Artikel 34
Operative Pflichten der notifizierten Stellen

(1) Die notifizierten Stellen überprüfen die Konformität von Hochrisiko-KI-Systemen nach den in Artikel 43 festgelegten Konformitätsbewertungsverfahren.

(2) Die notifizierten Stellen vermeiden bei der Durchführung ihrer Tätigkeiten unnötige Belastungen für die Anbieter und berücksichtigen gebührend die Größe des Anbieters, den Sektor, in dem er tätig ist, seine Struktur sowie die Komplexität des betreffenden Hochrisiko-KI-Systems, um insbesondere den Verwaltungsaufwand und die Befolgungskosten für Kleinstunternehmen und kleine Unternehmen im Sinne der Empfehlung 2003/361/EG zu minimieren. Die notifizierte Stelle muss jedoch den Grad der Strenge und das Schutzniveau einhalten, die für die Konformität des Hochrisiko-KI-Systems mit den Anforderungen dieser Verordnung erforderlich sind.

(3) Die notifizierten Stellen machen der in Artikel 28 genannten notifizierenden Behörde sämtliche einschlägige Dokumentation, einschließlich der Dokumentation des Anbieters, zugänglich bzw. übermitteln diese auf Anfrage, damit diese Behörde ihre Bewer-

tungs-, Benennungs-, Notifizierungs- und Überwachungstätigkeiten durchführen kann und die Bewertung gemäß diesem Abschnitt erleichtert wird.

Artikel 35
Identifizierungsnummern und Verzeichnisse notifizierter Stellen

(1) Die Kommission weist jeder notifizierten Stelle eine einzige Identifizierungsnummer zu, selbst wenn eine Stelle nach mehr als einem Rechtsakt der Union notifiziert wurde.

(2) Die Kommission veröffentlicht das Verzeichnis der nach dieser Verordnung notifizierten Stellen samt ihren Identifizierungsnummern und den Tätigkeiten, für die sie notifiziert wurden. Die Kommission stellt sicher, dass das Verzeichnis auf dem neuesten Stand gehalten wird.

Artikel 36
Änderungen der Notifizierungen

(1) Die notifizierende Behörde unterrichtet die Kommission und die anderen Mitgliedstaaten mithilfe des in Artikel 30 Absatz 2 genannten elektronischen Notifizierungsinstruments über alle relevanten Änderungen der Notifizierung einer notifizierten Stelle.

(2) Für Erweiterungen des Anwendungsbereichs der Notifizierung gelten die in den Artikeln 29 und 30 festgelegten Verfahren.

Für andere Änderungen der Notifizierung als Erweiterungen ihres Anwendungsbereichs gelten die in den Absätzen 3 bis 9 dargelegten Verfahren.

(3) Beschließt eine notifizierte Stelle die Einstellung ihrer Konformitätsbewertungstätigkeiten, so informiert sie die betreffende notifizierende Behörde und die betreffenden Anbieter so bald wie möglich und im Falle einer geplanten Einstellung ihrer Tätigkeiten mindestens ein Jahr vor deren Einstellung darüber. Die Bescheinigungen der notifizierten Stelle können für einen Zeitraum von neun Monaten nach Einstellung der Tätigkeiten der notifizierten Stelle gültig bleiben, sofern eine andere notifizierte Stelle schriftlich bestätigt hat, dass sie die Verantwortung für die von diesen Bescheinigungen abgedeckten Hochrisiko-KI-Systeme übernimmt. Die letztgenannte notifizierte Stelle führt vor Ablauf dieser Frist von neun Monaten eine vollständige Bewertung der betroffenen Hochrisiko-KI-Systeme durch, bevor sie für diese neue Bescheinigungen ausstellt. Stellt die notifizierte Stelle ihre Tätigkeit ein, so widerruft die notifizierende Behörde die Benennung.

(4) Hat eine notifizierende Behörde hinreichenden Grund zu der Annahme, dass eine notifizierte Stelle die in Artikel 31 festgelegten Anforderungen nicht mehr erfüllt oder dass sie ihren Pflichten nicht nachkommt, so untersucht die notifizierende Behörde den Sachverhalt unverzüglich und mit äußerster Sorgfalt. In diesem Zusammenhang teilt sie der betreffenden notifizierten Stelle die erhobenen Einwände mit und gibt ihr die Möglichkeit, dazu Stellung zu nehmen. Kommt die notifizierende Behörde zu dem Schluss, dass die notifizierte Stelle die in Artikel 31 festgelegten Anforderungen nicht mehr erfüllt oder dass sie ihren Pflichten nicht nachkommt, schränkt sie die Benennung gegebenenfalls ein, setzt sie aus oder widerruft sie, je nach Schwere der Nichterfüllung dieser Anforderungen oder Pflichtverletzung. Sie informiert die Kommission und die anderen Mitgliedstaaten unverzüglich darüber.

(5) Wird die Benennung einer notifizierten Stelle ausgesetzt, eingeschränkt oder vollständig oder teilweise widerrufen, so informiert die notifizierte Stelle die betreffenden Anbieter innerhalb von zehn Tagen darüber.

VXII. Künstliche Intelligenz-Verordnung (KI-VO)

(6) Wird eine Benennung eingeschränkt, ausgesetzt oder widerrufen, so ergreift die notifizierende Behörde geeignete Maßnahmen, um sicherzustellen, dass die Akten der betreffenden notifizierten Stelle für die notifizierenden Behörden in anderen Mitgliedstaaten und die Marktüberwachungsbehörden bereitgehalten und ihnen auf deren Anfrage zur Verfügung gestellt werden.

(7) Wird eine Benennung eingeschränkt, ausgesetzt oder widerrufen, so geht die notifizierende Behörde wie folgt vor:
a) Sie bewertet die Auswirkungen auf die von der notifizierten Stelle ausgestellten Bescheinigungen;
b) sie legt der Kommission und den anderen Mitgliedstaaten innerhalb von drei Monaten nach Notifizierung der Änderungen der Benennung einen Bericht über ihre diesbezüglichen Ergebnisse vor;
c) sie weist die notifizierte Stelle zur Gewährleistung der fortlaufenden Konformität der im Verkehr befindlichen Hochrisiko-KI-Systeme an, sämtliche nicht ordnungsgemäß ausgestellten Bescheinigungen innerhalb einer von der Behörde festgelegten angemessenen Frist auszusetzen oder zu widerrufen;
d) sie informiert die Kommission und die Mitgliedstaaten über Bescheinigungen, deren Aussetzung oder Widerruf sie angewiesen hat;
e) sie stellt den zuständigen nationalen Behörden des Mitgliedstaats, in dem der Anbieter seine eingetragene Niederlassung hat, alle relevanten Informationen über Bescheinigungen, deren Aussetzung oder Widerruf sie angewiesen hat, zur Verfügung; diese Behörde ergreift erforderlichenfalls geeignete Maßnahmen, um ein mögliches Risiko für Gesundheit, Sicherheit oder Grundrechte zu verhindern.

(8) Abgesehen von den Fällen, in denen Bescheinigungen nicht ordnungsgemäß ausgestellt wurden und in denen eine Benennung ausgesetzt oder eingeschränkt wurde, bleiben die Bescheinigungen unter einem der folgenden Umstände gültig:
a) Die notifizierende Behörde hat innerhalb eines Monats nach der Aussetzung oder Einschränkung bestätigt, dass im Zusammenhang mit den von der Aussetzung oder Einschränkung betroffenen Bescheinigungen kein Risiko für Gesundheit, Sicherheit oder Grundrechte besteht, und die notifizierende Behörde hat einen Zeitplan für Maßnahmen zur Aufhebung der Aussetzung oder Einschränkung genannt oder
b) die notifizierende Behörde hat bestätigt, dass keine von der Aussetzung betroffenen Bescheinigungen während der Dauer der Aussetzung oder Einschränkung ausgestellt, geändert oder erneut ausgestellt werden, und gibt an, ob die notifizierte Stelle in der Lage ist, bestehende ausgestellte Bescheinigungen während der Dauer der Aussetzung oder Einschränkung weiterhin zu überwachen und die Verantwortung dafür zu übernehmen; falls die notifizierende Behörde feststellt, dass die notifizierte Stelle nicht in der Lage ist, bestehende ausgestellte Bescheinigungen weiterzuführen, so bestätigt der Anbieter des von der Bescheinigung abgedeckten Systems den zuständigen nationalen Behörden des Mitgliedstaats, in dem er seine eingetragene Niederlassung hat, innerhalb von drei Monaten nach der Aussetzung oder Einschränkung schriftlich, dass eine andere qualifizierte notifizierte Stelle vorübergehend die Aufgaben der notifizierten Stelle zur Überwachung der Bescheinigung übernimmt und dass sie während der Dauer der Aussetzung oder Einschränkung für die Bescheinigung verantwortlich bleibt.

(9) Abgesehen von den Fällen, in denen Bescheinigungen nicht ordnungsgemäß ausgestellt wurden und in denen eine Benennung widerrufen wurde, bleiben die Bescheinigungen unter folgenden Umständen für eine Dauer von neun Monaten gültig:

VXII. Künstliche Intelligenz-Verordnung (KI-VO)

a) Die zuständige nationale Behörde des Mitgliedstaats, in dem der Anbieter des von der Bescheinigung abgedeckten Hochrisiko-KI-Systems seine eingetragene Niederlassung hat, hat bestätigt, dass im Zusammenhang mit den betreffenden Hochrisiko-KI-Systemen kein Risiko für Gesundheit, Sicherheit oder Grundrechte besteht, und
b) eine andere notifizierte Stelle hat schriftlich bestätigt, dass sie die unmittelbare Verantwortung für diese KI-Systeme übernehmen und deren Bewertung innerhalb von 12 Monaten ab dem Widerruf der Benennung abgeschlossen haben wird.

Unter den in Unterabsatz 1 genannten Umständen kann die zuständige nationale Behörde des Mitgliedstaats, in dem der Anbieter des von der Bescheinigung abgedeckten Systems seine Niederlassung hat, die vorläufige Gültigkeit der Bescheinigungen um zusätzliche Zeiträume von je drei Monaten, jedoch nicht um insgesamt mehr als 12 Monate, verlängern.

Die zuständige nationale Behörde oder die notifizierte Stelle, die die Aufgaben der von der Benennungsänderung betroffenen notifizierten Stelle übernimmt, informiert unverzüglich die Kommission, die anderen Mitgliedstaaten und die anderen notifizierten Stellen darüber.

Artikel 37
Anfechtungen der Kompetenz notifizierter Stellen

(1) Die Kommission untersucht erforderlichenfalls alle Fälle, in denen begründete Zweifel an der Kompetenz einer notifizierten Stelle oder daran bestehen, dass eine notifizierte Stelle die in Artikel 31 festgelegten Anforderungen und ihre geltenden Pflichten weiterhin erfüllt.

(2) Die notifizierende Behörde stellt der Kommission auf Anfrage alle Informationen über die Notifizierung oder die Aufrechterhaltung der Kompetenz der betreffenden notifizierten Stelle zur Verfügung.

(3) Die Kommission stellt sicher, dass alle im Verlauf ihrer Untersuchungen gemäß diesem Artikel erlangten sensiblen Informationen gemäß Artikel 78 vertraulich behandelt werden.

(4) Stellt die Kommission fest, dass eine notifizierte Stelle die Anforderungen für ihre Notifizierung nicht oder nicht mehr erfüllt, so informiert sie den notifizierenden Mitgliedstaat entsprechend und fordert ihn auf, die erforderlichen Abhilfemaßnahmen zu treffen, einschließlich einer Aussetzung oder eines Widerrufs der Notifizierung, sofern dies nötig ist. Versäumt es ein Mitgliedstaat, die erforderlichen Abhilfemaßnahmen zu ergreifen, kann die Kommission die Benennung im Wege eines Durchführungsrechtsakts aussetzen, einschränken oder widerrufen. Dieser Durchführungsrechtsakt wird gemäß dem in Artikel 98 Absatz 2 genannten Prüfverfahren erlassen.

Artikel 38
Koordinierung der notifizierten Stellen

(1) Die Kommission sorgt dafür, dass in Bezug auf Hochrisiko-KI-Systeme eine zweckmäßige Koordinierung und Zusammenarbeit zwischen den an den Konformitätsbewertungsverfahren im Rahmen dieser Verordnung beteiligten notifizierten Stellen in Form einer sektoralen Gruppe notifizierter Stellen eingerichtet und ordnungsgemäß weitergeführt wird.

(2) Jede notifizierende Behörde sorgt dafür, dass sich die von ihr notifizierten Stellen direkt oder über benannte Vertreter an der Arbeit der in Absatz 1 genannten Gruppe beteiligen.

VXII. Künstliche Intelligenz-Verordnung (KI-VO)

(3) Die Kommission sorgt für den Austausch von Wissen und bewährten Verfahren zwischen den notifizierenden Behörden.

Artikel 39
Konformitätsbewertungsstellen in Drittländern

Konformitätsbewertungsstellen, die nach dem Recht eines Drittlands errichtet wurden, mit dem die Union ein Abkommen geschlossen hat, können ermächtigt werden, die Tätigkeiten notifizierter Stellen gemäß dieser Verordnung durchzuführen, sofern sie die Anforderungen gemäß Artikel 31 erfüllen oder das gleiche Maß an Konformität gewährleisten.

ABSCHNITT 5
Normen, Konformitätsbewertung, Bescheinigungen, Registrierung

Artikel 40
Harmonisierte Normen und Normungsdokumente

(1) Bei Hochrisiko-KI-Systemen oder KI-Modellen mit allgemeinem Verwendungszweck, die mit harmonisierten Normen oder Teilen davon, deren Fundstellen gemäß der Verordnung (EU) Nr. 1025/2012 im *Amtsblatt der Europäischen Union* veröffentlicht wurden, übereinstimmen, wird eine Konformität mit den Anforderungen gemäß Abschnitt 2 des vorliegenden Kapitels oder gegebenenfalls mit den Pflichten gemäß Kapitel V Abschnitte 2 und 3 der vorliegenden Verordnung vermutet, soweit diese Anforderungen oder Verpflichtungen von den Normen abgedeckt sind.

(2) Gemäß Artikel 10 der Verordnung (EU) Nr. 1025/2012 erteilt die Kommission unverzüglich Normungsaufträge, die alle Anforderungen gemäß Abschnitt 2 des vorliegenden Kapitels abdecken und gegebenenfalls Normungsaufträge, die Pflichten gemäß Kapitel V Abschnitte 2 und 3 der vorliegenden Verordnung abdecken. In dem Normungsauftrag werden auch Dokumente zu den Berichterstattungs- und Dokumentationsverfahren im Hinblick auf die Verbesserung der Ressourcenleistung von KI-Systemen z.B. durch die Verringerung des Energie- und sonstigen Ressourcenverbrauchs des Hochrisiko-KI-Systems während seines gesamten Lebenszyklus und zu der energieeffizienten Entwicklung von KI-Modellen mit allgemeinem Verwendungszweck verlangt. Bei der Ausarbeitung des Normungsauftrags konsultiert die Kommission das KI-Gremium und die einschlägigen Interessenträger, darunter das Beratungsforum.

Bei der Erteilung eines Normungsauftrags an die europäischen Normungsorganisationen gibt die Kommission an, dass die Normen klar und – u. a. mit den Normen, die in den verschiedenen Sektoren für Produkte entwickelt wurden, die unter die in Anhang I aufgeführten geltenden Harmonisierungsrechtsvorschriften der Union fallen – konsistent sein müssen und sicherstellen sollen, dass die in der Union in Verkehr gebrachten oder in Betrieb genommenen Hochrisiko-KI-Systeme oder KI-Modelle mit allgemeinem Verwendungszweck die in dieser Verordnung festgelegten einschlägigen Anforderungen oder Pflichten erfüllen.

Die Kommission fordert die europäischen Normungsorganisationen auf, Nachweise dafür vorzulegen, dass sie sich nach besten Kräften bemühen, die in den Unterabsätzen 1 und 2 dieses Absatzes genannten Ziele im Einklang mit Artikel 24 der Verordnung (EU) Nr. 1025/2012 zu erreichen.

(3) Die am Normungsprozess Beteiligten bemühen sich, Investitionen und Innovationen im Bereich der KI, u. a. durch Erhöhung der Rechtssicherheit, sowie der Wettbewerbsfähigkeit und des Wachstums des Unionsmarktes zu fördern und zur Stärkung der weltweiten Zusammenarbeit bei der Normung und zur Berücksichtigung bestehender

internationaler Normen im Bereich der KI, die mit den Werten, Grundrechten und Interessen der Union im Einklang stehen, beizutragen und die Multi-Stakeholder-Governance zu verbessern, indem eine ausgewogene Vertretung der Interessen und eine wirksame Beteiligung aller relevanten Interessenträger gemäß den Artikeln 5, 6 und 7 der Verordnung (EU) Nr. 1025/2012 sichergestellt werden.

Artikel 41
Gemeinsame Spezifikationen

(1) Die Kommission kann Durchführungsrechtsakte zur Festlegung gemeinsamer Spezifikationen für die Anforderungen gemäß Abschnitt 2 dieses Kapitels oder gegebenenfalls die Pflichten gemäß Kapitel V Abschnitte 2 und 3 erlassen, wenn die folgenden Bedingungen erfüllt sind:
a) Die Kommission hat gemäß Artikel 10 Absatz 1 der Verordnung (EU) Nr. 1025/2012 eine oder mehrere europäische Normungsorganisationen damit beauftragt, eine harmonisierte Norm für die in Abschnitt 2 dieses Kapitels festgelegten Anforderungen oder gegebenenfalls für die in Kapitel V Abschnitte 2 und 3 festgelegten Pflichten zu erarbeiten, und
   i) der Auftrag wurde von keiner der europäischen Normungsorganisationen angenommen oder
   ii) die harmonisierten Normen, die Gegenstand dieses Auftrags sind, werden nicht innerhalb der gemäß Artikel 10 Absatz 1 der Verordnung (EU) Nr. 1025/2012 festgelegten Frist erarbeitet oder
   iii) die einschlägigen harmonisierten Normen tragen den Bedenken im Bereich der Grundrechte nicht ausreichend Rechnung oder
   iv) die harmonisierten Normen entsprechen nicht dem Auftrag und
b) im *Amtsblatt der Europäischen Union* sind keine Fundstellen zu harmonisierten Normen gemäß der Verordnung (EU) Nr. 1025/2012 veröffentlicht, die den in Abschnitt 2 dieses Kapitels aufgeführten Anforderungen oder gegebenenfalls den in Kapitel V Abschnitte 2 und 3 aufgeführten Pflichten genügen, und es ist nicht zu erwarten, dass eine solche Fundstelle innerhalb eines angemessenen Zeitraums veröffentlicht wird.

Bei der Verfassung der gemeinsamen Spezifikationen konsultiert die Kommission das in Artikel 67 genannte Beratungsforum.

Die in Unterabsatz 1 des vorliegenden Absatzes genannten Durchführungsrechtsakte werden gemäß dem in Artikel 98 Absatz 2 genannten Prüfverfahren erlassen.

(2) Vor der Ausarbeitung eines Entwurfs eines Durchführungsrechtsakts informiert die Kommission den in Artikel 22 der Verordnung (EU) Nr. 1025/2012 genannten Ausschuss darüber, dass sie die in Absatz 1 des vorliegenden Artikels festgelegten Bedingungen als erfüllt erachtet.

(3) Bei Hochrisiko-KI-Systemen oder KI-Modellen mit allgemeinem Verwendungszweck, die mit den in Absatz 1 genannten gemeinsamen Spezifikationen oder Teilen dieser Spezifikationen übereinstimmen, wird eine Konformität mit den Anforderungen in Abschnitt 2 dieses Kapitels oder gegebenenfalls die Einhaltung der in Kapitel V Abschnitte 2 und 3 genannten Pflichten vermutet, soweit diese Anforderungen oder diese Pflichten von den gemeinsamen Spezifikationen abgedeckt sind.

(4) Wird eine harmonisierte Norm von einer europäischen Normungsorganisation angenommen und der Kommission zur Veröffentlichung ihrer Fundstelle im *Amtsblatt der Europäischen Union* vorgeschlagen, so bewertet die Kommission die harmonisierte

VXII. Künstliche Intelligenz-Verordnung (KI-VO)

Norm gemäß der Verordnung (EU) Nr. 1025/2012. Wird die Fundstelle zu einer harmonisierten Norm im *Amtsblatt der Europäischen Union* veröffentlicht, so werden die in Absatz 1 genannten Durchführungsrechtsakte, die dieselben Anforderungen gemäß Abschnitt 2 dieses Kapitels oder gegebenenfalls dieselben Pflichten gemäß Kapitel V Abschnitte 2 und 3 erfassen, von der Kommission ganz oder teilweise aufgehoben.

(5) Wenn Anbieter von Hochrisiko-KI-Systemen oder KI-Modellen mit allgemeinem Verwendungszweck die in Absatz 1 genannten gemeinsamen Spezifikationen nicht befolgen, müssen sie hinreichend nachweisen, dass sie technische Lösungen verwenden, die die in Abschnitt 2 dieses Kapitels aufgeführten Anforderungen oder gegebenenfalls die Pflichten gemäß Kapitel V Abschnitte 2 und 3 zumindest in gleichem Maße erfüllen;

(6) Ist ein Mitgliedstaat der Auffassung, dass eine gemeinsame Spezifikation den Anforderungen gemäß Abschnitt 2 nicht vollständig entspricht oder gegebenenfalls die Pflichten gemäß Kapitel V Abschnitte 2 und 3 nicht vollständig erfüllt, so setzt er die Kommission im Rahmen einer ausführlichen Erläuterung davon in Kenntnis. Die Kommission bewertet die betreffende Information und ändert gegebenenfalls den Durchführungsrechtsakt, durch den die betreffende gemeinsame Spezifikation festgelegt wurde.

Artikel 42
Vermutung der Konformität mit bestimmten Anforderungen

(1) Für Hochrisiko-KI-Systeme, die mit Daten, in denen sich die besonderen geografischen, verhaltensbezogenen, kontextuellen oder funktionalen Rahmenbedingungen niederschlagen, unter denen sie verwendet werden sollen, trainiert und getestet wurden, gilt die Vermutung, dass sie die in Artikel 10 Absatz 4 festgelegten einschlägigen Anforderungen erfüllen.

(2) Für Hochrisiko-KI-Systeme, die im Rahmen eines der Cybersicherheitszertifizierungssysteme gemäß der Verordnung (EU) 2019/881, deren Fundstellen im *Amtsblatt der Europäischen Union* veröffentlicht wurden, zertifiziert wurden oder für die eine solche Konformitätserklärung erstellt wurde, gilt die Vermutung, dass sie die in Artikel 15 der vorliegenden Verordnung festgelegten Cybersicherheitsanforderungen erfüllen, sofern diese Anforderungen von der Cybersicherheitszertifizierung oder der Konformitätserklärung oder Teilen davon abdeckt sind.

Artikel 43
Konformitätsbewertung

(1) Hat ein Anbieter zum Nachweis, dass ein in Anhang III Nummer 1 aufgeführtes Hochrisiko-KI-System die in Abschnitt 2 festgelegten Anforderungen erfüllt, harmonisierte Normen gemäß Artikel 40 oder gegebenenfalls gemeinsame Spezifikationen gemäß Artikel 41 angewandt, so entscheidet er sich für eines der folgenden Konformitätsbewertungsverfahren auf der Grundlage

  a) der internen Kontrolle gemäß Anhang VI oder
  b) der Bewertung des Qualitätsmanagementsystems und der Bewertung der technischen Dokumentation unter Beteiligung einer notifizierten Stelle gemäß Anhang VII.

Zum Nachweis, dass sein Hochrisiko-KI-System die in Abschnitt 2 festgelegten Anforderungen erfüllt, befolgt der Anbieter das Konformitätsbewertungsverfahren gemäß Anhang VII, wenn
  a) es harmonisierte Normen gemäß Artikel 40 nicht gibt und keine gemeinsamen Spezifikationen gemäß Artikel 41 vorliegen,

VXII. Künstliche Intelligenz-Verordnung (KI-VO)

b) der Anbieter die harmonisierte Norm nicht oder nur teilweise angewandt hat;
c) die unter Buchstabe a genannten gemeinsamen Spezifikationen zwar vorliegen, der Anbieter sie jedoch nicht angewandt hat;
d) eine oder mehrere der unter Buchstabe a genannten harmonisierten Normen mit einer Einschränkung und nur für den eingeschränkten Teil der Norm veröffentlicht wurden.

Für die Zwecke des Konformitätsbewertungsverfahrens gemäß Anhang VII kann der Anbieter eine der notifizierten Stellen auswählen. Soll das Hochrisiko-KI-System jedoch von Strafverfolgungs-, Einwanderungs- oder Asylbehörden oder von Organen, Einrichtungen oder sonstigen Stellen der Union in Betrieb genommen werden, so übernimmt die in Artikel 74 Absatz 8 bzw. 9 genannte Marktüberwachungsbehörde die Funktion der notifizierten Stelle.

(2) Bei den in Anhang III Nummern 2 bis 8 aufgeführten Hochrisiko-KI-Systemen befolgen die Anbieter das Konformitätsbewertungsverfahren auf der Grundlage einer internen Kontrolle gemäß Anhang VI, das keine Beteiligung einer notifizierten Stelle vorsieht.

(3) Bei den Hochrisiko-KI-Systemen, die unter die in Anhang I Abschnitt A aufgeführten Harmonisierungsrechtsakte der Union fallen, befolgt der Anbieter die einschlägigen Konformitätsbewertungsverfahren, die nach diesen Rechtsakten erforderlich sind. Die in Abschnitt 2 dieses Kapitels festgelegten Anforderungen gelten für diese Hochrisiko-KI-Systeme und werden in diese Bewertung einbezogen. Anhang VII Nummern 4.3, 4.4 und 4.5 sowie Nummer 4.6 Absatz 5 finden ebenfalls Anwendung.

Für die Zwecke dieser Bewertung sind die notifizierten Stellen, die gemäß diesen Rechtsakten notifiziert wurden, berechtigt, die Konformität der Hochrisiko-KI-Systeme mit den in Abschnitt 2 festgelegten Anforderungen zu kontrollieren, sofern im Rahmen des gemäß diesen Rechtsakten durchgeführten Notifizierungsverfahrens geprüft wurde, dass diese notifizierten Stellen die in Artikel 31 Absätze 4, 5, 10 und 11 festgelegten Anforderungen erfüllen.

Wenn ein in Anhang I Abschnitt A aufgeführter Rechtsakte es dem Hersteller des Produkts ermöglicht, auf eine Konformitätsbewertung durch Dritte zu verzichten, sofern dieser Hersteller alle harmonisierten Normen, die alle einschlägigen Anforderungen abdecken, angewandt hat, so darf dieser Hersteller nur dann von dieser Möglichkeit Gebrauch machen, wenn er auch harmonisierte Normen oder gegebenenfalls gemeinsame Spezifikationen gemäß Artikel 41, die alle in Abschnitt 2 dieses Kapitels festgelegten Anforderungen abdecken, angewandt hat.

(4) Hochrisiko-KI-Systeme, die bereits Gegenstand eines Konformitätsbewertungsverfahren gewesen sind, werden im Falle einer wesentlichen Änderung einem neuen Konformitätsbewertungsverfahren unterzogen, unabhängig davon, ob das geänderte System noch weiter in Verkehr gebracht oder vom derzeitigen Betreiber weitergenutzt werden soll.

Bei Hochrisiko-KI-Systemen, die nach dem Inverkehrbringen oder der Inbetriebnahme weiterhin dazulernen, gelten Änderungen des Hochrisiko-KI-Systems und seiner Leistung, die vom Anbieter zum Zeitpunkt der ursprünglichen Konformitätsbewertung vorab festgelegt wurden und in den Informationen der technischen Dokumentation gemäß Anhang IV Nummer 2 Buchstabe f enthalten sind, nicht als wesentliche Veränderung;

(5) Die Kommission ist befugt, gemäß Artikel 97 delegierte Rechtsakte zu erlassen, um die Anhänge VI und VII zu ändern, indem sie sie angesichts des technischen Fortschritts aktualisiert.

VXII. Künstliche Intelligenz-Verordnung (KI-VO)

(6) Die Kommission ist befugt, gemäß Artikel 97 delegierte Rechtsakte zur Änderung der Absätze 1 und 2 des vorliegenden Artikels zu erlassen, um die in Anhang III Nummern 2 bis 8 genannten Hochrisiko-KI-Systeme dem Konformitätsbewertungsverfahren gemäß Anhang VII oder Teilen davon zu unterwerfen. Die Kommission erlässt solche delegierten Rechtsakte unter Berücksichtigung der Wirksamkeit des Konformitätsbewertungsverfahrens auf der Grundlage einer internen Kontrolle gemäß Anhang VI hinsichtlich der Vermeidung oder Minimierung der von solchen Systemen ausgehenden Risiken für die Gesundheit und Sicherheit und den Schutz der Grundrechte sowie hinsichtlich der Verfügbarkeit angemessener Kapazitäten und Ressourcen in den notifizierten Stellen.

Artikel 44
Bescheinigungen

(1) Die von notifizierten Stellen gemäß Anhang VII ausgestellten Bescheinigungen werden in einer Sprache ausgefertigt, die für die einschlägigen Behörden des Mitgliedstaats, in dem die notifizierte Stelle niedergelassen ist, leicht verständlich ist.

(2) Die Bescheinigungen sind für die darin genannte Dauer gültig, die maximal fünf Jahre für unter Anhang I fallende KI-Systeme und maximal vier Jahre für unter Anhang III fallende KI-Systeme beträgt. Auf Antrag des Anbieters kann die Gültigkeit einer Bescheinigung auf der Grundlage einer Neubewertung gemäß den geltenden Konformitätsbewertungsverfahren um weitere Zeiträume von jeweils höchstens fünf Jahren für unter Anhang I fallende KI-Systeme und höchstens vier Jahre für unter Anhang III fallende KI-Systeme verlängert werden. Eine Ergänzung zu einer Bescheinigung bleibt gültig, sofern die Bescheinigung, zu der sie gehört, gültig ist.

(3) Stellt eine notifizierte Stelle fest, dass ein KI-System die in Abschnitt 2 festgelegten Anforderungen nicht mehr erfüllt, so setzt sie die ausgestellte Bescheinigung aus, widerruft sie oder schränkt sie ein, jeweils unter Berücksichtigung des Grundsatzes der Verhältnismäßigkeit, sofern die Einhaltung der Anforderungen nicht durch geeignete Korrekturmaßnahmen des Anbieters des Systems innerhalb einer von der notifizierten Stelle gesetzten angemessenen Frist wiederhergestellt wird. Die notifizierte Stelle begründet ihre Entscheidung.

Es muss ein Einspruchsverfahren gegen die Entscheidungen der notifizierten Stellen, auch solche über ausgestellte Konformitätsbescheinigungen, vorgesehen sein.

Artikel 45
Informationspflichten der notifizierten Stellen

(1) Die notifizierten Stellen informieren die notifizierende Behörde über
   a) alle Unionsbescheinigungen über die Bewertung der technischen Dokumentation, etwaige Ergänzungen dieser Bescheinigungen und alle Genehmigungen von Qualitätsmanagementsystemen, die gemäß den Anforderungen des Anhangs VII erteilt wurden;
   b) alle Verweigerungen, Einschränkungen, Aussetzungen oder Rücknahmen von Unionsbescheinigungen über die Bewertung der technischen Dokumentation oder Genehmigungen von Qualitätsmanagementsystemen, die gemäß den Anforderungen des Anhangs VII erteilt wurden;
   c) alle Umstände, die Folgen für den Anwendungsbereich oder die Bedingungen der Notifizierung haben;

VXII. Künstliche Intelligenz-Verordnung (KI-VO)

d) alle Auskunftsersuchen über Konformitätsbewertungstätigkeiten, die sie von den Marktüberwachungsbehörden erhalten haben;
e) auf Anfrage die Konformitätsbewertungstätigkeiten, denen sie im Anwendungsbereich ihrer Notifizierung nachgegangen sind, und sonstige Tätigkeiten, einschließlich grenzüberschreitender Tätigkeiten und Vergabe von Unteraufträgen, die sie durchgeführt haben.

(2) Jede notifizierte Stelle informiert die anderen notifizierten Stellen über
a) die Genehmigungen von Qualitätsmanagementsystemen, die sie verweigert, ausgesetzt oder zurückgenommen hat, und auf Anfrage die Genehmigungen von Qualitätsmanagementsystemen, die sie erteilt hat;
b) die Bescheinigungen der Union über die Bewertung der technischen Dokumentation und deren etwaige Ergänzungen, die sie verweigert, ausgesetzt oder zurückgenommen oder anderweitig eingeschränkt hat, und auf Anfrage die Bescheinigungen und/oder deren Ergänzungen, die sie ausgestellt hat.

(3) Jede notifizierte Stelle übermittelt den anderen notifizierten Stellen, die ähnlichen Konformitätsbewertungstätigkeiten für die gleichen Arten der KI-Systeme nachgehen, einschlägige Informationen über negative und auf Anfrage über positive Konformitätsbewertungsergebnisse.

(4) Notifizierende Behörden gewährleisten gemäß Artikel 78 die Vertraulichkeit der von ihnen erlangten Informationen.

Artikel 46
Ausnahme vom Konformitätsbewertungsverfahren

(1) Abweichend von Artikel 43 und auf ein hinreichend begründetes Ersuchen kann eine Marktüberwachungsbehörde das Inverkehrbringen oder die Inbetriebnahme bestimmter Hochrisiko-KI-Systeme im Hoheitsgebiet des betreffenden Mitgliedstaats aus außergewöhnlichen Gründen der öffentlichen Sicherheit, des Schutzes des Lebens und der Gesundheit von Personen, des Umweltschutzes oder des Schutzes wichtiger Industrie- und Infrastrukturanlagen genehmigen. Diese Genehmigung wird auf die Dauer der erforderlichen Konformitätsbewertungsverfahren befristet, wobei den außergewöhnlichen Gründen für die Ausnahme Rechnung getragen wird. Der Abschluss dieser Verfahren erfolgt unverzüglich.

(2) In hinreichend begründeten dringenden Fällen aus außergewöhnlichen Gründen der öffentlichen Sicherheit oder in Fällen einer konkreten, erheblichen und unmittelbaren Gefahr für das Leben oder die körperliche Unversehrtheit natürlicher Personen können Strafverfolgungsbehörden oder Katastrophenschutzbehörden ein bestimmtes Hochrisiko-KI-System ohne die in Absatz 1 genannte Genehmigung in Betrieb nehmen, sofern diese Genehmigung während der Verwendung oder im Anschluss daran unverzüglich beantragt wird. Falls die Genehmigung gemäß Absatz 1 abgelehnt wird, wird Verwendung des Hochrisiko-KI-Systems mit sofortiger Wirkung eingestellt und sämtliche Ergebnisse und Ausgaben dieser Verwendung werden unverzüglich verworfen.

(3) Die in Absatz 1 genannte Genehmigung wird nur erteilt, wenn die Marktüberwachungsbehörde zu dem Schluss gelangt, dass das Hochrisiko-KI-System die Anforderungen des Abschnitts 2 erfüllt. Die Marktüberwachungsbehörde informiert die Kommission und die anderen Mitgliedstaaten über alle von ihr gemäß den Absätzen 1 und 2 erteilten Genehmigungen. Diese Pflicht erstreckt sich nicht auf sensible operative Daten zu den Tätigkeiten von Strafverfolgungsbehörden.

VXII. Künstliche Intelligenz-Verordnung (KI-VO)

(4) Erhebt weder ein Mitgliedstaat noch die Kommission innerhalb von 15 Kalendertagen nach Erhalt der in Absatz 3 genannten Mitteilung Einwände gegen die von einer Marktüberwachungsbehörde eines Mitgliedstaats gemäß Absatz 1 erteilte Genehmigung, so gilt diese Genehmigung als gerechtfertigt.

(5) Erhebt innerhalb von 15 Kalendertagen nach Erhalt der in Absatz 3 genannten Mitteilung ein Mitgliedstaat Einwände gegen eine von einer Marktüberwachungsbehörde eines anderen Mitgliedstaats erteilte Genehmigung oder ist die Kommission der Auffassung, dass die Genehmigung mit dem Unionsrecht unvereinbar ist oder dass die Schlussfolgerung der Mitgliedstaaten in Bezug auf die Konformität des in Absatz 3 genannten Systems unbegründet ist, so nimmt die Kommission unverzüglich Konsultationen mit dem betreffenden Mitgliedstaat auf. Die betroffenen Akteure werden konsultiert und erhalten Gelegenheit, dazu Stellung zu nehmen. In Anbetracht dessen entscheidet die Kommission, ob die Genehmigung gerechtfertigt ist. Die Kommission richtet ihren Beschluss an den betroffenen Mitgliedstaat und an die betroffenen Akteure.

(6) Wird die Genehmigung von der Kommission als ungerechtfertigt erachtet, so muss sie von der Marktüberwachungsbehörde des betreffenden Mitgliedstaats zurückgenommen werden.

(7) Für Hochrisiko-KI-Systeme im Zusammenhang mit Produkten, die unter die in Anhang I Abschnitt A aufgeführten Harmonisierungsrechtsvorschriften der Union fallen, gelten nur die in diesen Harmonisierungsrechtsvorschriften der Union festgelegten Ausnahmen von den Konformitätsbewertungsverfahren.

Artikel 47
EU-Konformitätserklärung

(1) Der Anbieter stellt für jedes Hochrisiko-KI-System eine schriftliche maschinenlesbare, physische oder elektronisch unterzeichnete EU-Konformitätserklärung aus und hält sie für einen Zeitraum von 10 Jahren ab dem Inverkehrbringen oder der Inbetriebnahme des Hochrisiko-KI-Systems für die zuständigen nationalen Behörden bereit. Aus der EU-Konformitätserklärung geht hervor, für welches Hochrisiko-KI-System sie ausgestellt wurde. Eine Kopie der EU-Konformitätserklärung wird den zuständigen nationalen Behörden auf Anfrage übermittelt.

(2) Die EU-Konformitätserklärung muss feststellen, dass das betreffende Hochrisiko-KI-System die in Abschnitt 2 festgelegten Anforderungen erfüllt. Die EU-Konformitätserklärung enthält die in Anhang V festgelegten Informationen und wird in eine Sprache übersetzt, die für die zuständigen nationalen Behörden der Mitgliedstaaten, in denen das Hochrisiko-KI-System in Verkehr gebracht oder bereitgestellt wird, leicht verständlich ist.

(3) Unterliegen Hochrisiko-KI-Systeme anderen Harmonisierungsrechtsvorschriften der Union, die ebenfalls eine EU-Konformitätserklärung vorschreiben, so wird eine einzige EU-Konformitätserklärung ausgestellt, die sich auf alle für das Hochrisiko-KI-System geltenden Rechtsvorschriften der Union bezieht. Die Erklärung enthält alle erforderlichen Informationen zur Feststellung der Harmonisierungsrechtsvorschriften der Union, auf die sich die Erklärung bezieht.

(4) Mit der Ausstellung der EU-Konformitätserklärung übernimmt der Anbieter die Verantwortung für die Erfüllung der in Abschnitt 2 festgelegten Anforderungen. Der Anbieter hält die EU-Konformitätserklärung gegebenenfalls auf dem neuesten Stand.

VXII. Künstliche Intelligenz-Verordnung (KI-VO)

(5) Der Kommission ist befugt, gemäß Artikel 97 delegierte Rechtsakte zur Aktualisierung des in Anhang V festgelegten Inhalts der EU-Konformitätserklärung zu erlassen, um den genannten Anhang durch die Einführung von Elementen zu ändern, die angesichts des technischen Fortschritts erforderlich werden.

Artikel 48
CE-Kennzeichnung

(1) Für die CE-Kennzeichnung gelten die in Artikel 30 der Verordnung (EG) Nr. 765/2008 festgelegten allgemeinen Grundsätze.

(2) Bei digital bereitgestellten Hochrisiko-KI-Systemen wird eine digitale CE-Kennzeichnung nur dann verwendet, wenn sie über die Schnittstelle, von der aus auf dieses System zugegriffen wird, oder über einen leicht zugänglichen maschinenlesbaren Code oder andere elektronische Mittel leicht zugänglich ist.

(3) Die CE-Kennzeichnung wird gut sichtbar, leserlich und dauerhaft an Hochrisiko-KI-Systemen angebracht. Falls die Art des Hochrisiko-KI-Systems dies nicht zulässt oder nicht rechtfertigt, wird sie auf der Verpackung bzw. der beigefügten Dokumentation angebracht.

(4) Gegebenenfalls wird der CE-Kennzeichnung die Identifizierungsnummer der für die in Artikel 43 festgelegten Konformitätsbewertungsverfahren zuständigen notifizierten Stelle hinzugefügt. Die Identifizierungsnummer der notifizierten Stelle ist entweder von der Stelle selbst oder nach ihren Anweisungen durch den Anbieter oder den Bevollmächtigten des Anbieters anzubringen. Diese Identifizierungsnummer wird auch auf jeglichem Werbematerial angegeben, in dem darauf hingewiesen wird, dass das Hochrisiko-KI-System die Anforderungen für die CE-Kennzeichnung erfüllt.

(5) Falls Hochrisiko-KI-Systeme ferner unter andere Rechtsvorschriften der Union fallen, in denen die CE-Kennzeichnung auch vorgesehen ist, bedeutet die CE-Kennzeichnung, dass das Hochrisiko-KI-System auch die Anforderungen dieser anderen Rechtsvorschriften erfüllt.

Artikel 49
Registrierung

(1) Vor dem Inverkehrbringen oder der Inbetriebnahme eines in Anhang III aufgeführten Hochrisiko-KI-Systems – mit Ausnahme der in Anhang III Nummer 2 genannten Hochrisiko-KI-Systeme – registriert der Anbieter oder gegebenenfalls sein Bevollmächtigter sich und sein System in der in Artikel 71 genannten EU-Datenbank.

(2) Vor dem Inverkehrbringen oder der Inbetriebnahme eines Hochrisiko-KI-Systems, bei dem der Anbieter zu dem Schluss gelangt ist, dass es nicht hochriskant gemäß Artikel 6 Absatz 3 ist, registriert dieser Anbieter oder gegebenenfalls sein Bevollmächtigter sich und dieses System in der in Artikel 71 genannten EU-Datenbank.

(3) Vor der Inbetriebnahme oder Verwendung eines in Anhang III aufgeführten Hochrisiko-KI-Systems – mit Ausnahme der in Anhang III Nummer 2 aufgeführten Hochrisiko-KI-Systeme – registrieren sich Betreiber, bei denen es sich um Behörden oder Organe, Einrichtungen oder sonstige Stellen der Union oder in ihrem Namen handelnde Personen handelt, in der in Artikel 71 genannten EU-Datenbank, wählen das System aus und registrieren es dort.

(4) Bei den in Anhang III Nummern 1, 6 und 7 genannten Hochrisiko-KI-Systemen erfolgt in den Bereichen Strafverfolgung, Migration, Asyl und Grenzkontrolle die Registrierung gemäß den Absätzen 1, 2 und 3 des vorliegenden Artikels in einem sicheren nicht

öffentlichen Teil der in Artikel 71 genannten EU-Datenbank und enthält, soweit zutreffend, lediglich die Informationen gemäß
a) Anhang VIII Abschnitt A Nummern 1 bis 10 mit Ausnahme der Nummern 6, 8 und 9,
b) Anhang VIII Abschnitt B Nummern 1 bis 5 sowie Nummern 8 und 9,
c) Anhang VIII Abschnitt C Nummern 1 bis 3,
d) Anhang IX Nummern 1, 2, 3 und Nummer 5.

Nur die Kommission und die in Artikel 74 Absatz 8 genannten nationalen Behörden haben Zugang zu den jeweiligen beschränkten Teilen der EU-Datenbank gemäß Unterabsatz 1 dieses Absatzes.

(5) Die in Anhang III Nummer 2 genannten Hochrisiko-KI-Systeme werden auf nationaler Ebene registriert.

Kapitel IV
Transparenzpflichten für Anbieter und Betreiber bestimmter KI-Systeme

Artikel 50
Transparenzpflichten für Anbieter und Betreiber bestimmter KI-Systeme

(1) Die Anbieter stellen sicher, dass KI-Systeme, die für die direkte Interaktion mit natürlichen Personen bestimmt sind, so konzipiert und entwickelt werden, dass die betreffenden natürlichen Personen informiert werden, dass sie mit einem KI-System interagieren, es sei denn, dies ist aus Sicht einer angemessen informierten, aufmerksamen und verständigen natürlichen Person aufgrund der Umstände und des Kontexts der Nutzung offensichtlich. Diese Pflicht gilt nicht für gesetzlich zur Aufdeckung, Verhütung, Ermittlung oder Verfolgung von Straftaten zugelassene KI-Systeme, wenn geeignete Schutzvorkehrungen für die Rechte und Freiheiten Dritter bestehen, es sei denn, diese Systeme stehen der Öffentlichkeit zur Anzeige einer Straftat zur Verfügung.

(2) Anbieter von KI-Systemen, einschließlich KI-Systemen mit allgemeinem Verwendungszweck, die synthetische Audio-, Bild-, Video- oder Textinhalte erzeugen, stellen sicher, dass die Ausgaben des KI-Systems in einem maschinenlesbaren Format gekennzeichnet und als künstlich erzeugt oder manipuliert erkennbar sind. Die Anbieter sorgen dafür, dass – soweit technisch möglich – ihre technischen Lösungen wirksam, interoperabel, belastbar und zuverlässig sind und berücksichtigen dabei die Besonderheiten und Beschränkungen der verschiedenen Arten von Inhalten, die Umsetzungskosten und den allgemein anerkannten Stand der Technik, wie er in den einschlägigen technischen Normen zum Ausdruck kommen kann. Diese Pflicht gilt nicht, soweit die KI-Systeme eine unterstützende Funktion für die Standardbearbeitung ausführen oder die vom Betreiber bereitgestellten Eingabedaten oder deren Semantik nicht wesentlich verändern oder wenn sie zur Aufdeckung, Verhütung, Ermittlung oder Verfolgung von Straftaten gesetzlich zugelassen sind.

(3) Die Betreiber eines Emotionserkennungssystems oder eines Systems zur biometrischen Kategorisierung informieren die davon betroffenen natürlichen Personen über den Betrieb des Systems und verarbeiten personenbezogene Daten gemäß den Verordnungen (EU) 2016/679 und (EU) 2018/1725 und der Richtlinie (EU) 2016/680. Diese Pflicht gilt nicht für gesetzlich zur Aufdeckung, Verhütung oder Ermittlung von Straftaten zugelassene KI-Systeme, die zur biometrischen Kategorisierung und Emotionserkennung

VXII. Künstliche Intelligenz-Verordnung (KI-VO)

im Einklang mit dem Unionsrecht verwendet werden, sofern geeignete Schutzvorkehrungen für die Rechte und Freiheiten Dritter bestehen.

(4) Betreiber eines KI-Systems, das Bild-, Ton- oder Videoinhalte erzeugt oder manipuliert, die ein Deepfake sind, müssen offenlegen, dass die Inhalte künstlich erzeugt oder manipuliert wurden. Diese Pflicht gilt nicht, wenn die Verwendung zur Aufdeckung, Verhütung, Ermittlung oder Verfolgung von Straftaten gesetzlich zugelassen ist. Ist der Inhalt Teil eines offensichtlich künstlerischen, kreativen, satirischen, fiktionalen oder analogen Werks oder Programms, so beschränken sich die in diesem Absatz festgelegten Transparenzpflichten darauf, das Vorhandensein solcher erzeugten oder manipulierten Inhalte in geeigneter Weise offenzulegen, die die Darstellung oder den Genuss des Werks nicht beeinträchtigt.

Betreiber eines KI-Systems, das Text erzeugt oder manipuliert, der veröffentlicht wird, um die Öffentlichkeit über Angelegenheiten von öffentlichem Interesse zu informieren, müssen offenlegen, dass der Text künstlich erzeugt oder manipuliert wurde. Diese Pflicht gilt nicht, wenn die Verwendung zur Aufdeckung, Verhütung, Ermittlung oder Verfolgung von Straftaten gesetzlich zugelassen ist oder wenn die durch KI erzeugten Inhalte einem Verfahren der menschlichen Überprüfung oder redaktionellen Kontrolle unterzogen wurden und wenn eine natürliche oder juristische Person die redaktionelle Verantwortung für die Veröffentlichung der Inhalte trägt.

(5) Die in den Absätzen 1 bis 4 genannten Informationen werden den betreffenden natürlichen Personen spätestens zum Zeitpunkt der ersten Interaktion oder Aussetzung in klarer und eindeutiger Weise bereitgestellt. Die Informationen müssen den geltenden Barrierefreiheitsanforderungen entsprechen.

(6) Die Absätze 1 bis 4 lassen die in Kapitel III festgelegten Anforderungen und Pflichten unberührt und berühren nicht andere Transparenzpflichten, die im Unionsrecht oder dem nationalen Recht für Betreiber von KI-Systemen festgelegt sind.

(7) Das Büro für Künstliche Intelligenz fördert und erleichtert die Ausarbeitung von Praxisleitfäden auf Unionsebene, um die wirksame Umsetzung der Pflichten in Bezug auf die Feststellung und Kennzeichnung künstlich erzeugter oder manipulierter Inhalte zu erleichtern. Die Kommission kann Durchführungsrechtsakte zur Genehmigung dieser Praxisleitfäden nach dem in Artikel 56 Absatz 6 festgelegten Verfahren erlassen. Hält sie einen Kodex für nicht angemessen, so kann die Kommission einen Durchführungsrechtsakt gemäß dem in Artikel 98 Absatz 2 genannten Prüfverfahren erlassen, in dem gemeinsame Vorschriften für die Umsetzung dieser Pflichten festgelegt werden.

Kapitel V
KI-Modelle mit allgemeinem Verwendungszweck

ABSCHNITT 1
Einstufungsvorschriften

Artikel 51
Einstufung von KI-Modellen mit allgemeinem Verwendungszweck als KI-Modelle mit allgemeinem Verwendungszweck mit systemischem Risiko

(1) Ein KI-Modell mit allgemeinem Verwendungszweck wird als KI-Modell mit allgemeinem Verwendungszweck mit systemischem Risiko eingestuft, wenn eine der folgenden Bedingungen erfüllt ist:

VXII. Künstliche Intelligenz-Verordnung (KI-VO)

a) Es verfügt über Fähigkeiten mit hohem Wirkungsgrad, die mithilfe geeigneter technischer Instrumente und Methoden, einschließlich Indikatoren und Benchmarks, bewertet werden;
b) einem unter Berücksichtigung der in Anhang XIII festgelegten Kriterien von der Kommission von Amts wegen oder aufgrund einer qualifizierten Warnung des wissenschaftlichen Gremiums getroffenen Entscheidung zufolge verfügt es über Fähigkeiten oder eine Wirkung, die denen gemäß Buchstabe a entsprechen.

(2) Bei einem KI-Modell mit allgemeinem Verwendungszweck wird angenommen, dass es über Fähigkeiten mit hohem Wirkungsgrad gemäß Absatz 1 Buchstabe a verfügt, wenn die kumulierte Menge der für sein Training verwendeten Berechnungen, gemessen in Gleitkommaoperationen, mehr als 10^{25} beträgt.

(3) Die Kommission erlässt gemäß Artikel 97 delegierte Rechtsakte zur Änderung der in den Absätzen 1 und 2 des vorliegenden Artikels aufgeführten Schwellenwerte sowie zur Ergänzung von Benchmarks und Indikatoren vor dem Hintergrund sich wandelnder technologischer Entwicklungen, wie z. B. algorithmische Verbesserungen oder erhöhte Hardwareeffizienz, wenn dies erforderlich ist, damit diese Schwellenwerte dem Stand der Technik entsprechen.

Artikel 52
Verfahren

(1) Erfüllt ein KI-Modell mit allgemeinem Verwendungszweck die Bedingung gemäß Artikel 51 Absatz 1 Buchstabe a, so teilt der betreffende Anbieter dies der Kommission unverzüglich, in jedem Fall jedoch innerhalb von zwei Wochen, nachdem diese Bedingung erfüllt ist oder bekannt wird, dass sie erfüllt wird, mit. Diese Mitteilung muss die Informationen enthalten, die erforderlich sind, um nachzuweisen, dass die betreffende Bedingung erfüllt ist. Erlangt die Kommission Kenntnis von einem KI-Modell mit allgemeinem Verwendungszweck, das systemische Risiken birgt, die ihr nicht mitgeteilt wurden, so kann sie entscheiden, es als Modell mit systemischen Risiken auszuweisen.

(2) Der Anbieter eines KI-Modells mit allgemeinem Verwendungszweck, das die in Artikel 51 Absatz 1 Buchstabe a genannte Bedingung erfüllt, kann in seiner Mitteilung hinreichend begründete Argumente vorbringen, um nachzuweisen, dass das KI-Modell mit allgemeinem Verwendungszweck, obwohl es diese Bedingung erfüllt, aufgrund seiner besonderen Merkmale außerordentlicherweise keine systemischen Risiken birgt und daher nicht als KI-Modell mit allgemeinem Verwendungszweck mit systemischem Risiko eingestuft werden sollte.

(3) Gelangt die Kommission zu dem Schluss, dass die gemäß Absatz 2 vorgebrachten Argumente nicht hinreichend begründet sind, und konnte der betreffende Anbieter nicht nachweisen, dass das KI-Modell mit allgemeinem Verwendungszweck aufgrund seiner besonderen Merkmale keine systemischen Risiken aufweist, weist sie diese Argumente zurück, und das KI-Modell mit allgemeinem Verwendungszweck gilt als KI-Modell mit allgemeiner Zweckbestimmung mit systemischem Risiko.

(4) Die Kommission kann ein KI-Modell mit allgemeinem Verwendungszweck von Amts wegen oder aufgrund einer qualifizierten Warnung des wissenschaftlichen Gremiums gemäß Artikel 90 Absatz 1 Buchstabe a auf der Grundlage der in Anhang XIII festgelegten Kriterien als KI-Modell mit systemischen Risiken ausweisen.

Die Kommission ist befugt, gemäß Artikel 97 delegierte Rechtsakte zu erlassen, um Anhang XIII zu ändern, indem die in dem genannten Anhang genannten Indikatoren präzisiert und aktualisiert werden.

VXII. Künstliche Intelligenz-Verordnung (KI-VO)

(5) Stellt der Anbieter, dessen Modell gemäß Absatz 4 als KI-Modell mit allgemeinem Verwendungszweck mit systemischem Risiko ausgewiesen wurde, einen entsprechenden Antrag, berücksichtigt die Kommission den Antrag und kann entscheiden, erneut zu prüfen, ob beim KI-Modell mit allgemeinem Verwendungszweck auf der Grundlage der in Anhang XIII festgelegten Kriterien immer noch davon ausgegangen werden kann, dass es systemische Risiken aufweist. Dieser Antrag muss objektive, detaillierte und neue Gründe enthalten, die sich seit der Entscheidung zur Ausweisung ergeben haben. Die Anbieter können frühestens sechs Monate nach der Entscheidung zur Ausweisung eine Neubewertung beantragen. Entscheidet die Kommission nach ihrer Neubewertung, die Ausweisung als KI-Modell mit allgemeiner Zweckbestimmung mit systemischem Risiko beizubehalten, können die Anbieter frühestens sechs Monate nach dieser Entscheidung eine Neubewertung beantragen.

(6) Die Kommission stellt sicher, dass eine Liste von KI-Modellen mit allgemeinem Verwendungszweck mit systemischem Risiko veröffentlicht wird, und hält diese Liste unbeschadet der Notwendigkeit, Rechte des geistigen Eigentums und vertrauliche Geschäftsinformationen oder Geschäftsgeheimnisse im Einklang mit dem Unionsrecht und dem nationalen Recht zu achten und zu schützen, auf dem neuesten Stand.

ABSCHNITT 2
Pflichten für Anbieter von KI-Modellen mit allgemeinem Verwendungszweck

Artikel 53
Pflichten für Anbieter von KI-Modellen mit allgemeinem Verwendungszweck

(1) Anbieter von KI-Modellen mit allgemeinem Verwendungszweck
   a) erstellen und aktualisieren die technische Dokumentation des Modells, einschließlich seines Trainings- und Testverfahrens und der Ergebnisse seiner Bewertung, die mindestens die in Anhang XI aufgeführten Informationen enthält, damit sie dem Büro für Künstliche Intelligenz und den zuständigen nationalen Behörden auf Anfrage zur Verfügung gestellt werden kann;
   b) erstellen und aktualisieren Informationen und die Dokumentation und stellen sie Anbietern von KI-Systemen zur Verfügung, die beabsichtigen, das KI-Modell mit allgemeinem Verwendungszweck in ihre KI-Systeme zu integrieren. Unbeschadet der Notwendigkeit, die Rechte des geistigen Eigentums und vertrauliche Geschäftsinformationen oder Geschäftsgeheimnisse im Einklang mit dem Unionsrecht und dem nationalen Recht zu achten und zu schützen, müssen die Informationen und die Dokumentation
      i) die Anbieter von KI-Systemen in die Lage versetzen, die Fähigkeiten und Grenzen des KI-Modells mit allgemeinem Verwendungszweck gut zu verstehen und ihren Pflichten gemäß dieser Verordnung nachzukommen, und
      ii) zumindest die in Anhang XII genannten Elemente enthalten;
   c) bringen eine Strategie zur Einhaltung des Urheberrechts der Union und damit zusammenhängender Rechte und insbesondere zur Ermittlung und Einhaltung eines gemäß Artikel 4 Absatz 3 der Richtlinie (EU) 2019/790 geltend gemachten Rechtsvorbehalts, auch durch modernste Technologien, auf den Weg;
   d) erstellen und veröffentlichen eine hinreichend detaillierte Zusammenfassung der für das Training des KI-Modells mit allgemeinem Verwendungszweck verwendeten Inhalte nach einer vom Büro für Künstliche Intelligenz bereitgestellten Vorlage.

(2) Die Pflichten gemäß Absatz 1 Buchstaben a und b gelten nicht für Anbieter von KI-Modellen, die im Rahmen einer freien und quelloffenen Lizenz bereitgestellt werden,

VXII. Künstliche Intelligenz-Verordnung (KI-VO)

die den Zugang, die Nutzung, die Änderung und die Verbreitung des Modells ermöglicht und deren Parameter, einschließlich Gewichte, Informationen über die Modellarchitektur und Informationen über die Modellnutzung, öffentlich zugänglich gemacht werden. Diese Ausnahme gilt nicht für KI-Modellen mit allgemeinem Verwendungszweck mit systemischen Risiken.

(3) Anbieter von KI-Modellen mit allgemeinem Verwendungszweck arbeiten bei der Ausübung ihrer Zuständigkeiten und Befugnisse gemäß dieser Verordnung erforderlichenfalls mit der Kommission und den zuständigen nationalen Behörden zusammen.

(4) Anbieter von KI-Modellen mit allgemeinem Verwendungszweck können sich bis zur Veröffentlichung einer harmonisierten Norm auf Praxisleitfäden im Sinne des Artikels 56 stützen, um die Einhaltung der in Absatz 1 des vorliegenden Artikels genannten Pflichten nachzuweisen. Die Einhaltung der harmonisierten europäischen Norm begründet für die Anbieter die Vermutung der Konformität, insoweit diese Normen diese Verpflichtungen abdecken. Anbieter von KI-Modellen mit allgemeinem Verwendungszweck, die keinen genehmigten Praxisleitfaden befolgen oder eine harmonisierte europäische Norm nicht einhalten, müssen geeignete alternative Verfahren der Einhaltung aufzeigen, die von der Kommission zu bewerten sind.

(5) Um die Einhaltung von Anhang XI, insbesondere Nummer 2 Buchstaben d und e, zu erleichtern, ist die Kommission befugt, gemäß Artikel 97 delegierte Rechtsakte zu erlassen, um die Mess- und Berechnungsmethoden im Einzelnen festzulegen, damit eine vergleichbare und überprüfbare Dokumentation ermöglicht wird.

(6) Die Kommission ist befugt, gemäß Artikel 97 Absatz 2 delegierte Rechtsakte zu erlassen, um die Anhänge XI und XII vor dem Hintergrund sich wandelnder technologischer Entwicklungen zu ändern.

(7) Jegliche Informationen oder Dokumentation, die gemäß diesem Artikel erlangt werden, einschließlich Geschäftsgeheimnisse, werden im Einklang mit den in Artikel 78 festgelegten Vertraulichkeitspflichten behandelt.

Artikel 54
Bevollmächtigte der Anbieter von KI-Modellen mit allgemeinem Verwendungszweck

(1) Anbieter, die in Drittländern niedergelassen sind, benennen vor dem Inverkehrbringen eines KI-Modells mit allgemeinem Verwendungszweck auf dem Unionsmarkt schriftlich einen in der Union niedergelassenen Bevollmächtigten.

(2) Der Anbieter muss seinem Bevollmächtigten ermöglichen, die Aufgaben wahrzunehmen, die im vom Anbieter erhaltenen Auftrag festgelegt sind.

(3) Der Bevollmächtigte nimmt die Aufgaben wahr, die in seinem vom Anbieter erhaltenen Auftrag festgelegt sind. Er stellt dem Büro für Künstliche Intelligenz auf Anfrage eine Kopie des Auftrags in einer der Amtssprachen der Institutionen der Union bereit. Für die Zwecke dieser Verordnung ermächtigt der Auftrag den Bevollmächtigten zumindest zur Wahrnehmung folgender Aufgaben:
   a) Überprüfung, ob die technische Dokumentation gemäß Anhang XI erstellt wurde und alle Pflichten gemäß Artikel 53 und gegebenenfalls gemäß Artikel 55 vom Anbieter erfüllt wurden;
   b) Bereithaltung einer Kopie der technischen Dokumentation gemäß Anhang XI für das Büro für Künstliche Intelligenz und die zuständigen nationalen Behörden für einen Zeitraum von zehn Jahren nach dem Inverkehrbringen des KI-Modells mit allgemeinem Verwendungszweck und der Kontaktdaten des Anbieters, der den Bevollmächtigten benannt hat;

VXII. Künstliche Intelligenz-Verordnung (KI-VO)

    c) Bereitstellung sämtlicher zum Nachweis der Einhaltung der Pflichten gemäß diesem Kapitel erforderlichen Informationen und Dokumentation, einschließlich der unter Buchstabe b genannten Informationen und Dokumentation, an das Büro für Künstliche Intelligenz auf begründeten Antrag;
    d) Zusammenarbeit mit dem Büro für Künstliche Intelligenz und den zuständigen Behörden auf begründeten Antrag bei allen Maßnahmen, die sie im Zusammenhang mit einem KI-Modell mit allgemeinem Verwendungszweck ergreifen, auch wenn das Modell in KI-Systeme integriert ist, die in der Union in Verkehr gebracht oder in Betrieb genommen werden.

(4) Mit dem Auftrag wird der Bevollmächtigte ermächtigt, neben oder anstelle des Anbieters als Ansprechpartner für das Büro für Künstliche Intelligenz oder die zuständigen Behörden in allen Fragen zu dienen, die die Gewährleistung der Einhaltung dieser Verordnung betreffen.

(5) Der Bevollmächtigte beendet den Auftrag, wenn er der Auffassung ist oder Grund zu der Annahme hat, dass der Anbieter gegen seine Pflichten gemäß dieser Verordnung verstößt. In einem solchen Fall informiert er auch das Büro für Künstliche Intelligenz unverzüglich über die Beendigung des Auftrags und die Gründe dafür.

(6) Die Pflicht gemäß diesem Artikel gilt nicht für Anbieter von KI-Modellen, die im Rahmen einer freien und quelloffenen Lizenz bereitgestellt werden, die den Zugang, die Nutzung, die Änderung und die Verbreitung des Modells ermöglicht und deren Parameter, einschließlich Gewichte, Informationen über die Modellarchitektur und Informationen über die Modellnutzung, öffentlich zugänglich gemacht werden, es sei denn, die KI-Modelle mit allgemeinem Verwendungszweck bergen systemische Risiken.

ABSCHNITT 3
Pflichten der Anbieter von KI-Modellen mit allgemeinem Verwendungszweck mit systemischem Risiko

Artikel 55
Pflichten der Anbieter von KI-Modellen mit allgemeinem Verwendungszweck mit systemischem Risiko

(1) Zusätzlich zu den in den Artikeln 53 und 54 aufgeführten Pflichten müssen Anbieter von KI-Modellen mit allgemeinem Verwendungszweck mit systemischem Risiko
    a) eine Modellbewertung mit standardisierten Protokollen und Instrumenten, die dem Stand der Technik entsprechen, durchführen, wozu auch die Durchführung und Dokumentation von Angriffstests beim Modell gehören, um systemische Risiken zu ermitteln und zu mindern,
    b) mögliche systemische Risiken auf Unionsebene – einschließlich ihrer Ursachen –, die sich aus der Entwicklung, dem Inverkehrbringen oder der Verwendung von KI-Modellen mit allgemeinem Verwendungszweck mit systemischem Risiko ergeben können, bewerten und mindern,
    c) einschlägige Informationen über schwerwiegende Vorfälle und mögliche Abhilfemaßnahmen erfassen und dokumentieren und das Büro für Künstliche Intelligenz und gegebenenfalls die zuständigen nationalen Behörden unverzüglich darüber unterrichten,
    d) ein angemessenes Maß an Cybersicherheit für die KI-Modelle mit allgemeinem Verwendungszweck mit systemischem Risiko und die physische Infrastruktur des Modells gewährleisten.

VXII. Künstliche Intelligenz-Verordnung (KI-VO)

(2) Anbieter von KI-Modellen mit allgemeinem Verwendungszweck mit systemischem Risiko können sich bis zur Veröffentlichung einer harmonisierten Norm auf Praxisleitfäden im Sinne des Artikels 56 stützen, um die Einhaltung der in Absatz 1 des vorliegenden Artikels genannten Pflichten nachzuweisen. Die Einhaltung der harmonisierten europäischen Norm begründet für die Anbieter die Vermutung der Konformität, insoweit diese Normen diese Verpflichtungen abdecken. Anbieter von KI-Modellen mit allgemeinem Verwendungszweck mit systemischem Risiko, die einen genehmigten Praxisleitfaden nicht befolgen oder eine harmonisierte europäische Norm nicht einhalten, müssen geeignete alternative Verfahren der Einhaltung aufzeigen, die von der Kommission zu bewerten sind.

(3) Jegliche Informationen oder Dokumentation, die gemäß diesem Artikel erlangt werden, werden im Einklang mit den in Artikel 78 festgelegten Vertraulichkeitspflichten behandelt.

ABSCHNITT 4
Praxisleitfäden

Artikel 56
Praxisleitfäden

(1) Das Büro für Künstliche Intelligenz fördert und erleichtert die Ausarbeitung von Praxisleitfäden auf Unionsebene, um unter Berücksichtigung internationaler Ansätze zur ordnungsgemäßen Anwendung dieser Verordnung beizutragen.

(2) Das Büro für Künstliche Intelligenz und das KI-Gremium streben an, sicherzustellen, dass die Praxisleitfäden mindestens die in den Artikeln 53 und 55 vorgesehenen Pflichten abdecken, einschließlich der folgenden Aspekte:
  a) Mittel, mit denen sichergestellt wird, dass die in Artikel 53 Absatz 1 Buchstaben a und b genannten Informationen vor dem Hintergrund der Marktentwicklungen und technologischen Entwicklungen auf dem neuesten Stand gehalten werden;
  b) die angemessene Detailgenauigkeit bei der Zusammenfassung der für das Training verwendeten Inhalte;
  c) die Ermittlung von Art und Wesen der systemischen Risiken auf Unionsebene, gegebenenfalls einschließlich ihrer Ursachen;
  d) die Maßnahmen, Verfahren und Modalitäten für die Bewertung und das Management der systemischen Risiken auf Unionsebene, einschließlich ihrer Dokumentation, die in einem angemessenen Verhältnis zu den Risiken stehen, ihrer Schwere und Wahrscheinlichkeit Rechnung tragen und die spezifischen Herausforderungen bei der Bewältigung dieser Risiken vor dem Hintergrund der möglichen Arten der Entstehung und des Eintretens solcher Risiken entlang der KI-Wertschöpfungskette berücksichtigen.

(3) Das Büro für Künstliche Intelligenz kann alle Anbieter von KI-Modellen mit allgemeinem Verwendungszweck sowie die einschlägigen zuständigen nationalen Behörden ersuchen, sich an der Ausarbeitung von Praxisleitfäden zu beteiligen. Organisationen der Zivilgesellschaft, die Industrie, die Wissenschaft und andere einschlägige Interessenträger wie nachgelagerte Anbieter und unabhängige Sachverständige können den Prozess unterstützen.

(4) Das Büro für Künstliche Intelligenz und das KI-Gremium streben an, sicherzustellen, dass in den Praxisleitfäden ihre spezifischen Ziele eindeutig festgelegt sind und Verpflichtungen oder Maßnahmen, gegebenenfalls einschließlich wesentlicher Leistungsindikatoren, enthalten, um die Verwirklichung dieser Ziele gewährleisten, und dass sie

VXII. Künstliche Intelligenz-Verordnung (KI-VO)

den Bedürfnissen und Interessen aller interessierten Kreise, einschließlich betroffener Personen, auf Unionsebene gebührend Rechnung tragen.

(5) Das Büro für Künstliche Intelligenz strebt an, sicherzustellen, dass die an Praxisleitfäden Beteiligten dem Büro für Künstliche Intelligenz regelmäßig über die Umsetzung der Verpflichtungen, die ergriffenen Maßnahmen und deren Ergebnisse, die gegebenenfalls auch anhand der wesentlichen Leistungsindikatoren gemessen werden, Bericht erstatten. Bei den wesentlichen Leistungsindikatoren und den Berichtspflichten wird den Größen- und Kapazitätsunterschieden zwischen den verschiedenen Beteiligten Rechnung getragen.

(6) Das Büro für Künstliche Intelligenz und KI-Gremium überwachen und bewerten regelmäßig die Verwirklichung der Ziele der Praxisleitfäden durch die Beteiligten und deren Beitrag zur ordnungsgemäßen Anwendung dieser Verordnung. Das Büro für Künstliche Intelligenz und das KI-Gremium bewerten, ob die Praxisleitfäden die in den Artikeln 53 und 55 vorgesehenen Pflichten abdecken, und überwachen und bewerten regelmäßig die Verwirklichung von deren Zielen. Sie veröffentlichen ihre Bewertung der Angemessenheit der Praxisleitfäden.

Die Kommission kann im Wege eines Durchführungsrechtsakts einen Praxisleitfaden genehmigen und ihm in der Union allgemeine Gültigkeit verleihen. Dieser Durchführungsrechtsakt wird gemäß dem in Artikel 98 Absatz 2 genannten Prüfverfahren erlassen.

(7) Das Büro für Künstliche Intelligenz kann alle Anbieter von KI-Modellen mit allgemeinem Verwendungszweck ersuchen, die Praxisleitfäden zu befolgen. Für Anbieter von KI-Modellen mit allgemeinem Verwendungszweck, die keine systemischen Risiken bergen, kann diese Befolgung auf die in Artikel 53 vorgesehenen Pflichten beschränkt werden, es sei denn, sie erklären ausdrücklich ihr Interesse, sich dem ganzen Kodex anzuschließen.

(8) Das Büro für Künstliche Intelligenz fördert und erleichtert gegebenenfalls auch die Überprüfung und Anpassung der Praxisleitfäden, insbesondere vor dem Hintergrund neuer Normen. Das Büro für Künstliche Intelligenz unterstützt bei der Bewertung der verfügbaren Normen.

(9) Praxisleitfäden müssen spätestens am 2. Mai 2025 vorliegen. Das Büro für Künstliche Intelligenz unternimmt die erforderlichen Schritte, einschließlich des Ersuchens von Anbietern gemäß Absatz 7.

Kann bis zum 2. August 2025 ein Verhaltenskodex nicht fertiggestellt werden oder erachtet das Büro für Künstliche Intelligenz dies nach seiner Bewertung gemäß Absatz 6 des vorliegenden Artikels für nicht angemessen, kann die Kommission im Wege von Durchführungsrechtsakten gemeinsame Vorschriften für die Umsetzung der in den Artikeln 53 und 55 vorgesehenen Pflichten, einschließlich der in Absatz 2 des vorliegenden Artikels genannten Aspekte, festlegen. Diese Durchführungsrechtsakte werden gemäß dem in Artikel 98 Absatz 2 genannten Prüfverfahren erlassen.

Kapitel VI
Massnahmen zur Innovationsförderung

Artikel 57
KI-Reallabore

(1) Die Mitgliedstaaten sorgen dafür, dass ihre zuständigen Behörden mindestens ein KI-Reallabor auf nationaler Ebene einrichten, das bis zum 2. August 2026 einsatzbereit

sein muss. Dieses Reallabor kann auch gemeinsam mit den zuständigen Behörden anderer Mitgliedstaaten eingerichtet werden. Die Kommission kann technische Unterstützung, Beratung und Instrumente für die Einrichtung und den Betrieb von KI-Reallaboren bereitstellen.

Die Verpflichtung nach Unterabsatz 1 kann auch durch Beteiligung an einem bestehenden Reallabor erfüllt werden, sofern eine solche Beteiligung die nationale Abdeckung der teilnehmenden Mitgliedstaaten in gleichwertigem Maße gewährleistet.

(2) Es können auch zusätzliche KI-Reallabore auf regionaler oder lokaler Ebene oder gemeinsam mit den zuständigen Behörden anderer Mitgliedstaaten eingerichtet werden;

(3) Der Europäische Datenschutzbeauftragte kann auch ein KI-Reallabor für Organe, Einrichtungen und sonstige Stellen der Union einrichten und die Rollen und Aufgaben der zuständigen nationalen Behörden im Einklang mit diesem Kapitel wahrnehmen.

(4) Die Mitgliedstaaten stellen sicher, dass die in den Absätzen 1 und 2 genannten zuständigen Behörden ausreichende Mittel bereitstellen, um diesem Artikel wirksam und zeitnah nachzukommen. Gegebenenfalls arbeiten die zuständigen nationalen Behörden mit anderen einschlägigen Behörden zusammen und können die Einbeziehung anderer Akteure des KI-Ökosystems gestatten. Andere Reallabore, die im Rahmen des Unionsrechts oder des nationalen Rechts eingerichtet wurden, bleiben von diesem Artikel unberührt. Die Mitgliedstaaten sorgen dafür, dass die diese anderen Reallabore beaufsichtigenden Behörden und die zuständigen nationalen Behörden angemessen zusammenarbeiten.

(5) Die nach Absatz 1 eingerichteten KI-Reallabore bieten eine kontrollierte Umgebung, um Innovation zu fördern und die Entwicklung, das Training, das Testen und die Validierung innovativer KI-Systeme für einen begrenzten Zeitraum vor ihrem Inverkehrbringen oder ihrer Inbetriebnahme nach einem bestimmten zwischen den Anbietern oder zukünftigen Anbietern und der zuständigen Behörde vereinbarten Reallabor-Plan zu erleichtern. In diesen Reallaboren können auch darin beaufsichtigte Tests unter Realbedingungen durchgeführt werden.

(6) Die zuständigen Behörden stellen innerhalb der KI-Reallabore gegebenenfalls Anleitung, Aufsicht und Unterstützung bereit, um Risiken, insbesondere im Hinblick auf Grundrechte, Gesundheit und Sicherheit, Tests und Risikominderungsmaßnahmen sowie deren Wirksamkeit hinsichtlich der Pflichten und Anforderungen dieser Verordnung und gegebenenfalls anderem Unionsrecht und nationalen Recht, deren Einhaltung innerhalb des Reallabors beaufsichtigt wird, zu ermitteln.

(7) Die zuständigen Behörden stellen den Anbietern und zukünftigen Anbietern, die am KI-Reallabor teilnehmen, Leitfäden zu regulatorischen Erwartungen und zur Erfüllung der in dieser Verordnung festgelegten Anforderungen und Pflichten zur Verfügung.

Die zuständige Behörde legt dem Anbieter oder zukünftigen Anbieter des KI-Systems auf dessen Anfrage einen schriftlichen Nachweis für die im Reallabor erfolgreich durchgeführten Tätigkeiten vor. Außerdem legt die zuständige Behörde einen Abschlussbericht vor, in dem sie die im Reallabor durchgeführten Tätigkeiten, deren Ergebnisse und die gewonnenen Erkenntnisse im Einzelnen darlegt. Die Anbieter können diese Unterlagen nutzen, um im Rahmen des Konformitätsbewertungsverfahrens oder einschlägiger Marktüberwachungstätigkeiten nachzuweisen, dass sie dieser Verordnung nachkommen. In diesem Zusammenhang werden die Abschlussberichte und die von der zuständigen nationalen Behörde vorgelegten schriftlichen Nachweise von den Marktüberwachungsbehörden und den notifizierten Stellen im Hinblick auf

VXII. Künstliche Intelligenz-Verordnung (KI-VO)

eine Beschleunigung der Konformitätsbewertungsverfahren in angemessenem Maße positiv gewertet.
(8) Vorbehaltlich der in Artikel 78 enthaltenen Bestimmungen über die Vertraulichkeit und im Einvernehmen mit den Anbietern oder zukünftigen Anbietern, sind die Kommission und das KI-Gremium befugt, die Abschlussberichte einzusehen und tragen diesen gegebenenfalls bei der Wahrnehmung ihrer Aufgaben gemäß dieser Verordnung Rechnung. Wenn der Anbieter oder der zukünftige Anbieter und die zuständige nationale Behörde ihr ausdrückliches Einverständnis erklären, kann der Abschlussbericht über die in diesem Artikel genannte zentrale Informationsplattform veröffentlicht werden.
(9) Die Einrichtung von KI-Reallaboren soll zu den folgenden Zielen beitragen:
   a) Verbesserung der Rechtssicherheit, um für die Einhaltung der Regulierungsvorschriften dieser Verordnung oder, gegebenenfalls, anderem geltenden Unionsrecht und nationalem Recht zu sorgen;
   b) Förderung des Austauschs bewährter Verfahren durch Zusammenarbeit mit den am KI-Reallabor beteiligten Behörden;
   c) Förderung von Innovation und Wettbewerbsfähigkeit sowie Erleichterung der Entwicklung eines KI-Ökosystems;
   d) Leisten eines Beitrags zum evidenzbasierten regulatorischen Lernen;
   e) Erleichterung und Beschleunigung des Zugangs von KI-Systemen zum Unionsmarkt, insbesondere wenn sie von KMU – einschließlich Start-up-Unternehmen – angeboten werden.
(10) Soweit die innovativen KI-Systeme personenbezogene Daten verarbeiten oder anderweitig der Aufsicht anderer nationaler Behörden oder zuständiger Behörden unterstehen, die den Zugang zu personenbezogenen Daten gewähren oder unterstützen, sorgen die zuständigen nationalen Behörden dafür, dass die nationalen Datenschutzbehörden oder diese anderen nationalen oder zuständigen Behörden in den Betrieb des KI-Reallabors sowie in die Überwachung dieser Aspekte im vollen Umfang ihrer entsprechenden Aufgaben und Befugnisse einbezogen werden.
(11) Die KI-Reallabore lassen die Aufsichts- oder Abhilfebefugnisse der die Reallabore beaufsichtigenden zuständigen Behörden, einschließlich auf regionaler oder lokaler Ebene, unberührt. Alle erheblichen Risiken für die Gesundheit und Sicherheit und die Grundrechte, die bei der Entwicklung und Erprobung solcher KI-Systeme festgestellt werden, führen zur sofortigen und angemessenen Risikominderung. Die zuständigen nationalen Behörden sind befugt, das Testverfahren oder die Beteiligung am Reallabor vorübergehend oder dauerhaft auszusetzen, wenn keine wirksame Risikominderung möglich ist, und unterrichten das Büro für Künstliche Intelligenz über diese Entscheidung. Um Innovationen im Bereich KI in der Union zu fördern, üben die zuständigen nationalen Behörden ihre Aufsichtsbefugnisse im Rahmen des geltenden Rechts aus, indem sie bei der Anwendung der Rechtsvorschriften auf ein bestimmtes KI-Reallabor ihren Ermessensspielraum nutzen.
(12) Die am KI-Reallabor beteiligten Anbieter und zukünftigen Anbieter bleiben nach geltendem Recht der Union und nationalem Haftungsrecht für Schäden haftbar, die Dritten infolge der Erprobung im Reallabor entstehen. Sofern die zukünftigen Anbieter den spezifischen Plan und die Bedingungen für ihre Beteiligung beachten und der Anleitung durch die zuständigen nationalen Behörden in gutem Glauben folgen, werden jedoch von den Behörden keine Geldbußen für Verstöße gegen diese Verordnung verhängt. In Fällen, in denen andere zuständige Behörden, die für anderes Unionsrecht und nationales Recht zuständig sind, aktiv an der Beaufsichtigung des

KI-Systems im Reallabor beteiligt waren und Anleitung für die Einhaltung gegeben haben, werden im Hinblick auf dieses Recht keine Geldbußen verhängt.
(13) Die KI-Reallabore sind so konzipiert und werden so umgesetzt, dass sie gegebenenfalls die grenzüberschreitende Zusammenarbeit zwischen zuständigen nationalen Behörden erleichtern.
(14) Die zuständigen nationalen Behörden koordinieren ihre Tätigkeiten und arbeiten im Rahmen des KI-Gremiums zusammen.
(15) Die zuständigen nationalen Behörden unterrichten das Büro für Künstliche Intelligenz und das KI-Gremium über die Einrichtung eines Reallabors und können sie um Unterstützung und Anleitung bitten. Das Büro für Künstliche Intelligenz veröffentlicht eine Liste der geplanten und bestehenden Reallabore und hält sie auf dem neuesten Stand, um eine stärkere Interaktion in den KI-Reallaboren und die grenzüberschreitende Zusammenarbeit zu fördern.
(16) Die zuständigen nationalen Behörden übermitteln dem Büro für Künstliche Intelligenz und dem KI-Gremium jährliche Berichte, und zwar ab einem Jahr nach der Einrichtung des Reallabors und dann jedes Jahr bis zu dessen Beendigung, sowie einen Abschlussbericht. Diese Berichte informieren über den Fortschritt und die Ergebnisse der Umsetzung dieser Reallabore, einschließlich bewährter Verfahren, Vorfällen, gewonnener Erkenntnisse und Empfehlungen zu deren Aufbau, sowie gegebenenfalls über die Anwendung und mögliche Überarbeitung dieser Verordnung, einschließlich ihrer delegierten Rechtsakte und Durchführungsrechtsakte, sowie über die Anwendung anderen Unionsrechts, deren Einhaltung von den zuständigen Behörden innerhalb des Reallabors beaufsichtigt wird. Die zuständigen nationalen Behörden stellen diese jährlichen Berichte oder Zusammenfassungen davon der Öffentlichkeit online zur Verfügung. Die Kommission trägt den jährlichen Berichten gegebenenfalls bei der Wahrnehmung ihrer Aufgaben gemäß dieser Verordnung Rechnung.
(17) Die Kommission richtet eine eigene Schnittstelle ein, die alle relevanten Informationen zu den KI-Reallaboren enthält, um es den Interessenträgern zu ermöglichen, mit den KI-Reallaboren zu interagieren und Anfragen an die zuständigen Behörden zu richten und unverbindliche Beratung zur Konformität von innovativen Produkten, Dienstleistungen und Geschäftsmodellen mit integrierter KI-Technologie im Einklang mit Artikel 62 Absatz 1 Buchstabe c einzuholen. Die Kommission stimmt sich gegebenenfalls proaktiv mit den zuständigen nationalen Behörden ab.

Artikel 58
Detaillierte Regelungen für KI-Reallabore und deren Funktionsweise

(1) Um eine Zersplitterung in der Union zu vermeiden, erlässt die Kommission Durchführungsrechtsakte, in denen detaillierte Regelungen für die Einrichtung, Entwicklung, Umsetzung, den Betrieb und die Beaufsichtigung der KI-Reallabore enthalten sind. In den Durchführungsrechtsakten sind gemeinsame Grundsätze zu den folgenden Aspekten festgelegt:
   a) Voraussetzungen und Auswahlkriterien für eine Beteiligung am KI-Reallabor;
   b) Verfahren für Antragstellung, Beteiligung, Überwachung, Ausstieg und Beendigung bezüglich des KI-Reallabors, einschließlich Plan und Abschlussbericht für das Reallabor;
   c) für Beteiligte geltende Anforderungen und Bedingungen.
   Diese Durchführungsrechtsakte werden gemäß dem in Artikel 98 Absatz 2 genannten Prüfverfahren erlassen.
(2) Die in Absatz 1 genannten Durchführungsrechtsakte gewährleisten,

VXII. Künstliche Intelligenz-Verordnung (KI-VO)

a) dass KI-Reallabore allen Anbietern oder zukünftigen Anbietern eines KI-Systems, die einen Antrag stellen und die Voraussetzungen und Auswahlkriterien erfüllen, offen stehen; diese Voraussetzungen und Kriterien sind transparent und fair und die zuständigen nationalen Behörden informieren die Antragsteller innerhalb von drei Monaten nach Antragstellung über ihre Entscheidung;
b) dass die KI-Reallabore einen breiten und gleichberechtigten Zugang ermöglichen und mit der Nachfrage nach Beteiligung Schritt halten; die Anbieter und zukünftigen Anbieter auch Anträge zusammen mit Betreibern oder einschlägigen Dritten, die ihre Partner sind, stellen können;
c) dass die detaillierten Regelungen und Bedingungen für KI-Reallabore so gut wie möglich die Flexibilität der zuständigen nationalen Behörden bei der Einrichtung und dem Betrieb ihrer KI-Reallabore unterstützen;
d) dass der Zugang zu KI-Reallaboren für KMU, einschließlich Start-up-Unternehmen, kostenlos ist, unbeschadet außergewöhnlicher Kosten, die die zuständigen nationalen Behörden in einer fairen und verhältnismäßigen Weise einfordern können;
e) dass den Anbietern und zukünftigen Anbietern die Einhaltung der Verpflichtungen zur Konformitätsbewertung nach dieser Verordnung oder die freiwillige Anwendung der in Artikel 95 genannten Verhaltenskodizes mittels der gewonnenen Erkenntnisse der KI-Reallabore erleichtert wird;
f) dass KI-Reallabore die Einbeziehung anderer einschlägiger Akteure innerhalb des KI-Ökosystems, wie etwa notifizierte Stellen und Normungsorganisationen, KMU, einschließlich Start-up-Unternehmen, Unternehmen, Innovatoren, Test- und Versuchseinrichtungen, Forschungs- und Versuchslabore, europäische digitale Innovationszentren, Kompetenzzentren und einzelne Forscher begünstigen, um die Zusammenarbeit mit dem öffentlichen und dem privaten Sektor zu ermöglichen und zu erleichtern;
g) dass die Verfahren, Prozesse und administrativen Anforderungen für die Antragstellung, die Auswahl, die Beteiligung und den Ausstieg aus dem KI-Reallabor einfach, leicht verständlich und klar kommuniziert sind, um die Beteiligung von KMU, einschließlich Start-up-Unternehmen, mit begrenzten rechtlichen und administrativen Kapazitäten zu erleichtern, sowie unionsweit gestrafft sind, um eine Zersplitterung zu vermeiden, und dass die Beteiligung an einem von einem Mitgliedstaat oder dem Europäischen Datenschutzbeauftragten eingerichteten KI-Reallabor gegenseitig und einheitlich anerkannt wird und in der gesamten Union die gleiche Rechtswirkung hat;
h) dass die Beteiligung an dem KI-Reallabor auf einen der Komplexität und dem Umfang des Projekts entsprechenden Zeitraum beschränkt ist, der von der zuständigen nationalen Behörde verlängert werden kann;
i) dass die KI-Reallabore die Entwicklung von Instrumenten und Infrastruktur für das Testen, das Benchmarking, die Bewertung und die Erklärung der Dimensionen von KI-Systemen erleichtern, die für das regulatorische Lernen Bedeutung sind, wie etwa Genauigkeit, Robustheit und Cybersicherheit, sowie Maßnahmen zur Risikominderung im Hinblick auf die Grundrechte und die Gesellschaft als Ganzes fördern.

(3) Zukünftige Anbieter in den KI-Reallaboren, insbesondere KMU und Start-up-Unternehmen, werden gegebenenfalls vor der Einrichtung an Dienste verwiesen, die beispielsweise eine Anleitung zur Umsetzung dieser Verordnung oder andere Mehrwertdienste wie Hilfe bei Normungsdokumenten bereitstellen, sowie an Zertifizierungs-, Test- und Versuchseinrichtungen, europäische digitale Innovationszentren und Exzellenzzentren.

VXII. Künstliche Intelligenz-Verordnung (KI-VO)

(4) Wenn zuständige nationale Behörden in Betracht ziehen, Tests unter Realbedingungen zu genehmigen, die im Rahmen eines KI-Reallabors beaufsichtigt werden, welches nach diesem Artikel einzurichten ist, vereinbaren sie mit den Beteiligten ausdrücklich die Anforderungen und Bedingungen für diese Tests und insbesondere geeignete Schutzvorkehrungen für Grundrechte, Gesundheit und Sicherheit. Gegebenenfalls arbeiten sie mit anderen zuständigen nationalen Behörden zusammen, um für unionsweit einheitliche Verfahren zu sorgen.

Artikel 59
Weiterverarbeitung personenbezogener Daten zur Entwicklung bestimmter KI-Systeme im öffentlichen Interesse im KI-Reallabor

(1) Rechtmäßig für andere Zwecke erhobene personenbezogene Daten dürfen im KI-Reallabor ausschließlich für die Zwecke der Entwicklung, des Trainings und des Testens bestimmter KI-Systeme im Reallabor verarbeitet werden, wenn alle der folgenden Bedingungen erfüllt sind:
  a) Die KI-Systeme werden zur Wahrung eines erheblichen öffentlichen Interesses durch eine Behörde oder eine andere natürliche oder juristische Person und in einem oder mehreren der folgenden Bereiche entwickelt:
    i) öffentliche Sicherheit und öffentliche Gesundheit, einschließlich Erkennung, Diagnose, Verhütung, Bekämpfung und Behandlung von Krankheiten sowie Verbesserung von Gesundheitsversorgungssystemen;
    ii) hohes Umweltschutzniveau und Verbesserung der Umweltqualität, Schutz der biologischen Vielfalt, Schutz gegen Umweltverschmutzung, Maßnahmen für den grünen Wandel sowie Klimaschutz und Anpassung an den Klimawandel;
    iii) nachhaltige Energie;
    iv) Sicherheit und Widerstandsfähigkeit von Verkehrssystemen und Mobilität, kritischen Infrastrukturen und Netzen;
    v) Effizienz und Qualität der öffentlichen Verwaltung und öffentlicher Dienste;
  b) die verarbeiteten Daten sind für die Erfüllung einer oder mehrerer der in Kapitel III Abschnitt 2 genannten Anforderungen erforderlich, sofern diese Anforderungen durch die Verarbeitung anonymisierter, synthetischer oder sonstiger nicht personenbezogener Daten nicht wirksam erfüllt werden können;
  c) es bestehen wirksame Überwachungsmechanismen, mit deren Hilfe festgestellt wird, ob während der Reallaborversuche hohe Risiken für die Rechte und Freiheiten betroffener Personen gemäß Artikel 35 der Verordnung (EU) 2016/679 und gemäß Artikel 39 der Verordnung (EU) 2018/1725 auftreten können, sowie Reaktionsmechanismen, mit deren Hilfe diese Risiken umgehend eingedämmt werden können und die Verarbeitung bei Bedarf beendet werden kann;
  d) personenbezogene Daten, die im Rahmen des Reallabors verarbeitet werden sollen, befinden sich in einer funktional getrennten, isolierten und geschützten Datenverarbeitungsumgebung unter der Kontrolle des zukünftigen Anbieters, und nur befugte Personen haben Zugriff auf diese Daten;
  e) Anbieter dürfen die ursprünglich erhobenen Daten nur im Einklang mit dem Datenschutzrecht der Union weitergeben; personenbezogene Daten, die im Reallabor erstellt wurden, dürfen nicht außerhalb des Reallabors weitergegeben werden;
  f) eine Verarbeitung personenbezogener Daten im Rahmen des Reallabors führt zu keinen Maßnahmen oder Entscheidungen, die Auswirkungen auf die betroffenen Personen haben, und berührt nicht die Anwendung ihrer Rechte, die in den Rechtsvorschriften der Union über den Schutz personenbezogener Daten festgelegt sind;

g) im Rahmen des Reallabors verarbeitete personenbezogene Daten sind durch geeignete technische und organisatorische Maßnahmen geschützt und werden gelöscht, sobald die Beteiligung an dem Reallabor endet oder das Ende der Speicherfrist für die personenbezogenen Daten erreicht ist;

h) die Protokolle der Verarbeitung personenbezogener Daten im Rahmen des Reallabors werden für die Dauer der Beteiligung am Reallabor aufbewahrt, es sei denn, im Unionsrecht oder nationalen Recht ist etwas anderes bestimmt;

i) eine vollständige und detaillierte Beschreibung des Prozesses und der Gründe für das Trainieren, Testen und Validieren des KI-Systems wird zusammen mit den Testergebnissen als Teil der technischen Dokumentation gemäß Anhang IV aufbewahrt;

j) eine kurze Zusammenfassung des im Reallabor entwickelten KI-Projekts, seiner Ziele und der erwarteten Ergebnisse wird auf der Website der zuständigen Behörden veröffentlicht; diese Pflicht erstreckt sich nicht auf sensible operative Daten zu den Tätigkeiten von Strafverfolgungs-, Grenzschutz-, Einwanderungs- oder Asylbehörden.

(2) Für die Zwecke der Verhütung, Ermittlung, Aufdeckung oder Verfolgung von Straftaten oder der Strafvollstreckung – einschließlich des Schutzes vor und der Abwehr von Gefahren für die öffentliche Sicherheit – unter der Kontrolle und Verantwortung der Strafverfolgungsbehörden erfolgt die Verarbeitung personenbezogener Daten in KI-Reallaboren auf der Grundlage eines spezifischen Unionsrechts oder nationalen Rechts und unterliegt den kumulativen Bedingungen des Absatzes 1.

(3) Das Unionsrecht oder nationale Recht, das die Verarbeitung personenbezogener Daten für andere Zwecke als die ausdrücklich in jenem Recht genannten ausschließt, sowie Unionsrecht oder nationales Recht, in dem die Grundlagen für eine für die Zwecke der Entwicklung, des Testens oder des Trainings innovativer KI-Systeme notwendige Verarbeitung personenbezogener Daten festgelegt sind, oder jegliche anderen dem Unionsrecht zum Schutz personenbezogener Daten entsprechenden Rechtsgrundlagen bleiben von Absatz 1 unberührt.

Artikel 60
Tests von Hochrisiko-KI-Systemen unter Realbedingungen außerhalb von KI-Reallaboren

(1) Tests von Hochrisiko-KI-Systemen unter Realbedingungen können von Anbietern oder zukünftigen Anbietern von in Anhang III aufgeführten Hochrisiko-KI-Systemen außerhalb von KI-Reallaboren gemäß diesem Artikel und – unbeschadet der Bestimmungen unter Artikel 5 – dem in diesem Artikel genannten Plan für einen Test unter Realbedingungen durchgeführt werden.

Die Kommission legt die einzelnen Elemente des Plans für einen Test unter Realbedingungen im Wege von Durchführungsrechtsakten fest. Diese Durchführungsrechtsakte werden gemäß dem in Artikel 98 Absatz 2 genannten Prüfverfahren erlassen.

Das Unionsrecht oder nationale Recht für das Testen von Hochrisiko-KI-Systemen unter Realbedingungen im Zusammenhang mit Produkten, die unter die in Anhang I aufgeführten Harmonisierungsrechtsvorschriften der Union fallen, bleibt von dieser Bestimmung unberührt.

(2) Anbieter oder zukünftige Anbieter können in Anhang III genannte Hochrisiko-KI-Systeme vor deren Inverkehrbringen oder Inbetriebnahme jederzeit selbst oder in Partnerschaft mit einem oder mehreren Betreibern oder zukünftigen Betreibern unter Realbedingungen testen.

(3) Tests von KI-Systemen unter Realbedingungen gemäß diesem Artikel lassen nach dem Unionsrecht oder dem nationalen Recht gegebenenfalls vorgeschriebene Ethikprüfungen unberührt.

(4) Tests unter Realbedingungen dürfen von Anbietern oder zukünftigen Anbietern nur durchgeführt werden, wenn alle der folgenden Bedingungen erfüllt sind:
   a) Der Anbieter oder der zukünftige Anbieter hat einen Plan für einen Test unter Realbedingungen erstellt und diesen bei der Marktüberwachungsbehörde in dem Mitgliedstaat eingereicht, in dem der Test unter Realbedingungen stattfinden soll;
   b) die Marktüberwachungsbehörde in dem Mitgliedstaat, in dem der Test unter Realbedingungen stattfinden soll, hat den Test unter Realbedingungen und den Plan für einen Test unter Realbedingungen genehmigt; hat die Marktüberwachungsbehörde innerhalb von 30 Tagen keine Antwort gegeben, so gelten der Test unter Realbedingungen und der Plan für einen Test unter Realbedingungen als genehmigt; ist im nationalen Recht keine stillschweigende Genehmigung vorgesehen, so bleibt der Test unter Realbedingungen genehmigungspflichtig;
   c) der Anbieter oder zukünftige Anbieter, mit Ausnahme der in Anhang III Nummern 1, 6 und 7 genannten Anbieter oder zukünftigen Anbieter von Hochrisiko-KI-Systemen in den Bereichen Strafverfolgung, Migration, Asyl und Grenzkontrolle und der in Anhang III Nummer 2 genannten Hochrisiko-KI-Systeme, hat den Test unter Realbedingungen unter Angabe einer unionsweit einmaligen Identifizierungsnummer und der in Anhang IX festgelegten Informationen gemäß Artikel 71 Absatz 4 registriert; der Anbieter oder zukünftige Anbieter von Hochrisiko-KI-Systemen gemäß Anhang III Nummern 1, 6 und 7 in den Bereichen Strafverfolgung, Migration, Asyl und Grenzkontrollmanagement hat die Tests unter Realbedingungen im sicheren nicht öffentlichen Teil der EU-Datenbank gemäß Artikel 49 Absatz 4 Buchstabe d mit einer unionsweit einmaligen Identifizierungsnummer und den darin festgelegten Informationen registriert; der Anbieter oder zukünftige Anbieter von Hochrisiko-KI-Systemen gemäß Anhang III Nummer 2 hat die Tests unter Realbedingungen gemäß Artikel 49 Absatz 5 registriert;
   d) der Anbieter oder der zukünftige Anbieter, der den Test unter Realbedingungen durchführt, ist in der Union niedergelassen oder hat einen in der Union niedergelassenen gesetzlichen Vertreter bestellt;
   e) die für die Zwecke des Tests unter Realbedingungen erhobenen und verarbeiteten Daten werden nur dann an Drittländer übermittelt, wenn gemäß Unionsrecht geeignete und anwendbare Schutzvorkehrungen greifen;
   f) der Test unter Realbedingungen dauert nicht länger als zur Erfüllung seiner Zielsetzungen nötig und in keinem Fall länger als sechs Monate; dieser Zeitraum kann um weitere sechs Monate verlängert werden, sofern der Anbieter oder der zukünftige Anbieter die Marktüberwachungsbehörde davon vorab in Kenntnis setzt und erläutert, warum eine solche Verlängerung erforderlich ist;
   g) Testteilnehmer im Rahmen von Tests unter Realbedingungen, die aufgrund ihres Alters oder einer Behinderung schutzbedürftigen Gruppen angehören, sind angemessen geschützt;
   h) wenn ein Anbieter oder zukünftiger Anbieter den Test unter Realbedingungen in Zusammenarbeit mit einem oder mehreren Betreibern oder zukünftigen Betreibern organisiert, werden Letztere vorab über alle für ihre Teilnahmeentscheidung relevanten Aspekte des Tests informiert und erhalten die einschlägigen in Artikel 13 genannten Betriebsanleitungen für das KI-System; der Anbieter oder zukünftige Anbieter und der Betreiber oder zukünftige Betreiber schließen eine Vereinbarung,

VXII. Künstliche Intelligenz-Verordnung (KI-VO)

  in der ihre Aufgaben und Zuständigkeiten festgelegt sind, um für die Einhaltung der nach dieser Verordnung und anderem Unionsrecht und nationalem Recht für Tests unter Realbedingungen geltenden Bestimmungen zu sorgen;
 i) die Testteilnehmer im Rahmen von Tests unter Realbedingungen erteilen ihre informierte Einwilligung gemäß Artikel 61, oder, wenn im Fall der Strafverfolgung die Einholung einer informierten Einwilligung den Test des KI-Systems verhindern würde, dürfen sich der Test und die Ergebnisse des Tests unter Realbedingungen nicht negativ auf die Testteilnehmer auswirken und ihre personenbezogenen Daten werden nach Durchführung des Tests gelöscht;
 j) der Anbieter oder zukünftige Anbieter und die Betreiber und zukünftigen Betreiber lassen den Test unter Realbedingungen von Personen wirksam überwachen, die auf dem betreffenden Gebiet angemessen qualifiziert sind und über die Fähigkeit, Ausbildung und Befugnis verfügen, die für die Wahrnehmung ihrer Aufgaben erforderlich sind;
 k) die Vorhersagen, Empfehlungen oder Entscheidungen des KI-Systems können effektiv rückgängig gemacht und außer Acht gelassen werden.

(5) Jeder Testteilnehmer bezüglich des Tests unter Realbedingungen oder gegebenenfalls dessen gesetzlicher Vertreter kann seine Teilnahme an dem Test jederzeit durch Widerruf seiner informierten Einwilligung beenden und die unverzügliche und dauerhafte Löschung seiner personenbezogenen Daten verlangen, ohne dass ihm daraus Nachteile entstehen und er dies in irgendeiner Weise begründen müsste. Der Widerruf der informierten Einwilligung wirkt sich nicht auf bereits durchgeführte Tätigkeiten aus.

(6) Im Einklang mit Artikel 75 übertragen die Mitgliedstaaten ihren Marktüberwachungsbehörden die Befugnis, Anbieter und zukünftige Anbieter zur Bereitstellung von Informationen zu verpflichten, unangekündigte Ferninspektionen oder Vor-Ort-Inspektionen durchzuführen und die Durchführung der Tests unter Realbedingungen und damit zusammenhängende Hochrisiko-KI-Systeme zu prüfen. Die Marktüberwachungsbehörden nutzen diese Befugnisse, um für die sichere Entwicklung von Tests unter Realbedingungen zu sorgen.

(7) Jegliche schwerwiegenden Vorfälle im Verlauf des Tests unter Realbedingungen sind den nationalen Marktüberwachungsbehörden gemäß Artikel 73 zu melden. Der Anbieter oder zukünftige Anbieter trifft Sofortmaßnahmen zur Schadensbegrenzung; andernfalls setzt er den Test unter Realbedingungen so lange aus, bis eine Schadensbegrenzung stattgefunden hat, oder bricht ihn ab. Im Fall eines solchen Abbruchs des Tests unter Realbedingungen richtet der Anbieter oder zukünftige Anbieter ein Verfahren für den sofortigen Rückruf des KI-Systems ein.

(8) Anbieter oder zukünftige Anbieter setzen die nationalen Marktüberwachungsbehörde in dem Mitgliedstaat, in dem der Test unter Realbedingungen stattfindet, über die Aussetzung oder den Abbruch des Tests unter Realbedingungen und die Endergebnisse in Kenntnis.

(9) Anbieter oder zukünftige Anbieter sind nach geltendem Recht der Union und geltendem nationalen Recht für Schäden haftbar, die während ihrer Tests unter Realbedingungen entstehen.

VXII. Künstliche Intelligenz-Verordnung (KI-VO)

Artikel 61
Informierte Einwilligung zur Teilnahme an einem Test unter Realbedingungen außerhalb von KI-Reallaboren

(1) Für die Zwecke von Tests unter Realbedingungen gemäß Artikel 60 ist von den Testteilnehmern eine freiwillig erteilte informierte Einwilligung einzuholen, bevor sie an dem Test teilnehmen und nachdem sie mit präzisen, klaren, relevanten und verständlichen Informationen über Folgendes ordnungsgemäß informiert wurden:
a) die Art und die Zielsetzungen des Tests unter Realbedingungen und etwaige mit ihrer Teilnahme verbundene Unannehmlichkeiten;
b) die Bedingungen, unter denen der Test unter Realbedingungen erfolgen soll, einschließlich der voraussichtlichen Dauer der Teilnahme des Testteilnehmers oder der Testteilnehmer;
c) ihre Rechte und Garantien, die ihnen bezüglich ihrer Teilnahme zustehen, insbesondere ihr Recht, die Teilnahme an dem Test unter Realbedingungen zu verweigern oder diese Teilnahme jederzeit zu beenden, ohne dass ihnen daraus Nachteile entstehen und sie dies in irgendeiner Weise begründen müssten;
d) die Regelungen, unter denen die Rückgängigmachung oder Außerachtlassung der Vorhersagen, Empfehlungen oder Entscheidungen des KI-Systems beantragt werden kann;
e) die unionsweit einmalige Identifizierungsnummer des Tests unter Realbedingungen gemäß Artikel 60 Absatz 4 Buchstabe c und die Kontaktdaten des Anbieters oder seines gesetzlichen Vertreters, bei dem weitere Informationen eingeholt werden können.

(2) Die informierte Einwilligung ist zu datieren und zu dokumentieren, und eine Kopie wird den Testteilnehmern oder ihren gesetzlichen Vertretern ausgehändigt.

Artikel 62
Maßnahmen für Anbieter und Betreiber, insbesondere KMU, einschließlich Start-up-Unternehmen

(1) Die Mitgliedstaaten ergreifen die folgenden Maßnahmen:
a) Sie gewähren KMU – einschließlich Start-up-Unternehmen –, die ihren Sitz oder eine Zweigniederlassung in der Union haben, soweit sie die Voraussetzungen und Auswahlkriterien erfüllen, vorrangigen Zugang zu den KI-Reallaboren; der vorrangige Zugang schließt nicht aus, dass andere als die in diesem Absatz genannten KMU, einschließlich Start-up-Unternehmen, Zugang zum KI-Reallabor erhalten, sofern sie ebenfalls die Zulassungsvoraussetzungen und Auswahlkriterien erfüllen;
b) sie führen besondere Sensibilisierungs- und Schulungsmaßnahmen für die Anwendung dieser Verordnung durch, die auf die Bedürfnisse von KMU, einschließlich Start-up-Unternehmen, Betreibern sowie gegebenenfalls lokalen Behörden ausgerichtet sind;
c) sie nutzen entsprechende bestehende Kanäle und richten gegebenenfalls neue Kanäle für die Kommunikation mit KMU, einschließlich Start-up-Unternehmen, Betreibern, anderen Innovatoren sowie gegebenenfalls lokalen Behörden ein, um Ratschläge zu geben und Fragen zur Durchführung dieser Verordnung, auch bezüglich der Beteiligung an KI-Reallaboren, zu beantworten;
d) sie fördern die Beteiligung von KMU und anderen einschlägigen Interessenträgern an der Entwicklung von Normen.

(2) Bei der Festsetzung der Gebühren für die Konformitätsbewertung gemäß Artikel 43 werden die besonderen Interessen und Bedürfnisse von KMU, einschließlich Start-up-

VXII. Künstliche Intelligenz-Verordnung (KI-VO)

Unternehmen, berücksichtigt, indem diese Gebühren proportional zur Größe der Unternehmen, der Größe ihres Marktes und anderen einschlägigen Kennzahlen gesenkt werden.
(3) Das Büro für Künstliche Intelligenz ergreift die folgenden Maßnahmen:
a) es stellt standardisierte Muster für die unter diese Verordnung fallenden Bereiche bereit, wie vom KI-Gremium in seinem Antrag festgelegt;
b) es entwickelt und führt eine zentrale Informationsplattform, über die allen Akteuren in der Union leicht nutzbare Informationen zu dieser Verordnung bereitgestellt werden;
c) es führt geeignete Informationskampagnen durch, um für die aus dieser Verordnung erwachsenden Pflichten zu sensibilisieren;
d) es bewertet und fördert die Zusammenführung bewährter Verfahren im Bereich der mit KI-Systemen verbundenen Vergabeverfahren.

Artikel 63
Ausnahmen für bestimmte Akteure

(1) Kleinstunternehmen im Sinne der Empfehlung 2003/361/EG können bestimmte Elemente des in Artikel 17 dieser Verordnung vorgeschriebenen Qualitätsmanagementsystems in vereinfachter Weise einhalten, sofern sie keine Partnerunternehmen oder verbundenen Unternehmen im Sinne dieser Empfehlung haben. Zu diesem Zweck arbeitet die Kommission Leitlinien zu den Elementen des Qualitätsmanagementsystems aus, die unter Berücksichtigung der Bedürfnisse von Kleinstunternehmen in vereinfachter Weise eingehalten werden können, ohne das Schutzniveau oder die Notwendigkeit zur Einhaltung der Anforderungen in Bezug auf Hochrisiko-KI-Systeme zu beeinträchtigen.
(2) Absatz 1 dieses Artikels ist nicht dahin gehend auszulegen, dass diese Akteure auch von anderen in dieser Verordnung festgelegten Anforderungen oder Pflichten, einschließlich der nach den Artikeln 9, 10, 11, 12, 13, 14, 15, 72 und 73 geltenden, befreit sind.

Kapitel VII
Governance

ABSCHNITT 1
Governance auf Unionsebene

Artikel 64
Büro für Künstliche Intelligenz

(1) Die Kommission entwickelt über das Büro für Künstliche Intelligenz die Sachkenntnis und Fähigkeiten der Union auf dem Gebiet der KI.
(2) Die Mitgliedstaaten erleichtern dem Büro für Künstliche Intelligenz die ihm gemäß dieser Verordnung übertragenen Aufgaben.

Artikel 65
Einrichtung und Struktur des Europäischen Gremiums für Künstliche Intelligenz

(1) Ein Europäisches Gremium für Künstliche Intelligenz (im Folgenden „KI-Gremium") wird hiermit eingerichtet.

VXII. Künstliche Intelligenz-Verordnung (KI-VO)

(2) Das KI-Gremium setzt sich aus einem Vertreter je Mitgliedstaat zusammen. Der Europäische Datenschutzbeauftragte nimmt als Beobachter teil. Das Büro für Künstliche Intelligenz nimmt ebenfalls an den Sitzungen des KI-Gremiums teil, ohne sich jedoch an den Abstimmungen zu beteiligen. Andere Behörden oder Stellen der Mitgliedstaaten und der Union oder Sachverständige können im Einzelfall zu den Sitzungen des KI-Gremiums eingeladen werden, wenn die erörterten Fragen für sie von Belang sind.

(3) Die Vertreter werden von ihren Mitgliedstaaten für einen Zeitraum von drei Jahren benannt, der einmal verlängert werden kann.

(4) Die Mitgliedstaaten sorgen dafür, dass ihre Vertreter im KI-Gremium
   a) in ihrem Mitgliedstaat über die einschlägigen Kompetenzen und Befugnisse verfügen, sodass sie aktiv zur Bewältigung der in Artikel 66 genannten Aufgaben des KI-Gremiums beitragen können;
   b) gegenüber dem KI-Gremium sowie gegebenenfalls, unter Berücksichtigung der Erfordernisse der Mitgliedstaaten, gegenüber Interessenträgern als zentrale Ansprechpartner fungieren;
   c) ermächtigt sind, auf die Kohärenz und die Abstimmung zwischen den zuständigen nationalen Behörden in ihrem Mitgliedstaat bei der Durchführung dieser Verordnung hinzuwirken, auch durch Erhebung einschlägiger Daten und Informationen für die Zwecke der Erfüllung ihrer Aufgaben im KI-Gremium.

(5) Die benannten Vertreter der Mitgliedstaaten nehmen die Geschäftsordnung des KI-Gremiums mit einer Zweidrittelmehrheit an. In der Geschäftsordnung sind insbesondere die Vorgehensweise für das Auswahlverfahren, die Dauer des Mandats und die genauen Aufgaben des Vorsitzes, die Abstimmungsregelungen und die Organisation der Tätigkeiten des KI-Gremiums und seiner Untergruppen festgelegt.

(6) Das KI-Gremium richtet zwei ständige Untergruppen ein, um Marktüberwachungsbehörden eine Plattform für die Zusammenarbeit und den Austausch zu bieten und Behörden über Angelegenheiten, die jeweils die Marktüberwachung und notifizierte Stellen betreffen, zu unterrichten.

Die ständige Untergruppe für Marktüberwachung sollte für diese Verordnung als Gruppe für die Verwaltungszusammenarbeit (ADCO-Gruppe) im Sinne des Artikels 30 der Verordnung (EU) 2019/1020 fungieren.

Das KI-Gremium kann weitere ständige oder nichtständige Untergruppen einrichten, falls das für die Prüfung bestimmter Fragen zweckmäßig sein sollte. Gegebenenfalls können Vertreter des in Artikel 67 genannten Beratungsforums als Beobachter zu diesen Untergruppen oder zu bestimmten Sitzungen dieser Untergruppen eingeladen werden.

(7) Das KI-Gremium wird so organisiert und geführt, dass bei seinen Tätigkeiten Objektivität und Unparteilichkeit gewahrt sind.

(8) Den Vorsitz im KI-Gremium führt einer der Vertreter der Mitgliedstaaten. Die Sekretariatsgeschäfte des KI-Gremiums werden vom Büro für Künstliche Intelligenz geführt; dieses beruft auf Anfrage des Vorsitzes die Sitzungen ein und erstellt die Tagesordnung im Einklang mit den Aufgaben des KI-Gremiums gemäß dieser Verordnung und seiner Geschäftsordnung.

VXII. Künstliche Intelligenz-Verordnung (KI-VO)

Artikel 66
Aufgaben des KI-Gremiums

Das KI-Gremium berät und unterstützt die Kommission und die Mitgliedstaaten, um die einheitliche und wirksame Anwendung dieser Verordnung zu erleichtern. Für diese Zwecke kann das KI-Gremium insbesondere

a) zur Koordinierung zwischen den für die Anwendung dieser Verordnung zuständigen nationalen Behörden beitragen und in Zusammenarbeit mit den betreffenden Marktüberwachungsbehörden und vorbehaltlich ihrer Zustimmung gemeinsame Tätigkeiten der Marktüberwachungsbehörden gemäß Artikel 74 Absatz 11 unterstützen;
b) technisches und regulatorisches Fachwissen und bewährte Verfahren zusammentragen und unter den Mitgliedstaaten verbreiten;
c) zur Durchführung dieser Verordnung Beratung anbieten, insbesondere im Hinblick auf die Durchsetzung der Vorschriften zu KI-Modellen mit allgemeinem Verwendungszweck;
d) zur Harmonisierung der Verwaltungspraxis in den Mitgliedstaaten beitragen, auch bezüglich der Ausnahme vom Konformitätsbewertungsverfahren gemäß Artikel 46 und der Funktionsweise von KI-Reallaboren und Tests unter Realbedingungen gemäß den Artikeln 57, 59 und 60;
e) auf Anfrage der Kommission oder in Eigeninitiative Empfehlungen und schriftliche Stellungnahmen zu einschlägigen Fragen der Durchführung dieser Verordnung und ihrer einheitlichen und wirksamen Anwendung abgeben, einschließlich
   i) zur Entwicklung und Anwendung von Verhaltenskodizes und Praxisleitfäden gemäß dieser Verordnung sowie der Leitlinien der Kommission;
   ii) zur Bewertung und Überprüfung dieser Verordnung gemäß Artikel 112, auch in Bezug auf die Meldung schwerwiegender Vorfälle gemäß Artikel 73 und das Funktionieren der EU-Datenbank gemäß Artikel 71, die Ausarbeitung der delegierten Rechtsakte oder Durchführungsrechtsakte sowie im Hinblick auf mögliche Anpassungen dieser Verordnung an die in Anhang I aufgeführten Harmonisierungsrechtsvorschriften der Union;
   iii) zu technischen Spezifikationen oder geltenden Normen in Bezug auf die in Kapitel III Abschnitt 2 festgelegten Anforderungen;
   iv) zur Anwendung der in den Artikeln 40 und 41 genannten harmonisierten Normen oder gemeinsamen Spezifikationen;
   v) zu Tendenzen, etwa im Bereich der globalen Wettbewerbsfähigkeit Europas auf dem Gebiet der KI, bei der Verbreitung von KI in der Union und bei der Entwicklung digitaler Fähigkeiten;
   vi) zu Tendenzen im Bereich der sich ständig weiterentwickelnden Typologie der KI-Wertschöpfungsketten insbesondere hinsichtlich der sich daraus ergebenden Auswirkungen auf die Rechenschaftspflicht;
   vii) zur möglicherweise notwendigen Änderung des Anhangs III im Einklang mit Artikel 7 und zur möglicherweise notwendigen Überarbeitung des Artikels 5 gemäß Artikel 112 unter Berücksichtigung der einschlägigen verfügbaren Erkenntnisse und der neuesten technologischen Entwicklungen;
f) die Kommission bei der Förderung der KI-Kompetenz, der Sensibilisierung und Aufklärung der Öffentlichkeit in Bezug auf die Vorteile, Risiken, Schutzmaßnahmen, Rechte und Pflichten im Zusammenhang mit der Nutzung von KI-Systemen unterstützen;

VXII. Künstliche Intelligenz-Verordnung (KI-VO)

g) die Entwicklung gemeinsamer Kriterien und eines gemeinsamen Verständnisses der Marktteilnehmer und der zuständigen Behörden in Bezug auf die in dieser Verordnung vorgesehenen einschlägigen Konzepte erleichtern, auch durch einen Beitrag zur Entwicklung von Benchmarks;

h) gegebenenfalls mit anderen Organen, Einrichtungen und sonstigen Stellen der EU, einschlägigen Sachverständigengruppen und Netzwerken der EU insbesondere in den Bereichen Produktsicherheit, Cybersicherheit, Wettbewerb, digitale und Mediendienste, Finanzdienstleistungen, Verbraucherschutz, Datenschutz und Schutz der Grundrechte zusammenarbeiten;

i) zur wirksamen Zusammenarbeit mit den zuständigen Behörden von Drittstaaten und mit internationalen Organisationen beitragen;

j) die zuständigen nationalen Behörden und die Kommission beim Aufbau des für die Durchführung dieser Verordnung erforderlichen organisatorischen und technischen Fachwissens beraten, unter anderem durch einen Beitrag zur Einschätzung des Schulungsbedarfs des Personals der Mitgliedstaaten, das an der Durchführung dieser Verordnung beteiligt ist;

k) dem Büro für Künstliche Intelligenz helfen, die zuständigen nationalen Behörden bei der Einrichtung und Entwicklung von KI-Reallaboren zu unterstützen, und die Zusammenarbeit und den Informationsaustausch zwischen KI-Reallaboren erleichtern;

l) zur Entwicklung von Leitfäden beitragen und diesbezüglich entsprechend beraten;

m) die Kommission zu internationalen Angelegenheiten im Bereich der KI beraten;

n) der Kommission Stellungnahmen zu qualifizierten Warnungen in Bezug auf KI-Modelle mit allgemeinem Verwendungszweck vorlegen;

o) Stellungnahmen der Mitgliedstaaten zu qualifizierten Warnungen in Bezug auf KI-Modelle mit allgemeinem Verwendungszweck entgegennehmen sowie zu nationalen Erfahrungen und Praktiken bei der Überwachung und Durchsetzung von KI-Systemen, insbesondere von Systemen, die KI-Modelle mit allgemeinem Verwendungszweck integrieren.

Artikel 67
Beratungsforum

(1) Es wird ein Beratungsforum eingerichtet, das technisches Fachwissen bereitstellt, das KI-Gremium und die Kommission berät und zu deren Aufgaben im Rahmen dieser Verordnung beiträgt.

(2) Die Mitglieder des Beratungsforums vertreten eine ausgewogene Auswahl von Interessenträgern, darunter die Industrie, Start-up-Unternehmen, KMU, die Zivilgesellschaft und die Wissenschaft. Bei der Zusammensetzung des Beratungsforums wird auf ein ausgewogenes Verhältnis zwischen wirtschaftlichen und nicht-wirtschaftlichen Interessen und innerhalb der Kategorie der wirtschaftlichen Interessen zwischen KMU und anderen Unternehmen geachtet.

(3) Die Kommission ernennt die Mitglieder des Beratungsforums gemäß den in Absatz 2 genannten Kriterien aus dem Kreis der Interessenträger mit anerkanntem Fachwissen auf dem Gebiet der KI.

(4) Die Amtszeit der Mitglieder des Beratungsforums beträgt zwei Jahre; sie kann bis zu höchstens vier Jahre verlängert werden.

(5) Die Agentur der Europäischen Union für Grundrechte, ENISA, das Europäische Komitee für Normung (CEN), das Europäische Komitee für elektrotechnische Normung

VXII. Künstliche Intelligenz-Verordnung (KI-VO)

(CENELEC) und das Europäische Institut für Telekommunikationsnormen (ETSI) sind ständige Mitglieder des Beratungsforums.
(6) Das Beratungsforum gibt sich eine Geschäftsordnung. Es wählt gemäß den in Absatz 2 festgelegten Kriterien zwei Ko-Vorsitzende unter seinen Mitgliedern. Die Amtszeit der Ko-Vorsitzenden beträgt zwei Jahre und kann einmal verlängert werden.
(7) Das Beratungsforum hält mindestens zweimal pro Jahr Sitzungen ab. Das Beratungsforum kann Sachverständige und andere Interessenträger zu seinen Sitzungen einladen.
(8) Das Beratungsforum kann auf Ersuchen des KI-Gremiums oder der Kommission Stellungnahmen, Empfehlungen und schriftliche Beiträge ausarbeiten.
(9) Das Beratungsforum kann gegebenenfalls ständige oder zeitweilige Untergruppen einsetzen, um spezifische Fragen im Zusammenhang mit den Zielen dieser Verordnung zu prüfen.
(10) Das Beratungsforum erstellt jährlich einen Bericht über seine Tätigkeit. Dieser Bericht wird veröffentlicht.

Artikel 68
Wissenschaftliches Gremium unabhängiger Sachverständiger

(1) Die Kommission erlässt im Wege eines Durchführungsrechtsakts Bestimmungen über die Einrichtung eines wissenschaftlichen Gremiums unabhängiger Sachverständiger („wissenschaftliches Gremium"), das die Durchsetzungstätigkeiten im Rahmen dieser Verordnung unterstützen soll. Dieser Durchführungsrechtsakt wird gemäß dem in Artikel 98 Absatz 2 genannten Prüfverfahren erlassen.
(2) Das wissenschaftliche Gremium setzt sich aus Sachverständigen zusammen, die von der Kommission auf der Grundlage aktueller wissenschaftlicher oder technischer Fachkenntnisse auf dem Gebiet der KI, die zur Erfüllung der in Absatz 3 genannten Aufgaben erforderlich ist, ausgewählt werden, und muss nachweisen können, dass es alle folgenden Bedingungen erfüllt:
   a) es verfügt über besondere Fachkenntnisse und Kompetenzen sowie über wissenschaftliches oder technisches Fachwissen auf dem Gebiet der KI;
   b) es ist von Anbietern von KI-Systemen oder KI-Modellen mit allgemeinem Verwendungszweck unabhängig;
   c) es ist in der Lage, Tätigkeiten sorgfältig, präzise und objektiv auszuführen.

Die Kommission legt in Absprache mit dem KI-Gremium die Anzahl der Sachverständigen des Gremiums nach Maßgabe der jeweiligen Erfordernisse fest und sorgt für eine ausgewogene Vertretung der Geschlechter und eine gerechte geografische Verteilung.
(3) Das wissenschaftliche Gremium berät und unterstützt das Büro für Künstliche Intelligenz, insbesondere in Bezug auf folgende Aufgaben:
   a) Unterstützung bei der Durchführung und Durchsetzung dieser Verordnung in Bezug auf KI-Modelle und -Systeme mit allgemeinem Verwendungszweck, insbesondere indem es
      i) das Büro für Künstliche Intelligenz im Einklang mit Artikel 90 vor möglichen systemischen Risiken von KI-Modellen mit allgemeinem Verwendungszweck auf Unionsebene warnt;
      ii) einen Beitrag zur Entwicklung von Instrumenten und Methoden für die Bewertung der Fähigkeiten von KI-Modellen und -Systemen mit allgemeinem Verwendungszweck, auch durch Benchmarks, leistet;
      iii) Beratung über die Einstufung von KI-Modellen mit allgemeinem Verwendungszweck mit systemischem Risiko anbietet;

VXII. Künstliche Intelligenz-Verordnung (KI-VO)

    iv) Beratung über die Einstufung verschiedener KI-Modelle und -Systeme mit allgemeinem Verwendungszweck anbietet;
    v) einen Beitrag zur Entwicklung von Instrumenten und Mustern leistet;
  b) Unterstützung der Arbeit der Marktüberwachungsbehörden auf deren Ersuchen;
  c) Unterstützung grenzüberschreitender Marktüberwachungstätigkeiten gemäß Artikel 74 Absatz 11, ohne dass die Befugnisse der Marktüberwachungsbehörden berührt werden;
  d) Unterstützung des Büros für Künstliche Intelligenz bei der Wahrnehmung seiner Aufgaben im Rahmen des Schutzklauselverfahrens der Union gemäß Artikel 81.

(4) Die Sachverständigen des wissenschaftlichen Gremiums führen ihre Aufgaben nach den Grundsätzen der Unparteilichkeit und der Objektivität aus und gewährleisten die Vertraulichkeit der Informationen und Daten, in deren Besitz sie bei der Ausführung ihrer Aufgaben und Tätigkeiten gelangen. Sie dürfen bei der Wahrnehmung ihrer Aufgaben nach Absatz 3 weder Weisungen anfordern noch entgegennehmen. Jeder Sachverständige gibt eine Interessenerklärung ab, die öffentlich zugänglich gemacht wird. Das Büro für Künstliche Intelligenz richtet Systeme und Verfahren ein, mit denen mögliche Interessenkonflikte aktiv bewältigt und verhindert werden können.

(5) Der in Absatz 1 genannte Durchführungsrechtsakt enthält Bestimmungen über die Bedingungen, Verfahren und detaillierten Regelungen nach denen das wissenschaftliche Gremium und seine Mitglieder Warnungen ausgeben und das Büro für Künstliche Intelligenz um Unterstützung bei der Wahrnehmung der Aufgaben des wissenschaftlichen Gremiums ersuchen können.

Artikel 69
Zugang zum Pool von Sachverständigen durch die Mitgliedstaaten

(1) Die Mitgliedstaaten können Sachverständige des wissenschaftlichen Gremiums hinzuziehen, um ihre Durchsetzungstätigkeiten im Rahmen dieser Verordnung zu unterstützen.

(2) Die Mitgliedstaaten können verpflichtet werden, für die Beratung und Unterstützung durch die Sachverständigen Gebühren zu entrichten. Struktur und Höhe der Gebühren sowie Umfang und Struktur erstattungsfähiger Kosten werden in dem in Artikel 68 Absatz 1 genannten Durchführungsrechtsakt festgelegt, wobei die Zielsetzung berücksichtigt wird, für die angemessene Durchführung dieser Verordnung, für Kosteneffizienz sowie dafür zu sorgen, dass alle Mitgliedstaaten effektiven Zugang zu Sachverständigen haben müssen.

(3) Die Kommission ermöglicht den Mitgliedstaaten bei Bedarf einen rechtzeitigen Zugang zu den Sachverständigen und sorgt dafür, dass die Kombination aus unterstützenden Tätigkeiten durch die Union zur Prüfung von KI gemäß Artikel 84 und durch die Sachverständigen gemäß dem vorliegenden Artikel effizient organisiert ist und den bestmöglichen zusätzlichen Nutzen bringt.

ABSCHNITT 2
Zuständige nationale Behörden

Artikel 70
Benennung von zuständigen nationalen Behörden und zentrale Anlaufstelle

(1) Jeder Mitgliedstaat muss für die Zwecke dieser Verordnung mindestens eine notifizierende Behörde und mindestens eine Marktüberwachungsbehörde als zuständige nationale Behörden einrichten oder benennen. Diese zuständigen nationalen Behörden

VXII. Künstliche Intelligenz-Verordnung (KI-VO)

üben ihre Befugnisse unabhängig, unparteiisch und unvoreingenommen aus, um die Objektivität ihrer Tätigkeiten und Aufgaben zu gewährleisten und die Anwendung und Durchführung dieser Verordnung sicherzustellen. Die Mitglieder dieser Behörden haben jede Handlung zu unterlassen, die mit ihren Aufgaben unvereinbar ist. Sofern diese Grundsätze gewahrt werden, können die betreffenden Tätigkeiten und Aufgaben gemäß den organisatorischen Erfordernissen des Mitgliedstaats von einer oder mehreren benannten Behörden wahrgenommen werden.

(2) Die Mitgliedstaaten teilen der Kommission die Namen der notifizierenden Behörden und der Marktüberwachungsbehörden und die Aufgaben dieser Behörden sowie alle späteren Änderungen mit. Die Mitgliedstaaten machen Informationen darüber, wie die zuständigen Behörden und zentralen Anlaufstellen bis zum 2. August 2025 auf elektronischem Wege kontaktiert werden können, öffentlich zugänglich. Die Mitgliedstaaten benennen eine Marktüberwachungsbehörde, die als zentrale Anlaufstelle für diese Verordnung fungiert, und teilen der Kommission den Namen der zentralen Anlaufstelle mit. Die Kommission erstellt eine öffentlich verfügbare Liste der zentralen Anlaufstellen.

(3) Die Mitgliedstaaten sorgen dafür, dass ihre zuständigen nationalen Behörden mit angemessenen technischen und finanziellen Mitteln sowie geeignetem Personal und Infrastrukturen ausgestattet werden, damit sie ihre Aufgaben im Rahmen dieser Verordnung wirksam erfüllen können. Insbesondere müssen die zuständigen nationalen Behörden zu jeder Zeit über eine ausreichende Zahl von Mitarbeitern verfügen, zu deren Kompetenzen und Fachwissen ein tiefes Verständnis der KI-Technologien, der Daten und Datenverarbeitung, des Schutzes personenbezogener Daten, der Cybersicherheit, der Grundrechte, der Gesundheits- und Sicherheitsrisiken sowie Kenntnis der bestehenden Normen und rechtlichen Anforderungen gehört. Die Mitgliedstaaten bewerten und aktualisieren, falls erforderlich, jährlich die in diesem Absatz genannten Erfordernisse bezüglich Kompetenzen und Ressourcen.

(4) Die zuständigen nationalen Behörden ergreifen geeignete Maßnahmen zur Sicherstellung eines angemessenen Maßes an Cybersicherheit.

(5) Bei der Erfüllung ihrer Aufgaben halten sich die zuständigen nationalen Behörden an die in Artikel 78 festgelegten Vertraulichkeitspflichten.

(6) Bis zum 2. August 2025 und anschließend alle zwei Jahre erstatten die Mitgliedstaaten der Kommission Bericht über den Sachstand bezüglich der finanziellen Mittel und des Personals der zuständigen nationalen Behörden und geben eine Einschätzung über deren Angemessenheit ab. Die Kommission leitet diese Informationen zur Erörterung und etwaigen Abgabe von Empfehlungen an das KI-Gremium weiter.

(7) Die Kommission fördert den Erfahrungsaustausch zwischen den zuständigen nationalen Behörden.

(8) Die zuständigen nationalen Behörden können gegebenenfalls insbesondere KMU, einschließlich Start-up-Unternehmen, unter Berücksichtigung der Anleitung und Beratung durch das KI-Gremium oder der Kommission mit Anleitung und Beratung bei der Durchführung dieser Verordnung zur Seite stehen. Wenn zuständige nationale Behörden beabsichtigen, Anleitung und Beratung in Bezug auf ein KI-System in Bereichen anzubieten, die unter das Unionsrecht fallen, so sind gegebenenfalls die nach jenen Unionsrecht zuständigen nationalen Behörden zu konsultieren.

(9) Soweit Organe, Einrichtungen und sonstige Stellen der Union in den Anwendungsbereich dieser Verordnung fallen, übernimmt der Europäische Datenschutzbeauftragte die Funktion der für ihre Beaufsichtigung zuständigen Behörde.

VXII. Künstliche Intelligenz-Verordnung (KI-VO)

Kapitel VIII
EU-Datenbank für Hochrisiko-KI-Systeme

Artikel 71
EU-Datenbank für die in Anhang III aufgeführten Hochrisiko-KI-Systeme

(1) Die Kommission errichtet und führt in Zusammenarbeit mit den Mitgliedstaaten eine EU-Datenbank mit den in den Absätzen 2 und 3 dieses Artikels genannten Informationen über Hochrisiko-KI-Systeme nach Artikel 6 Absatz 2, die gemäß den Artikeln 49 und 60 registriert werden und über KI-Systeme, die nicht als Hochrisiko-KI-Systeme gemäß Artikel 6 Absatz 3 gelten und gemäß Artikel 6 Absatz 4 und Artikel 49 registriert werden. Bei der Festlegung der Funktionsspezifikationen dieser Datenbank konsultiert die Kommission die einschlägigen Sachverständigen und bei der Aktualisierung der Funktionsspezifikationen dieser Datenbank konsultiert sie das KI-Gremium.

(2) Die in Anhang VIII Abschnitte A und B aufgeführten Daten werden vom Anbieter oder gegebenenfalls vom Bevollmächtigten in die EU-Datenbank eingegeben.

(3) Die in Anhang VIII Abschnitt C aufgeführten Daten werden vom Betreiber, der eine Behörde, Einrichtung oder sonstige Stelle ist oder in deren Namen handelt, gemäß Artikel 49 Absätze 3 und 4 in die EU-Datenbank eingegeben.

(4) Mit Ausnahme des in Artikel 49 Absatz 4 und Artikel 60 Absatz 4 Buchstabe c genannten Abschnitts müssen die gemäß Artikel 49 in der Datenbank registrierten und dort enthaltenen Informationen auf benutzerfreundliche Weise zugänglich und öffentlich verfügbar sein. Die Informationen sollten leicht handhabbar und maschinenlesbar sein. Auf die gemäß Artikel 60 registrierten Informationen können nur Marktüberwachungsbehörden und die Kommission zugreifen, es sei denn, der zukünftige Anbieter oder der Anbieter hat seine Zustimmung dafür erteilt, dass die Informationen auch öffentlich zugänglich sind.

(5) Die EU-Datenbank enthält personenbezogene Daten nur, soweit dies für die Erfassung und Verarbeitung von Informationen gemäß dieser Verordnung erforderlich ist. Zu diesen Informationen gehören die Namen und Kontaktdaten der natürlichen Personen, die für die Registrierung des Systems verantwortlich sind und die rechtlich befugt sind, den Anbieter oder gegebenenfalls den Betreiber zu vertreten.

(6) Die Kommission gilt als für die EU-Datenbank Verantwortlicher. Sie stellt Anbietern, zukünftigen Anbietern und Betreibern angemessene technische und administrative Unterstützung bereit. Die EU-Datenbank muss den geltenden Barrierefreiheitsanforderungen entsprechen.

Kapitel IX
Beobachtung nach dem Inverkehrbringen, Informationsaustausch und Marktüberwachung

ABSCHNITT 1
Beobachtung nach dem Inverkehrbringen

Artikel 72
Beobachtung nach dem Inverkehrbringen durch die Anbieter und Plan für die Beobachtung nach dem Inverkehrbringen für Hochrisiko-KI-Systeme

(1) Anbieter müssen ein System zur Beobachtung nach dem Inverkehrbringen, das im Verhältnis zur Art der KI-Technik und zu den Risiken des Hochrisiko-KI-Systems steht, einrichten und dokumentieren.

(2) Mit dem System zur Beobachtung nach dem Inverkehrbringen müssen sich die einschlägigen Daten zur Leistung der Hochrisiko-KI-Systeme, die von den Anbietern oder den Betreibern bereitgestellt oder aus anderen Quellen erhoben werden können, über ihre gesamte Lebensdauer hinweg aktiv und systematisch erheben, dokumentieren und analysieren lassen, und der Anbieter muss damit die fortdauernde Einhaltung der in Kapitel III Abschnitt 2 genannten Anforderungen an die KI-Systeme bewerten können. Gegebenenfalls umfasst die Beobachtung nach dem Inverkehrbringen eine Analyse der Interaktion mit anderen KI-Systemen. Diese Pflicht gilt nicht für sensible operative Daten von Betreibern, die Strafverfolgungsbehörden sind.

(3) Das System zur Beobachtung nach dem Inverkehrbringen muss auf einem Plan für die Beobachtung nach dem Inverkehrbringen beruhen. Der Plan für die Beobachtung nach dem Inverkehrbringen ist Teil der in Anhang IV genannten technischen Dokumentation. Die Kommission erlässt einen Durchführungsrechtsakt, in dem sie detaillierte Bestimmungen für die Erstellung eines Musters des Plans für die Beobachtung nach dem Inverkehrbringen sowie die Liste der in den Plan aufzunehmenden Elemente bis zum 2. Februar 2026 detailliert festlegt. Dieser Durchführungsrechtsakt wird gemäß dem in Artikel 98 Absatz 2 genannten Prüfverfahren erlassen.

(4) Bei Hochrisiko-KI-Systemen, die unter die in Anhang I Abschnitt A aufgeführten Harmonisierungsrechtsvorschriften der Union fallen, und für die auf der Grundlage dieser Rechtsvorschriften bereits ein System zur Beobachtung nach dem Inverkehrbringen sowie ein entsprechender Plan festgelegt wurden, haben die Anbieter zur Gewährleistung der Kohärenz, zur Vermeidung von Doppelarbeit und zur Minimierung zusätzlicher Belastungen die Möglichkeit, unter Verwendung des Musters nach Absatz 3, gegebenenfalls die in den Absätzen 1, 2 und 3 genannten erforderlichen Elemente in die im Rahmen dieser Vorschriften bereits vorhandenen Systeme und Pläne zu integrieren, sofern ein gleichwertiges Schutzniveau erreicht wird.

Unterabsatz 1 dieses Absatzes gilt auch für in Anhang III Nummer 5 genannte Hochrisiko-KI-Systeme, die von Finanzinstituten in Verkehr gebracht oder in Betrieb genommen wurden, die bezüglich ihrer internen Unternehmensführung, Regelungen oder Verfahren Anforderungen gemäß den Rechtsvorschriften der Union über Finanzdienstleistungen unterliegen.

VXII. Künstliche Intelligenz-Verordnung (KI-VO)

ABSCHNITT 2
Austausch von Informationen über schwerwiegende Vorfälle
Artikel 73
Meldung schwerwiegender Vorfälle

(1) Anbieter von in der Union in Verkehr gebrachten Hochrisiko-KI-Systemen melden schwerwiegende Vorfälle den Marktüberwachungsbehörden der Mitgliedstaaten, in denen der Vorfall stattgefunden hat.

(2) Die Meldung nach Absatz 1 erfolgt unmittelbar, nachdem der Anbieter den kausalen Zusammenhang zwischen dem KI-System und dem schwerwiegenden Vorfall oder die naheliegende Wahrscheinlichkeit eines solchen Zusammenhangs festgestellt hat und in jedem Fall spätestens 15 Tage, nachdem der Anbieter oder gegebenenfalls der Betreiber Kenntnis von diesem schwerwiegenden Vorfall erlangt hat.

Bezüglich des in Unterabsatz 1 genannten Meldezeitraums wird der Schwere des schwerwiegenden Vorfalls Rechnung getragen.

(3) Ungeachtet des Absatzes 2 dieses Artikels erfolgt die in Absatz 1 dieses Artikels genannte Meldung im Falle eines weitverbreiteten Verstoßes oder eines schwerwiegenden Vorfalls im Sinne des Artikels 3 Nummer 49 Buchstabe b unverzüglich, spätestens jedoch zwei Tage nachdem der Anbieter oder gegebenenfalls der Betreiber von diesem Vorfall Kenntnis erlangt hat.

(4) Ungeachtet des Absatzes 2 erfolgt die Meldung im Falle des Todes einer Person unverzüglich nachdem der Anbieter oder der Betreiber einen kausalen Zusammenhang zwischen dem Hochrisiko-KI-System und dem schwerwiegenden Vorfall festgestellt hat, oder einen solchen vermutet, spätestens jedoch zehn Tage nach dem Datum, an dem der Anbieter oder gegebenenfalls der Betreiber von dem schwerwiegenden Vorfall Kenntnis erlangt hat.

(5) Wenn es zur Gewährleistung der rechtzeitigen Meldung erforderlich ist, kann der Anbieter oder gegebenenfalls der Betreiber einen unvollständigen Erstbericht vorlegen, dem ein vollständiger Bericht folgt.

(6) Im Anschluss an die Meldung eines schwerwiegenden Vorfalls gemäß Absatz 1 führt der Anbieter unverzüglich die erforderlichen Untersuchungen im Zusammenhang mit dem schwerwiegenden Vorfall und dem betroffenen KI-System durch. Dies umfasst eine Risikobewertung des Vorfalls sowie Korrekturmaßnahmen.

Der Anbieter arbeitet bei den Untersuchungen gemäß Unterabsatz 1 mit den zuständigen Behörden und gegebenenfalls mit der betroffenen notifizierten Stelle zusammen und nimmt keine Untersuchung vor, die zu einer Veränderung des betroffenen KI-Systems in einer Weise führt, die möglicherweise Auswirkungen auf eine spätere Bewertung der Ursachen des Vorfalls hat, bevor er die zuständigen Behörden über eine solche Maßnahme nicht unterrichtet hat.

(7) Sobald die zuständige Marktüberwachungsbehörde eine Meldung über einen in Artikel 3 Nummer 49 Buchstabe c genannten schwerwiegenden Vorfall erhält, informiert sie die in Artikel 77 Absatz 1 genannten nationalen Behörden oder öffentlichen Stellen. Zur leichteren Einhaltung der Pflichten nach Absatz 1 dieses Artikels arbeitet die Kommission entsprechende Leitlinien aus. Diese Leitlinien werden bis zum 2. August 2025 veröffentlicht und regelmäßig bewertet.

(8) Die Marktüberwachungsbehörde ergreift innerhalb von sieben Tagen nach Eingang der in Absatz 1 dieses Artikels genannten Meldung geeignete Maßnahmen gemäß Artikel 19 der Verordnung (EU) 2019/1020 und befolgt die in der genannten Verordnung vorgesehenen Meldeverfahren.

VXII. Künstliche Intelligenz-Verordnung (KI-VO)

(9) Bei Hochrisiko-KI-Systemen nach Anhang III, die von Anbietern in Verkehr gebracht oder in Betrieb genommen wurden, die Rechtsinstrumenten der Union mit gleichwertigen Meldepflichten wie jenen in dieser Verordnung festgesetzten unterliegen, müssen nur jene schwerwiegenden Vorfälle gemeldet werden, die in Artikel 3 Nummer 49 Buchstabe c genannt werden.
(10) Bei Hochrisiko-KI-Systemen, bei denen es sich um Sicherheitsbauteile von Produkten handelt, die unter die Verordnungen (EU) 2017/745 und (EU) 2017/746 fallen, oder die selbst solche Produkte sind, müssen nur die in Artikel 3 Nummer 49 Buchstabe c dieser Verordnung genannten schwerwiegenden Vorfälle gemeldet werden, und zwar dem zuständigen nationalen Behörde, die für diesen Zweck von den Mitgliedstaaten, in denen der Vorfall stattgefunden hat, ausgewählt wurde.
(11) Die zuständigen nationalen Behörden melden der Kommission unverzüglich jeden schwerwiegenden Vorfall gemäß Artikel 20 der Verordnung (EU) 2019/1020, unabhängig davon, ob sie diesbezüglich Maßnahmen ergriffen haben.

ABSCHNITT 3
Durchsetzung

Artikel 74
Marktüberwachung und Kontrolle von KI-Systemen auf dem Unionsmarkt
(1) Die Verordnung (EU) 2019/1020 gilt für KI-Systeme, die unter die vorliegende Verordnung fallen. Für die Zwecke einer wirksamen Durchsetzung der vorliegenden Verordnung gilt Folgendes:
a) Jede Bezugnahme auf einen Wirtschaftsakteur nach der Verordnung (EU) 2019/1020 gilt auch als Bezugnahme auf alle Akteure, die in Artikel 2 Absatz 1 der vorliegenden Verordnung genannt werden;
b) jede Bezugnahme auf ein Produkt nach der Verordnung (EU) 2019/1020 gilt auch als Bezugnahme auf alle KI-Systeme, die in den Anwendungsbereich der vorliegenden Verordnung fallen.
(2) Im Rahmen ihrer Berichtspflichten gemäß Artikel 34 Absatz 4 der Verordnung (EU) 2019/1020 melden die Marktüberwachungsbehörden der Kommission und den einschlägigen nationalen Wettbewerbsbehörden jährlich alle Informationen, die sie im Verlauf ihrer Marktüberwachungstätigkeiten erlangt haben und die für die Anwendung von Unionsrecht im Bereich der Wettbewerbsregeln von Interesse sein könnten. Ferner erstatten sie der Kommission jährlich Bericht über die Anwendung verbotener Praktiken in dem betreffenden Jahr und über die ergriffenen Maßnahmen.
(3) Bei Hochrisiko-KI-Systemen und damit in Zusammenhang stehenden Produkten, auf die die in Anhang I Abschnitt A aufgeführten Harmonisierungsrechtsvorschriften der Union Anwendung finden, gilt als Marktüberwachungsbehörde für die Zwecke dieser Verordnung die in jenen Rechtsakten für die Marktüberwachung benannte Behörde. Abweichend von Unterabsatz 1 und unter geeigneten Umständen können die Mitgliedstaaten eine andere einschlägige Behörde benennen, die die Funktion der Marktüberwachungsbehörde übernimmt, sofern sie die Koordinierung mit den einschlägigen sektorspezifischen Marktüberwachungsbehörden, die für die Durchsetzung der in Anhang I aufgeführten Harmonisierungsrechtsvorschriften der Union zuständig sind, sicherstellen.
(4) Die Verfahren gemäß den Artikeln 79 bis 83 der vorliegenden Verordnung gelten nicht für KI-Systeme, die im Zusammenhang mit Produkten stehen, auf die die in Anhang I Abschnitt A aufgeführten Harmonisierungsrechtsvorschriften der Union Anwendung finden, wenn in diesen Rechtsakten bereits Verfahren, die ein gleichwer-

VXII. Künstliche Intelligenz-Verordnung (KI-VO)

tiges Schutzniveau sicherstellen und dasselbe Ziel haben, vorgesehen sind. In diesen Fällen kommen stattdessen die einschlägigen sektorspezifischen Verfahren zur Anwendung.

(5) Unbeschadet der Befugnisse der Marktüberwachungsbehörden gemäß Artikel 14 der Verordnung (EU) 2019/1020 können die Marktüberwachungsbehörden für die Zwecke der Sicherstellung der wirksamen Durchsetzung der vorliegenden Verordnung die in Artikel 14 Absatz 4 Buchstaben d und j der genannten Verordnung genannten Befugnisse gegebenenfalls aus der Ferne ausüben.

(6) Bei Hochrisiko-KI-Systemen, die von auf der Grundlage des Unionsrechts im Bereich der Finanzdienstleistungen regulierten Finanzinstituten in Verkehr gebracht, in Betrieb genommen oder verwendet werden, gilt die in jenen Rechtsvorschriften für die Finanzaufsicht über diese Institute benannte nationale Behörde als Marktüberwachungsbehörde für die Zwecke dieser Verordnung, sofern das Inverkehrbringen, die Inbetriebnahme oder die Verwendung des KI-Systems mit der Erbringung dieser Finanzdienstleistungen in direktem Zusammenhang steht.

(7) Abweichend von Absatz 6 kann der Mitgliedstaat – unter geeigneten Umständen und wenn für Abstimmung gesorgt ist – eine andere einschlägige Behörde als Marktüberwachungsbehörde für die Zwecke dieser Verordnung benennen.
Nationale Marktüberwachungsbehörden, die unter die Richtlinie 2013/36/EU fallende Kreditinstitute, welche an dem mit der Verordnung (EU) Nr. 1024/2013 eingerichteten einheitlichen Aufsichtsmechanismus teilnehmen, beaufsichtigen, sollten der Europäischen Zentralbank unverzüglich alle im Zuge ihrer Marktüberwachungstätigkeiten ermittelten Informationen übermitteln, die für die in der genannten Verordnung festgelegten Aufsichtsaufgaben der Europäischen Zentralbank von Belang sein könnten.

(8) Für die in Anhang III Nummer 1 der vorliegenden Verordnung genannten Hochrisiko-KI-Systeme, sofern diese Systeme für Strafverfolgungszwecke, Grenzmanagement und Justiz und Demokratie eingesetzt werden, und für die in Anhang III Nummern 6, 7 und 8 genannten Hochrisiko-KI-Systeme benennen die Mitgliedstaaten für die Zwecke dieser Verordnung als Marktüberwachungsbehörden entweder die nach der Verordnung (EU) 2016/679 oder der Richtlinie (EU) 2016/680 für den Datenschutz zuständigen Aufsichtsbehörden oder jede andere gemäß denselben Bedingungen wie den in den Artikeln 41 bis 44 der Richtlinie (EU) 2016/680 festgelegten benannte Behörde. Marktüberwachungstätigkeiten dürfen in keiner Weise die Unabhängigkeit von Justizbehörden beeinträchtigen oder deren Handlungen im Rahmen ihrer justiziellen Tätigkeit anderweitig beeinflussen.

(9) Soweit Organe, Einrichtungen und sonstige Stellen der Union in den Anwendungsbereich dieser Verordnung fallen, übernimmt der Europäische Datenschutzbeauftragte die Funktion der für sie zuständigen Marktüberwachungsbehörde – ausgenommen für den Gerichtshof der Europäischen Union im Rahmen seiner Rechtsprechungstätigkeit.

(10) Die Mitgliedstaaten erleichtern die Koordinierung zwischen den auf der Grundlage dieser Verordnung benannten Marktüberwachungsbehörden und anderen einschlägigen nationalen Behörden oder Stellen, die die Anwendung der in Anhang I aufgeführten Harmonisierungsrechtsvorschriften der Union oder sonstigen Unionsrechts überwachen, das für die in Anhang III genannten Hochrisiko-KI-Systeme relevant sein könnte.

(11) Die Marktüberwachungsbehörden und die Kommission können gemeinsame Tätigkeiten, einschließlich gemeinsamer Untersuchungen, vorschlagen, die von den Marktüberwachungsbehörden oder von den Marktüberwachungsbehörden gemein-

VXII. Künstliche Intelligenz-Verordnung (KI-VO)

sam mit der Kommission durchgeführt werden, um Konformität zu fördern, Nichtkonformität festzustellen, zu sensibilisieren oder Orientierung zu dieser Verordnung und bestimmten Kategorien von Hochrisiko-KI-Systemen, bei denen festgestellt wird, dass sie in zwei oder mehr Mitgliedstaaten gemäß Artikel 9 der Verordnung (EU) 2019/1020 ein ernstes Risiko darstellen, zu geben. Das Büro für Künstliche Intelligenz unterstützt die Koordinierung der gemeinsamen Untersuchungen.

(12) Die Anbieter gewähren den Marktüberwachungsbehörden unbeschadet der Befugnisübertragung gemäß der Verordnung (EU) 2019/1020 – sofern dies relevant ist und beschränkt auf das zur Wahrnehmung der Aufgaben dieser Behörden erforderliche Maß – uneingeschränkten Zugang zur Dokumentation sowie zu den für die Entwicklung von Hochrisiko-KI-Systemen verwendeten Trainings-, Validierungs- und Testdatensätzen, gegebenenfalls und unter Einhaltung von Sicherheitsvorkehrungen auch über die Anwendungsprogrammierschnittstellen (im Folgenden „API") oder andere einschlägige technische Mittel und Instrumente, die den Fernzugriff ermöglichen.

(13) Zum Quellcode des Hochrisiko-KI-Systems erhalten Marktüberwachungsbehörden auf begründete Anfrage und nur dann Zugang, wenn die beiden folgenden Bedingungen erfüllt sind:

a) Der Zugang zum Quellcode ist zur Bewertung der Konformität eines Hochrisiko-KI-Systems mit den in Kapitel III Abschnitt 2 festgelegten Anforderungen notwendig und

b) die Test- oder Prüfverfahren und Überprüfungen aufgrund der vom Anbieter bereitgestellten Daten und Dokumentation wurden ausgeschöpft oder haben sich als unzureichend erwiesen.

(14) Jegliche Informationen oder Dokumentation, in deren Besitz die Marktüberwachungsbehörden gelangen, werden im Einklang mit den in Artikel 78 festgelegten Vertraulichkeitspflichten behandelt.

Artikel 75
Amtshilfe, Marktüberwachung und Kontrolle von KI-Systemen mit allgemeinem Verwendungszweck

(1) Beruht ein KI-System auf einem KI-Modell mit allgemeinem Verwendungszweck und werden das Modell und das System vom selben Anbieter entwickelt, so ist das Büro für Künstliche Intelligenz befugt, die Konformität des KI-Systems mit den Pflichten aus dieser Verordnung zu überwachen und beaufsichtigen. Zur Wahrnehmung seiner Beobachtungs- und Überwachungsaufgaben hat das Büro für Künstliche Intelligenz alle in diesem Abschnitt und in der Verordnung (EU) 2019/1020 vorgesehenen Befugnisse einer Marktüberwachungsbehörde.

(2) Haben die zuständigen Marktüberwachungsbehörden hinreichenden Grund für die Auffassung, dass KI-Systeme mit allgemeinem Verwendungszweck, die von Betreibern direkt für mindestens einen Zweck, der gemäß dieser Verordnung als hochriskant eingestuft ist, verwendet werden können, nicht mit den in dieser Verordnung festgelegten Anforderungen konform sind, so arbeiten sie bei der Durchführung von Konformitätsbewertungen mit dem Büro für Künstliche Intelligenz zusammen und unterrichten das KI-Gremium und andere Marktüberwachungsbehörden entsprechend.

(3) Ist eine Marktüberwachungsbehörde wegen der Unzugänglichkeit bestimmter Informationen im Zusammenhang mit dem KI-Modell mit allgemeinem Verwendungszweck nicht in der Lage, ihre Ermittlungen zu dem Hochrisiko-KI-System abzuschließen, obwohl sie alle angemessenen Anstrengungen unternommen hat, diese Informationen zu erhalten, kann sie ein begründetes Ersuchen an das Büro für Künstliche Intelligenz

VXII. Künstliche Intelligenz-Verordnung (KI-VO)

richten, durch das der Zugang zu den Informationen durchgesetzt werden kann. In diesem Fall übermittelt das Büro für Künstliche Intelligenz der ersuchenden Behörde unverzüglich, spätestens aber innerhalb von 30 Tagen, alle Informationen, die das Büro für Künstliche Intelligenz für die Feststellung, ob ein Hochrisiko-KI-System nicht konform ist, für erforderlich erachtet. Die Marktüberwachungsbehörden gewährleisten gemäß Artikel 78 der vorliegenden Verordnung die Vertraulichkeit der von ihnen erlangten Informationen. Das Verfahren nach Kapitel VI der Verordnung (EU) 2019/1020 gilt entsprechend.

Artikel 76
Beaufsichtigung von Tests unter Realbedingungen durch Marktüberwachungsbehörden

(1) Marktüberwachungsbehörden müssen über die Kompetenzen und Befugnisse verfügen, um sicherzustellen, dass Tests unter Realbedingungen gemäß dieser Verordnung erfolgen.

(2) Wenn ein Test unter Realbedingungen für KI-Systeme durchgeführt wird, die in einem KI-Reallabor gemäß Artikel 58 beaufsichtigt werden, überprüfen die Marktüberwachungsbehörden im Rahmen ihrer Aufsichtsaufgaben für das KI-Reallabor die Einhaltung des Artikels 60. Die Behörden können gegebenenfalls gestatten, dass der Anbieter oder zukünftige Anbieter den Test unter Realbedingungen in Abweichung von den in Artikel 60 Absatz 4 Buchstaben f und g festgelegten Bedingungen durchführt.

(3) Wenn eine Marktüberwachungsbehörde vom zukünftigen Anbieter, vom Anbieter oder von einem Dritten über einen schwerwiegenden Vorfall informiert wurde oder Grund zu der Annahme hat, dass die in den Artikeln 60 und 61 festgelegten Bedingungen nicht erfüllt sind, kann sie – je nachdem, was angemessen ist – in ihrem Hoheitsgebiet gegebenenfalls entscheiden, entweder
   a) den Test unter Realbedingungen auszusetzen oder abzubrechen oder
   b) den Anbieter oder zukünftigen Anbieter und die Betreiber oder zukünftigen Betreiber zur Änderung eines beliebigen Aspekts des Tests unter Realbedingungen zu verpflichten.

(4) Wenn eine Marktüberwachungsbehörde eine Entscheidung nach Absatz 3 des vorliegenden Artikels getroffen oder Einwände im Sinne des Artikels 60 Absatz 4 Buchstabe b erhoben hat, sind im Rahmen der Entscheidung oder der Einwände die Gründe dafür zu nennen sowie anzugeben, wie der Anbieter oder zukünftige Anbieter die Entscheidung oder die Einwände anfechten kann.

(5) Wenn eine Marktüberwachungsbehörde eine Entscheidung nach Absatz 3 getroffen hat, teilt sie ihre Gründe dafür gegebenenfalls den Marktüberwachungsbehörden anderer Mitgliedstaaten mit, in denen das KI-System gemäß dem Plan für den Test getestet wurde.

Artikel 77
Befugnisse der für den Schutz der Grundrechte zuständigen Behörden

(1) Nationale Behörden oder öffentliche Stellen, die die Einhaltung des Unionsrechts zum Schutz der Grundrechte, einschließlich des Rechts auf Nichtdiskriminierung, in Bezug auf die Verwendung der in Anhang III genannten Hochrisiko-KI-Systeme beaufsichtigen oder durchsetzen, sind befugt, sämtliche auf der Grundlage dieser Verordnung in zugänglicher Sprache und Format erstellte oder geführte Dokumentation anzufordern und einzusehen, sofern der Zugang zu dieser Dokumentation für die wirksame Aus-

VXII. Künstliche Intelligenz-Verordnung (KI-VO)

übung ihrer Aufträge im Rahmen ihrer Befugnisse innerhalb der Grenzen ihrer Hoheitsgewalt notwendig ist. Die jeweilige Behörde oder öffentliche Stelle informiert die Marktüberwachungsbehörde des betreffenden Mitgliedstaats von jeder diesbezüglichen Anfrage.

(2) Bis 2. November 2024 muss jeder Mitgliedstaat die in Absatz 1 genannten Behörden oder öffentlichen Stellen benennen und in einer öffentlichen Liste verfügbar machen. Die Mitgliedstaaten übermitteln die Liste der Kommission und den anderen Mitgliedstaaten und halten die Liste auf dem neuesten Stand.

(3) Sollte die in Absatz 1 genannte Dokumentation nicht ausreichen, um feststellen zu können, ob ein Verstoß gegen das Unionsrecht zum Schutz der Grundrechte vorliegt, so kann die in Absatz 1 genannte Behörde oder öffentliche Stelle bei der Marktüberwachungsbehörde einen begründeten Antrag auf Durchführung eines technischen Tests des Hochrisiko-KI-Systems stellen. Die Marktüberwachungsbehörde führt den Test unter enger Einbeziehung der beantragenden Behörde oder öffentlichen Stelle innerhalb eines angemessenen Zeitraums nach Eingang des Antrags durch.

(4) Jegliche Informationen oder Dokumentation, in deren Besitz die in Absatz 1 des vorliegenden Artikels genannten nationalen Behörden oder öffentlichen Stellen auf der Grundlage des vorliegenden Artikels gelangen, werden im Einklang mit den in Artikel 78 festgelegten Vertraulichkeitspflichten behandelt.

Artikel 78
Vertraulichkeit

(1) Die Kommission, die Marktüberwachungsbehörden und die notifizierten Stellen sowie alle anderen natürlichen oder juristischen Personen, die an der Anwendung dieser Verordnung beteiligt sind, wahren gemäß dem Unionsrecht oder dem nationalen Recht die Vertraulichkeit der Informationen und Daten, in deren Besitz sie bei der Ausführung ihrer Aufgaben und Tätigkeiten gelangen, sodass insbesondere Folgendes geschützt ist:
a) die Rechte des geistigen Eigentums sowie vertrauliche Geschäftsinformationen oder Geschäftsgeheimnisse natürlicher oder juristischer Personen, einschließlich Quellcodes, mit Ausnahme des in Artikel 5 der Richtlinie (EU) 2016/943 des Europäischen Parlaments und des Rates[57];
b) die wirksame Durchführung dieser Verordnung, insbesondere für die Zwecke von Inspektionen, Untersuchungen oder Audits;
c) öffentliche und nationale Sicherheitsinteressen;
d) die Durchführung von Straf- oder Verwaltungsverfahren;
e) gemäß dem Unionsrecht oder dem nationalen Recht als Verschlusssache eingestufte Informationen.

(2) Die gemäß Absatz 1 an der Anwendung dieser Verordnung beteiligten Behörden fragen nur Daten an, die für die Bewertung des von KI-Systemen ausgehenden Risikos und für die Ausübung ihrer Befugnisse in Übereinstimmung mit dieser Verordnung und mit der Verordnung (EU) 2019/1020 unbedingt erforderlich sind. Sie ergreifen angemessene und wirksame Cybersicherheitsmaßnahmen zum Schutz der Sicherheit und Vertraulichkeit der erlangten Informationen und Daten und löschen im Einklang mit dem

---

57 Richtlinie (EU) 2016/943 des Europäischen Parlaments und des Rates vom 8. Juni 2016 über den Schutz vertraulichen Know-hows und vertraulicher Geschäftsinformationen (Geschäftsgeheimnisse) vor rechtswidrigem Erwerb sowie rechtswidriger Nutzung und Offenlegung (ABl. L 157 vom 15.6.2016, S. 1).

geltenden Unionsrecht oder nationalen Recht die erhobenen Daten, sobald sie für den Zweck, für den sie erlangt wurden, nicht mehr benötigt werden.

(3) Unbeschadet der Absätze 1 und 2 darf der Austausch vertraulicher Informationen zwischen den zuständigen nationalen Behörden untereinander oder zwischen den zuständigen nationalen Behörden und der Kommission nicht ohne vorherige Rücksprache mit der zuständigen nationalen Behörde, von der die Informationen stammen, und dem Betreiber offengelegt werden, sofern die in Anhang III Nummer 1, 6 oder 7 genannten Hochrisiko-KI-Systeme von Strafverfolgungs-, Grenzschutz-, Einwanderungs- oder Asylbehörden verwendet werden und eine solche Offenlegung die öffentlichen und nationalen Sicherheitsinteressen gefährden könnte. Dieser Informationsaustausch erstreckt sich nicht auf sensible operative Daten zu den Tätigkeiten von Strafverfolgungs-, Grenzschutz-, Einwanderungs- oder Asylbehörden.

Handeln Strafverfolgungs-, Einwanderungs- oder Asylbehörden als Anbieter von in Anhang III Nummer 1, 6 oder 7 genannten Hochrisiko-KI-Systemen, so verbleibt die technische Dokumentation nach Anhang IV in den Räumlichkeiten dieser Behörden. Diese Behörden sorgen dafür, dass die in Artikel 74 Absätze 8 und 9 genannten Marktüberwachungsbehörden auf Anfrage unverzüglich Zugang zu dieser Dokumentation oder eine Kopie davon erhalten. Zugang zu dieser Dokumentation oder zu einer Kopie davon darf nur das Personal der Marktüberwachungsbehörde erhalten, das über eine entsprechende Sicherheitsfreigabe verfügt.

(4) Die Absätze 1, 2 und 3 dürfen sich weder auf die Rechte oder Pflichten der Kommission, der Mitgliedstaaten und ihrer einschlägigen Behörden sowie der notifizierten Stellen in Bezug auf den Informationsaustausch und die Weitergabe von Warnungen, einschließlich im Rahmen der grenzüberschreitenden Zusammenarbeit, noch auf die Pflichten der betreffenden Parteien auswirken, Informationen auf der Grundlage des Strafrechts der Mitgliedstaaten bereitzustellen.

(5) Die Kommission und die Mitgliedstaaten können erforderlichenfalls und im Einklang mit den einschlägigen Bestimmungen internationaler Übereinkommen und Handelsabkommen mit Regulierungsbehörden von Drittstaaten, mit denen sie bilaterale oder multilaterale Vertraulichkeitsvereinbarungen getroffen haben und die ein angemessenes Niveau an Vertraulichkeit gewährleisten, vertrauliche Informationen austauschen.

Artikel 79
Verfahren auf nationaler Ebene für den Umgang mit KI-Systemen, die ein Risiko bergen

(1) Als KI-Systeme, die ein Risiko bergen, gelten „Produkte, mit denen ein Risiko verbunden ist" im Sinne des Artikels 3 Nummer 19 der Verordnung (EU) 2019/1020, sofern sie Risiken für die Gesundheit oder Sicherheit oder Grundrechte von Personen bergen.

(2) Hat die Marktüberwachungsbehörde eines Mitgliedstaats hinreichend Grund zu der Annahme, dass ein KI-System ein Risiko nach Absatz 1 des vorliegenden Artikels birgt, so prüft sie das betreffende KI-System im Hinblick auf die Erfüllung aller in der vorliegenden Verordnung festgelegten Anforderungen und Pflichten. Besondere Aufmerksamkeit gilt KI-Systemen, die für schutzbedürftige Gruppen ein Risiko bergen. Wenn Risiken für die Grundrechte festgestellt werden, informiert die Marktüberwachungsbehörde auch die in Artikel 77 Absatz 1 genannten einschlägigen nationalen Behörden oder öffentlichen Stellen und arbeitet uneingeschränkt mit ihnen zusammen. Die betreffenden Akteure arbeiten erforderlichenfalls mit der Marktüberwachungsbe-

VXII. Künstliche Intelligenz-Verordnung (KI-VO)

hörde und den in Artikel 77 Absatz 1 genannten anderen Behörden oder öffentlichen Stellen zusammen.

Stellt die Marktüberwachungsbehörde oder gegebenenfalls die Marktüberwachungsbehörde in Zusammenarbeit mit der in Artikel 77 Absatz 1 genannten nationalen Behörde im Verlauf dieser Prüfung fest, dass das KI-System die in dieser Verordnung festgelegten Anforderungen und Pflichten nicht erfüllt, fordert sie den jeweiligen Akteur unverzüglich auf, alle Korrekturmaßnahmen zu ergreifen, die geeignet sind, die Konformität des KI-Systems herzustellen, das KI-System vom Markt zu nehmen oder es innerhalb einer Frist, die die Marktüberwachungsbehörde vorgeben kann, in jedem Fall innerhalb von weniger als 15 Arbeitstagen, oder gemäß den einschlägigen Harmonisierungsrechtsvorschriften der Union zurückzurufen.

Die Marktüberwachungsbehörde informiert die betreffende notifizierte Stelle entsprechend. Artikel 18 der Verordnung (EU) 2019/1020 gilt für die in Unterabsatz 2 des vorliegenden Absatzes genannten Maßnahmen.

(3) Gelangt die Marktüberwachungsbehörde zu der Auffassung, dass die Nichtkonformität nicht auf ihr nationales Hoheitsgebiet beschränkt ist, so informiert sie die Kommission und die anderen Mitgliedstaaten unverzüglich über die Ergebnisse der Prüfung und über die Maßnahmen, zu denen sie den Akteur aufgefordert hat.

(4) Der Akteur sorgt dafür, dass alle geeigneten Korrekturmaßnahmen in Bezug auf alle betreffenden KI-Systeme, die er auf dem Unionsmarkt bereitgestellt hat, getroffen werden.

(5) Ergreift der Akteur in Bezug auf sein KI-System keine geeigneten Korrekturmaßnahmen innerhalb der in Absatz 2 genannten Frist, trifft die Marktüberwachungsbehörde alle geeigneten vorläufigen Maßnahmen, um die Bereitstellung oder Inbetriebnahme des KI-Systems auf ihrem nationalen Markt zu verbieten oder einzuschränken, das Produkt oder das eigenständige KI-System von diesem Markt zu nehmen oder es zurückzurufen. Diese Behörde notifiziert unverzüglich die Kommission und die anderen Mitgliedstaaten über diese Maßnahmen.

(6) Die Notifizierung nach Absatz 5 enthält alle vorliegenden Angaben, insbesondere die für die Identifizierung des nicht konformen Systems notwendigen Informationen, den Ursprung des KI-Systems und die Lieferkette, die Art der vermuteten Nichtkonformität und das sich daraus ergebende Risiko, die Art und Dauer der ergriffenen nationalen Maßnahmen und die von dem betreffenden Akteur vorgebrachten Argumente. Die Marktüberwachungsbehörden geben insbesondere an, ob die Nichtkonformität eine oder mehrere der folgenden Ursachen hat:
a) Missachtung des Verbots der in Artikel 5 genannten KI-Praktiken;
b) Nichterfüllung der in Kapitel III Abschnitt 2 festgelegten Anforderungen durch ein Hochrisiko-KI-System;
c) Mängel in den in den Artikeln 40 und 41 genannten harmonisierten Normen oder gemeinsamen Spezifikationen, die eine Konformitätsvermutung begründen;
d) Nichteinhaltung des Artikels 50.

(7) Die anderen Marktüberwachungsbehörden – mit Ausnahme der Marktüberwachungsbehörde des Mitgliedstaats, der das Verfahren eingeleitet hat – informieren unverzüglich die Kommission und die anderen Mitgliedstaaten über jegliche Maßnahmen und ihnen vorliegende zusätzlichen Informationen zur Nichtkonformität des betreffenden KI-Systems sowie – falls sie die ihnen mitgeteilte nationale Maßnahme ablehnen – über ihre Einwände.

VXII. Künstliche Intelligenz-Verordnung (KI-VO)

(8) Erhebt weder eine Marktüberwachungsbehörde eines Mitgliedstaats noch die Kommission innerhalb von drei Monaten nach Eingang der in Absatz 5 des vorliegenden Artikels genannten Notifizierung Einwände gegen eine von einer Marktüberwachungsbehörde eines anderen Mitgliedstaats erlassene vorläufige Maßnahme, so gilt diese Maßnahme als gerechtfertigt. Die Verfahrensrechte des betreffenden Akteurs nach Artikel 18 der Verordnung (EU) 2019/1020 bleiben hiervon unberührt. Die Frist von drei Monaten gemäß dem vorliegenden Absatz wird bei Nichteinhaltung des Verbots der in Artikel 5 der vorliegenden Verordnung genannten KI-Praktiken auf 30 Tage verkürzt.

(9) Die Marktüberwachungsbehörden tragen dafür Sorge, dass geeignete einschränkende Maßnahmen in Bezug auf das betreffende Produkt oder KI-System ergriffen werden, beispielsweise die unverzügliche Rücknahme des Produkts oder KI-Systems von ihrem Markt.

Artikel 80
Verfahren für den Umgang mit KI-Systemen, die vom Anbieter gemäß Anhang III als nicht hochriskant eingestuft werden

(1) Hat eine Marktüberwachungsbehörde hinreichend Grund zu der Annahme, dass ein vom Anbieter als nicht hochriskant gemäß Artikel 6 Absatz 3 eingestuftes KI-System tatsächlich hochriskant ist, so prüft die Marktüberwachungsbehörde das betreffende KI-System im Hinblick auf seine Einstufung als Hochrisiko-KI-System auf der Grundlage der in Artikel 6 Absatz 3 festgelegten Bedingungen und den Leitlinien der Kommission.

(2) Stellt die Marktüberwachungsbehörde im Verlauf dieser Prüfung fest, dass das betreffende KI-System hochriskant ist, fordert sie den jeweiligen Anbieter unverzüglich auf, alle erforderlichen Maßnahmen zu ergreifen, um die Konformität des KI-Systems mit den in dieser Verordnung festgelegten Anforderungen und Pflichten herzustellen, sowie innerhalb einer Frist, die die Marktüberwachungsbehörde vorgeben kann, geeignete Korrekturmaßnahmen zu ergreifen.

(3) Gelangt die Marktüberwachungsbehörde zu der Auffassung, dass die Verwendung des betreffenden KI-Systems nicht auf ihr nationales Hoheitsgebiet beschränkt ist, so informiert sie die Kommission und die anderen Mitgliedstaaten unverzüglich über die Ergebnisse der Prüfung und über die Maßnahmen, zu denen sie den Anbieter aufgefordert hat.

(4) Der Anbieter sorgt dafür, dass alle erforderlichen Maßnahmen ergriffen werden, um die Konformität des KI-Systems mit den in dieser Verordnung festgelegten Anforderungen und Pflichten herzustellen. Stellt der Anbieter eines betroffenen KI-Systems die Konformität des KI-Systems mit diesen Anforderungen und Pflichten nicht innerhalb der in Absatz 2 des vorliegenden Artikels genannten Frist her, so werden gegen den Anbieter Geldbußen gemäß Artikel 99 verhängt.

(5) Der Anbieter sorgt dafür, dass alle geeigneten Korrekturmaßnahmen in Bezug auf alle betreffenden KI-Systeme, die er auf dem Unionsmarkt bereitgestellt hat, getroffen werden.

(6) Ergreift der Anbieter des betreffenden KI-Systems innerhalb der in Absatz 2 des vorliegenden Artikels genannten Frist keine angemessenen Korrekturmaßnahmen, so findet Artikel 79 Absätze 5 bis 9 Anwendung.

(7) Stellt die Marktüberwachungsbehörde im Verlauf der Prüfung gemäß Absatz 1 des vorliegenden Artikels fest, dass das KI-System vom Anbieter fälschlich als nicht hochris-

VXII. Künstliche Intelligenz-Verordnung (KI-VO)

kant eingestuft wurde, um die Geltung der Anforderungen von Kapitel III Abschnitt 2 zu umgehen, so werden gegen den Anbieter Geldbußen gemäß Artikel 99 verhängt.

(8) Bei der Ausübung ihrer Befugnis zur Überwachung der Anwendung dieses Artikels können die Marktüberwachungsbehörden im Einklang mit Artikel 11 der Verordnung (EU) 2019/1020 geeignete Überprüfungen durchführen, wobei sie insbesondere Informationen berücksichtigen, die in der EU-Datenbank gemäß Artikel 71 der vorliegenden Verordnung gespeichert sind.

Artikel 81
Schutzklauselverfahren der Union

(1) Erhebt eine Marktüberwachungsbehörde eines Mitgliedstaats innerhalb von drei Monaten nach Eingang der in Artikel 79 Absatz 5 genannten Notifizierung – oder bei Nichteinhaltung des Verbots der in Artikel 5 genannten KI-Praktiken innerhalb von 30 Tagen – Einwände gegen eine von der Marktüberwachungsbehörde eines anderen Mitgliedstaats getroffene Maßnahme oder ist die Kommission der Ansicht, dass die Maßnahme mit dem Unionsrecht unvereinbar ist, so nimmt die Kommission unverzüglich Konsultationen mit der Marktüberwachungsbehörde des betreffenden Mitgliedstaats und dem Akteur bzw. den Akteuren auf und prüft die nationale Maßnahme. Anhand der Ergebnisse dieser Prüfung entscheidet die Kommission innerhalb von sechs Monaten – oder bei Nichteinhaltung des Verbots der in Artikel 5 genannten KI-Praktiken innerhalb von 60 Tagen – ab dem Eingang der in Artikel 79 Absatz 5 genannten Notifizierung, ob die nationale Maßnahme gerechtfertigt ist, und teilt der Marktüberwachungsbehörde des betreffenden Mitgliedstaats ihre Entscheidung mit. Die Kommission unterrichtet auch alle übrigen Marktüberwachungsbehörden über ihre Entscheidung.

(2) Ist die Kommission der Ansicht, dass die von dem betreffenden Mitgliedstaat ergriffene Maßnahme gerechtfertigt ist, so tragen alle Mitgliedstaaten dafür Sorge, dass sie geeignete einschränkende Maßnahmen in Bezug auf das betreffende KI-System ergreifen, etwa die Anordnung der unverzüglichen Rücknahme des KI-Systems von ihrem Markt, und informiert die Kommission darüber. Erachtet die Kommission die nationale Maßnahme als nicht gerechtfertigt, nimmt der betreffende Mitgliedstaat die Maßnahme zurück und informiert die Kommission darüber.

(3) Gilt die nationale Maßnahme als gerechtfertigt und wird die Nichtkonformität des KI-Systems auf Mängel in den in den Artikeln 40 und 41 dieser Verordnung genannten harmonisierten Normen oder gemeinsamen Spezifikationen zurückgeführt, so leitet die Kommission das in Artikel 11 der Verordnung (EU) Nr. 1025/2012 festgelegte Verfahren ein.

Artikel 82
Konforme KI-Systeme, die ein Risiko bergen

(1) Stellt die Marktüberwachungsbehörde eines Mitgliedstaats – nach einer Konsultation der in Artikel 77 Absatz 1 genannten betreffenden nationalen Behörde – nach der gemäß Artikel 79 durchgeführten Prüfung fest, dass ein Hochrisiko-KI-System zwar dieser Verordnung entspricht, aber dennoch ein Risiko für die Gesundheit oder Sicherheit von Personen, für die Grundrechte oder für andere Aspekte des Schutzes öffentlicher Interessen darstellt, so fordert sie unverzüglich den betreffenden Akteur auf, alle geeigneten Maßnahmen zu treffen, damit das betreffende KI-System zum Zeitpunkt des

Inverkehrbringens oder der Inbetriebnahme dieses Risiko nicht mehr birgt, und zwar innerhalb einer Frist, die sie vorgeben kann.

(2) Der Anbieter oder der andere einschlägige Akteur sorgt dafür, dass in Bezug auf alle betroffenen KI-Systeme, die er auf dem Unionsmarkt bereitgestellt hat, innerhalb der Frist, die von der in Absatz 1 genannten Marktüberwachungsbehörde des Mitgliedstaats vorgegeben wurde, Korrekturmaßnahmen ergriffen werden.

(3) Die Mitgliedstaaten unterrichten unverzüglich die Kommission und die anderen Mitgliedstaaten über Feststellungen gemäß Absatz 1. Diese Unterrichtung enthält alle vorliegenden Angaben, insbesondere die für die Identifizierung des betreffenden KI-Systems notwendigen Daten, den Ursprung und die Lieferkette des KI-Systems, die Art des sich daraus ergebenden Risikos sowie die Art und Dauer der ergriffenen nationalen Maßnahmen.

(4) Die Kommission nimmt unverzüglich mit den betreffenden Mitgliedstaaten und den jeweiligen Akteuren Konsultationen auf und prüft die ergriffenen nationalen Maßnahmen. Anhand der Ergebnisse dieser Prüfung entscheidet die Kommission, ob die Maßnahme gerechtfertigt ist, und schlägt, falls erforderlich, weitere geeignete Maßnahmen vor.

(5) Die Kommission teilt ihren Beschluss unverzüglich den betroffenen Mitgliedstaaten und den jeweiligen Akteuren mit. Sie unterrichtet auch die übrigen Mitgliedstaaten.

Artikel 83
Formale Nichtkonformität

(1) Wenn die Marktüberwachungsbehörde eines Mitgliedstaats eine der folgenden Nichtkonformitäten feststellt, fordert sie den jeweiligen Anbieter auf, diese binnen einer Frist, die sie vorgeben kann, zu beheben:
a) die CE-Kennzeichnung wurde unter Verstoß gegen Artikel 48 angebracht;
b) es wurde keine CE-Kennzeichnung angebracht;
c) es wurde keine EU-Konformitätserklärung gemäß Artikel 47 ausgestellt;
d) es wurde keine EU-Konformitätserklärung gemäß Artikel 47 ordnungsgemäß ausgestellt;
e) es wurde keine Registrierung in der EU-Datenbank gemäß Artikel 71 vorgenommen;
f) es wurde kein Bevollmächtigter – sofern erforderlich – ernannt;
g) es ist keine technische Dokumentation verfügbar.

(2) Besteht die Nichtkonformität nach Absatz 1 weiter, so ergreift die Marktüberwachungsbehörde des betreffenden Mitgliedstaats geeignete und verhältnismäßige Maßnahmen, um die Bereitstellung des Hochrisiko-KI-Systems auf dem Markt zu beschränken oder zu verbieten oder um dafür zu sorgen, dass es unverzüglich zurückgerufen oder vom Markt genommen wird.

Artikel 84
Unionsstrukturen zur Unterstützung der Prüfung von KI

(1) Die Kommission benennt eine oder mehrere Unionsstrukturen zur Unterstützung der Prüfung von KI, die die Aufgaben gemäß Artikel 21 Absatz 6 der Verordnung (EU) 2019/1020 im KI-Bereich wahrnehmen.

(2) Unbeschadet der in Absatz 1 genannten Aufgaben leisten die Unionsstrukturen zur Unterstützung der Prüfung von KI auf Anfrage des KI-Gremiums, der Kommission oder

VXII. Künstliche Intelligenz-Verordnung (KI-VO)

der Marktüberwachungsbehörden auch unabhängige technische oder wissenschaftliche Beratung.

ABSCHNITT 4
Rechtsbehelfe

Artikel 85
Recht auf Beschwerde bei einer Marktüberwachungsbehörde

Unbeschadet anderer verwaltungsrechtlicher oder gerichtlicher Rechtsbehelfe kann jede natürliche oder juristische Person, die Grund zu der Annahme hat, dass gegen die Bestimmungen dieser Verordnung verstoßen wurde, bei der betreffenden Marktüberwachungsbehörde Beschwerden einreichen.

Gemäß der Verordnung (EU) 2019/1020 werden solche Beschwerden für die Zwecke der Durchführung von Marktüberwachungstätigkeiten berücksichtigt und nach den einschlägigen von den Marktüberwachungsbehörden dafür eingerichteten Verfahren behandelt.

Artikel 86
Recht auf Erläuterung der Entscheidungsfindung im Einzelfall

(1) Personen, die von einer Entscheidung betroffen sind, die der Betreiber auf der Grundlage der Ausgaben eines in Anhang III aufgeführten Hochrisiko-KI-Systems, mit Ausnahme der in Nummer 2 des genannten Anhangs aufgeführten Systeme, getroffen hat und die rechtliche Auswirkungen hat oder sie in ähnlicher Art erheblich auf eine Weise beeinträchtigt, die ihrer Ansicht nach ihre Gesundheit, ihre Sicherheit oder ihre Grundrechte beeinträchtigt, haben das Recht, vom Betreiber eine klare und aussagekräftige Erläuterung zur Rolle des KI-Systems im Entscheidungsprozess und zu den wichtigsten Elementen der getroffenen Entscheidung zu erhalten.

(2) Absatz 1 gilt nicht für die Verwendung von KI-Systemen, bei denen sich Ausnahmen von oder Beschränkungen der Pflicht nach dem genannten Absatz aus dem Unionsrecht oder dem nationalen Recht im Einklang mit dem Unionsrecht ergeben.

(3) Dieser Artikel gilt nur insoweit, als das Recht gemäß Absatz 1 nicht anderweitig im Unionsrecht festgelegt ist.

Artikel 87
Meldung von Verstößen und Schutz von Hinweisgebern

Für die Meldung von Verstößen gegen diese Verordnung und den Schutz von Personen, die solche Verstöße melden, gilt die Richtlinie (EU) 2019/1937.

ABSCHNITT 5
Aufsicht, Ermittlung, Durchsetzung und Überwachung in Bezug auf Anbieter von KI-Modellen mit allgemeinem Verwendungszweck

Artikel 88
Durchsetzung der Pflichten der Anbieter von KI-Modellen mit allgemeinem Verwendungszweck

(1) Die Kommission verfügt unter Berücksichtigung der Verfahrensgarantien nach Artikel 94 über ausschließliche Befugnisse zur Beaufsichtigung und Durchsetzung von Kapitel V. Unbeschadet der Organisationsbefugnisse der Kommission und der Aufteilung der Zuständigkeiten zwischen den Mitgliedstaaten und der Union auf der Grundlage

VXII. Künstliche Intelligenz-Verordnung (KI-VO)

der Verträge überträgt die Kommission dem Büro für Künstliche Intelligenz die Durchführung dieser Aufgaben.

(2) Unbeschadet des Artikels 75 Absatz 3 können die Marktüberwachungsbehörden die Kommission ersuchen, die in diesem Abschnitt festgelegten Befugnisse auszuüben, wenn es erforderlich und verhältnismäßig ist, um die Wahrnehmung ihrer Aufgaben gemäß dieser Verordnung zu unterstützen.

Artikel 89
Überwachungsmaßnahmen

(1) Zur Wahrnehmung der ihr in diesem Abschnitt übertragenen Aufgaben kann das Büro für Künstliche Intelligenz die erforderlichen Maßnahmen ergreifen, um die wirksame Umsetzung und Einhaltung dieser Verordnung durch Anbieter von KI-Modellen mit allgemeinem Verwendungszweck, einschließlich der Einhaltung genehmigter Praxisleitfäden, zu überwachen.

(2) Nachgelagerte Anbieter haben das Recht, eine Beschwerde wegen eines Verstoßes gegen diese Verordnung einzureichen. Eine Beschwerde ist hinreichend zu begründen und enthält mindestens Folgendes:
a) die Kontaktstelle des Anbieters des betreffenden KI-Modells mit allgemeinem Verwendungszweck;
b) eine Beschreibung der einschlägigen Fakten, die betreffenden Bestimmungen dieser Verordnung und die Begründung, warum der nachgelagerte Anbieter der Auffassung ist, dass der Anbieter des KI-Modells mit allgemeinem Verwendungszweck gegen diese Verordnung verstoßen hat;
c) alle sonstigen Informationen, die der nachgelagerte Anbieter, der die Anfrage übermittelt hat, für relevant hält, gegebenenfalls einschließlich Informationen, die er auf eigene Initiative hin zusammengetragen hat.

Artikel 90
Warnungen des wissenschaftlichen Gremiums vor systemischen Risiken

(1) Das wissenschaftliche Gremium kann dem Büro für Künstliche Intelligenz eine qualifizierte Warnung übermitteln, wenn es Grund zu der Annahme hat, dass
a) ein KI-Modell mit allgemeinem Verwendungszweck ein konkretes, identifizierbares Risiko auf Unionsebene birgt oder
b) ein KI-Modell mit allgemeinem Verwendungszweck die Bedingungen gemäß Artikel 51 erfüllt.

(2) Aufgrund einer solchen qualifizierten Warnung kann die Kommission über das Büro für Künstliche Intelligenz und nach Unterrichtung des KI-Gremiums die in diesem Abschnitt festgelegten Befugnisse zur Beurteilung der Angelegenheit ausüben. Das Büro für Künstliche Intelligenz unterrichtet das KI-Gremium über jede Maßnahme gemäß den Artikeln 91 bis 94.

(3) Eine qualifizierte Warnung ist hinreichend zu begründen und enthält mindestens Folgendes:
a) die Kontaktstelle des Anbieters des betreffenden KI-Modells mit allgemeinem Verwendungszweck mit systemischem Risiko;
b) eine Beschreibung der einschlägigen Fakten und der Gründe für die Warnung durch das wissenschaftliche Gremium;

VXII. Künstliche Intelligenz-Verordnung (KI-VO)

c) alle sonstigen Informationen, die das wissenschaftliche Gremium für relevant hält, gegebenenfalls einschließlich Informationen, die es auf eigene Initiative hin zusammengetragen hat.

Artikel 91
Befugnis zur Anforderung von Dokumentation und Informationen

(1) Die Kommission kann den Anbieter des betreffenden KI-Modells mit allgemeinem Verwendungszweck auffordern, die vom Anbieter gemäß den Artikeln 53 und 55 erstellte Dokumentation oder alle zusätzlichen Informationen vorzulegen, die erforderlich sind, um die Einhaltung dieser Verordnung durch den Anbieter zu beurteilen.

(2) Vor der Übermittlung des Informationsersuchens kann das Büro für Künstliche Intelligenz einen strukturierten Dialog mit dem Anbieter des KI-Modells mit allgemeinem Verwendungszweck einleiten.

(3) Auf hinreichend begründeten Antrag des wissenschaftlichen Gremiums kann die Kommission ein Informationsersuchen an einen Anbieter eines KI-Modells mit allgemeinem Verwendungszweck richten, wenn der Zugang zu Informationen für die Wahrnehmung der Aufgaben des wissenschaftlichen Gremiums gemäß Artikel 68 Absatz 2 erforderlich und verhältnismäßig ist.

(4) In dem Auskunftsersuchen sind die Rechtsgrundlage und der Zweck des Ersuchens zu nennen, anzugeben, welche Informationen benötigt werden, eine Frist für die Übermittlung der Informationen zu setzen, und die Geldbußen für die Erteilung unrichtiger, unvollständiger oder irreführender Informationen gemäß Artikel 101 anzugeben.

(5) Der Anbieter des betreffenden KI-Modells mit allgemeinem Verwendungszweck oder sein Vertreter stellt die angeforderten Informationen bereit. Im Falle juristischer Personen, Gesellschaften oder – wenn der Anbieter keine Rechtspersönlichkeit besitzt – die Personen, die nach Gesetz oder Satzung zur Vertretung dieser Personen befugt sind, stellen die angeforderten Informationen im Namen des Anbieters des betreffenden KI-Modells mit allgemeinem Verwendungszweck zur Verfügung. Ordnungsgemäß bevollmächtigte Rechtsanwälte können Informationen im Namen ihrer Mandanten erteilen. Die Mandanten bleiben jedoch in vollem Umfang dafür verantwortlich, dass die erteilten Auskünfte vollständig, sachlich richtig oder nicht irreführend sind.

Artikel 92
Befugnis zur Durchführung von Bewertungen

(1) Das Büro für Künstliche Intelligenz kann nach Konsultation des KI-Gremiums Bewertungen des betreffenden KI-Modells mit allgemeinem Verwendungszweck durchführen, um
  a) die Einhaltung der Pflichten aus dieser Verordnung durch den Anbieter zu beurteilen, wenn die gemäß Artikel 91 eingeholten Informationen unzureichend sind, oder
  b) systemische Risiken auf Unionsebene von KI-Modellen mit allgemeinem Verwendungszweck mit systemischem Risiko zu ermitteln, insbesondere im Anschluss an eine qualifizierte Warnung des wissenschaftlichen Gremiums gemäß Artikel 90 Absatz 1 Buchstabe a.

(2) Die Kommission kann beschließen, unabhängige Sachverständige zu benennen, die in ihrem Namen Bewertungen durchführen, einschließlich aus dem gemäß Artikel 68 eingesetzten wissenschaftlichen Gremium. Die für diese Aufgabe benannten unabhängigen Sachverständigen erfüllen die in Artikel 68 Absatz 2 umrissenen Kriterien.

VXII. Künstliche Intelligenz-Verordnung (KI-VO)

(3) Für die Zwecke des Absatzes 1 kann die Kommission über API oder weitere geeignete technische Mittel und Instrumente, einschließlich Quellcode, Zugang zu dem betreffenden KI-Modell mit allgemeinem Verwendungszweck anfordern.

(4) In der Anforderung des Zugangs sind die Rechtsgrundlage, der Zweck und die Gründe für die Anforderung zu nennen und die Frist für die Bereitstellung des Zugangs zu setzen und die Geldbußen gemäß Artikel 101 für den Fall, dass der Zugang nicht bereitgestellt wird, anzugeben.

(5) Die Anbieter des betreffenden KI-Modells mit allgemeinem Verwendungszweck oder seine Vertreter stellen die angeforderten Informationen zur Verfügung. Im Falle juristischer Personen, Gesellschaften oder – wenn der Anbieter keine Rechtspersönlichkeit besitzt – die Personen, die nach Gesetz oder ihrer Satzung zur Vertretung dieser Personen befugt sind, stellen den angeforderten Zugang im Namen des Anbieters des betreffenden KI-Modells mit allgemeinem Verwendungszweck zur Verfügung.

(6) Die Kommission erlässt Durchführungsrechtsakte, in denen die detaillierten Regelungen und Voraussetzungen für die Bewertungen, einschließlich der detaillierten Regelungen für die Einbeziehung unabhängiger Sachverständiger, und das Verfahren für deren Auswahl festgelegt werden. Diese Durchführungsrechtsakte werden gemäß dem in Artikel 98 Absatz 2 genannten Prüfverfahren erlassen.

(7) Bevor es den Zugang zu dem betreffenden KI-Modell mit allgemeinem Verwendungszweck anfordert, kann das Büro für Künstliche Intelligenz einen strukturierten Dialog mit dem Anbieter des KI-Modells mit allgemeinem Verwendungszweck einleiten, um mehr Informationen über die interne Erprobung des Modells, interne Vorkehrungen zur Vermeidung systemischer Risiken und andere interne Verfahren und Maßnahmen, die der Anbieter zur Minderung dieser Risiken ergriffen hat, einzuholen.

Artikel 93
Befugnis zur Aufforderung zu Maßnahmen

(1) Soweit erforderlich und angemessen, kann die Kommission die Anbieter auffordern,
   a) geeignete Maßnahmen zu ergreifen, um die Verpflichtungen gemäß den Artikeln 53 und 54 einzuhalten;
   b) Risikominderungsmaßnahmen durchzuführen, wenn die gemäß Artikel 92 durchgeführte Bewertung zu ernsthaften und begründeten Bedenken hinsichtlich eines systemischen Risikos auf Unionsebene geführt hat;
   c) die Bereitstellung des Modells auf dem Markt einzuschränken, es zurückzunehmen oder zurückzurufen.

(2) Vor der Aufforderung zu einer Maßnahme kann das Büro für Künstliche Intelligenz einen strukturierten Dialog mit dem Anbieter des KI-Modells mit allgemeinem Verwendungszweck einleiten.

(3) Wenn der Anbieter des KI-Modells mit allgemeinem Verwendungszweck im Rahmen des strukturierten Dialogs gemäß Absatz 2 Verpflichtungszusagen zur Durchführung von Risikominderungsmaßnahmen, um einem systemischen Risiko auf Unionsebene zu begegnen, anbietet, kann die Kommission diese Verpflichtungszusagen durch einen Beschluss für bindend erklären und feststellen, dass es keinen weiteren Anlass zum Handeln gibt.

VXII. Künstliche Intelligenz-Verordnung (KI-VO)

Artikel 94
Verfahrensrechte der Wirtschaftsakteure des KI-Modells mit allgemeinem Verwendungszweck

Unbeschadet der in dieser Verordnung enthaltenen spezifischeren Verfahrensrechte gilt für die Anbieter des KI-Modells mit allgemeinem Verwendungszweck Artikel 18 der Verordnung (EU) 2019/1020 sinngemäß.

Kapitel X
Verhaltenskodizes und Leitlinien

Artikel 95
Verhaltenskodizes für die freiwillige Anwendung bestimmter Anforderungen

(1) Das Büro für Künstliche Intelligenz und die Mitgliedstaaten fördern und erleichtern die Aufstellung von Verhaltenskodizes, einschließlich damit zusammenhängender Governance-Mechanismen, mit denen die freiwillige Anwendung einiger oder aller der in Kapitel III Abschnitt 2 genannten Anforderungen auf KI-Systeme, die kein hohes Risiko bergen, gefördert werden soll, wobei den verfügbaren technischen Lösungen und bewährten Verfahren der Branche, die die Anwendung dieser Anforderungen ermöglichen, Rechnung zu tragen ist.

(2) Das Büro für Künstliche Intelligenz und die Mitgliedstaaten erleichtern die Aufstellung von Verhaltenskodizes in Bezug auf die freiwillige Anwendung spezifischer Anforderungen auf alle KI-Systeme, einschließlich durch Betreiber, auf der Grundlage klarer Zielsetzungen sowie wesentlicher Leistungsindikatoren zur Messung der Erfüllung dieser Zielsetzungen, einschließlich unter anderem folgender Elemente:

a) in den Ethik-Leitlinien der Union für eine vertrauenswürdige KI enthaltene anwendbare Elemente;

b) Beurteilung und Minimierung der Auswirkungen von KI-Systemen auf die ökologische Nachhaltigkeit, einschließlich im Hinblick auf energieeffizientes Programmieren, und Techniken, um KI effizient zu gestalten, zu trainieren und zu nutzen;

c) Förderung der KI-Kompetenz, insbesondere der von Personen, die mit der Entwicklung, dem Betrieb und der Nutzung von KI befasst sind;

d) Erleichterung einer inklusiven und vielfältigen Gestaltung von KI-Systemen, unter anderem durch die Einsetzung inklusiver und vielfältiger Entwicklungsteams und die Förderung der Beteiligung der Interessenträger an diesem Prozess;

e) Bewertung und Verhinderung der negativen Auswirkungen von KI-Systemen auf schutzbedürftige Personen oder Gruppen schutzbedürftiger Personen, einschließlich im Hinblick auf die Barrierefreiheit für Personen mit Behinderungen, sowie auf die Gleichstellung der Geschlechter.

(3) Verhaltenskodizes können von einzelnen KI-System-Anbietern oder -Betreibern oder von Interessenvertretungen dieser Anbieter oder Betreiber oder von beiden aufgestellt werden, auch unter Einbeziehung von Interessenträgern sowie deren Interessenvertretungen einschließlich Organisationen der Zivilgesellschaft und Hochschulen. Verhaltenskodizes können sich auf ein oder mehrere KI-Systeme erstrecken, um ähnlichen Zweckbestimmungen der jeweiligen Systeme Rechnung zu tragen.

(4) Das Büro für Künstliche Intelligenz und die Mitgliedstaaten berücksichtigen die besonderen Interessen und Bedürfnisse von KMU, einschließlich Startups, bei der Förderung und Erleichterung der Aufstellung von Verhaltenskodizes.

Artikel 96
Leitlinien der Kommission zur Durchführung dieser Verordnung

(1) Die Kommission erarbeitet Leitlinien für die praktische Umsetzung dieser Verordnung, die sich insbesondere auf Folgendes beziehen:
a) die Anwendung der in den Artikeln 8 bis 15 und in Artikel 25 genannten Anforderungen und Pflichten;
b) die in Artikel 5 genannten verbotenen Praktiken;
c) die praktische Durchführung der Bestimmungen über wesentliche Veränderungen;
d) die praktische Umsetzung der Transparenzpflichten gemäß Artikel 50;
e) detaillierte Informationen über das Verhältnis dieser Verordnung zu den in Anhang I aufgeführten Harmonisierungsrechtsvorschriften der Union sowie zu anderen einschlägigen Rechtsvorschriften der Union, auch in Bezug auf deren kohärente Durchsetzung;
f) die Anwendung der Definition eines KI-Systems gemäß Artikel 3 Nummer 1.

Wenn die Kommission solche Leitlinien herausgibt, widmet sie den Bedürfnissen von KMU einschließlich Start-up-Unternehmen, von lokalen Behörden und von den am wahrscheinlichsten von dieser Verordnung betroffenen Sektoren besondere Aufmerksamkeit.

Die Leitlinien gemäß Unterabsatz 1 dieses Absatzes tragen dem allgemein anerkannten Stand der Technik im Bereich KI sowie den einschlägigen harmonisierten Normen und gemeinsamen Spezifikationen, auf die in den Artikeln 40 und 41 Bezug genommen wird, oder den harmonisierten Normen oder technischen Spezifikationen, die gemäß den Harmonisierungsrechtsvorschriften der Union festgelegt wurden, gebührend Rechnung.

(2) Auf Ersuchen der Mitgliedstaaten oder des Büros für Künstliche Intelligenz oder von sich aus aktualisiert die Kommission früher verabschiedete Leitlinien, wenn es als notwendig erachtet wird.

Kapitel XI
Befugnisübertragung Uud Ausschussverfahren

Artikel 97
Ausübung der Befugnisübertragung

(1) Die Befugnis zum Erlass delegierter Rechtsakte wird der Kommission unter den in diesem Artikel festgelegten Bedingungen übertragen.

(2) Die in Artikel 6 Absätze 6 und 7, Artikel 7 Absätze 1 und 3, Artikel 11 Absatz 3, Artikel 43 Absätze 5 und 6, Artikel 47 Absatz 5, Artikel 51 Absatz 3, Artikel 52 Absatz 4 sowie Artikel 53 Absätze 5 und 6 genannte Befugnis zum Erlass delegierter Rechtsakte wird der Kommission für einen Zeitraum von fünf Jahren ab 1. August 2024 übertragen. Die Kommission erstellt spätestens neun Monate vor Ablauf des Zeitraums von fünf Jahren einen Bericht über die Befugnisübertragung. Die Befugnisübertragung verlängert sich stillschweigend um Zeiträume gleicher Länge, es sei denn, das Europäische Parlament oder der Rat widersprechen einer solchen Verlängerung spätestens drei Monate vor Ablauf des jeweiligen Zeitraums.

(3) Die Befugnisübertragung gemäß Artikel 6 Absätze 6 und 7, Artikel 7 Absätze 1 und 3, Artikel 11 Absatz 3, Artikel 43 Absätze 5 und 6, Artikel 47 Absatz 5, Artikel 51 Absatz 3, Artikel 52 Absatz 4 sowie Artikel 53 Absätze 5 und 6 kann vom Europäischen Parlament oder vom Rat jederzeit widerrufen werden. Der Beschluss über den Wider-

VXII. Künstliche Intelligenz-Verordnung (KI-VO)

ruf beendet die Übertragung der in jenem Beschluss angegebenen Befugnis. Er wird am Tag nach seiner Veröffentlichung im *Amtsblatt der Europäischen Union* oder zu einem darin angegebenen späteren Zeitpunkt wirksam. Die Gültigkeit von delegierten Rechtsakten, die bereits in Kraft sind, wird von dem Beschluss über den Widerruf nicht berührt.

(4) Vor dem Erlass eines delegierten Rechtsakts konsultiert die Kommission die von den einzelnen Mitgliedstaaten benannten Sachverständigen im Einklang mit den in der Interinstitutionellen Vereinbarung vom 13. April 2016 über bessere Rechtsetzung niedergelegten Grundsätzen.

(5) Sobald die Kommission einen delegierten Rechtsakt erlässt, übermittelt sie ihn gleichzeitig dem Europäischen Parlament und dem Rat.

(6) Ein delegierter Rechtsakt, der nach Artikel 6 Absatz 6 oder 7, Artikel 7 Absatz 1 oder 3, Artikel 11 Absatz 3, Artikel 43 Absatz 5 oder 6, Artikel 47 Absatz 5, Artikel 51 Absatz 3, Artikel 52 Absatz 4 sowie Artikel 53 Absatz 5 oder 6 erlassen wurde, tritt nur in Kraft, wenn weder das Europäische Parlament noch der Rat innerhalb einer Frist von drei Monaten nach Übermittlung jenes Rechtsakts an das Europäische Parlament und den Rat Einwände erhoben haben oder wenn vor Ablauf dieser Frist das Europäische Parlament und der Rat beide der Kommission mitgeteilt haben, dass sie keine Einwände erheben werden. Auf Initiative des Europäischen Parlaments oder des Rates wird diese Frist um drei Monate verlängert.

Artikel 98
Ausschussverfahren

(1) Die Kommission wird von einem Ausschuss unterstützt. Dieser Ausschuss ist ein Ausschuss im Sinne der Verordnung (EU) Nr. 182/2011.

(2) Wird auf diesen Absatz Bezug genommen, so gilt Artikel 5 der Verordnung (EU) Nr. 182/2011.

Kapitel XII
Sanktionen

Artikel 99
Sanktionen

(1) Entsprechend den Vorgaben dieser Verordnung erlassen die Mitgliedstaaten Vorschriften für Sanktionen und andere Durchsetzungsmaßnahmen, zu denen auch Verwarnungen und nichtmonetäre Maßnahmen gehören können, die bei Verstößen gegen diese Verordnung durch Akteure Anwendung finden, und ergreifen alle Maßnahmen, die für deren ordnungsgemäße und wirksame Durchsetzung notwendig sind, wobei die von der Kommission gemäß Artikel 96 erteilten Leitlinien zu berücksichtigen sind. Die vorgesehenen Sanktionen müssen wirksam, verhältnismäßig und abschreckend sein. Sie berücksichtigen die Interessen von KMU, einschließlich Start-up-Unternehmen, sowie deren wirtschaftliches Überleben.

(2) Die Mitgliedstaaten teilen der Kommission die Vorschriften für Sanktionen und andere Durchsetzungsmaßnahmen gemäß Absatz 1 unverzüglich und spätestens zum Zeitpunkt ihres Inkrafttretens mit und melden ihr unverzüglich etwaige spätere Änderungen.

(3) Bei Missachtung des Verbots der in Artikel 5 genannten KI-Praktiken werden Geldbußen von bis zu 35 000 000 EUR oder – im Falle von Unternehmen – von bis zu

7 % des gesamten weltweiten Jahresumsatzes des vorangegangenen Geschäftsjahres verhängt, je nachdem, welcher Betrag höher ist.

(4) Für Verstöße gegen folgende für Akteure oder notifizierte Stellen geltende Bestimmungen, mit Ausnahme der in Artikel 5 genannten, werden Geldbußen von bis zu 15 000 000 EUR oder – im Falle von Unternehmen – von bis zu 3 % des gesamten weltweiten Jahresumsatzes des vorangegangenen Geschäftsjahres verhängt, je nachdem, welcher Betrag höher ist:
 a) Pflichten der Anbieter gemäß Artikel 16;
 b) Pflichten der Bevollmächtigten gemäß Artikel 22;
 c) Pflichten der Einführer gemäß Artikel 23;
 d) Pflichten der Händler gemäß Artikel 24;
 e) Pflichten der Betreiber gemäß Artikel 26;
 f) für notifizierte Stellen geltende Anforderungen und Pflichten gemäß Artikel 31, Artikel 33 Absätze 1, 3 und 4 bzw. Artikel 34;
 g) Transparenzpflichten für Anbieter und Betreiber gemäß Artikel 50.

(5) Werden notifizierten Stellen oder zuständigen nationalen Behörden auf deren Auskunftsersuchen hin falsche, unvollständige oder irreführende Informationen bereitgestellt, so werden Geldbußen von bis zu 7 500 000 EUR oder – im Falle von Unternehmen – von bis zu 1 % des gesamten weltweiten Jahresumsatzes des vorangegangenen Geschäftsjahres verhängt, je nachdem, welcher Betrag höher ist.

(6) Im Falle von KMU, einschließlich Start-up-Unternehmen, gilt für jede in diesem Artikel genannte Geldbuße der jeweils niedrigere Betrag aus den in den Absätzen 3, 4 und 5 genannten Prozentsätzen oder Summen.

(7) Bei der Entscheidung, ob eine Geldbuße verhängt wird, und bei der Festsetzung der Höhe der Geldbuße werden in jedem Einzelfall alle relevanten Umstände der konkreten Situation sowie gegebenenfalls Folgendes berücksichtigt:
 a) Art, Schwere und Dauer des Verstoßes und seiner Folgen, unter Berücksichtigung des Zwecks des KI-Systems sowie gegebenenfalls der Zahl der betroffenen Personen und des Ausmaßes des von ihnen erlittenen Schadens;
 b) ob demselben Akteur bereits von anderen Marktüberwachungsbehörden für denselben Verstoß Geldbußen auferlegt wurden;
 c) ob demselben Akteur bereits von anderen Behörden für Verstöße gegen das Unionsrecht oder das nationale Recht Geldbußen auferlegt wurden, wenn diese Verstöße auf dieselbe Handlung oder Unterlassung zurückzuführen sind, die einen einschlägigen Verstoß gegen diese Verordnung darstellt;
 d) Größe, Jahresumsatz und Marktanteil des Akteurs, der den Verstoß begangen hat;
 e) jegliche anderen erschwerenden oder mildernden Umstände im jeweiligen Fall, wie etwa unmittelbar oder mittelbar durch den Verstoß erlangte finanzielle Vorteile oder vermiedene Verluste;
 f) Grad der Zusammenarbeit mit den zuständigen nationalen Behörden, um den Verstoß abzustellen und die möglichen nachteiligen Auswirkungen des Verstoßes abzumildern;
 g) Grad an Verantwortung des Akteurs unter Berücksichtigung der von ihm ergriffenen technischen und organisatorischen Maßnahmen;
 h) Art und Weise, wie der Verstoß den zuständigen nationalen Behörden bekannt wurde, insbesondere ob und gegebenenfalls in welchem Umfang der Akteur den Verstoß gemeldet hat;
 i) Vorsätzlichkeit oder Fahrlässigkeit des Verstoßes;
 j) alle Maßnahmen, die der Akteur ergriffen hat, um den Schaden, der den betroffenen Personen zugefügt wird, zu mindern.

VXII. Künstliche Intelligenz-Verordnung (KI-VO)

(8) Jeder Mitgliedstaat erlässt Vorschriften darüber, in welchem Umfang gegen Behörden und öffentliche Stellen, die in dem betreffenden Mitgliedstaat niedergelassen sind, Geldbußen verhängt werden können.

(9) In Abhängigkeit vom Rechtssystem der Mitgliedstaaten können die Vorschriften über Geldbußen je nach den dort geltenden Regeln so angewandt werden, dass die Geldbußen von den zuständigen nationalen Gerichten oder von sonstigen Stellen verhängt werden. Die Anwendung dieser Vorschriften in diesen Mitgliedstaaten muss eine gleichwertige Wirkung haben.

(10) Die Ausübung der Befugnisse gemäß diesem Artikel muss angemessenen Verfahrensgarantien gemäß dem Unionsrecht und dem nationalen Recht, einschließlich wirksamer gerichtlicher Rechtsbehelfe und ordnungsgemäßer Verfahren, unterliegen.

(11) Die Mitgliedstaaten erstatten der Kommission jährlich Bericht über die Geldbußen, die sie in dem betreffenden Jahr gemäß diesem Artikel verhängt haben, und über damit zusammenhängende Rechtsstreitigkeiten oder Gerichtsverfahren.

Artikel 100
Verhängung von Geldbußen gegen Organe, Einrichtungen und sonstige Stellen der Union

(1) Der Europäische Datenschutzbeauftragte kann gegen Organe, Einrichtungen und sonstige Stellen der Union, die in den Anwendungsbereich dieser Verordnung fallen, Geldbußen verhängen. Bei der Entscheidung, ob eine Geldbuße verhängt wird, und bei der Festsetzung der Höhe der Geldbuße werden in jedem Einzelfall alle relevanten Umstände der konkreten Situation sowie Folgendes gebührend berücksichtigt:
a) Art, Schwere und Dauer des Verstoßes und dessen Folgen, unter Berücksichtigung des Zwecks des betreffenden KI-Systems sowie gegebenenfalls der Zahl der betroffenen Personen und des Ausmaßes des von ihnen erlittenen Schadens;
b) Grad der Verantwortung des Organs, der Einrichtung oder der sonstigen Stelle der Union unter Berücksichtigung der von diesem bzw. dieser ergriffenen technischen und organisatorischen Maßnahmen;
c) alle Maßnahmen, die das Organ, die Einrichtung oder die sonstige Stelle der Union zur Minderung des von den betroffenen Personen erlittenen Schadens ergriffen hat;
d) das Maß der Zusammenarbeit mit dem Europäischen Datenschutzbeauftragten bei der Behebung des Verstoßes und der Minderung seiner möglichen nachteiligen Auswirkungen, einschließlich der Befolgung von Maßnahmen, die der Europäische Datenschutzbeauftragte dem Organ, der Einrichtung oder der sonstigen Stelle der Union im Hinblick auf denselben Gegenstand zuvor bereits auferlegt hatte;
e) ähnliche frühere Verstöße des Organs, der Einrichtung oder der sonstigen Stelle der Union;
f) Art und Weise, wie der Verstoß dem Europäischen Datenschutzbeauftragten bekannt wurde, insbesondere ob und gegebenenfalls in welchem Umfang das Organ, die Einrichtung oder die sonstige Stelle der Union den Verstoß gemeldet hat;
g) der Jahreshaushalt des Organs, der Einrichtung oder der sonstigen Stelle der Union.

(2) Bei Missachtung des Verbots der in Artikel 5 genannten KI-Praktiken werden Geldbußen von bis zu 1 500 000 EUR verhängt.

(3) Bei Nichtkonformität des KI-Systems mit in dieser Verordnung festgelegten Anforderungen oder Pflichten, mit Ausnahme der in Artikel 5 festgelegten, werden Geldbußen von bis zu 750 000 EUR verhängt.

(4) Bevor der Europäische Datenschutzbeauftragte Entscheidungen nach dem vorliegenden Artikel trifft, gibt er dem Organ, der Einrichtung oder der sonstigen Stelle der Uni-

VXII. Künstliche Intelligenz-Verordnung (KI-VO)

on, gegen das bzw. die sich das von ihm geführte Verfahren richtet, Gelegenheit, sich zum Vorwurf des Verstoßes zu äußern. Der Europäische Datenschutzbeauftragte stützt seine Entscheidungen nur auf die Elemente und Umstände, zu denen sich die betreffenden Parteien äußern können. Beschwerdeführer, soweit vorhanden, müssen in das Verfahren eng einbezogen werden.

(5) Die Verteidigungsrechte der betroffenen Parteien werden während des Verfahrens in vollem Umfang gewahrt. Vorbehaltlich der legitimen Interessen von Einzelpersonen oder Unternehmen im Hinblick auf den Schutz ihrer personenbezogenen Daten oder Geschäftsgeheimnisse haben die betroffenen Parteien Anspruch auf Einsicht in die Unterlagen des Europäischen Datenschutzbeauftragten.

(6) Das Aufkommen aus den nach diesem Artikel verhängten Geldbußen trägt zum Gesamthaushalt der Union bei. Die Geldbußen dürfen nicht den wirksamen Betrieb des Organs, der Einrichtung oder der sonstigen Stelle der Union beeinträchtigen, dem bzw. der die Geldbuße auferlegt wurde.

(7) Der Europäische Datenschutzbeauftragte macht der Kommission jährlich Mitteilung über die Geldbußen, die er nach Maßgabe dieses Artikels verhängt hat, und über die von ihm eingeleiteten Rechtsstreitigkeiten oder Gerichtsverfahren.

Artikel 101
Geldbußen für Anbieter von KI-Modellen mit allgemeinem Verwendungszweck

(1) Die Kommission kann gegen Anbieter von KI-Modellen mit allgemeinem Verwendungszweck Geldbußen von bis zu 3 % ihres gesamten weltweiten Jahresumsatzes im vorangegangenen Geschäftsjahr oder 15 000 000 EUR verhängen, je nachdem, welcher Betrag höher ist, wenn sie feststellt, dass der Anbieter vorsätzlich oder fahrlässig
a) gegen die einschlägigen Bestimmungen dieser Verordnung verstoßen hat;
b) der Anforderung eines Dokuments oder von Informationen gemäß Artikel 91 nicht nachgekommen ist oder falsche, unvollständige oder irreführende Informationen bereitgestellt hat;
c) einer gemäß Artikel 93 geforderten Maßnahme nicht nachgekommen ist;
d) der Kommission keinen Zugang zu dem KI-Modell mit allgemeinem Verwendungszweck oder dem KI-Modell mit allgemeinem Verwendungszweck mit systemischem Risiko gewährt hat, um eine Bewertung gemäß Artikel 92 durchzuführen.
Bei der Festsetzung der Höhe der Geldbuße oder des Zwangsgelds wird der Art, der Schwere und der Dauer des Verstoßes sowie den Grundsätzen der Verhältnismäßigkeit und der Angemessenheit gebührend Rechnung getragen. Die Kommission berücksichtigt außerdem Verpflichtungen, die gemäß Artikel 93 Absatz 3 oder in den einschlägigen Praxisleitfäden nach Artikel 56 gemacht wurden.

(2) Vor der Annahme einer Entscheidung nach Absatz 1 teilt die Kommission dem Anbieter des KI-Modells mit allgemeinem Verwendungszweck ihre vorläufige Beurteilung mit und gibt ihm Gelegenheit, Stellung zu nehmen.

(3) Die gemäß diesem Artikel verhängten Geldbußen müssen wirksam, verhältnismäßig und abschreckend sein.

(4) Informationen über gemäß diesem Artikel verhängte Geldbußen werden gegebenenfalls dem KI-Gremium mitgeteilt.

(5) Der Gerichtshof der Europäischen Union hat die unbeschränkte Befugnis zur Überprüfung der Entscheidungen der Kommission über die Festsetzung einer Geldbuße gemäß diesem Artikel. Er kann die verhängte Geldbuße aufheben, herabsetzen oder erhöhen.

VXII. Künstliche Intelligenz-Verordnung (KI-VO)

(6) Die Kommission erlässt Durchführungsrechtsakte mit detaillierten Regelungen und Verfahrensgarantien für die Verfahren im Hinblick auf den möglichen Erlass von Beschlüssen gemäß Absatz 1 dieses Artikels. Diese Durchführungsrechtsakte werden gemäß dem in Artikel 98 Absatz 2 genannten Prüfverfahren erlassen.

Kapitel XIII
Schlussbestimmungen

Artikel 102
Änderung der Verordnung (EG) Nr. 300/2008

In Artikel 4 Absatz 3 der Verordnung (EG) Nr. 300/2008 wird folgender Unterabsatz angefügt:

„Beim Erlass detaillierter Maßnahmen, die technische Spezifikationen und Verfahren für die Genehmigung und den Einsatz von Sicherheitsausrüstung betreffen, bei der auch Systeme der künstlichen Intelligenz im Sinne der Verordnung (EU) 2024/1689 des Europäischen Parlaments und des Rates (*) zum Einsatz kommen, werden die in Kapitel III Abschnitt 2 jener Verordnung festgelegten Anforderungen berücksichtigt.

(*) Verordnung (EU) 2024/1689 des Europäischen Parlaments und des Rates vom 13. Juni 2024 zur Festlegung harmonisierter Vorschriften für künstliche Intelligenz und zur Änderung der Verordnungen (EG) Nr. 300/2008, (EU) Nr. 167/2013, (EU) Nr. 168/2013, (EU) 2018/858, (EU) 2018/1139 und (EU) 2019/2144 sowie der Richtlinien 2014/90/EU, (EU) 2016/797 und (EU) 2020/1828 (Verordnung über künstliche Intelligenz) (ABl. L, 2024/1689, 12.7.2024, ELI: http://data.europa.eu/eli/reg/2024/1689/oj)."

Artikel 103
Änderung der Verordnung (EU) Nr. 167/2013

In Artikel 17 Absatz 5 der Verordnung (EU) Nr. 167/2013 wird folgender Unterabsatz angefügt:

„Beim Erlass delegierter Rechtsakte nach Unterabsatz 1, die sich auf Systeme der künstlichen Intelligenz beziehen, bei denen es sich um Sicherheitsbauteile im Sinne der Verordnung (EU) 2024/1689 des Europäischen Parlaments und des Rates (*) handelt, werden die in Kapitel III Abschnitt 2 jener Verordnung festgelegten Anforderungen berücksichtigt.

(*) Verordnung (EU) 2024/1689 des Europäischen Parlaments und des Rates vom 13. Juni 2024 zur Festlegung harmonisierter Vorschriften für künstliche Intelligenz und zur Änderung der Verordnungen (EG) Nr. 300/2008, (EU) Nr. 167/2013, (EU) Nr. 168/2013, (EU) 2018/858, (EU) 2018/1139 und (EU) 2019/2144 sowie der Richtlinien 2014/90/EU, (EU) 2016/797 und (EU) 2020/1828 (Verordnung über künstliche Intelligenz) (ABl. L, 2024/1689, 12.7.2024, ELI: http://data.europa.eu/eli/reg/2024/1689/oj)."

Artikel 104
Änderung der Verordnung (EU) Nr. 168/2013

In Artikel 22 Absatz 5 der Verordnung (EU) Nr. 168/2013 wird folgender Unterabsatz angefügt:

„Beim Erlass delegierter Rechtsakte nach Unterabsatz 1, die sich auf Systeme der künstlichen Intelligenz beziehen, bei denen es sich um Sicherheitsbauteile im Sinne der Verordnung (EU) 2024/1689 des Europäischen Parlaments und des Rates (*) handelt, werden die in Kapitel III Abschnitt 2 jener Verordnung festgelegten Anforderungen berücksichtigt.

VXII. Künstliche Intelligenz-Verordnung (KI-VO)

(*) Verordnung (EU) 2024/1689 des Europäischen Parlaments und des Rates vom 13. Juni 2024 zur Festlegung harmonisierter Vorschriften für künstliche Intelligenz und zur Änderung der Verordnungen (EG) Nr. 300/2008, (EU) Nr. 167/2013, (EU) Nr. 168/2013, (EU) 2018/858, (EU) 2018/1139 und (EU) 2019/2144 sowie der Richtlinien 2014/90/EU, (EU) 2016/797 und (EU) 2020/1828 (Verordnung über künstliche Intelligenz) (ABl. L, 2024/1689, 12.7.2024, ELI: http://data.europa.eu/eli/reg/2024/1689/oj)."

Artikel 105
Änderung der Richtlinie 2014/90/EU

In Artikel 8 der Richtlinie 2014/90/EU wird folgender Absatz angefügt:

„(5) Bei Systemen der künstlichen Intelligenz, bei denen es sich um Sicherheitsbauteile im Sinne der Verordnung (EU) 2024/1689 des Europäischen Parlaments und des Rates (*) handelt, berücksichtigt die Kommission bei der Ausübung ihrer Tätigkeiten nach Absatz 1 und bei Erlass technischer Spezifikationen und Prüfnormen nach den Absätzen 2 und 3 die in Kapitel III Abschnitt 2 jener Verordnung festgelegten Anforderungen.

Artikel 106
Änderung der Richtlinie (EU) 2016/797

In Artikel 5 der Richtlinie (EU) 2016/797 wird folgender Absatz angefügt:

„(12) Beim Erlass von delegierten Rechtsakten nach Absatz 1 und von Durchführungsrechtsakten nach Absatz 11, die sich auf Systeme der künstlichen Intelligenz beziehen, bei denen es sich um Sicherheitsbauteile im Sinne der Verordnung (EU) 2024/1689 des Europäischen Parlaments und des Rates (*) handelt, werden die in Kapitel III Abschnitt 2 jener Verordnung festgelegten Anforderungen berücksichtigt.

(*) Verordnung (EU) 2024/1689 des Europäischen Parlaments und des Rates vom 13. Juni 2024 zur Festlegung harmonisierter Vorschriften für künstliche Intelligenz und zur Änderung der Verordnungen (EG) Nr. 300/2008, (EU) Nr. 167/2013, (EU) Nr. 168/2013, (EU) 2018/858, (EU) 2018/1139 und (EU) 2019/2144 sowie der Richtlinien 2014/90/EU, (EU) 2016/797 und (EU) 2020/1828 (Verordnung über künstliche Intelligenz) (ABl. L, 2024/1689, 12.7.2024, ELI: http://data.europa.eu/eli/reg/2024/1689/oj)."

Artikel 107
Änderung der Verordnung (EU) 2018/858

In Artikel 5 der Verordnung (EU) 2018/858 wird folgender Absatz angefügt:

„(4) Beim Erlass delegierter Rechtsakte nach Absatz 3, die sich auf Systeme der künstlichen Intelligenz beziehen, bei denen es sich um Sicherheitsbauteile im Sinne der Verordnung (EU) 2024/1689 des Europäischen Parlaments und des Rates (*) handelt, werden die in Kapitel III Abschnitt 2 jener Verordnung festgelegten Anforderungen berücksichtigt.

(*) Verordnung (EU) 2024/1689 des Europäischen Parlaments und des Rates vom 13. Juni 2024 zur Festlegung harmonisierter Vorschriften für künstliche Intelligenz und zur Änderung der Verordnungen (EG) Nr. 300/2008, (EU) Nr. 167/2013, (EU) Nr. 168/2013, (EU) 2018/858, (EU) 2018/1139 und (EU) 2019/2144 sowie der Richtlinien 2014/90/EU, (EU) 2016/797 und (EU) 2020/1828 (Verordnung über künstliche Intelligenz) (ABl. L, 2024/1689, 12.7.2024, ELI: http://data.europa.eu/eli/reg/2024/1689/oj)."

Artikel 108
Änderungen der Verordnung (EU) 2018/1139

Die Verordnung (EU) 2018/1139 wird wie folgt geändert:
1. In Artikel 17 wird folgender Absatz angefügt:

VXII. Künstliche Intelligenz-Verordnung (KI-VO)

„(3) Unbeschadet des Absatzes 2 werden beim Erlass von Durchführungsrechtsakten nach Absatz 1, die sich auf Systeme der künstlichen Intelligenz beziehen, bei denen es sich um Sicherheitsbauteile im Sinne der Verordnung (EU) 2024/1689 des Europäischen Parlaments und des Rates (*) handelt, die in Kapitel III Abschnitt 2 jener Verordnung festgelegten Anforderungen berücksichtigt.

(*) Verordnung (EU) 2024/1689 des Europäischen Parlaments und des Rates vom 13. Juni 2024 zur Festlegung harmonisierter Vorschriften für künstliche Intelligenz und zur Änderung der Verordnungen (EG) Nr. 300/2008, (EU) Nr. 167/2013, (EU) Nr. 168/2013, (EU) 2018/858, (EU) 2018/1139 und (EU) 2019/2144 sowie der Richtlinien 2014/90/EU, (EU) 2016/797 und (EU) 2020/1828 (Verordnung über künstliche Intelligenz) (ABl. L, 2024/1689, 12.7.2024, ELI: http://data.europa.eu/eli/reg/2024/1689/oj)."

2. In Artikel 19 wird folgender Absatz angefügt:

„(4) Beim Erlass delegierter Rechtsakte nach den Absätzen 1 und 2, die sich auf Systeme der künstlichen Intelligenz beziehen, bei denen es sich um Sicherheitsbauteile im Sinne der Verordnung (EU) 2024/1689 handelt, werden die in Kapitel III Abschnitt 2 jener Verordnung festgelegten Anforderungen berücksichtigt."

3. In Artikel 43 wird folgender Absatz angefügt:

„(4) Beim Erlass von Durchführungsrechtsakten nach Absatz 1, die sich auf Systeme der künstlichen Intelligenz beziehen, bei denen es sich um Sicherheitsbauteile im Sinne der Verordnung (EU) 2024/1689 handelt, werden die in Kapitel III Abschnitt 2 jener Verordnung festgelegten Anforderungen berücksichtigt."

4. In Artikel 47 wird folgender Absatz angefügt:

„(3) Beim Erlass delegierter Rechtsakte nach den Absätzen 1 und 2, die sich auf Systeme der künstlichen Intelligenz beziehen, bei denen es sich um Sicherheitsbauteile im Sinne der Verordnung (EU) 2024/1689 handelt, werden die in Kapitel III Abschnitt 2 jener Verordnung festgelegten Anforderungen berücksichtigt."

5. In Artikel 57 wird folgender Unterabsatz angefügt:

„Beim Erlass solcher Durchführungsrechtsakte, die sich auf Systeme der künstlichen Intelligenz beziehen, bei denen es sich um Sicherheitsbauteile im Sinne der Verordnung (EU) 2024/1689 handelt, werden die in Kapitel III Abschnitt 2 jener Verordnung festgelegten Anforderungen berücksichtigt."

6. In Artikel 58 wird folgender Absatz angefügt:

„(3) Beim Erlass delegierter Rechtsakte nach den Absätzen 1 und 2, die sich auf Systeme der künstlichen Intelligenz beziehen, bei denen es sich um Sicherheitsbauteile im Sinne der Verordnung (EU) 2024/1689 handelt, werden die in Kapitel III Abschnitt 2 jener Verordnung festgelegten Anforderungen berücksichtigt."

Artikel 109
Änderung der Verordnung (EU) 2019/2144

In Artikel 11 der Verordnung (EU) 2019/2144 wird folgender Absatz angefügt:

„(3) Beim Erlass von Durchführungsrechtsakten nach Absatz 2, die sich auf Systeme der künstlichen Intelligenz beziehen, bei denen es sich um Sicherheitsbauteile im Sinne der Verordnung (EU) 2024/1689 des Europäischen Parlaments und des Rates (*) handelt, werden die in Kapitel III Abschnitt 2 jener Verordnung festgelegten Anforderungen berücksichtigt.

(*) Verordnung (EU) 2024/1689 des Europäischen Parlaments und des Rates vom 13. Juni 2024 zur Festlegung harmonisierter Vorschriften für künstliche Intelligenz und zur Änderung der Verordnungen

VXII. Künstliche Intelligenz-Verordnung (KI-VO)

(EG) Nr. 300/2008, (EU) Nr. 167/2013, (EU) Nr. 168/2013, (EU) 2018/858, (EU) 2018/1139 und (EU) 2019/2144 sowie der Richtlinien 2014/90/EU, (EU) 2016/797 und (EU) 2020/1828 (Verordnung über künstliche Intelligenz) (ABl. L, 2024/1689, 12.7.2024, ELI: http://data.europa.eu/eli/reg/2024/1689/oj)."

Artikel 110
Änderung der Richtlinie (EU) 2020/1828

In Anhang I der Richtlinie (EU) 2020/1828 des Europäischen Parlaments und des Rates[58] wird die folgende Nummer angefügt:
„68. Verordnung (EU) 2024/1689 des Europäischen Parlaments und des Rates vom 13. Juni 2024 zur Festlegung harmonisierter Vorschriften für künstliche Intelligenz und zur Änderung der Verordnungen (EG) Nr. 300/2008, (EU) Nr. 167/2013, (EU) Nr. 168/2013, (EU) 2018/858, (EU) 2018/1139 und (EU) 2019/2144 sowie der Richtlinien 2014/90/EU, (EU) 2016/797 und (EU) 2020/1828 (Verordnung über künstliche Intelligenz) (ABl. L, 2024/1689, 12.7.2024, ELI: http://data.europa.eu/eli/reg/2024/1689/oj)."

Artikel 111
Bereits in Verkehr gebrachte oder in Betrieb genommene KI-Systeme und bereits in Verkehr gebrachte KI-Modelle mit allgemeinem Verwendungszweck

(1) Unbeschadet der Anwendung des Artikels 5 gemäß Artikel 113 Absatz 3 Buchstabe a werden KI-Systeme, bei denen es sich um Komponenten von IT-Großsystemen handelt, die mit den in Anhang X aufgeführten Rechtsakten eingerichtet wurden und vor dem 2. August 2027 in Verkehr gebracht oder in Betrieb genommen wurden, bis zum 31. Dezember 2030 mit dieser Verordnung in Einklang gebracht.

Die in dieser Verordnung festgelegten Anforderungen werden bei der Bewertung jedes IT-Großsystems, das mit den in Anhang X aufgeführten Rechtsakten eingerichtet wurde, berücksichtigt, wobei die Bewertung entsprechend den Vorgaben der jeweiligen Rechtsakte und bei Ersetzung oder Änderung dieser Rechtsakte erfolgt.

(2) Unbeschadet der Anwendung des Artikels 5 gemäß Artikel 113 Absatz 3 Buchstabe a gilt diese Verordnung für Betreiber von Hochrisiko-KI-Systemen – mit Ausnahme der in Absatz 1 des vorliegenden Artikels genannten Systeme –, die vor dem 2. August 2026 in Verkehr gebracht oder in Betrieb genommen wurden, nur dann, wenn diese Systeme danach in ihrer Konzeption erheblich verändert wurden. In jedem Fall treffen die Anbieter und Betreiber von Hochrisiko-KI-Systemen, die bestimmungsgemäß von Behörden verwendet werden sollen, die erforderlichen Maßnahmen für die Erfüllung der Anforderungen und Pflichten dieser Verordnung bis zum 2. August 2030.

(3) Anbieter von KI-Modellen mit allgemeinem Verwendungszweck, die vor dem 2. August 2025 in Verkehr gebracht wurden, treffen die erforderlichen Maßnahmen für die Erfüllung der in dieser Verordnung festgelegten Pflichten bis zum 2. August 2027.

Artikel 112
Bewertung und Überprüfung

(1) Die Kommission prüft nach Inkrafttreten dieser Verordnung und bis zum Ende der Befugnisübertragung gemäß Artikel 97 einmal jährlich, ob eine Änderung der Liste in Anhang III und der Liste der verbotenen Praktiken im KI-Bereich gemäß Artikel 5

---

[58] Richtlinie (EU) 2020/1828 des Europäischen Parlaments und des Rates vom 25. November 2020 über Verbandsklagen zum Schutz der Kollektivinteressen der Verbraucher und zur Aufhebung der Richtlinie 2009/22/EG (ABl. L 409 vom 4.12.2020, S. 1).

VXII. Künstliche Intelligenz-Verordnung (KI-VO)

erforderlich ist. Die Kommission übermittelt die Ergebnisse dieser Bewertung dem Europäischen Parlament und dem Rat.

(2) Bis zum 2. August 2028 und danach alle vier Jahre bewertet die Kommission Folgendes und erstattet dem Europäischen Parlament und dem Rat Bericht darüber:
 a) Notwendigkeit von Änderungen zur Erweiterung bestehender Bereiche oder zur Aufnahme neuer Bereiche in Anhang III:
 b) Änderungen der Liste der KI-Systeme, die zusätzliche Transparenzmaßnahmen erfordern, in Artikel 50;
 c) Änderungen zur Verbesserung der Wirksamkeit des Überwachungs- und Governance-Systems.

(3) Bis zum 2. August 2029 und danach alle vier Jahre legt die Kommission dem Europäischen Parlament und dem Rat einen Bericht über die Bewertung und Überprüfung dieser Verordnung vor. Der Bericht enthält eine Beurteilung hinsichtlich der Durchsetzungsstruktur und der etwaigen Notwendigkeit einer Agentur der Union zur Lösung der festgestellten Mängel. Auf der Grundlage der Ergebnisse wird diesem Bericht gegebenenfalls ein Vorschlag zur Änderung dieser Verordnung beigefügt. Die Berichte werden veröffentlicht.

(4) In den in Absatz 2 genannten Berichten wird insbesondere auf folgende Aspekte eingegangen:
 a) Sachstand bezüglich der finanziellen, technischen und personellen Ressourcen der zuständigen nationalen Behörden im Hinblick auf deren Fähigkeit, die ihnen auf der Grundlage dieser Verordnung übertragenen Aufgaben wirksam zu erfüllen;
 b) Stand der Sanktionen, insbesondere der Bußgelder nach Artikel 99 Absatz 1, die Mitgliedstaaten bei Verstößen gegen diese Verordnung verhängt haben;
 c) angenommene harmonisierte Normen und gemeinsame Spezifikationen, die zur Unterstützung dieser Verordnung erarbeitet wurden;
 d) Zahl der Unternehmen, die nach Inkrafttreten dieser Verordnung in den Markt eintreten, und wie viele davon KMU sind.

(5) Bis zum 2. August 2028 bewertet die Kommission die Arbeitsweise des Büros für Künstliche Intelligenz und prüft, ob das Büro für Künstliche Intelligenz mit ausreichenden Befugnissen und Zuständigkeiten zur Erfüllung seiner Aufgaben ausgestattet wurde, und ob es für die ordnungsgemäße Durchführung und Durchsetzung dieser Verordnung zweckmäßig und erforderlich wäre, das Büro für Künstliche Intelligenz und seine Durchsetzungskompetenzen zu erweitern und seine Ressourcen aufzustocken. Die Kommission übermittelt dem Europäischen Parlament und dem Rat einen Bericht über ihre Bewertung.

(6) Bis zum 2. August 2028 und danach alle vier Jahre legt die Kommission einen Bericht über die Überprüfung der Fortschritte bei der Entwicklung von Normungsdokumenten zur energieeffizienten Entwicklung von KI-Modellen mit allgemeinem Verwendungszweck vor und beurteilt die Notwendigkeit weiterer Maßnahmen oder Handlungen, einschließlich verbindlicher Maßnahmen oder Handlungen. Dieser Bericht wird dem Europäischen Parlament und dem Rat vorgelegt und veröffentlicht.

(7) Bis zum 2. August 2028 und danach alle drei Jahre führt die Kommission eine Bewertung der Folgen und der Wirksamkeit der freiwilligen Verhaltenskodizes durch, mit denen die Anwendung der in Kapitel III Abschnitt 2 festgelegten Anforderungen an andere KI-Systeme als Hochrisiko-KI-Systeme und möglicherweise auch zusätzlicher Anforderungen an andere KI-Systeme als Hochrisiko-KI-Systeme, auch in Bezug auf deren ökologische Nachhaltigkeit, gefördert werden soll.

VXII. Künstliche Intelligenz-Verordnung (KI-VO)

(8) Für die Zwecke der Absätze 1 bis 7 übermitteln das KI-Gremium, die Mitgliedstaaten und die zuständigen nationalen Behörden der Kommission auf Anfrage unverzüglich die gewünschten Informationen.
(9) Bei den in den Absätzen 1 bis 7 genannten Bewertungen und Überprüfungen berücksichtigt die Kommission die Standpunkte und Feststellungen des KI-Gremiums, des Europäischen Parlaments, des Rates und anderer einschlägiger Stellen oder Quellen.
(10) Die Kommission legt erforderlichenfalls geeignete Vorschläge zur Änderung dieser Verordnung vor und berücksichtigt dabei insbesondere technologische Entwicklungen, die Auswirkungen von KI-Systemen auf die Gesundheit und Sicherheit und auf die Grundrechte und die Fortschritte in der Informationsgesellschaft.
(11) Als Orientierung für die in den Absätzen 1 bis 7 genannten Bewertungen und Überprüfungen entwickelt das Büro für Künstliche Intelligenz ein Ziel und eine partizipative Methode für die Bewertung der Risikoniveaus anhand der in den jeweiligen Artikeln genannten Kriterien und für die Einbeziehung neuer Systeme in
 a) die Liste gemäß Anhang III, einschließlich der Erweiterung bestehender Bereiche oder der Aufnahme neuer Bereiche in diesen Anhang;
 b) die Liste der verbotenen Praktiken gemäß Artikel 5; und
 c) die Liste der KI-Systeme, die zusätzliche Transparenzmaßnahmen erfordern, in Artikel 50.
(12) Eine Änderung dieser Verordnung im Sinne des Absatzes 10 oder entsprechende delegierte Rechtsakte oder Durchführungsrechtsakte, die sektorspezifische Rechtsvorschriften für eine unionsweite Harmonisierung gemäß Anhang I Abschnitt B betreffen, berücksichtigen die regulatorischen Besonderheiten des jeweiligen Sektors und die in der Verordnung festgelegten bestehenden Governance-, Konformitätsbewertungs- und Durchsetzungsmechanismen und -behörden.
(13) Bis zum 2. August 2031 nimmt die Kommission unter Berücksichtigung der ersten Jahre der Anwendung der Verordnung eine Bewertung der Durchsetzung dieser Verordnung vor und erstattet dem Europäischen Parlament, dem Rat und dem Europäischen Wirtschafts- und Sozialausschuss darüber Bericht. Auf Grundlage der Ergebnisse wird dem Bericht gegebenenfalls ein Vorschlag zur Änderung dieser Verordnung beigefügt, der die Struktur der Durchsetzung und die Notwendigkeit einer Agentur der Union für die Lösung festgestellter Mängel betrifft.

Artikel 113
Inkrafttreten und Geltungsbeginn

Diese Verordnung tritt am zwanzigsten Tag nach ihrer Veröffentlichung im *Amtsblatt der Europäischen Union* in Kraft.

Sie gilt ab dem 2. August 2026.

Jedoch:
a) Die Kapitel I und II gelten ab dem 2. Februar 2025;
b) Kapitel III Abschnitt 4, Kapitel V, Kapitel VII und Kapitel XII sowie Artikel 78 gelten ab dem 2. August 2025, mit Ausnahme des Artikels 101;
c) Artikel 6 Absatz 1 und die entsprechenden Pflichten gemäß dieser Verordnung gelten ab dem 2. August 2027.

Diese Verordnung ist in allen ihren Teilen verbindlich und gilt unmittelbar in jedem Mitgliedstaat.

VXII. Künstliche Intelligenz-Verordnung (KI-VO)

Geschehen zu Brüssel am 13. Juni 2024.

Im Namen des Europäischen Parlaments
Die Präsidentin
R. METSOLA

Im Namen des Rates
Der Präsident
M. MICHEL

ANHANG I
Liste der Harmonisierungsrechtsvorschriften der Union

Abschnitt A – Liste der Harmonisierungsrechtsvorschriften der Union auf der Grundlage des neuen Rechtsrahmens

1. Richtlinie 2006/42/EG des Europäischen Parlaments und des Rates vom 17. Mai 2006 über Maschinen und zur Änderung der Richtlinie 95/16/EG (ABl. L 157 vom 9.6.2006, S. 24)
2. Richtlinie 2009/48/EG des Europäischen Parlaments und des Rates vom 18. Juni 2009 über die Sicherheit von Spielzeug (ABl. L 170 vom 30.6.2009, S. 1)
3. Richtlinie 2013/53/EU des Europäischen Parlaments und des Rates vom 20. November 2013 über Sportboote und Wassermotorräder und zur Aufhebung der Richtlinie 94/25/EG (ABl. L 354 vom 28.12.2013, S. 90)
4. Richtlinie 2014/33/EU des Europäischen Parlaments und des Rates vom 26. Februar 2014 zur Angleichung der Rechtsvorschriften der Mitgliedstaaten über Aufzüge und Sicherheitsbauteile für Aufzüge (ABl. L 96 vom 29.3.2014, S. 251)
5. Richtlinie 2014/34/EU des Europäischen Parlaments und des Rates vom 26. Februar 2014 zur Harmonisierung der Rechtsvorschriften der Mitgliedstaaten für Geräte und Schutzsysteme zur bestimmungsgemäßen Verwendung in explosionsgefährdeten Bereichen (ABl. L 96 vom 29.3.2014, S. 309)
6. Richtlinie 2014/53/EU des Europäischen Parlaments und des Rates vom 16. April 2014 über die Harmonisierung der Rechtsvorschriften der Mitgliedstaaten über die Bereitstellung von Funkanlagen auf dem Markt und zur Aufhebung der Richtlinie 1999/5/EG (ABl. L 153 vom 22.5.2014, S. 62)
7. Richtlinie 2014/68/EU des Europäischen Parlaments und des Rates vom 15. Mai 2014 zur Harmonisierung der Rechtsvorschriften der Mitgliedstaaten über die Bereitstellung von Druckgeräten auf dem Markt (ABl. L 189 vom 27.6.2014, S. 164)
8. Verordnung (EU) 2016/424 des Europäischen Parlaments und des Rates vom 9. März 2016 über Seilbahnen und zur Aufhebung der Richtlinie 2000/9/EG (ABl. L 81 vom 31.3.2016, S. 1)
9. Verordnung (EU) 2016/425 des Europäischen Parlaments und des Rates vom 9. März 2016 über persönliche Schutzausrüstungen und zur Aufhebung der Richtlinie 89/686/EWG des Rates (ABl. L 81 vom 31.3.2016, S. 51)
10. Verordnung (EU) 2016/426 des Europäischen Parlaments und des Rates vom 9. März 2016 über Geräte zur Verbrennung gasförmiger Brennstoffe und zur Aufhebung der Richtlinie 2009/142/EG (ABl. L 81 vom 31.3.2016, S. 99)
11. Verordnung (EU) 2017/745 des Europäischen Parlaments und des Rates vom 5. April 2017 über Medizinprodukte, zur Änderung der Richtlinie 2001/83/EG, der Verordnung (EG) Nr. 178/2002 und der Verordnung (EG) Nr. 1223/2009 und zur Aufhebung der Richtlinien 90/385/EWG und 93/42/EWG des Rates (ABl. L 117 vom 5.5.2017, S. 1)

VXII. Künstliche Intelligenz-Verordnung (KI-VO)

12. Verordnung (EU) 2017/746 des Europäischen Parlaments und des Rates vom 5. April 2017 über In-vitro-Diagnostika und zur Aufhebung der Richtlinie 98/79/EG und des Beschlusses 2010/227/EU der Kommission (ABl. L 117 vom 5.5.2017, S. 176)

Abschnitt B – Liste anderer Harmonisierungsrechtsvorschriften der Union

13. Verordnung (EG) Nr. 300/2008 des Europäischen Parlaments und des Rates vom 11. März 2008 über gemeinsame Vorschriften für die Sicherheit in der Zivilluftfahrt und zur Aufhebung der Verordnung (EG) Nr. 2320/2002 (ABl. L 97 vom 9.4.2008, S. 72)
14. Verordnung (EU) Nr. 168/2013 des Europäischen Parlaments und des Rates vom 15. Januar 2013 über die Genehmigung und Marktüberwachung von zwei- oder dreirädrigen und vierrädrigen Fahrzeugen (ABl. L 60 vom 2.3.2013, S. 52)
15. Verordnung (EU) Nr. 167/2013 des Europäischen Parlaments und des Rates vom 5. Februar 2013 über die Genehmigung und Marktüberwachung von land- und forstwirtschaftlichen Fahrzeugen (ABl. L 60 vom 2.3.2013, S. 1)
16. Richtlinie 2014/90/EU des Europäischen Parlaments und des Rates vom 23. Juli 2014 über Schiffsausrüstung und zur Aufhebung der Richtlinie 96/98/EG des Rates (ABl. L 257 vom 28.8.2014, S. 146)
17. Richtlinie (EU) 2016/797 des Europäischen Parlaments und des Rates vom 11. Mai 2016 über die Interoperabilität des Eisenbahnsystems in der Europäischen Union (ABl. L 138 vom 26.5.2016, S. 44)
18. Verordnung (EU) 2018/858 des Europäischen Parlaments und des Rates vom 30. Mai 2018 über die Genehmigung und die Marktüberwachung von Kraftfahrzeugen und Kraftfahrzeuganhängern sowie von Systemen, Bauteilen und selbstständigen technischen Einheiten für diese Fahrzeuge, zur Änderung der Verordnungen (EG) Nr. 715/2007 und (EG) Nr. 595/2009 und zur Aufhebung der Richtlinie 2007/46/EG (ABl. L 151 vom 14.6.2018, S. 1)
19. Verordnung (EU) 2019/2144 des Europäischen Parlaments und des Rates vom 27. November 2019 über die Typgenehmigung von Kraftfahrzeugen und Kraftfahrzeuganhängern sowie von Systemen, Bauteilen und selbstständigen technischen Einheiten für diese Fahrzeuge im Hinblick auf ihre allgemeine Sicherheit und den Schutz der Fahrzeuginsassen und von ungeschützten Verkehrsteilnehmern, zur Änderung der Verordnung (EU) 2018/858 des Europäischen Parlaments und des Rates und zur Aufhebung der Verordnungen (EG) Nr. 78/2009, (EG) Nr. 79/2009 und (EG) Nr. 661/2009 des Europäischen Parlaments und des Rates sowie der Verordnungen (EG) Nr. 631/2009, (EU) Nr. 406/2010, (EU) Nr. 672/2010, (EU) Nr. 1003/2010, (EU) Nr. 1005/2010, (EU) Nr. 1008/2010, (EU) Nr. 1009/2010, (EU) Nr. 19/2011, (EU) Nr. 109/2011, (EU) Nr. 458/2011, (EU) Nr. 65/2012, (EU) Nr. 130/2012, (EU) Nr. 347/2012, (EU) Nr. 351/2012, (EU) Nr. 1230/2012 und (EU) 2015/166 der Kommission (ABl. L 325 vom 16.12.2019, S. 1)
20. Verordnung (EU) 2018/1139 des Europäischen Parlaments und des Rates vom 4. Juli 2018 zur Festlegung gemeinsamer Vorschriften für die Zivilluftfahrt und zur Errichtung einer Agentur der Europäischen Union für Flugsicherheit sowie zur Änderung der Verordnungen (EG) Nr. 2111/2005, (EG) Nr. 1008/2008, (EU) Nr. 996/2010, (EU) Nr. 376/2014 und der Richtlinien 2014/30/EU und 2014/53/EU des Europäischen Parlaments und des Rates, und zur Aufhebung der Verordnungen (EG) Nr. 552/2004 und (EG) Nr. 216/2008 des Europäischen Parlaments und des Rates und der Verordnung (EWG) Nr. 3922/91 des Rates (ABl. L 212 vom 22.8.2018, S. 1), insoweit die Kons-

VXII. Künstliche Intelligenz-Verordnung (KI-VO)

truktion, Herstellung und Vermarktung von Luftfahrzeugen gemäß Artikel 2 Absatz 1 Buchstaben a und b in Bezug auf unbemannte Luftfahrzeuge sowie deren Motoren, Propeller, Teile und Ausrüstung zur Fernsteuerung betroffen sind

ANHANG II
Liste der Straftaten gemäß Artikel 5 Absatz 1 Unterabsatz 1 Buchstabe h Ziffer iii

Straftaten gemäß Artikel 5 Absatz 1 Unterabsatz 1 Buchstabe h Ziffer iii:
– Terrorismus,
– Menschenhandel,
– sexuelle Ausbeutung von Kindern und Kinderpornografie,
– illegaler Handel mit Drogen oder psychotropen Stoffen,
– illegaler Handel mit Waffen, Munition oder Sprengstoffen,
– Mord, schwere Körperverletzung,
– illegaler Handel mit menschlichen Organen oder menschlichem Gewebe,
– illegaler Handel mit nuklearen oder radioaktiven Substanzen,
– Entführung, Freiheitsberaubung oder Geiselnahme,
– Verbrechen, die in die Zuständigkeit des Internationalen Strafgerichtshofs fallen,
– Flugzeug- oder Schiffsentführung,
– Vergewaltigung,
– Umweltkriminalität,
– organisierter oder bewaffneter Raub,
– Sabotage,
– Beteiligung an einer kriminellen Vereinigung, die an einer oder mehreren der oben genannten Straftaten beteiligt ist.

ANHANG III
Hochrisiko-KI-Systeme gemäß Artikel 6 Absatz 2

Als Hochrisiko-KI-Systeme gemäß Artikel 6 Absatz 2 gelten die in folgenden Bereichen aufgeführten KI-Systeme:
1. Biometrie, soweit ihr Einsatz nach einschlägigem Unionsrecht oder nationalem Recht zugelassen ist:
   a) biometrische Fernidentifizierungssysteme.
   Dazu gehören nicht KI-Systeme, die bestimmungsgemäß für die biometrische Verifizierung, deren einziger Zweck darin besteht, zu bestätigen, dass eine bestimmte natürliche Person die Person ist, für die sie sich ausgibt, verwendet werden sollen;
   b) KI-Systeme, die bestimmungsgemäß für die biometrische Kategorisierung nach sensiblen oder geschützten Attributen oder Merkmalen auf der Grundlage von Rückschlüssen auf diese Attribute oder Merkmale verwendet werden sollen;
   c) KI-Systeme, die bestimmungsgemäß zur Emotionserkennung verwendet werden sollen.
2. Kritische Infrastruktur: KI-Systeme, die bestimmungsgemäß als Sicherheitsbauteile im Rahmen der Verwaltung und des Betriebs kritischer digitaler Infrastruktur, des Stra-

ßenverkehrs oder der Wasser-, Gas-, Wärme- oder Stromversorgung verwendet werden sollen
3. Allgemeine und berufliche Bildung
   a) KI-Systeme, die bestimmungsgemäß zur Feststellung des Zugangs oder der Zulassung oder zur Zuweisung natürlicher Personen zu Einrichtungen aller Ebenen der allgemeinen und beruflichen Bildung verwendet werden sollen;
   b) KI-Systeme, die bestimmungsgemäß für die Bewertung von Lernergebnissen verwendet werden sollen, einschließlich des Falles, dass diese Ergebnisse dazu dienen, den Lernprozess natürlicher Personen in Einrichtungen oder Programmen aller Ebenen der allgemeinen und beruflichen Bildung zu steuern;
   c) KI-Systeme, die bestimmungsgemäß zum Zweck der Bewertung des angemessenen Bildungsniveaus, das eine Person im Rahmen von oder innerhalb von Einrichtungen aller Ebenen der allgemeinen und beruflichen Bildung erhalten wird oder zu denen sie Zugang erhalten wird, verwendet werden sollen;
   d) KI-Systeme, die bestimmungsgemäß zur Überwachung und Erkennung von verbotenem Verhalten von Schülern bei Prüfungen im Rahmen von oder innerhalb von Einrichtungen aller Ebenen der allgemeinen und beruflichen Bildung verwendet werden sollen.
4. Beschäftigung, Personalmanagement und Zugang zur Selbstständigkeit
   a) KI-Systeme, die bestimmungsgemäß für die Einstellung oder Auswahl natürlicher Personen verwendet werden sollen, insbesondere um gezielte Stellenanzeigen zu schalten, Bewerbungen zu sichten oder zu filtern und Bewerber zu bewerten;
   b) KI-Systeme, die bestimmungsgemäß für Entscheidungen, die die Bedingungen von Arbeitsverhältnissen, Beförderungen und Kündigungen von Arbeitsvertragsverhältnissen beeinflussen, für die Zuweisung von Aufgaben aufgrund des individuellen Verhaltens oder persönlicher Merkmale oder Eigenschaften oder für die Beobachtung und Bewertung der Leistung und des Verhaltens von Personen in solchen Beschäftigungsverhältnissen verwendet werden soll.
5. Zugänglichkeit und Inanspruchnahme grundlegender privater und grundlegender öffentlicher Dienste und Leistungen:
   a) KI-Systeme, die bestimmungsgemäß von Behörden oder im Namen von Behörden verwendet werden sollen, um zu beurteilen, ob natürliche Personen Anspruch auf grundlegende öffentliche Unterstützungsleistungen und -dienste, einschließlich Gesundheitsdiensten, haben und ob solche Leistungen und Dienste zu gewähren, einzuschränken, zu widerrufen oder zurückzufordern sind;
   b) KI-Systeme, die bestimmungsgemäß für die Kreditwürdigkeitsprüfung und Bonitätsbewertung natürlicher Personen verwendet werden sollen, mit Ausnahme von KI-Systemen, die zur Aufdeckung von Finanzbetrug verwendet werden;
   c) KI-Systeme, die bestimmungsgemäß für die Risikobewertung und Preisbildung in Bezug auf natürliche Personen im Fall von Lebens- und Krankenversicherungen verwendet werden sollen;
   d) KI-Systeme, die bestimmungsgemäß zur Bewertung und Klassifizierung von Notrufen von natürlichen Personen oder für die Entsendung oder Priorisierung des Einsatzes von Not- und Rettungsdiensten, einschließlich Polizei, Feuerwehr und medizinischer Nothilfe, sowie für Systeme für die Triage von Patienten bei der Notfallversorgung verwendet werden sollen.
6. Strafverfolgung, soweit ihr Einsatz nach einschlägigem Unionsrecht oder nationalem Recht zugelassen ist:

VXII. Künstliche Intelligenz-Verordnung (KI-VO)

a) KI-Systeme, die bestimmungsgemäß von Strafverfolgungsbehörden oder in deren Namen oder von Organen, Einrichtungen und sonstigen Stellen der Union zur Unterstützung von Strafverfolgungsbehörden oder in deren Namen zur Bewertung des Risikos einer natürlichen Person, zum Opfer von Straftaten zu werden, verwendet werden sollen;
b) KI-Systeme, die bestimmungsgemäß von Strafverfolgungsbehörden oder in deren Namen oder von Organen, Einrichtungen und sonstigen Stellen der Union zur Unterstützung von Strafverfolgungsbehörden als Lügendetektoren oder ähnliche Instrumente verwendet werden sollen;
c) KI-Systeme, die bestimmungsgemäß von Strafverfolgungsbehörden oder in deren Namen oder von Organen, Einrichtungen und sonstigen Stellen der Union zur Unterstützung von Strafverfolgungsbehörden zur Bewertung der Verlässlichkeit von Beweismitteln im Zuge der Ermittlung oder Verfolgung von Straftaten verwendet werden sollen;
d) KI-Systeme, die bestimmungsgemäß von Strafverfolgungsbehörden oder in deren Namen oder von Organen, Einrichtungen und sonstigen Stellen der Union zur Unterstützung von Strafverfolgungsbehörden zur Bewertung des Risikos, dass eine natürliche Person eine Straftat begeht oder erneut begeht, nicht nur auf der Grundlage der Erstellung von Profilen natürlicher Personen gemäß Artikel 3 Absatz 4 der Richtlinie (EU) 2016/680 oder zur Bewertung persönlicher Merkmale und Eigenschaften oder vergangenen kriminellen Verhaltens von natürlichen Personen oder Gruppen verwendet werden sollen;
e) KI-Systeme, die bestimmungsgemäß von Strafverfolgungsbehörden oder in deren Namen oder von Organen, Einrichtungen und sonstigen Stellen der Union zur Unterstützung von Strafverfolgungsbehörden zur Erstellung von Profilen natürlicher Personen gemäß Artikel 3 Absatz 4 der Richtlinie (EU) 2016/680 im Zuge der Aufdeckung, Ermittlung oder Verfolgung von Straftaten verwendet werden sollen.

7. Migration, Asyl und Grenzkontrolle, soweit ihr Einsatz nach einschlägigem Unionsrecht oder nationalem Recht zugelassen ist:
a) KI-Systeme, die bestimmungsgemäß von zuständigen Behörden oder in deren Namen oder Organen, Einrichtungen und sonstigen Stellen der Union als Lügendetektoren verwendet werden sollen oder ähnliche Instrumente;
b) KI-Systeme, die bestimmungsgemäß von zuständigen Behörden oder in deren Namen oder von Organen, Einrichtungen und sonstigen Stellen der Union zur Bewertung eines Risikos verwendet werden sollen, einschließlich eines Sicherheitsrisikos, eines Risikos der irregulären Einwanderung oder eines Gesundheitsrisikos, das von einer natürlichen Person ausgeht, die in das Hoheitsgebiet eines Mitgliedstaats einzureisen beabsichtigt oder eingereist ist;
c) KI-Systeme, die bestimmungsgemäß von zuständigen Behörden oder in deren Namen oder von Organen, Einrichtungen und sonstigen Stellen der Union verwendet werden sollen, um zuständige Behörden bei der Prüfung von Asyl- und Visumanträgen sowie Aufenthaltstiteln und damit verbundenen Beschwerden im Hinblick auf die Feststellung der Berechtigung der den Antrag stellenden natürlichen Personen, einschließlich damit zusammenhängender Bewertungen der Verlässlichkeit von Beweismitteln, zu unterstützen;
d) KI-Systeme, die bestimmungsgemäß von oder im Namen der zuständigen Behörden oder Organen, Einrichtungen und sonstigen Stellen der Union, im Zusammenhang mit Migration, Asyl oder Grenzkontrolle zum Zwecke der Aufdeckung, Anerken-

VXII. Künstliche Intelligenz-Verordnung (KI-VO)

nung oder Identifizierung natürlicher Personen verwendet werden sollen, mit Ausnahme der Überprüfung von Reisedokumenten.
8. Rechtspflege und demokratische Prozesse
   a) KI-Systeme, die bestimmungsgemäß von einer oder im Namen einer Justizbehörde verwendet werden sollen, um eine Justizbehörde bei der Ermittlung und Auslegung von Sachverhalten und Rechtsvorschriften und bei der Anwendung des Rechts auf konkrete Sachverhalte zu unterstützen, oder die auf ähnliche Weise für die alternative Streitbeilegung genutzt werden sollen;
   b) KI-Systeme, die bestimmungsgemäß verwendet werden sollen, um das Ergebnis einer Wahl oder eines Referendums oder das Wahlverhalten natürlicher Personen bei der Ausübung ihres Wahlrechts bei einer Wahl oder einem Referendum zu beeinflussen. Dazu gehören nicht KI-Systeme, deren Ausgaben natürliche Personen nicht direkt ausgesetzt sind, wie Instrumente zur Organisation, Optimierung oder Strukturierung politischer Kampagnen in administrativer oder logistischer Hinsicht.

ANHANG IV
Technische Dokumentation gemäß Artikel 11 Absatz 1

Die in Artikel 11 Absatz 1 genannte technische Dokumentation muss mindestens die folgenden Informationen enthalten, soweit sie für das betreffende KI-System von Belang sind:
1. Allgemeine Beschreibung des KI-Systems, darunter
   a) Zweckbestimmung, Name des Anbieters und Version des Systems mit Angaben dazu, in welcher Beziehung sie zu vorherigen Versionen steht;
   b) gegebenenfalls Interaktion oder Verwendung des KI-Systems mit Hardware oder Software, einschließlich anderer KI-Systeme, die nicht Teil des KI-Systems selbst sind;
   c) Versionen der betreffenden Software oder Firmware und etwaige Anforderungen in Bezug auf Aktualisierungen der Versionen;
   d) Beschreibung aller Formen, in denen das KI-System in Verkehr gebracht oder in Betrieb genommen wird, zum Beispiel in Hardware eingebettete Softwarepakete, Herunterladen oder API;
   e) Beschreibung der Hardware, auf der das KI-System betrieben werden soll;
   f) falls das KI-System Bestandteil von Produkten ist: Fotografien oder Abbildungen, die äußere Merkmale, die Kennzeichnungen und den inneren Aufbau dieser Produkte zeigen;
   g) eine grundlegende Beschreibung der Benutzerschnittstelle, die dem Betreiber zur Verfügung gestellt wird;
   h) Betriebsanleitungen für den Betreiber und gegebenenfalls eine grundlegende Beschreibung der dem Betreiber zur Verfügung gestellten Benutzerschnittstelle;
2. Detaillierte Beschreibung der Bestandteile des KI-Systems und seines Entwicklungsprozesses, darunter
   a) Methoden und Schritte zur Entwicklung des KI-Systems, gegebenenfalls einschließlich des Einsatzes von durch Dritte bereitgestellten vortrainierten Systemen oder Instrumenten, und wie diese vom Anbieter verwendet, integriert oder verändert wurden;
   b) Entwurfsspezifikationen des Systems, insbesondere die allgemeine Logik des KI-Systems und der Algorithmen; die wichtigsten Entwurfsentscheidungen mit den Gründen und getroffenen Annahmen, einschließlich in Bezug auf Personen oder Personengruppen, bezüglich deren das System angewandt werden soll; hauptsächli-

VXII. Künstliche Intelligenz-Verordnung (KI-VO)

che Einstufungsentscheidungen; was das System optimieren soll und welche Bedeutung den verschiedenen Parametern dabei zukommt; Beschreibung der erwarteten Ausgabe des Systems und der erwarteten Qualität dieser Ausgabe; die über mögliche Kompromisse in Bezug auf die technischen Lösungen, mit denen die in Kapitel III Abschnitt 2 festgelegten Anforderungen erfüllt werden sollen, getroffenen Entscheidungen;

c) Beschreibung der Systemarchitektur, aus der hervorgeht, wie Softwarekomponenten aufeinander aufbauen oder einander zuarbeiten und in die Gesamtverarbeitung integriert sind; zum Entwickeln, Trainieren, Testen und Validieren des KI-Systems verwendete Rechenressourcen;

d) gegebenenfalls Datenanforderungen in Form von Datenblättern, in denen die Trainingsmethoden und -techniken und die verwendeten Trainingsdatensätze beschrieben werden, einschließlich einer allgemeinen Beschreibung dieser Datensätze sowie Informationen zu deren Herkunft, Umfang und Hauptmerkmalen; Angaben zur Beschaffung und Auswahl der Daten; Kennzeichnungsverfahren (zum Beispiel für überwachtes Lernen) und Datenbereinigungsmethoden (zum Beispiel Erkennung von Ausreißern);

e) Bewertung der nach Artikel 14 erforderlichen Maßnahmen der menschlichen Aufsicht, mit einer Bewertung der technischen Maßnahmen, die erforderlich sind, um den Betreibern gemäß Artikel 13 Absatz 3 Buchstabe d die Interpretation der Ausgaben von KI-Systemen zu erleichtern;

f) gegebenenfalls detaillierte Beschreibung der vorab bestimmten Änderungen an dem KI-System und seiner Leistung mit allen einschlägigen Informationen zu den technischen Lösungen, mit denen sichergestellt wird, dass das KI-System die einschlägigen in Kapitel III Abschnitt 2 festgelegten Anforderungen weiterhin dauerhaft erfüllt;

g) verwendete Validierungs- und Testverfahren, mit Informationen zu den verwendeten Validierungs- und Testdaten und deren Hauptmerkmalen; Parameter, die zur Messung der Genauigkeit, Robustheit und der Erfüllung anderer einschlägiger Anforderungen nach Kapitel III Abschnitt 2 sowie potenziell diskriminierender Auswirkungen verwendet werden; Testprotokolle und alle von den verantwortlichen Personen datierten und unterzeichneten Testberichte, auch in Bezug auf die unter Buchstabe f genannten vorab bestimmten Änderungen;

h) ergriffene Cybersicherheitsmaßnahmen;

3. Detaillierte Informationen über die Überwachung, Funktionsweise und Kontrolle des KI-Systems, insbesondere in Bezug auf Folgendes: die Fähigkeiten und Leistungsgrenzen des Systems, einschließlich der Genauigkeitsgrade bei bestimmten Personen oder Personengruppen, auf die es bestimmungsgemäß angewandt werden soll, sowie des in Bezug auf seine Zweckbestimmung insgesamt erwarteten Maßes an Genauigkeit; angesichts der Zweckbestimmung des KI-Systems vorhersehbare unbeabsichtigte Ergebnisse und Quellen von Risiken in Bezug auf Gesundheit und Sicherheit sowie Grundrechte und Diskriminierung; die nach Artikel 14 erforderlichen Maßnahmen der menschlichen Aufsicht, einschließlich der technischen Maßnahmen, die getroffen wurden, um den Betreibern die Interpretation der Ausgaben von KI-Systemen zu erleichtern; gegebenenfalls Spezifikationen zu Eingabedaten;

4. Darlegungen zur Eignung der Leistungskennzahlen für das spezifische KI-System;

5. Detaillierte Beschreibung des Risikomanagementsystems gemäß Artikel 9;

6. Beschreibung einschlägiger Änderungen, die der Anbieter während des Lebenszyklus an dem System vorgenommen hat;

VXII. Künstliche Intelligenz-Verordnung (KI-VO)

7. Aufstellung der vollständig oder teilweise angewandten harmonisierten Normen, deren Fundstellen im *Amtsblatt der Europäischen Union* veröffentlicht wurden; falls keine solchen harmonisierten Normen angewandt wurden, eine detaillierte Beschreibung der Lösungen, mit denen die in Kapitel III Abschnitt 2 festgelegten Anforderungen erfüllt werden sollen, mit einer Aufstellung anderer angewandter einschlägiger Normen und technischer Spezifikationen;
8. Kopie der EU-Konformitätserklärung gemäß Artikel 47;
9. Detaillierte Beschreibung des Systems zur Bewertung der Leistung des KI-Systems in der Phase nach dem Inverkehrbringen gemäß Artikel 72, einschließlich des in Artikel 72 Absatz 3 genannten Plans für die Beobachtung nach dem Inverkehrbringen

ANHANG V
EU-Konformitätserklärung

Die EU-Konformitätserklärung gemäß Artikel 47 enthält alle folgenden Angaben:
1. Name und Art des KI-Systems und etwaige zusätzliche eindeutige Angaben, die die Identifizierung und Rückverfolgbarkeit des KI-Systems ermöglichen;
2. Name und Anschrift des Anbieters und gegebenenfalls seines Bevollmächtigten;
3. Erklärung darüber, dass der Anbieter die alleinige Verantwortung für die Ausstellung der EU-Konformitätserklärung gemäß Artikel 47 trägt;
4. Versicherung, dass das betreffende KI-System der vorliegenden Verordnung sowie gegebenenfalls weiteren einschlägigen Rechtsvorschriften der Union, in denen die Ausstellung der EU-Konformitätserklärung gemäß Artikel 47 vorgesehen ist, entspricht;
5. wenn ein KI-System die Verarbeitung personenbezogener Daten erfordert, eine Erklärung darüber, dass das KI-System den Verordnungen (EU) 2016/679 und (EU) 2018/1725 sowie der Richtlinie (EU) 2016/680 entspricht;
6. Verweise auf die verwendeten einschlägigen harmonisierten Normen oder sonstigen gemeinsamen Spezifikationen, für die die Konformität erklärt wird;
7. gegebenenfalls Name und Identifizierungsnummer der notifizierten Stelle, Beschreibung des durchgeführten Konformitätsbewertungsverfahrens und Identifizierungsnummer der ausgestellten Bescheinigung;
8. Ort und Datum der Ausstellung der Erklärung, den Namen und die Funktion des Unterzeichners sowie Angabe, für wen oder in wessen Namen diese Person unterzeichnet hat, eine Unterschrift.

ANHANG VI
Konformitätsbewertungsverfahren auf der Grundlage einer internen Kontrolle

1. Das Konformitätsbewertungsverfahren auf der Grundlage einer internen Kontrolle ist das Konformitätsbewertungsverfahren gemäß den Nummern 2, 3 und 4.
2. Der Anbieter überprüft, ob das bestehende Qualitätsmanagementsystem den Anforderungen des Artikels 17 entspricht.
3. Der Anbieter prüft die in der technischen Dokumentation enthaltenen Informationen, um zu beurteilen, ob das KI-System den einschlägigen grundlegenden Anforderungen in Kapitel III Abschnitt 2 entspricht.

VXII. Künstliche Intelligenz-Verordnung (KI-VO)

4. Der Anbieter überprüft ferner, ob der Entwurfs- und Entwicklungsprozess des KI-Systems und seine Beobachtung nach dem Inverkehrbringen gemäß Artikel 72 mit der technischen Dokumentation im Einklang stehen.

ANHANG VII
Konformität auf der Grundlage einer Bewertung des Qualitätsmanagementsystems und einer Bewertung der technischen Dokumentation

1. Einleitung
Die Konformität auf der Grundlage einer Bewertung des Qualitätsmanagementsystems und einer Bewertung der technischen Dokumentation entspricht dem Konformitätsbewertungsverfahren gemäß den Nummern 2 bis 5.
2. Überblick
Das genehmigte Qualitätsmanagementsystem für die Konzeption, die Entwicklung und das Testen von KI-Systemen nach Artikel 17 wird gemäß Nummer 3 geprüft und unterliegt der Überwachung gemäß Nummer 5. Die technische Dokumentation des KI-Systems wird gemäß Nummer 4 geprüft.
3. Qualitätsmanagementsystem
3.1. Der Antrag des Anbieters muss Folgendes enthalten:
a) Name und Anschrift des Anbieters sowie, wenn der Antrag von einem Bevollmächtigten eingereicht wird, auch dessen Namen und Anschrift;
b) die Liste der unter dasselbe Qualitätsmanagementsystem fallenden KI-Systeme;
c) die technische Dokumentation für jedes unter dasselbe Qualitätsmanagementsystem fallende KI-System;
d) die Dokumentation über das Qualitätsmanagementsystem mit allen in Artikel 17 aufgeführten Aspekten;
e) eine Beschreibung der bestehenden Verfahren, mit denen sichergestellt wird, dass das Qualitätsmanagementsystem angemessen und wirksam bleibt;
f) eine schriftliche Erklärung, dass derselbe Antrag bei keiner anderen notifizierten Stelle eingereicht wurde.
3.2. Das Qualitätssicherungssystem wird von der notifizierten Stelle bewertet, um festzustellen, ob es die in Artikel 17 genannten Anforderungen erfüllt.
Die Entscheidung wird dem Anbieter oder dessen Bevollmächtigten mitgeteilt.
Die Mitteilung enthält die Ergebnisse der Bewertung des Qualitätsmanagementsystems und die begründete Bewertungsentscheidung.
3.3. Das genehmigte Qualitätsmanagementsystem wird vom Anbieter weiter angewandt und gepflegt, damit es stets angemessen und effizient funktioniert.
3.4. Der Anbieter unterrichtet die notifizierte Stelle über jede beabsichtigte Änderung des genehmigten Qualitätsmanagementsystems oder der Liste der unter dieses System fallenden KI-Systeme.
Die notifizierte Stelle prüft die vorgeschlagenen Änderungen und entscheidet, ob das geänderte Qualitätsmanagementsystem die unter Nummer 3.2 genannten Anforderungen weiterhin erfüllt oder ob eine erneute Bewertung erforderlich ist.
Die notifizierte Stelle teilt dem Anbieter ihre Entscheidung mit. Die Mitteilung enthält die Ergebnisse der Prüfung der Änderungen und die begründete Bewertungsentscheidung.
4. Kontrolle der technischen Dokumentation

VXII. Künstliche Intelligenz-Verordnung (KI-VO)

4.1. Zusätzlich zu dem unter Nummer 3 genannten Antrag stellt der Anbieter bei der notifizierten Stelle seiner Wahl einen Antrag auf Bewertung der technischen Dokumentation für das KI-System, das er in Verkehr zu bringen oder in Betrieb zu nehmen beabsichtigt und das unter das unter Nummer 3 genannte Qualitätsmanagementsystem fällt.
4.2. Der Antrag enthält Folgendes:
a) den Namen und die Anschrift des Anbieters;
b) eine schriftliche Erklärung, dass derselbe Antrag bei keiner anderen notifizierten Stelle eingereicht wurde;
c) die in Anhang IV genannte technische Dokumentation.
4.3. Die technische Dokumentation wird von der notifizierten Stelle geprüft. Sofern es relevant ist und beschränkt auf das zur Wahrnehmung ihrer Aufgaben erforderliche Maß erhält die notifizierte Stelle uneingeschränkten Zugang zu den verwendeten Trainings-, Validierungs- und Testdatensätzen, gegebenenfalls und unter Einhaltung von Sicherheitsvorkehrungen auch über API oder sonstige einschlägige technische Mittel und Instrumente, die den Fernzugriff ermöglichen.
4.4. Bei der Prüfung der technischen Dokumentation kann die notifizierte Stelle vom Anbieter weitere Nachweise oder die Durchführung weiterer Tests verlangen, um eine ordnungsgemäße Bewertung der Konformität des KI-Systems mit den in Kapitel III Abschnitt 2 festgelegten Anforderungen zu ermöglichen. Ist die notifizierte Stelle mit den vom Anbieter durchgeführten Tests nicht zufrieden, so führt sie gegebenenfalls unmittelbar selbst angemessene Tests durch.
4.5. Sofern es für die Bewertung der Konformität des Hochrisiko-KI-Systems mit den in Kapitel III Abschnitt 2 festgelegten Anforderungen notwendig ist, und nachdem alle anderen sinnvollen Möglichkeiten zur Überprüfung der Konformität ausgeschöpft sind oder sich als unzureichend erwiesen haben, wird der notifizierten Stelle auf begründeten Antrag Zugang zu den Trainingsmodellen und trainierten Modellen des KI-Systems, einschließlich seiner relevanten Parameter, gewährt. Ein solcher Zugang unterliegt dem bestehenden EU-Recht zum Schutz von geistigem Eigentum und Geschäftsgeheimnissen.
4.6. Die Entscheidung der notifizierten Stelle wird dem Anbieter oder dessen Bevollmächtigten mitgeteilt. Die Mitteilung enthält die Ergebnisse der Bewertung der technischen Dokumentation und die begründete Bewertungsentscheidung.
Erfüllt das KI-System die Anforderungen in Kapitel III Abschnitt 2, so stellt die notifizierte Stelle eine Unionsbescheinigung über die Bewertung der technischen Dokumentation aus. Diese Bescheinigung enthält den Namen und die Anschrift des Anbieters, die Ergebnisse der Prüfung, etwaige Bedingungen für ihre Gültigkeit und die für die Identifizierung des KI-Systems notwendigen Daten.
Die Bescheinigung und ihre Anhänge enthalten alle zweckdienlichen Informationen für die Beurteilung der Konformität des KI-Systems und gegebenenfalls für die Kontrolle des KI-Systems während seiner Verwendung.
Erfüllt das KI-System die in Kapitel III Abschnitt 2 festgelegten Anforderungen nicht, so verweigert die notifizierte Stelle die Ausstellung einer Unionsbescheinigung über die Bewertung der technischen Dokumentation und informiert den Antragsteller darüber, wobei sie ihre Verweigerung ausführlich begründet.
Erfüllt das KI-System nicht die Anforderung in Bezug auf die verwendeten Trainingsdaten, so muss das KI-System vor der Beantragung einer neuen Konformitätsbewertung erneut trainiert werden. In diesem Fall enthält die begründete Bewertungsentscheidung der notifizierten Stelle, mit der die Ausstellung der Unionsbescheinigung über die Bewertung der technischen Dokumentation verweigert wird, besondere Er-

läuterungen zu den zum Trainieren des KI-Systems verwendeten Qualitätsdaten und insbesondere zu den Gründen für die Nichtkonformität.
4.7. Jede Änderung des KI-Systems, die sich auf die Konformität des KI-Systems mit den Anforderungen oder auf seine Zweckbestimmung auswirken könnte, bedarf der Bewertung durch die notifizierte Stelle, die die Unionsbescheinigung über die Bewertung der technischen Dokumentation ausgestellt hat. Der Anbieter informiert die notifizierte Stelle über seine Absicht, eine der oben genannten Änderungen vorzunehmen, oder wenn er auf andere Weise Kenntnis vom Eintreten solcher Änderungen erhält. Die notifizierte Stelle bewertet die beabsichtigten Änderungen und entscheidet, ob diese Änderungen eine neue Konformitätsbewertung gemäß Artikel 43 Absatz 4 erforderlich machen oder ob ein Nachtrag zu der Unionsbescheinigung über die Bewertung der technischen Dokumentation ausgestellt werden könnte. In letzterem Fall bewertet die notifizierte Stelle die Änderungen, teilt dem Anbieter ihre Entscheidung mit und stellt ihm, sofern die Änderungen genehmigt wurden, einen Nachtrag zu der Unionsbescheinigung über die Bewertung der technischen Dokumentation aus.
5. Überwachung des genehmigten Qualitätsmanagementsystems
5.1. Mit der unter Nummer 3 genannten Überwachung durch die notifizierte Stelle soll sichergestellt werden, dass der Anbieter sich ordnungsgemäß an die Anforderungen und Bedingungen des genehmigten Qualitätsmanagementsystems hält.
5.2. Zu Bewertungszwecken gewährt der Anbieter der notifizierten Stelle Zugang zu den Räumlichkeiten, in denen die Konzeption, die Entwicklung und das Testen der KI-Systeme stattfindet. Außerdem übermittelt der Anbieter der notifizierten Stelle alle erforderlichen Informationen.
5.3. Die notifizierte Stelle führt regelmäßig Audits durch, um sicherzustellen, dass der Anbieter das Qualitätsmanagementsystem pflegt und anwendet, und übermittelt ihm einen Prüfbericht. Im Rahmen dieser Audits kann die notifizierte Stelle die KI-Systeme, für die eine Unionsbescheinigung über die Bewertung der technischen Dokumentation ausgestellt wurde, zusätzlichen Tests unterziehen.

ANHANG VIII
Bei der Registrierung des Hochrisiko-KI-Systems gemäß Artikel 49 bereitzustellende Informationen

Abschnitt A – Von Anbietern von Hochrisiko-KI-Systemen gemäß Artikel 49 Absatz 1 bereitzustellende Informationen

Für Hochrisiko-KI-Systeme, die gemäß Artikel 49 Absatz 1 zu registrieren sind, werden folgende Informationen bereitgestellt und danach auf dem neuesten Stand gehalten:
1. der Name, die Anschrift und die Kontaktdaten des Anbieters;
2. bei Vorlage von Informationen durch eine andere Person im Namen des Anbieters: der Name, die Anschrift und die Kontaktdaten dieser Person;
3. gegebenenfalls der Name, die Anschrift und die Kontaktdaten des Bevollmächtigten;
4. der Handelsname des KI-Systems und etwaige zusätzliche eindeutige Angaben, die die Identifizierung und Rückverfolgbarkeit des KI-Systems ermöglichen;
5. eine Beschreibung der Zweckbestimmung des KI-Systems und der durch dieses KI-System unterstützten Komponenten und Funktionen;
6. eine grundlegende und knappe Beschreibung der vom System verwendeten Informationen (Daten, Eingaben) und seiner Betriebslogik;

VXII. Künstliche Intelligenz-Verordnung (KI-VO)

7. der Status des KI-Systems (in Verkehr/in Betrieb; nicht mehr in Verkehr/in Betrieb, zurückgerufen);
8. die Art, die Nummer und das Ablaufdatum der von der notifizierten Stelle ausgestellten Bescheinigung und gegebenenfalls Name oder Identifizierungsnummer dieser notifizierten Stelle;
9. gegebenenfalls eine gescannte Kopie der in Nummer 8 genannten Bescheinigung;
10. alle Mitgliedstaaten, in denen das KI-System in Verkehr gebracht, in Betrieb genommen oder in der Union bereitgestellt wurde;
11. eine Kopie der in Artikel 47 genannten EU-Konformitätserklärung;
12. elektronische Betriebsanleitungen; dies gilt nicht für Hochrisiko-KI-Systeme in den Bereichen Strafverfolgung oder Migration, Asyl und Grenzkontrolle gemäß Anhang III Nummern 1, 6 und 7;
13. Eine URL-Adresse für zusätzliche Informationen (fakultativ).

Abschnitt B – Von Anbietern von Hochrisiko-KI-Systemen gemäß Artikel 49 Absatz 2 bereitzustellende Informationen

Für KI-Systeme, die gemäß Artikel 49 Absatz 2 zu registrieren sind, werden folgende Informationen bereitgestellt und danach auf dem neuesten Stand gehalten:

1. der Name, die Anschrift und die Kontaktdaten des Anbieters;
2. bei Vorlage von Informationen durch eine andere Person im Namen des Anbieters: Name, Anschrift und Kontaktdaten dieser Person;
3. gegebenenfalls der Name, die Anschrift und die Kontaktdaten des Bevollmächtigten;
4. der Handelsname des KI-Systems und etwaige zusätzliche eindeutige Angaben, die die Identifizierung und Rückverfolgbarkeit des KI-Systems ermöglichen;
5. eine Beschreibung der Zweckbestimmung des KI-Systems;
6. die Bedingung oder Bedingungen gemäß Artikel 6 Absatz 3, aufgrund derer das KI-System nicht als Hoch-Risiko-System eingestuft wird;
7. eine kurze Zusammenfassung der Gründe, aus denen das KI-System in Anwendung des Verfahrens gemäß Artikel 6 Absatz 3 nicht als Hoch-Risiko-System eingestuft wird;
8. der Status des KI-Systems (in Verkehr/in Betrieb; nicht mehr in Verkehr/in Betrieb, zurückgerufen)
9. alle Mitgliedstaaten, in denen das KI-System in der Union in Verkehr gebracht, in Betrieb genommen oder bereitgestellt wurde.

Abschnitt C – Von Betreibern von Hochrisiko-KI-Systemen gemäß Artikel 49 Absatz 3 bereitzustellende Informationen

Für Hochrisiko-KI-Systeme, die gemäß Artikel 49 Absatz 3 zu registrieren sind, werden folgende Informationen bereitgestellt und danach auf dem neuesten Stand gehalten:

1. der Name, die Anschrift und die Kontaktdaten des Betreibers;
2. der Name, die Anschrift und die Kontaktdaten der Person, die im Namen des Betreibers Informationen übermittelt;
3. die URL des Eintrags des KI-Systems in der EU-Datenbank durch seinen Anbieter;
4. eine Zusammenfassung der Ergebnisse der gemäß Artikel 27 durchgeführten Grundrechte-Folgenabschätzung;

5. gegebenenfalls eine Zusammenfassung der im Einklang mit Artikel 35 der Verordnung (EU) 2016/679 oder Artikel 27 der Richtlinie (EU) 2016/680 gemäß Artikel 26 Absatz 8 der vorliegenden Verordnung durchgeführten Datenschutz-Folgenabschätzung.

ANHANG IX
Bezüglich Tests unter Realbedingungen gemäß Artikel 60 bei der Registrierung von in Anhang III aufgeführten Hochrisiko-KI-Systemen bereitzustellende Informationen

Bezüglich Tests unter Realbedingungen, die gemäß Artikel 60 zu registrieren sind, werden folgende Informationen bereitgestellt und danach auf dem aktuellen Stand gehalten:
1. eine unionsweit einmalige Identifizierungsnummer des Tests unter Realbedingungen;
2. der Name und die Kontaktdaten des Anbieters oder zukünftigen Anbieters und der Betreiber, die an dem Test unter Realbedingungen teilgenommen haben;
3. eine kurze Beschreibung des KI-Systems, seine Zweckbestimmung und sonstige zu seiner Identifizierung erforderliche Informationen;
4. eine Übersicht über die Hauptmerkmale des Plans für den Test unter Realbedingungen;
5. Informationen über die Aussetzung oder den Abbruch des Tests unter Realbedingungen.

ANHANG X
Rechtsvorschriften der Union über IT-Großsysteme im Raum der Freiheit, der Sicherheit und des Rechts

1. Schengener Informationssystem
   a) Verordnung (EU) 2018/1860 des Europäischen Parlaments und des Rates vom 28. November 2018 über die Nutzung des Schengener Informationssystems für die Rückkehr illegal aufhältiger Drittstaatsangehöriger (ABl. L 312 vom 7.12.2018, S. 1)
   b) Verordnung (EU) 2018/1861 des Europäischen Parlaments und des Rates vom 28. November 2018 über die Einrichtung, den Betrieb und die Nutzung des Schengener Informationssystems (SIS) im Bereich der Grenzkontrollen, zur Änderung des Übereinkommens zur Durchführung des Übereinkommens von Schengen und zur Änderung und Aufhebung der Verordnung (EG) Nr. 1987/2006 (ABl. L 312 vom 7.12.2018, S. 14)
   c) Verordnung (EU) 2018/1862 des Europäischen Parlaments und des Rates vom 28. November 2018 über die Einrichtung, den Betrieb und die Nutzung des Schengener Informationssystems (SIS) im Bereich der polizeilichen Zusammenarbeit und der justiziellen Zusammenarbeit in Strafsachen, zur Änderung und Aufhebung des Beschlusses 2007/533/JI des Rates und zur Aufhebung der Verordnung (EG) Nr. 1986/2006 des Europäischen Parlaments und des Rates und des Beschlusses 2010/261/EU der Kommission (ABl. L 312 vom 7.12.2018, S. 56)
2. Visa-Informationssystem
   a) Verordnung (EU) 2021/1133 des Europäischen Parlaments und des Rates vom 7. Juli 2021 zur Änderung der Verordnungen (EU) Nr. 603/2013, (EU) 2016/794, (EU) 2018/1862, (EU) 2019/816 und (EU) 2019/818 hinsichtlich der Festlegung der Voraussetzungen für den Zugang zu anderen Informationssystemen der EU für Zwecke des Visa-Informationssystems (ABl. L 248 vom 13.7.2021, S. 1)

VXII. Künstliche Intelligenz-Verordnung (KI-VO)

    b) Verordnung (EU) 2021/1134 des Europäischen Parlaments und des Rates vom 7. Juli 2021 zur Änderung der Verordnungen (EG) Nr. 767/2008, (EG) Nr. 810/2009, (EU) 2016/399, (EU) 2017/2226, (EU) 2018/1240, (EU) 2018/1860, (EU) 2018/1861, (EU) 2019/817 und (EU) 2019/1896 des Europäischen Parlaments und des Rates und zur Aufhebung der Entscheidung 2004/512/EG und des Beschlusses 2008/633/JI des Rates zum Zwecke der Reform des Visa-Informationssystems (ABl. L 248 vom 13.7.2021, S. 11)

3. Eurodac

Verordnung (EU) 2024/1358 des Europäischen Parlaments und des Rates vom 14. Mai 2024 über die Einrichtung von Eurodac für den Abgleich biometrischer Daten zum Zwecke der effektiven Anwendung der Verordnungen (EU) 2024/1315 und (EU) 2024/1350 des Europäischen Parlaments und des Rates und der Richtlinie 2001/55/EG des Rates und zur Feststellung der Identität illegal aufhältiger Drittstaatsangehöriger und Staatenloser und über der Gefahrenabwehr und Strafverfolgung dienende Anträge der Gefahrenabwehr- und Strafverfolgungsbehörden der Mitgliedstaaten und Europols auf den Abgleich mit Eurodac-Daten sowie zur Änderung der Verordnungen (EU) 2018/1240 und (EU) 2019/818 des Europäischen Parlaments und des Rates und zur Aufhebung der Verordnung (EU) Nr. 603/2013 des Europäischen Parlaments und des Rates (ABl. L, 2024/1358, 22.5.2024, ELI: http://data.europa.eu/eli/reg/2024/1358/oj)

4. Einreise-/Ausreisesystem

Verordnung (EU) 2017/2226 des Europäischen Parlaments und des Rates vom 30. November 2017 über ein Einreise-/Ausreisesystem (EES) zur Erfassung der Ein- und Ausreisedaten sowie der Einreiseverweigerungsdaten von Drittstaatsangehörigen an den Außengrenzen der Mitgliedstaaten und zur Festlegung der Bedingungen für den Zugang zum EES zu Gefahrenabwehr- und Strafverfolgungszwecken und zur Änderung des Übereinkommens von Schengen sowie der Verordnungen (EG) Nr. 767/2008 und (EU) Nr. 1077/2011 (ABl. L 327 vom 9.12.2017, S. 20)

5. Europäisches Reiseinformations- und -genehmigungssystem

    a) Verordnung (EU) 2018/1240 des Europäischen Parlaments und des Rates vom 12. September 2018 über die Einrichtung eines Europäischen Reiseinformations- und -genehmigungssystems (ETIAS) und zur Änderung der Verordnungen (EU) Nr. 1077/2011, (EU) Nr. 515/2014, (EU) 2016/399, (EU) 2016/1624 und (EU) 2017/2226 (ABl. L 236 vom 19.9.2018, S. 1)

    b) Verordnung (EU) 2018/1241 des Europäischen Parlaments und des Rates vom 12. September 2018 zur Änderung der Verordnung (EU) 2016/794 für die Zwecke der Einrichtung eines Europäischen Reiseinformations- und -genehmigungssystems (ETIAS) (ABl. L 236 vom 19.9.2018, S. 72)

6. Europäisches Strafregisterinformationssystem über Drittstaatsangehörige und Staatenlose

Verordnung (EU) 2019/816 des Europäischen Parlaments und des Rates vom 17. April 2019 zur Einrichtung eines zentralisierten Systems für die Ermittlung der Mitgliedstaaten, in denen Informationen zu Verurteilungen von Drittstaatsangehörigen und Staatenlosen (ECRIS-TCN) vorliegen, zur Ergänzung des Europäischen Strafregisterinformationssystems und zur Änderung der Verordnung (EU) 2018/1726 (ABl. L 135 vom 22.5.2019, S. 1)

7. Interoperabilität

    a) Verordnung (EU) 2019/817 des Europäischen Parlaments und des Rates vom 20. Mai 2019 zur Errichtung eines Rahmens für die Interoperabilität zwischen

EU-Informationssystemen in den Bereichen Grenzen und Visa und zur Änderung der Verordnungen (EG) Nr. 767/2008, (EU) 2016/399, (EU) 2017/2226, (EU) 2018/1240, (EU) 2018/1726 und (EU) 2018/1861 des Europäischen Parlaments und des Rates, der Entscheidung 2004/512/EG des Rates und des Beschlusses 2008/633/ JI des Rates (ABl. L 135 vom 22.5.2019, S. 27)

b) Verordnung (EU) 2019/818 des Europäischen Parlaments und des Rates vom 20. Mai 2019 zur Errichtung eines Rahmens für die Interoperabilität zwischen EU-Informationssystemen (polizeiliche und justizielle Zusammenarbeit, Asyl und Migration) und zur Änderung der Verordnungen (EU) 2018/1726, (EU) 2018/1862 und (EU) 2019/816 (ABl. L 135 vom 22.5.2019, S. 85).

ANHANG XI
Technische Dokumentation gemäß Artikel 53 Absatz 1 Buchstabe a – technische Dokumentation für Anbieter von KI-Modellen mit allgemeinem Verwendungszweck

Abschnitt 1
Von allen Anbietern von KI-Modellen mit allgemeinem Verwendungszweck bereitzustellende Informationen

Die in Artikel 53 Absatz 1 Buchstabe a genannte technische Dokumentation muss mindestens die folgenden Informationen enthalten, soweit es anhand der Größe und des Risikoprofils des betreffenden Modells angemessen ist:

1. Eine allgemeine Beschreibung des KI-Modells einschließlich
   a) der Aufgaben, die das Modell erfüllen soll, sowie der Art und des Wesens der KI-Systeme, in die es integriert werden kann;
   b) die anwendbaren Regelungen der akzeptablen Nutzung;
   c) das Datum der Freigabe und die Vertriebsmethoden;
   d) die Architektur und die Anzahl der Parameter;
   e) die Modalität (zum Beispiel Text, Bild) und das Format der Ein- und Ausgaben;
   f) die Lizenz.

2. Eine ausführliche Beschreibung der Elemente des Modells gemäß Nummer 1 und relevante Informationen zum Entwicklungsverfahren, einschließlich der folgenden Elemente:
   a) die technischen Mittel (zum Beispiel Betriebsanleitungen, Infrastruktur, Instrumente), die für die Integration des KI-Modells mit allgemeinem Verwendungszweck in KI-Systeme erforderlich sind;
   b) die Entwurfsspezifikationen des Modells und des Trainingsverfahrens einschließlich Trainingsmethoden und -techniken, die wichtigsten Entwurfsentscheidungen mit den Gründen und getroffenen Annahmen; gegebenenfalls, was das Modell optimieren soll und welche Bedeutung den verschiedenen Parametern dabei zukommt;
   c) gegebenenfalls Informationen über die für das Trainieren, Testen und Validieren verwendeten Daten, einschließlich der Art und Herkunft der Daten und der Aufbereitungsmethoden (zum Beispiel Bereinigung, Filterung usw.), der Zahl der Datenpunkte, ihres Umfangs und ihrer Hauptmerkmale; gegebenenfalls die Art und Weise, wie die Daten erlangt und ausgewählt wurden, sowie alle anderen Maßnahmen zur Feststellung, ob Datenquellen ungeeignet sind, und Methoden zur Erkennung ermittelbarer Verzerrungen;

VXII. Künstliche Intelligenz-Verordnung (KI-VO)

d) die für das Trainieren des Modells verwendeten Rechenressourcen (zum Beispiel Anzahl der Gleitkommaoperationen), die Trainingszeit und andere relevante Einzelheiten im Zusammenhang mit dem Trainieren;
e) bekannter oder geschätzter Energieverbrauch des Modells.

Wenn der Energieverbrauch des Modells nicht bekannt ist, kann für Buchstabe e der Energieverbrauch auf Informationen über die eingesetzten Rechenressourcen gestützt werden.

Abschnitt 2
Zusätzliche von Anbietern von KI-Modellen mit allgemeinem Verwendungszweck mit systemischem Risiko bereitzustellende Informationen

1. Eine ausführliche Beschreibung der Prüfstrategien, einschließlich der Prüfungsergebnisse, auf der Grundlage öffentlich verfügbarer Prüfprotokolle und -instrumente oder anderer Prüfmethoden. Die Prüfstrategien umfassen Prüfkriterien und -metrik sowie die Methodik zur Ermittlung von Einschränkungen.
2. Gegebenenfalls eine ausführliche Beschreibung der Maßnahmen, die ergriffen wurden, um interne und/oder externe Angriffstests durchzuführen (zum Beispiel Red Teaming), Modellanpassungen, einschließlich Ausrichtung und Feinabstimmung.
3. Gegebenenfalls eine ausführliche Beschreibung der Systemarchitektur, aus der hervorgeht, wie Softwarekomponenten aufeinander aufbauen oder einander zuarbeiten und in die Gesamtverarbeitung integriert sind.

ANHANG XII
Transparenzinformationen gemäß Artikel 53 Absatz 1 Buchstabe b – technische Dokumentation für Anbieter von KI-Modellen mit allgemeinem Verwendungszweck für nachgelagerte Anbieter, die das Modell in ihr KI-System integrieren

Die in Artikel 53 Absatz 1 Buchstabe b genannten Informationen enthalten mindestens Folgendes:

1. eine allgemeine Beschreibung des KI-Modells einschließlich
   a) der Aufgaben, die das Modell erfüllen soll, sowie der Art und des Wesens der KI-Systeme, in die es integriert werden kann;
   b) die anwendbaren Regelungen der akzeptablen Nutzung;
   c) das Datum der Freigabe und die Vertriebsmethoden;
   d) gegebenenfalls wie das Modell mit Hardware oder Software interagiert, die nicht Teil des Modells selbst ist, oder wie es zu einer solchen Interaktion verwendet werden kann;
   e) gegebenenfalls die Versionen der einschlägigen Software im Zusammenhang mit der Verwendung des KI-Modells mit allgemeinem Verwendungszweck;
   f) die Architektur und die Anzahl der Parameter;
   g) die Modalität (zum Beispiel Text, Bild) und das Format der Ein- und Ausgaben;
   h) die Lizenz für das Modell.
2. Eine Beschreibung der Bestandteile des Modells und seines Entwicklungsprozesses, einschließlich
   a) die technischen Mittel (zum Beispiel Betriebsanleitungen, Infrastruktur, Instrumente), die für die Integration des KI-Modells mit allgemeinem Verwendungszweck in KI-Systeme erforderlich sind;

VXII. Künstliche Intelligenz-Verordnung (KI-VO)

b) Modalität (zum Beispiel Text, Bild usw.) und Format der Ein- und Ausgaben und deren maximale Größe (zum Beispiel Länge des Kontextfensters usw.);
c) gegebenenfalls Informationen über die für das Trainieren, Testen und Validieren verwendeten Daten, einschließlich der Art und Herkunft der Daten und der Aufbereitungsmethoden.

ANHANG XIII
Kriterien für die Benennung von KI-Modellen mit allgemeinem Verwendungszweck mit systemischem Risiko gemäß Artikel 51

Um festzustellen, ob ein KI-Modell mit allgemeinem Verwendungszweck über Fähigkeiten oder eine Wirkung verfügt, die den in Artikel 51 Absatz 1 Buchstabe a genannten gleichwertig sind, berücksichtigt die Kommission folgende Kriterien:

a) die Anzahl der Parameter des Modells;
b) die Qualität oder Größe des Datensatzes, zum Beispiel durch Tokens gemessen;
c) die Menge der für das Trainieren des Modells verwendeten Berechnungen, gemessen in Gleitkommaoperationen oder anhand einer Kombination anderer Variablen, wie geschätzte Trainingskosten, geschätzter Zeitaufwand für das Trainieren oder geschätzter Energieverbrauch für das Trainieren;
d) die Ein- und Ausgabemodalitäten des Modells, wie Text-Text (Große Sprachmodelle), Text-Bild, Multimodalität, Schwellenwerte auf dem Stand der Technik für die Bestimmung der Fähigkeiten mit hoher Wirkkraft für jede Modalität und die spezifische Art der Ein- und Ausgaben (zum Beispiel biologische Sequenzen);
e) die Benchmarks und Beurteilungen der Fähigkeiten des Modells, einschließlich unter Berücksichtigung der Zahl der Aufgaben ohne zusätzliches Training, der Anpassungsfähigkeit zum Erlernen neuer, unterschiedlicher Aufgaben, des Grades an Autonomie und Skalierbarkeit sowie der Instrumente, zu denen es Zugang hat;
f) ob es aufgrund seiner Reichweite große Auswirkungen auf den Binnenmarkt hat – davon wird ausgegangen, wenn es mindestens 10 000 in der Union niedergelassenen registrierten gewerblichen Nutzern zur Verfügung gestellt wurde;
g) die Zahl der registrierten Endnutzer.

XVIII. Medizinprodukte-Verordnung (MPVO) (Auszug)

Verordnung (EU) 2017/745 des Europäischen Parlaments und des Rates vom 5. April 2017 über Medizinprodukte, zur Änderung der Richtlinie 2001/83/EG, der Verordnung (EG) Nr. 178/2002 und der Verordnung (EG) Nr. 1223/2009 und zur Aufhebung der Richtlinien 90/385/EWG und 93/42/EWG des Rates (Text von Bedeutung für den EWR.)

Artikel 1
Gegenstand und Geltungsbereich

(1) Mit dieser Verordnung werden Regeln für das Inverkehrbringen, die Bereitstellung auf dem Markt und die Inbetriebnahme von für den menschlichen Gebrauch bestimmten Medizinprodukten und deren Zubehör in der Union festgelegt. Diese Verordnung gilt ferner für in der Union durchgeführte klinische Prüfungen, die diese Medizinprodukte und dieses Zubehör betreffen.

(2) Diese Verordnung gilt des Weiteren ab dem Geltungsbeginn der GS gemäß Artikel 9 für die in Anhang XVI aufgeführten Produktgruppen ohne medizinische Zweckbestimmung, wobei der Stand der Technik und insbesondere bereits geltende harmonisierte Normen für analoge Produkte mit medizinischer Zweckbestimmung, die auf ähnlicher Technologie beruhen, zu berücksichtigen sind. Gegenstand der GS für jede in Anhang XVI aufgeführte Produktgruppe sind mindestens die Anwendung des Risikomanagements gemäß Anhang I für die betreffende Produktgruppe und erforderlichenfalls die klinische Bewertung der Sicherheit.

Die erforderlichen GS werden bis zum 26. Mai 2020 erlassen. Sie gelten nach Ablauf von sechs Monaten ab dem Zeitpunkt ihres Inkrafttretens oder ab dem 26. Mai 2020, wobei das spätere Datum maßgebend ist.

Ungeachtet des Artikels 122 bleiben die Maßnahmen der Mitgliedstaaten in Bezug auf die Einstufung der unter Anhang XVI fallenden Produkte als Medizinprodukte gemäß der Richtlinie 93/42/EWG bis zu dem in UnterAbsatz 1 genannten Geltungsbeginn der diese Produktgruppe betreffenden GS gültig.

Diese Verordnung gilt zudem für in der Union durchgeführte klinische Prüfungen, die die in UnterAbsatz 1 genannten Produkte betreffen.

(3) Produkte mit medizinischer und nicht-medizinischer Zweckbestimmung müssen sowohl die Anforderungen an Produkte mit medizinischer Zweckbestimmung als auch die Anforderungen an Produkte ohne medizinische Zweckbestimmung erfüllen.

(4) Für die Zwecke dieser Verordnung werden Medizinprodukte und ihr Zubehör sowie die in Anhang XVI aufgeführten Produkte, auf die diese Verordnung gemäß Absatz 2 Anwendung findet, im Folgenden als „Produkte" bezeichnet.

(5) In Fällen, in denen dies aufgrund der Ähnlichkeit eines in Verkehr gebrachten Produkts mit medizinischer Zweckbestimmung und eines Produkts ohne medizinische Zweckbestimmung in Bezug auf ihre Merkmale und die damit verbundenen Risiken gerechtfertigt ist, wird der Kommission die Befugnis übertragen, gemäß Artikel 115 delegierte Rechtsakte zu erlassen, um die in Anhang XVI enthaltene Liste von Produkten durch Hinzufügung neuer Produktgruppen anzupassen, um den Schutz der Gesundheit und Sicherheit der Anwender oder anderer Personen oder anderer Aspekte der öffentlichen Gesundheit zu gewährleisten.

(...)

XVIII. Medizinprodukte-Verordnung (MPVO) (Auszug)

Artikel 2
Begriffsbestimmungen

Für die Zwecke dieser Verordnung gelten folgende Begriffsbestimmungen:

1. „Medizinprodukt" bezeichnet ein Instrument, einen Apparat, ein Gerät, eine Software, ein Implantat, ein Reagenz, ein Material oder einen anderen Gegenstand, das dem Hersteller zufolge für Menschen bestimmt ist und allein oder in Kombination einen oder mehrere der folgenden spezifischen medizinischen Zwecke erfüllen soll:
   - Diagnose, Verhütung, Überwachung, Vorhersage, Prognose, Behandlung oder Linderung von Krankheiten,
   - Diagnose, Überwachung, Behandlung, Linderung von oder Kompensierung von Verletzungen oder Behinderungen,
   - Untersuchung, Ersatz oder Veränderung der Anatomie oder eines physiologischen oder pathologischen Vorgangs oder Zustands,
   - Gewinnung von Informationen durch die *In-vitro*-Untersuchung von aus dem menschlichen Körper – auch aus Organ-, Blut- und Gewebespenden – stammenden Proben

   und dessen bestimmungsgemäße Hauptwirkung im oder am menschlichen Körper weder durch pharmakologische oder immunologische Mittel noch metabolisch erreicht wird, dessen Wirkungsweise aber durch solche Mittel unterstützt werden kann.
   Die folgenden Produkte gelten ebenfalls als Medizinprodukte:
   - Produkte zur Empfängnisverhütung oder -förderung,
   - Produkte, die speziell für die Reinigung, Desinfektion oder Sterilisation der in Artikel 1 Absatz 4 genannten Produkte und der in Absatz 1 dieses Spiegelstrichs genannten Produkte bestimmt sind.

2. „Zubehör eines Medizinprodukts" bezeichnet einen Gegenstand, der zwar an sich kein Medizinprodukt ist, aber vom Hersteller dazu bestimmt ist, zusammen mit einem oder mehreren bestimmten Medizinprodukten verwendet zu werden, und der speziell dessen/deren Verwendung gemäß seiner/ihrer Zweckbestimmung(en) ermöglicht oder mit dem die medizinische Funktion des Medizinprodukts bzw. der Medizinprodukte im Hinblick auf dessen/deren Zweckbestimmung(en) gezielt und unmittelbar unterstützt werden soll;

3. „Sonderanfertigung" bezeichnet ein Produkt, das speziell gemäß einer schriftlichen Verordnung einer aufgrund ihrer beruflichen Qualifikation nach den nationalen Rechtsvorschriften zur Ausstellung von Verordnungen berechtigten Person angefertigt wird, die eigenverantwortlich die genaue Auslegung und die Merkmale des Produkts festlegt, das nur für einen einzigen Patienten bestimmt ist, um ausschließlich dessen individuelle Zustand und dessen individuellen Bedürfnissen zu entsprechen.
   Serienmäßig hergestellte Produkte, die angepasst werden müssen, um den spezifischen Anforderungen eines berufsmäßigen Anwenders zu entsprechen, und Produkte, die gemäß den schriftlichen Verordnungen einer dazu berechtigten Person serienmäßig in industriellen Verfahren hergestellt werden, gelten jedoch nicht als Sonderanfertigungen;

4. „aktives Produkt" bezeichnet ein Produkt, dessen Betrieb von einer Energiequelle mit Ausnahme der für diesen Zweck durch den menschlichen Körper oder durch die Schwerkraft erzeugten Energie abhängig ist und das mittels Änderung der Dichte oder Umwandlung dieser Energie wirkt. Ein Produkt, das zur Übertragung von Energie, Stoffen oder anderen Elementen zwischen einem aktiven Produkt und dem Patienten eingesetzt wird, ohne dass dabei eine wesentliche Veränderung von Energie, Stoffen oder Parametern eintritt, gilt nicht als aktives Produkt.

XVIII. Medizinprodukte-Verordnung (MPVO) (Auszug)

Software gilt ebenfalls als aktives Produkt;

5. „implantierbares Produkt" bezeichnet ein Produkt, auch wenn es vollständig oder teilweise resorbiert werden soll, das dazu bestimmt ist, durch einen klinischen Eingriff
   - ganz in den menschlichen Körper eingeführt zu werden oder
   - eine Epitheloberfläche oder die Oberfläche des Auges zu ersetzen

   und nach dem Eingriff dort zu verbleiben.

   Als implantierbares Produkt gilt auch jedes Produkt, das dazu bestimmt ist, durch einen klinischen Eingriff teilweise in den menschlichen Körper eingeführt zu werden und nach dem Eingriff mindestens 30 Tage dort zu verbleiben;

6. „invasives Produkt" bezeichnet ein Produkt, das durch die Körperoberfläche oder über eine Körperöffnung ganz oder teilweise in den Körper eindringt;

7. „generische Produktgruppe" bezeichnet eine Gruppe von Produkten mit gleichen oder ähnlichen Zweckbestimmungen oder mit technologischen Gemeinsamkeiten, die allgemein, also ohne Berücksichtigung spezifischer Merkmale klassifiziert werden können;

8. „Einmalprodukt" bezeichnet ein Produkt, das dazu bestimmt ist, an einer einzigen Person für eine einzige Maßnahme verwendet zu werden;

9. „gefälschtes Produkt" bezeichnet ein Produkt mit falschen Angaben zu seiner Identität und/oder seiner Herkunft und/oder seiner CE-Kennzeichnung oder den Dokumenten zu den CE-Kennzeichnungsverfahren. Diese Begriffsbestimmung erstreckt sich nicht auf die unbeabsichtigte Nichteinhaltung von Vorgaben und lässt Verstöße gegen die Rechte des geistigen Eigentums unberührt;

10. „Behandlungseinheit" bezeichnet eine Kombination von zusammen verpackten und in Verkehr gebrachten Produkten, die zur Verwendung für einen spezifischen medizinischen Zweck bestimmt sind;

11. „System" bezeichnet eine Kombination von Produkten, die zusammen verpackt sind oder auch nicht und die dazu bestimmt sind, verbunden oder kombiniert zu werden, um einen spezifischen medizinischen Zweck zu erfüllen;

12. „Zweckbestimmung" bezeichnet die Verwendung, für die ein Produkt entsprechend den Angaben des Herstellers auf der Kennzeichnung, in der Gebrauchsanweisung oder dem Werbe- oder Verkaufsmaterial bzw. den Werbe- oder Verkaufsangaben und seinen Angaben bei der klinischen Bewertung bestimmt ist;

13. „Kennzeichnung" bezeichnet geschriebene, gedruckte oder grafisch dargestellte Informationen, die entweder auf dem Produkt selbst oder auf der Verpackung jeder Einheit oder auf der Verpackung mehrerer Produkte angebracht sind;

14. „Gebrauchsanweisung" bezeichnet vom Hersteller zur Verfügung gestellte Informationen, in denen der Anwender über die Zweckbestimmung und korrekte Verwendung eines Produkts sowie über eventuell zu ergreifende Vorsichtsmaßnahmen unterrichtet wird;

15. „einmalige Produktkennung" (Unique Device Identifier – UDI) bezeichnet eine Abfolge numerischer oder alphanumerischer Zeichen, die mittels international anerkannter Identifizierungs- und Kodierungsstandards erstellt wurde und die eine eindeutige Identifizierung einzelner Produkte auf dem Markt ermöglicht;

16. „nicht lebensfähig" bedeutet ohne die Fähigkeit, einen Stoffwechsel aufrechtzuerhalten oder sich fortzupflanzen;

17. „Derivat" bezeichnet eine „nicht-zelluläre Substanz", die mittels eines Herstellungsprozesses aus Gewebe oder Zellen menschlichen oder tierischen Ursprungs gewonnen

XVIII. Medizinprodukte-Verordnung (MPVO) (Auszug)

wird. Die für die Herstellung des Produkts letztendlich verwendete Substanz enthält in diesem Fall keine Zellen und kein Gewebe;

18. „Nanomaterial" bezeichnet ein natürliches, bei Prozessen anfallendes oder hergestelltes Material, das PArtikel in ungebundenem Zustand, als Aggregat oder als Agglomerat enthält und bei dem mindestens 50 % der PArtikel in der Anzahlgrößenverteilung ein oder mehrere Außenmaße im Bereich von 1 nm bis 100 nm haben.

Fullerene, Graphenflocken und einwandige Kohlenstoff-Nanoröhren mit einem oder mehreren Außenmaßen unter 1 nm gelten ebenfalls als Nanomaterialien;

19. „Partikel" im Sinne der Definition von Nanomaterialien in Nummer 18 bezeichnet ein winziges Teilchen einer Substanz mit definierten physikalischen Grenzen;
20. „Agglomerat" im Sinne der Definition von Nanomaterialien in Nummer 18 bezeichnet eine Ansammlung schwach gebundener PArtikel oder Aggregate, in der die resultierende Oberfläche ähnlich der Summe der Oberflächen der einzelnen Komponenten ist;
21. „Aggregat" im Sinne der Definition von Nanomaterialien in Nummer 18 bezeichnet ein PArtikel aus fest gebundenen oder verschmolzenen Partikeln;
22. „Leistung" bezeichnet die Fähigkeit eines Produkts, seine vom Hersteller angegebene Zweckbestimmung zu erfüllen;
23. „Risiko" bezeichnet die Kombination von Wahrscheinlichkeit eines Schadenseintritts und Schwere des Schadens;
24. „Nutzen-Risiko-Abwägung" bezeichnet die Analyse aller Bewertungen des Nutzens und der Risiken, die für die bestimmungsgemäße Verwendung eines Produkts entsprechend der vom Hersteller angegebenen Zweckbestimmung von möglicher Relevanz sind;
25. „Kompatibilität" bezeichnet die Fähigkeit eines Produkts – einschließlich Software –, bei Verwendung zusammen mit einem oder mehreren anderen Produkten gemäß seiner Zweckbestimmung
    a) seine Leistung zu erbringen, ohne dass seine bestimmungsgemäße Leistungsfähigkeit verloren geht oder beeinträchtigt wird, und/oder
    b) integriert zu werden und/oder seine Funktion zu erfüllen, ohne dass eine Veränderung oder Anpassung von Teilen der kombinierten Produkte erforderlich ist, und/oder
    c) konfliktfrei und ohne Interferenzen oder nachteilige Wirkungen in dieser Kombination verwendet zu werden;
26. „Interoperabilität" bezeichnet die Fähigkeit von zwei oder mehr Produkten – einschließlich Software – desselben Herstellers oder verschiedener Hersteller,
    a) Informationen auszutauschen und die ausgetauschten Informationen für die korrekte Ausführung einer konkreten Funktion ohne Änderung des Inhalts der Daten zu nutzen und/oder
    b) miteinander zu kommunizieren und/oder
    c) bestimmungsgemäß zusammenzuarbeiten;
27. „Bereitstellung auf dem Markt" bezeichnet jede entgeltliche oder unentgeltliche Abgabe eines Produkts, mit Ausnahme von Prüfprodukten, zum Vertrieb, zum Verbrauch oder zur Verwendung auf dem Unionsmarkt im Rahmen einer gewerblichen Tätigkeit;
28. „Inverkehrbringen" bezeichnet die erstmalige Bereitstellung eines Produkts, mit Ausnahme von Prüfprodukten, auf dem Unionsmarkt;
29. „Inbetriebnahme" bezeichnet den Zeitpunkt, zu dem ein Produkt, mit Ausnahme von Prüfprodukten, dem Endanwender als ein Erzeugnis zur Verfügung gestellt wird, das

XVIII. Medizinprodukte-Verordnung (MPVO) (Auszug)

erstmals als gebrauchsfertiges Produkt entsprechend seiner Zweckbestimmung auf dem Unionsmarkt verwendet werden kann;

30. „Hersteller" bezeichnet eine natürliche oder juristische Person, die ein Produkt herstellt oder als neu aufbereitet bzw. entwickeln, herstellen oder als neu aufbereiten lässt und dieses Produkt unter ihrem eigenen Namen oder ihrer eigenen Marke vermarktet;

31. „Neuaufbereitung" im Sinne der Herstellerdefinition bezeichnet die vollständige Rekonstruktion eines bereits in Verkehr gebrachten oder in Betrieb genommenen Produkts oder die Herstellung eines neuen Produkts aus gebrauchten Produkten mit dem Ziel, dass das Produkt den Anforderungen dieser Verordnung entspricht; dabei beginnt für die als neu aufbereiteten Produkte eine neue Lebensdauer;

32. „Bevollmächtigter" bezeichnet jede in der Union niedergelassene natürliche oder juristische Person, die von einem außerhalb der Union ansässigen Hersteller schriftlich beauftragt wurde, in seinem Namen bestimmte Aufgaben in Erfüllung seiner aus dieser Verordnung resultierenden Verpflichtungen wahrzunehmen, und die diesen Auftrag angenommen hat;

33. „Importeur" bezeichnet jede in der Union niedergelassene natürliche oder juristische Person, die ein Produkt aus einem Drittland auf dem Unionsmarkt in Verkehr bringt;

34. „Händler" bezeichnet jede natürliche oder juristische Person in der Lieferkette, die ein Produkt bis zum Zeitpunkt der Inbetriebnahme auf dem Markt bereitstellt, mit Ausnahme des Herstellers oder des Importeurs;

35. „Wirtschaftsakteur" bezeichnet einen Hersteller, einen bevollmächtigten Vertreter, einen Importeur, einen Händler und die in Artikel 22 Absätze 1 und 3 genannte Person;

36. „Gesundheitseinrichtung" bezeichnet eine Organisation, deren Hauptzweck in der Versorgung oder Behandlung von Patienten oder der Förderung der öffentlichen Gesundheit besteht;

37. „Anwender" bezeichnet jeden Angehörigen der Gesundheitsberufe oder Laien, der ein Medizinprodukt anwendet;

38. „Laie" bezeichnet eine Person, die nicht über eine formale Ausbildung in dem einschlägigen Bereich des Gesundheitswesens oder dem medizinischen Fachgebiet verfügt;

39. „Aufbereitung" bezeichnet ein Verfahren, dem ein gebrauchtes Produkt unterzogen wird, damit es sicher wiederverwendet werden kann; zu diesen Verfahren gehören Reinigung, Desinfektion, Sterilisation und ähnliche Verfahren sowie Prüfungen und Wiederherstellung der technischen und funktionellen Sicherheit des gebrauchten Produkts;

40. „Konformitätsbewertung" bezeichnet das Verfahren, nach dem festgestellt wird, ob die Anforderungen dieser Verordnung an ein Produkt erfüllt worden sind;

41. „Konformitätsbewertungsstelle" bezeichnet eine Stelle, die Konformitätsbewertungstätigkeiten einschließlich Kalibrierungen, Prüfungen, Zertifizierungen und Kontrollen durchführt und dabei als Drittpartei tätig wird;

42. „Benannte Stelle" bezeichnet eine Konformitätsbewertungsstelle, die gemäß dieser Verordnung benannt wurde;

43. „CE-Konformitätskennzeichnung" oder „CE-Kennzeichnung" bezeichnet eine Kennzeichnung, durch die ein Hersteller angibt, dass ein Produkt den einschlägigen Anforderungen genügt, die in dieser Verordnung oder in anderen Rechtsvorschriften der Union über die Anbringung der betreffenden Kennzeichnung festgelegt sind;

44. „klinische Bewertung" bezeichnet einen systematischen und geplanten Prozess zur kontinuierlichen Generierung, Sammlung, Analyse und Bewertung der klinischen Da-

XVIII. Medizinprodukte-Verordnung (MPVO) (Auszug)

ten zu einem Produkt, mit dem Sicherheit und Leistung, einschließlich des klinischen Nutzens, des Produkts bei vom Hersteller vorgesehener Verwendung überprüft wird;

45. „klinische Prüfung" bezeichnet eine systematische Untersuchung, bei der ein oder mehrere menschliche Prüfungsteilnehmer einbezogen sind und die zwecks Bewertung der Sicherheit oder Leistung eines Produkts durchgeführt wird;

46. „Prüfprodukt" bezeichnet ein Produkt, das im Rahmen einer klinischen Prüfung bewertet wird;

47. „klinischer Prüfplan" bezeichnet ein Dokument, in dem die Begründung, die Ziele, die Konzeption, die Methodik, die Überwachung, statistische Erwägungen, die Organisation und die Durchführung einer klinischen Prüfung beschrieben werden;

48. „klinische Daten" bezeichnet Angaben zur Sicherheit oder Leistung, die im Rahmen der Anwendung eines Produkts gewonnen werden und die aus den folgenden Quellen stammen:
    - klinische Prüfung(en) des betreffenden Produkts,
    - klinische Prüfung(en) oder sonstige in der wissenschaftlichen Fachliteratur wiedergegebene Studien über ein Produkt, dessen Gleichartigkeit mit dem betreffenden Produkt nachgewiesen werden kann,
    - in nach dem Peer-Review-Verfahren überprüfter wissenschaftlicher Fachliteratur veröffentlichte Berichte über sonstige klinische Erfahrungen entweder mit dem betreffenden Produkt oder einem Produkt, dessen Gleichartigkeit mit dem betreffenden Produkt nachgewiesen werden kann,
    - klinisch relevante Angaben aus der Überwachung nach dem Inverkehrbringen, insbesondere aus der klinischen Nachbeobachtung nach dem Inverkehrbringen;

49. „Sponsor" bezeichnet jede Person, jedes Unternehmen, jede Einrichtung oder jede Organisation, die bzw. das die Verantwortung für die Einleitung, das Management und die Aufstellung der Finanzierung der klinischen Prüfung übernimmt;

50. „Prüfungsteilnehmer" bezeichnet eine Person, die an einer klinischen Prüfung teilnimmt;

51. „klinischer Nachweis" bezeichnet die klinischen Daten und die Ergebnisse der klinischen Bewertung zu einem Produkt, die in quantitativer und qualitativer Hinsicht ausreichend sind, um qualifiziert beurteilen zu können, ob das Produkt sicher ist und den angestrebten klinischen Nutzen bei bestimmungsgemäßer Verwendung nach Angabe des Herstellers erreicht;

52. „klinische Leistung" bezeichnet die Fähigkeit eines Produkts, die sich aufgrund seiner technischen oder funktionalen – einschließlich diagnostischen – Merkmale aus allen mittelbaren oder unmittelbaren medizinischen Auswirkungen ergibt, seine vom Hersteller angegebene Zweckbestimmung zu erfüllen, sodass bei bestimmungsgemäßer Verwendung nach Angabe des Herstellers ein klinischer Nutzen für Patienten erreicht wird;

53. „klinischer Nutzen" bezeichnet die positiven Auswirkungen eines Produkts auf die Gesundheit einer Person, die anhand aussagekräftiger, messbarer und patientenrelevanter klinischer Ergebnisse einschließlich der Diagnoseergebnisse angegeben werden, oder eine positive Auswirkung auf das Patientenmanagement oder die öffentliche Gesundheit;

54. „Prüfer" bezeichnet eine für die Durchführung einer klinischen Prüfung an einer Prüfstelle verantwortliche Person;

55. „Einwilligung nach Aufklärung" bezeichnet eine aus freien Stücken erfolgende, freiwillige Erklärung der Bereitschaft, an einer bestimmten klinischen Prüfung teilzuneh-

XVIII. Medizinprodukte-Verordnung (MPVO) (Auszug)

men, durch einen Prüfungsteilnehmer, nachdem dieser über alle Aspekte der klinischen Prüfung, die für die Entscheidungsfindung bezüglich der Teilnahme relevant sind, aufgeklärt wurde, oder im Falle von Minderjährigen und nicht einwilligungsfähigen Personen eine Genehmigung oder Zustimmung ihres gesetzlichen Vertreters, sie in die klinische Prüfung aufzunehmen;

56. „Ethik-Kommission" bezeichnet ein in einem Mitgliedstaat eingerichtetes unabhängiges Gremium, das gemäß dem Recht dieses Mitgliedstaats eingesetzt wurde und dem die Befugnis übertragen wurde, Stellungnahmen für die Zwecke dieser Verordnung unter Berücksichtigung der Standpunkte von Laien, insbesondere Patienten oder Patientenorganisationen, abzugeben;

57. „unerwünschtes Ereignis" bezeichnet ein nachteiliges medizinisches Ereignis, eine nicht vorgesehene Erkrankung oder Verletzung oder nachteilige klinische Symptome, einschließlich anormaler Laborbefunde, bei Prüfungsteilnehmern, Anwendern oder anderen Personen im Rahmen einer klinischen Prüfung, auch wenn diese nicht mit dem Prüfprodukt zusammenhängen;

58. „schwerwiegendes unerwünschtes Ereignis" bezeichnet ein unerwünschtes Ereignis, das eine der nachstehenden Folgen hatte:
    a) Tod,
    b) schwerwiegende Verschlechterung des Gesundheitszustands des Prüfungsteilnehmers, die ihrerseits eine der nachstehenden Folgen hatte:
        i) lebensbedrohliche Erkrankung oder Verletzung,
        ii) bleibender Körperschaden oder dauerhafte Beeinträchtigung einer Körperfunktion,
        iii) stationäre Behandlung oder Verlängerung der stationären Behandlung des Patienten,
        iv) medizinische oder chirurgische Intervention zur Verhinderung einer lebensbedrohlichen Erkrankung oder Verletzung oder eines bleibenden Körperschadens oder einer dauerhaften Beeinträchtigung einer Körperfunktion,
        v) chronische Erkrankung,
    c) Fötale Gefährdung, Tod des Fötus oder kongenitale körperliche oder geistige Beeinträchtigungen oder Geburtsfehler;

59. „Produktmangel" bezeichnet eine Unzulänglichkeit bezüglich Identifizierung, Qualität, Haltbarkeit, Zuverlässigkeit, Sicherheit oder Leistung eines Prüfprodukts, einschließlich Fehlfunktionen, Anwendungsfehlern oder Unzulänglichkeit der vom Hersteller bereitgestellten Information;

60. „Überwachung nach dem Inverkehrbringen" bezeichnet alle Tätigkeiten, die Hersteller in Zusammenarbeit mit anderen Wirtschaftsakteuren durchführen, um ein Verfahren zur proaktiven Erhebung und Überprüfung von Erfahrungen, die mit den von ihnen in Verkehr gebrachten, auf dem Markt bereitgestellten oder in Betrieb genommenen Produkten gewonnen werden, einzurichten und auf dem neuesten Stand zu halten, mit dem ein etwaiger Bedarf an unverzüglich zu ergreifenden Korrektur- oder Präventivmaßnahmen festgestellt werden kann;

61. „Marktüberwachung" bezeichnet die von den zuständigen Behörden durchgeführten Tätigkeiten und von ihnen getroffenen Maßnahmen, durch die geprüft und sichergestellt werden soll, dass die Produkte mit den Anforderungen der einschlägigen Harmonisierungsrechtsvorschriften der Union übereinstimmen und keine Gefährdung für die Gesundheit, Sicherheit oder andere im öffentlichen Interesse schützenswerte Rechtsgüter darstellen;

XVIII. Medizinprodukte-Verordnung (MPVO) (Auszug)

62. „Rückruf" bezeichnet jede Maßnahme, die auf Erwirkung der Rückgabe eines dem Endverbraucher schon bereitgestellten Produkts abzielt;
63. „Rücknahme" bezeichnet jede Maßnahme, mit der verhindert werden soll, dass ein in der Lieferkette befindliches Produkt weiterhin auf dem Markt bereitgestellt wird;
64. „Vorkommnis" bezeichnet eine Fehlfunktion oder Verschlechterung der Eigenschaften oder Leistung eines bereits auf dem Markt bereitgestellten Produkts, einschließlich Anwendungsfehlern aufgrund ergonomischer Merkmale, sowie eine Unzulänglichkeit der vom Hersteller bereitgestellten Informationen oder eine unerwünschte Nebenwirkung;
65. „schwerwiegendes Vorkommnis" bezeichnet ein Vorkommnis, das direkt oder indirekt eine der nachstehenden Folgen hatte, hätte haben können oder haben könnte:
    a) den Tod eines Patienten, Anwenders oder einer anderen Person,
    b) die vorübergehende oder dauerhafte schwerwiegende Verschlechterung des Gesundheitszustands eines Patienten, Anwenders oder anderer Personen,
    c) eine schwerwiegende Gefahr für die öffentliche Gesundheit,
66. „schwerwiegende Gefahr für die öffentliche Gesundheit" bezeichnet ein Ereignis, das das unmittelbare Risiko des Todes, einer schwerwiegenden Verschlechterung des Gesundheitszustands einer Person oder einer schweren Erkrankung, die sofortige Abhilfemaßnahmen erfordert, bergen könnte, und das eine signifikante Morbidität oder Mortalität bei Menschen verursachen kann oder das für einen bestimmten Ort und eine bestimmte Zeit ungewöhnlich oder unerwartet ist;
67. „Korrekturmaßnahme" bezeichnet eine Maßnahme zur Beseitigung der Ursache eines potenziellen oder vorhandenen Mangels an Konformität oder einer sonstigen unerwünschten Situation;
68. „Sicherheitskorrekturmaßnahme im Feld" bezeichnet eine von einem Hersteller aus technischen oder medizinischen Gründen ergriffene Korrekturmaßnahme zur Verhinderung oder Verringerung des Risikos eines schwerwiegenden Vorkommnisses im Zusammenhang mit einem auf dem Markt bereitgestellten Produkt;
69. „Sicherheitsanweisung im Feld" bezeichnet eine von einem Hersteller im Zusammenhang mit einer Sicherheitskorrekturmaßnahme im Feld an Anwender oder Kunden übermittelte Mitteilung;
70. „harmonisierte Norm" bezeichnet eine europäische Norm im Sinne des Artikels 2 Nummer 1 Buchstabe c der Verordnung (EU) Nr. 1025/2012;
71. „gemeinsame Spezifikationen" (im Folgenden „GS") bezeichnet eine Reihe technischer und/oder klinischer Anforderungen, die keine Norm sind und deren Befolgung es ermöglicht, die für ein Produkt, ein Verfahren oder ein System geltenden rechtlichen Verpflichtungen einzuhalten.

Artikel 4
Rechtlicher Status eines Produkts

(1) Unbeschadet des Artikels 2 Absatz 2 der Richtlinie 2001/83/EG legt die Kommission auf ein hinreichend begründetes Ersuchen eines Mitgliedstaats nach Anhörung der gemäß Artikel 103 dieser Verordnung eingesetzten Koordinierungsgruppe Medizinprodukte mittels Durchführungsrechtsakten fest, ob ein bestimmtes Produkt oder eine bestimmte Kategorie oder Gruppe von Produkten ein „Medizinprodukt" oder „Zubehör eines Medizinprodukts" darstellt. Die entsprechenden Durchführungsrechtsakte werden gemäß dem in Artikel 114 Absatz 3 dieser Verordnung genannten Prüfverfahren erlassen.

XVIII. Medizinprodukte-Verordnung (MPVO) (Auszug)

(2) Die Kommission kann auch aus eigener Initiative nach Anhörung der Koordinierungsgruppe Medizinprodukte mittels Durchführungsrechtsakten über die Fragen nach Absatz 1 des vorliegenden Artikels entscheiden. Diese Durchführungsrechtsakte werden gemäß dem in Artikel 114 Absatz 3 genannten Prüfverfahren erlassen.

(3) Die Kommission sorgt dafür, dass die Mitgliedstaaten Fachwissen über Medizinprodukte, *In-vitro*-Diagnostika, Arzneimittel, menschliche Gewebe und Zellen, kosmetische Mittel, Biozide, Lebensmittel sowie, sofern erforderlich, andere Produkte zur Bestimmung des geeigneten rechtlichen Status eines Produkts, einer Produktkategorie oder -gruppe austauschen.

(4) Bei den Beratungen über den möglichen rechtlichen Status von Produkten, bei denen es sich auch ganz oder teilweise um Arzneimittel, menschliche Gewebe und Zellen, Biozide oder Lebensmittel handelt, sorgt die Kommission bei Bedarf dafür, dass die Europäische Arzneimittel-Agentur (EMA), die Europäische Chemikalienagentur und die Europäische Behörde für Lebensmittelsicherheit in angemessenem Umfang gehört werden.

Artikel 5
Inverkehrbringen und Inbetriebnahme

(1) Ein Produkt darf nur in Verkehr gebracht oder in Betrieb genommen werden, wenn es bei sachgemäßer Lieferung, korrekter Installation und Instandhaltung und seiner Zweckbestimmung entsprechender Verwendung, dieser Verordnung entspricht.

(2) Ein Produkt muss unter Berücksichtigung seiner Zweckbestimmung den in Anhang I festgelegten für das Produkt geltenden grundlegenden Sicherheits- und Leistungsanforderungen genügen.

(3) Ein Nachweis der Einhaltung der grundlegenden Sicherheits- und Leistungsanforderungen umfasst auch eine klinische Bewertung gemäß Artikel 61.

(4) Produkte, die in Gesundheitseinrichtungen hergestellt und verwendet werden, gelten als in Betrieb genommen.

(5) Mit Ausnahme der einschlägigen grundlegenden Sicherheits- und Leistungsanforderungen gemäß Anhang I gelten die Anforderungen dieser Verordnung nicht für Produkte, die ausschließlich innerhalb von in der Union ansässigen Gesundheitseinrichtungen hergestellt und verwendet werden, sofern alle folgenden Bedingungen erfüllt sind:
   a) Die Produkte werden nicht an eine andere rechtlich eigenständige Einrichtung abgegeben;
   b) die Herstellung und die Verwendung der Produkte erfolgen im Rahmen geeigneter Qualitätsmanagementsysteme;
   c) die Gesundheitseinrichtung liefert in ihrer Dokumentation eine Begründung dafür, dass die spezifischen Erfordernisse der Patientenzielgruppe nicht bzw. nicht auf dem angezeigten Leistungsniveau durch ein auf dem Markt befindliches gleichartiges Produkt befriedigt werden können;
   d) die Gesundheitseinrichtung stellt der für sie zuständigen Behörde auf Ersuchen Informationen über die Verwendung der betreffenden Produkte zur Verfügung, die auch eine Begründung für deren Herstellung, Änderung und Verwendung beinhalten;
   e) die Gesundheitseinrichtung verfasst eine Erklärung, die sie öffentlich zugänglich macht und die unter anderem Folgendes enthält:
      i) den Namen und die Anschrift der Gesundheitseinrichtung, die die Produkte herstellt;

XVIII. Medizinprodukte-Verordnung (MPVO) (Auszug)

  ii) die zur Identifizierung der Produkte erforderlichen Angaben;
  iii) eine Erklärung, dass die Produkte die grundlegenden Sicherheits- und Leistungsanforderungen gemäß Anhang I dieser Verordnung erfüllen, und gegebenenfalls Angaben – mit entsprechender Begründung – darüber, welche Anforderungen nicht vollständig erfüllt sind;
f) die Gesundheitseinrichtung erstellt Unterlagen, die ein Verständnis der Herstellungsstätte, des Herstellungsverfahrens, der Auslegung und der Leistungsdaten der Produkte einschließlich ihrer Zweckbestimmung ermöglichen und die hinreichend detailliert sind, damit sich die zuständige Behörde vergewissern kann, dass die grundlegenden Sicherheits- und Leistungsanforderungen gemäß Anhang I dieser Verordnung erfüllt sind;
g) die Gesundheitseinrichtung ergreift alle erforderlichen Maßnahmen, um sicherzustellen, dass sämtliche Produkte in Übereinstimmung mit den unter Buchstabe f genannten Unterlagen hergestellt werden;
h) die Gesundheitseinrichtung begutachtet die Erfahrungen, die aus der klinischen Verwendung der Produkte gewonnen wurden, und ergreift alle erforderlichen Korrekturmaßnahmen.

Die Mitgliedstaaten können von diesen Gesundheitseinrichtungen verlangen, dass sie der zuständigen Behörde alle weiteren relevanten Informationen über solche in ihrem Hoheitsgebiet hergestellten und verwendeten Produkte vorlegen. Die Mitgliedstaaten haben nach wie vor das Recht, die Herstellung und die Verwendung bestimmter Arten solcher Produkte einzuschränken, und sie erhalten Zugang zu den Gesundheitseinrichtungen, um deren Tätigkeiten zu überprüfen.

Dieser Absatz gilt nicht für Produkte, die im industriellen Maßstab hergestellt werden.

(6) Zur Sicherstellung der einheitlichen Anwendung des Anhangs I kann die Kommission Durchführungsrechtsakte erlassen, soweit dies für die Lösung von Problemen im Zusammenhang mit Unterschieden bei der Auslegung und Problemen der praktischen Anwendung erforderlich ist. Diese Durchführungsrechtsakte werden gemäß dem in Artikel 114 Absatz 3 genannten Prüfverfahren erlassen.

Artikel 7
Angaben

Bei der Kennzeichnung, den Gebrauchsanweisungen, der Bereitstellung, der Inbetriebnahme und der Bewerbung von Produkten ist es untersagt, Texte, Bezeichnungen, Warenzeichen, Abbildungen und andere bildhafte oder nicht bildhafte Zeichen zu verwenden, die den Anwender oder Patienten hinsichtlich der Zweckbestimmung, Sicherheit und Leistung des Produkts irreführen können, indem sie

a) dem Produkt Funktionen und Eigenschaften zuschreiben, die es nicht besitzt,
b) einen falschen Eindruck hinsichtlich der Behandlung oder Diagnose und der Funktionen oder Eigenschaften, die das Produkt nicht besitzt, erwecken,
c) den Nutzer oder Patienten nicht über die zu erwartenden Risiken, die mit der Verwendung des Produkts gemäß seiner Zweckbestimmung verbunden sind, informieren,
d) andere Verwendungsmöglichkeiten für das Produkt empfehlen als diejenigen, für welche angegeben wird, dass sie Teil der Zweckbestimmung sind, für die die Konformitätsbewertung durchgeführt wurde.

XVIII. Medizinprodukte-Verordnung (MPVO) (Auszug)

Artikel 10
Allgemeine Pflichten der Hersteller

(1) Die Hersteller gewährleisten bei Inverkehrbringen oder Inbetriebnahme ihrer Produkte nehmen, dass diese gemäß den Anforderungen dieser Verordnung ausgelegt und hergestellt wurden.

(2) Von den Herstellern wird ein Risikomanagementsystem wie in Anhang I Abschnitt 3 beschrieben eingerichtet, dokumentiert, angewandt und aufrechterhalten.

(3) Die Hersteller führen eine klinische Bewertung nach Maßgabe der in Artikel 61 und in Anhang XIV festgelegten Anforderungen durch, die auch eine klinische Nachbeobachtung nach dem Inverkehrbringen umfasst.

(4) Die Hersteller von Produkten, bei denen es sich nicht um Sonderanfertigungen handelt, verfassen eine technische Dokumentation für diese Produkte und halten diese Dokumentation auf dem neuesten Stand. Die technische Dokumentation ist so beschaffen, dass durch sie eine Bewertung der Konformität des Produkts mit den Anforderungen dieser Verordnung ermöglicht wird. Die technische Dokumentation enthält die in den Anhängen II und III aufgeführten Elemente.

Der Kommission wird die Befugnis übertragen, gemäß Artikel 115 delegierte Rechtsakte zur Änderung der Anhänge II und III unter Berücksichtigung des technischen Fortschritts zu erlassen.

(5) Die Hersteller von Sonderanfertigungen erstellen und aktualisieren die Dokumentation gemäß Anhang XIII Abschnitt 2 und halten sie den zuständigen Behörden zur Verfügung.

(6) Wurde im Rahmen des anzuwendenden Konformitätsbewertungsverfahrens nachgewiesen, dass die geltenden Anforderungen erfüllt sind, erstellen die Hersteller von Produkten, bei denen es sich nicht um Sonderanfertigungen oder Prüfprodukte handelt, eine EU-Konformitätserklärung gemäß Artikel 19 und versehen die Produkte mit der CE-Kennzeichnung gemäß Artikel 20.

(7) Die Hersteller kommen ihren Verpflichtungen im Zusammenhang mit dem UDI-System gemäß Artikel 27 und den Registrierungsvorschriften gemäß den Artikeln 29 und 31 nach.

(8) Die Hersteller halten den zuständigen Behörden die technische Dokumentation, die EU-Konformitätserklärung sowie gegebenenfalls eine Kopie von gemäß Artikel 56 ausgestellten einschlägigen Bescheinigungen einschließlich etwaiger Änderungen und Nachträge noch mindestens zehn Jahre, nachdem das letzte von der EU-Konformitätserklärung erfasste Produkt in Verkehr gebracht wurde, zur Verfügung. Bei implantierbaren Produkten beträgt dieser Zeitraum mindestens 15 Jahre ab Inverkehrbringen des letzten Produkts.

Auf Ersuchen einer zuständigen Behörde legt der Hersteller – wie angefordert – entweder die vollständige technische Dokumentation oder eine Zusammenfassung dieser Dokumentation vor.

Ein Hersteller mit eingetragener Niederlassung außerhalb der Union stellt sicher, dass seinem Bevollmächtigten die erforderliche Dokumentation durchgängig zugänglich ist, damit dieser die in Artikel 11 Absatz 3 genannten Aufgaben wahrnehmen kann.

(9) Die Hersteller sorgen dafür, dass sie über Verfahren verfügen, die gewährleisten, dass die Anforderungen dieser Verordnung auch bei serienmäßiger Herstellung jederzeit eingehalten werden. Änderungen an der Auslegung des Produkts oder an seinen Merkmalen sowie Änderungen der harmonisierten Normen oder der GS, auf die bei Erklärung der Konformität eines Produkts verwiesen wird, werden zeitgerecht angemessen berücksichtigt. Die Hersteller von Produkten, bei denen es sich nicht um Prüfprodukte handelt, müssen ein Qualitätsmanagementsystem einrichten, dokumen-

XVIII. Medizinprodukte-Verordnung (MPVO) (Auszug)

tieren, anwenden,, aufrechterhalten, ständig aktualisieren und kontinuierlich verbessern, das die Einhaltung dieser Verordnung auf die wirksamste Weise sowie einer der Risikoklasse und der Art des Produkts angemessenen Weise gewährleistet.

Das Qualitätsmanagementsystem umfasst alle Teile und Elemente der Organisation eines Herstellers, die mit der Qualität der Prozesse, Verfahren und Produkte befasst sind. Es steuert die erforderliche Struktur und die erforderlichen Verantwortlichkeiten, Verfahren, Prozesse und Managementressourcen zur Umsetzung der Grundsätze und Maßnahmen, die notwendig sind, um die Einhaltung der Bestimmungen dieser Verordnung zu erreichen.

Das Qualitätsmanagementsystem umfasst mindestens folgende Aspekte:
a) ein Konzept zur Einhaltung der Regulierungsvorschriften, was die Einhaltung der Konformitätsbewertungsverfahren und der Verfahren für das Management von Änderungen an den von dem System erfassten Produkten mit einschließt;
b) die Feststellung der anwendbaren grundlegenden Sicherheits- und Leistungsanforderungen und die Ermittlung von Möglichkeiten zur Einhaltung dieser Anforderungen;
c) die Verantwortlichkeit der Leitung;
d) das Ressourcenmanagement, einschließlich der Auswahl und Kontrolle von Zulieferern und Unterauftragnehmern;
e) das Risikomanagement gemäß Anhang I Abschnitt 3;
f) die klinische Bewertung gemäß Artikel 61 und Anhang XIV einschließlich der klinischen Nachbeobachtung nach dem Inverkehrbringen;
g) die Produktrealisierung einschließlich Planung, Auslegung, Entwicklung, Herstellung und Bereitstellung von Dienstleistungen;
h) die Überprüfung der Zuteilung der UDI gemäß Artikel 27 Absatz 3 für alle einschlägigen Produkte und die Gewährleistung der Kohärenz und der Validität der gemäß Artikel 29 gelieferten Informationen;
i) die Aufstellung, Anwendung und Aufrechterhaltung eines Systems zur Überwachung nach dem Inverkehrbringen gemäß Artikel 83;
j) die Kommunikation mit den zuständigen Behörden, Benannten Stellen, weiteren Wirtschaftsakteuren, Kunden und/oder anderen interessierten Kreisen;
k) die Verfahren für die Meldung von schwerwiegenden Vorkommnissen und Sicherheitskorrekturmaßnahmen im Feld im Rahmen der Vigilanz;
l) das Management korrektiver und präventiver Maßnahmen und die Überprüfung ihrer Wirksamkeit;
m) Verfahren zur Überwachung und Messung der Ergebnisse, Datenanalyse und Produktverbesserung.

(10) Die Hersteller von Produkten richten ein System zur Überwachung nach dem Inverkehrbringen gemäß Artikel 83 ein und halten es auf dem neuesten Stand.

(11) Die Hersteller sorgen dafür, dass dem Produkt die Informationen gemäß Anhang I Abschnitt 23 in einer oder mehreren von dem Mitgliedstaat, in dem das Produkt dem Anwender oder Patienten zur Verfügung gestellt wird, festgelegten Amtssprache(n) der Union beiliegen. Die Angaben auf der Kennzeichnung müssen unauslöschlich, gut lesbar und für den vorgesehenen Anwender oder Patienten klar verständlich sein.

(12) Hersteller, die der Auffassung sind oder Grund zu der Annahme haben, dass ein von ihnen in Verkehr gebrachtes oder in Betrieb genommenes Produkt nicht dieser Verordnung entspricht, ergreifen unverzüglich die erforderlichen Korrekturmaßnahmen, um die Konformität dieses Produkts herzustellen oder es gegebenenfalls vom Markt zu nehmen oder zurückzurufen. Sie setzen die Händler des betreffenden Produkts und gegebenenfalls den Bevollmächtigten und die Importeure davon in Kenntnis.

XVIII. Medizinprodukte-Verordnung (MPVO) (Auszug)

Geht von dem Produkt eine schwerwiegende Gefahr aus, informieren die Hersteller außerdem unverzüglich die zuständigen Behörden der Mitgliedstaaten, in denen sie das Produkt bereitgestellt haben, sowie gegebenenfalls die Benannte Stelle, die für dieses Produkt eine Bescheinigung gemäß Artikel 56 ausgestellt hat, und übermitteln dabei insbesondere Angaben zur Nichtkonformität und zu bereits ergriffenen Korrekturmaßnahmen.

(13) Die Hersteller verfügen über ein System für die Aufzeichnung und Meldung von Vorkommnissen und Sicherheitskorrekturmaßnahmen im Feld gemäß den Artikeln 87 und 88.

(14) Die Hersteller händigen der zuständigen Behörde auf deren Ersuchen hin alle Informationen und Unterlagen, die für den Nachweis der Konformität des Produkts erforderlich sind, in einer von dem betreffenden Mitgliedstaat festgelegten Amtssprache der Union aus. Die zuständige Behörde des Mitgliedstaats, in dem der Hersteller seine eingetragene Niederlassung hat, kann verlangen, dass der Hersteller Proben des Produkts unentgeltlich zur Verfügung stellt oder, sofern dies nicht praktikabel ist, Zugang zu dem Produkt gewährt. Die Hersteller kooperieren mit einer zuständigen Behörde auf deren Ersuchen bei allen Korrekturmaßnahmen zur Abwendung oder, falls dies nicht möglich ist, Minderung von Risiken, die mit Produkten verbunden sind, die sie in Verkehr gebracht oder in Betrieb genommen haben.

Bei mangelnder Kooperation des Herstellers oder falls die vorgelegte Information und Dokumentation unvollständig oder unrichtig ist, kann die zuständige Behörde zur Gewährleistung des Schutzes der öffentlichen Gesundheit und der Sicherheit der Patienten alle angemessenen Maßnahmen ergreifen, um die Bereitstellung des Produkts auf ihrem nationalen Markt zu untersagen oder einzuschränken, das Produkt von diesem Markt zu nehmen oder es zurückzurufen, bis der Hersteller kooperiert oder vollständige und richtige Informationen vorlegt.

Ist eine zuständige Behörde der Auffassung oder hat sie Grund zu der Annahme, dass ein Produkt Schaden verursacht hat, so erleichtert sie auf Ersuchen die Aushändigung der in UnterAbsatz 1 genannten Informationen und Unterlagen an den potenziell geschädigten Patienten oder Anwender und gegebenenfalls den Rechtsnachfolger des Patienten oder Anwenders, die Krankenversicherungsgesellschaft des Patienten oder Anwenders oder andere Dritte, die von dem bei dem Patienten oder Anwender verursachten Schaden betroffen sind, und zwar unbeschadet der Datenschutzvorschriften und – sofern kein überwiegendes öffentliches Interesse an der Offenlegung besteht – unbeschadet des Schutzes der Rechte des geistigen Eigentums.

Die zuständige Behörde muss nicht der Verpflichtung gemäß UnterAbsatz 3 nachkommen, wenn die Frage der Offenlegung der in UnterAbsatz 1 genannten Informationen und Unterlagen üblicherweise in Gerichtsverfahren behandelt wird.

(15) Lassen Hersteller ihre Produkte von einer anderen natürlichen oder juristischen Person konzipieren oder herstellen, so ist die Identität dieser Person Teil der gemäß Artikel 30 Absatz 1 vorzulegenden Angaben.

(16) Natürliche oder juristische Personenkönnen für einen Schaden, der durch ein fehlerhaftes Produkt verursacht wurde, gemäß dem geltenden Unionsrecht und dem geltenden nationalen Recht Schadensersatz verlangen.

Die Hersteller treffen Vorkehrungen, die der Risikoklasse, der Art des Produkts und der Unternehmensgröße angemessen sind, um eine ausreichende finanzielle Deckung ihrer potenziellen Haftung gemäß der Richtlinie 85/374/EWG zu gewährleisten, unbeschadet strengerer Schutzmaßnahmen nach nationalem Recht.

XVIII. Medizinprodukte-Verordnung (MPVO) (Auszug)

Artikel 52
Konformitätsbewertungsverfahren

(1) Bevor Hersteller ein Produkt in Verkehr bringen, führen sie eine Bewertung der Konformität des betreffenden Produkts im Einklang mit den in den Anhängen IX bis XI aufgeführten geltenden Konformitätsbewertungsverfahren durch.

(2) Bevor Hersteller ein nicht in Verkehr gebrachtes Produkt in Betrieb nehmen, führen sie eine Bewertung der Konformität des betreffenden Produkts im Einklang mit den in den Anhängen IX bis XI aufgeführten geltenden Konformitätsbewertungsverfahren durch.

(3) Hersteller von Produkten der Klasse III, ausgenommen Sonderanfertigungen oder Prüfprodukte, unterliegen einer Konformitätsbewertung gemäß Anhang IX. Alternativ können die Hersteller sich für eine Konformitätsbewertung gemäß Anhang X in Kombination mit einer Konformitätsbewertung gemäß Anhang XI entscheiden.

(4) Hersteller von Produkten der Klasse IIb, ausgenommen Sonderanfertigungen oder Prüfprodukte, unterliegen einer Konformitätsbewertung gemäß Anhang IX Kapitel I und III sowie einer Bewertung der technischen Dokumentation – gemäß Abschnitt 4 des genannten Anhangs – zumindest eines repräsentativen Produkts pro generischer Produktgruppe.

Bei Implantierbaren Produkten der Klasse IIb mit Ausnahme von Nahtmaterial, Klammern, Zahnfüllungen, Zahnspangen, Zahnkronen, Schrauben, Keilen, Zahnbzw. Knochenplatten, Drähten, Stiften, Klammern und Verbindungsstücken wird die Bewertung der technischen Dokumentation gemäß Anhang IX Abschnitt 4 jedoch für jedes Produkt vorgenommen.

Alternativ können die Hersteller sich für eine Konformitätsbewertung gemäß Anhang X in Kombination mit einer Konformitätsbewertung gemäß Anhang XI entscheiden.

(5) In Fällen, in denen dies mit Blick auf bewährte Technologien gerechtfertigt ist, die denjenigen ähneln, die in den in Absatz 4 UnterAbsatz 2 des vorliegenden Artikels aufgelisteten ausgenommenen Produkten verwendet werden, die wiederum in anderen implantierbaren Produkten der Klasse IIb verwendet werden, oder in Fällen, in denen dies gerechtfertigt ist, um den Schutz der Gesundheit und Sicherheit der Patienten, Anwender oder anderer Personen oder anderer Aspekte der öffentlichen Gesundheit zu gewährleisten, wird der Kommission die Befugnis übertragen, gemäß Artikel 115 delegierte Rechtsakte zu erlassen, um diese Liste durch Hinzufügung anderer Arten implantierbarer Produkte der Klasse IIb oder Streichung von Produkten anzupassen.

(6) Hersteller von Produkten der Klasse IIa, ausgenommen Sonderanfertigungen oder Prüfprodukte, unterliegen einer Konformitätsbewertung gemäß Anhang IX Kapitel I und III sowie einer Bewertung der technischen Dokumentation – gemäß Abschnitt 4 jenes Anhangs – zumindest eines repräsentativen Produkts jeder Produktkategorie.

Alternativ können die Hersteller sich dafür entscheiden, die in den Anhängen II und III genannte technische Dokumentation zu erstellen, in Kombination mit einer Konformitätsbewertung gemäß Anhang XI Abschnitt 10 oder Abschnitt 18. Die Bewertung der technischen Dokumentation wird für zumindest ein repräsentatives Produkts jeder Produktkategorie durchgeführt.

(7) Hersteller von Produkten der Klasse I, ausgenommen Sonderanfertigungen oder Prüfprodukte, erklären die Konformität ihrer Produkte durch Ausstellung einer EU-Konformitätserklärung gemäß Artikel 19, nachdem sie die technische Dokumentation gemäß den Anhängen II und III erstellt haben. Bei Produkten, die in sterilem Zustand in den Verkehr gebracht werden, bei Produkten mit Messfunktion oder bei Produkten, bei denen es sich um wiederverwendbare chirurgische Instrumente handelt, wendet

XVIII. Medizinprodukte-Verordnung (MPVO) (Auszug)

der Hersteller die in Anhang IX Kapitel I und III oder in Anhang XI Teil A aufgeführten Verfahren an. Die Beteiligung der Benannten Stelle an diesen Verfahren ist jedoch begrenzt
a) bei Produkten, die in sterilem Zustand in Verkehr gebracht werden, auf die Aspekte, die mit der Herstellung, der Sicherung und der Aufrechterhaltung steriler Bedingungen zusammenhängen,
b) bei Produkten mit Messfunktion auf die Aspekte, die mit der Konformität der Produkte mit den messtechnischen Anforderungen zusammenhängen,
c) bei wiederverwendbaren chirurgischen Instrumenten auf die Aspekte, die mit der Wiederverwendung in Zusammenhang stehen, insbesondere die Reinigung, Desinfektion, Sterilisation, Wartung und Funktionsprüfung sowie die damit verbundenen Gebrauchsanweisungen.

(8) Bei Sonderanfertigungen wenden die Hersteller das Verfahren gemäß Anhang XIII an und stellen vor dem Inverkehrbringen dieser Produkte die Erklärung gemäß Abschnitt 1 des genannten Anhangs aus.
Zusätzlich zu dem gemäß UnterAbsatz 1 anzuwendenden Verfahren sind Hersteller von implantierbaren Sonderanfertigungen der Klasse III auch dem Konformitätsbewertungsverfahren gemäß Anhang IX Kapitel I unterworfen. Alternativ dazu können die Hersteller sich für eine Konformitätsbewertung gemäß Anhang XI Teil A entscheiden.

(9) Bei Produkten gemäß Artikel 1 Absatz 8 UnterAbsatz 1 gilt zusätzlich zu den geltenden Verfahren gemäß den Absätzen 3, 4, 6 oder 7 des vorliegenden Artikels auch das Verfahren gemäß Anhang IX Abschnitt 5.2 bzw. gemäß Anhang X Abschnitt 6.

(10) Bei Produkten, die gemäß Artikel 1 Absatz 6 Buchstaben f oder g und gemäß Artikel 1 UnterAbsatz 1 Absatz 10 von dieser Verordnung erfasst werden, gilt zusätzlich zu den geltenden Verfahren gemäß den Absätzen 3, 4, 6 oder 7 des vorliegenden Artikels auch das Verfahren gemäß Anhang IX Abschnitt 5.3 bzw. gemäß Anhang X Abschnitt 6.

(11) Bei Produkten, die aus Stoffen oder aus Kombinationen von Stoffen bestehen, die dazu bestimmt sind, durch eine Körperöffnung in den menschlichen Körper eingeführt oder auf der Haut angewendet zu werden, und die vom menschlichen Körper aufgenommen oder lokal im Körper verteilt werden, gilt zusätzlich zu den geltenden Verfahren gemäß den Absätzen 3, 4, 6 oder 7 auch das Verfahren gemäß Anhang IX Abschnitt 5.4 bzw. gemäß Anhang X Abschnitt 6.

(12) Der Mitgliedstaat, in dem die Benannte Stelle niedergelassen ist, kann verlangen, dass alle oder bestimmte Unterlagen, darunter die technische Dokumentation, Audit-, Bewertungs- und Kontrollberichte, im Zusammenhang mit den in den Absätzen 1 bis 7 und 9 bis 11 genannten Verfahren in einer oder mehreren von diesem Mitgliedstaat festgelegten Amtssprachen der Union bereitgestellt werden. Wird dies nicht verlangt, so müssen diese Unterlagen in einer Amtssprache der Union vorliegen, mit der die Benannte Stelle einverstanden ist.

(13) Für Prüfprodukte gelten die Anforderungen gemäß Artikel 62 bis 81.

(14) Für folgende Aspekte kann die Kommission detaillierte Vorkehrungen und Verfahrenselemente, die für die harmonisierte Anwendung der Konformitätsbewertungsverfahren durch die Benannten Stellen erforderlich sind, im Wege von Durchführungsrechtsakten festlegen:
a) Häufigkeit und Grundlage der Stichproben bei der Bewertung der technischen Dokumentation auf repräsentativer Basis gemäß Anhang IX Abschnitt 2.3 Absatz 3 und Abschnitt 3.5 (bei Produkten der Klassen IIa und IIb) bzw. gemäß Anhang IX Teil A Abschnitt 10.2 (bei Produkten der Klasse IIa);

XVIII. Medizinprodukte-Verordnung (MPVO) (Auszug)

b) Mindesthäufigkeit der von den Benannten Stellen gemäß Anhang IX Abschnitt 3.4 unter Berücksichtigung der Risikoklasse und der Art der Produkte durchzuführenden unangekündigten Vor-Ort-Audits und Stichprobenprüfungen;
c) physische Kontrollen, Laboruntersuchungen oder andere Tests, die von den Benannten Stellen im Rahmen der Stichprobenprüfungen, der Bewertung der technischen Dokumentation und der Musterprüfung gemäß Anhang IX Abschnitte 3.4. und 4.3, Anhang X Abschnitt 3 und Anhang XI Teil B Abschnitt 15 durchzuführen sind.

Die in den UnterAbsatz 1 genannten Durchführungsrechtsakte werden gemäß dem in Artikel 114 Absatz 3 genannten Prüfverfahren erlassen.

Artikel 83
System des Herstellers für die Überwachung nach dem Inverkehrbringen

(1) Für jedes Produkt müssen die Hersteller in einer Weise, die der Risikoklasse und der Art des Produkts angemessen ist, ein System zur Überwachung nach dem Inverkehrbringen planen, einrichten, dokumentieren, anwenden, instand halten und auf den neuesten Stand bringen. Dieses System ist integraler Bestandteil des Qualitätsmanagementsystems des Herstellers gemäß Artikel 10 Absatz 9.

(2) Das System zur Überwachung nach dem Inverkehrbringen ist geeignet, aktiv und systematisch einschlägige Daten über die Qualität, die Leistung und die Sicherheit eines Produkts während dessen gesamter Lebensdauer zu sammeln, aufzuzeichnen und zu analysieren sowie die erforderlichen Schlussfolgerungen zu ziehen und etwaige Präventiv- oder Korrekturmaßnahmen zu ermitteln, durchzuführen und zu überwachen.

(3) Die mit dem System des Herstellers zur Überwachung nach dem Inverkehrbringen gesammelten Daten werden insbesondere zu folgenden Zwecken verwendet:
a) Aktualisierung der Nutzen-Risiko-Abwägung und Verbesserung des Risikomanagements gemäß Anhang I Kapitel I;
b) Aktualisierung der Auslegung und der Informationen zur Herstellung, der Gebrauchsanweisung und der Kennzeichnung;
c) Aktualisierung der klinischen Bewertung;
d) Aktualisierung des Kurzberichts über Sicherheit und klinische Leistung gemäß Artikel 32;
e) Ermittlung des Bedarfs an Präventiv-, Korrektur- oder Sicherheitskorrekturmaßnahmen im Feld;
f) Ermittlung von Möglichkeiten zur Verbesserung der Gebrauchstauglichkeit, der Leistung und der Sicherheit des Produkts;
g) gegebenenfalls als Beitrag zur Überwachung anderer Produkte nach dem Inverkehrbringen und
h) Erkennung und Meldung von Trends gemäß Artikel 88.

Die technische Dokumentation wird entsprechend aktualisiert.

(4) Zeigt sich im Verlauf der Überwachung nach dem Inverkehrbringen, dass Präventiv- oder Korrekturmaßnahmen oder beides erforderlich sind, so ergreift der Hersteller die geeigneten Maßnahmen und unterrichtet die zuständigen Behörden und gegebenenfalls die Benannte Stelle. Wird ein schwerwiegendes Vorkommnis festgestellt oder eine Sicherheitskorrekturmaßnahme im Feld ergriffen, so wird dies gemäß Artikel 87 gemeldet.

XVIII. Medizinprodukte-Verordnung (MPVO) (Auszug)

Artikel 88
Meldung von Trends

(1) Die Hersteller melden über das in Artikel 92 genannte elektronische System jeden statistisch signifikanten Anstieg der Häufigkeit oder des Schweregrades nicht schwerwiegender Vorkommnisse oder erwarteter unerwünschter Nebenwirkungen, die eine erhebliche Auswirkung auf die Nutzen-Risiko-Analyse gemäß Anhang I Abschnitte 1 und 5 haben könnten und die zu Risiken für die Gesundheit oder Sicherheit der Patienten, Anwender oder anderer Personen führen oder führen könnten, die in Anbetracht des beabsichtigten Nutzens nicht akzeptabel sind. Ob ein Anstieg signifikant ist, bestimmt sich aus dem Vergleich mit der Häufigkeit oder Schwere solcher Vorkommnisse im Zusammenhang mit dem betreffenden Produkt oder der betreffenden Kategorie oder Gruppe von Produkten, die innerhalb eines bestimmten Zeitraums zu erwarten und in der technischen Dokumentation und den Produktinformationen angegeben ist.

Der Hersteller legt im Rahmen des Plans zur Überwachung nach dem Inverkehrbringen gemäß Artikel 84 fest, wie die Vorkommnisse gemäß UnterAbsatz 1 zu behandeln sind und welche Methodik angewendet wird, um jeden statistisch signifikanten Anstieg der Häufigkeit oder des Schweregrades dieser Vorkommnisse festzustellen; ferner legt er darin den Beobachtungszeitraum fest.

(2) Die zuständigen Behörden können ihre eigenen Bewertungen der Meldung von Trends gemäß Absatz 1 vornehmen und von dem Hersteller verlangen, geeignete Maßnahmen im Einklang mit dieser Verordnung zu ergreifen, um den Schutz der öffentlichen Gesundheit und die Patientensicherheit zu gewährleisten. Jede zuständige Behörde unterrichtet die Kommission, die anderen zuständigen Behörden und die Benannte Stelle, die die Bescheinigung ausgestellt hat, über die Ergebnisse ihrer Bewertung und die ergriffenen Maßnahmen.

ANHANG

I Grundlegende Sicherheits- und Leistungsanforderungen

(...)

14.2. Die Produkte werden so ausgelegt und hergestellt, dass folgende Risiken ausgeschlossen oder so weit wie möglich reduziert werden:
   a) Verletzungsrisiken im Zusammenhang mit den physikalischen Eigenschaften einschließlich des Verhältnisses Volumen/Druck, der Abmessungen und gegebenenfalls der ergonomischen Merkmale des Produkts;
   b) Risiken im Zusammenhang mit vernünftigerweise vorhersehbaren äußeren Einwirkungen oder Umgebungsbedingungen, wie z. B. Magnetfeldern, elektrischen und elektromagnetischen Fremdeinflüssen, elektrostatischen Entladungen, Strahlung in Verbindung mit Diagnose- und Therapieverfahren, Druck, Feuchtigkeit, Temperatur, Druck- oder Beschleunigungsschwankungen oder Funksignal-Interferenzen;
   c) Risiken im Zusammenhang mit der Verwendung des Produkts, wenn es mit Werkstoffen, Flüssigkeiten und Stoffen, einschließlich Gas, denen es bei normalen Verwendungsbedingungen ausgesetzt ist, in Berührung kommt;
   d) Risiken im Zusammenhang mit der möglichen negativen Wechselwirkung zwischen Software und der IT-Umgebung, in der sie eingesetzt wird und mit der sie in Wechselwirkung steht;
   e) Risiken eines versehentlichen Eindringens von Stoffen in das Produkt;

XVIII. Medizinprodukte-Verordnung (MPVO) (Auszug)

    f) Risiken im Zusammenhang mit wechselseitigen Störungen durch andere Produkte, die normalerweise bei den jeweiligen Untersuchungen oder Behandlungen eingesetzt werden, und

    g) Risiken aufgrund der Alterung der verwendeten Werkstoffe oder der nachlassenden Genauigkeit einer Mess- oder Kontrolleinrichtung, die sich dadurch ergeben, dass keine Wartung oder Kalibrierung vorgenommen werden kann (z. B. bei Implantaten).

(...)

17. Programmierbare Elektroniksysteme – Produkte, zu deren Bestandteilen programmierbare Elektroniksysteme gehören, und Produkte in Form einer Software

17.1. Produkte, zu deren Bestandteilen programmierbare Elektroniksysteme, einschließlich Software, gehören, oder Produkte in Form einer Software werden so ausgelegt, dass Wiederholbarkeit, Zuverlässigkeit und Leistung entsprechend ihrer bestimmungsgemäßen Verwendung gewährleistet sind. Für den Fall des Erstauftretens eines Defekts sind geeignete Vorkehrungen zu treffen, um sich daraus ergebende Risiken oder Leistungsbeeinträchtigungen auszuschließen oder sie so weit wie möglich zu verringern.

17.2. Bei Produkten, zu deren Bestandteilen Software gehört, oder bei Produkten in Form einer Software wird die Software entsprechend dem Stand der Technik entwickelt und hergestellt, wobei die Grundsätze des Software-Lebenszyklus, des Risikomanagements einschließlich der Informationssicherheit, der Verifizierung und der Validierung zu berücksichtigen sind.

17.3. Bei der Auslegung und Herstellung der in diesem Abschnitt behandelten Software, die zur Verwendung in Verbindung mit mobilen Computerplattformen bestimmt ist, werden die spezifischen Eigenschaften der mobilen Plattform (z. B. Größe und Kontrastverhältnis des Bildschirms) und die externen Faktoren im Zusammenhang mit ihrer Verwendung (sich veränderndes Umfeld hinsichtlich Lichteinfall und Geräuschpegel) berücksichtigt.

17.4. Die Hersteller legen Mindestanforderungen bezüglich Hardware, Eigenschaften von IT-Netzen und IT-Sicherheitsmaßnahmen einschließlich des Schutzes vor unbefugtem Zugriff fest, die für den bestimmungsgemäßen Einsatz der Software erforderlich sind

Anhang II
Technische Dokumentation

6.1. Vorklinische und klinische Daten

    a) Ergebnisse von Tests wie technischen, Labor-, Anwendungssimulations- und Tiertests bzw. Versuchen sowie Auswertung der Literatur, die unter Berücksichtigung der Zweckbestimmung zu dem Produkt – oder ähnlichen Produkten – bezüglich der vorklinischen Sicherheit des Produkts und seiner Konformität mit den Spezifikationen veröffentlicht wurde;

    b) detaillierte Informationen zum Testaufbau, vollständige Test- oder Studienprotokolle, Methoden der Datenanalyse, zusätzlich zu Datenzusammenfassungen und Testergebnissen, insbesondere hinsichtlich der
– Biokompatibilität des Produkts einschließlich der Identifizierung aller Materialien in direktem oder indirektem Kontakt mit dem Patienten oder Anwender,
– physikalische, chemische und mikrobiologische Parameter,
– elektrische Sicherheit und elektromagnetische Kompatibilität,

XVIII. Medizinprodukte-Verordnung (MPVO) (Auszug)

- Verifizierung und Validierung der Software (Beschreibung des Softwaredesigns und des Entwicklungsprozesses sowie Nachweis der Validierung der Software, wie sie im fertigen Produkt verwendet wird. Diese Angaben umfassen normalerweise die zusammengefassten Ergebnisse aller Verifizierungen, Validierungen und Tests, die vor der endgültigen Freigabe sowohl hausintern als auch in einer simulierten oder tatsächlichen Anwenderumgebung durchgeführt wurden. Zudem ist auf alle verschiedenen Hardware-Konfigurationen und gegebenenfalls die in den Informationen des Herstellers genannten Betriebssysteme einzugehen),
- Stabilität, einschließlich Haltbarkeitsdauer, und
- Leistung und Sicherheit.

Gegebenenfalls ist die Übereinstimmung mit der Richtlinie 2004/10/EG des Europäischen Parlaments und des Rates (1) nachzuweisen.

Falls keine neuen Tests durchgeführt wurden, wird diese Entscheidung in der Dokumentation begründet. Eine solche Begründung wäre beispielsweise, dass Biokompatibilitätstests an identischen Materialien durchgeführt wurden, als diese Materialien in ein rechtmäßig in Verkehr gebrachtes oder in Betrieb genommenes Vorgängermodell des Produkts integriert wurden;

Anhang VIII
Klassifizierungsregeln

3.1. Die Anwendung der Klassifizierungsregeln richtet sich nach der Zweckbestimmung der Produkte.
3.2. Wenn das betreffende Produkt dazu bestimmt ist, in Verbindung mit einem anderen Produkt angewandt zu werden, werden die Klassifizierungsregeln auf jedes Produkt gesondert angewendet. Zubehör für ein Medizinprodukt und für ein in Anhang XVI aufgeführtes Produkt wird unabhängig von dem Produkt, mit dem es verwendet wird, gesondert klassifiziert.
3.3. Software, die ein Produkt steuert oder dessen Anwendung beeinflusst, wird derselben Klasse zugerechnet wie das Produkt.
Ist die Software von anderen Produkten unabhängig, so wird sie für sich allein klassifiziert.

(…)

6.3. Regel 11

Software, die dazu bestimmt ist, Informationen zu liefern, die zu Entscheidungen für diagnostische oder therapeutische Zwecke herangezogen werden, gehört zur Klasse IIa, es sei denn, diese Entscheidungen haben Auswirkungen, die Folgendes verursachen können:
- den Tod oder eine irreversible Verschlechterung des Gesundheitszustands einer Person; in diesem Fall wird sie der Klasse III zugeordnet, oder
- eine schwerwiegende Verschlechterung des Gesundheitszustands einer Person oder einen chirurgischen Eingriff; in diesem Fall wird sie der Klasse IIb zugeordnet.

Software, die für die Kontrolle von physiologischen Prozessen bestimmt ist, gehört zur Klasse IIa, es sei denn, sie ist für die Kontrolle von vitalen physiologischen Parametern bestimmt, wobei die Art der Änderung dieser Parameter zu einer unmittelbaren Gefahr für den Patienten führen könnte; in diesem Fall wird sie der Klasse IIb zugeordnet.

Sämtliche andere Software wird der Klasse I zugeordnet.

XIX. Patentgesetz (PatG) (Auszug)

Ausfertigungsdatum: 05.05.1936
Vollzitat:
„Patentgesetz in der Fassung der Bekanntmachung vom 16. Dezember 1980 (BGBl. 1981 I S. 1), das zuletzt durch Artikel 1 des Gesetzes vom 30. August 2021 (BGBl. I S. 4074) geändert worden ist"
Stand: Neugefasst durch Bek. v. 16.12.1980; 1981 I 1;
zuletzt geändert durch Art. 1 G v. 30.8.2021 I 4074

§ 1

(1) Patente werden für Erfindungen auf allen Gebieten der Technik erteilt, sofern sie neu sind, auf einer erfinderischen Tätigkeit beruhen und gewerblich anwendbar sind.

(2) Patente werden für Erfindungen im Sinne von Absatz 1 auch dann erteilt, wenn sie ein Erzeugnis, das aus biologischem Material besteht oder dieses enthält, oder wenn sie ein Verfahren, mit dem biologisches Material hergestellt oder bearbeitet wird oder bei dem es verwendet wird, zum Gegenstand haben. Biologisches Material, das mit Hilfe eines technischen Verfahrens aus seiner natürlichen Umgebung isoliert oder hergestellt wird, kann auch dann Gegenstand einer Erfindung sein, wenn es in der Natur schon vorhanden war.

(3) Als Erfindungen im Sinne des Absatzes 1 werden insbesondere nicht angesehen:
1. Entdeckungen sowie wissenschaftliche Theorien und mathematische Methoden;
2. ästhetische Formschöpfungen;
3. Pläne, Regeln und Verfahren für gedankliche Tätigkeiten, für Spiele oder für geschäftliche Tätigkeiten sowie Programme für Datenverarbeitungsanlagen;
4. die Wiedergabe von Informationen.

(4) Absatz 3 steht der Patentfähigkeit nur insoweit entgegen, als für die genannten Gegenstände oder Tätigkeiten als solche Schutz begehrt wird.

§ 37

(1) Der Anmelder hat innerhalb von fünfzehn Monaten nach dem Anmeldetag oder, sofern für die Anmeldung ein früherer Zeitpunkt als maßgebend in Anspruch genommen wird, innerhalb von fünfzehn Monaten nach diesem Zeitpunkt den oder die Erfinder zu benennen und zu versichern, daß weitere Personen seines Wissens an der Erfindung nicht beteiligt sind. Ist der Anmelder nicht oder nicht allein der Erfinder, so hat er auch anzugeben, wie das Recht auf das Patent an ihn gelangt ist. Die Richtigkeit der Angaben wird vom Deutschen Patent- und Markenamt nicht geprüft.

(2) Macht der Anmelder glaubhaft, daß er durch außergewöhnliche Umstände verhindert ist, die in Absatz 1 vorgeschriebenen Erklärungen rechtzeitig abzugeben, so hat ihm das Deutsche Patent- und Markenamt eine angemessene Fristverlängerung zu gewähren. Die Frist kann nicht über den Erlaß des Beschlusses über die Erteilung des Patents hinaus verlängert werden.

§ 63

(1) Auf der Offenlegungsschrift (§ 32 Abs. 2), auf der Patentschrift (§ 32 Abs. 3) sowie in der Veröffentlichung der Erteilung des Patents (§ 58 Abs. 1) ist der Erfinder mit Namen und Ortsangabe zu nennen, sofern er bereits benannt worden ist. Die Nennung ist mit

XIX. Patentgesetz (PatG) (Auszug)

Namen und Ortsangabe im Register (§ 30 Abs. 1) zu vermerken. Sie unterbleibt vollständig oder hinsichtlich der Ortsangabe, wenn der vom Anmelder angegebene Erfinder es beantragt. Der Antrag kann jederzeit widerrufen werden; im Falle des Widerrufs wird die Nennung nachträglich vorgenommen. Ein Verzicht des Erfinders auf Nennung ist ohne rechtliche Wirksamkeit.

(2) Ist die Person des Erfinders unrichtig oder im Falle des Absatzes 1 Satz 3 überhaupt nicht angegeben, so sind der Patentsucher oder Patentinhaber sowie der zu Unrecht Benannte dem Erfinder verpflichtet, dem Deutschen Patent- und Markenamt gegenüber die Zustimmung dazu zu erklären, daß die in Absatz 1 Satz 1 und 2 vorgesehene Nennung berichtigt oder nachgeholt wird. Die Zustimmung ist unwiderruflich. Durch die Erhebung einer Klage auf Erklärung der Zustimmung wird das Verfahren zur Erteilung des Patents nicht aufgehalten.

(3) Auf amtlichen Druckschriften, die bereits veröffentlicht sind, wird die nachträgliche Nennung des Erfinders (Absatz 1 Satz 4, Absatz 2) oder die Berichtigung (Absatz 2) nicht vorgenommen.

(4) Das Bundesministerium der Justiz und für Verbraucherschutz wird ermächtigt, durch Rechtsverordnung Bestimmungen zur Ausführung der vorstehenden Vorschriften zu erlassen. Es kann diese Ermächtigung durch Rechtsverordnung auf das Deutsche Patent- und Markenamt übertragen.

XX. Produkthaftungsgesetz (ProdHaftG) (Auszug)

Ausfertigungsdatum: 15.12.1989
Vollzitat:
„Produkthaftungsgesetz vom 15. Dezember 1989 (BGBl. I S. 2198), das zuletzt durch Artikel 5 des Gesetzes vom 17. Juli 2017 (BGBl. I S. 2421) geändert worden ist"
Stand: Zuletzt geändert durch Art. 5 G v. 17.7.2017 I 2421

§ 1 Haftung

(1) Wird durch den Fehler eines Produkts jemand getötet, sein Körper oder seine Gesundheit verletzt oder eine Sache beschädigt, so ist der Hersteller des Produkts verpflichtet, dem Geschädigten den daraus entstehenden Schaden zu ersetzen. Im Falle der Sachbeschädigung gilt dies nur, wenn eine andere Sache als das fehlerhafte Produkt beschädigt wird und diese andere Sache ihrer Art nach gewöhnlich für den privaten Ge- oder Verbrauch bestimmt und hierzu von dem Geschädigten hauptsächlich verwendet worden ist.

(2) Die Ersatzpflicht des Herstellers ist ausgeschlossen, wenn
1. er das Produkt nicht in den Verkehr gebracht hat,
2. nach den Umständen davon auszugehen ist, daß das Produkt den Fehler, der den Schaden verursacht hat, noch nicht hatte, als der Hersteller es in den Verkehr brachte,
3. er das Produkt weder für den Verkauf oder eine andere Form des Vertriebs mit wirtschaftlichem Zweck hergestellt noch im Rahmen seiner beruflichen Tätigkeit hergestellt oder vertrieben hat,
4. der Fehler darauf beruht, daß das Produkt in dem Zeitpunkt, in dem der Hersteller es in den Verkehr brachte, dazu zwingenden Rechtsvorschriften entsprochen hat, oder
5. der Fehler nach dem Stand der Wissenschaft und Technik in dem Zeitpunkt, in dem der Hersteller das Produkt in den Verkehr brachte, nicht erkannt werden konnte.

(3) Die Ersatzpflicht des Herstellers eines Teilprodukts ist ferner ausgeschlossen, wenn der Fehler durch die Konstruktion des Produkts, in welches das Teilprodukt eingearbeitet wurde, oder durch die Anleitungen des Herstellers des Produkts verursacht worden ist. Satz 1 ist auf den Hersteller eines Grundstoffs entsprechend anzuwenden.

(4) Für den Fehler, den Schaden und den ursächlichen Zusammenhang zwischen Fehler und Schaden trägt der Geschädigte die Beweislast. Ist streitig, ob die Ersatzpflicht gemäß Absatz 2 oder 3 ausgeschlossen ist, so trägt der Hersteller die Beweislast.

§ 2 Produkt

Produkt im Sinne dieses Gesetzes ist jede bewegliche Sache, auch wenn sie einen Teil einer anderen beweglichen Sache oder einer unbeweglichen Sache bildet, sowie Elektrizität.

§ 3 Fehler

(1) Ein Produkt hat einen Fehler, wenn es nicht die Sicherheit bietet, die unter Berücksichtigung aller Umstände, insbesondere
a) seiner Darbietung,
b) des Gebrauchs, mit dem billigerweise gerechnet werden kann,
c) des Zeitpunkts, in dem es in den Verkehr gebracht wurde,
berechtigterweise erwartet werden kann.

XX. Produkthaftungsgesetz (ProdHaftG) (Auszug)

(2) Ein Produkt hat nicht allein deshalb einen Fehler, weil später ein verbessertes Produkt in den Verkehr gebracht wurde.

§ 4 Hersteller

(1) Hersteller im Sinne dieses Gesetzes ist, wer das Endprodukt, einen Grundstoff oder ein Teilprodukt hergestellt hat. Als Hersteller gilt auch jeder, der sich durch das Anbringen seines Namens, seiner Marke oder eines anderen unterscheidungskräftigen Kennzeichens als Hersteller ausgibt.

(2) Als Hersteller gilt ferner, wer ein Produkt zum Zweck des Verkaufs, der Vermietung, des Mietkaufs oder einer anderen Form des Vertriebs mit wirtschaftlichem Zweck im Rahmen seiner geschäftlichen Tätigkeit in den Geltungsbereich des Abkommens über den Europäischen Wirtschaftsraum einführt oder verbringt.

(3) Kann der Hersteller des Produkts nicht festgestellt werden, so gilt jeder Lieferant als dessen Hersteller, es sei denn, daß er dem Geschädigten innerhalb eines Monats, nachdem ihm dessen diesbezügliche Aufforderung zugegangen ist, den Hersteller oder diejenige Person benennt, die ihm das Produkt geliefert hat. Dies gilt auch für ein eingeführtes Produkt, wenn sich bei diesem die in Absatz 2 genannte Person nicht feststellen läßt, selbst wenn der Name des Herstellers bekannt ist.

§ 5 Mehrere Ersatzpflichtige

Sind für denselben Schaden mehrere Hersteller nebeneinander zum Schadensersatz verpflichtet, so haften sie als Gesamtschuldner. Im Verhältnis der Ersatzpflichtigen zueinander hängt, soweit nichts anderes bestimmt ist, die Verpflichtung zum Ersatz sowie der Umfang des zu leistenden Ersatzes von den Umständen, insbesondere davon ab, inwieweit der Schaden vorwiegend von dem einen oder dem anderen Teil verursacht worden ist; im übrigen gelten die §§ 421 bis 425 sowie § 426 Abs. 1 Satz 2 und Abs. 2 des Bürgerlichen Gesetzbuchs.

XXI. Produkthaftungsrichtlinie (ProdHaftRL) (Entwurf) (Auszug)

Vorschlag für eine
RICHTLINIE DES EUROPÄISCHEN PARLAMENTS UND DES RATES
über die Haftung für fehlerhafte Produkte
(Text von Bedeutung für den EWR)
Brüssel, den 28.9.2022, COM(2022) 495 final, 2022/0302(COD)

Artikel 1
Gegenstand

Mit dieser Richtlinie werden gemeinsame Vorschriften über die Haftung von Wirtschaftsakteuren für Schäden festgelegt, die natürlichen Personen durch fehlerhafte Produkte entstanden sind.

Artikel 4
Begriffsbestimmungen

Für die Zwecke dieser Richtlinie gelten folgende Begriffsbestimmungen:
(1) „Produkt" bezeichnet alle beweglichen Sachen, auch wenn diese in eine andere bewegliche oder unbewegliche Sache integriert sind. Dazu zählen auch Elektrizität, digitale Bauunterlagen und Software.
(2) „Digitale Bauunterlage" bezeichnet eine digitale Version einer beweglichen Sache oder eine digitale Vorlage dafür.
(3) „Komponente" bezeichnet jeden materiellen oder immateriellen Gegenstand und jeden verbundenen Dienst, der vom Hersteller eines Produkts oder unter Kontrolle des Herstellers in das Produkt integriert oder mit dem Produkt verbunden wird.
(4) „Verbundener Dienst" bezeichnet einen digitalen Dienst, der so in ein Produkt integriert oder so mit ihm verbunden ist, dass das Produkt ohne ihn eine oder mehrere seiner Funktionen nicht ausführen könnte;
(5) „Kontrolle des Herstellers" bezeichnet die Tatsache, dass der Hersteller eines Produkts a) die Integration, Verbindung oder Lieferung einer Komponente einschließlich Software-Updates oder -Upgrades durch einen Dritten oder b) die Änderung des Produkts genehmigt.
(6) „Schaden" bezeichnet wesentliche Verluste, die sich aus Folgendem ergeben:
  a) Tod oder Körperverletzung einschließlich medizinisch anerkannter Beeinträchtigungen der psychischen Gesundheit;
  b) Beeinträchtigung oder Zerstörung von Vermögensgegenständen, außer
    i) dem fehlerhaften Produkt selbst,
    ii) Produkten, die durch eine fehlerhafte Komponente dieses Produkts beschädigt wurden,
    iii) Vermögensgegenständen, die ausschließlich für berufliche Zwecke genutzt werden;
  c) Verlust oder Verfälschung von Daten, die nicht ausschließlich für berufliche Zwecke verwendet werden.
(7) „Daten" bezeichnet Daten gemäß der Definition in Artikel 2 Absatz 1 der Verordnung (EU) Nr. 2022/868 des Europäischen Parlaments und des Rates 51 ;
(8) „Inverkehrbringen" bezeichnet die erstmalige Bereitstellung eines Produkts auf dem Unionsmarkt;

XXI. Produkthaftungsrichtlinie (ProdHaftRL) (Entwurf) (Auszug)

(9) „Bereitstellung auf dem Markt" bezeichnet jede entgeltliche oder unentgeltliche Abgabe eines Produkts zum Vertrieb, Verbrauch oder zur Verwendung auf dem Unionsmarkt im Rahmen einer Geschäftstätigkeit;
(10) „Inbetriebnahme" bezeichnet die erstmalige entgeltliche oder unentgeltliche Verwendung eines Produkts in der Union im Rahmen einer gewerblichen Tätigkeit in Fällen, in denen das Produkt vor seiner ersten Verwendung nicht in Verkehr gebracht wurde;
(11) „Hersteller" bezeichnet jede natürliche oder juristische Person, die ein Produkt entwickelt, herstellt oder produziert oder ein Produkt entwickeln oder herstellen lässt oder dieses Produkt unter ihrem Namen oder ihrer eigenen Marke vermarktet oder die ein Produkt für den Eigenbedarf entwickelt, herstellt oder produziert.
(12) „Bevollmächtigter" bezeichnet jede in der Union ansässige natürliche oder juristische Person, die von einem Hersteller schriftlich beauftragt wurde, in seinem Namen bestimmte Aufgaben wahrzunehmen.
(13) „Einführer" bezeichnet jede in der Union niedergelassene natürliche oder juristische Person, die ein Produkt aus einem Drittland auf dem Unionsmarkt in Verkehr bringt.
(14) „Fulfilment-Dienstleister" bezeichnet jede natürliche oder juristische Person, die im Rahmen einer Geschäftstätigkeit mindestens zwei der folgenden Dienstleistungen anbietet: Lagerhaltung, Verpackung, Adressierung und Versand eines Produkts, an dem sie kein Eigentumsrecht hat, ausgenommen Postdienste im Sinne von Artikel 2 Nummer 1 der Richtlinie 97/67/EG des Europäischen Parlaments und des Rates 52 , Paketzustelldienste im Sinne von Artikel 2 Nummer 2 der Verordnung (EU) 2018/644 des Europäischen Parlaments und des Rates 53 und alle sonstigen Postdienste oder Frachtverkehrsdienstleistungen.
(15) „Händler" bezeichnet jede natürliche oder juristische Person in der Lieferkette, die ein Produkt auf dem Markt bereitstellt, mit Ausnahme des Herstellers und des Einführers.
(16) „Wirtschaftsakteur" bezeichnet den Hersteller eines Produkts oder einer Komponente, den Anbieter einer verbundenen Dienstleistung, den Bevollmächtigten, den Einführer, den Fulfilment-Dienstleister oder den Händler.
(17) „Online-Plattform" bezeichnet eine Online-Plattform gemäß der Definition in Artikel 2 Buchstabe h der Verordnung (EU) …/… des Europäischen Parlaments und des Rates über einen Binnenmarkt für digitale Dienste (Gesetz über digitale Dienste).

Artikel 6
Fehlerhaftigkeit

1. Ein Produkt gilt als fehlerhaft, wenn es nicht die Sicherheit bietet, die die breite Öffentlichkeit unter Berücksichtigung aller Umstände, insbesondere der nachfolgenden, erwarten darf:
   a) der Aufmachung des Produkts, einschließlich der Anweisungen für Installation, Verwendung und Wartung;
   b) der vernünftigerweise vorhersehbaren Nutzung und missbräuchlichen Nutzung des Produkts;
   c) der Auswirkungen einer etwaigen Fähigkeit, nach Einsatzbeginn weiter zu lernen, auf das Produkt;
   d) der Auswirkungen anderer Produkte auf das Produkt, bei denen nach vernünftigem Ermessen davon ausgegangen werden kann, dass sie zusammen mit dem Produkt verwendet werden;
   e) des Zeitpunktes, zu dem das Produkt in Verkehr gebracht oder in Betrieb genommen wurde, oder, wenn der Hersteller nach diesem Zeitpunkt die Kontrolle über das

XXI. Produkthaftungsrichtlinie (ProdHaftRL) (Entwurf) (Auszug)

Produkt behält, des Zeitpunktes, ab dem das Produkt nicht mehr unter Kontrolle des Herstellers steht;
- f) der Sicherheitsanforderungen des Produkts einschließlich sicherheitsrelevanter Cybersicherheitsanforderungen;
- g) Eingriffe einer Regulierungsbehörde oder eines in Artikel 7 genannten Wirtschaftsakteurs im Zusammenhang mit der Produktsicherheit;
- h) der spezifischen Erwartungen der Endnutzer, für die das Produkt bestimmt ist.

2. Ein Produkt gilt nicht allein deshalb als fehlerhaft, weil ein besseres Produkt, einschließlich Aktualisierungen oder Upgrades eines Produkts, bereits in Verkehr oder in Betrieb ist bzw. künftig in Verkehr gebracht oder in Betrieb genommen wird.

Artikel 7
Für fehlerhafte Produkte haftende Wirtschaftsakteure

1. Die Mitgliedstaaten stellen sicher, dass der Hersteller eines fehlerhaften Produkts für durch dieses Produkt verursachte Schäden haftbar gemacht werden kann.

Die Mitgliedstaaten stellen sicher, dass der Hersteller einer fehlerhaften Komponente auch für denselben Schaden haftbar gemacht werden kann, wenn die Fehlerhaftigkeit des Produkts durch eine fehlerhafte Komponente verursacht wurde.

(...)

4. Jede natürliche oder juristische Person, die ein bereits in Verkehr gebrachtes oder in Betrieb genommenes Produkt verändert, gilt für die Zwecke des Absatzes 1 als Hersteller des Produkts, wenn die Änderung nach den einschlägigen Vorschriften des Unions- oder des nationalen Rechts über die Produktsicherheit als wesentlich gilt und außerhalb der Kontrolle des ursprünglichen Herstellers erfolgt.

Artikel 8
Offenlegung von Beweismitteln

1. Die Mitgliedstaaten stellen sicher, dass die nationalen Gerichte auf Antrag einer geschädigten Person, die Ersatz des durch ein fehlerhaftes Produkt verursachten Schadens verlangt (im Folgenden „Kläger") und die Tatsachen und Belege vorgelegt hat, welche die Plausibilität ihres Schadensersatzanspruchs ausreichend stützen, anordnen können, dass der Beklagte in seiner Verfügungsgewalt befindliche relevante Beweismittel offenlegen muss.

2. Die Mitgliedstaaten stellen sicher, dass die nationalen Gerichte die Offenlegung von Beweismitteln auf das zur Stützung eines Anspruchs nach Absatz 1 erforderliche und verhältnismäßige Maß beschränken.

3. Bei der Feststellung, ob die Offenlegung verhältnismäßig ist, berücksichtigen die nationalen Gerichte die berechtigten Interessen aller beteiligten Parteien, einschließlich betroffener Dritter, insbesondere in Bezug auf den Schutz von vertraulichen Informationen und Geschäftsgeheimnissen im Sinne des Artikels 2 Nummer 1 der Richtlinie (EU) 2016/943.

4. Die Mitgliedstaaten stellen sicher, dass die nationalen Gerichte, wenn einem Beklagten aufgegeben wird, Informationen offenzulegen, bei denen es sich um ein Geschäftsgeheimnis oder ein mutmaßliches Geschäftsgeheimnis handelt, befugt sind, auf hinreichend begründeten Antrag einer Partei oder von sich aus die besonderen Maßnahmen zu ergreifen, die erforderlich sind, um die Vertraulichkeit dieser Informationen zu wahren, wenn sie im Laufe des Gerichtsverfahrens verwendet werden oder auf sie Bezug genommen wird.

XXI. Produkthaftungsrichtlinie (ProdHaftRL) (Entwurf) (Auszug)

Artikel 9
Beweislast

1. Die Mitgliedstaaten stellen sicher, dass der Kläger verpflichtet ist, die Fehlerhaftigkeit des Produkts, den erlittenen Schaden und den ursächlichen Zusammenhang zwischen der Fehlerhaftigkeit und dem Schaden nachzuweisen.
2. Von der Fehlerhaftigkeit des Produkts wird ausgegangen, wenn eine der folgenden Bedingungen erfüllt ist:
   a) Der Beklagte ist seiner Verpflichtung zur Offenlegung von relevanten Beweismitteln, die sich in seiner Verfügungsgewalt befinden, nach Artikel 8 Absatz 1 nicht nachgekommen,
   b) der Kläger weist nach, dass das Produkt verbindliche Sicherheitsanforderungen des Unionsrechts oder des nationalen Rechts, die einen Schutz gegen das Risiko des eingetretenen Schadens bieten sollen, nicht erfüllt oder
   c) der Kläger weist nach, dass der Schaden durch eine offensichtliche Funktionsstörung des Produkts bei normaler Verwendung oder unter normalen Umständen verursacht wurde.
3. Es wird von einem ursächlichen Zusammenhang zwischen der Fehlerhaftigkeit des Produkts und dem Schaden ausgegangen, wenn festgestellt wurde, dass das Produkt fehlerhaft und der entstandene Schaden von der dem betreffenden Fehler typischerweise entsprechenden Art ist.
4. Ist ein nationales Gericht der Auffassung, dass es für den Kläger aufgrund der technischen oder wissenschaftlichen Komplexität übermäßig schwierig ist, die Fehlerhaftigkeit des Produkts oder den ursächlichen Zusammenhang zwischen dessen Fehlerhaftigkeit und dem Schaden oder beides nachzuweisen, wird von der Fehlerhaftigkeit des Produkts oder einen ursächlichen Zusammenhang zwischen seiner Fehlerhaftigkeit und dem Schaden oder beidem ausgegangen, wenn der Kläger auf der Grundlage hinreichend relevanter Beweise nachgewiesen hat, dass
   a) das Produkt zum Schaden beigetragen hat und
   b) das Produkt wahrscheinlich fehlerhaft war und/oder seine Fehlerhaftigkeit den Schaden wahrscheinlich verursacht hat.
   Der Beklagte hat das Recht, das Vorliegen übermäßiger Schwierigkeiten oder die in Unterabsatz 1 genannte Wahrscheinlichkeit anzufechten.
5. Der Beklagte hat das Recht, jede der in den Absätzen 2, 3 und 4 genannten Vermutungen zu widerlegen.

Artikel 10
Haftungsbefreiung

1. Ein Wirtschaftsakteur nach Artikel 7 haftet nicht für Schäden, die durch ein fehlerhaftes Produkt verursacht wurden, wenn er Folgendes nachweist:
   a) als Hersteller oder Einführer, dass er das Produkt nicht in Verkehr gebracht oder in Betrieb genommen hat;
   b) als Händler, dass er das Produkt nicht auf dem Markt bereitgestellt hat;
   c) dass die Fehlerhaftigkeit, die den Schaden verursacht hat, zum Zeitpunkt des Inverkehrbringens, der Inbetriebnahme oder – bei einem Händler – der Bereitstellung auf dem Markt, wahrscheinlich noch nicht bestanden hat oder dass die Fehlerhaft erst nach dem betreffenden Zeitpunkt entstanden ist;
   d) dass die Fehlerhaftigkeit darauf zurückzuführen ist, dass das Produkt verbindlichen, von Behörden erlassenen Vorschriften entspricht;

XXI. Produkthaftungsrichtlinie (ProdHaftRL) (Entwurf) (Auszug)

e) als Hersteller, dass es ihm aufgrund des objektiven wissenschaftlichen und technischen Kenntnisstands zum Zeitpunkt des Inverkehrbringens oder der Inbetriebnahme des Produkts oder in dem Zeitraum, in dem sich das Produkt unter der Kontrolle des Herstellers befand, nicht möglich war, die Fehlerhaftigkeit des Produkts zu entdecken,

f) als Hersteller einer fehlerhaften Komponente nach Artikel 7 Absatz 1 Unterabsatz 2, dass die Fehlerhaftigkeit des Produkts auf die Auslegung des Produkts, in das die Komponente integriert wurde, oder die Anweisungen des Herstellers des Produkts an den Hersteller der Komponente zurückgeht oder,

g) im Falle einer Person, die ein Produkt gemäß Artikel 7 Absatz 4 verändert, dass die Fehlerhaftigkeit, die den Schaden verursacht hat, mit einem Teil des Produkts zusammenhängt, der von der Änderung nicht betroffen ist.

2. Abweichend von Absatz 1 Buchstabe c wird ein Wirtschaftsakteur nicht von der Haftung befreit, wenn die Fehlerhaftigkeit des Produkts auf eines der folgenden Ursachen zurückzuführen ist, sofern sie der Kontrolle des Herstellers unterliegt:

a) eine verbundene Dienstleistung,
b) Software, einschließlich Software-Updates oder -Upgrades, oder
c) das Fehlen von Software-Updates oder Upgrades, die zur Aufrechterhaltung der Sicherheit erforderlich sind.

XXII. Telekommunikation-Digitale-Dienste-Datenschutz-Gesetz – TDDDG (Auszug)

Ausfertigungsdatum: 23.06.2021

Vollzitat:

„Telekommunikation-Digitale-Dienste-Datenschutz-Gesetz vom 23. Juni 2021 (BGBl. I S. 1982; 2022 I S. 1045), das zuletzt durch Artikel 8 des Gesetzes vom 6. Mai 2024 (BGBl. 2024 I Nr. 149) geändert worden ist"

Stand: Zuletzt geändert durch Art. 8 G v. 6.5.2024 I Nr. 149

§ 3 Vertraulichkeit der Kommunikation – Fernmeldegeheimnis

(1) Dem Fernmeldegeheimnis unterliegen der Inhalt der Telekommunikation und ihre näheren Umstände, insbesondere die Tatsache, ob jemand an einem Telekommunikationsvorgang beteiligt ist oder war. Das Fernmeldegeheimnis erstreckt sich auch auf die näheren Umstände erfolgloser Verbindungsversuche.

(2) Zur Wahrung des Fernmeldegeheimnisses sind verpflichtet
1. Anbieter von öffentlich zugänglichen Telekommunikationsdiensten sowie natürliche und juristische Personen, die an der Erbringung solcher Dienste mitwirken,
2. Anbieter von ganz oder teilweise geschäftsmäßig angebotenen Telekommunikationsdiensten sowie natürliche und juristische Personen, die an der Erbringung solcher Dienste mitwirken,
3. Betreiber öffentlicher Telekommunikationsnetze und
4. Betreiber von Telekommunikationsanlagen, mit denen geschäftsmäßig Telekommunikationsdienste erbracht werden.

Die Pflicht zur Geheimhaltung besteht auch nach dem Ende der Tätigkeit fort, durch die sie begründet worden ist.

(3) Den nach Absatz 2 Satz 1 Verpflichteten ist es untersagt, sich oder anderen über das für die Erbringung der Telekommunikationsdienste oder für den Betrieb ihrer Telekommunikationsnetze oder ihrer Telekommunikationsanlagen einschließlich des Schutzes ihrer technischen Systeme erforderliche Maß hinaus Kenntnis vom Inhalt oder von den näheren Umständen der Telekommunikation zu verschaffen. Sie dürfen Kenntnisse über Tatsachen, die dem Fernmeldegeheimnis unterliegen, nur für den in Satz 1 genannten Zweck verwenden. Eine Verwendung dieser Kenntnisse für andere Zwecke, insbesondere die Weitergabe an andere, ist nur zulässig, soweit dieses Gesetz oder eine andere gesetzliche Vorschrift dies vorsieht und sich dabei ausdrücklich auf Telekommunikationsvorgänge bezieht. Die Anzeigepflicht nach § 138 des Strafgesetzbuches hat Vorrang.

(4) Befindet sich die Telekommunikationsanlage an Bord eines Wasser- oder Luftfahrzeugs, so besteht die Pflicht zur Wahrung des Fernmeldegeheimnisses nicht gegenüber der Person, die das Fahrzeug führt, und ihrer Stellvertretung.

§ 4 Rechte des Erben des Endnutzers und anderer berechtigter Personen

Das Fernmeldegeheimnis steht der Wahrnehmung von Rechten gegenüber dem Anbieter des Telekommunikationsdienstes nicht entgegen, wenn diese Rechte statt durch den betroffenen Endnutzer durch seinen Erben oder eine andere berechtigte Person, die zur Wahrnehmung der Rechte des Endnutzers befugt ist, wahrgenommen werden.

XXII. Telekommunikation-Digitale-Dienste-Datenschutz-Gesetz – TDDDG (Auszug)

§ 25 Schutz der Privatsphäre bei Endeinrichtungen

(1) Die Speicherung von Informationen in der Endeinrichtung des Endnutzers oder der Zugriff auf Informationen, die bereits in der Endeinrichtung gespeichert sind, sind nur zulässig, wenn der Endnutzer auf der Grundlage von klaren und umfassenden Informationen eingewilligt hat. Die Information des Endnutzers und die Einwilligung haben gemäß der Verordnung (EU) 2016/679 zu erfolgen.

(2) Die Einwilligung nach Absatz 1 ist nicht erforderlich,
1. wenn der alleinige Zweck der Speicherung von Informationen in der Endeinrichtung des Endnutzers oder der alleinige Zweck des Zugriffs auf bereits in der Endeinrichtung des Endnutzers gespeicherte Informationen die Durchführung der Übertragung einer Nachricht über ein öffentliches Telekommunikationsnetz ist oder
2. wenn die Speicherung von Informationen in der Endeinrichtung des Endnutzers oder der Zugriff auf bereits in der Endeinrichtung des Endnutzers gespeicherte Informationen unbedingt erforderlich ist, damit der Anbieter eines digitalen Dienstes einen vom Nutzer ausdrücklich gewünschten digitalen Dienst zur Verfügung stellen kann.

§ 26 Anerkannte Dienste zur Einwilligungsverwaltung, Endnutzereinstellungen

(1) Dienste zur Verwaltung von nach § 25 Absatz 1 erteilten Einwilligungen, die
1. nutzerfreundliche und wettbewerbskonforme Verfahren und technische Anwendungen zur Einholung und Verwaltung der Einwilligung haben,
2. kein wirtschaftliches Eigeninteresse an der Erteilung der Einwilligung und an den verwalteten Daten haben und unabhängig von Unternehmen sind, die ein solches Interesse haben können,
3. die personenbezogenen Daten und die Informationen über die Einwilligungsentscheidungen für keine anderen Zwecke als die Einwilligungsverwaltung verarbeiten und
4. ein Sicherheitskonzept vorlegen, das eine Bewertung der Qualität und Zuverlässigkeit des Dienstes und der technischen Anwendungen ermöglicht und aus dem sich ergibt, dass der Dienst sowohl technisch als auch organisatorisch die rechtlichen Anforderungen an den Datenschutz und die Datensicherheit, die sich insbesondere aus der Verordnung (EU) 2016/679 ergeben, erfüllt,

können von einer unabhängigen Stelle nach Maßgabe der Rechtsverordnung nach Absatz 2 anerkannt werden.

(2) Die Bundesregierung bestimmt durch Rechtsverordnung mit Zustimmung des Bundestages und des Bundesrates die Anforderungen
1. an das nutzerfreundliche und wettbewerbskonforme Verfahren und technische Anwendungen nach Absatz 1 Nummer 1 und
2. an das Verfahren der Anerkennung, insbesondere
   a) den erforderlichen Inhalt des Antrags auf Anerkennung,
   b) den Inhalt des Sicherheitskonzepts nach Absatz 1 Nummer 4 und
   c) die für die Anerkennung zuständige unabhängige Stelle, und
3. die technischen und organisatorischen Maßnahmen, dass
   a) Software zum Abrufen und Darstellen von Informationen aus dem Internet,
      aa) Einstellungen der Endnutzer hinsichtlich der Einwilligung nach § 25 Absatz 1 befolgt und
      bb) die Einbindung von anerkannten Diensten zur Einwilligungsverwaltung berücksichtigt und

XXII. Telekommunikation-Digitale-Dienste-Datenschutz-Gesetz – TDDDG (Auszug)

b) Anbieter von digitalen Diensten bei der Verwaltung der von Endnutzern erteilten Einwilligung die Einbindung von anerkannten Diensten zur Einwilligungsverwaltung und Einstellungen durch die Endnutzer berücksichtigen.

(3) Die Bundesregierung bewertet innerhalb von zwei Jahren nach Inkrafttreten einer Rechtsverordnung nach Absatz 1 die Wirksamkeit der getroffenen Maßnahmen im Hinblick auf die Errichtung nutzerfreundlicher und wettbewerbskonformer Einwilligungsverfahren und legt dazu einen Bericht an den Bundestag und den Bundesrat vor.

XXIII. Urheberrechts-Diensteanbieter-Gesetz (UrhDaG) (Auszug)

Ausfertigungsdatum: 31.05.2021
Vollzitat:
„Urheberrechts-Diensteanbieter-Gesetz vom 31. Mai 2021 (BGBl. I S. 1204, 1215), das durch Artikel 22 des Gesetzes vom 6. Mai 2024 (BGBl. 2024 I Nr. 149) geändert worden ist"
Stand: geändert durch Art. 22 G v. 6.5.2024 I Nr. 149

§ 1 Öffentliche Wiedergabe; Verantwortlichkeit des Diensteanbieters

(1) Ein Diensteanbieter (§ 2) gibt Werke öffentlich wieder, wenn er der Öffentlichkeit Zugang zu urheberrechtlich geschützten Werken verschafft, die von Nutzern des Dienstes hochgeladen worden sind.

(2) Erfüllt der Diensteanbieter seine Pflichten nach § 4 und den §§ 7 bis 11 nach Maßgabe hoher branchenüblicher Standards unter Beachtung des Grundsatzes der Verhältnismäßigkeit, so ist er für die öffentliche Wiedergabe urheberrechtlich nicht verantwortlich. Hierbei sind insbesondere zu berücksichtigen
1. die Art, das Publikum und der Umfang des Dienstes,
2. die Art der von den Nutzern des Dienstes hochgeladenen Werke,
3. die Verfügbarkeit geeigneter Mittel zur Erfüllung der Pflichten sowie
4. die Kosten, die dem Diensteanbieter für Mittel nach Nummer 3 entstehen.

(3) Auf Artikel 6 Absatz 1 der Verordnung (EU) 2022/2065 des Europäischen Parlaments und des Rates vom 19. Oktober 2022 über einen Binnenmarkt für digitale Dienste und zur Änderung der Richtlinie 2000/31/EG (Gesetz über digitale Dienste) (ABl. L 277 vom 27.10.2022, S. 1; L 310 vom 1.12.2022, S. 17) kann sich der Diensteanbieter nicht berufen.

(4) Ein Diensteanbieter, dessen Hauptzweck es ist, sich an Urheberrechtsverletzungen zu beteiligen oder sie zu erleichtern, kann sich auf Absatz 2 nicht berufen.

§ 2 Diensteanbieter

(1) Diensteanbieter im Sinne dieses Gesetzes sind Anbieter von Diensten im Sinne des Artikels 1 Absatz 1 Buchstabe b der Richtlinie (EU) 2015/1535 des Europäischen Parlaments und des Rates vom 9. September 2015 über ein Informationsverfahren auf dem Gebiet der technischen Vorschriften und der Vorschriften für die Dienste der Informationsgesellschaft (ABl. L 241 vom 17.9.2015, S. 1), die
1. es als Hauptzweck ausschließlich oder zumindest auch verfolgen, eine große Menge an von Dritten hochgeladenen urheberrechtlich geschützten Inhalten zu speichern und öffentlich zugänglich zu machen,
2. die Inhalte im Sinne der Nummer 1 organisieren,
3. die Inhalte im Sinne der Nummer 1 zum Zweck der Gewinnerzielung bewerben und
4. mit Online-Inhaltediensten um dieselben Zielgruppen konkurrieren.

(2) Startup-Diensteanbieter sind Diensteanbieter mit einem jährlichen Umsatz innerhalb der Europäischen Union von bis zu 10 Millionen Euro, deren Dienste der Öffentlichkeit in der Europäischen Union seit weniger als drei Jahren zur Verfügung stehen.

(3) Kleine Diensteanbieter sind Diensteanbieter mit einem jährlichen Umsatz innerhalb der Europäischen Union von bis zu 1 Million Euro.

XXIII. Urheberrechts-Diensteanbieter-Gesetz (UrhDaG) (Auszug)

(4) Für die Berechnung des Umsatzes von Startup-Diensteanbietern und kleinen Diensteanbietern ist die Empfehlung der Kommission vom 6. Mai 2003 betreffend die Definition der Kleinstunternehmen sowie der kleinen und mittleren Unternehmen anzuwenden (ABl. L 124 vom 20.5.2003, S. 36). Maßgeblich ist jeweils der Umsatz des vorangegangenen Kalenderjahres.

§ 3 Nicht erfasste Dienste

Dieses Gesetz gilt insbesondere nicht für
1. nicht gewinnorientierte Online-Enzyklopädien,
2. nicht gewinnorientierte bildungsbezogene oder wissenschaftliche Repositorien,
3. Entwicklungs- und Weitergabe-Plattformen für quelloffene Software,
4. Anbieter elektronischer Kommunikationsdienste im Sinne des Artikels 2 Nummer 4 der Richtlinie (EU) 2018/1972 des Europäischen Parlaments und des Rates vom 11. Dezember 2018 über den europäischen Kodex für die elektronische Kommunikation (ABl. L 321 vom 17.12.2018, S. 36; L 334 vom 27.12.2019, S. 164),
5. Online-Marktplätze,
6. Cloud-Dienste, die zwischen Unternehmen erbracht werden, und
7. Cloud-Dienste, die ihren Nutzern das Hochladen von Inhalten für den Eigengebrauch ermöglichen.

§ 4 Pflicht zum Erwerb vertraglicher Nutzungsrechte; Direktvergütungsanspruch des Urhebers

(1) Ein Diensteanbieter ist verpflichtet, bestmögliche Anstrengungen zu unternehmen, um die vertraglichen Nutzungsrechte für die öffentliche Wiedergabe urheberrechtlich geschützter Werke zu erwerben. Der Diensteanbieter erfüllt diese Pflicht, sofern er Nutzungsrechte erwirbt, die
1. ihm angeboten werden,
2. über repräsentative Rechtsinhaber verfügbar sind, die der Diensteanbieter kennt, oder
3. über im Inland ansässige Verwertungsgesellschaften oder abhängige Verwertungseinrichtungen erworben werden können.

(2) Nutzungsrechte nach Absatz 1 Satz 2 müssen
1. für Inhalte gelten, die der Diensteanbieter ihrer Art nach offensichtlich in mehr als geringfügigen Mengen öffentlich wiedergibt,
2. in Bezug auf Werke und Rechtsinhaber ein erhebliches Repertoire umfassen,
3. den räumlichen Geltungsbereich dieses Gesetzes abdecken und
4. die Nutzung zu angemessenen Bedingungen ermöglichen.

(3) Hat der Urheber das Recht der öffentlichen Wiedergabe eines Werkes einem Dritten eingeräumt, so hat der Diensteanbieter für vertragliche Nutzungen gleichwohl dem Urheber eine angemessene Vergütung für die öffentliche Wiedergabe des Werkes zu zahlen. Satz 1 ist nicht anzuwenden, wenn der Dritte eine Verwertungsgesellschaft ist oder der Urheber den Dritten als Digitalvertrieb einschaltet.

(4) Der Urheber kann auf den Direktvergütungsanspruch nach Absatz 3 nicht verzichten und diesen im Voraus nur an eine Verwertungsgesellschaft abtreten. Er kann nur durch eine Verwertungsgesellschaft geltend gemacht werden.

XXIII. Urheberrechts-Diensteanbieter-Gesetz (UrhDaG) (Auszug)

§ 5 Gesetzlich erlaubte Nutzungen; Vergütung des Urhebers

(1) Zulässig ist die öffentliche Wiedergabe von urheberrechtlich geschützten Werken und Teilen von Werken durch den Nutzer eines Diensteanbieters zu folgenden Zwecken:
1. für Zitate nach § 51 des Urheberrechtsgesetzes,
2. für Karikaturen, Parodien und Pastiches nach § 51a des Urheberrechtsgesetzes und
3. für von den Nummern 1 und 2 nicht erfasste gesetzlich erlaubte Fälle der öffentlichen Wiedergabe nach Teil 1 Abschnitt 6 des Urheberrechtsgesetzes.

(2) Für die öffentliche Wiedergabe nach Absatz 1 Nummer 2 hat der Diensteanbieter dem Urheber eine angemessene Vergütung zu zahlen. Der Vergütungsanspruch ist nicht verzichtbar und im Voraus nur an eine Verwertungsgesellschaft abtretbar. Er kann nur durch eine Verwertungsgesellschaft geltend gemacht werden. § 63a Absatz 2 des Urheberrechtsgesetzes und § 27a des Verwertungsgesellschaftengesetzes sind anzuwenden.

(3) Der Diensteanbieter hat den Nutzer auf die gesetzlichen Erlaubnisse nach Absatz 1 in seinen Allgemeinen Geschäftsbedingungen hinzuweisen.

XXIV. Urheberrechtsgesetz (UrhG) (Auszug)

Ausfertigungsdatum: 09.09.1965
Vollzitat:
„Urheberrechtsgesetz vom 9. September 1965 (BGBl. I S. 1273), das zuletzt durch Artikel 25 des Gesetzes vom 23. Juni 2021 (BGBl. I S. 1858) geändert worden ist"

§ 1 Allgemeines

Die Urheber von Werken der Literatur, Wissenschaft und Kunst genießen für ihre Werke Schutz nach Maßgabe dieses Gesetzes.

§ 2 Geschützte Werke

(1) Zu den geschützten Werken der Literatur, Wissenschaft und Kunst gehören insbesondere:
1. Sprachwerke, wie Schriftwerke, Reden und Computerprogramme;
2. Werke der Musik;
3. pantomimische Werke einschließlich der Werke der Tanzkunst;
4. Werke der bildenden Künste einschließlich der Werke der Baukunst und der angewandten Kunst und Entwürfe solcher Werke;
5. Lichtbildwerke einschließlich der Werke, die ähnlich wie Lichtbildwerke geschaffen werden;
6. Filmwerke einschließlich der Werke, die ähnlich wie Filmwerke geschaffen werden;
7. Darstellungen wissenschaftlicher oder technischer Art, wie Zeichnungen, Pläne, Karten, Skizzen, Tabellen und plastische Darstellungen.

(2) Werke im Sinne dieses Gesetzes sind nur persönliche geistige Schöpfungen.

§ 3 Bearbeitungen

Übersetzungen und andere Bearbeitungen eines Werkes, die persönliche geistige Schöpfungen des Bearbeiters sind, werden unbeschadet des Urheberrechts am bearbeiteten Werk wie selbständige Werke geschützt. Die nur unwesentliche Bearbeitung eines nicht geschützten Werkes der Musik wird nicht als selbständiges Werk geschützt.

§ 4 Sammelwerke und Datenbankwerke

(1) Sammlungen von Werken, Daten oder anderen unabhängigen Elementen, die aufgrund der Auswahl oder Anordnung der Elemente eine persönliche geistige Schöpfung sind (Sammelwerke), werden, unbeschadet eines an den einzelnen Elementen gegebenenfalls bestehenden Urheberrechts oder verwandten Schutzrechts, wie selbständige Werke geschützt.

(2) Datenbankwerk im Sinne dieses Gesetzes ist ein Sammelwerk, dessen Elemente systematisch oder methodisch angeordnet und einzeln mit Hilfe elektronischer Mittel oder auf andere Weise zugänglich sind. Ein zur Schaffung des Datenbankwerkes oder zur Ermöglichung des Zugangs zu dessen Elementen verwendetes Computerprogramm (§ 69a) ist nicht Bestandteil des Datenbankwerkes.

§ 7 Urheber

Urheber ist der Schöpfer des Werkes.

XXIV. Urheberrechtsgesetz (UrhG) (Auszug)

§ 8 Miturheber

(1) Haben mehrere ein Werk gemeinsam geschaffen, ohne daß sich ihre Anteile gesondert verwerten lassen, so sind sie Miturheber des Werkes.

(2) Das Recht zur Veröffentlichung und zur Verwertung des Werkes steht den Miturhebern zur gesamten Hand zu; Änderungen des Werkes sind nur mit Einwilligung der Miturheber zulässig. Ein Miturheber darf jedoch seine Einwilligung zur Veröffentlichung, Verwertung oder Änderung nicht wider Treu und Glauben verweigern. Jeder Miturheber ist berechtigt, Ansprüche aus Verletzungen des gemeinsamen Urheberrechts geltend zu machen; er kann jedoch nur Leistung an alle Miturheber verlangen.

(3) Die Erträgnisse aus der Nutzung des Werkes gebühren den Miturhebern nach dem Umfang ihrer Mitwirkung an der Schöpfung des Werkes, wenn nichts anderes zwischen den Miturhebern vereinbart ist.

(4) Ein Miturheber kann auf seinen Anteil an den Verwertungsrechten (§ 15) verzichten. Der Verzicht ist den anderen Miturhebern gegenüber zu erklären. Mit der Erklärung wächst der Anteil den anderen Miturhebern zu.

15 Allgemeines

(1) Der Urheber hat das ausschließliche Recht, sein Werk in körperlicher Form zu verwerten; das Recht umfaßt insbesondere
1. das Vervielfältigungsrecht (§ 16),
2. das Verbreitungsrecht (§ 17),
3. das Ausstellungsrecht (§ 18).

(2) Der Urheber hat ferner das ausschließliche Recht, sein Werk in unkörperlicher Form öffentlich wiederzugeben (Recht der öffentlichen Wiedergabe). Das Recht der öffentlichen Wiedergabe umfasst insbesondere
1. das Vortrags-, Aufführungs- und Vorführungsrecht (§ 19),
2. das Recht der öffentlichen Zugänglichmachung (§ 19a),
3. das Senderecht (§ 20),
4. das Recht der Wiedergabe durch Bild- oder Tonträger (§ 21),
5. das Recht der Wiedergabe von Funksendungen und von öffentlicher Zugänglichmachung (§ 22).

(3) Die Wiedergabe ist öffentlich, wenn sie für eine Mehrzahl von Mitgliedern der Öffentlichkeit bestimmt ist. Zur Öffentlichkeit gehört jeder, der nicht mit demjenigen, der das Werk verwertet, oder mit den anderen Personen, denen das Werk in unkörperlicher Form wahrnehmbar oder zugänglich gemacht wird, durch persönliche Beziehungen verbunden ist.

§ 23 Bearbeitungen und Umgestaltungen

(1) Bearbeitungen oder andere Umgestaltungen eines Werkes, insbesondere auch einer Melodie, dürfen nur mit Zustimmung des Urhebers veröffentlicht oder verwertet werden. Wahrt das neu geschaffene Werk einen hinreichenden Abstand zum benutzten Werk, so liegt keine Bearbeitung oder Umgestaltung im Sinne des Satzes 1 vor.

(2) Handelt es sich um
1. die Verfilmung eines Werkes,
2. die Ausführung von Plänen und Entwürfen eines Werkes der bildenden Künste,
3. den Nachbau eines Werkes der Baukunst oder
4. die Bearbeitung oder Umgestaltung eines Datenbankwerkes,

XXIV. Urheberrechtsgesetz (UrhG) (Auszug)

so bedarf bereits das Herstellen der Bearbeitung oder Umgestaltung der Zustimmung des Urhebers.

(3) Auf ausschließlich technisch bedingte Änderungen eines Werkes bei Nutzungen nach § 44b Absatz 2, § 60d Absatz 1, § 60e Absatz 1 sowie § 60f Absatz 2 sind die Absätze 1 und 2 nicht anzuwenden.

§ 29 Rechtsgeschäfte über das Urheberrecht

(1) Das Urheberrecht ist nicht übertragbar, es sei denn, es wird in Erfüllung einer Verfügung von Todes wegen oder an Miterben im Wege der Erbauseinandersetzung übertragen.

(2) Zulässig sind die Einräumung von Nutzungsrechten (§ 31), schuldrechtliche Einwilligungen und Vereinbarungen zu Verwertungsrechten sowie die in § 39 geregelten Rechtsgeschäfte über Urheberpersönlichkeitsrechte.

§ 30 Rechtsnachfolger des Urhebers

Der Rechtsnachfolger des Urhebers hat die dem Urheber nach diesem Gesetz zustehenden Rechte, soweit nichts anderes bestimmt ist.

Unterabschnitt 2 Nutzungsrechte

§ 31 Einräumung von Nutzungsrechten

(1) Der Urheber kann einem anderen das Recht einräumen, das Werk auf einzelne oder alle Nutzungsarten zu nutzen (Nutzungsrecht). Das Nutzungsrecht kann als einfaches oder ausschließliches Recht sowie räumlich, zeitlich oder inhaltlich beschränkt eingeräumt werden.

(2) Das einfache Nutzungsrecht berechtigt den Inhaber, das Werk auf die erlaubte Art zu nutzen, ohne dass eine Nutzung durch andere ausgeschlossen ist.

(3) Das ausschließliche Nutzungsrecht berechtigt den Inhaber, das Werk unter Ausschluss aller anderen Personen auf die ihm erlaubte Art zu nutzen und Nutzungsrechte einzuräumen. Es kann bestimmt werden, dass die Nutzung durch den Urheber vorbehalten bleibt. § 35 bleibt unberührt.

(4) (weggefallen)

(5) Sind bei der Einräumung eines Nutzungsrechts die Nutzungsarten nicht ausdrücklich einzeln bezeichnet, so bestimmt sich nach dem von beiden Partnern zugrunde gelegten Vertragszweck, auf welche Nutzungsarten es sich erstreckt. Entsprechendes gilt für die Frage, ob ein Nutzungsrecht eingeräumt wird, ob es sich um ein einfaches oder ausschließliches Nutzungsrecht handelt, wie weit Nutzungsrecht und Verbotsrecht reichen und welchen Einschränkungen das Nutzungsrecht unterliegt.

§ 31a Verträge über unbekannte Nutzungsarten

(1) Ein Vertrag, durch den der Urheber Rechte für unbekannte Nutzungsarten einräumt oder sich dazu verpflichtet, bedarf der Schriftform. Der Schriftform bedarf es nicht, wenn der Urheber unentgeltlich ein einfaches Nutzungsrecht für jedermann einräumt. Der Urheber kann diese Rechtseinräumung oder die Verpflichtung hierzu widerrufen. Das Widerrufsrecht erlischt nach Ablauf von drei Monaten, nachdem der andere die Mitteilung über die beabsichtigte Aufnahme der neuen Art der Werknutzung an den Urheber unter der ihm zuletzt bekannten Anschrift abgesendet hat.

XXIV. Urheberrechtsgesetz (UrhG) (Auszug)

(2) Das Widerrufsrecht entfällt, wenn sich die Parteien nach Bekanntwerden der neuen Nutzungsart auf eine Vergütung nach § 32c Abs. 1 geeinigt haben. Das Widerrufsrecht entfällt auch, wenn die Parteien die Vergütung nach einer gemeinsamen Vergütungsregel vereinbart haben. Es erlischt mit dem Tod des Urhebers.

(3) Sind mehrere Werke oder Werkbeiträge zu einer Gesamtheit zusammengefasst, die sich in der neuen Nutzungsart in angemessener Weise nur unter Verwendung sämtlicher Werke oder Werkbeiträge verwerten lässt, so kann der Urheber das Widerrufsrecht nicht wider Treu und Glauben ausüben.

(4) Auf die Rechte nach den Absätzen 1 bis 3 kann im Voraus nicht verzichtet werden.

§ 32 Angemessene Vergütung

(1) Der Urheber hat für die Einräumung von Nutzungsrechten und die Erlaubnis zur Werknutzung Anspruch auf die vertraglich vereinbarte Vergütung. Ist die Höhe der Vergütung nicht bestimmt, gilt die angemessene Vergütung als vereinbart. Soweit die vereinbarte Vergütung nicht angemessen ist, kann der Urheber von seinem Vertragspartner die Einwilligung in die Änderung des Vertrages verlangen, durch die dem Urheber die angemessene Vergütung gewährt wird.

(2) Eine nach einer gemeinsamen Vergütungsregel (§ 36) ermittelte Vergütung ist angemessen. Im Übrigen ist die Vergütung angemessen, wenn sie im Zeitpunkt des Vertragsschlusses dem entspricht, was im Geschäftsverkehr nach Art und Umfang der eingeräumten Nutzungsmöglichkeit, insbesondere nach Dauer, Häufigkeit, Ausmaß und Zeitpunkt der Nutzung, unter Berücksichtigung aller Umstände üblicher- und redlicherweise zu leisten ist. Eine pauschale Vergütung muss eine angemessene Beteiligung des Urhebers am voraussichtlichen Gesamtertrag der Nutzung gewährleisten und durch die Besonderheiten der Branche gerechtfertigt sein.

(2a) Eine gemeinsame Vergütungsregel kann zur Ermittlung der angemessenen Vergütung auch bei Verträgen herangezogen werden, die vor ihrem zeitlichen Anwendungsbereich abgeschlossen wurden.

(3) Auf eine Vereinbarung, die zum Nachteil des Urhebers von den Absätzen 1 bis 2a abweicht, kann der Vertragspartner sich nicht berufen. Die in Satz 1 bezeichneten Vorschriften finden auch Anwendung, wenn sie durch anderweitige Gestaltungen umgangen werden. Der Urheber kann aber unentgeltlich ein einfaches Nutzungsrecht für jedermann einräumen.

(4) Der Urheber hat keinen Anspruch nach Absatz 1 Satz 3, soweit die Vergütung für die Nutzung seiner Werke tarifvertraglich bestimmt ist.

§ 32a Weitere Beteiligung des Urhebers

(1) Hat der Urheber einem anderen ein Nutzungsrecht zu Bedingungen eingeräumt, die dazu führen, dass die vereinbarte Gegenleistung sich unter Berücksichtigung der gesamten Beziehungen des Urhebers zu dem anderen als unverhältnismäßig niedrig im Vergleich zu den Erträgen und Vorteilen aus der Nutzung des Werkes erweist, so ist der andere auf Verlangen des Urhebers verpflichtet, in eine Änderung des Vertrages einzuwilligen, durch die dem Urheber eine den Umständen nach weitere angemessene Beteiligung gewährt wird. Ob die Vertragspartner die Höhe der erzielten Erträge oder Vorteile vorhergesehen haben oder hätten vorhersehen können, ist unerheblich.

(2) Hat der andere das Nutzungsrecht übertragen oder weitere Nutzungsrechte eingeräumt und ergibt sich die unverhältnismäßig niedrige Vergütung des Urhebers aus den Erträgnissen oder Vorteilen eines Dritten, so haftet dieser dem Urheber unmittelbar nach

Maßgabe des Absatzes 1 unter Berücksichtigung der vertraglichen Beziehungen in der Lizenzkette. Die Haftung des anderen entfällt.

(3) Auf die Ansprüche nach den Absätzen 1 und 2 kann im Voraus nicht verzichtet werden. Die Anwartschaft hierauf unterliegt nicht der Zwangsvollstreckung; eine Verfügung über die Anwartschaft ist unwirksam. Der Urheber kann aber unentgeltlich ein einfaches Nutzungsrecht für jedermann einräumen.

(4) Der Urheber hat keinen Anspruch nach Absatz 1, soweit die Vergütung nach einer gemeinsamen Vergütungsregel (§ 36) oder tarifvertraglich bestimmt worden ist und ausdrücklich eine weitere angemessene Beteiligung für den Fall des Absatzes 1 vorsieht. § 32 Absatz 2a ist entsprechend anzuwenden.

§ 32b Zwingende Anwendung

Die §§ 32, 32a, 32d bis 32f und 38 Absatz 4 finden zwingend Anwendung
1. wenn auf den Nutzungsvertrag mangels einer Rechtswahl deutsches Recht anzuwenden wäre oder
2. soweit Gegenstand des Vertrages maßgebliche Nutzungshandlungen im räumlichen Geltungsbereich dieses Gesetzes sind.

§ 32c Vergütung für später bekannte Nutzungsarten

(1) Der Urheber hat Anspruch auf eine gesonderte angemessene Vergütung, wenn der Vertragspartner eine neue Art der Werknutzung nach § 31a aufnimmt, die im Zeitpunkt des Vertragsschlusses vereinbart, aber noch unbekannt war. § 32 Abs. 2 und 4 gilt entsprechend. Der Vertragspartner hat den Urheber über die Aufnahme der neuen Art der Werknutzung unverzüglich zu unterrichten.

(2) Hat der Vertragspartner das Nutzungsrecht einem Dritten übertragen, haftet der Dritte mit der Aufnahme der neuen Art der Werknutzung für die Vergütung nach Absatz 1. Die Haftung des Vertragspartners entfällt.

(3) Auf die Rechte nach den Absätzen 1 und 2 kann im Voraus nicht verzichtet werden. Der Urheber kann aber unentgeltlich ein einfaches Nutzungsrecht für jedermann einräumen.

§ 32d Auskunft und Rechenschaft des Vertragspartners

(1) Bei entgeltlicher Einräumung eines Nutzungsrechts erteilt der Vertragspartner dem Urheber mindestens einmal jährlich Auskunft über den Umfang der Werknutzung und die hieraus gezogenen Erträge und Vorteile. Die Auskunft erfolgt auf der Grundlage der Informationen, die im Rahmen eines ordnungsgemäßen Geschäftsbetriebes üblicherweise vorhanden sind. Die Auskunft ist erstmals ein Jahr nach Beginn der Werknutzung und nur für die Zeit der Werknutzung zu erteilen.

(1a) Nur auf Verlangen des Urhebers hat der Vertragspartner Auskunft über Namen und Anschriften seiner Unterlizenznehmer zu erteilen sowie Rechenschaft über die Auskunft nach Absatz 1 abzulegen.

(2) Die Absätze 1 und 1a sind nicht anzuwenden, soweit
    1. der Urheber einen lediglich nachrangigen Beitrag zu einem Werk, einem Produkt oder einer Dienstleistung erbracht hat, es sei denn, der Urheber legt aufgrund nachprüfbarer Tatsachen klare Anhaltspunkte dafür dar, dass er die Auskunft für eine Vertragsanpassung (§ 32a Absatz 1 und 2) benötigt; nachrangig ist ein Beitrag insbesondere dann, wenn er den Gesamteindruck eines Werkes oder die Beschaffenheit eines Produktes oder einer Dienstleistung wenig prägt, etwa weil er nicht

XXIV. Urheberrechtsgesetz (UrhG) (Auszug)

zum typischen Inhalt eines Werkes, eines Produktes oder einer Dienstleistung gehört, oder
2. die Inanspruchnahme des Vertragspartners aus anderen Gründen unverhältnismäßig ist, insbesondere wenn der Aufwand für die Auskunft außer Verhältnis zu den Einnahmen aus der Werknutzung stünde.

(3) Von den Absätzen 1 bis 2 kann nur durch eine Vereinbarung abgewichen werden, die auf einer gemeinsamen Vergütungsregel (§ 36) oder einem Tarifvertrag beruht. Im Fall des Satzes 1 wird vermutet, dass die kollektiven Vereinbarungen dem Urheber zumindest ein vergleichbares Maß an Transparenz wie die gesetzlichen Bestimmungen gewährleisten.

§ 34 Übertragung von Nutzungsrechten

(1) Ein Nutzungsrecht kann nur mit Zustimmung des Urhebers übertragen werden. Der Urheber darf die Zustimmung nicht wider Treu und Glauben verweigern.

(2) Werden mit dem Nutzungsrecht an einem Sammelwerk (§ 4) Nutzungsrechte an den in das Sammelwerk aufgenommenen einzelnen Werken übertragen, so genügt die Zustimmung des Urhebers des Sammelwerkes.

(3) Ein Nutzungsrecht kann ohne Zustimmung des Urhebers übertragen werden, wenn die Übertragung im Rahmen der Gesamtveräußerung eines Unternehmens oder der Veräußerung von Teilen eines Unternehmens geschieht. Der Urheber kann das Nutzungsrecht zurückrufen, wenn ihm die Ausübung des Nutzungsrechts durch den Erwerber nach Treu und Glauben nicht zuzumuten ist. Satz 2 findet auch dann Anwendung, wenn sich die Beteiligungsverhältnisse am Unternehmen des Inhabers des Nutzungsrechts wesentlich ändern.

(4) Der Erwerber des Nutzungsrechts haftet gesamtschuldnerisch für die Erfüllung der sich aus dem Vertrag mit dem Urheber ergebenden Verpflichtungen des Veräußerers, wenn der Urheber der Übertragung des Nutzungsrechts nicht im Einzelfall ausdrücklich zugestimmt hat.

(5) Der Urheber kann auf das Rückrufsrecht und die Haftung des Erwerbers im Voraus nicht verzichten. Im Übrigen können der Inhaber des Nutzungsrechts und der Urheber Abweichendes vereinbaren.

§ 44b Text und Data Mining

(1) Text und Data Mining ist die automatisierte Analyse von einzelnen oder mehreren digitalen oder digitalisierten Werken, um daraus Informationen insbesondere über Muster, Trends und Korrelationen zu gewinnen.

(2) Zulässig sind Vervielfältigungen von rechtmäßig zugänglichen Werken für das Text und Data Mining. Die Vervielfältigungen sind zu löschen, wenn sie für das Text und Data Mining nicht mehr erforderlich sind.

(3) Nutzungen nach Absatz 2 Satz 1 sind nur zulässig, wenn der Rechtsinhaber sich diese nicht vorbehalten hat. Ein Nutzungsvorbehalt bei online zugänglichen Werken ist nur dann wirksam, wenn er in maschinenlesbarer Form erfolgt.

§ 51 Zitate

Zulässig ist die Vervielfältigung, Verbreitung und öffentliche Wiedergabe eines veröffentlichten Werkes zum Zweck des Zitats, sofern die Nutzung in ihrem Umfang durch den besonderen Zweck gerechtfertigt ist. Zulässig ist dies insbesondere, wenn

XXIV. Urheberrechtsgesetz (UrhG) (Auszug)

1. einzelne Werke nach der Veröffentlichung in ein selbständiges wissenschaftliches Werk zur Erläuterung des Inhalts aufgenommen werden,
2. Stellen eines Werkes nach der Veröffentlichung in einem selbständigen Sprachwerk angeführt werden,
3. einzelne Stellen eines erschienenen Werkes der Musik in einem selbständigen Werk der Musik angeführt werden.

Von der Zitierbefugnis gemäß den Sätzen 1 und 2 umfasst ist die Nutzung einer Abbildung oder sonstigen Vervielfältigung des zitierten Werkes, auch wenn diese selbst durch ein Urheberrecht oder ein verwandtes Schutzrecht geschützt ist.

§ 51a Karikatur, Parodie und Pastiche

Zulässig ist die Vervielfältigung, die Verbreitung und die öffentliche Wiedergabe eines veröffentlichten Werkes zum Zweck der Karikatur, der Parodie und des Pastiches. Die Befugnis nach Satz 1 umfasst die Nutzung einer Abbildung oder sonstigen Vervielfältigung des genutzten Werkes, auch wenn diese selbst durch ein Urheberrecht oder ein verwandtes Schutzrecht geschützt ist.

§ 55a Benutzung eines Datenbankwerkes

Zulässig ist die Bearbeitung sowie die Vervielfältigung eines Datenbankwerkes durch den Eigentümer eines mit Zustimmung des Urhebers durch Veräußerung in Verkehr gebrachten Vervielfältigungsstücks des Datenbankwerkes, den in sonstiger Weise zu dessen Gebrauch Berechtigten oder denjenigen, dem ein Datenbankwerk aufgrund eines mit dem Urheber oder eines mit dessen Zustimmung mit einem Dritten geschlossenen Vertrags zugänglich gemacht wird, wenn und soweit die Bearbeitung oder Vervielfältigung für den Zugang zu den Elementen des Datenbankwerkes und für dessen übliche Benutzung erforderlich ist. Wird aufgrund eines Vertrags nach Satz 1 nur ein Teil des Datenbankwerkes zugänglich gemacht, so ist nur die Bearbeitung sowie die Vervielfältigung dieses Teils zulässig. Entgegenstehende vertragliche Vereinbarungen sind nichtig.

§ 60d Text und Data Mining für Zwecke der wissenschaftlichen Forschung

(1) Vervielfältigungen für Text und Data Mining (§ 44b Absatz 1 und 2 Satz 1) sind für Zwecke der wissenschaftlichen Forschung nach Maßgabe der nachfolgenden Bestimmungen zulässig.

(2) Zu Vervielfältigungen berechtigt sind Forschungsorganisationen. Forschungsorganisationen sind Hochschulen, Forschungsinstitute oder sonstige Einrichtungen, die wissenschaftliche Forschung betreiben, sofern sie
 1. nicht kommerzielle Zwecke verfolgen,
 2. sämtliche Gewinne in die wissenschaftliche Forschung reinvestieren oder
 3. im Rahmen eines staatlich anerkannten Auftrags im öffentlichen Interesse tätig sind.

Nicht nach Satz 1 berechtigt sind Forschungsorganisationen, die mit einem privaten Unternehmen zusammenarbeiten, das einen bestimmenden Einfluss auf die Forschungsorganisation und einen bevorzugten Zugang zu den Ergebnissen der wissenschaftlichen Forschung hat.

(3) Zu Vervielfältigungen berechtigt sind ferner
 1. Bibliotheken und Museen, sofern sie öffentlich zugänglich sind, sowie Archive und Einrichtungen im Bereich des Film- oder Tonerbes (Kulturerbe-Einrichtungen),
 2. einzelne Forscher, sofern sie nicht kommerzielle Zwecke verfolgen.

XXIV. Urheberrechtsgesetz (UrhG) (Auszug)

(4) Berechtigte nach den Absätzen 2 und 3, die nicht kommerzielle Zwecke verfolgen, dürfen Vervielfältigungen nach Absatz 1 folgenden Personen öffentlich zugänglich machen:
1. einem bestimmt abgegrenzten Kreis von Personen für deren gemeinsame wissenschaftliche Forschung sowie
2. einzelnen Dritten zur Überprüfung der Qualität wissenschaftlicher Forschung.

Sobald die gemeinsame wissenschaftliche Forschung oder die Überprüfung der Qualität wissenschaftlicher Forschung abgeschlossen ist, ist die öffentliche Zugänglichmachung zu beenden.

(5) Berechtigte nach den Absätzen 2 und 3 Nummer 1 dürfen Vervielfältigungen nach Absatz 1 mit angemessenen Sicherheitsvorkehrungen gegen unbefugte Benutzung aufbewahren, solange sie für Zwecke der wissenschaftlichen Forschung oder zur Überprüfung wissenschaftlicher Erkenntnisse erforderlich sind.

(6) Rechtsinhaber sind befugt, erforderliche Maßnahmen zu ergreifen, um zu verhindern, dass die Sicherheit und Integrität ihrer Netze und Datenbanken durch Vervielfältigungen nach Absatz 1 gefährdet werden.

§ 63 Quellenangabe

(1) Wenn ein Werk oder ein Teil eines Werkes in den Fällen des § 45 Abs. 1, der §§ 45a bis 48, 50, 51, 58, 59 sowie der §§ 60a bis 60c, 61, 61c, 61d und 61f vervielfältigt oder verbreitet wird, ist stets die Quelle deutlich anzugeben. Bei der Vervielfältigung oder Verbreitung ganzer Sprachwerke oder ganzer Werke der Musik ist neben dem Urheber auch der Verlag anzugeben, in dem das Werk erschienen ist, und außerdem kenntlich zu machen, ob an dem Werk Kürzungen oder andere Änderungen vorgenommen worden sind. Die Verpflichtung zur Quellenangabe entfällt, wenn die Quelle weder auf dem benutzten Werkstück oder bei der benutzten Werkwiedergabe genannt noch dem zur Vervielfältigung oder Verbreitung Befugten anderweit bekannt ist oder im Fall des § 60a oder des § 60b Prüfungszwecke einen Verzicht auf die Quellenangabe erfordern.

(2) Soweit nach den Bestimmungen dieses Abschnitts die öffentliche Wiedergabe eines Werkes zulässig ist, ist die Quelle deutlich anzugeben, wenn und soweit die Verkehrssitte es erfordert. In den Fällen der öffentlichen Wiedergabe nach den §§ 46, 48, 51, 60a bis 60d, 61, 61c, 61d und 61f sowie bei digitalen sonstigen Nutzungen gemäß § 60a ist die Quelle einschließlich des Namens des Urhebers stets anzugeben, es sei denn, dass dies nicht möglich ist.

(3) Wird ein Artikel aus einer Zeitung oder einem anderen Informationsblatt nach § 49 Abs. 1 in einer anderen Zeitung oder in einem anderen Informationsblatt abgedruckt oder durch Funk gesendet, so ist stets außer dem Urheber, der in der benutzten Quelle bezeichnet ist, auch die Zeitung oder das Informationsblatt anzugeben, woraus der Artikel entnommen ist; ist dort eine andere Zeitung oder ein anderes Informationsblatt als Quelle angeführt, so ist diese Zeitung oder dieses Informationsblatt anzugeben. Wird ein Rundfunkkommentar nach § 49 Abs. 1 in einer Zeitung oder einem anderen Informationsblatt abgedruckt oder durch Funk gesendet, so ist stets außer dem Urheber auch das Sendeunternehmen anzugeben, das den Kommentar gesendet hat.

§ 69a Gegenstand des Schutzes

(1) Computerprogramme im Sinne dieses Gesetzes sind Programme in jeder Gestalt, einschließlich des Entwurfsmaterials.

XXIV. Urheberrechtsgesetz (UrhG) (Auszug)

(2) Der gewährte Schutz gilt für alle Ausdrucksformen eines Computerprogramms. Ideen und Grundsätze, die einem Element eines Computerprogramms zugrunde liegen, einschließlich der den Schnittstellen zugrundeliegenden Ideen und Grundsätze, sind nicht geschützt.

(3) Computerprogramme werden geschützt, wenn sie individuelle Werke in dem Sinne darstellen, daß sie das Ergebnis der eigenen geistigen Schöpfung ihres Urhebers sind. Zur Bestimmung ihrer Schutzfähigkeit sind keine anderen Kriterien, insbesondere nicht qualitative oder ästhetische, anzuwenden.

(4) Auf Computerprogramme finden die für Sprachwerke geltenden Bestimmungen Anwendung, soweit in diesem Abschnitt nichts anderes bestimmt ist.

(5) Die §§ 32 bis 32g, 36 bis 36d, 40a und 41 sind auf Computerprogramme nicht anzuwenden.

§ 69b Urheber in Arbeits- und Dienstverhältnissen

(1) Wird ein Computerprogramm von einem Arbeitnehmer in Wahrnehmung seiner Aufgaben oder nach den Anweisungen seines Arbeitgebers geschaffen, so ist ausschließlich der Arbeitgeber zur Ausübung aller vermögensrechtlichen Befugnisse an dem Computerprogramm berechtigt, sofern nichts anderes vereinbart ist.

(2) Absatz 1 ist auf Dienstverhältnisse entsprechend anzuwenden.

§ 69c Zustimmungsbedürftige Handlungen

Der Rechtsinhaber hat das ausschließliche Recht, folgende Handlungen vorzunehmen oder zu gestatten:

1. die dauerhafte oder vorübergehende Vervielfältigung, ganz oder teilweise, eines Computerprogramms mit jedem Mittel und in jeder Form. Soweit das Laden, Anzeigen, Ablaufen, Übertragen oder Speichern des Computerprogramms eine Vervielfältigung erfordert, bedürfen diese Handlungen der Zustimmung des Rechtsinhabers;
2. die Übersetzung, die Bearbeitung, das Arrangement und andere Umarbeitungen eines Computerprogramms sowie die Vervielfältigung der erzielten Ergebnisse. Die Rechte derjenigen, die das Programm bearbeiten, bleiben unberührt;
3. jede Form der Verbreitung des Originals eines Computerprogramms oder von Vervielfältigungsstücken, einschließlich der Vermietung. Wird ein Vervielfältigungsstück eines Computerprogramms mit Zustimmung des Rechtsinhabers im Gebiet der Europäischen Union oder eines anderen Vertragsstaates des Abkommens über den Europäischen Wirtschaftsraum im Wege der Veräußerung in Verkehr gebracht, so erschöpft sich das Verbreitungsrecht in bezug auf dieses Vervielfältigungsstück mit Ausnahme des Vermietrechts;
4. die drahtgebundene oder drahtlose öffentliche Wiedergabe eines Computerprogramms einschließlich der öffentlichen Zugänglichmachung in der Weise, dass es Mitgliedern der Öffentlichkeit von Orten und zu Zeiten ihrer Wahl zugänglich ist.

§ 69d Ausnahmen von den zustimmungsbedürftigen Handlungen

(1) Soweit keine besonderen vertraglichen Bestimmungen vorliegen, bedürfen die in § 69c Nr. 1 und 2 genannten Handlungen nicht der Zustimmung des Rechtsinhabers, wenn sie für eine bestimmungsgemäße Benutzung des Computerprogramms einschließlich der Fehlerberichtigung durch jeden zur Verwendung eines Vervielfältigungsstücks des Programms Berechtigten notwendig sind.

XXIV. Urheberrechtsgesetz (UrhG) (Auszug)

(2) Die Erstellung einer Sicherungskopie durch eine Person, die zur Benutzung des Programms berechtigt ist, darf nicht vertraglich untersagt werden, wenn sie für die Sicherung künftiger Benutzung erforderlich ist. Für Vervielfältigungen zum Zweck der Erhaltung sind § 60e Absatz 1 und 6 sowie § 60f Absatz 1 und 3 anzuwenden.

(3) Der zur Verwendung eines Vervielfältigungsstücks eines Programms Berechtigte kann ohne Zustimmung des Rechtsinhabers das Funktionieren dieses Programms beobachten, untersuchen oder testen, um die einem Programmelement zugrundeliegenden Ideen und Grundsätze zu ermitteln, wenn dies durch Handlungen zum Laden, Anzeigen, Ablaufen, Übertragen oder Speichern des Programms geschieht, zu denen er berechtigt ist.

(4) Computerprogramme dürfen für das Text und Data Mining nach § 44b auch gemäß § 69c Nummer 2 genutzt werden.

(5) § 60a ist auf Computerprogramme mit folgenden Maßgaben anzuwenden:
1. Nutzungen sind digital unter Verantwortung einer Bildungseinrichtung in ihren Räumlichkeiten, an anderen Orten oder in einer gesicherten elektronischen Umgebung zulässig.
2. Die Computerprogramme dürfen auch gemäß § 69c Nummer 2 genutzt werden.
3. Die Computerprogramme dürfen vollständig genutzt werden.
4. Die Nutzung muss zum Zweck der Veranschaulichung von Unterricht und Lehre gerechtfertigt sein.

(6) § 60d ist auf Computerprogramme nicht anzuwenden.

(7) Die §§ 61d bis 61f sind auf Computerprogramme mit der Maßgabe anzuwenden, dass die Computerprogramme auch gemäß § 69c Nummer 2 genutzt werden dürfen.

§ 69e Dekompilierung

(1) Die Zustimmung des Rechtsinhabers ist nicht erforderlich, wenn die Vervielfältigung des Codes oder die Übersetzung der Codeform im Sinne des § 69c Nr. 1 und 2 unerläßlich ist, um die erforderlichen Informationen zur Herstellung der Interoperabilität eines unabhängig geschaffenen Computerprogramms mit anderen Programmen zu erhalten, sofern folgende Bedingungen erfüllt sind:
1. Die Handlungen werden von dem Lizenznehmer oder von einer anderen zur Verwendung eines Vervielfältigungsstücks des Programms berechtigten Person oder in deren Namen von einer hierzu ermächtigten Person vorgenommen;
2. die für die Herstellung der Interoperabilität notwendigen Informationen sind für die in Nummer 1 genannten Personen noch nicht ohne weiteres zugänglich gemacht;
3. die Handlungen beschränken sich auf die Teile des ursprünglichen Programms, die zur Herstellung der Interoperabilität notwendig sind.

(2) Bei Handlungen nach Absatz 1 gewonnene Informationen dürfen nicht
1. zu anderen Zwecken als zur Herstellung der Interoperabilität des unabhängig geschaffenen Programms verwendet werden,
2. an Dritte weitergegeben werden, es sei denn, daß dies für die Interoperabilität des unabhängig geschaffenen Programms notwendig ist,
3. für die Entwicklung, Herstellung oder Vermarktung eines Programms mit im wesentlichen ähnlicher Ausdrucksform oder für irgendwelche anderen das Urheberrecht verletzenden Handlungen verwendet werden.

(3) Die Absätze 1 und 2 sind so auszulegen, daß ihre Anwendung weder die normale Auswertung des Werkes beeinträchtigt noch die berechtigten Interessen des Rechtsinhabers unzumutbar verletzt.

XXIV. Urheberrechtsgesetz (UrhG) (Auszug)

§87a Begriffsbestimmungen

(1) Datenbank im Sinne dieses Gesetzes ist eine Sammlung von Werken, Daten oder anderen unabhängigen Elementen, die systematisch oder methodisch angeordnet und einzeln mit Hilfe elektronischer Mittel oder auf andere Weise zugänglich sind und deren Beschaffung, Überprüfung oder Darstellung eine nach Art oder Umfang wesentliche Investition erfordert. Eine in ihrem Inhalt nach Art oder Umfang wesentlich geänderte Datenbank gilt als neue Datenbank, sofern die Änderung eine nach Art oder Umfang wesentliche Investition erfordert.

(2) Datenbankhersteller im Sinne dieses Gesetzes ist derjenige, der die Investition im Sinne des Absatzes 1 vorgenommen hat.

§87b Rechte des Datenbankherstellers

(1) Der Datenbankhersteller hat das ausschließliche Recht, die Datenbank insgesamt oder einen nach Art oder Umfang wesentlichen Teil der Datenbank zu vervielfältigen, zu verbreiten und öffentlich wiederzugeben. Der Vervielfältigung, Verbreitung oder öffentlichen Wiedergabe eines nach Art oder Umfang wesentlichen Teils der Datenbank steht die wiederholte und systematische Vervielfältigung, Verbreitung oder öffentliche Wiedergabe von nach Art und Umfang unwesentlichen Teilen der Datenbank gleich, sofern diese Handlungen einer normalen Auswertung der Datenbank zuwiderlaufen oder die berechtigten Interessen des Datenbankherstellers unzumutbar beeinträchtigen.

(2) §10 Abs. 1, §17 Abs. 2 und §27 Abs. 2 und 3 gelten entsprechend.

§87c Schranken des Rechts des Datenbankherstellers

(1) Die Vervielfältigung eines nach Art oder Umfang wesentlichen Teils einer Datenbank ist zulässig
1. zum privaten Gebrauch; dies gilt nicht für eine Datenbank, deren Elemente einzeln mit Hilfe elektronischer Mittel zugänglich sind,
2. zu Zwecken der wissenschaftlichen Forschung gemäß §60c,
3. zu Zwecken der Veranschaulichung des Unterrichts und der Lehre gemäß den §§60a und 60b,
4. zu Zwecken des Text und Data Mining gemäß §44b,
5. zu Zwecken des Text und Data Mining für Zwecke der wissenschaftlichen Forschung gemäß §60d,
6. zu Zwecken der Erhaltung einer Datenbank gemäß §60e Absatz 1 und 6 und §60f Absatz 1 und 3.

(2) Die Vervielfältigung, Verbreitung und öffentliche Wiedergabe eines nach Art oder Umfang wesentlichen Teils einer Datenbank ist zulässig zur Verwendung in Verfahren vor einem Gericht, einem Schiedsgericht oder einer Behörde sowie für Zwecke der öffentlichen Sicherheit.

(3) Die §§45b bis 45d sowie 61d bis 61g gelten entsprechend.

(4) Die digitale Verbreitung und digitale öffentliche Wiedergabe eines nach Art oder Umfang wesentlichen Teils einer Datenbank ist zulässig für Zwecke der Veranschaulichung des Unterrichts und der Lehre gemäß §60a.

(5) Für die Quellenangabe ist §63 entsprechend anzuwenden.

(6) In den Fällen des Absatzes 1 Nummer 2, 3, 5 und 6 sowie des Absatzes 4 ist §60g Absatz 1 entsprechend anzuwenden.

XXIV. Urheberrechtsgesetz (UrhG) (Auszug)

§ 87d Dauer der Rechte

Die Rechte des Datenbankherstellers erlöschen fünfzehn Jahre nach der Veröffentlichung der Datenbank, jedoch bereits fünfzehn Jahre nach der Herstellung, wenn die Datenbank innerhalb dieser Frist nicht veröffentlicht worden ist. Die Frist ist nach § 69 zu berechnen.

§ 87e Verträge über die Benutzung einer Datenbank

Eine vertragliche Vereinbarung, durch die sich der Eigentümer eines mit Zustimmung des Datenbankherstellers durch Veräußerung in Verkehr gebrachten Vervielfältigungsstücks der Datenbank, der in sonstiger Weise zu dessen Gebrauch Berechtigte oder derjenige, dem eine Datenbank aufgrund eines mit dem Datenbankhersteller oder eines mit dessen Zustimmung mit einem Dritten geschlossenen Vertrags zugänglich gemacht wird, gegenüber dem Datenbankhersteller verpflichtet, die Vervielfältigung, Verbreitung oder öffentliche Wiedergabe von nach Art und Umfang unwesentlichen Teilen der Datenbank zu unterlassen, ist insoweit unwirksam, als diese Handlungen weder einer normalen Auswertung der Datenbank zuwiderlaufen noch die berechtigten Interessen des Datenbankherstellers unzumutbar beeinträchtigen.

§ 95a Schutz technischer Maßnahmen

(1) Wirksame technische Maßnahmen zum Schutz eines nach diesem Gesetz geschützten Werkes oder eines anderen nach diesem Gesetz geschützten Schutzgegenstandes dürfen ohne Zustimmung des Rechtsinhabers nicht umgangen werden, soweit dem Handelnden bekannt ist oder den Umständen nach bekannt sein muss, dass die Umgehung erfolgt, um den Zugang zu einem solchen Werk oder Schutzgegenstand oder deren Nutzung zu ermöglichen.

(2) Technische Maßnahmen im Sinne dieses Gesetzes sind Technologien, Vorrichtungen und Bestandteile, die im normalen Betrieb dazu bestimmt sind, geschützte Werke oder andere nach diesem Gesetz geschützte Schutzgegenstände betreffende Handlungen, die vom Rechtsinhaber nicht genehmigt sind, zu verhindern oder einzuschränken. Technische Maßnahmen sind wirksam, soweit durch sie die Nutzung eines geschützten Werkes oder eines anderen nach diesem Gesetz geschützten Schutzgegenstandes von dem Rechtsinhaber durch eine Zugangskontrolle, einen Schutzmechanismus wie Verschlüsselung, Verzerrung oder sonstige Umwandlung oder einen Mechanismus zur Kontrolle der Vervielfältigung, die die Erreichung des Schutzziels sicherstellen, unter Kontrolle gehalten wird.

(3) Verboten sind die Herstellung, die Einfuhr, die Verbreitung, der Verkauf, die Vermietung, die Werbung im Hinblick auf Verkauf oder Vermietung und der gewerblichen Zwecken dienende Besitz von Vorrichtungen, Erzeugnissen oder Bestandteilen sowie die Erbringung von Dienstleistungen, die
1. Gegenstand einer Verkaufsförderung, Werbung oder Vermarktung mit dem Ziel der Umgehung wirksamer technischer Maßnahmen sind oder
2. abgesehen von der Umgehung wirksamer technischer Maßnahmen nur einen begrenzten wirtschaftlichen Zweck oder Nutzen haben oder
3. hauptsächlich entworfen, hergestellt, angepasst oder erbracht werden, um die Umgehung wirksamer technischer Maßnahmen zu ermöglichen oder zu erleichtern.

(4) Von den Verboten der Absätze 1 und 3 unberührt bleiben Aufgaben und Befugnisse öffentlicher Stellen zum Zwecke des Schutzes der öffentlichen Sicherheit oder der Strafrechtspflege sowie die Befugnisse von Kulturerbe-Einrichtungen gemäß § 61d.

XXIV. Urheberrechtsgesetz (UrhG) (Auszug)

§ 95b Durchsetzung von Schrankenbestimmungen

(1) Soweit ein Rechtsinhaber technische Maßnahmen nach Maßgabe dieses Gesetzes anwendet, ist er verpflichtet, den durch eine der nachfolgend genannten Bestimmungen Begünstigten, soweit sie rechtmäßig Zugang zu dem Werk oder Schutzgegenstand haben, die notwendigen Mittel zur Verfügung zu stellen, um von diesen Bestimmungen in dem erforderlichen Maße Gebrauch machen zu können:
1. § 44b (Text und Data Mining),
1a. § 45 (Rechtspflege und öffentliche Sicherheit),
2. § 45a (Menschen mit Behinderungen),
3. § 45b (Menschen mit einer Seh- oder Lesebehinderung),
4. § 45c (Befugte Stellen; Vergütung; Verordnungsermächtigung),
5. § 47 (Schulfunksendungen),
6. § 53 (Vervielfältigungen zum privaten und sonstigen eigenen Gebrauch)
    a) Absatz 1, soweit es sich um Vervielfältigungen auf Papier oder einen ähnlichen Träger mittels beliebiger photomechanischer Verfahren oder anderer Verfahren mit ähnlicher Wirkung handelt,
    b) (weggefallen)
    c) Absatz 2 Satz 1 Nr. 2 in Verbindung mit Satz 2 Nr. 1,
    d) Absatz 2 Satz 1 Nr. 3 und 4 jeweils in Verbindung mit Satz 2 Nr. 1,
7. § 55 (Vervielfältigung durch Sendeunternehmen),
8. § 60a (Unterricht und Lehre),
9. § 60b (Unterrichts- und Lehrmedien),
10. § 60c (Wissenschaftliche Forschung),
11. § 60d (Text und Data Mining für Zwecke der wissenschaftlichen Forschung),
12. § 60e (Bibliotheken)
    a) Absatz 1,
    b) Absatz 2,
    c) Absatz 3,
    d) Absatz 5,
13. § 60f (Archive, Museen und Bildungseinrichtungen).

Vereinbarungen zum Ausschluss der Verpflichtungen nach Satz 1 sind unwirksam.

(2) Wer gegen das Gebot nach Absatz 1 verstößt, kann von dem Begünstigen einer der genannten Bestimmungen darauf in Anspruch genommen werden, die zur Verwirklichung der jeweiligen Befugnis benötigten Mittel zur Verfügung zu stellen. Entspricht das angebotene Mittel einer Vereinbarung zwischen Vereinigungen der Rechtsinhaber und der durch die Schrankenregelung Begünstigten, so wird vermutet, dass das Mittel ausreicht.

(3) Werden Werke und sonstige Schutzgegenstände auf Grund einer vertraglichen Vereinbarung nach § 19a öffentlich zugänglich gemacht, so gelten die Absätze 1 und 2 nur für gesetzlich erlaubte Nutzungen gemäß den nachfolgend genannten Vorschriften:
1. § 44b (Text und Data Mining),
2. § 45b (Menschen mit einer Seh- oder Lesebehinderung),
3. § 45c (Befugte Stellen; Vergütung; Verordnungsermächtigung),
4. § 60a (Unterricht und Lehre), soweit digitale Nutzungen unter Verantwortung einer Bildungseinrichtung in ihren Räumlichkeiten oder an anderen Orten oder in einer gesicherten elektronischen Umgebung erlaubt sind,
5. § 60d (Text und Data Mining für Zwecke der wissenschaftlichen Forschung), soweit Forschungsorganisationen sowie Kulturerbe-Einrichtungen Vervielfältigungen anfertigen dürfen,

XXIV. Urheberrechtsgesetz (UrhG) (Auszug)

6. § 60e (Bibliotheken), soweit Vervielfältigungen zum Zweck der Erhaltung erlaubt sind, sowie
7. § 60f (Archive, Museen und Bildungseinrichtungen), soweit Vervielfältigungen zum Zweck der Erhaltung erlaubt sind.

(4) Zur Erfüllung der Verpflichtungen aus Absatz 1 angewandte technische Maßnahmen, einschließlich der zur Umsetzung freiwilliger Vereinbarungen angewandten Maßnahmen, genießen Rechtsschutz nach § 95a.

§ 95c Schutz der zur Rechtewahrnehmung erforderlichen Informationen

(1) Von Rechtsinhabern stammende Informationen für die Rechtewahrnehmung dürfen nicht entfernt oder verändert werden, wenn irgendeine der betreffenden Informationen an einem Vervielfältigungsstück eines Werkes oder eines sonstigen Schutzgegenstandes angebracht ist oder im Zusammenhang mit der öffentlichen Wiedergabe eines solchen Werkes oder Schutzgegenstandes erscheint und wenn die Entfernung oder Veränderung wissentlich unbefugt erfolgt und dem Handelnden bekannt ist oder den Umständen nach bekannt sein muss, dass er dadurch die Verletzung von Urheberrechten oder verwandter Schutzrechte veranlasst, ermöglicht, erleichtert oder verschleiert.

(2) Informationen für die Rechtewahrnehmung im Sinne dieses Gesetzes sind elektronische Informationen, die Werke oder andere Schutzgegenstände, den Urheber oder jeden anderen Rechtsinhaber identifizieren, Informationen über die Modalitäten und Bedingungen für die Nutzung der Werke oder Schutzgegenstände sowie die Zahlen und Codes, durch die derartige Informationen ausgedrückt werden.

(3) Werke oder sonstige Schutzgegenstände, bei denen Informationen für die Rechtewahrnehmung unbefugt entfernt oder geändert wurden, dürfen nicht wissentlich unbefugt verbreitet, zur Verbreitung eingeführt, gesendet, öffentlich wiedergegeben oder öffentlich zugänglich gemacht werden, wenn dem Handelnden bekannt ist oder den Umständen nach bekannt sein muss, dass er dadurch die Verletzung von Urheberrechten oder verwandter Schutzrechte veranlasst, ermöglicht, erleichtert oder verschleiert.

§ 95d Kennzeichnungspflichten

(1) Werke und andere Schutzgegenstände, die mit technischen Maßnahmen geschützt werden, sind deutlich sichtbar mit Angaben über die Eigenschaften der technischen Maßnahmen zu kennzeichnen.

(2) Wer Werke und andere Schutzgegenstände mit technischen Maßnahmen schützt, hat diese zur Ermöglichung der Geltendmachung von Ansprüchen nach § 95b Abs. 2 mit seinem Namen oder seiner Firma und der zustellungsfähigen Anschrift zu kennzeichnen.

§ 96 Verwertungsverbot

(1) Rechtswidrig hergestellte Vervielfältigungsstücke dürfen weder verbreitet noch zu öffentlichen Wiedergaben benutzt werden.

(2) Rechtswidrig veranstaltete Funksendungen dürfen nicht auf Bild- oder Tonträger aufgenommen oder öffentlich wiedergegeben werden.

§ 97 Anspruch auf Unterlassung und Schadensersatz

(1) Wer das Urheberrecht oder ein anderes nach diesem Gesetz geschütztes Recht widerrechtlich verletzt, kann von dem Verletzten auf Beseitigung der Beeinträchtigung, bei

XXIV. Urheberrechtsgesetz (UrhG) (Auszug)

Wiederholungsgefahr auf Unterlassung in Anspruch genommen werden. Der Anspruch auf Unterlassung besteht auch dann, wenn eine Zuwiderhandlung erstmalig droht.

(2) Wer die Handlung vorsätzlich oder fahrlässig vornimmt, ist dem Verletzten zum Ersatz des daraus entstehenden Schadens verpflichtet. Bei der Bemessung des Schadensersatzes kann auch der Gewinn, den der Verletzer durch die Verletzung des Rechts erzielt hat, berücksichtigt werden. Der Schadensersatzanspruch kann auch auf der Grundlage des Betrages berechnet werden, den der Verletzer als angemessene Vergütung hätte entrichten müssen, wenn er die Erlaubnis zur Nutzung des verletzten Rechts eingeholt hätte. Urheber, Verfasser wissenschaftlicher Ausgaben (§ 70), Lichtbildner (§ 72) und ausübende Künstler (§ 73) können auch wegen des Schadens, der nicht Vermögensschaden ist, eine Entschädigung in Geld verlangen, wenn und soweit dies der Billigkeit entspricht.

§ 106 Unerlaubte Verwertung urheberrechtlich geschützter Werke

(1) Wer in anderen als den gesetzlich zugelassenen Fällen ohne Einwilligung des Berechtigten ein Werk oder eine Bearbeitung oder Umgestaltung eines Werkes vervielfältigt, verbreitet oder öffentlich wiedergibt, wird mit Freiheitsstrafe bis zu drei Jahren oder mit Geldstrafe bestraft.

(2) Der Versuch ist strafbar.

§ 107 Unzulässiges Anbringen der Urheberbezeichnung

(1) Wer
1. auf dem Original eines Werkes der bildenden Künste die Urheberbezeichnung (§ 10 Abs. 1) ohne Einwilligung des Urhebers anbringt oder ein derart bezeichnetes Original verbreitet,
2. auf einem Vervielfältigungsstück, einer Bearbeitung oder Umgestaltung eines Werkes der bildenden Künste die Urheberbezeichnung (§ 10 Abs. 1) auf eine Art anbringt, die dem Vervielfältigungsstück, der Bearbeitung oder Umgestaltung den Anschein eines Originals gibt, oder ein derart bezeichnetes Vervielfältigungsstück, eine solche Bearbeitung oder Umgestaltung verbreitet,

wird mit Freiheitsstrafe bis zu drei Jahren oder mit Geldstrafe bestraft, wenn die Tat nicht in anderen Vorschriften mit schwererer Strafe bedroht ist.

(2) Der Versuch ist strafbar.

§ 108 Unerlaubte Eingriffe in verwandte Schutzrechte

(1) Wer in anderen als den gesetzlich zugelassenen Fällen ohne Einwilligung des Berechtigten
1. eine wissenschaftliche Ausgabe (§ 70) oder eine Bearbeitung oder Umgestaltung einer solchen Ausgabe vervielfältigt, verbreitet oder öffentlich wiedergibt,
2. ein nachgelassenes Werk oder eine Bearbeitung oder Umgestaltung eines solchen Werkes entgegen § 71 verwertet,
3. ein Lichtbild (§ 72) oder eine Bearbeitung oder Umgestaltung eines Lichtbildes vervielfältigt, verbreitet oder öffentlich wiedergibt,
4. die Darbietung eines ausübenden Künstlers entgegen den § 77 Abs. 1 oder Abs. 2 Satz 1, § 78 Abs. 1 verwertet,
5. einen Tonträger entgegen § 85 verwertet,
6. eine Funksendung entgegen § 87 verwertet,

XXIV. Urheberrechtsgesetz (UrhG) (Auszug)

7. einen Bildträger oder Bild- und Tonträger entgegen §§ 94 oder 95 in Verbindung mit § 94 verwertet,
8. eine Datenbank entgegen § 87b Abs. 1 verwertet,

wird mit Freiheitsstrafe bis zu drei Jahren oder mit Geldstrafe bestraft.

(2) Der Versuch ist strafbar.

§ 108a Gewerbsmäßige unerlaubte Verwertung

(1) Handelt der Täter in den Fällen der §§ 106 bis 108 gewerbsmäßig, so ist die Strafe Freiheitsstrafe bis zu fünf Jahren oder Geldstrafe.

(2) Der Versuch ist strafbar.

XXV. Gesetz gegen den unlauteren Wettbewerb (UWG) (Auszug)

Ausfertigungsdatum: 03.07.2004

Vollzitat:

„Gesetz gegen den unlauteren Wettbewerb in der Fassung der Bekanntmachung vom 3. März 2010 (BGBl. I S. 254), das zuletzt durch Artikel 21 des Gesetzes vom 6. Mai 2024 (BGBl. 2024 I Nr. 149) geändert worden ist"

Stand: Neugefasst durch Bek. v. 3.3.2010 I 254; zuletzt geändert durch Art. 21 G v. 6.5.2024 I Nr. 149

§ 1 Zweck des Gesetzes; Anwendungsbereich

(1) Dieses Gesetz dient dem Schutz der Mitbewerber, der Verbraucher sowie der sonstigen Marktteilnehmer vor unlauteren geschäftlichen Handlungen. Es schützt zugleich das Interesse der Allgemeinheit an einem unverfälschten Wettbewerb.

(2) Vorschriften zur Regelung besonderer Aspekte unlauterer geschäftlicher Handlungen gehen bei der Beurteilung, ob eine unlautere geschäftliche Handlung vorliegt, den Regelungen dieses Gesetzes vor.

§ 2 Begriffsbestimmungen

(1) Im Sinne dieses Gesetzes ist
1. „geschäftliche Entscheidung" jede Entscheidung eines Verbrauchers oder sonstigen Marktteilnehmers darüber, ob, wie und unter welchen Bedingungen er ein Geschäft abschließen, eine Zahlung leisten, eine Ware oder Dienstleistung behalten oder abgeben oder ein vertragliches Recht im Zusammenhang mit einer Ware oder Dienstleistung ausüben will, unabhängig davon, ob der Verbraucher oder sonstige Marktteilnehmer sich entschließt, tätig zu werden;
2. „geschäftliche Handlung" jedes Verhalten einer Person zugunsten des eigenen oder eines fremden Unternehmens vor, bei oder nach einem Geschäftsabschluss, das mit der Förderung des Absatzes oder des Bezugs von Waren oder Dienstleistungen oder mit dem Abschluss oder der Durchführung eines Vertrags über Waren oder Dienstleistungen unmittelbar und objektiv zusammenhängt; als Waren gelten auch Grundstücke und digitale Inhalte, Dienstleistungen sind auch digitale Dienstleistungen, als Dienstleistungen gelten auch Rechte und Verpflichtungen;
3. „Marktteilnehmer" neben Mitbewerber und Verbraucher auch jede weitere Person, die als Anbieter oder Nachfrager von Waren oder Dienstleistungen tätig ist;
4. „Mitbewerber" jeder Unternehmer, der mit einem oder mehreren Unternehmern als Anbieter oder Nachfrager von Waren oder Dienstleistungen in einem konkreten Wettbewerbsverhältnis steht;
5. „Nachricht" jede Information, die zwischen einer endlichen Zahl von Beteiligten über einen öffentlich zugänglichen elektronischen Kommunikationsdienst ausgetauscht oder weitergeleitet wird; nicht umfasst sind Informationen, die als Teil eines Rundfunkdienstes über ein elektronisches Kommunikationsnetz an die Öffentlichkeit weitergeleitet werden, soweit diese Informationen nicht mit dem identifizierbaren Teilnehmer oder Nutzer, der sie erhält, in Verbindung gebracht werden können;

XXV. Gesetz gegen den unlauteren Wettbewerb (UWG) (Auszug)

6. „Online-Marktplatz" ein Dienst, der es Verbrauchern ermöglicht, durch die Verwendung von Software, die von einem Unternehmer oder in dessen Namen betrieben wird, einschließlich einer Website, eines Teils einer Website oder einer Anwendung, Fernabsatzverträge (§ 312c des Bürgerlichen Gesetzbuchs) mit anderen Unternehmern oder Verbrauchern abzuschließen;
7. „Ranking" die von einem Unternehmer veranlasste relative Hervorhebung von Waren oder Dienstleistungen, unabhängig von den hierfür verwendeten technischen Mitteln;
8. „Unternehmer" jede natürliche oder juristische Person, die geschäftliche Handlungen im Rahmen ihrer gewerblichen, handwerklichen oder beruflichen Tätigkeit vornimmt, und jede Person, die im Namen oder Auftrag einer solchen Person handelt;
9. „unternehmerische Sorgfalt" der Standard an Fachkenntnissen und Sorgfalt, von dem billigerweise angenommen werden kann, dass ein Unternehmer ihn in seinem Tätigkeitsbereich gegenüber Verbrauchern nach Treu und Glauben unter Berücksichtigung der anständigen Marktgepflogenheiten einhält;
10. „Verhaltenskodex" jede Vereinbarung oder Vorschrift über das Verhalten von Unternehmern, zu welchem diese sich in Bezug auf Wirtschaftszweige oder einzelne geschäftliche Handlungen verpflichtet haben, ohne dass sich solche Verpflichtungen aus Gesetzes- oder Verwaltungsvorschriften ergeben;
11. „wesentliche Beeinflussung des wirtschaftlichen Verhaltens des Verbrauchers" die Vornahme einer geschäftlichen Handlung, um die Fähigkeit des Verbrauchers, eine informierte Entscheidung zu treffen, spürbar zu beeinträchtigen und damit den Verbraucher zu einer geschäftlichen Entscheidung zu veranlassen, die er andernfalls nicht getroffen hätte.

(2) Für den Verbraucherbegriff ist § 13 des Bürgerlichen Gesetzbuchs entsprechend anwendbar.

§ 3 Verbot unlauterer geschäftlicher Handlungen

(1) Unlautere geschäftliche Handlungen sind unzulässig.

(2) Geschäftliche Handlungen, die sich an Verbraucher richten oder diese erreichen, sind unlauter, wenn sie nicht der unternehmerischen Sorgfalt entsprechen und dazu geeignet sind, das wirtschaftliche Verhalten des Verbrauchers wesentlich zu beeinflussen.

(3) Die im Anhang dieses Gesetzes aufgeführten geschäftlichen Handlungen gegenüber Verbrauchern sind stets unzulässig.

(4) Bei der Beurteilung von geschäftlichen Handlungen gegenüber Verbrauchern ist auf den durchschnittlichen Verbraucher oder, wenn sich die geschäftliche Handlung an eine bestimmte Gruppe von Verbrauchern wendet, auf ein durchschnittliches Mitglied dieser Gruppe abzustellen. Geschäftliche Handlungen, die für den Unternehmer vorhersehbar das wirtschaftliche Verhalten nur einer eindeutig identifizierbaren Gruppe von Verbrauchern wesentlich beeinflussen, die auf Grund von geistigen oder körperlichen Beeinträchtigungen, Alter oder Leichtgläubigkeit im Hinblick auf diese geschäftlichen Handlungen oder die diesen zugrunde liegenden Waren oder Dienstleistungen besonders schutzbedürftig sind, sind aus der Sicht eines durchschnittlichen Mitglieds dieser Gruppe zu beurteilen.

XXV. Gesetz gegen den unlauteren Wettbewerb (UWG) (Auszug)

§ 3a Rechtsbruch

Unlauter handelt, wer einer gesetzlichen Vorschrift zuwiderhandelt, die auch dazu bestimmt ist, im Interesse der Marktteilnehmer das Marktverhalten zu regeln, und der Verstoß geeignet ist, die Interessen von Verbrauchern, sonstigen Marktteilnehmern oder Mitbewerbern spürbar zu beeinträchtigen.

§ 4 Mitbewerberschutz

Unlauter handelt, wer
1. die Kennzeichen, Waren, Dienstleistungen, Tätigkeiten oder persönlichen oder geschäftlichen Verhältnisse eines Mitbewerbers herabsetzt oder verunglimpft;
2. über die Waren, Dienstleistungen oder das Unternehmen eines Mitbewerbers oder über den Unternehmer oder ein Mitglied der Unternehmensleitung Tatsachen behauptet oder verbreitet, die geeignet sind, den Betrieb des Unternehmens oder den Kredit des Unternehmers zu schädigen, sofern die Tatsachen nicht erweislich wahr sind; handelt es sich um vertrauliche Mitteilungen und hat der Mitteilende oder der Empfänger der Mitteilung an ihr ein berechtigtes Interesse, so ist die Handlung nur dann unlauter, wenn die Tatsachen der Wahrheit zuwider behauptet oder verbreitet wurden;
3. Waren oder Dienstleistungen anbietet, die eine Nachahmung der Waren oder Dienstleistungen eines Mitbewerbers sind, wenn er
   a) eine vermeidbare Täuschung der Abnehmer über die betriebliche Herkunft herbeiführt,
   b) die Wertschätzung der nachgeahmten Ware oder Dienstleistung unangemessen ausnutzt oder beeinträchtigt oder
   c) die für die Nachahmung erforderlichen Kenntnisse oder Unterlagen unredlich erlangt hat;
4. Mitbewerber gezielt behindert.

§ 4a Aggressive geschäftliche Handlungen

(1) Unlauter handelt, wer eine aggressive geschäftliche Handlung vornimmt, die geeignet ist, den Verbraucher oder sonstigen Marktteilnehmer zu einer geschäftlichen Entscheidung zu veranlassen, die dieser andernfalls nicht getroffen hätte. Eine geschäftliche Handlung ist aggressiv, wenn sie im konkreten Fall unter Berücksichtigung aller Umstände geeignet ist, die Entscheidungsfreiheit des Verbrauchers oder sonstigen Marktteilnehmers erheblich zu beeinträchtigen durch
1. Belästigung,
2. Nötigung einschließlich der Anwendung körperlicher Gewalt oder
3. unzulässige Beeinflussung.

Eine unzulässige Beeinflussung liegt vor, wenn der Unternehmer eine Machtposition gegenüber dem Verbraucher oder sonstigen Marktteilnehmer zur Ausübung von Druck, auch ohne Anwendung oder Androhung von körperlicher Gewalt, in einer Weise ausnutzt, die die Fähigkeit des Verbrauchers oder sonstigen Marktteilnehmers zu einer informierten Entscheidung wesentlich einschränkt.

(2) Bei der Feststellung, ob eine geschäftliche Handlung aggressiv im Sinne des Absatzes 1 Satz 2 ist, ist abzustellen auf
1. Zeitpunkt, Ort, Art oder Dauer der Handlung;
2. die Verwendung drohender oder beleidigender Formulierungen oder Verhaltensweisen;

XXV. Gesetz gegen den unlauteren Wettbewerb (UWG) (Auszug)

3. die bewusste Ausnutzung von konkreten Unglückssituationen oder Umständen von solcher Schwere, dass sie das Urteilsvermögen des Verbrauchers oder sonstigen Marktteilnehmers beeinträchtigen, um dessen Entscheidung zu beeinflussen;
4. belastende oder unverhältnismäßige Hindernisse nichtvertraglicher Art, mit denen der Unternehmer den Verbraucher oder sonstigen Marktteilnehmer an der Ausübung seiner vertraglichen Rechte zu hindern versucht, wozu auch das Recht gehört, den Vertrag zu kündigen oder zu einer anderen Ware oder Dienstleistung oder einem anderen Unternehmer zu wechseln;
5. Drohungen mit rechtlich unzulässigen Handlungen.

Zu den Umständen, die nach Nummer 3 zu berücksichtigen sind, zählen insbesondere geistige und körperliche Beeinträchtigungen, das Alter, die geschäftliche Unerfahrenheit, die Leichtgläubigkeit, die Angst und die Zwangslage von Verbrauchern.

§ 5 Irreführende geschäftliche Handlungen

(1) Unlauter handelt, wer eine irreführende geschäftliche Handlung vornimmt, die geeignet ist, den Verbraucher oder sonstigen Marktteilnehmer zu einer geschäftlichen Entscheidung zu veranlassen, die er andernfalls nicht getroffen hätte.

(2) Eine geschäftliche Handlung ist irreführend, wenn sie unwahre Angaben enthält oder sonstige zur Täuschung geeignete Angaben über folgende Umstände enthält:
1. die wesentlichen Merkmale der Ware oder Dienstleistung wie Verfügbarkeit, Art, Ausführung, Vorteile, Risiken, Zusammensetzung, Zubehör, Verfahren oder Zeitpunkt der Herstellung, Lieferung oder Erbringung, Zwecktauglichkeit, Verwendungsmöglichkeit, Menge, Beschaffenheit, Kundendienst und Beschwerdeverfahren, geographische oder betriebliche Herkunft, von der Verwendung zu erwartende Ergebnisse oder die Ergebnisse oder wesentlichen Bestandteile von Tests der Waren oder Dienstleistungen;
2. den Anlass des Verkaufs wie das Vorhandensein eines besonderen Preisvorteils, den Preis oder die Art und Weise, in der er berechnet wird, oder die Bedingungen, unter denen die Ware geliefert oder die Dienstleistung erbracht wird;
3. die Person, Eigenschaften oder Rechte des Unternehmers wie Identität, Vermögen einschließlich der Rechte des geistigen Eigentums, den Umfang von Verpflichtungen, Befähigung, Status, Zulassung, Mitgliedschaften oder Beziehungen, Auszeichnungen oder Ehrungen, Beweggründe für die geschäftliche Handlung oder die Art des Vertriebs;
4. Aussagen oder Symbole, die im Zusammenhang mit direktem oder indirektem Sponsoring stehen oder sich auf eine Zulassung des Unternehmers oder der Waren oder Dienstleistungen beziehen;
5. die Notwendigkeit einer Leistung, eines Ersatzteils, eines Austauschs oder einer Reparatur;
6. die Einhaltung eines Verhaltenskodexes, auf den sich der Unternehmer verbindlich verpflichtet hat, wenn er auf diese Bindung hinweist, oder
7. Rechte des Verbrauchers, insbesondere solche auf Grund von Garantieversprechen oder Gewährleistungsrechte bei Leistungsstörungen.

(3) Eine geschäftliche Handlung ist auch irreführend, wenn
1. sie im Zusammenhang mit der Vermarktung von Waren oder Dienstleistungen einschließlich vergleichender Werbung eine Verwechslungsgefahr mit einer anderen Ware oder Dienstleistung oder mit der Marke oder einem anderen Kennzeichen eines Mitbewerbers hervorruft oder

XXV. Gesetz gegen den unlauteren Wettbewerb (UWG) (Auszug)

2. mit ihr eine Ware in einem Mitgliedstaat der Europäischen Union als identisch mit einer in anderen Mitgliedstaaten der Europäischen Union auf dem Markt bereitgestellten Ware vermarktet wird, obwohl sich diese Waren in ihrer Zusammensetzung oder in ihren Merkmalen wesentlich voneinander unterscheiden, sofern dies nicht durch legitime und objektive Faktoren gerechtfertigt ist.

(4) Angaben im Sinne von Absatz 2 sind auch Angaben im Rahmen vergleichender Werbung sowie bildliche Darstellungen und sonstige Veranstaltungen, die darauf zielen und geeignet sind, solche Angaben zu ersetzen.

(5) Es wird vermutet, dass es irreführend ist, mit der Herabsetzung eines Preises zu werben, sofern der Preis nur für eine unangemessen kurze Zeit gefordert worden ist. Ist streitig, ob und in welchem Zeitraum der Preis gefordert worden ist, so trifft die Beweislast denjenigen, der mit der Preisherabsetzung geworben hat.

§ 5a Irreführung durch Unterlassen

(1) Unlauter handelt auch, wer einen Verbraucher oder sonstigen Marktteilnehmer irreführt, indem er ihm eine wesentliche Information vorenthält,
1. die der Verbraucher oder der sonstige Marktteilnehmer nach den jeweiligen Umständen benötigt, um eine informierte geschäftliche Entscheidung zu treffen, und
2. deren Vorenthalten dazu geeignet ist, den Verbraucher oder den sonstigen Marktteilnehmer zu einer geschäftlichen Entscheidung zu veranlassen, die er andernfalls nicht getroffen hätte.

(2) Als Vorenthalten gilt auch
1. das Verheimlichen wesentlicher Informationen,
2. die Bereitstellung wesentlicher Informationen in unklarer, unverständlicher oder zweideutiger Weise sowie
3. die nicht rechtzeitige Bereitstellung wesentlicher Informationen.

(3) Bei der Beurteilung, ob wesentliche Informationen vorenthalten wurden, sind zu berücksichtigen:
1. räumliche oder zeitliche Beschränkungen durch das für die geschäftliche Handlung gewählte Kommunikationsmittel sowie
2. alle Maßnahmen des Unternehmers, um dem Verbraucher oder sonstigen Marktteilnehmer die Informationen auf andere Weise als durch das für die geschäftliche Handlung gewählte Kommunikationsmittel zur Verfügung zu stellen.

(4) Unlauter handelt auch, wer den kommerziellen Zweck einer geschäftlichen Handlung nicht kenntlich macht, sofern sich dieser nicht unmittelbar aus den Umständen ergibt, und das Nichtkenntlichmachen geeignet ist, den Verbraucher oder sonstigen Marktteilnehmer zu einer geschäftlichen Entscheidung zu veranlassen, die er andernfalls nicht getroffen hätte. Ein kommerzieller Zweck liegt bei einer Handlung zugunsten eines fremden Unternehmens nicht vor, wenn der Handelnde kein Entgelt oder keine ähnliche Gegenleistung für die Handlung von dem fremden Unternehmen erhält oder sich versprechen lässt. Der Erhalt oder das Versprechen einer Gegenleistung wird vermutet, es sei denn der Handelnde macht glaubhaft, dass er eine solche nicht erhalten hat.

§ 5b Wesentliche Informationen

(1) Werden Waren oder Dienstleistungen unter Hinweis auf deren Merkmale und Preis in einer dem verwendeten Kommunikationsmittel angemessenen Weise so angeboten, dass ein durchschnittlicher Verbraucher das Geschäft abschließen kann, so gelten die

XXV. Gesetz gegen den unlauteren Wettbewerb (UWG) (Auszug)

folgenden Informationen als wesentlich im Sinne des § 5a Absatz 1, sofern sie sich nicht unmittelbar aus den Umständen ergeben:
1. alle wesentlichen Merkmale der Ware oder Dienstleistung in dem der Ware oder Dienstleistung und dem verwendeten Kommunikationsmittel angemessenen Umfang,
2. die Identität und Anschrift des Unternehmers, gegebenenfalls die Identität und Anschrift desjenigen Unternehmers, für den er handelt,
3. der Gesamtpreis oder in Fällen, in denen ein solcher Preis auf Grund der Beschaffenheit der Ware oder Dienstleistung nicht im Voraus berechnet werden kann, die Art der Preisberechnung sowie gegebenenfalls alle zusätzlichen Fracht-, Liefer- und Zustellkosten oder in Fällen, in denen diese Kosten nicht im Voraus berechnet werden können, die Tatsache, dass solche zusätzlichen Kosten anfallen können,
4. Zahlungs-, Liefer- und Leistungsbedingungen, soweit diese von den Erfordernissen unternehmerischer Sorgfalt abweichen,
5. das Bestehen des Rechts auf Rücktritt oder Widerruf und
6. bei Waren oder Dienstleistungen, die über einen Online-Marktplatz angeboten werden, die Information, ob es sich bei dem Anbieter der Waren oder Dienstleistungen nach dessen eigener Erklärung gegenüber dem Betreiber des Online-Marktplatzes um einen Unternehmer handelt.

(2) Bietet ein Unternehmer Verbrauchern die Möglichkeit, nach Waren oder Dienstleistungen zu suchen, die von verschiedenen Unternehmern oder von Verbrauchern angeboten werden, so gelten unabhängig davon, wo das Rechtsgeschäft abgeschlossen werden kann, folgende allgemeine Informationen als wesentlich:
1. die Hauptparameter zur Festlegung des Rankings der dem Verbraucher als Ergebnis seiner Suchanfrage präsentierten Waren oder Dienstleistungen sowie
2. die relative Gewichtung der Hauptparameter zur Festlegung des Rankings im Vergleich zu anderen Parametern.

Die Informationen nach Satz 1 müssen von der Anzeige der Suchergebnisse aus unmittelbar und leicht zugänglich sein. Die Sätze 1 und 2 gelten nicht für Betreiber von Online-Suchmaschinen im Sinne des Artikels 2 Nummer 6 der Verordnung (EU) 2019/1150 des Europäischen Parlaments und des Rates vom 20. Juni 2019 zur Förderung von Fairness und Transparenz für gewerbliche Nutzer von Online-Vermittlungsdiensten (ABl. L 186 vom 11.7.2019, S. 57).

(3) Macht ein Unternehmer Bewertungen zugänglich, die Verbraucher im Hinblick auf Waren oder Dienstleistungen vorgenommen haben, so gelten als wesentlich Informationen darüber, ob und wie der Unternehmer sicherstellt, dass die veröffentlichten Bewertungen von solchen Verbrauchern stammen, die die Waren oder Dienstleistungen tatsächlich genutzt oder erworben haben.

(4) Als wesentlich im Sinne des § 5a Absatz 1 gelten auch solche Informationen, die dem Verbraucher auf Grund unionsrechtlicher Verordnungen oder nach Rechtsvorschriften zur Umsetzung unionsrechtlicher Richtlinien für kommerzielle Kommunikation einschließlich Werbung und Marketing nicht vorenthalten werden dürfen.

§ 5c Verbotene Verletzung von Verbraucherinteressen durch unlautere geschäftliche Handlungen

(1) Die Verletzung von Verbraucherinteressen durch unlautere geschäftliche Handlungen ist verboten, wenn es sich um einen weitverbreiteten Verstoß gemäß Artikel 3 Nummer 3 der Verordnung (EU) 2017/2394 des Europäischen Parlaments und des Rates

XXV. Gesetz gegen den unlauteren Wettbewerb (UWG) (Auszug)

vom 12. Dezember 2017 über die Zusammenarbeit zwischen den für die Durchsetzung der Verbraucherschutzgesetze zuständigen nationalen Behörden und zur Aufhebung der Verordnung (EG) Nr. 2006/2004 (ABl. L 345 vom 27.12.2017, S. 1), die zuletzt durch die Richtlinie (EU) 2019/771 (ABl. L 136 vom 22.5.2019, S. 28; L 305 vom 26.11.2019, S. 66) geändert worden ist, oder einen weitverbreiteten Verstoß mit Unionsdimension gemäß Artikel 3 Nummer 4 der Verordnung (EU) 2017/2394 handelt.

(2) Eine Verletzung von Verbraucherinteressen durch unlautere geschäftliche Handlungen im Sinne des Absatzes 1 liegt vor, wenn
1. eine unlautere geschäftliche Handlung nach §3 Absatz 3 in Verbindung mit den Nummern 1 bis 31 des Anhangs vorgenommen wird,
2. eine aggressive geschäftliche Handlung nach §4a Absatz 1 Satz 1 vorgenommen wird,
3. eine irreführende geschäftliche Handlung nach §5 Absatz 1 oder §5a Absatz 1 vorgenommen wird oder
4. eine unlautere geschäftliche Handlung nach §3 Absatz 1 fortgesetzt vorgenommen wird, die durch eine vollziehbare Anordnung der zuständigen Behörde im Sinne des Artikels 3 Nummer 6 der Verordnung (EU) 2017/2394 oder durch eine vollstreckbare Entscheidung eines Gerichts untersagt worden ist, sofern die Handlung nicht bereits von den Nummern 1 bis 3 erfasst ist.

(3) Eine Verletzung von Verbraucherinteressen durch unlautere geschäftliche Handlungen im Sinne des Absatzes 1 liegt auch vor, wenn
1. eine geschäftliche Handlung die tatsächlichen Voraussetzungen eines der in Absatz 2 geregelten Fälle erfüllt und
2. auf die geschäftliche Handlung das nationale Recht eines anderen Mitgliedstaates der Europäischen Union anwendbar ist, welches eine Vorschrift enthält, die der jeweiligen in Absatz 2 genannten Vorschrift entspricht.

§6 Vergleichende Werbung

(1) Vergleichende Werbung ist jede Werbung, die unmittelbar oder mittelbar einen Mitbewerber oder die von einem Mitbewerber angebotenen Waren oder Dienstleistungen erkennbar macht.

(2) Unlauter handelt, wer vergleichend wirbt, wenn der Vergleich
1. sich nicht auf Waren oder Dienstleistungen für den gleichen Bedarf oder dieselbe Zweckbestimmung bezieht,
2. nicht objektiv auf eine oder mehrere wesentliche, relevante, nachprüfbare und typische Eigenschaften oder den Preis dieser Waren oder Dienstleistungen bezogen ist,
3. im geschäftlichen Verkehr zu einer Gefahr von Verwechslungen zwischen dem Werbenden und einem Mitbewerber oder zwischen den von diesen angebotenen Waren oder Dienstleistungen oder den von ihnen verwendeten Kennzeichen führt,
4. den Ruf des von einem Mitbewerber verwendeten Kennzeichens in unlauterer Weise ausnutzt oder beeinträchtigt,
5. die Waren, Dienstleistungen, Tätigkeiten oder persönlichen oder geschäftlichen Verhältnisse eines Mitbewerbers herabsetzt oder verunglimpft oder
6. eine Ware oder Dienstleistung als Imitation oder Nachahmung einer unter einem geschützten Kennzeichen vertriebenen Ware oder Dienstleistung darstellt.

XXV. Gesetz gegen den unlauteren Wettbewerb (UWG) (Auszug)

§ 7 Unzumutbare Belästigungen

(1) Eine geschäftliche Handlung, durch die ein Marktteilnehmer in unzumutbarer Weise belästigt wird, ist unzulässig. Dies gilt insbesondere für Werbung, obwohl erkennbar ist, dass der angesprochene Marktteilnehmer diese Werbung nicht wünscht.

(2) Eine unzumutbare Belästigung ist stets anzunehmen
1. bei Werbung mit einem Telefonanruf gegenüber einem Verbraucher ohne dessen vorherige ausdrückliche Einwilligung oder gegenüber einem sonstigen Marktteilnehmer ohne dessen zumindest mutmaßliche Einwilligung,
2. bei Werbung unter Verwendung einer automatischen Anrufmaschine, eines Faxgerätes oder elektronischer Post, ohne dass eine vorherige ausdrückliche Einwilligung des Adressaten vorliegt, oder
3. bei Werbung mit einer Nachricht,
    a) bei der die Identität des Absenders, in dessen Auftrag die Nachricht übermittelt wird, verschleiert oder verheimlicht wird oder
    b) bei der gegen § 6 Absatz 1 des Digitale-Dienste-Gesetzes verstoßen wird oder in der der Empfänger aufgefordert wird, eine Website aufzurufen, die gegen diese Vorschrift verstößt, oder
    c) bei der keine gültige Adresse vorhanden ist, an die der Empfänger eine Aufforderung zur Einstellung solcher Nachrichten richten kann, ohne dass hierfür andere als die Übermittlungskosten nach den Basistarifen entstehen.

(3) Abweichend von Absatz 2 Nummer 2 ist eine unzumutbare Belästigung bei einer Werbung unter Verwendung elektronischer Post nicht anzunehmen, wenn
1. ein Unternehmer im Zusammenhang mit dem Verkauf einer Ware oder Dienstleistung von dem Kunden dessen elektronische Postadresse erhalten hat,
2. der Unternehmer die Adresse zur Direktwerbung für eigene ähnliche Waren oder Dienstleistungen verwendet,
3. der Kunde der Verwendung nicht widersprochen hat und
4. der Kunde bei Erhebung der Adresse und bei jeder Verwendung klar und deutlich darauf hingewiesen wird, dass er der Verwendung jederzeit widersprechen kann, ohne dass hierfür andere als die Übermittlungskosten nach den Basistarifen entstehen.

Anhang (zu § 3 Absatz 3)

(Fundstelle: BGBl. I 2021, 3508 – 3510)

Folgende geschäftliche Handlungen sind gegenüber Verbrauchern stets unzulässig:

Irreführende geschäftliche Handlungen
1. unwahre Angabe über die Unterzeichnung eines Verhaltenskodexes
   die unwahre Angabe eines Unternehmers, zu den Unterzeichnern eines Verhaltenskodexes zu gehören;
2. unerlaubte Verwendung von Gütezeichen und Ähnlichem
   die Verwendung von Gütezeichen, Qualitätskennzeichen oder Ähnlichem ohne die erforderliche Genehmigung;
3. unwahre Angabe über die Billigung eines Verhaltenskodexes
   die unwahre Angabe, ein Verhaltenskodex sei von einer öffentlichen oder anderen Stelle gebilligt;

XXV. Gesetz gegen den unlauteren Wettbewerb (UWG) (Auszug)

4. unwahre Angabe über Anerkennungen durch Dritte
die unwahre Angabe, ein Unternehmer, eine von ihm vorgenommene geschäftliche Handlung oder eine Ware oder Dienstleistung sei von einer öffentlichen oder privaten Stelle bestätigt, gebilligt oder genehmigt worden, oder
b) den Bedingungen für die Bestätigung, Billigung oder Genehmigung werde entsprochen;
5. Lockangebote ohne Hinweis auf Unangemessenheit der Bevorratungsmenge
Waren- oder Dienstleistungsangebote im Sinne des § 5b Absatz 1 zu einem bestimmten Preis, wenn der Unternehmer nicht darüber aufklärt, dass er hinreichende Gründe für die Annahme hat, er werde nicht in der Lage sein, diese oder gleichartige Waren oder Dienstleistungen für einen angemessenen Zeitraum in angemessener Menge zum genannten Preis bereitzustellen oder bereitstellen zu lassen; ist die Bevorratung kürzer als zwei Tage, obliegt es dem Unternehmer, die Angemessenheit nachzuweisen;
6. Lockangebote zum Absatz anderer Waren oder Dienstleistungen
Waren- oder Dienstleistungsangebote im Sinne des § 5b Absatz 1 zu einem bestimmten Preis, wenn der Unternehmer sodann in der Absicht, stattdessen eine andere Ware oder Dienstleistung abzusetzen,
a) eine fehlerhafte Ausführung der Ware oder Dienstleistung vorführt,
b) sich weigert zu zeigen, was er beworben hat, oder
c) sich weigert, Bestellungen dafür anzunehmen oder die beworbene Leistung innerhalb einer vertretbaren Zeit zu erbringen;
7. unwahre Angabe über zeitliche Begrenzung des Angebots
die unwahre Angabe, bestimmte Waren oder Dienstleistungen seien allgemein oder zu bestimmten Bedingungen nur für einen sehr begrenzten Zeitraum verfügbar, um den Verbraucher zu einer sofortigen geschäftlichen Entscheidung zu veranlassen, ohne dass dieser Zeit und Gelegenheit hat, sich auf Grund von Informationen zu entscheiden;
8. Sprachenwechsel für Kundendienstleistungen bei einer in einer Fremdsprache geführten Vertragsverhandlung
Kundendienstleistungen in einer anderen Sprache als derjenigen, in der die Verhandlungen vor dem Abschluss des Geschäfts geführt worden sind, wenn die ursprünglich verwendete Sprache nicht Amtssprache desjenigen Mitgliedstaats der Europäischen Union ist, in dem der Unternehmer niedergelassen ist; dies gilt nicht, soweit Verbraucher vor dem Abschluss des Geschäfts darüber aufgeklärt werden, dass diese Leistungen in einer anderen als der ursprünglich verwendeten Sprache erbracht werden;
9. unwahre Angabe über die Verkehrsfähigkeit
die unwahre Angabe oder das Erwecken des unzutreffenden Eindrucks, eine Ware oder Dienstleistung sei verkehrsfähig;
10. Darstellung gesetzlicher Verpflichtungen als Besonderheit eines Angebots
die unwahre Angabe oder das Erwecken des unzutreffenden Eindrucks, gesetzlich bestehende Rechte stellten eine Besonderheit des Angebots dar;
11. als Information getarnte Werbung
der vom Unternehmer finanzierte Einsatz redaktioneller Inhalte zu Zwecken der Verkaufsförderung, ohne dass sich dieser Zusammenhang aus dem Inhalt oder aus der Art der optischen oder akustischen Darstellung eindeutig ergibt;
11a. verdeckte Werbung in Suchergebnissen
die Anzeige von Suchergebnissen aufgrund der Online-Suchanfrage eines Verbrauchers, ohne dass etwaige bezahlte Werbung oder spezielle Zahlungen, die dazu die-

nen, ein höheres Ranking der jeweiligen Waren oder Dienstleistungen im Rahmen der Suchergebnisse zu erreichen, eindeutig offengelegt werden;

12. unwahre Angabe über Gefahren für die persönliche Sicherheit
unwahre Angaben über Art und Ausmaß einer Gefahr für die persönliche Sicherheit des Verbrauchers oder seiner Familie für den Fall, dass er die angebotene Ware nicht erwirbt oder die angebotene Dienstleistung nicht in Anspruch nimmt;

13. Täuschung über betriebliche Herkunft
Werbung für eine Ware oder Dienstleistung, die der Ware oder Dienstleistung eines bestimmten Herstellers ähnlich ist, wenn in der Absicht geworben wird, über die betriebliche Herkunft der beworbenen Ware oder Dienstleistung zu täuschen;

14. Schneeball- oder Pyramidensystem
die Einführung, der Betrieb oder die Förderung eines Systems zur Verkaufsförderung, bei dem vom Verbraucher ein finanzieller Beitrag für die Möglichkeit verlangt wird, eine Vergütung allein oder zumindest hauptsächlich durch die Einführung weiterer Teilnehmer in das System zu erlangen;

15. unwahre Angabe über Geschäftsaufgabe
die unwahre Angabe, der Unternehmer werde demnächst sein Geschäft aufgeben oder seine Geschäftsräume verlegen;

16. Angaben über die Erhöhung der Gewinnchancen bei Glücksspielen
die Angabe, durch eine bestimmte Ware oder Dienstleistung ließen sich die Gewinnchancen bei einem Glücksspiel erhöhen;

17. unwahre Angaben über die Heilung von Krankheiten
die unwahre Angabe, eine Ware oder Dienstleistung könne Krankheiten, Funktionsstörungen oder Missbildungen heilen;

18. unwahre Angabe über Marktbedingungen oder Bezugsquellen
eine unwahre Angabe über die Marktbedingungen oder Bezugsquellen, um den Verbraucher dazu zu bewegen, eine Ware oder Dienstleistung zu weniger günstigen Bedingungen als den allgemeinen Marktbedingungen abzunehmen oder in Anspruch zu nehmen;

19. Nichtgewährung ausgelobter Preise
das Angebot eines Wettbewerbs oder Preisausschreibens, wenn weder die in Aussicht gestellten Preise noch ein angemessenes Äquivalent vergeben werden;

20. unwahre Bewerbung als kostenlos
das Angebot einer Ware oder Dienstleistung als „gratis", „umsonst", „kostenfrei" oder dergleichen, wenn für die Ware oder Dienstleistung gleichwohl Kosten zu tragen sind; dies gilt nicht für Kosten, die im Zusammenhang mit dem Eingehen auf das Waren- oder Dienstleistungsangebot oder für die Abholung oder Lieferung der Ware oder die Inanspruchnahme der Dienstleistung unvermeidbar sind;

21. Irreführung über das Vorliegen einer Bestellung
die Übermittlung von Werbematerial unter Beifügung einer Zahlungsaufforderung, wenn damit der unzutreffende Eindruck vermittelt wird, die beworbene Ware oder Dienstleistung sei bereits bestellt;

22. Irreführung über Unternehmereigenschaft
die unwahre Angabe oder das Erwecken des unzutreffenden Eindrucks, der Unternehmer sei Verbraucher oder nicht für Zwecke seines Geschäfts, Handels, Gewerbes oder Berufs tätig;

23. Irreführung über Kundendienst in anderen Mitgliedstaaten der Europäischen Union
die unwahre Angabe oder das Erwecken des unzutreffenden Eindrucks, es sei im Zusammenhang mit Waren oder Dienstleistungen in einem anderen Mitgliedstaat der

XXV. Gesetz gegen den unlauteren Wettbewerb (UWG) (Auszug)

Europäischen Union als dem des Warenverkaufs oder der Dienstleistung ein Kundendienst verfügbar;

23a. Wiederverkauf von Eintrittskarten für Veranstaltungen
der Wiederverkauf von Eintrittskarten für Veranstaltungen an Verbraucher, wenn der Unternehmer diese Eintrittskarten unter Verwendung solcher automatisierter Verfahren erworben hat, die dazu dienen, Beschränkungen zu umgehen in Bezug auf die Zahl der von einer Person zu erwerbenden Eintrittskarten oder in Bezug auf andere für den Verkauf der Eintrittskarten geltende Regeln;

23b. Irreführung über die Echtheit von Verbraucherbewertungen
die Behauptung, dass Bewertungen einer Ware oder Dienstleistung von solchen Verbrauchern stammen, die diese Ware oder Dienstleistung tatsächlich erworben oder genutzt haben, ohne dass angemessene und verhältnismäßige Maßnahmen zur Überprüfung ergriffen wurden, ob die Bewertungen tatsächlich von solchen Verbrauchern stammen;

23c. gefälschte Verbraucherbewertungen
die Übermittlung oder Beauftragung gefälschter Bewertungen oder Empfehlungen von Verbrauchern sowie die falsche Darstellung von Bewertungen oder Empfehlungen von Verbrauchern in sozialen Medien zu Zwecken der Verkaufsförderung;

Aggressive geschäftliche Handlungen

24. räumliches Festhalten des Verbrauchers
das Erwecken des Eindrucks, der Verbraucher könne bestimmte Räumlichkeiten nicht ohne vorherigen Vertragsabschluss verlassen;

25. Nichtverlassen der Wohnung des Verbrauchers trotz Aufforderung
bei persönlichem Aufsuchen des Verbrauchers in dessen Wohnung die Nichtbeachtung seiner Aufforderung, die Wohnung zu verlassen oder nicht zu ihr zurückzukehren, es sei denn, das Aufsuchen ist zur rechtmäßigen Durchsetzung einer vertraglichen Verpflichtung gerechtfertigt;

26. unzulässiges hartnäckiges Ansprechen über Fernabsatzmittel
hartnäckiges und unerwünschtes Ansprechen des Verbrauchers mittels Telefonanrufen, unter Verwendung eines Faxgerätes, elektronischer Post oder sonstiger für den Fernabsatz geeigneter Mittel der kommerziellen Kommunikation, es sei denn, dieses Verhalten ist zur rechtmäßigen Durchsetzung einer vertraglichen Verpflichtung gerechtfertigt;

27. Verhinderung der Durchsetzung vertraglicher Rechte im Versicherungsverhältnis
Maßnahmen, durch die der Verbraucher von der Durchsetzung seiner vertraglichen Rechte aus einem Versicherungsverhältnis dadurch abgehalten werden soll, dass
a) von ihm bei der Geltendmachung eines Anspruchs die Vorlage von Unterlagen verlangt wird, die zum Nachweis dieses Anspruchs nicht erforderlich sind, oder
b) Schreiben zur Geltendmachung eines Anspruchs systematisch nicht beantwortet werden;

28. Kaufaufforderung an Kinder
die in eine Werbung einbezogene unmittelbare Aufforderung an Kinder, selbst die beworbene Ware zu erwerben oder die beworbene Dienstleistung in Anspruch zu nehmen oder ihre Eltern oder andere Erwachsene dazu zu veranlassen;

29. Aufforderung zur Bezahlung nicht bestellter Waren oder Dienstleistungen
die Aufforderung zur Bezahlung nicht bestellter, aber gelieferter Waren oder erbrachter Dienstleistungen oder eine Aufforderung zur Rücksendung oder Aufbewahrung nicht bestellter Waren;

XXV. Gesetz gegen den unlauteren Wettbewerb (UWG) (Auszug)

30. Angaben über die Gefährdung des Arbeitsplatzes oder des Lebensunterhalts
die ausdrückliche Angabe, dass der Arbeitsplatz oder der Lebensunterhalt des Unternehmers gefährdet sei, wenn der Verbraucher die Ware oder Dienstleistung nicht abnehme;
31. Irreführung über Preis oder Gewinn
die unwahre Angabe oder das Erwecken des unzutreffenden Eindrucks, der Verbraucher habe bereits einen Preis gewonnen oder werde ihn gewinnen oder werde durch eine bestimmte Handlung einen Preis gewinnen oder einen sonstigen Vorteil erlangen, wenn
   a) es einen solchen Preis oder Vorteil tatsächlich nicht gibt oder
   b) die Möglichkeit, einen solchen Preis oder Vorteil zu erlangen, von der Zahlung eines Geldbetrags oder der Übernahme von Kosten abhängig gemacht wird.
32. Aufforderung zur Zahlung bei unerbetenen Besuchen in der Wohnung eines Verbrauchers am Tag des Vertragsschlusses
bei einem im Rahmen eines unerbetenen Besuchs in der Wohnung eines Verbrauchers geschlossenen Vertrag die an den Verbraucher gerichtete Aufforderung zur Bezahlung der Ware oder Dienstleistung vor Ablauf des Tages des Vertragsschlusses; dies gilt nicht, wenn der Verbraucher einen Betrag unter 50 Euro schuldet.

D. Anhang

I. Die 10 KI-Gebote zum rechtskonformen Umgang mit ChatGPT, DALL-E & Co

(Details siehe in den Publikationen, FAQ und Präsentationen auf chatgpt-recht.de/dall-e-recht.de)

1. Geben Sie die KI-Ergebnisse nicht als eigene Arbeitsergebnisse/ Leistungen aus.

Nur weil es kein Urheberrecht für KI-Ergebnisse zugunsten der KI-Anbieter gibt, bedeutet dies nicht, dass Nutzende Urheber der KI-Ergebnisse werden. Wenn Sie sich dafür bezahlen lassen, dass Sie etwas persönlich erstellen, kann es einen Betrug darstellen, wenn Sie KI-Ergebnisse als eigene ausgeben. In Prüfungen stellt dies ebenfalls einen schweren Verstoß dar.

Im Übrigen kann es vorkommen, dass KI-Ergebnisse die Rechte derjenigen verletzen, mit deren Content die KI-Trainingsdaten erstellt wurden. Insofern sollte besondere kritisch geprüft werden, ob „neu" erstellte Bilder nicht den Originalen von bekannten Künstler*innen zu ähnlich sind.

2. Gehen Sie nicht davon aus, dass die KI perfekt ist und fehlerfreie Ergebnisse produziert.

KI-Ergebnisse sind nicht fehlerfrei. ChatGPT ist erstaunlich gut, produziert aber auch fehlerhafte Ergebnisse. KI ist immer nur so gut, korrekt und diskriminierungsfrei wie die zugrundelegenden Daten und Algorithmen. Insbesondere bei Fragen zu einzelnen wissenschaftlichen Fächern kann dies mangels Zuganges zu Fachdatenbanken auch gar nicht anders sein – zum Teil erfindet ChatGPT dann auch Quellenangaben. Wenn KI also zu wirtschaftlich relevanten Zwecken eingesetzt wird, sollte man die Ergebnisse immer gegenprüfen und sich vor allem im Klaren darüber sein, dass ein Regress beim KI-Anbieter aufgrund dessen Bedingungen und der rechtlichen Unklarheit über den „Sollzustand" der KI schwierig werden könnte.

3. Füttern Sie die KI nicht mit sensiblem Content – die KI gibt nicht nur, sie nimmt auch!

Wenn Sie Anfragen als Prompts absenden oder Dokumente hochladen, verraten Sie den Anbietern der KI möglicherweise viel über Ihr Unternehmen, Ihren Gesundheitszustand, Ihre politischen Einstellungen etc. Für Unternehmen gilt: Wenn Sie der KI Ihr Know-How überlassen, ist es nach dem Geschäftsgeheimnisgesetz nicht mehr geschützt. Das gilt übrigens auch für Übersetzungstools und andere spezialisierte KI-Helfer.

4. Überlegen Sie, ob Sie Ihre Datenbank/Webseite der KI schenken möchten. Nutzen Sie Opt-Out-Optionen!

Offen zugänglicher Content auf Ihrer Webseite kann von der KI ausgelesen werden. Den Zugriff durch die KI auf Ihre Webseite kann man möglicherweise durch einen maschinen-

D. Anhang

lesbaren Widerspruch im Quelltext rechtlich untersagen, faktisch verhindern können Sie das Auslesen durch Bot-Sperren und Opt-out-Markierungen. Empfehlenswert ist aus Sicht des Autors die in die meta name="robots" und das Impressum aufzunehmende Formulierung:

> *„Der Seiteninhaber erklärt einen Nutzungsvorbehalt nach § 44b Absatz 3 des Urheberrechtsgesetzes zum Text und Data Mining (UrhG) und nach Art. 4 Abs. 3 der EU DSM-Richlinie; The site owner declares a reservation of use in accordance with Section 44b (3) of the Copyright Act on Text and Data Mining (UrhG) and according to Art. 4 Para. 3 of the EU DSM Directive".*

5. Verwenden Sie nicht unbedacht Prompts zu Personen und Marken.

Sie sollten keine Personendaten und Daten berühmter oder nicht berühmter Persönlichkeiten in Prompts einbinden, soweit nicht
– eine Einwilligung vorliegt, oder
– es zu wissenschaftlichen, künstlerischen oder satirischen Zwecken geschieht.

Insbesondere sollten Sie keine für Dritte schwer erkennbare Fake-Bilder herstellen und in Umlauf bringen, da sie nicht wissen, ob und wie diese später verwendet werden.

Verwenden Sie bei der Bilderstellung keine Marken und Logos von Unternehmen, die dann in die Bilder integriert werden. Zwar ist dies nicht immer rechtswidrig, insbesondere bei der Weiterverbreitung der Bilder kann dies aber dennoch problematisch werden.

6. Lesen Sie die Bedingungen des KI-Einsatzes: Wem gehören Input und Output?

Zurzeit dürfen Sie die KI-Ergebnisse oft noch einsetzen, ohne für die Nutzung oder die einzelnen Ergebnisse (zusätzlich) zu zahlen. Bedenken Sie, dass Sie nach den meisten Bedingungen mit dem Input bezahlen und dieser auch zur weiteren Datenanalyse benutzt werden darf. Viele KI-Anbieter werden Sie zunächst mit kostenlosen KI-Ergebnissen anlocken, um später – wenn Sie sich an den Einsatz gewöhnt oder Ihre Tätigkeit darauf ausgerichtet haben – neue Bedingungen zu formulieren. Bedenken Sie dies bei der möglichen Abhängigkeit von diesen Systemen.

7. Setzen Sie KI-Ergebnisse nie unbedacht über API-Schnittstellen oder anderweitig automatisiert als Host ein.

Wer KI automatisiert einbindet und darüber fremde Inhalte (hier KI-Ergebnisse wie Texte und Bilder) veröffentlicht, geht mehrere rechtliche Risiken ein. Es kann sich um inhaltlich falsche, beleidigende, rechtswidrige und sonst wie problematische Inhalte handeln, die strafbar sein oder zu Unterlassungs- und Schadensersatzansprüchen führen können. Auch wenn Sie selbst die Ergebnisse nur hosten/automatisiert weitergeben, können Sie nach dem Telemediengesetz und anderen Gesetzen sowie den Grundsätzen der sog. „Störerhaftung" selbst verantwortlich sein. Daneben bestehen Verpflichtungen zur Information der Seitenbesucher nach der DSGVO und dem TDDDG.

Zu Einzelfragen des Datenschutzes sind unter anderem die Orientierungshilfe der Datenschutzkonferenz „Künstliche Intelligenz und Datenschutz" Version 1.0 vom 06.05.2024 und die Checkliste zum Einsatz LLM-basierter Chatbots der Hamburger Datenschutzaufsicht vom 13.11.2023 zu beachten (Links und Updates auf chatgpt-recht.de).

D. Anhang

8. Setzen Sie KI-Ergebnisse nie unbedacht im Personalbereich ein.

Wird KI im Unternehmen automatisiert eingesetzt, darf dies nach Art. 22 DSGVO – insbesondere im HR-Bereich – nicht dazu führen, dass automatisiert Entscheidungen getroffen werden, welche die Beschäftigten betreffen. Auch außerhalb automatisierter Entscheidungen kann der KI-Einsatz eine Einwilligung der Beschäftigten und ggf. eine Mitbestimmung durch den Betriebsrat voraussetzen. Berücksichtigen Sie dies bei der Planung.

9. KI ist nicht generell verboten und auch nicht generell schlecht: Compliance

Wenn man die Regeln zum KI-Einsatz beachtet, kann KI ein sehr nützliches Tool sowohl im Bildungswesen als auch in der Wirtschaft sein. Der KI-Einsatz sollte sorgfältig geplant sein, wichtig ist vor allem Transparenz sowohl der Einbeziehung der KI, als auch der Verwertung der Ergebnisse und der Einbindung von Prompts oder API-Schnittstellen.

Es sollte daher in einem Unternehmen/einer Institution ein Prozess zur rechtlichen KI-Einbindung erstellt werden, der klare Meilensteine zu wenigstens folgenden Punkten enthält:
- Einbindung von Personalrat/Betriebsrat, soweit der KI-Einsatz in irgendeiner Form geeignet wäre, die Leistung der Beschäftigten zu kontrollieren
- Information der betroffenen Beschäftigten, Kunden, Lieferanten, Vertriebspartner
- Prüfung des einzusetzenden Tools darauf,
  - wem nach dessen AGB Input und Output gehören.
  - ob das Tool in seiner technischen Struktur (IP-Erfassung, Anbindung der Software, Verarbeitung der Eingaben) datenschutzkonform ist.
- Durchführung und Dokumentation einer Datenschutzfolgeabschätzung nach Art. 35 DSGVO (Siehe folgende u. a. zu prüfende Punkte)
- Einhaltung der Vorgaben des Art. 5 DSGVO (Grundsätze zur datenschutzkonformen Verarbeitung, u. a. Datenminimierung, Zweckbindung)
- Einhaltung der Vorgaben des Artt. 25, 32 DSGVO (Technisch-organisatorische Maßnahmen, datenschutzfreundliche Technikgestaltung (u. a. privacy by design and by default)
- Abschluss eines Controller-to-Controller-Vertrags (meist kein Auftragsverarbeitungsvertrag, da der KI-Anbieter auch eigene Interessen verfolgt bei der Verarbeitung der erhobenen/übermittelten Daten)
- Bei Auslandsdatenübertragung (insb. USA) Prüfung des datenschutzkonformen Einsatzes (SCCs (Standardvertragsklauseln der EU) plus Zusatzabsicherungen (Verschlüsselung, Anonymisierung)), ggf. Data Privacy Framework und in Zukunft neue Data Transfer Agreements mit den USA)
- Prüfung,
  - ob das Tool mit personenbezogenen Daten „gefüttert" wird und dies nach Art 6 DSGVO bzw. § 26 BDSG (Reformentwicklung beim Beschäftigtendatenschutz beachten, siehe Gebot 10) gerechtfertigt ist.
  - ob Fragen des IT-Sicherheitsgesetzes/der kritischen Infrastruktur berührt werden.
- Fortlaufende Kontrolle der Einhaltung der Vorgaben durch den Tool-Anbieter.

10. Halten Sie sich über rechtliche Regelungen auf dem Laufenden

Zahlreiche EU-Neuregelungen betreffen den Umgang mit KI und Big Data; daneben sind auch spezifische nationale Vorgaben in der politischen Diskussion. Neben der KI-Verord-

D. Anhang

nung (Das „It-Piece" der Neuregelungen) sind die KI-Haftungsrichtlinie und weitere Regelungen wie Digital Services und Digital Markets Act sowie der Data Act zu beachten. Daneben sollten Sie sich über die Stellungnahmen der europäischen und nationalen Datenschutzaufsichten fortlaufend informieren, da noch nicht sicher ist, welche Informationen etwa von OpenAI zur Datenverarbeitung preisgegeben werden (z. B. auf die Anfrage des Hessischen Beauftragten für Datenschutz und Informationsfreiheit, Prof. Dr. Alexander Roßnagel zur Datenverarbeitung durch ChatGPT) und welche Konsequenzen dies für die Zulässigkeit der Nutzung von ChatGPT hat. Verstöße gegen Datenschutz beim Einsatz von KI können nach Artt. 82, 83 DSGVO hohe Geldbußen und Schadensersatzansprüche nach sich ziehen und auch strafbar sein.

Halten Sie sich also aufgrund der bevorstehenden rechtlichen Neuerungen stets auf dem Laufenden. Setzen Sie KI immer transparent und unter Abwägung der Interessen aller Betroffenen ein. Und stellen Sie Nutella nicht in den Kühlschrank.

II. Vorgehensmodell KI-Einführung/Copilot & Co

Prozess zur rechtskonformen Einführung/Einsatz von KI/Copilot & Co im Unternehmen

Der KI-Einsatz sollte sorgfältig geplant sein, wichtig ist vor allem Transparenz sowohl hinsichtlich der Einbeziehung der KI, als auch der Qualitätssicherung der Trainingsdaten und Ergebnisse sowie der Einbindung von API-Schnittstellen. Ein verstärkter Einsatz in den Feldern ECM/DMS, ERP und E-Mail-Management ist zu beobachten, eine Ausweitung auf andere Felder – weit über Textgenerierungsfunktionen hinaus – steht in vielen Unternehmen bevor.

Neben zahlreichen datenschutzrechtlichen Fragen sind etliche Themen im Bereich des Arbeitsrechts zu beachten, die hier nicht vollständig abgebildet werden können.

Es sollte ein Prozess zur rechtlichen KI-Einbindung erstellt werden, der abhängig von der Art des Tools und des Einsatzzwecks klare Meilensteine zu – unter anderem – folgenden Punkten enthält:

1. Definition der Zwecke des KI-Einsatzes/juristische Vorklärung

a. Abklärung juristisch bedeutsamer Vorfragen:
1. Ist es erforderlich, bei den Prompts (Dateneingaben) personenbezogene Angaben zu machen?
2. Könnten die Prompts Rückschlüsse auf Geschäftsgeheimnisse (Patententwürfe etc.) zulassen?
3. Werden die KI-Ergebnisse auch Dritten – eventuell automatisiert – zur Verfügung gestellt? Können Dritte (z. B. Kunden) auch Prompts eingeben?
4. Umfasst der Einsatzzweck verbotene Systeme nach Art. 5 KI-Verordnung („KI-VO") oder Hochrisikosysteme nach Art. 6 KI-VO i. V. m. Anhang III KI-VO?
5. Hat der KI-Einsatz Auswirkungen auf bestehende Arbeitsplätze? Könnte der KI-Einsatz geeignet sein, die Leistung der Beschäftigten zu überwachen?
6. Sind die Schnittstellen zu nichtlokaler KI IT sicherheitszertifiziert/KRITIS-tauglich?
7. Werden alle vom KI-System verarbeiteten Daten in Deutschland verarbeitet, ohne dass Muttergesellschaften der KI oder Subunternehmer des KI-Anbieters in den USA oder sonst außerhalb der EU ansässig sind?
8. Beim Einsatz im HR-Bereich: Kann das System mittelbare Beeinträchtigungen nach Art. 3 Abs. 2 AGG ausschließen?

b. Von den Ergebnissen abhängige Klärung
1. ob die KI einen Datenabfluss nach außen zulässt/eine lokale Begrenzung der Prompt-Speicherung möglich ist,
2. die KI-Nutzung daneben auf nicht-Geschäftsgeheimnisgesetz-relevante Bereiche begrenzt werden kann,
3. ob Mechanismen eingerichtet werden können, die eine Reaktion auf Missbrauch durch oder zu Lasten Dritter begrenzen,
4. ob die KI den Vorgaben der KI-VO entspricht,
5. ob der Betriebsrat frühzeitig einbezogen wurde oder sich eine Eignung zur Leistungskontrolle der Beschäftigten vermeiden lässt,
6. welche Maßnahmen zur IT-Sicherheit getroffen werden müssen, um Cybersicherheitsprobleme zu verhindern,

D. Anhang

7. welche Maßnahmen getroffen werden müssen, um einen Drittstaatentransfer personenbezogener Daten zu gestatten.

2. Einbeziehung von Betriebsrat/Personalrat

Nach § 90 Abs. 1 BetrVG Nr. 3 hat der Arbeitgeber den Betriebsrat über die Planung von Arbeitsverfahren und Arbeitsabläufen einschließlich des Einsatzes von Künstlicher Intelligenz rechtzeitig unter Vorlage der erforderlichen Unterlagen zu unterrichten, gleiches gilt bei Betriebsänderungen mit wesentlichen Nachteilen für die Belegschaft nach § 111 BetrVG.

Soweit KI bei der Erstellung von Richtlinien über die personelle Auswahl bei Einstellungen, Versetzungen, Umgruppierungen und Kündigungen genutzt wird, bedarf dies nach § 95a Abs. 2 BetrVG der Zustimmung des Betriebsrats, ggf. ist die Einigungsstelle hinzuzuziehen. Der Betriebsrat kann ggf. nach § 80 Abs. 3 BetrVG einen Sachverständigen hinzuziehen.

Soweit der KI-Einsatz geeignet sein kann, die Leistung der Beschäftigten zu überwachen, hat der Betriebsrat nach § 87 Abs. 1 Nr. 6 BetrVG über die Einführung mitzubestimmen. Gleiches gilt bei der Regelung der Ordnung im Betrieb nach § 87 Abs. 1 Nr. 1 BetrVG. Den Betriebsrat daher frühzeitig bei den Planungen zu Privacy by Design, Privacy by Default einbeziehen und je nach Einsatzweck eine Betriebsvereinbarung vorbereiten. Daneben sind Informationspflichten gegenüber Beschäftigten und ggf. auch – je nach Unternehmensgröße und -organisation – dem Aufsichtsrat/Wirtschaftsausschuss (§ 106 BetrVG) zu berücksichtigen.

3. Datenschutz

Soweit Prompts personenbezogene Daten enthalten können und/oder das Tool personenbezogene Nutzungsdaten über Nutzende (insb. CRM/ERP: Daten von Kunden/Lieferanten etc.) erhebt:
a. Einbeziehung Datenschutzbeauftragter
b. Prüfung der Vorgaben von DSGVO, TDDDG, BDSG
   1. Einleitung Datenschutzfolgeabschätzung Art. 35 DSGVO: Klärung der Rechtsgrundlage nach Art. 6 DSGVO, auch für den Fall der Einbindung Dritter und der Datenweitergabe an den KI-Anbieter.
   2. Prüfung, ob besondere personenbezogene Daten (Art. 9 Abs. 1 DSGVO) vorliegen, mit der Folge der Prüfung besonderer Rechtsgrundlage; sowie Prüfung, ob die Daten Minderjähriger betroffen sind (ggf. Einwilligung der Eltern erforderlich).
   3. Klärung der Rechtsgrundlage nach Artt. 6, (ggf.) 9 DSGVO, auch für den Fall der Einbindung Dritter und der Datenweitergabe an den KI-Anbieter.
   4. Klärung der Vorgaben Art. 5 DSGVO: Grundsätze zur datenschutzkonformen Verarbeitung (u. a. Datenminimierung, Zweckbindung) und Art. 25 DSGVO (Privacy by Design und Privacy by Default).
   5. Prüfung, ob ein unzulässiges Scoring nach Art. 22 DSGVO vorliegt.
   6. Klärung der Vorgaben zu technisch-organisatorischen Maßnahmen (Art. 32 DGSVO).
   7. Vorbereitung der Information der betroffenen Beschäftigten, Kunden, Lieferanten, Vertriebspartner (abstimmen mit ggf. erforderlichen arbeitsrechtlichen Informationen).

D. Anhang

8. Klärung, ob das Tool in seiner technischen Struktur (IP-Erfassung, Anbindung der Software, Verarbeitung der Eingaben) datenschutzkonform ist (ggf. TDDDG bei Webanbindung).
9. Abschluss eines Controller-to-Controller-Vertrags (meist kein Auftragsverarbeitungsvertrag, da der KI-Anbieter auch eigene Interessen verfolgt bei der Verarbeitung der erhobenen/übermittelten Daten), alternativ AVV (insb., wenn der Abfluss personenbeziehbarer Daten ausgeschlossen ist (s. o. 1.a.i), alternativ ggf. gemeinsame Verarbeitung nach Art. 26 DSGVO).
10. Bei Auslandsdatenübertragung: Prüfung des datenschutzkonformen Einsatzes (je nach Land Angemessenheitsbeschluss/DPF USA vom 10.07.2023, siehe www.dataprivacyframework.gov/s/), SCCs etc., jeweiligen Stand der Klagen von NOYB im Auge behalten)
11. Zu Einzelfragen des Datenschutzes sind unter anderem die Orientierungshilfe der Datenschutzkonferenz „Künstliche Intelligenz und Datenschutz" Version 1.0 vom 06.05.2024 und die Checkliste zum Einsatz LLM-basierter Chatbots der Hamburger Datenschutzaufsicht vom 13.11.2023 zu beachten (Links und Updates auf chatgpt-recht.de).

c. Dokumentation der Datenschutzcompliance

4. IT-Sicherheit, Lizenzmanagement

1. Einbeziehung IT-Sicherheitsbeauftragter/Unternehmens-IT, IT-Lieferanten
2. Vorgaben TOMs Art. 32 DSGVO.
3. Konformität technischer Vorgaben der KI-VO.
4. Integration in bestehendes IT-Sicherheitskonzept.
5. Vorgaben IT-Sig. 2.0 (soweit anwendbar), Ausschluss Sicherheitsvorfälle.
6. Klärung der Einsatzzwecke im Hinblick auf bestehende Softwarenutzung: Hat der KI-Einsatz Auswirkung auf andere Verträge/Nutzungsrechte? Wird die KI Software nutzen, welche nicht dafür lizenziert wurde (Lizenzmodell prüfen)?

5. Bei Plattformeinsatz des KI-Systems (Zugriff Dritter über große Plattform) und/oder Einsatz in smarten Produkten

1. Erfüllung der Anforderungen des DDG und TDDDG sowie der Störerhaftung, ggf. NetzDG/des ProdHG, der Produzentenhaftung nach § 823 Ab.1 BGB
2. Compliance mit den Neuregelungen des Digital Markets Act, des Digital Services Act, des Data Act
3. Erfüllung Transparenzpflichten
4. Klärung der Verwertung personenbezogener Endnutzerdaten/Zugangsrecht, Berücksichtigung GeschGehG
5. Erfüllung Meldesystempflichten
6. Berücksichtigung der Vorgaben der Neuregelungen der ProdukthaftRL und der KI-HaftungsRL
7. Erfüllbarkeit Discoverypflichten
8. Verfügbarkeit potenzieller Beweismittel

D. Anhang

6. Prüfung des KI-Anbieters/KI-VO-E/Vereinbarungen

1. Vorlage und Prüfung von Zertifizierungen, Konformitätsbewertungsverfahren, Konformitätskennzeichnungen, technischer Dokumentationen
2. Compliance mit der KI-VO abhängig von Risikoklassifizierung, Berücksichtigung weiterer Regulierungen je nach Einsatzzweck (Produktsicherheit etc. und Hochrisikoklassifizierung), u. v. a.:
3. Kein Verstoß gegen Verbotsliste Art. 5 KI-VO.
4. Klassifizierungsprüfung nach Art. 6 KI-VO/Anhang III
5. Konzeptions- und Transparenzpflichten Artt. 53 ff. KI-VO, Art. 4 II KI-HaftungsRL, Beachtung von Leitfäden nach Art. 56 KI-VO.
6. Art. 10 KI-VO Vorgaben für Trainings-, Validierungs- und Testdatensätze. Diese müssen relevant, hinreichend repräsentativ und im Hinblick auf den beabsichtigten Zweck so weit wie möglich fehlerfrei und vollständig sein. Sie müssen die geeigneten statistischen Eigenschaften aufweisen, gegebenenfalls auch in Bezug auf die Personen oder Personengruppen, für die das Hochrisiko-KI-System eingesetzt werden soll.
7. Art. 16 KI-VO Anbieterpflichten bei Hochrisikosystemen (unter anderem Qualitätsmanagement und Dokumentation)
8. Art. 26 KI-VO Pflichten der Betreiber: Können diese rechtzeitig erfüllt werden?
9. Schulung vereinbaren zur Prompt-/Ergebnisoptimierung
10. Klärung der Rechte an Input und Output
11. Wahl einer erfolgsorientierten Leistungsbeschreibung/Eindeutige Beschreibung des Sollzustandes/Fehlerdefinition (insb. Compliance Art. 6 ProdukthaftRL!)/Gewährleistungsfragen/insb. Rechtsmängelfreiheit der Trainingsdaten und Ergebnisse/Haftung.
12. Absicherung der Freiheit der KI-Ergebnisse von Rechten Dritter
13. Klärung Datenschutz und Datensicherheit (s. o. 3 und 4.), Klärung des Status von Subunternehmern, Klärung Datenschutzcompliance beim KI-Anbieter, ggf. initialer Audit
14. Je nach Einsatzzweck weitere Spezialvorgaben, z. B. Erfüllbarkeit Archivierungspflichten nach AO/HGB bei Verarbeitung steuerrelevanter Daten/Geschäftsbriefen
15. Bei marktmächtigen Anbietern: Strategien zur Aushebelung nicht verhandelbarer AGB im Bestellprozess prüfen (Best Practice-Thema).

7. Einführungsphase/Start des Systems

1. Schulung der Nutzenden: Information über Datenschutzsituation, Wahrung der Vertraulichkeit bei Prompts, Erwartungsmanagement zur Fehlerhaftigkeit von Ergebnissen.
2. Finale Erstellung von FAQ/Anwenderinformationen/Ethikleitlinien (bei sensiblen Anwendungen)/Datenschutzerklärungen.
3. Dokumentation des Vorliegens der Rechtsgrundlagen für die Datenerhebung, Abschluss Betriebsvereinbarung, Fertigstellung und Einholung Einwilligungserklärungen.
4. Durchatmen, progressive Muskelentspannung nach Jacobson, sodann: 1 Knoppers, 1 Heißgetränk mit Milchschaum und wiederverwendbarem Röhrchen (Metall, kein selbstauflösendes und deshalb zur Eile gemahnendes Zellstoffrezyklat).
5. Start des Systems.

D. Anhang

8. Laufende Compliance/ständiges Update

1. Qualitätssicherung Prompteingabe, Feedbackrunden, Störfallanalysen.
2. Notice- und Takedown-Verfahren für Rechtsverletzungen bei Einbindung Dritter.
3. Prüfung der Compliance bei Controller-to-Controller- und Controller-to-Processor-Vereinbarungen, Prüfung der Rechtsentwicklung bei Auslandsdatenübertragungen, fortlaufende Audits.
4. Prüfung der Entwicklung bei Rechtsgrundlagen, insb. hinsichtlich des Beschäftigtendatenschutzes
5. Fortlaufende Beachtung der Zweckbindung nach Art. 5 I b DSGVO.
6. Erfassung und Umsetzung der Widerrufe bei einwilligungsbasierter Datenverarbeitung nach Art. 6 I a DSGVO.
7. Laufende Prüfung gesetzlicher Neuregelungen/Hinweise der Aufsichten.

III. FAQ Rechtsfragen ChatGPT

1. Wer hat ein Urheberrecht an den von ChatGPT generierten Texten?

Nach deutschem Recht (§ 2 UrhG) ist nur eine MENSCHLICHE Schöpfung urheberrechtlich geschützt, sodass weder die Betreiber von ChatGPT noch der Nutzer als derjenige, der den Text durch einen sog. „Prompt" hat erstellen lassen, Urheber der Texte ist. Dennoch kann der Betreiber von ChatGPT als derjenige, der den Service anbietet, in einem gewissen Rahmen bestimmen, zu welchen Zwecken die Texte verwendet werden.

2. Darf man die von ChatGPT generierten Texte privat verwenden?

Ja, da ChatGPT die Texte für jeden Nutzer frei lizenziert. Es sind jedoch die jeweils gültigen AGB von ChatGPT zu beachten, wobei noch ungeklärt ist, ob diese nach deutschem Recht vollständig wirksam sind.

3. Darf ich die von ChatGPT generierten Texte für Prüfungen verwenden?

Nur dann, wenn dies in der entsprechenden Prüfung zugelassen ist (etwa bei einer Arbeit, die sich mit ChatGPT auseinandersetzt). Eine Übernahme von ChatGPT-Texten ohne Kennzeichnung verstößt gegen die eidesstattliche Versicherung zur eigenständigen Verfassung der jeweiligen Arbeit (sog. „Eigenständigkeitserklärung").

Auch wenn ChatGPT-Texte in Anführungszeichen gesetzt würden, sind sie nicht verwendbar, da es sich bei ChatGPT nicht um eine wissenschaftliche Quelle handelt.

4. Darf ich die von ChatGPT generierten Texte in meinem Beruf verwenden, um Zeit zu ersparen?

Ein solcher Einsatz sollte in jedem Fall dem Arbeitgeber oder dem Auftraggeber gegenüber offenbart werden. Wird man für die Erstellung von Texten bezahlt, könnte das Verschweigen des Einsatzes von ChatGPT schlimmstenfalls einen Betrug gegenüber demjenigen darstellen, der für die persönliche Erstellung eines Textes bezahlt hat.

5. Ist ChatGPT datenschutzkonform?

Es muss unterschieden werden zwischen

a) der reinen Nutzung von ChatGPT etwa zu abstrakten Fragen und

b) der Eingabe von oder Frage nach Personen im Prompt.

1. Die reine Nutzung ist wie bei jedem Tool dann nicht datenschutzkonform, wenn Daten über den Nutzer nicht DSGVO-gerecht durch OpenAI als Betreiber von ChatGPT behandelt werden. Aus den Prompts lassen sich grundsätzlich viele Informationen über den Nutzer (Vorlieben, Erkrankungen, politische Einstellungen etc.) erfahren, die möglicherweise mit anderen Daten (etwa der IP-Adresse des Nutzers) gemeinsam gespeichert werden. Auch ohne Eingabe von Personendaten können sich daher datenschutzrechtliche Fragen stellen. Zu Einzelfragen des Datenschutzes sind unter anderem die Orientierungshilfe der Datenschutzkonferenz „Künstliche Intelligenz und Datenschutz" Version 1.0 vom 06.06.2024 und die Checklis-

D. Anhang

te zum Einsatz LLM-basierter Chatbots der Hamburger Datenschutzaufsicht vom 13.11.2023 zu beachten (Links und Updates auf chatgpt-recht.de).

2. Wenn Sie in Ihre Prompts Personennamen einbinden, erweitern Sie die Datenbasis von ChatGPT möglicherweise um personenbezogene Daten Dritter, die dies nicht beeinflussen können. Dies verhält sich ähnlich wie bei Google-Suchanfragen, welche Personen mit bestimmten Eigenschaften kombinieren und dann dazu führen, dass diese in der Autovervollständigung als Ergänzung vorgeschlagen werden (etwa „Wilmer *geistesgestört*" oder „Wilmer *Halbgott*"), weil sie in der Google-Datenbank gespeichert wurden.

6. Wer ist Inhaber der Daten, auf denen ChatGPT basiert? Verstößt ChatGPT gegen fremde Rechte?

Dies ist nicht vollständig bekannt. Neben Verträgen mit Datenbanken speist sich der Trainingsdatenpool auch aus fremden Webseiten ohne entsprechende Genehmigung. Soweit die Inhaber dieser Webseiten nicht widersprochen haben (§ 44b UrhG), ist dies vermutlich nach § 44a UrhG und ggf. auch § 60d UrhG zulässig.

Da die ChatGPT-Texte immer auf neu geschaffenen Formulierungen basieren und keine längeren Textpassagen Dritter übernehmen, liegt keine Verletzung fremder Urheberrechte im Sinne einer Vervielfältigung, Bearbeitung, Verbreitung oder öffentlicher Zugänglichmachung vor. Werden allerdings fremde Datenbanken ohne Einwilligung übernommen oder systematisch ausgelesen, könnte ein Verstoß von OpenAI gegen Datenbankleistungsschutzrechte nach §§ 87a, 87b UrhG vorliegen.

IV. FAQ Rechtsfragen Dall-E

Diese FAQ sind zusammen mit den „FAQ zu Rechtsfragen von ChatGPT" zu lesen.

1. Wer hat ein Urheberrecht an den von DALL-E generierten Bildern?

Nach deutschem Recht (§2 UrhG) ist nur eine MENSCHLICHE Schöpfung urheberrechtlich geschützt, so dass weder die Betreiber von DALL-E noch der Nutzer als derjenige, der das Bild durch einen sog. „Prompt" hat erstellen lassen, Urheber der Bilder ist. Dennoch kann der Betreiber von DALL-E als derjenige, der den Service anbieten, in einem gewissen Rahmen bestimmen, zu welchen Zwecken die Bilder verwendet werden.

2. Kann man ein Urheberrecht an einem Prompt haben?

Prompts sind nur Gebrauchstexte und haben keine eigene Qualität als Sprach- oder Schriftwerk, so dass auch längere Prompts in aller Regel nicht schutzfähig sind. Auch die Beziehung zwischen Prompt und Werk ist nicht schutzfähig, da die KI kein zwingendes wiederholbares Ergebnis liefert. Anders kann es sich verhalten, wenn die KI ausnahmsweise von Künstler*innen als Werkzeug mit sehr konkreten einzelnen Vorgaben (die über Prompts hinausgehen, also die Programmierung oder Eingriffe in die Datenbasis betreffen) oder im eigenen, der KI bekannten Stil des/der Künstler*in verwendet wird.

3. Können mit KI erzeugte Bilder Rechte Dritter verletzen?

Wenn die KI die Vorgabe erhält, ein existierendes Bild nachzuahmen, und dann ein dem Vorbild stark ähnelndes Bild erzeugt wird, könnte dies eine unzulässige Bearbeitung des Originals sein, das in die Rechte der Schöpfer der Originale eingreift. Wird ein Objekt in einem Prompt im bekannten Stil eines/einer existierenden Künstler*In nachgeahmt, wird dies dagegen in der Regel zulässig sein.

Daneben kann eine Verletzung der Persönlichkeitsrechte Dritter gegeben sein, wenn Abbildungen natürlicher Personen geschaffen werden sollen (§§22, 23 KUG), wobei Ausnahmen für Personen der Zeitgeschichte gelten.

Weiterhin können Fake-Bilder, die reale Gegebenheit verfälschen, ja nach Inhalt strafbar oder rechtswidrig sein. Dies gilt insbesondere für das Faken falscher Sachverhalte im personenbezogenen Kontext. In diesen Fällen gibt es auch keine Ausnahme für berühmte Personen (soweit nicht die Abbildung erkennbar gefälscht ist und auch keinen strafbaren Inhalt zeigt).

Betreiber eines KI-Systems, das Bild-, Ton- oder Videoinhalte erzeugt oder manipuliert, die ein Deepfake sind, müssen nach Art.50 Abs.4 KI-VO offenlegen, dass die Inhalte künstlich erzeugt oder manipuliert wurden. Werden fremde Bilddatenbanken ohne Einwilligung übernommen oder systematisch ausgelesen, könnte ein Verstoß von OpenAI gegen Datenbankrechte nach §§87a, 87b UrhG vorliegen. Dazu liegen jedoch keine Daten vor.

4. Darf ich die von DALL-E generierten Bilder in meinem Beruf verwenden, um Zeit zu ersparen?

Ein solcher Einsatz sollte in jedem Fall dem Arbeitgeber oder dem Auftraggeber gegenüber offenbart werden. Wird man für die Erstellung von Bildern bezahlt, könnte das Verschweigen des Einsatzes von DALL-E schlimmstenfalls einen Betrug gegenüber demjenigen

D. Anhang

darstellen, der für die persönliche Erstellung eines Bildes bezahlt hat. Außerdem könnten Arbeitgeber oder Auftragnehmer Nachteile dadurch entstehen, dass die Bilder rechtlich nicht schützbar sind oder sogar Rechte Dritter verletzen.

V. FAQ Rechtsfragen Copilot

Diese FAQ sind zusammen mit den „FAQ zu Rechtsfragen von ChatGPT" zu lesen.

1. Woher bezieht Copilot seine Daten und was ist daran rechtlich problematisch?

Die Daten stammen
- aus ChatGPT, welches sich aus Daten aus dem Internet und aus Lizenzdatendatenbanken bedient,
- aus der Suchmaschine Bing,
- aus Microsoft Graph, in welchem die Daten des Copilot-nutzenden Unternehmens und der Nutzenden im Unternehmen gesammelt werden und damit
- aus dem Unternehmen selbst.

Siehe grafische Übersicht unter https://learn.microsoft.com/en-us/microsoft-sales-copilot/architecture

Zu den Einsatzmöglichkeiten führt Microsoft unter https://learn.microsoft.com/de-de/microsoft-365-copilot/microsoft-365-copilot-privacy aus:

*„Microsoft 365 Copilot bietet einen Mehrwert durch die Verbindung von LLMs mit Ihren Organisationsdaten. Microsoft 365 Copilot greift auf Inhalte und Kontext über Microsoft Graph zu. **Es kann Antworten generieren, die in Ihren Organisationsdaten verankert sind, wie z. B. Benutzerdokumente, E-Mails, Kalender, Chats, Besprechungen und Kontakte. Microsoft 365 Copilot kombiniert diese Inhalte mit dem Arbeitskontext des Benutzers, z. B. der Besprechung, in der sich ein Benutzer gerade befindet, der E-Mail-Austausch, den der Benutzer zu einem Thema hatte, oder die Chatunterhaltungen, die der Benutzer in der letzten Woche geführt hat.** Microsoft 365 Copilot verwendet diese Kombination aus Inhalt und Kontext, um genaue, relevante und kontextbezogene Antworten zu liefern."*

Nicht immer wird klar, aus welcher Quelle eine Information stammt und welche Eingabedaten wie getrackt werden (Microsoft weist explizit darauf hin, dass die Richtlinieneinstellungen, die die Verwendung optionaler verbundener Erfahrungen in Microsoft 365 Apps steuern, nicht für Microsoft 365 Copilot und öffentliche Webinhalte gelten).

Rechtlich problematisch ist daran unter anderem
- die Qualitätssicherung der Ergebnisse bei multipler Datenbasis,
- die Kombination von Daten aus allen Office-Programmen, welche den datenschutzrechtlichen Grundsätzen von Datentrennung und Datensparsamkeit (naturgemäß) nicht entspricht,
- die Planung der Zugriffsberechtigungen und Rollenmodelle,
- die Sicherung der Vertraulichkeit von Geschäftsgeheimnissen, auch wenn Microsoft über einen „AI Safety Mechanism" zusichert, Unternehmensdaten nicht zum KI-Training zu verwenden.
- Bei der Einführung von Copilot sind die entsprechenden rechtlichen Schritte zu prüfen, siehe „Vorgehensmodell KI-Einführung"
- Klarzustellen ist auch, inwiefern Weisungen an die KI delegiert werden sollen (Selbständige Entscheidungen mit Rechtswirkung sind in der Regel unzulässig, Art. 22 DSGVO).

D. Anhang

– Der Einsatz ist mitbestimmungspflichtig, es empfiehlt sich der Abschluss entsprechender Betriebsvereinbarungen sowie individualarbeitsrechtlich die Klärung der Nutzungsverpflichtung (§ 106 GewO) und -berechtigung.

2. Wer hat ein Urheberrecht an den von Copilot generierten Texten, Bildern, Präsentationen etc.?

Nach deutschem Recht (§ 2 UrhG) ist nur eine MENSCHLICHE Schöpfung urheberrechtlich geschützt, so dass weder Microsoft als Betreiber von Copilot, noch der Nutzer als derjenige, der das Ergebnis durch einen sog. „Prompt" hat erstellen lassen, Urheber der Ergebnisse ist. Dennoch kann Microsoft als Betreiber von Copilot als derjenige, der den Service anbietet, in einem gewissen Rahmen bestimmen, zu welchen Zwecken die Ergebnisse verwendet werden. Microsoft überträgt in seinen Lizenzbedingungen die Rechte an den Ergebnissen an die Lizenznehmenden.

– Bei der Weitergabe ist zu prüfen, inwiefern nicht versehentlich eigene sensible Daten von Copilot eingebunden werden.

3. Darf man die von Copilot generierten Texte, Bilder und Präsentationen an Dritte weitergeben? Sind damit Risiken verbunden?

Ja, da Microsoft die Ergebnisse von Copilot für alle Lizenznehmenden frei lizenziert. Es ist jedoch nicht ausgeschlossen, dass insbesondere bei der Bild-/Videogenerierung Rechte Dritter verletzt werden, deren Arbeiten in die Trainingsdatenbank von Copilot eingeflossen sind. Sie haben dann jedoch in der Regel einen Anspruch auf Haftungsfreistellung gegen Microsoft.

Daneben sollte darauf geachtet werden, dass in die Ergebnisse nicht Informationen über Geschäftsgeheimnisse oder sensible (ggf. personenbezogene) Daten eingebunden sind, die vertraulich bleiben sollten. Je nach Prompt und Datenbasis kann Copilot auf alle sensiblen Daten zugreifen, welche in den Office-Produkten Ihres Unternehmens gespeichert sind.

– Bei der Weitergabe ist zu prüfen, inwiefern nicht versehentlich eigene, sensible Daten von Copilot eingebunden werden.
– Werden Copilot-Ergebnisse ungeprüft nach außen weitergegeben, kann – insbesondere bei der Verbreitung über Apps/Webseiten – eine eigene Haftung nach dem DDG/ggf. DSA oder den Grundsätzen der Störerhaftung in Betracht kommen.

4. Dürfen Beschäftigte die von Copilot generierten Ergebnisse beruflich verwenden, um Zeit zu ersparen?

Ein solcher Einsatz sollte in jedem Fall dem Arbeitgeber gegenüber offenbart werden. Wird man für die Erstellung dieser Ergebnisse bezahlt, könnte das Verschweigen des Einsatzes von Copilot schlimmstenfalls einen Betrug gegenüber demjenigen darstellen, der für die persönliche Erstellung eines Textes bezahlt hat.

– In Nutzungsrichtlinien ist klar festzulegen, in welchen Fällen Copilot eingesetzt werden darf und ob und wie die Ergebnisse zu kennzeichnen sind.

D. Anhang

5. Ist Copilot datenschutzkonform?

Es muss unterschieden werden zwischen
a) der Beurteilung der generellen Einrichtung von Copilot als einem Microsoft-Tool mit potentieller Datenübertragung in die USA und
b) der anschließenden Nutzung zum Datenmanagement und zur Dateneingabe.

a) Die reine Nutzung ist wie bei jedem Tool dann nicht datenschutzkonform, wenn Daten über den Nutzer nicht DSGVO-gerecht behandelt werden. Aus den Prompts lassen sich grundsätzlich viele Informationen über den Nutzer (Vorlieben, Erkrankungen, politische Einstellungen etc.) erfahren, die möglicherweise mit anderen Daten (etwa der IP-Adresse des Nutzers) gemeinsam gespeichert werden. Auch ohne Eingabe von Personendaten können sich daher datenschutzrechtliche Fragen stellen. Zu Einzelfragen des Datenschutzes sind unter anderem die Orientierungshilfe der Datenschutzkonferenz „Künstliche Intelligenz und Datenschutz" Version 1.0 vom 06.05.2024 und die Checkliste zum Einsatz LLM-basierter Chatbots der Hamburger Datenschutzaufsicht vom 13.11.2023 zu beachten (Links und Updates auf chatgpt-recht.de).

Notwendige Schritte sind daher unter anderem:
– Datenschutzkonformität des Tools
– Datenschutzfolge und -abschätzung
– Einbeziehung DSB
– Einsatzszenario
– Klärung der gemeinsamen Verarbeitung (bei unklarer Nutzung der Daten durch Microsoft ist fraglich, ob eine Auftragsverarbeitung vorliegen kann)
– Klärung Auslandsdatentransfer

b) Wenn Sie in Ihre Prompts Personennamen einbinden, erweitern Sie die Datenbasis von Copilot möglicherweise um personenbezogene Daten Dritter, die dies nicht beeinflussen können. Dies verhält sich ähnlich wie bei Google-Suchanfragen, welche Personen mit bestimmten Eigenschaften kombinieren und dann dazu führen, dass diese in der Autovervollständigung als Ergänzung vorgeschlagen werden (etwa „Wilmer **Ferrero Korruption**" oder „Wilmer **gemüsesüchtig**"), weil sie in der Google-Datenbank gespeichert wurden.

Nach Angaben von Microsoft werden bei einer an Bing weitergeleiteten Anfrage von Beschäftigten Daten des Unternehmens weitergeleitet, nicht aber das Konto des Benutzers und seine Mandanten-ID.

In Nutzungsrichtlinien ist klar festzulegen, welche Daten bei Copilot eingegeben werden dürfen und wie mit personenbezogenen Daten umzugehen ist, insbesondere im Hinblick auf
– Rechtsgrundlagen
– Datenkombinationen
– Sensiblen Daten
– Datenoffenbarungen
– KI-Entscheidungen/KI-Weisungen
– Rollenmodellen

VI. FAQ Rechtsfragen SORA

Diese FAQ sind zusammen mit den „FAQ zu Rechtsfragen von ChatGPT" zu lesen.

1. Wer hat ein Urheberrecht an den von SORA & Co generierten Videos?

Nach deutschem Recht (§ 2 UrhG) ist nur eine MENSCHLICHE Schöpfung urheberrechtlich geschützt, so dass weder die Betreiber von SORA noch der Nutzer als derjenige, der das Video durch einen sog. „Prompt" hat erstellen lassen, Urheber der Videos ist. Dennoch kann der Betreiber von SORA als derjenige, der den Service anbietet, in einem gewissen Rahmen bestimmen, zu welchen Zwecken die Videos verwendet werden.

2. Kann man ein Urheberrecht an einem Prompt haben, der einem Video zugrunde liegt?

Prompts sind nur Gebrauchstexte und haben keine eigene Qualität als Sprach- oder Schriftwerk, so dass auch längere Prompts in aller Regel nicht schutzfähig sind. Auch die Beziehung zwischen Prompt und Werk – hier dem Video – ist nicht schutzfähig, da die KI kein zwingend wiederholbares Ergebnis liefert. Anders kann es sich verhalten, wenn die KI ausnahmsweise von Künstler*innen als Werkzeug mit sehr konkreten einzelnen Vorgaben (die über Prompts hinausgehen, also die Programmierung oder Eingriffe in die Datenbasis betreffen) oder im eigenen, der KI bekannten Stil des/der Künstler*in verwendet wird.

3. Können mit KI erzeugte Videos Rechte Dritter verletzen? Was ist mit der Abbildung von existierenden Straßen oder Kunstwerken?

Selbst wenn die KI die Vorgabe erhält, eine existierende Straßenansicht nachzuahmen, und dann ein dem Vorbild stark ähnelndes Bild erzeugt wird, ist dies nach der „Panoramafreiheit" grundsätzlich zulässig. Dies gilt selbst dann, wenn in der Ansicht Werke Dritter – also etwa Skulpturen oder Fassadenbilder – abgebildet werden. Nach § 59 UrhG (Werke an öffentlichen Plätzen) ist es zulässig, „Werke, die sich bleibend an öffentlichen Wegen, Straßen oder Plätzen befinden, mit Mitteln der Malerei oder Graphik, durch Lichtbild oder durch Film zu vervielfältigen, zu verbreiten und öffentlich wiederzugeben". Bei Bauwerken erstrecken sich diese Befugnisse nur auf die äußere Ansicht.

Es dürfen daher keine nur vorübergehend aufgestellten Werke im Video wiedergegeben werden und keine Innenansichten von Gebäuden/Höfen etc. „hinter" der Straßenansicht.

Daneben kann eine Verletzung der Persönlichkeitsrechte Dritter gegeben sein, wenn Abbildungen natürlicher Personen geschaffen werden sollen (§§ 22, 23 KUG), wobei Ausnahmen für Personen der Zeitgeschichte gelten.

Weiterhin können Fake-Videos, die reale Gegebenheit verfälschen, ja nach Inhalt strafbar oder rechtswidrig sein. Dies gilt insbesondere für das Faken falscher Sachverhalte im personenbezogenen Kontext. In diesen Fällen gibt es auch keine Ausnahme für berühmte Personen (soweit nicht das Video erkennbar gefälscht ist und auch keinen strafbaren Inhalt zeigt). Betreiber eines KI-Systems, das Bild-, Ton- oder Videoinhalte erzeugt oder manipuliert, die ein Deepfake sind, müssen nach Art. 50 Abs. 4 KI-VO offenlegen, dass die Inhalte künstlich erzeugt oder manipuliert wurden.

D. Anhang

Werden allerdings fremde Datenbanken/Streetviews ohne Einwilligung übernommen oder systematisch ausgelesen, könnte ein Verstoß von OpenAI gegen Datenbankrechte nach §§ 87a, 87b UrhG vorliegen. Dazu liegen jedoch keine Daten vor.

4. Darf ich die von SORA generierten Videos in meinem Beruf verwenden, um Zeit zu ersparen?

Ein solcher Einsatz sollte in jedem Fall dem Arbeitgeber oder dem Auftraggeber gegenüber offenbart werden. Wird man für die Erstellung von Videos bezahlt, könnte das Verschweigen des Einsatzes von SORA schlimmstenfalls einen Betrug gegenüber demjenigen darstellen, der für die persönliche Erstellung eines Videos bezahlt hat. Außerdem könnten Arbeitgeber oder Auftragnehmer Nachteile dadurch entstehen, dass die Videoinhalte rechtlich nicht schützbar sind oder sogar Rechte Dritter verletzen.